Historia de la literatura hispanoamericana

Tomo I

Época colonial

Historia de la literatura hispanoamericana

Tomo I

Época colonial

Manuel ALVAR
Rodolfo A. BORELLO
Eduardo CAMACHO GUIZADO
Emilio CARILLA
Jaime CONCHA
Mercedes DÍAZ ROIG
Jean FRANCO
Cedomil GOIĈ
Luis ÍÑIGO MADRIGAL
Bernard LAVALLE
Manuel LUCENA SALMORAL
Giovanni MEO-ZILIO
Walter MIGNOLO
Frank PIERCE
Pedro PIÑERO RAMÍREZ
Daniel R. REEDY
Alfredo A. ROGGIANO
Grínor ROJO
Georgina SABAT DE RIVERS
André SAINT-LU
Kathleen SHELLY

Luis ÍÑIGO MADRIGAL (Coordinador)

SEGUNDA EDICIÓN

CATEDRA
CRÍTICA Y ESTUDIOS LITERARIOS

© Ediciones Cátedra, S. A., 1992
Telémaco, 43. 28027 Madrid
Depósito legal: M. 35.180-1992
I.S.B.N.: 84-376-0334-X
Printed in Spain
Impreso en Gráficas Rógar, S. A.
C/ León, 44. Fuenlabrada (Madrid)

COLABORADORES DEL TOMO I

Manuel Alvar, Universidad Complutense de Madrid, España.
Rodolfo A. Borello, University of Ottawa, Canadá.
Eduardo Camacho Guizado, Middlebury College, EE.UU.-España.
Emilio Carilla, University of California-Riverside, EE.UU.
Jaime Concha, The University of Washington, EE.UU.
Mercedes Díaz Roig, El Colegio de México, México.
Jean Franco, Stanford University, EE.UU.
Cedomil Goiĉ, The University of Michigan, EE.UU.
Luis Íñigo Madrigal, Rijksuniversiteit te Leiden, Holanda.
Bernard Lavalle, Université de Gascogne, Bordeaux, Francia.
Manuel Lucena Salmoral, Universidad de Murcia, España.
Giovanni Meo-Zilio, Universitá degli Studi di Venezia, Italia.
Walter Mignolo, The University of Michigan, EE.UU.
Frank Pierce, The University of Sheffield, Inglaterra.
Pedro Piñero Ramírez, Universidad de Sevilla, España.
Daniel R. Reedy, University of Kentucky, EE.UU.
Alfredo A. Roggiano, University of Pittsburgh, EE.UU.
Georgina Sabat de Rivers, State University of New York-Stony Brook, EE.UU.
André Saint-Lu, Université de Paris, Francia.
Kathleen Shelly y Grínor Rojo, The Ohio State University, EE.UU.

I

La América colonial

Hispanoamérica en la época colonial

MANUEL LUCENA SALMORAL

La historia colonial de Hispanoamérica cubre un largo proceso de trescientos dieciocho años —el doble, casi, de la de Angloamérica colonial (1620-1777)— que difícilmente pueden estudiarse, ni aún en síntesis, sin una previa periodización, porque la Historia es, en definitiva, un quehacer humano y el hombre es, en gran parte, producto de su circunstancia, de su mundo cambiante en el tiempo y en el espacio. No podemos por ello hablar en términos «generales» sobre el hombre hispanoamericano de la colonia, porque ese hombre es diferente en el siglo xv (1492) y en el siglo xix (1810), y lo es precisamente por la evolución de las ideas, de la sociedad, de la economía, y de la cultura: de la Historia, en definitiva.

La periodización más elemental es la secular, que vamos a utilizar, y que nos permitirá fijar al hombre hispanoamericano dentro de un marco más homogéneo y coherente, como es el de los tres grandes siglos de la historia colonial. El siglo xvi tiene un pequeño prólogo de ocho años en la centuria anterior, y el xviii lleva el epílogo de la primera década del xix. No es ninguna periodización ideal, sino por el contrario muy discutible, según los criterios de enfoque, pero tampoco se trata aquí de establecer teoría histórica, sino de facilitar al lector la compresión del fenómeno histórico hispanoamericano.

En cuanto al espacio geográfico es sobradamente conocido. Abarca desde la mitad meridional del territorio que hoy son los Estados Unidos, hasta el estrecho de Magallanes, pero su núcleo es Mesoamérica, la América andina y el área circuncaribe.

1. EL SIGLO XVI O LA ETAPA DE LA EXPANSIÓN

Corresponde a la gran expansión española en el mundo, que alcanzó su cenit en la monarquía universal de Felipe II. América fue la pieza maestra del gigantesco edificio y sufrió una transformación radical: fue descubierta, conquistada y colonizada; se cambió totalmente su agricultura y ganadería y sus minas fueron exprimidas para producir plata y oro con los que mover la costosa máquina imperial; su sociedad indígena fue exterminada en una gran parte y tuvo que integrarse finalmente en convivencia con los grupos humanos que

venían de Europa y África; su cultura se transformó mediante una síntesis entre lo indígena y lo español y moduló las características propias de lo hispanoamericano.

1.1. *Descubrimientos, conquistas y colonización*

El descubrimiento de América es, en realidad, el hallazgo de la ruta hacia la Especiería, empresa en la que se empeñaron algunas potencias meridionales de Europa, especialmente las italianas y las ibéricas. Las especias eran entonces el renglón comercial de mayor rentabilidad, y afluían a Europa desde Asia, a través de una serie de intermediarios, árabes por lo común. Los venecianos y genoveses trataron de controlar el Mediterráneo oriental, por donde llegaba dicha mercancía. Los portugueses intentaron hallar una ruta directa, costeando África. En 1488 pudieron doblar el cabo de Buena Esperanza, que ponía fin al inmenso litoral, y se dispusieron a establecer conexión con los productores de las anheladas especias.

Castilla había emprendido también la ruta africana. En 1402 se anexionó las islas Canarias, pero su lucha contra los árabes de la península le impidió centrarse en el objetivo mercantil, al que incluso renunció en el tratado de Alcazobas, Toledo (1479-80), donde cedió a los portugueses el dominio del litoral y navegación africana, a cambio del reconocimiento de Canarias como soberanía castellana. El 1 de enero de 1492 se rindió la ciudad de Granada —último baluarte musulmán en la península— y los Reyes Católicos decidieron de inmediato auspiciar el proyecto de un marino genovés, Cristóbal Colón, quien pretendía alcanzar Asia y la Especiería, por una ruta diferente de la portuguesa: por el Occidente, cruzando el océano. Era la última oportunidad de los castellanos para adelantarse o, simplemente, para competir con los lusitanos.

La empresa colombina era ciertamente temeraria, pues nadie había cruzado el Mar Tenebroso. Se desconocía su régimen de vientos y la posibilidad de hallar algunas islas, que sirvieran de escala para tan largo viaje. Colón afirmaba que podría encontrarlas (Antilia, Cipango), dentro del espacio existente entre

Croquis autógrafo de Colón: costa noroeste de
La Española

las Canarias y el Catay (China), según las informaciones que tenía (Marco Polo, Toscanelli). Los reyes se arriesgaron entonces a poner un pequeño capital y tres embarcaciones (las carabelas «Pinta» y «Niña» y la nao «Santa María»), en las que se embarcaron unos cien hombres, la mayor parte de ellos paleños.

El 3 de agosto de 1492 comenzó la aventura, en el puerto de Palos (Huelva). Los navíos se dirigieron a las Canarias y luego se adentraron en el océano. Respondieron bien a la prueba: tenían quillas redondeadas y resistentes, hechas con cuadernas de roble, y estaban dotadas de un poderoso velamen, que les permitía avanzar a gran velocidad, incluso con vientos de costado (velas latinas). Eran del nuevo tipo de buque denominado carabela, que utilizaban los portugueses y españoles en sus navegaciones atlánticas, donde los navíos mediterráneos, alargados y movidos por medio de remos, eran perfectamente inservibles.

De los múltiples problemas surgidos en esta primera travesía —que se narran con prodigalidad en el Diario de a bordo— deseamos resaltar uno: el hallazgo de los vientos del poniente. Los navíos habían cogido los alisios y marchaban hacia poniente a gran velocidad, pero esto comenzó a inquietar a los tripulantes, pues pensaron que no podrían regresar jamás a España. El viento de poniente surgió finalmente el 22 de septiembre, cuando Colón anotó gozoso en su Diario: «Mucho me fue necesario este viento contrario, porque mi gente andaban muy estimulados, que pensaban que no ventaban estos mares vientos para volver a España.» Este hecho supuso no sólo la posibilidad de regresar, sino también la de repetir el viaje o la de establecer una serie de exploraciones posteriores. Nació así la vinculación entre América y Europa.

El 12 de octubre de 1492 las tres naves alcanzaron una isla que bautizaron como San Salvador, que los indios llamaban Guanahaní, y que hoy es, probablemente, la isla Watling. Los españoles descubrieron América, pero no encontraron las especias que les habían llevado hasta allí. Colón y Pinzón persiguieron su objetivo, pero sólo hallaron una serie de islas —entre ellas Cuba y La Española—, emprendiendo finalmente el tornaviaje.

En el segundo viaje (1493) se organizó en La Española (Santo Domingo) una colonización del tipo de factorías comerciales, mientras Colón siguió buscando. Halló Puerto Rico y Jamaica, pero ni rastro del continente asiático. En el tercer viaje (1498) encontró el continente en la tierra venezolana, donde vio algunos refinamientos culturales, que le hicieron sospechar que se encontraba cerca del río Ganges, pero no pasó de una ilusión. El siglo XV terminó sin otras consecuencias que las factorías dominicanas y el descubrimiento de una gran zona del Caribe.

El siglo XVI trajo una nueva situación, como la conquista —que veremos más adelante—, pero la obsesión especiera continuó. Colón (1502) y otros descubridores (Ojeda, Pinzón, Bastidas, Lepe, Niño, La Cosa, Vespucio) siguieron hallando partes de la enorme costa atlántica y demostraron que aquello era un continente que se interponía entre Europa y Asia, al que empezó a denominarse América. Confirmó esto Vasco Núñez de Balboa en 1513, cuando descubrió en el golfo de San Miguel (Panamá) el Mar del Sur u océano Pacífico. Se activó entonces el deseo de alcanzar Asia desde España. El cometido se dio a Díaz de Solís, en 1515, pero murió en el Río de la Plata, regresando la expedición. Las noticias de que Portugal estaba próxima a alcanzar las islas Molucas, de donde venían las especias, volvió a poner en marcha a los españoles, con ánimo de anticiparse. En 1519 se organizó la armada a la Especiería, que dirigió Hernando de Magallanes. Tras pasar por el estrecho que lleva su nombre, cruzó el Pacífico y alcanzó las Filipinas, donde murió. La llegada de Juan Sebastián Elcano a la isla moluca de Tidore, en noviembre de 1521, marca la conclusión del viaje que Colón iniciara veintinueve años antes. Ya era tarde. Los portugueses se habían establecido en las islas y tenían bajo su control la ruta hacia Europa. Los españoles intentaron entonces encontrar una nueva entre las Molucas y América, pero todo fue inútil. En 1529 el emperador Carlos V firmaba el tratado de Zaragoza, por el que renunciaba a sus derechos sobre las Molucas, a cambio de una cantidad de 350.000 ducados.

La huella española de esta carrera hacia las especias fueron las islas Filipinas, que se intentaron vincular con América. En 1565 Andrés de Urdaneta encontró finalmente la ruta del tornaviaje: había que subir hasta el paralelo 30 (Japón) para tomar la corriente del Kuro

Shivo, que conducía a la costa pacífica norteamericana y a la Nueva España. Sería el camino del futuro Galeón de Manila.

La conquista fue el epílogo natural a la decepción producida por la pérdida de la ruta hacia la Especiería. Las tierras americanas ofrecían al principio muy pocos alicientes económicos: algo de oro, perlas y algunas maderas tintóreas. Nada, en definitiva, capaz de compensar los cuantiosos gastos del envío de naves, con avituallamientos y tripulaciones. Los Reyes Católicos, especialmente la reina Isabel, hallaron compensación con la evangelización de los indios paganos, pero era una empresa demasiado costosa para soportarla sin un apoyo económico. La tarea exigía todo un dispositivo de gran envergadura, para garantizar la vida y la labor de los misioneros. Se pensó en una colonización, para lo que previamente era necesaria una acción de conquista, con objeto de someter a los naturales. España tenía una gran experiencia militar y colonizadora, adquirida en los ocho siglos de reconquista contra los árabes. La solución fue natural y fruto de la Historia.

Cristóbal Colón comenzó la acción conquistadora, con ánimo de asegurar los establecimientos españoles (factorías, lavaderos de oro y fortalezas), pero la dominación de los naturales de La Española fue realizada por el gobernador Ovando. Luego se repartieron los indios y se acometió a gran escala la puesta en producción de la isla: ganadería, agricultura y obtención de oro en las arenas de los ríos. Paralelamente los religiosos franciscanos y dominicos emprendieron su labor de evangelización. Muy pronto aparecieron los grandes beneficios, los hombres adinerados, que todo lo corrompieron. Los religiosos comenzaron a elevar su voz, diciendo que los fines habían justificado los medios, y que esos fines, la evangelización de los naturales, se habían incluso olvidado. La corona escuchó los reclamos, y se puso en marcha la revisión del sistema de conquista y de sus fundamentos.

El proceso de La Española se repitió en otras islas. Ponce de León emprendió en 1508 la conquista de Puerto Rico, Pedro de Esquivel en 1509 la de Jamaica y Diego Velázquez en 1511 la de Cuba. Desde Santo Domingo se apoyaron las conquistas continentales de Veragua y Urabá. Esta última fue iniciada en 1509 por Alonso de Ojeda. Tras la fundación frustrada de San Sebastián de Urabá, se erigió la ciudad de Santa María la Antigua, que sería el centro de la conquista panameña. Desde La Española también se apoyó la penetración misionera en Cumaná (Venezuela) y la explotación perlífera de Cubagua (1514).

Las tierras conquistadas se convirtieron a su vez en bases para nuevas conquistas. Desde Puerto Rico se exploró La Florida (1512), donde posteriormente se intentó colonizar, con poca fortuna. Desde Cuba se emprendió la conquista de México por Hernán Cortés (1519). Las islas empezaron a dar síntomas de agotamiento y sus poblaciones emigraron al continente. Su último esfuerzo fue la penetración en tierra firme: Margarita (1525), Santa Marta (1526), Coro (1527) y Cartagena (1530).

México y Panamá fueron los nuevos ejes de la acción continental. Desde México se hicieron numerosas penetraciones hacia el norte, alcanzándose las tierras áridas de los Estados Unidos (Coronado, 1540), que carecían de interés. Hacia el sur se conquistaron Guatemala y El Salvador, y se penetró en Honduras y Nicaragua, donde las huestes mexicanas se encontraron frente a la expansión panameña, que se extendía por Centroamérica. Desde Panamá, Pizarro inició igualmente la conquista del Perú (1532), lo que produjo un nuevo desplazamiento del centro de gravedad de las conquistas hacia el sur. Expediciones de «peruleros» conquistaron Quito (1534) y Chile (1541), al tiempo que se penetraba por el Río de la Plata para dominar el Paraguay (1537). El altiplano boliviano fue batido desde el Perú y desde el Paraguay, y el altiplano colombiano por tres expediciones procedentes de Santa Marta, Coro y Quito (1538).

La conquista resulta un fenómeno inexplicable sin una causación plural y compleja, que movió a los hombres: ambición, espíritu de cruzados, honor y fama, deseo de aventuras, servicio al rey, etc. Su dinamismo radicó en buena parte en su carácter particular. La hueste conquistadora era una empresa privada y limitada. Cada soldado se inscribía voluntariamente, poniendo su caballo, su arcabuz o simplemente su espada, a modo de acción. Esto le daba opción a una parte del botín que se lograse: dos partes si era caballero, parte y media si era arcabucero y una parte si era peón.

Su ideal, no obstante, no radicaba en el botín, sino en obtener un territorio, donde establecerse como colono. En América volvió a repetirse la imagen de la Reconquista española, en la que los territorios recuperados a los árabes pasaban a poder de la corona, que podía, a su vez, distribuirlos entre los conquistadores, pero dejando siempre a los vencidos en sus propiedades, si aceptaban la dominación cristiana. Esta norma evitó que en Hispanoamérica se despojara a los indios de todas sus tierras, tal como ocurrió con otros sistemas de colonización. La corona otorgó sólo una parte de las tierras ocupadas a los vencedores, a modo de recompensa. Estas concesiones territoriales no pasaron por lo común de cinco peonías o de tres caballerías. La peonía era la parcela de tierra que correspondía a un infante transformado en colono, y, en la época de Felipe II, se fijó en 50 pies de ancho por 100 de largo y una tierra de labor de 100 fanegas, para cereales. La caballería era lo que se otorgaba comúnmente a un caballero: dos veces el solar de la peonía y cinco veces la tierra de labor. No hubo pues, contra lo que usualmente se piensa una proyección hacia el latifundio, fenómeno que aparece posteriormente en la historia de América.

La presión producida por la llegada de nuevos colonos, la añoranza de la milicia, el hastío por la rutinaria vida de la colonia o el deseo de aventuras, movía a los conquistadores ya asentados a invertir sus recursos en busca de nuevas empresas, lo que explica asimismo la dinámica conquistadora, que operó sobre un reinversionismo continuo de los capitales obtenidos, hasta que se dominó la mayor parte del nuevo continente.

La conquista dejó un balance de violencia y muerte, que motivó los justos reclamos de los religiosos. El rey Fernando el Católico promovió diversas juntas de teólogos y juristas, que estudiaron el asunto. En las juntas de Burgos, Valladolid y Madrid se dieron una serie de normas para evitar la explotación de los indios vencidos y se ordenó que antes de emprender una conquista se leyese a los indios el Requerimiento; un escrito en el que se recogieron los principios jurídicos y morales que motivaban la acción de los españoles. Más tarde, el padre Bartolomé de las Casas se unió al bando de los inconformistas y condenó el sistema de conquista, propugnando una evangelización pacífica. Ginés de Sepúlveda intervino en favor de la corona, argumentando que la conquista era lícita, y necesaria para cumplir la labor evangelizadora impuesta por los Papas a los reyes españoles. El padre Vitoria rechazó el poder de los Papas para otorgar dominios en el mundo, pero señaló que existía un derecho de gentes, que autorizaba plenamente a los españoles a predicar la fe a los indios y a comerciar con ellos. Por primera vez en la historia, un gobierno afrontó críticamente su acción expansiva y aceptó públicamente que se había realizado con injusticia. En 1550 el emperador Carlos V ordenó suspender toda acción conquistadora, para no perjudicar a sus súbditos indianos. A partir de entonces, según se señaló, sólo en casos muy especiales, justificados por verdadera necesidad, y con exclusivo propósito defensivo, podrían efectuarse acciones de guerra contra los naturales, pero no para conquistarlos, sino para «pacificarlos» Hasta la palabra «conquista» fue suprimida del vocabulario (el padre Las Casas lo consideraba un vocablo «mahomético e infernal»), sustituyéndose a partir de 1573 (Ordenanzas de Ovando) por la de «pacificación». El resultado de la polémica, aparte de un riquísimo bagaje intelectual, fueron algunas aportaciones notables al derecho de gentes, la fijación de unos móviles espirituales sobre los materiales en la acción colonizadora, y una serie de leyes en favor de los vencidos, que sirvieron de fundamento para la famosa legislación indiana.

La segunda mitad del siglo XVI constituyó propiamente la época de la colonización. Los españoles entraron en una febril actividad de creación de ciudades, pueblos y villas; organizaron el sistema laboral de los indígenas; establecieron un complejo aparato tributario, una forma de explotación minera, agrícola y pecuaria, y toda una red comercial. La administración de justicia motivó la creación de audiencias en Santo Domingo, México, Guatemala, Panamá, Bogotá, Quito, Lima, Charcas y Santiago de Chile. En 1535 se creó el virreinato de México con jurisdicción sobre Norte y Centroamérica (hasta Panamá) y en 1542 se erigió el del Perú, con los territorios

Fernando el Católico

suramericanos y el panameño. Al frente de ellos se colocaron los virreyes o «visorreyes», máximas autoridades indianas que controlaban los aspectos políticos, administrativos, económicos, religiosos, militares e incluso jurídicos, de la audiencia en la que residían.

1.2. *Los orígenes de la sociedad hispanoamericana*

La larga polémica existente entre los demógrafos indigenistas —que tienden a aumentar el número de aborígenes. en el momento de iniciarse la invasión española—, y los hispanistas —que tienden, por el contrario, a disminuirlo— parece haberse inclinado del lado de los primeros. Del total de 11 a 13 millones de indígenas dados por Ángel Rosemblat hace algunos años (1954), hemos pasado hoy a unos 90 a 112 millones, según Dobyns. Cook y Borah, por ejemplo, calculan que la población del centro de México era de 25,3 millones en el momento de llegar los españoles.

La población indígena hizo frente a dos grandes problemas a lo largo del siglo: la conquista y su integración en la sociedad colonial, como pueblo dominado. La primera produjo una enorme mortandad. Borah señaló que los 25,3 millones de México central en 1519 quedaron reducidos a sólo 16,8 millones en 1523. Resulta ingenuo pensar que el medio millar de españoles de Cortés, aun reforzados hasta dos mil o tres mil hombres, pudiera matar a 8,5 millones en cuatro años, cosa que no se consiguió ni con las armas sofisticadas de la Segunda Guerra Mundial. No, el problema no está en los muertos en combate, pese a que serían numerosos. El verdadero problema estriba en la entrada en el Nuevo Mundo de una serie de epidemias euroafricanas, perfectamente desconocidas, y para las que los naturales no tenían anticuerpos. Conocemos bien el caso de la viruela introducida en México por un negro al servicio de Pánfilo de Narváez y que causó la muerte a la mitad de la población azteca sitiada en Tenochtitlán. Esta epidemia pasó luego a Guatemala y Centroamérica, causando estragos similares, y finalmente al Perú, antes de la llegada de los españoles. Parece que el Inca Huayna Capac fue una de sus víctimas, en 1524.

El azote de las epidemias siguió flagelando con violencia a las poblaciones conquistadas: sarampión en 1529, *matlazahuatl* (tifus o influenza) en 1545, gripe en 1558, viruela en 1563, *matlazahuatl* en 1576, viruelas en 1588 y 1595. Coloquemos al lado de ellas a la población indígena en su terrible situación

de pueblo conquistado y adscrito a durísimos trabajos, como los mineros o los exigidos por la primera generación de encomenderos. Sabemos que, al igual que ocurrió en las islas durante los primeros años, muchos naturales prefirieron autoeliminarse o dejar de cultivar, lo que venía a ser una variante de una huelga de hambre, o practicar el infanticidio para evitar a los hijos el sufrimiento. Sabemos también que gran parte de los pueblos indígenas conocían sistemas para reducir y controlar la natalidad en tiempos difíciles, lo que indudablemente hicieron. Todo esto produjo un descenso de la población originaria de hasta un 60 ó 70% para el año 1570 (porcentajes muy variables que alcanzaron por ejemplo el 90% en México central, el 57% en Colombia, etc.). El proceso siguió sin interrupción hasta fines del siglo, cuando se redujo otro 25%, con lo que tendríamos para el año 1600 una población indígena de unos 20 a 27 millones.

La suerte de las poblaciones aborígenes fue muy diversa, según las regiones. En términos generales podríamos decir que desapareció en las islas, se redujo enormemente en

Los indios a la llegada de los españoles, del códice *Historia destas Yndias*, de Diego Durán

las costas, menos en los altiplanos, y se preservó mejor en las regiones montañesas y selváticas. Los españoles procuraron su conservación, ya que deseaban usufructuar la mano de obra, pero fueron perfectamente conscientes de que el sistema laboral contribuía a la caída demográfica, por lo que dictaron una serie de leyes, suavizando y mitigando el sistema de explotación. Para facilitar la labor evangélica, y para controlar y administrar mejor la mano de obra, establecieron las reducciones de los indios a pueblos. En Nueva España se hizo esto a mediados de siglo, y en el Perú en la época del virrey Toledo.

La emigración española no logró compensar la caída demográfica. Bowman logró establecer una lista de 45.000 españoles llegados a América antes de 1580, a los que hay que añadir la emigración ilegal, bastante apreciable. En términos muy referenciales se supone que pasaron unos 2.000 españoles a América cada año, lo que nos daría un total de unos 200.000, a lo largo de todo el siglo. Procedían principalmente de Andalucía (37,5 %), Castilla (26,7 %) y Extremadura (14,7 %). Pertenecían a las más variadas capas sociales y profesiones (marineros, soldados, mercaderes, criados, religiosos), pero muy pocos eran campesinos, ya que los señores españoles no les permitían abandonar sus tierras. Especialmente curioso es el alto número de hidalgos «hijos de algo» y segundones que pasaron a Indias. En cuanto a la población femenina española se calcula en un 10 % de la masculina, para los primeros años y en el 23 % posteriormente. En gran parte fueron mujeres, hijas, parientes y criadas («criadas en la casa de») de los conquistadores o funcionarios.

La población española se estableció en ciudades y villas. En 1574 había en Hispanoamérica 225 poblaciones, con unos 23.000 vecinos, lo que hace un total de 150.000 habitantes. Estas ciudades se fundaban a imagen de las españolas, pero de una forma menos rígida de lo que usualmente se piensa, ya que en la Península estaba ya muy lejana la política de creación de nuevas ciudades, salvo el precedente de Santa Fe. De aquí que se fueran reuniendo experiencias, hasta definir el modelo típico de trazado en damero, uno de cuyos cuadros vacíos era la plaza mayor, donde se instalaba la iglesia (catedral), el Cabildo y la casa del gobernador (virrey). En 1573 se dieron las famosas Ordenanzas de Felipe II sobre el particular, que establecían minuciosamente los pormenores de cualquier nueva fundación, Los vecinos recibirían un solar dentro del perímetro urbano (jerarquizado con arreglo

a su cercanía a la plaza mayor) y una parcela de tierra en el entorno, donde se fijaban además precios comunales para pastos y bosques (de donde se obtendría madera y leña). Muchos de los conquistadores transformados en colonos recibieron también una encomienda o grupo indígena, que ayudaría a su mantenimiento: el encomendero protegería y adoctrinaría a los indios (pagando a un doctrinero) y los indios pagarían al encomendero un tributo y le harían algunas prestaciones personales. Es de advertir que la propiedad territorial de los primeros años fue relativamente pequeña, pues la tierra no tenía gran valor y prácticamente ninguno si no se tenían trabajadores para cultivarla. Los indios encomendados seguían teniendo su tierra, que en ningún caso pasaba a ser propiedad de los encomenderos, aunque sí fue frecuente que éstos le pidieran a los indios que labraran alguna parcela de maíz o trigo, para sustento del señor y su casa. Los naturales aceptaban esto para tener contento al encomendero y evitar las conducciones a las minas u otros trabajos más penosos.

El verdadero problema con las tierras de los indios surgió a finales del siglo y como consecuencia de tres factores: la disminución de la población aborígen, el crecimiento de los centros urbanos y la demanda de artículos alimenticios en las grandes ciudades y en los reales de minas. En términos muy simples diríamos que las urbes habían triplicado su población original, mientras que las comunidades indígenas se habían reducido a la mitad, como mínimo. Empezó entonces la voracidad de tierra de los vecinos, mediante el arrendamiento frecuente de parcelas en las encomiendas y el pago de salario a los trabajadores indígenas, lo que trastocó toda la situación anterior. En la última década del siglo el asalto a la propiedad de los indígenas era tan evidente, que la corona ordenó una composición de tierras en 1591, para legalizar los dominios sin título de propiedad.

Los negros —el tercer grupo básico de la demografía hispanoamericana— llegaron a América bajo la condición de esclavos y como acompañantes de los descubridores y conquistadores. Muy conocido es el caso de Estebanico, que acompañó a Cabeza de Vaca en su travesía pedestre por los Estados Unidos, sembrando el desconcierto entre los indígenas de las praderas, que no comprendían por qué uno era tan blanco y otro tan negro. El envío de esclavos para las labores mineras se inició en 1505, cuando el rey Fernando el Católico envió a 17 de ellos a la isla de La Española. En 1510 se ordenó a la Casa de Contratación mandar 200 esclavos a las Indias, pero la introducción no se activó hasta la sustitución de la economía minera por la azucarera, en Santo Domingo. Los padres Jerónimos apoyaron entonces la idea de los dominicos y del padre Las Casas (todavía era simple clérigo) de sustituir la mano de obra indígena por la esclava. Durante el predominio flamenco de la época inicial de Carlos I, se otorgó una licencia a Lorenzo de Gorrevod (1518) para llevar 4.000 esclavos. Luego los Welzer, doña Marina de Toledo (esposa de Diego Colón) y Simón Bolívar (antepasado del libertador) tuvieron otras concesiones, pero siempre fueron insuficientes para la demanda existente, lo que animó al inglés, John Hawkins a establecer el contrabando de negros. Al finalizar el siglo, en 1595, la corona decidió organizar el tráfico, concediendo un asiento a los portugueses. Sólo en el periodo 1595-1600 se llevaron al área caribe 25.338 esclavos, que Enriqueta Vila distribuye así:

Cartagena 20.048
Veracruz 2.960
La Habana 778
Margarita 529
Santo Domingo 256
Puerto Rico 292
Cuamaná y Río Hacha 238
La Guayra 237

Curtin ha señalado que Hispanoamérica recibió durante este siglo un total de 75.000 esclavos, cifra que ciertamente nos parece conservadora.

En el Nuevo Reino de Granada había unos 30.000 negros à fines del siglo XVI, si bien constituía seguramente la mayor concentración esclavista. El fenómeno se debió al laboreo de las minas de oro en el Chocó.

Los esclavos procedían por lo común de las zonas de Guinea, Senegal y el Congo. Eran transportados en condiciones infrahumanas, en buques negreros que atravesaban la zona tórrida, y depositados en los puertos americanos, donde se les subastaba. Venía entonces el problema de la adaptación a un régimen de vida en esclavitud, en un medio diferente y alimentándose con productos desconocidos. Entre la travesía y la adaptación moría fácilmente el 50 % de los embarcados en África. Sólo la gran fortaleza física y psíquica del africano, le permitió vivir y subsistir en este régimen de esclavitud. Muchos se levantaron y se convirtieron en cimarrones, atacando a quienes vivían en zonas rurales o transitaban por los caminos. El primer levantamiento fue seguramente el de 1522, en la isla de Santo Domingo, que fue reprimido con mucha dureza, pero abundaron en otros lugares. Los habitantes de Nombre de Dios, por ejemplo, tenían guardia permanente, para avisar de un posible ataque de los negros cimarrones, y en Cartagena se produjeron numerosos levantamientos.

Pese a que la corona española pensó siempre en una sociedad bipolar en América (españoles e indios) surgió pronto el problema del mestizaje, consecuencia de la falta de mujeres españolas, del atractivo de las indígenas y de las costumbres más libres del continente en materia sexual. Téngase en cuenta que muchos grupos aborígenes tenían establecida la poligamia, por lo que no resultó extraño que un español tuviera varias barraganas, además de la mujer principal. La falta de prejuicios raciales de los españoles (los tenían religiosos y sociales) facilitó también la mezcla racial. El resultado de la unión con indios y con negros creó los grupos mestizos y mulatos. Los primeros fueron adscritos al grupo español, hasta que su número aumentó de manera alarmante. Los mulatos formaron parte de la población libre, pues comúnmente el padre español concedía la libertad al hijo habido con la esclava. La mezcla racial menos numerosa fue la del negro con el indio, que generó los grupos denominados zambos.

La sociedad básica hispanoamericana tendió a una estamentalización cada vez más fuerte. Los españoles dominaban la administración, el comercio al por mayor, los grandes centros mineros, y empezaron a traspasar sus bienes económicos a sus hijos, los criollos, nacidos ya en América. Los grupos mestizos se alinearon en las áreas marginales que dominaban los españoles: funcionarios de pequeña categoría, clérigos de pueblos de indios o doctrineros, capataces de minas, pequeños comerciantes, etc. Los grupos indígenas y esclavos mantuvieron sus delineamientos y los mulatos empezaron a controlar los oficios duros de las poblaciones, como herreros, transportistas etc.

1.3. La economía de predominio minero

La directriz mercantilista que guió la empresa del descubrimiento de América se proyectó desde el principio hacia una economía de tipo comercial que configuró el complejo de las factorías comerciales y motivó incluso la creación de la Casa de Contratación (1503), institución estatal modelo, que debía centralizar el trato y contrato con las nuevas tierras, dotada de grandes almacenes, donde se guardarían las especias. La realidad americana no respondió a esta imagen: no había especias, ni sedas, ni marfiles, ni perfumes, ni aun piedras preciosas con las que traficar. Lo único comercializable a nivel trasatlántico eran el oro y las perlas, que fueron objeto de un tenaz persecución. Cuando se terminó de recoger el oro y las perlas acumulados por los indígenas, volvió a efectuarse un reajuste de las perspectivas económicas indianas, concluyéndose que el único renglón de rentabilidad era precisamente la producción de ese oro y de esas perlas. Nació así la fiebre del oro en La Española, que saltó luego al continente, y que conformó la economía de predominio minero.

Los españoles acudieron por millares a los ríos mineros y trabajaron de sol a sol en los lavaderos de las arenas auríferas, para sacar pequeñas pepitas de metal noble. El padre Las Casas, que no se distinguió nunca por su «españolismo», nos dice que hasta la baja nobleza o hidalgos trabajaban en estos menesteres: «hartábanse de cavar y de lavar la tierra, que cavaban los que nunca cavar supieron». Más tarde se traspasó a los indígenas el peso de estos trabajos.

La explotación minera exigió inmediatamente un entorno agropecuario que le suministrara alimentos y artículos de primera necesidad, lo que puso en marcha un proceso de colonización, como soporte y base del real minero. La producción agrícola y ganadera vino así a ser subsidiaria de la primera. Cada vez que se descubría una mina importante, se producía un avance o deslizamiento de todo el sistema, lo que en definitiva venía a configurar una nueva línea de colonización. Esto fue especialmente apreciable en las tres grandes zonas mineras de México, Perú, y Nuevo Reino de Granada, así como también en Chile.

La minería inicial se centró en el oro de las islas, pero se le sumó pronto la plata. En 1531 entró ya a funcionar la plata mexicana de Michoacán y luego la peruana de Porco, pero la gran riada de plata se notó a partir de 1545, cuando se descubrieron las minas del Potosí (Perú) y las de Zapatecas y Guanajuato (México). El fenómeno se aprecia fácilmente en los envíos de oro y plata a España, estudiados por Hamilton. Desde la mitad del siglo la plata alcanzada ya el 85 % de las partidas y en

Extracción de oro

1560 subió al 97%. El historiador Eufemio Lorenzo ha rectificado algo los datos de Hamilton, y señala porcentajes auríferos más altos (4,1% para 1560, 3,9% para 1563 y 2,7% para 1566), pero coincide en líneas generales con Hamilton, ya que en 1592 señala que el oro representaba sólo el 2,3% y la plata el 97,7% de los envíos a la península. La relación de Hamilton, por décadas y en pesos de 450 maravedíes, es la siguiente:

```
1503-1510.................... 143.466,3
1511-1520.................... 218.875,0
1521-1530.................... 117.260,6
1531-1540.................... 558.812,5
1541-1550..................1.046.271,6
1551-1560..................1.786.453,0
1561-1570..................2.546.405,0
1571-1580..................2.825.573,6
1581-1590..................5.174.009,9
1591-1600..................5.759.796,7
```

Indios trabajando en una mina de plata de Potosí
(siglo XVI)

La producción de oro continental, una vez agotado el de las islas, se localizó en los lavaderos de la región central chilena y en los del occidente y norte de Colombia. En este último territorio se hallaron incluso minas de oro, que se trabajaban por medio de socavones, en forma similar a como se extraía la plata. La producción colombiana de oro sobrepasó con mucho a la de plata, incluso en épocas tardías. Así, Eufemio Lorenzo ha anotado que, entre 1562 y 1567, la Caja de Santa Fe consignó para la Real Hacienda 341.091 pesos de oro y sólo 478,2 pesos de plata. Germán Colmenares ha cuantificado la producción aurífera neogranadina a través del quinto real que se pagó a la corona, de la siguiente manera:

	Kg. de oro
1541-1550....................	2.277,53
1551-1560....................	6.172,5
1561-1570....................	12.165,12
1571-1580....................	10.109,43
1581-1590....................	
1591-1600....................	30.000.00

Esta relación contrasta sensiblemente con la llegada de oro americano dada por Hamilton para dichos años:

	Kg. de oro
1541-1550....................	24.957,13
1551-1560....................	42.620,08
1561-1570....................	11.530,94
1571-1580....................	9.429,14
1581-1590....................	12.101,65
1591-1600....................	19.451,42

Puede apreciarse así que desde la década de los 60 del siglo XVI el Nuevo Reino de Granada estaba produciendo más oro del que recibió España de todas las colonias, lo que demuestra que existía ya una fuga de numerario, que estaba abasteciendo el circuito interno neogranadino, fenómeno que seguramente es generalizable a otros territorios. No sería aventurado suponer que estaba invirtiéndose en un sector agroindustrial o en adquirir mercancía de contrabando.

La producción de plata se vinculó a la de azogue, por el sistema de beneficio del metal. El mineral obtenido en las minas se mezclaba con el azogue y se colocaba en unos patios, donde se trituraba por medio de caballerías, decantando entonces la mena y la ganga. Esto motivó que las Indias demandaran gran cantidad de azogue, que los Austrias enviaban desde sus minas de Almadén (España) y de Idria (Austria), pero en cantidad siempre insuficiente, hasta que en 1564 se descubrieron las minas de Huancavélica (Perú), que aliviaron en parte la situación. El azogue de Huancavélica se envió a Nueva España (unos 1.500 quintales anuales), para la amalgamación de la plata mexicana, e incluso al Nuevo Reino de Granada y a Guatemala.

La llegada a España de grandes cantidades de oro y plata produjo una subida de precios y una situación inflacionista, que desembocó abiertamente en la centuria siguiente. Constituyó, sobre todo, una de las causas de la formación del capitalismo europeo moderno, ya que los metales preciosos pasaban desde España a los centros manufactureros de Flandes, Francia e Italia, y, en menor grado, de Inglaterra. España ejerció el oficio de intermediario de este tráfico, lo que le dejó no pocos dividendos, que se invirtieron en el mantenimiento de su hegemonía mundial.

La explotación agrícola de los españoles se orientó en un principio a servir de soporte a la actividad minera, como ya hemos dicho, pero muy pronto fue tomando características propias y verdadera fuerza económica. Fernández de Oviedo nos dice que hacia 1515 llegaron a España las primeras muestras de azúcar americano. Verdaderamente constituyó un potencial de extraordinario valor, ya que a las numerosas especies alimenticias cultivadas por los indígenas (maíz, calabaza, frijol, papa, yuca, etc.) vinieron a sumarse las europeas (trigo, cebada, arroz, caña, etc.) con lo que la dieta del hombre americano fue la más rica de su tiempo. Los españoles consumieron muchos alimentos tradicionales de los aborígenes, pero tendieron al cultivo de las especies alimenticias peninsulares. Las Indias se convirtieron entonces en un gigantesco laboratorio donde, experimentalmente, se trataba de averiguar qué suelos y climas eran propicios para la reproducción de tal o cual planta. Más tarde, además, se efectuó el mismo proceso con

muchas especies de los naturales, que se readaptaron a determinadas regiones. La sociedad colonial iría haciendo lentamente la síntesis dietética hispanoamericana, entre lo que había y lo que se llevó. Especial importancia tuvo la producción de trigo, aceite y vino —la trilogía básica del hombre mediterráneo— en el Nuevo Mundo. El trigo se introdujo tempranamente en las islas, pero empezó a producirse en gran cantidad en México (Puebla) y Perú (valles centrales). Las vides fueron objeto de especial preocupación, dada la dificultad en aclimatarlas. En 1519 la Casa de Contratación ordenó que cada barco que se dirigiera a Indias llevara varias vides, con objeto de experimentar con ellas, hasta encontrar su clima idóneo, que resultó a la postre el del Perú, donde se recogió la primera cosecha de uva en 1551. En el Perú también, y en diversos lugares de México y Colombia, se reprodujeron igualmente los olivos. Más tarde, sin embargo, la corona impuso restricciones a los cultivos de vid y olivo, para evitar un régimen de competencia con los de la metrópoli. Algo parecido ocurrió con la plantación

Esclavos en faenas agrícolas

de morera en Nueva España, que se favoreció en los primeros años, con objeto de impulsar la industria sedera en Cholula, Tlaxcala y Huejotzingo, y posteriormente se restringió.

A fines de siglo América tenía ya una variadísima y poderosa agricultura y exportaba a España renglones como azucar, añil, zarzaparrilla, jenjibre, cañafístula, palos de Brasil, de Tinta, y de Campeche, liquidámbar, así como grana y cueros. La exportanción de mercancías americanas a España durante el período 1555-1600 alcanzó un promedio anual de 275 millones de maravedíes, de los que 125 eran producidos por la cochinilla, 78 por los cueros, 40 por el azúcar, 30 por el añil y 20 por el jenjibre.

La ganadería constituyó la mejor aportación europea a la economía hispanoamericana, toda vez que los indígenas carecían por lo común de animales domésticos, a excepción de las llamas y vicuñas de los incas, los curís y los perros goznes o mudos de otros grupos. Desde el segundo viaje de Colón comenzó el acarreo de ganado a La Española, desde donde se propagó siguiendo la dinámica de la conquista. El caballo y el cerdo fueron dos fieles acompañantes del conquistador. El primero había sobrepasado la categoría de montura de combate, para transformarse en verdadera arma, y era cotizado a precios altísimos. El cerdo fue la despensa del soldado.

Los animales domésticos se reprodujeron extraordinariamente en las Indias y dotaron a los colonos de mulas para el transporte, bueyes para tiro de los carruajes y carne abundante de vaca y de cerdo. Los que se escapaban de los corrales se internaban en el monte y se volvían salvajes, conociéndose bajo el nombre de ganado «cimarrón». Su captura y caza fue uno de los primeros deportes de los habitantes de La Española, pero ocurrió igual en otros lugares del continente. Las reses sueltas de la expedición de Mendoza (1541) se habían vuelto unas 80.000 cabezas al cabo de cuarenta años, que recorrían libremente las tierras rioplatenses. También había abundantes vacunos en Querétaro y en los llanos venezolanos, mientras que en los altiplanos andinos se reproducían las ovejas.

La abundancia del ganado motivó una sensible baja del precio de la carne, que explica las leyes españolas de suministrar este producto a los indios mineros. A mediados del siglo la carne costaba en Santo Domingo unas treinta veces menos que en España y el Cabildo de México llegó a prohibir que se vendiera por debajo del precio establecido. La carencia de técnicas de conservación (el salado se comenzó a utilizar en el siglo XVIII) motivó que sólo se pudiera exportar el cuero de las reses. Desde 1568 hasta 1600, España estuvo recibiendo anualmente un promedio de 130.000 cueros al pelo, de los que 75.000 procedían de Nueva España, y el resto de Cuba, La Española, Honduras, Puerto Rico y Jamaica, en este orden de importancia.

El sistema de colonización española transportó a América el cuidado especial hacia la ganadería, y las nuevas ciudades designaron siempre unas zonas comunales de pastos, para los ganados de los vecinos, otorgándose paso franco para ejidos y dehesas. La proximidad de los ganados a las tierras de labor comenzó a dar problemas similares a los que se habían producido en España, y afectaron muchas veces a las labranzas de los indios. En 1537 se instituyó en México la Mesta, cuyas ordenanzas se dieron en 1542. Fue una institución exclusiva para los estancieros o dueños de estancias, y no para los poseedores de ganado. No se difundió a otros territorios.

En cuanto a la industria, inició un penoso desarrollo, luchando contra las dificultades impuestas por las enormes y peligrosas comunicaciones, la falta de mano de obra especializada y la carencia de un mercado apropiado de consumo, ya que los españoles seguían prefiriendo los artículos importados y los indígenas seguían siendo autosuficientes. Aparte de las labores de los gremios, la conservación de algunas frutas (azucaradas), la elaboración de bebidas alcohólicas y las curtiembres, cabe resaltar el impulso dado a los obrajes, donde los indígenas elaboraban, por procedimientos no muy lejanos a los tradicionales, tejidos de buena calidad en Puebla y Quito, principalmente.

El comercio fue la verdadera actividad económica proyectada por la corona española, con ánimo de monopolizar el negocio especiero. Fracasado en su objetivo primero, tuvo que cargar con el peso de trasvasar a América todo el utillaje e implementos de la colonización (armas, herramientas, animales, semillas, etc.) recibiendo en compensación las consabidas partidas de oro y perlas, insuficientes para equilibrar la balanza. Esto originó el abandono de la idea del monopolio estatal y la apertura a los particulares, quedando la monarquía únicamente con el control del negocio, con el beneficio de los impuestos y con algunos renglones adscritos al realengo, tales como el azogue, los esclavos, etc.

La estructura comercial se centralizó en la Casa de Contratación, erigida en Sevilla en 1503, supervisó toda la actividad mercantil de la carrera de Indias, vigiló los precios de los productos negociados e incluso preparó a los pilotos. Se estableció que todos los navíos con destino o procedencia de Indias debían entrar en el puerto sevillano, para facilitar la labor administrativa y fiscal. Sólo en el periodo 1529-1573 se autorizó a algunos otros puertos españoles (Bilbao, San Sebastián, Laredo, Avilés, La Coruña, Bayona, Cartagena y Málaga) a enviar mercancías directamente a Indias, pero los buques debían siempre regresar por la vía sevillana.

Los mercaderes de la carrera de Indias tuvieron diversas categorías, la más importante de las cuales fue la de los cargadores, que tenían la misión y el privilegio de enviar las mercancías. Pronto tuvieron una red de tratantes y subalternos en América, donde se establecieron vínculos muy estrechos entre los comerciantes veracruzanos, panameños y limeños con los sevillanos. Los mercaderes sevillanos se agruparon en un Consulado en 1543, lo que también hicieron luego los de México y Lima. El negocio indiano, con sus riesgos y sus problemas de retención de caudales, fue seleccionando el grupo de cargadores. Éstos procedían de las más variadas capas sociales y profesionales, pero es de destacar su vinculación con la baja nobleza o hidalguía. Se produjo esto porque muchos hidalgos escaparon de la crisis de su tiempo vinculándose a los negocios, pero también porque muchos cargadores compraron el título. Los cargadores, en todo caso, no eran grandes capitalistas y se consideraba rico aquel que tenía una fortuna de unos 30.000 pesos. Su sistema de operación, conocido como «la compañía de cargazón», no exigía grandes desembolsos, ya que eran asociaciones temporales, formadas por varios cargadores, para enviar una mercancía a determinado punto. Esto les permitía diversificar el pequeño capital y disminuir los riesgos de la venta.

La navegación trasatlántica se hizo en buques sueltos hasta 1521, pero las presas hechas por los piratas y los conflictos internacionales aconsejaron tomar algunas medidas defensivas a partir de entonces, que culminaron con el sistema de flotas de 1564: todos los mercantes irían reunidos y escoltados por buques de guerra. Había dos flotas: la Armada de la Nueva España, que se dirigía a México (salía en abril) y la Flota de los Galeones (salía en agosto), hacia Tierra Firme. Los buques de escolta se quedaban en La Habana, mientras se efectuaban las transacciones, y luego volvían a unirse a las flotas para el viaje de vuelta, que se hacía por el canal de la Bahama.

El puerto de Veracruz era el terminal de la Armada de la Nueva España. Desde allí se internaba la mercancía, a lomo de mulas, hasta México, donde se distribuía para los distintos territorios del virreinato. Parte de esta mercancía iba con destino a Filipinas, y se pasaba desde México a Acapulco, para su embarque en el galeón de Manila. En sentido inverso la mercancía del Galeón, con los valiosos artículos de China, llegaba a Acapulco y se pasaba a Veracruz, vía México, con destino a España.

La flota de los galeones recalaba siempre en Cartagena, donde se hacía una larga escala, mientras se bajaba la mercancía que se internaba hacia Santa Fe y otros puntos del Nuevo Reino de Granada. Luego llegaba a Nombre de Dios, en la costa atlántica panameña. Allí se descargaban los géneros y artículos para Suramérica, que se pasaban por el camino de Cruces, a lomo de mulas, hasta la ciudad de Panamá. Desde aquí se embarcaban nuevamente y bajaban hasta Guayaquil (donde se descargaba la que iba al Reino de Quito), El Callao (que absorbía la del Perú, Alto Perú o actual Bolivia e incluso la dirigida al Río de la Plata, que subía y bajaba el altiplano boliviano) y Valparaíso (para el trato de Santiago y Chile en general). La ruta era igualmente reversible y se procuraba que en ambos extremos del camino de Cruces, en las costas atlántica y pacífica panameñas, coincidieran la flota que venía de España y los navíos que traían los caudales y géneros desde Chile, Perú y Quito, para activar mejor la negociación. Los puertos de llegada de la mercancía se convertían en ferias, donde todo se negociaba y corría el dinero a raudales. En general, durante la segunda mitad del siglo XVI, Veracruz cargó con el 40 % del comercio indiano. Cartagena con el 25 % y Nombre de Dios con el 35 %. Después de la toma y destrucción de Nombre de Dios por Francis Drake, en 1596, el tráfico de Tierra Firme fue desviado al puerto de Portobelo.

Los artículos negociados fueron, aparte de los americanos ya citados, vino, aceite, harina y bizcocho, lencería y textiles, estos últimos de fabricación francesa y holandesa.

2. EL SIGLO XVII O LA ETAPA DE LA DECADENCIA

Es el siglo de la decadencia política y económica de España, pero también el Siglo de Oro de las letras españolas. Una vez más vuelve a repetirse en la Historia el fenómeno del desfase entre lo político y lo cultural. Los reinados de Felipe III, Felipe IV y Carlos III marcan una pendiente cada vez más acusada, que termina a fines de siglo con la desaparición de la dinastía de los Austrias.

En Hispanoamérica, la decadencia se manifiesta en la continuación del decrecimiento de la población, en la enorme crisis minera, en los asaltos continuos de los piratas a sus ciudades costeras, en la disminución del comercio con la metrópoli y en el aumento del contrabando. Se manifiesta también en otros aspectos positivos, como son la presencia cada vez más pujante de los criollos y mestizos, en el viraje de la economía minera hacia la agropecuaria, en el crecimiento del sector urbano y en los vínculos de solidaridad que Hispanoamérica genera, para enfrentarse a los enemigos comunes, ante la debilidad de la metrópoli. En esta época de orfandad y ataque exterior se establecieron posiblemente los lazos de solidaridad entre unos y otros territorios hispanoamericanos.

2.1. El sistema político-militar

Tuvo escasas modificaciones. Se mantuvieron los dos grandes virreinatos de México y Perú y se hicieron algunos reajustes en las Audiencias: se restablecieron las de Santiago de Chile (1609) y Quito (1661) y se creó la de Buenos Aires (1661). Ante los ataques anglo-holandeses, que culminaron con la toma de Jamaica (1655), se tendió a robustecer el aparato militar, transformándose incluso algunas presidencias togadas en las de capa y espada o militares (Nuevo Reino de Granada, en 1605). Se completó así el cinturón defensivo del Caribe, que empezaba con las fortificaciones de San Agustín (La Florida) y seguía con las de La Habana y San Juan de Puerto Rico, el complejo de Cartagena, cerrándose con los fortines de Portobelo. Esta estructura va a resistir hasta la guerra con Inglaterra de 1739.

2.2. La sociedad estamental

Durante la primera mitad del siglo XVII continuó la caída de la población aborigen, iniciada en la centuria anterior. Es difícil precisar hasta qué punto, pues los estudios regionales que permitirían la panorámica general, están elaborándose en buena parte en la actualidad. Como elemento referencial señalaremos que Dobyns opina que bajó hasta los 4,5 millones de indígenas, para mediados de siglo. A partir de entonces se inicia un fenómeno de recuperación demográfica, que alcanza un ritmo del 6 por 1.000 en la zona mexicana y sube hasta el 12 por 1.000 en algunos casos. En la población andina la imprecisión del decrecimiento y del aumento es aún mayor, pues, como ha señalado Nicolás Sánchez Albornoz, aparece el indio «forastero», que distorsiona todos los cálculos vigentes. Este «forastero» es el indio que se fuga de su comunidad para no pagar el tributo y se asienta en otra población indígena. Allí arrienda una parcela, que trabaja, y vive como un agregado, matrimoniado a veces con los indígenas tributarios y transmitiendo a sus descendientes la condición de «forastero». Estos naturales no eran contabilizados en los censos tributarios, que sirven por lo común de base para los estudios de demografía, por lo que la contabilidad de los «indios» refleja siempre un desajuste con la realidad vigente. El fenómeno de los «forasteros» es muy frecuente en el alto Perú, menor en la costa, y abundante también en Quito y Colombia.

Lo más interesante es quizá el hecho de que el grupo indígena generó al cabo de los años un mecanismo de liberación de los pechos impuestos a los naturales y de incremento del número de hombres libres. Otra gran fuga del número de indios es su transformación en mestizos, lo que operó a un ritmo cada vez más rápido. Finalmente tenemos a los jornaleros, o indios que abandonaban su antigua encomienda —prácticamente deshabitadas ya— para emplearse como asalariados de los hacendados, quienes les favorecían no denunciando su situación, lo que en definitiva les permitía usufructuar su mano de obra. Por esta razón hoy día es necesario revisar esa vieja imagen de que el siglo XVII era una época de paz y quietud colonial, en el que todo el mundo estaba en su sitio y nada pasaba. Muy por el contrario parece que nadie estaba en su sitio, o por lo menos una parte muy apreciable de la población no lo estaba.

La población española aumentó a un buen ritmo. De los 23.000 vecinos (unos 150.000 habitantes de 1574, se pasó a unos 77.600 (unos 500.000) en la tercera década del siglo XVII (Vázquez de Espinosa), lo que vino a significar que se triplicó. Los españoles y criollos de Nueva España eran 63.000 en 1570, y 125.000 en 1646. Poblaciones como Bogotá y Popayán habían pasado de 600 a 2.000 vecinos y de 300 a 866, en el lapso de tiempo transcurrido entre 1570 y 1630. No es por consiguiente exagerado suponer que a fines del XVII los españoles y criollos sumarían aproximadamente 1,5 millones.

Dentro de la población española se advierte ya el poder del grupo criollo, que había heredado los bienes patrimoniales de la generación conquistadora y de la primera y segunda generaciones criollas. Tenían las explotaciones mi-

Cartagena	135.000
Veracruz	70.000
La Habana, Santo Domingo, Puerto Rico y Venezuela	19.664
Buenos Aires	44.000
Totales	268.664

El tráfico se interrumpió desde 1640 hasta 1651, cuando volvieron a otorgarse algunas licencias asentistas, si bien de menor consideración. Así, por ejemplo, de 1663 a 1674 se llevaron otros 18.917 esclavos, lo que indica un ritmo de la mitad del anteriomente montado por Gómez Reinel. El historiador Palacios afirma que durante la segunda mitad del siglo llegarían a Cartagena unos 20.000 esclavos en total, o un promedio de 400 anuales. Los cálculos globales son siempre difíciles de establecer, pero posiblemente Hispanoamérica recibió unos 400.000 esclavos a lo largo del siglo, con un promedio anual de 4.000.

La esclavitud del siglo XVII esta relacionada con la agricultura, más que con la minería, especialmente desde los años 40, cuando se produjo la gran crisis minera. Proliferaron ya los palenques de negros cimarrones, que sembraron el terror en muchas haciendas y zonas rurales. En 1603 las autoridades cartageneras transigieron en conceder tierras y la libertad a 40 esclavos que estaban alzados, lo que demuestra el poder de los cimarrones.

Esclava (siglo XVIII)

neras y las haciendas, mientras los españoles continuaban controlando la administración, o haciendo pequeñas fortunas que pasaban, a la larga, a sus descendientes, criollos también. La corrupción administrativa de la época, con la venta de oficios, permitió el acceso de los criollos a la burocracia indiana, donde coparon los oficios de segundo orden. Especial importancia tuvo asimismo su infiltración dentro de la Iglesia.

El grupo mestizo prosiguió su crecimiento y fue despegándose progresivamente de la tutela y el encuadre dentro de los españoles. En algunos territòrios andinos el número de mestizos se aproximó peligrosamente al de los españoles criollos.

La base de la sociedad estamental estaba constituida por los esclavos. El siglo se abrió con la continuación del asiento portugués, señalado anteriormente, y que continuó sin interrupciones hasta 1640, cuando Portugal se independizó de España. Durante estos 40 años se introdujeron en Hispanoamérica por lo menos 268.664 esclavos, distribuidos según Enriqueta Vila de la siguiente forma:

2.3. La crisis económica

El siglo XVII es el de la gran crisis económica. Afectó a España, a Europa y a Hispanoamérica. Hasta hace apenas medio siglo se atribuía a causas exclusivamente españolas (despilfarros de la monarquía, motivados por las luchas hegemónicas; abandono de la agricultura: aumento de los latifundios; pérdida de la mano de obra, motivada por la expulsión de los moriscos; indolencia española; sostenimiento de una burocracia parasitaria; desprecio por los trabajos manuales; etc.), pero Earl J. Hamilton señaló que parecía más bien tener una causación americana, ya que se notaba un agotamiento progresivo de los envíos de oro y plata a la metrópoli durante el siglo XVII, especialmente a partir de la década de los 40. La relación de Hamilton llegaba hasta mediados de siglo, y ha sido completada recientemente por el historiador García Fuentes, quedando de la siguiente forma:

	pesos *(de 450* *maravedíes)*
1601-1610	5.580.853,5
1611-1620	5.464.058,1
1621-1630	5.196.520,5
1631-1640	3.342.545,6
1641-1650	2.553.435,0
1651-1660	1.049.759,5
1661-1670	566.135,7
1671-1680	607.004,6
1681-1690	234.428,3
1691-1700	181.722,8

Hamilton concluyó que las enormes remesas de metales preciosos llegadas a España durante el siglo XVI habían originado una subida de precios, que arrastró tras de sí la subida de salarios. La diferencia entre precios y salarios fue acortándose más cada vez, hasta alcanzar un punto de confluencia, que redujo los beneficios de los empresarios, produciéndose la crisis del capitalismo industrial español, ya que sus manufacturas fueron mas caras que las del resto de Europa.

Woodrow Borah vino luego a robustecer la teoría de Hamilton, afirmando que la caída de la población indígena motivó una evidente falta de mano de obra durante el siglo XVII, que se acusó en todos los sectores de la economía, pero particularmente en el minero, coincidiendo las cotas más bajas de la demografía indígena con el derrumbe de la producción y de los envíos de metales preciosos a España.

Chaunu equilibró las causas americanas y europeas de la crisis, considerando que América representaba una ampliación de los mercados europeos, a través de la vía sevillana. Confirmó la idea de Hamilton de la importancia de la plata y el oro en el desarrollo económico del capitalismo europeo, pero anotó también que las mercancías del Viejo Mundo produjeron una saturación del mercado americano, sobreviniendo entonces la crisis, que se evidenció en Sevilla desde 1620 y que se extendió luego a toda Europa.

Elliot, Lynch y Bakewell señalaron que aparte de la saturación del mercado americano, incidieron otras causas, como el agotamiento de las minas en producción, la retención de plata en América para los gastos de defensa y administración, la salida de plata americana hacia Oriente por la vía del galeón de Manila, el abastecimiento de su propio circuito interno comercial y, especialmente, el reciclaje producido dentro de la economía colonial, cuando el hundimiento de la demografía indí-gena hizo bascular la actividad productiva de los naturales a los españoles y criollos, pues éstos funcionaron ya abiertamente en un régiemen capitalista, diversificando la economía y orientándola a satisfacer la demanda de las propias colonias, con lo que se asestó un golpe mortal a la importación de los productos europeos. Florescano ha anotado que este fenómeno fue especialmente acusado en la Nueva España, donde las exportaciones realizadas durante el primer tercio del siglo XVII reflejan ya una situación diferente de la tradicional: El 35 % de su valor está representado por artículos agropecuarios producidos en México (grana, índigo, colorantes, plantas medicinales) y sólo un 65 % corresponde a los metales preciosos. El historiador mexicano afirma que esto es totalmente diferente en el Virreinato del Perú, donde se aprecia menos la diversificación de la producción.

El problema no puede afrontarse aún con claridad, pues faltan estudios comparativos, pero García Fuentes ha registrado un aumento considerable de las exportaciones agropecuarias del Perú durante la segunda mitad del siglo XVII: Grandes cantidades de cacao (el 84,3 % del llegado a España venía de Venezuela), bastante azúcar (Tierra firme) y palo de Brasil (Venezuela y Tierra Firme), algo de añil (Tierra Firme), así como gran número de cueros (Venezuela fue el segundo abastecedor durante la segunda mitad del XVII, con 180.878 cueros, frente a los 45.006 mandados por Nueva España). Parece así probable que el fenómeno de reciclaje económico no fuera exclusivo de Nueva España, pues pudo afectar a otras áreas suramericanas, como Venezuela y Colombia. En este último país siguió funcionando la producción aurífera, con un bajón en los años 40 y otro en los 60, pero se inició una recuperación a fines de siglo, como puede apreciarse en la acuñación de moneda en la Casa de Santa Fe, según los datos de Barriga Villalba:

	Kg. *de oro*
1601-1610	21.590,1
1611-1620	18.883,3
1621-1630	15.727,0
1631-1640	10.375,6
1641-1650	8.601,9
1651-1660	8.226,1
1661-1670	4.479,1
1671-1680	4.805,9
1681-1690	7.022,5
1691-1700	5.399,5

Buena parte del oro producido, como dijimos anteriormente, siguiendo a Colmenares, se quedó en el territorio y se invirtió en las necesidades del mercado interno. En la zona payanesa se empezó a producir el mismo fenómeno de configuración de la hacienda, registrado en el norte, centro y sur de México (en Popayán las extracciones mineras del occidente colombiano habían acelerado el proceso de agotamiento de minas y el descenso de la población aborigen).

Resulta así evidente una disminución de la producción minera en toda América, aunque no en la proporción que indican los envíos de numerario a la metrópoli. Es claro que esto aceleró la crisis metropolitana y creó un reajuste económico en las colonias, donde los capitales se movilizaron hacia otros sectores de la economía como el agropecuario, de alta rentabilidad, debido al aumento de los precios y a la demanda de alimentos, consecuencia del crecimiento urbano. El cambio coincide con el libre concertaje de la mano de obra indígena por parte de los terratenientes, los que proletarizará al indio. Finalmente, se produce un decaimiento de la vieja institución de la encomienda, ya que los encomenderos no pueden competir con los hacendados, lo que en definitiva origina una inversión de roles dentro del grupo español: el prestigio de los mineros pasa a los terratenientes.

Un aspecto muy interesante del cambio económico, inexplicable hasta hace algunos años, es el de la españolización de la dieta americana. Algunas malas cosechas de trigo, como las ocurridas en Nueva España en 1624 y 1692, produjeron levantamientos indígenas, lo que parecía indicar un alejamiento de la alimentación tradicional de maíz y una ruptura de los marcos de autoconsumo entre los naturales. Indudablemente el problema está íntimamente relacionado con la gran producción agrícola de los terratenientes españoles y criollos, que había modificado el patrón alimenticio de los aborígenes, al menos en gran parte. En el Perú, la incapacidad para satisfacer la demanda de trigo, se tradujo en las importaciones, cada vez mayores, de trigo chileno.

Los envíos de géneros europeos a América encontraron también el obstáculo de la propia producción hispanoamericana. El renglón de los textiles era ya muy apreciable, y se configuró para el aprovechamiento de la lana y del algodón. Hans Pohl ha señalado que en 1595 pastaban unas 800.000 ovejas en la región de Santiago de Chile y que a comienzos del XVII había unas 350.000 en el corregimiento de Cajamarca. En 1696 se contabilizan 600.000

ovejas en Ambato. México y los Andes fueron las zonas donde se centró la producción de textiles en los obrajes, aprovechando la mano de obra indígena. En Puebla había 33 obrajes en 1603, y en el Perú se crearon 300 a lo largo de la centuria, 50 de los cuales estuvieron en el Cuzco. En Cajamarca los ocho obrajes de principio de siglo se habían convertido en 35 a fines del mismo. También destacaron los de Quito y Tucumán. En México, además, se produjeron sedas de buena calidad hasta 1679, cuando se prohibió cultivar morera.

Otros renglones importantes fueron las fundiciones de bronce en el Perú (cañones y campanas), la fabricación de pólvora y la industria naval de las Islas y Guayaquil. La producción artesanal suministró asimismo muchos artículos, como velas, sombreros, muebles, etc. La ciudad de México tenía 100 gremios en 1685, siendo especialmente prestigioso el de los plateros, que se concentraba en la calle de San Francisco, donde había 71 platerías.

El comercio continuó con el mismo sistema de flotas organizado en la centuria anterior, si bien fueron perdiendo periodicidad y terminaron por ser bianuales desde mediados del XVII. La inestabilidad del tráfico, producida por la presencia de piratas y corsarios motivó una gran fluctuación de la avería, que subió hasta el 30%, aunque usualmente fue del 6%. En 1660 la corona decidió suprimir este impuesto y sustituirlo por un canon fijo de 790.000 ducados, con el que se pagaban los gastos de defensa de los mercantes.

La corrupción era el mal del siglo y se apoderó del comercio. Los buques de guerra iban cargados de mercancías y muchas veces no podían maniobrar frente a un ataque del enemigo. En los puertos se pagaban enormes donativos a la corona para que concedieran indultos a mercancías entradas de contrabando, y gran parte de los cargadores españoles no eran sino simples testaferros de comerciantes extranjeros. Ya en 1619, denunció Sancho de Moncada que de diez partes del negocio indiano, nueve eran de extranjeros y sólo una del rey, por lo que concluyó: «de modo que las Indias son para ellos, y el título para Vuestra Majestad». El mismo Consejo de Indias reconoció que los extranjeros tenían los dos tercios del oro y plata que llegaba de Indias.

Al contrabando hecho por la vía «legal» había que sumar el verdaderamente ilegal, hecho por las potencias europeas, que comenzaron a asaltar las islas del Caribe para convertirlas en depósitos de manufacturas que se reexpedían luego a toda Hispanoamérica. Los franceses ocuparon con este propósito la isla de San Cristóbal en 1625 y los ingleses las Nevis (1628) y las Barbados (1630). Los holandeses asaltaron Curaçao (1634) y San Eustaquio, Saba y San Martín. Los daneses tomaron las islas Vírgenes, y finalmente, Inglaterra conquistó Jamaica en 1655, que se convirtió en el gran almacén del contrabando en el Caribe. Desde estas bases operaban también piratas, bucaneros y corsarios, aterrando los puertos americanos. En 1671, Morgan tomó e incendió Panamá; 28 días de orgía, 175 mulas cargadas de plata y 600 prisioneros coronaron su triunfo.

3. EL SIGLO XVIII O LA ETAPA DE LA ILUSTRACIÓN

La nueva centuria trajo cambios profundos para Hispanoamérica, disponiéndola hacia la descolonización que se produjo a comienzos del XIX. La política absolutista, con una nueva concepción del Estado, modificó no pocos aspectos de la administración, y afrontó las grandes rebeliones de los años 80. La economía proyectó una gran reforma fiscal y una liberalización del comercio, pero sin llegar a sus últimas consecuencias. La sociedad estamental se desajustó totalmente con el enorme crecimiento demográfico producido a partir de 1750, y con la presencia mayoritaria de los grupos mestizos en muchas regiones.

3.1. *La política del despotismo*

Surgió de la concepción francesa del Estado absolutista, introducida en España por la nueva dinastía de los Borbones, y alcanzó su mejor expresión durante el reinado de Carlos III, España fue entonces una gran metrópoli unificada y los antiguos reinos indianos se definieron como sus colonias. La monarquía federal de los Austrias se había desvanecido totalmente.

La reorganización administrativa colonial determinó, en primer lugar, la aparición de dos nuevos virreinatos: el del Nuevo Reino de Granada y el del Río de la Plata, El primero de ellos se creó en 1719, para suprimirse en 1724 y restablecerse definitivamente en 1739. Su capital fue Santafé de Bogotá, y su complejo administrativo los territorios que hoy son Colombia, Venezuela, Ecuador y Panamá. El segundo se erigió en 1776, con capital en Buenos Aires, y los territorios actuales de Argentina, Uruguay, Paraguay, parte de Bolivia y Chile.

El mismo año 1776 se creó la Comandancia de las Provincias Internas (norte de México) y, al siguiente, la Capitanía General de Venezuela, separándola del virreinato neogranadino. Hispanoamérica quedó así con cuatro virreinatos (México, Perú, Nuevo Reino y Río de la Plata) y cuatro capitanías generales (Cuba, Guatemala, Venezuela y Chile).

La reforma administrativa más importante fue sin duda la creación de las Intendencias. Se realizó sobre el modelo francés, organizando una subdivisión de los virreinatos, para efectos hacendísticos y militares, con lo que se restringió el poder de los virreyes. La fundación de intendencias se inició en 1763, pero las Ordenanzas de Intendentes no se dieron hasta 1782. El sistema se impuso en todos los virreinatos y capitanías, a excepción del Nuevo Reino de Granada, donde el levantamiento comunero hizo desaconsejable su instalación. En cuanto a las audiencias se mantuvieron con ligeras modificaciones: en 1786 se creó la de Caracas, en 1787 la de Cuzco y se efectuaron ajustes de supresiones y restablecimientos en otras.

Especial consideración política tuvo la reforma fiscal ordenada por Gálvez en 1777. Pretendía racionalizar y fomentar los impuestos en Suramérica, sobre el modelo que él había establecido en México. Gálvez envió a tres hombres claves para llevarla a cabo: Juan José de Areche al Perú, José García de León Pizarro a Quito y Francisco Gutiérrez de Piñeres al Nuevo Reino de Granada. Los tres establecieron un nuevo régimen de impuestos (modificando los existentes también) que afectó a los bolsillos de criollos, mestizos e indios. La reacción contra los gravámenes se inició en el Perú con los movimientos antifiscales de Arequipa, La Paz, Cochabamba y Oruro (1780), y desató finalmente la sublevación de Túpac Amaru, que se extendió por toda la Sierra. Los indígenas siguieron enfervorizados a su caudillo y pusieron cerco al Cuzco. Tras la captura y muerte de Túpac Amaru (1781) siguieron otros movimientos tupamaros, como los de Julián Apasa y Oruro, que demostraron la inestabilidad del poder español. Las reformas de Quito promovieron igualmente infinidad de levantamientos indígenas, en Otávalo, Catacachi, Callambe, Ambato, Pillaro, etc., que fueron dominados por las fuerzas realistas. Las de Gutiérrez de Piñeres finalmente motivaron la sublevación de los comuneros en el Nuevo Reino (1780-81), en la que llegaron a movilizarse hasta 20.000 hombres de todos los estamentos, con ánimo de atacar la capital santafereña. El movimiento fue disuelto tras las capitulaciones de Zipaquirá, en las que las autoridades españolas se comprometieron a derogar la mayor parte de los impuestos (lo que luego se incumplió)

BVEN GOBIERNO
ATOPA·AMAROI·ECOR
TAVILA CAVESE ELCVZCO

Ejecución de Túpac Amaru, de la *Nueva Corónica*

pero quedaron también rescoldos revolucionarios, como la partida de Galán, que fue apresado y ejecutado.

Los últimos años del siglo XVIII y los primeros del XIX se vivieron ya en un clima continuo de agitación, estimulado por personalidades como Baquíjano y Vizcardo, en el Perú; Miranda, en Venezuela; Rojas, en Chile; Nariño, en el Nuevo Reino; los Montúfar, en Quito; etc. Las autoridades españolas eran impotentes para detener la propaganda revolucionaria que circulaba manuscrita e impresa, y que a menudo saltaba a la calle en forma de pasquines. La independencia esperaba sólo una coyuntura favorable, que se presentó con la crisis de autoridad producida por el motín de Aranjuez y la mediación napoleónica en los conflictos existentes entre Carlos IV y su hijo Fernando. La ocupación de España por las tropas francesas fue el momento más oportuno para iniciar el levantamiento.

3.2. *La sociedad ilustrada*

Hispanoamérica mantuvo el ritmo de recuperación demográfica iniciado desde mediados

del siglo XVII durante unos cien años, y con tasas de crecimiento de hasta el 0,6%, pero desde 1750 el proceso se aceleró y entró en una fase expansiva con un crecimiento del 0,8%, para el periodo 1750-1800, y luego del 0,9% para el de comienzos del siglo XIX. Téngase en cuenta, a efectos comparativos, que la población de Europa crecía entonces a un ritmo del 0,4% al 0,6%.

La población total de Hispanoamérica puede cifrarse en aproximadamente unos 15 millones de habitantes: una décima parte de la europea, pero diez veces la norteamericana. Sus mayores contingentes se concentraban en los virreinatos de México (unos 5,5 millones), Nuevo Reino de Granada (unos 2 millones) y Perú (1,5 millones).

El grupo español estaba constituido mayoritariamente por los «españoles-americanos» o criollos, ya que era principalmente consecuencia del crecimiento vegetativo, pues no se hicieron migraciones notables desde la península, salvo las de algunos grupos canarios a Montevideo, Cuba y Santo Domingo. Muy por el contrario, Carlos III estaba realizando una labor de repoblación de algunas zonas españolas, como la Sierra Morena. El conjunto de criollos y españoles suponía aproximadamente un 20% de la población hispanoamericana, o unos 3 millones de habitantes, que se localizaba en los núcleos urbanos.

El crecimiento urbano estaba cambiando sensiblemente el carácter de la población. Borah ha señalado que en el periodo comprendido entre 1646 y 1774 los vecinos de Durango habían crecido 29 veces, los de Puebla 13, y los de Valladolid 10. Nicolás Sánchez Albornoz ha anotado que entre 1628 y 1761 los habitantes de La Paz aumentaron 16 veces y los de Piura 8, mientras que los de Trujillo y Camaná se triplicaron. En el Nuevo Reino de Granada había ya 776 ciudades, villas y pueblos.

Los mestizos habían sobrepasado a los españoles y criollos en numerosos lugares, como en Colombia y Chile. Su cuantía se puede fijar en el 26% del total de población, aunque en el virreinato santafereño alcanzaba el 30%. Predominaban en las ciudades (había tasas de ilegitimidad en los nacimientos de alrededor del 25%) pero ocupaban asimismo buena parte del área rural. La sociedad elitista de los españoles y criollos los clasificaba de las formas más pintorescas (tercerones, requinterones, salto atrás, etc.) pero el pueblo prefería los denominativos comunes de pardos, morenos o cholos. El mestizaje había destruido totalmente la sociedad bipolar organizada por los españoles en el siglo XVI (españoles e indios) y amenazaba hacerlo también con la estamental del siglo XVII. La reforma carolina se orientó en gran parte a dar cabida a estos mestizos, permitiéndoles el acceso a las tierras. Se estrechó entonces aún más a los indios en las suyas, y se sacaron a remate algunas, pero en vez de ir a parar a las manos de los mestizos, pasaron directamente a los blancos, que hicieron las mejores ofertas en las subastas.

La población indígena representaba el 45 % del total (unos 6,75 millones), con porcentajes muy variables, según las regiones (75 % en Cuzco, 92 % en Cotabambas, 52 % en Potosí, 1,5 % en Montevideo). La mayor parte vivía en las regiones rurales, aunque existían ya porcentajes muy apreciables de indios urbanos en algunas ciudades andinas, como Quito (32 %) y Bogotá (10 %). Las grandes densidades se daban en Nueva España, la Capitanía General de Guatemala y los virreinatos andinos. Los naturales habían visto desaparecer la anacrónica institución de la encomienda (1718), por muerte natural, y casi todos los pechos,

salvo tributo y los repartimientos, pero seguían siendo azotados por las epidemias: tifus, en 1761, y viruelas en 1779-80 y 1797-98, en México; viruelas, en Buenos Aires (1796, 1799, 1803 y 1809), en Valparaíso y Caracas (1766 y 1783). Sólo dos de estas epidemias (1714 y 1736-39) dieron muerte en la intendencia de Puebla a 140.000 personas. Florescano ha señalado también el flagelo de las crisis agrarias sobre los aborígenes, con gran mortandad o debilitamiento físico, que resultaba gravísimo cuando coincidía con una epidemia, como ocurrió en México en 1785-86, donde murieron más de 300.000 personas. La introducción de la vacuna antivariólica en 1803 y una campaña de salubridad de altos alcances, resultó decisiva en este sentido.

La cuantificación de la población negra del siglo XVIII está siendo objeto actualmente de una revisión crítica. Curtin señaló que entre 1701 y 1760 entraron en Hispanoamérica unos 181.000 esclavos, a razón de 3.000 anuales, pero hoy se considera que este tráfico no alcanzó jamás las cotas del asiento portugués,

Esclavos en el barco rumbo a América

en la centuria anterior (el caso de Brasil es diferente). El siglo se abrió con el asiento negrero de la Compañía francesa de Guinea, que condujo durante nueve años (quebró en 1710) 16.854 esclavos a Hispanoamérica (4.251 a Cartagena, 5.845 a Portobelo y Panamá, 3.057 a Buenos Aires, 1.193 a La Guayra, 1.648 a La Habana y cantidades menores a Veracruz y Santa Marta). Inglaterra sustituyó a Francia en el negocio, después del tratado de Utrecht y entregó el asiento a la South Sea Company, que lo monopolizó entre 1714 y 1737. En la etapa más optimista del trato, que fue la correspondiente a los años 1715 a 1728, llegó a introducir 8.692 esclavos, los que supondría una media de 668 anuales, según ha anotado Lucio Mijares. El puerto de Cartagena —que era el de mayor actividad— recibió durante todo el asiento (1714-1736) un total de 10.475 negros, como ha señalado Jorge Palacios, lo que nos daría un promedio de 476 anuales. Parece así muy difícil mantener la tasa de los 3.000 anuales.

Durante la segunda mitad del siglo la introducción de esclavos estuvo sujeta a mayores alternativas e irregularidades. La corona llegó incluso a crear una compañía española para este trato, que fue la de Cádiz, pero apenas condujo a Cartagena 985 esclavos entre 1766 y 1770. Su mayor operación, según Bibiano Torres, se hizo en 1778, con un total de 4.153 negros. En 1789 se autorizó el libre tráfico de esclavos para algunos territorios hispanoamericanos.

Los mayores núcleos de color se localizaron en las islas y costas. A fines de siglo había 84.333 esclavos en Cuba, 83.972 en Colombia, 96.000 negros (esclavos y libres) en Perú y cantidades menos apreciables en otros lugares, aunque a veces alcanzaban porcentajes altos dentro de la población, como ocurría, por ejemplo, en Montevideo, donde los negros eran 3.144 pero suponían el 33,27% de la población total. En términos muy globales podría pensarse en unos 1,35 a 1,5 millones de negros para Hispanoamérica, a fines del siglo XVIII, que aumentaron durante la última década del régimen colonial.

3.3. *El auge económico*

El siglo XVIII marca la cota más alta de la economía hispanoamericana en todos los renglones: agrícola, pecuario, minero, industrial y comercial. El motor que alimentó esta expansión no procedió del exterior como antaño, sino del interior y sus válvulas principales fueron el capital agrícola y comercial. Su objetivo fue satisfacer la demanda creciente de una población en aumento y sustituir los artículos importados de la metrópoli cuando, a partir de 1797, sobrevino la etapa de aislamiento, como consecuencia de las guerras españolas.

La crisis económica del XVII dejó como sobrevivientes a los hacendados y a los comerciantes. Los primeros aumentaron sus dividendos con el suministro de alimentos a las ciudades, cada vez mayores, y trataron de controlar los precios, lo que lograron frecuentemente. Las oscilaciones de buenas y malas cosechas fueron enjugadas mediante la diversificación de las plantaciones, que les permitió subsistir cuando se arruinaban los pequeños agricultores, a quienes usualmente compraban la tierra, aumentando así el poder de los latifundios. Florescano ha señalado que precisamente los periodos de normalidad de los hacendados mexicanos fueron los de malas cosechas, cuando imponían la ley de los precios, mientras que los anormales fueron los de buenas cosechas, cuando tuvieron que hacer frente a la competencia de los pequeños productores. El fenómeno derivó hacia el robustecimiento del latifundio, que es generalizable para toda Hispanoamérica.

Los hacendados y terratenientes suministraron los productos alimenticios que necesitaba la población creciente de Hispanoamérica (maíz, trigo, cebada, fríjoles, etc.), así como ciertos renglones para la exportación, que demandaba la metrópoli. Seis productos —siete, si contamos la grana— figuran dentro del grupo que monopolizó el 98,5% de las exportaciones de Hispanoamérica a España en el periodo 1717-1778: el añil, los palos tintóreos (Campeche y Brasil), el tabaco el cacao, el azúcar, y las plantas medicinales. El resto de las exportaciones que completaron ese 98,5% fueron el cobre y el estaño. Añadamos también un renglón parelelo de enorme importancia que fueron los cueros. Este fue el gran marco productivo hacia el exterior. Si dividimos este periodo en dos grandes bloques (1717-1738 y 1747-1778) tal y como lo ha hecho García Baquero podremos anotar que el azúcar sufrió un incremento del 2.401% en la segunda época con respecto a la primera, el cacao el 626%, los productos medicinales el 402%, los tintóreos el 344% y el tabaco el 91%. No menos interesante es el hecho de que las exportaciones del primer periodo fueron fundamentalmente materias primas, mientras las del segundo eran ya productos que exigían una transformación elemental (azúcar). La productividad afectó principalmente a las islas y a la región circuncaribe, pero se extendió a otros lugares de Suramérica (cacao guayaquileño, bálsamos peruanos, cueros rioplatenses).

El otro grupo sobreviviente fue el de los comerciantes, que aumentaron sus dividendos con el tráfico exterior del siglo XVIII y con el comercio interno de los territorios americanos, que dominaban totalmente. Sus capitales se reinvirtieron en la minería, que volvió a alcanzar un auge insospechado durante la segunda mitad del siglo XVIII. Incentivo para esta inversión fue la política minera de Fernando VI y Carlos III, quienes llegaron a proteger la venta de azogue con precios políticos. Así el quintal de azogue que se vendía a 187 pesos a fines del siglo XVII, bajó a 82 pesos en 1750 y a 41, 25 en 1778. La corona asumió directamente la explotación del azogue en Huancavélica, desde 1782 hasta 1795, y aunque cada quintal le costaba 111 pesos, lo vendía a 75 (la Real Hacienda perdió más de un millón de pesos en este negocio), con lo que se activó mucho la producción de plata, tanto en México, como en Perú. Se introdujeron además mejoras técnicas, como el uso de la pólvora para explosiones subterráneas, lo que ahorraba mano de obra, y la introducción de unos ingenios denominados «arrastre», que eran conducidos por caballerías, acelerando el proceso de beneficio de la plata por amalgamación. En 1786 la corona ordenó a Fausto de Elhuyar reunir un grupo de minerólogos y metalúrgicos alemanes para introducir en América el sistema Born, que permitía beneficiar la plata con menos gasto de mercurio. Los técnicos fueron enviados a México, Nuevo Reino de Granada y Perú.

El aumento de la producción minera se reflejó en los envíos de metales preciosos a la metrópoli, que en la relación incompleta de García Baquero, ofrece esta situación:

	pesos
1717-1726...................	56.533.905
1727-1736...................	81.723.566
1737-1746...................	14.269.027
1747-1756...................	136.322.908
1757-1766...................	129.616.380
1767-1776...................	166.839.355

Nueva España, más que Perú, acusó este desarrollo en sus minas de Parral, Álamos, Catorce, Bolaños, Zacatecas, etc., que movilizaron hacia el norte la frontera de la colonización. México producía en 1800 el 66% de la producción mundial de plata.

La productividad afectó también al oro, que representó al 15,35% de los caudales

Trabajos para la explotación de brea mineral en Perú (siglo XVIII)

enviados a España en el periodo antes citado (1717-1776). Las minas y lavaderos del Chocó (Colombia), beneficiadas con la abundante mano de obra esclava, introducida en Cartagena durante la primera mitad del siglo, alcanzaron su momento de esplendor. Colombia produjo 11.110.849 onzas finas de oro en el periodo 1701-1800, lo que supone el 24,69% de la producción mundial. En la década siguiente (1800-1810) aún superó este nivel, con 1.607.537 onzas finas o el 27,47% de la producción mundial.

La expansión comercial, agrícola y minera fue seguida de la industria. La elaboración de azúcar y aguardientes en Cuba y Puerto Rico tuvo un ritmo creciente, que se disparó a partir de 1797, cuando las guerras haitianas de independencia acabaron con los cañaverales. Las manufacturas de textiles mexicanas y andinas conocieron un incremento del número de obrajes, y de telares dentro de éstos, que se aceleró aún más durante la primera década del siglo XIX.

En cuanto a la política comercial, atravesó situaciones muy diversas, que tendieron hacia el libre comercio entre España y sus colonias. Durante los primeros cuarenta años se mantuvo el viejo sistema de flotas y se autorizó un contrabando más o menos legalizado a franceses e ingleses (estos últimos lo hicieron con el denominado «navío de permiso»). El monopolio sevillano se traspasó a Cádiz en 1717, lo que no tuvo mayor importancia. A partir de 1740 se comerció con navíos sueltos y se hicieron concesiones a varias compañías españolas para operar en América (la única que existía anteriormente era la Guipuzcoana, fundada en 1728, para el negocio con Venezuela): en 1740 se fundó la compañía de La Habana, en 1747 la de San Fernando, en 1755 la de Barcelona, etc. Estas compañías cargaron con aproximadamente el 20 % del tráfico existente la metrópoli y sus colonias.

En 1766 comenzó la apertura comercial, cuando se autorizó a nueve puertos peninsulares para que comerciaran con las islas (Cuba, Puerto Rico, Santo Domingo, Trinidad y Margarita), lo que se amplió luego a Luisiana, Campeche y Yucatán y todos los puertos neogranadinos. Finalmente, en 1778, se dio el Reglamento de Libre Comercio que autorizó el libre tráfico entre España e Hispanoamérica, salvo los territorios de Nueva España y Venezuela. Toda esta política produjo la gran actividad comercial que hemos visto anteriormente y debía dar resultados aún más espectaculares a partir de entonces, de no haberse embarcado España en una serie de guerras continuas contra Inglaterra y Francia, que asfixiaron el tráfico con Hispanoamérica hasta su independencia. Ante la incapacidad de la metrópoli para atender la demanda indiana, se determinó autorizar a los navíos de potencias neutrales

(1797) para negociar con las colonias, lo que en la práctica supuso entregar a éstas al capitalismo europeo y norteamericano. El comercio de España y sus colonias bajó considerablemente y, aunque fue apreciable, no refleja sino sólo una parte del verdadero crecimiento económico hispanoamericano. Baste decir que los envíos de oro y plata a Cádiz, durante el periodo 1797-1818 —veintiún años—, sumaron 183. 450.040 pesos, que podemos cotejar con los 166.839.355 pesos de la década 1767-1776.

La exportación hispanoamericana demuestra ya su enorme diversificación: Veracruz enviaba grana, vainilla, bálsamo, palo de campeche, dulce, miel, zarzaparrilla, añil, pimienta tabasco, purga de jalapa y achiote; Puerto Rico, azúcar, café, cueros y palos tintóreos; Venezuela, cacao, café, añil, algodón y cueros; el Nuevo Reino, cacao cueros, quina, palos, algodón y carey; Quito, cacao; el Río de la Plata, cuero, astas de toro, sebo, cascarilla, lanas, cobre y estaño; Perú, cascarilla, lanas y cobre. Los dos grandes renglones eran el azúcar, con 5.399.614 arrobas durante el periodo, y el cacao, con 399.978 fanegas.

Pero lo más importante para Hispanoamérica fue el decaimiento del tráfico con su metrópoli, como consecuencia de las guerras, que motivó una aceleración de su capacidad industrial, que tuvo que suplir muchos de los artículos que antes importaba —principalmente los textiles— y la suspensión de los envíos regulares de plata y oro, que se reinvirtieron entonces en los propios circuitos americanos, generando nueva riqueza. Hispanoamérica afrontaba el problema de su independencia con la mejor capacidad económica de su Historia.

BIBLIOGRAFÍA

Dado el nivel de divulgación que ha guiado este estudio, y lo limitado del mismo, ya que sólo pretendió prologar el análisis de la Literatura Hispanoamericana, resultaría ampuloso dotarle de una bibliografía temática, ni aún selectiva, que sobrepasaría por otra parte la exposición. Preferimos por ello ofrecer una pequeña relación de las obras que se han ocupado del estudio global de la Historia de Hispanoamérica durante el periodo colonial, que puede resultar mucho más útil para el lector. Aquí encontrará las referencias que busca e incluso una buena bibliografía específica. La relación esta centrada en las obras impresas o reimpresas en español durante los últimos quince años:

Céspedes, Guillermo, *América Latina colonial hasta 1650*, México, Sep Setentas, 1976.
Chaunu, Pierre, *L'Amérique et les Ameriques de la préhistoire á nos jours*, París, 1964.

Diffie, Bailey W., *Latin American Civilization; Colonial Period*, Nueva York, Octagon Books, 1967.
Fagg, John E., *Historia general de Latinoamérica*, Madrid, Taurus, 1970.
Gibson, Charles, *España en América*, Barcelona, Grijalbo, 1976.
Góngora, Mario, *Studies in the Colonial History of Spanish America*, Cambridge Latin American Studies, 30, Nueva York, 1977.
Haring, Clarence H., *El Imperio Hispánico en América*, Buenos Aires, Hachette, 1966.
Hernández Sánchez Barba, Mario, *Historia universal de América*, 2 vols., Madrid, Guadarrama, 1963.
Herring, Hubert, *Evolución histórica de América Latina, desde los comienzos hasta la actualidad*, 2 vols., Buenos Aires, Universitaria, 1972.
Konetzke, Richard, *América Latina. II. La época colonial*, Madrid, Siglo XXI, .1971.

MORALES PADRÓN, Francisco, *Historia de América*, 2 vols., Madrid, Espasa Calpe, 1975.
PARRY, J. H., *El imperio español de ultramar*, Madrid, Aguilar, 1970.
SÁNCHEZ, Luis Alberto, *Breve historia de América*, Buenos Aires, Losada, 1965.
VICENS VIVES, Jaime, *Historia social y económica de España y América*, 4 vols., Barcelona, 1971.
ZABALA, Silvio, *El mundo americano en la época colonial*, 2 vols., México, 1967.

Los autores y obras citadas en el texto son los siguientes:

BOYD-BOWMAN, P., *Índice geográfico de cuarenta mil pobladores españoles de América en el siglo XVI*, Bogotá, y México, 1963 y 1968.
BORAH, W., *The aboriginal population of Central Mexico on the eve of the Spanish conquest*, Berkeley, 1963.
COLMENARES, Germán, *Historia económica y social de Colombia, 1537-1719*, Bogotá, Ediciones Culturales, 1973.
COOK, S. F., *The indian population of Central Mexico, 1531-1610*, Berkeley, 1960.
CURTIN, P., *The Atlantic slave trade, A census*, Madison, 1969.

CHAUNU, H. y P., *Seville et l'Atlantique (1504-1650)*, 8 vols., París, 1955-1960.
CHEVALIER, F., *Land and society in colonial Mexico: the great hacienda*, Berkeley, 1963.
ELLIOT, John H., *América y el problema de la decadencia española*, Sevilla, AEA, XXVIII, 1971.
FLORESCANO, Enrique e Isabel GIL SÁNCHEZ, «La época de las reformas borbónicas y el crecimiento económico, 1750-1808», en *Historia General de México*, 2, México, 1977.
GARCÍA-BAQUERO, Antonio, *Cádiz y el Atlántico (1717-1778)*, 2 vols, Sevilla, EEA, 1976.
— *Comercio colonial y guerras revolucionarias*, Sevilla, EEA, 1972.
HAMILTON, Earl J., *El tesoro americano y la revolución de los precios en España, 1501-1650*, reeditado en Barcelona, Ariel, 1975.
LORENZO, Eufemio, *Comercio de España con América en la época de Felipe II*, Valladolid, 1979.
LYNCH, John, *La revoluciónes hispanoamericanas, 1808-1826*, Barcelona, Ariel, 1978.
PALACIOS PRECIADO, Jorge, *La trata de negros por Cartagena de Indias*, Tunja, 1973.
SÁNCHEZ ALBORNOZ, Nicolás, *La población de América Latina desde los tiempos precolombinos al año 2000*, Madrid, 2.ª ed., 1977.
VILA, Enriqueta, *Hispanoamérica y el comercio de esclavos. Los asientos portugueses*, Sevilla, EEH, 1977.

33

2

La cultura hispanoamericana en la época colonial

JEAN FRANCO

LA ÉPOCA COLONIAL

La conquista del Caribe, América Central y América del Sur por los españoles a partir de 1492 repercutió no solamente en la vida cotidiana, la política y las relaciones internacionales de los países europeos, sino que también influyó profundamente en todas las ramas del conocimiento. En primer lugar, los cuatro viajes de Colón y, sobre todo, el cuarto, que lo condujo a la desembocadura del Orinoco, demostraron la inaplicabilidad de la antigua cosmografía. Ya con el viaje de Américo Vespucci en 1504 se comprobó que las tierras recién descubiertas no formaban parte de Asia. Este descubrimiento constituyó un grave problema en relación a las teorías vigentes, ya que hizo factible la existencia de una pluralidad de mundos y, a su vez, de una variedad de seres humanos no descendientes de Adán. De ahí la necesidad de, en palabras de Edmundo O'Gorman, «inventar a América»[1]. Le tocó a un imperio como el español, jerárquico, legalista y con un alto sentido de su misión social y religiosa, tomar arduas decisiones trascendentales y totalizadoras, tales como la definición de la naturaleza de los habitantes del Nuevo Mundo, su conversión al cristianismo, la construcción e institucionalización de una red administrativa y el desarrollo de los instrumentos ideológicos pertinentes, a fin de incorporar el mundo recién descubierto al resto de la cristiandad.

Los españoles habían descubierto no tan sólo una geografía inédita, sino también sociedades que abarcaban todos los niveles de desarrollo, desde los pueblos nómadas de las llanuras y los cazadores de los bosques hasta las grandes civilizaciones de los Aztecas y los Mayas, en Mesoamérica, y los Incas, en la cordillera andina. Lo que es hoy día México, por ejemplo, abarcaba una variedad étnica considerable que incluía a más de seiscientos grupos indígenas, en muy distintas etapas de desarrollo. Se hablaban unas ochenta lenguas pertenecientes a quince diferentes familias. El dominio azteca sobre el México central se basaba en un sistema tributario. No obstante,

Coronación de un rey azteca, de la *Historia de las Indias*, de Diego Durán

en su movimiento de expansión no se esforzaron en imponer su idioma y religión sobre los territorios conquistados. En contraste, el estado tarasco (situado en el moderno estado de Michoacán), que era menos poderoso, extendía su influencia lingüística y cultural sobre los vencidos[2]. Al norte de Guatemala, Tabasco, Honduras y en el norte de Yucatán se encontraron en 1520 los fragmentos del imperio maya, ya en desintegración después de unas guerras civiles. En la cordillera andina, el imperio inca, también tributario, extendía una red económica, administrativa y religiosa que se extendía desde lo que hoy conocemos como Colombia hasta Chile. Todas estas civilizaciones habían desarrollado las artes plásticas y la arquitectura, pese a que contaban con una tecnología primitiva. Asimismo, la escultura, el tejido, la orfebrería y la cerámica habían alcanzado un alto grado de perfección artística. Y aunque la escritura estaba relativamente poco desarrollada en los imperios aztecas y mayas, restringiéndose a los *quipus* en el caso del imperio inca, florecía la poesía transmitida oralmente y la narrativa mítica. Quizás el poeta más conocido del México precolombiano es el príncipe Netzahualcóyotl, (1402-72), que habitaba en la región del lago Texcoco y cuya poesía pertenece a una tradición lírica bastante sofisticada en cuanto a recursos técnicos de símbolos y metáforas se refiere. Su poesía alcanza gran patetismo sobre

[1] Edmundo O'Gorman, *La invención de América, el universalismo de la cultura de Occidente*, México, Fondo de Cultura Económica, 1958.

[2] Enrique Semó, *Historia del capitalismo en México. Los orígenes 1521-1763*, México, Era, 1973, pág. 22.

todo en algunos poemas que tratan lo efímero de la vida, como el que sigue:

> Yo Netzahualcóyotl lo pregunto:
> ¿Acaso de veras se vive con raíz en la tierra?
> No para siempre en la tierra:
> sólo un poco aquí.
> Aunque sea de jade se quiebra,
> aunque sea de oro se rompe,
> aunque sea plumaje de quetzal se desgarra.
> No para siempre en la tierra:
> sólo un poco aquí[3].

Pese a la fuerte imposición de la administración española y la conversión de los pueblos indígenas al catolicismo, las antiguas creencias y leyendas se conservan a través de la tradición oral en las lenguas indígenas. La alfabetización, sobre todo en los primeros años después de la conquista, permitía la conservación de tradiciones como el caso de los manuscritos mayas de los libros del *Chilam Balam* y el *Popol Vuh*[4]. Dado que la alfabetización creaba una élite de letrados, el cultivo oral tendía a transmitir las tradiciones, populares y es lo que más contribuye a la cultura de la resistencia que a veces brota en motines y rebeliones abiertas, como en el caso de Nueva España en los siglos XVI y XVII; en la rebelión de Túpac Amaru en el siglo XVIII en el Perú, etc. Por otra parte, la tradición oral indígena ha tenido una fuerte influencia en la literatura culta, sobre todo en este siglo, especialmente en México y en el Perú (por ejemplo, en las novelas de José María Arguedas y en la poesía de Ernesto Cardenal, para citar sólo dos ejemplos).

Al iniciarse el tráfico de esclavos africanos en el siglo XVI se introduce un nuevo grupo de oprimidos que se veían obligados a mantener su identidad mediante la transmisión oral de leyendas, canciones y ritos alusivos al pasado. La aculturación de los negros fue aún más brutal que la de los indígenas, ya que aquéllos, a diferencia de éstos, constituían un proletariado desarraigado de sus orígenes en un mundo nuevo que les era totalmente ajeno. En las plantaciones del Caribe y Suramérica se mezclaron y aislaron en barracas, hombres y mujeres africanos de diversas tribus y lenguas. Pero también allí se originó una cultura de resistencia, que desde entonces se plasmó en los ritos de santería y brujería, en la música y en el baile, y que se ha conservado hasta nuestros días.

LA INTEGRACIÓN DE LOS INDÍGENAS Y LA EDUCACIÓN DE LOS CRIOLLOS

Los primeros frutos literarios de la conquista fueron las cartas, las crónicas, las relaciones y las historias que trataban sobre las hazañas del descubrimiento, la conquista y las primeras impresiones del nuevo mundo y sus habitantes. Entre estos documentos se encuentran los libros de bitácora de Colón, las cartas de Hernán Cortés, la *Historia verdadera de la conquista de la Nueva España* de Bernal Díaz del Castillo (1496-1584), la *Historia general y natural de las Indias* de Gonzalo Fernández de Oviedo (1478-1557), la *Historia oficial de la conquista de México* por Francisco López de Gomara (1510-72?), la de la conquista del Perú por Pedro Cieza de León (1520 ó 22-60) y las crónicas de los franciscanos que se refieren a la conquista espiritual del Nuevo Mundo —sobre todo, la *Historia de los indios de la Nueva España* de fray Toribio de Benavente, llamado Motolinía (?-1569). A esta literatura, que será discutida en detalle más adelante, se añadían las investigaciones de los frailes, sobre todo la del dominico Diego Durán (1538-88) y la del franciscano, Bernardino de Sahagún (1500-90), autor de la *Historia general de las cosas de la Nueva España*, para la cual utilizó los informes de los mismos indios a fin de averiguar sobre el nacimiento, el casamiento y la muerte, la vida doméstica y las costumbres de ellos, la organización económica de los pueblos indígenas, su gobierno y su manera de hacer la guerra, su religión y sus dioses. Más tarde se contaría con los *Comentarios reales* del Inca Garcilaso de la Vega (1539-1616), y con la *Historia natural y moral de las Indias* del jesuita, padre José de Acosta (1539-1606). A este rico material se podrían sumar los artefactos y objetos de las civilizaciones indígenas que llegaban a Europa, muchos de los cuales paraban en las bibliotecas de los humanistas, y también los mismos indígenas, que eran traídos como muestra ante las cortes de Europa y a quienes hacían tomar parte en guerras simuladas.

Este material ofrece a los europeos las primeras visiones profundas de los pueblos no europeos y su impacto se hizo sentir inmediatamente en la política civil y eclesiástica que se aplicaría sobre los pueblos indígenas. En 1537 una bula papel había reconocido la capacidad de los indios para comprender la fe católica.

---

[3] Gabriel Zaíd, *Omnibus de poesía mexicana*, México, Siglo XXI, 1971, pág. 74.

[4] Adrián Recinos (ed.), *Popol Vuh*, México, Fondo de Cultura Económica, 1953. Antonio Mediz Bolio (ed.), *Libro de Chilam Balam de Chumaye*, México, UNAM, 1941. Miguel López Portilla, *La literaturas precolombinas de México*, México, Pormaca.

Catecismo para los indios mexicanos (siglo XVI)

Sin embargo, existían graves discrepancias entre colonizadores y misioneros referentes a la definición de la naturaleza de los indios. Aun cuando se admitía su ascendencia adánica, algunos colonizadores opinaban que estos habían perdido las virtudes inherentes al vínculo adánico dadas las influencias negativas ejercidas por Satanás, y que, por lo tanto, eran vulnerables a toda clase de vicios e idolatrías. Otros, como el teólogo Francisco de Vitoria (1486-1546), adjudicaban el desarrollo de la sociabilidad y la economía indígenas a su intelecto natural. Y Sahagún alegaba que era cierto que los indígenas eran hermanos de los europeos, apoyándose en la común ascendencia en Adán: «Son nuestros hermanos que tenemos que amar como a nosostros mismos, *quid quid sit*»[5]. El diálogo sobre la naturaleza del indio culminó en la famosa polémica sostenida entre Juan Ginés de Sepúlveda (1490-1573) y fray Bartolomé de Las Casas (1474-1566), sobre el problema de si los indios eran aceptables como hombres en el sentido pleno de la palabra, o simplemente debía considerárseles como esclavos naturales[6]. La protesta del dominico fray Bartolomé de Las Casas contra el trato dado a los indios de Santo Domingo y Cuba, en su *Brevísima relación de la destrucción de las Indias* (1552), tuvo amplia resonancia en Europa y contribuyó parcialmente a crear la leyenda negra de la crueldad de la España colonial.

El universalismo cristiano vigente en el imperio de Carlos V abogaba por la integración de los indígenas a través de la conversión dirigida bajo la tutela de los franciscanos. En consecuencia, a fin de posibilitar y facilitar el trabajo de la conversión y educación de los indígenas, el clero aprendió los idiomas nativos. También se experimentó con la fundación de repúblicas para los indios, como la fundada por Las Casas en Alta Vera Paz (Guatemala). Impulsado por el espíritu humanista, Bernardo de Sahagún recopiló información sobre los indios mexicanos, enfocada específicamente hacia el conocimiento de la mentalidad del náhuatl parlante, con la esperanza de asegurar una conversión más eficiente y duradera. Como él mismo explicó, «para predicar contra estas cosas y aun para saber si las hay, menester es de saber cómo las usaban en tiempo de su idolatría, que por falta de no saber esto, en nuestra presencia hacen muchas cosas idolátricas, sin que lo entendamos».

Sahagún empleaba métodos sofisticados en

---

[5] Fray Bernardino de Sahagún, *Historia general de las cosas de Nueva España*, ed. Ángel María Garibay, México, Porrúa, 1969, I, pág. 31.

[6] Lewis Hanke, *Aristotle and the American Indians*, Londres, Carter and Hollis, 1959.

su trabajo de recopilación de datos, utilizando informantes indígenas, y haciendo, como señala Robert Ricard, «un verdadero trabajo colectivo»[7]. La redacción definitiva de su obra que abarcaba religión, astrología, filosofía moral y vida intelectual y social, flora y fauna, historia de la conquista y un diccionario de lengua náhuatl se completó en versión náhuatl en 1569. Sin embargo, esta etapa en que prevalecían los ideales humanistas estaba destinada al fracaso, dadas las necesidades económicas de mano de obra india o africana y la Contrarreforma. Con la subida al trono de Felipe II en 1555, domina la política de la hispanización de los indígenas al mismo tiempo que se manifiesta la influencia de la Contrarreforma en la supresión de cualquier expresión religiosa indígena y la intolerancia hacia la tarea misionera. En 1578, Felipe II mandó confiscar la obra de Sahagún[8].

En lo que a los indios se refiere, la evangelización se dificultó grandemente. Hubo múltiples ejemplos de hostilidad abierta y de resistencia activa en toda América, cundiendo movimientos mesiánicos como lo fue Taqui Onquoy en el Perú[9], o «satánicos» como los ocurridos en la Valle de Tlaltenango, México, donde fueron quemadas la cruz y la iglesia, y se practicaron ceremonias sacrílegas. A lo largo del siglo XVI, los obispos se quejaban de la facilidad con que los indios convertidos al cristianismo recaían en la idolatría. Durante todo el período colonial (y, en algunos casos y regiones, aún en el presente) se puede hablar de la supervivencia del paganismo en relación sincrética con el catolicismo.

Después de la primera etapa de las conversiones, dominada por los franciscanos, y en la cual también actuaron dominicos y agustinos, se continuó, a partir del Concilio tridentino, una política de integración de los indígenas. Después de 1572, se destacaron los jesuitas, quienes transformaron la educación de todas las clases sociales, encargándose sobre todo de la educación de los criollos. Los jesuitas estuvieron muy conscientes de la función jerárquica de la educación y, por consecuencia, de la necesidad de formar élites dirigentes. Por ejemplo, en México se fundaron colegios donde se educaban «en policía y virtud a los hijos de los caciques y principales de la provincia»[10]. Muy pronto se institucionalizó la educación avanzada, fundándose colegios donde se ofrecían cursos de teología, artes y retórica. La influencia más notoria de los jesuitas en el Nuevo Mundo repercutió sobre todo en América del Sur, específicamente en la región que hoy abarca parte de Bolivia, Argentina y Paraguay. Allí establecieron misiones en donde se organizó la vida de los indígenas, conservando el guaraní como lengua cotidiana y logrando crear una especie de utopía regida por el trabajo y la religión. El paternalismo excesivo y la vida regimentada de los trabajadores misioneros, en comparación con el lujo en que vivían los padres, sería más tarde el blanco de ataque de la burla volteriana en *Candide*.

Dos instituciones importantes se introdujeron temprano: la imprenta y la enseñanza universitaria. La imprenta, que se estableció a partir de 1535 en México y a partir de 1583 en Lima, servía al principio para la publicación de textos didácticos que se utilizaban en la obra de conversión. La Universidad de Santo Tomás en Santo Domingo se fundó en 1538; las de Lima y de México se fundaron en 1551 y la última pronto se convirtió en un centro de erudición humanista.

ADMINISTRACIÓN Y ECONOMÍA

Desde 1533 el imperio español ya tenía organizadas y establecidas las instituciones básicas para la administración de las colonias; el poder se concentraba en el virrey, el representante personal del rey de España. Su cargo normalmente duraba siete años. Los dos grandes virreinatos eran el de Nueva España, cuya capital fue la ciudad de México, y se extendía desde California hasta casi Panamá, incluyendo además las islas del Caribe; y el del Perú, que abarcaba toda Suramérica, con la excepción de las colonias portuguesas y holandesas. La administración se centralizó bajo la autoridad de un organismo supremo establecido en 1524, el Consejo de Indias, el cual rendía cuentas directamente al rey y se reunía en España. Los altos cargos de la jerarquía colonial siempre quedaban en manos de los oriundos de España, aunque pronto aparece en la colonia una población de criollos y de mestizos nacidos en América. Sin embargo, los criollos, es decir, los nacidos en América de ascendencia española, sólo podían parti-

[7] Robert Ricard, *The Spiritual Conquest of Mexico*; *an essay on the apostolate and the evangelizing Methods of the Mendicant orders in New Spain*, Berkeley U. C. Press.

[8] Ver el prefacio a la traducción inglesa de Fanny R. Bandeleir, *A History of Ancient Mexico*, Río Grande Press, 1976, pág. 16.

[9] John Hemmings, *The Conquest of the Incas*, Londres, MacMillan and Co., 1970, pág. 310.

[10] Juan Sánchez Baquero, S.J. *Fundación de la Compañía de Jesús en Nueva España 1571-80*, México, Editorial Patria, 1945, pág. 164.

cipar en la administración como miembros de los cabildos o consejos municipales.

En lo que atañe al aspecto legal estrictamente jerárquico, la institución más importante después del virrey era la Audiencia, constituida por oidores que actuaban como tribunal supremo y como consejo. En caso de surgir dificultades entre el virrey y los oidores o la iglesia, éstas eran resueltas por los visitadores generales enviados por la corona. En el siglo XVIII, las reformas administrativas determinaron la división de los dos virreinatos y la fundación del virreinato de Santa Fe de Bogotá (1739) y del virreinato de Buenos Aires en 1776. Un sistema de intendentes formaba una burocracia local.

En cuanto a la economía, hacia 1550 se inicia el período dominado por la minería. Por razones de necesidad interna, también se forman estancias. La introducción del ganado permitía la utilización de terrenos hasta entonces considerados como improductivos. A partir de 1620, en México, la economía platera se estanca y paulatinamente la agricultura se transforma en el centro de la vida económica.

Durante los primeros años de la colonización, la explotación de los nativos fue severa, lo cual produjo una evidente disminución de la población indígena. Aunque se ha tratado de justificar el descenso poblacional con las epidemias, también ocurrieron casos de suicidios en masa, de abortos, etc. Se calcula que entre 1518 y 1605 la población en el México central decreció en un 95 por 100 y hubo un descenso similar en el Perú.

La institución del sistema de encomiendas otorgadas solamente por la corona desde 1509 aseguró la conversión de los indios. En el siglo XVII, se cuestionó su eficiencia y sólo sobrevivió en forma modificada. Por ejemplo, en el México central la encomienda se convirtió en un sistema tributario, mientras que en Venezuela y el Paraguay, los encomenderos mantuvieron su control sobre los indios. Además, los hacendados que carecían de encomiendas tenían derecho al trabajo indio, mediante el sistema de repartimientos que se conocía como *cuatequitl* en el Ecuador y como *mita* en el Perú y Bolivia. La *mita* era la fuente principal de labor para las minas. Las leyes de Burgos de 1512 sistematizaron el repartimiento de indios, exigiendo que el dueño construyera casas y les diera pequeños terrenos. Aunque la corona prohibía la esclavitud, se permitía una forma de servidumbre que se llamaba «yanaconaje» en el virreinato del Perú: Los yanaconas formaban parte de los bienes materiales de la hacienda, por lo que se traspasaban con ella en caso de venta.

Encomendero en un grabado del siglo XVI

En la América colonial, la producción en la gran mayoría de las regiones respondía a mercados internos y externos, pero era restringida por la corona, que prohibía el libre comercio a ciertas cosechas como el vino y la aceituna: aunque este control monopolista español no variaba fundamentalmente del control ejercido por otras potencias colonizadoras, es muy probable que se ejerciera de un modo más rígido. El desarrollo tecnológico de la agricultura se hallaba en dificultades dada esta política monopolista, la cual por mucho tiempo sólo permitió el comercio de determinadas mercancías y únicamente entre los puertos de Sevilla y Cádiz en la península, y Veracruz, Cartagena y Portobelo en el nuevo mundo. Esta política explica parcialmente el escaso desarrollo de las llanuras del cono sur, ya que no fue hasta fines del siglo XVIII cuando se permitió la llegada de la flota al puerto de Buenos Aires, al que antes sólo se podía llegar por tierra desde el Perú. Otro elemento importante de la economía colonial consistía en la exportación de ganancias que no producían amplios beneficios locales. No se reinvertía el capital, sino que se dilapidaba en el consumo de artículos de lujo o en el adorno de las iglesias, como se verá más adelante al discutir el desarrollo de las artes plásticas. Esta falta de inversión de capital fue preparando el terreno para crear una economía de dependencia.

Como ha señalado el investigador mexicano Enrique Semó[11], el estudio de las leyes del mercado no explica el conjunto de las actividades de la colonia porque éstas respondían a muchas influencias extraeconómicas: «Un título nobiliario vale más que un capital. Una absolución se adquiere convirtiendo un floreciente negocio en convento.» El *status* social dependía más de la riqueza y el boato que del capital productivo que se poseía. Definir la economía colonial como una estructura precapitalista (Semó) o capitalista dependiente (Gunder Frank)[12] ha dado lugar a diferencias de interpretación de la historia colonial, pero lo que queda fuera de duda es el papel importante de la corona que, a través de regalías, tributos, impuestos, monopolios y préstamos forzosos, lograba importantes ingresos provenientes de América. El ingreso llegó al máximo durante el reinado de Felipe II cuando alcanzó 45 millones de pesos. Hasta fines del siglo XVIII, la corona mantuvo casi intacto su monopolio del comercio (fuera del contrabando), llevando a Nueva España artículos de lujo, libros y ciertos comestibles e importando oro, tejidos y artículos como el cacao.

LA VISIÓN DE LOS CONQUISTADORES

El aporte cultural de la conquista consiste en las cartas, relaciones, crónicas e historias de los conquistadores y de los primeros frailes evangelistas ya mencionados. El libro de bitácora de Colón y las cartas de Cortés interesan por el papel de protagonista desempeñado por sus autores. Por su dominio del arte de narrar se destaca el relato de Bernal Díaz del Castillo, *Historia verdadera de la conquista de la Nueva España*. Soldado de las tropas de Cortés, su relato no solamente se esfuerza por dar «la verdadera historia», a diferencia de los relatos oficiales, sino que también está motivado por un fuerte sentido dramático. Las hazañas de los conquistadores sólo podrían equipararse con las de los héroes épicos. Los grandes momentos destacados por Díaz del Castillo se centran en episodios que se han convertido en motivos legendarios: la destrucción de los barcos de Cortés, el primer contacto con los emisarios de Moctezuma, la intervención de doña Marina, amante e intérprete de Cortés a quien los indios llamaban la Malinche, la primera visita de Tenochtitlán con sus lagos y templos, la huida de Cortés de la ciudad azteca en la «noche triste», la muerte de Moctezuma y la de su hijo Cuauhtémoc, etc. No es de sorprenderse que Díaz del Castillo sólo pudiera encontrar antecedentes a las cosas relatadas en la historia antigua o en las novelas de caballería:

> nos quedamos admirados, y decíamos que parecía a las cosas de encantamiento que cuentan en el libro de Amadís, por las grandes torres y *cués* (templos) y edificios que tenían dentro en el agua, y todos de calicanto, y aun algunos de nuestros soldados decían que si aquello que veían si era entre sueños, y no es de maravillar que yo escriba aquí de esta manera, porque hay mucho que ponderar en ello que no sé cómo lo cuente; ver cosas nunca oídas, ni aun soñadas, como veíamos.

Todos los cronistas de la época —Pedro Cieza de León que escribe sobre la conquista del Perú; Agustín de Zárate (?-1560), autor de la *Historia del descubrimiento y conquista del Perú* (1555); Gonzalo Jiménez de Quesada (? -1579), cronista del descubrimiento y conquista de Nueva Granada; Fray Gaspar de Carvajal (1504-84), el primero que describió el Amazonas— tenían que resolver el problema de la verosimilitud. Fuera de Díaz del Castillo, se destaca, quizás por lo raro de los acontecimientos, el relato de Alvar Núñez Cabeza de Vaca (1490?-1559?), autor de los *Naufragios y comentarios*, obra en la que habla de su cautiverio entre los indios nómadas del norte de México durante varios años, viajando con ellos por las llanuras de México.

LA VISIÓN DE LOS VENCIDOS

La alfabetización y las recopilaciones de los frailes proveen una visión de la conquista desde la perspectiva de los vencidos, una visión trágica y amarga. La poesía, antes que ningún otro género, ofrecía un lenguaje simbólico que se adecuaba a este intento de visión no menos trágico por integrarse a un ciclo preordenado por el Dador de la vida, como se puede observar en el siguiente poema sobre la derrota de Tlatelolco:

En los caminos yacen dardos rotos:
los cabellos están esparcidos.
Destechadas están las casas,
Enrojecidos tienen sus muros.

Gusanos pululan por calles y plazas,
y están las paredes manchadas de sesos.
Rojas están las aguas, cual si las hubieran teñido,
Y si las bebíamos, eran aguas de salitre.

[11] *Op.cit.*, pág. 131.
[12] Andrés Gunder Frank, *Le développement du sous--développement*, París, Maspéro, 1972; *Lumpenburguesía y lumpendesarrollo*, México, Era, 1971.

Golpeábamos los muros de adobe en nuestra ansiedad
y nos quedaba por herencia una red de agujeros.
En los escudos estuvo nuestro resguardo,
pero los escudos no detienen la desolación.
Hemos comido panes de colorín,
Hemos masticado grama salitrosa,
Pedazos de adobe, lagartijas, ratones,
Y tierra hecha polvo y aun los gusanos.
Llorad, amigos míos,
Tened entendido que con estos hechos
Hemos perdido la nación mexicana.
¡El agua se ha acedado, se acedó la comida!
Esto es lo que ha hecho el Dador de la vida en
[Tlatelolco[13].

Los libros de Chilam Balam, una serie de
relatos proféticos descubiertos en Yucatán,
también recuerdan dolorosamente la ruina
de la civilización maya, y se han preservado
varias tradiciones en las leyendas y en la poesía
quechua sobre la conquista del imperio Inca.
Uno de los ejemplos más destacados contiene
la versión oral quechua de la muerte de Atahualpa, la cual difiere de la versión española
en la que el último Inca muere agarrotado.
Tanto en la versión oral como en la crónica de
Guamán Poma de Ayala, que se menciona
más adelante, Atahualpa es decapitado. La
figura decapitada de Atahualpa se encuentra
en una elegía anónima de autor cuzqueño,
Apu Inqa Atahualpaman. Al igual que en los
libros proféticos mayas, se alude a la resurrección de las civilizaciones derrotadas; en
la leyenda de Inkarrí, por ejemplo, se anuncia
la resurrección del Inca y por consiguiente la
de los pueblos andinos, una vez que *Inkarrí*
encuentre su cabeza[14].
Además de la tradición oral, existen dos
fuentes escritas interesantes. En primer lugar,
el informe del Inca Titu Cusi Yupanqui, encontrado en este siglo y dirigido al rey de
España, se destaca por ser el único relato autobiográfico sobre la conquista del Perú y por
ofrecer un resumen de la conquista desde el
punto de vista de los conquistados. La otra
fuente, de sumo interés también, es la *Nueva
Corónica y buen gobierno* del mestizo Felipe
Guamán Poma de Ayala, cuyo relato sobre el
imperio Inca y la conquista de los pueblos
andinos fue descubierto en 1908 en Copenha-
gue. Una edición facsímil publicada en París
en 1936 nos permite apreciar este importante
y excéntrico libro ilustrado por dibujos de la
vida peruana del siglo XVI.
Según su propio relato, Poma de Ayala

nace alrededor de 1535 de una vieja dinastía de
señores de Andamarca (pueblo situado en el
norte del Perú actual) y su juventud transcurre
durante los años más traumáticos de la época
colonial, en los que se consolida la nueva fe
y el nuevo gobierno. Ocupa cargos en la administración de Andamarca, sirviendo de ayu-
dante a varios visitadores y probablemente
ayudando a Cristóbal de Albornoz, gran ex-
tirpador de «herejías», como la de Taqui Onquoy, un movimiento mesiánico que surge
alrededor de 1565.
La *Nueva corónica* se divide en dos partes:
la primera narra el pasado andino hasta la
llegada de los españoles y la segunda relata
cúal es la situación de los indios frente a la
conquista. Poma de Ayala no da una visión
de una edad de oro inca, sino que, después de
describir las cuatro edades del mundo según
las tradiciones andinas, introduce en sus descripciones referentes a la dominación inca una
nota de crítica, dirigida sobre todo contra los
gobernantes cuzqueños, la cual probablemente refleja el resentimiento local hacia éstos.
No menos interesante es su relato de las dificultades vividas durante los primeros años de
la colonia. «De cómo los indios andaban per-

Agricultura inca, de la *Nueva Corónica*

---

13 *Omnibus de poesía mexicana*, pág. 46.
14 Mercedes López Baralt, «Millenarism as liminality: an
interpretation of the Andean myth of the myth of Inkarri»,
Point of Contact, 6, Nueva York, Spring, 1979, págs. 65-82.

didos de sus dioses y huacas y de sus reyes y de sus señores grandes y de sus capitanes en este tiempo de la conquista ni había Dios de los cristianos ni rey de España ni había justicia así dieron a hurtar y robar los españoles...»

A pesar de su firme creencia en la fe católica, este autor peregrino reconoció la explotación despiadada ejercida sobre los pueblos indígenas. Da fe de los motines de los pobres, acusando a algunos corregidores de abuso del poder y de haber castigado cruelmente a sus nuevos súbditos.

No hay que olvidar que la conquista coincidió en gran parte con el florecimiento del humanismo en Europa, y que el ideal humanista se fundaba en la visión de la armonía global encabezada por un rey filósofo. El humanismo modeló el pensamiento de ciertos historiadores y cronistas. Entre ellos sobresale el «Inca» Garcilaso de la Vega (1539-1616), hijo de una noble Inca cuzqueña y de un conquistador español, quien desde 1560 se trasladó a España donde pasó el resto de su vida. Allí contribuyó en forma destacada a la vida intelectual española, traduciendo al español los *Dialoghi d'amore* del neoplatónico León Hebreo. En 1606 publicó la *Florida del Inca*, una relación de las aventuras de Hernando de Soto, el descubridor de la Florida, y una de las primeras descripciones conscientemente literarias del Nuevo Mundo. Sus *Comentarios reales que tratan del origen de los incas* aparecieron en 1609 (una segunda parte con el título de *Historia general del Perú*, se publicó en 1617) e influyeron en la literatura de tema indianista y en el mito del buen salvaje. *Los Incas* (1777) de Marmontel es quizás el libro más conocido que debe mucho a los motivos de la obra del Inca.

Los *Comentarios reales* ofrecen un testimonio de un mundo desaparecido, como explica su autor:

> Yo nací ocho años después que los españoles ganaron mi tierra, y como lo he dicho, me crié en ella hasta los veinte años, y así vi muchas cosas de las que hacían los indios en aquella su gentilidad, las cuales contaré, diciendo que las vi. Sin la relación que mis parientes me dieron de las cosas dichas y sin lo que yo vi, he habido otras muchas relaciones de las conquistas y hechos de aquellos reyes; porque luego que propuse escribir esta historia, escribí a los condiscípulos de escuela y gramática, encargándoles que cada uno me ayudase con la relación que pudiese haber de las particulares conquistas que los Incas hicieron de las provincias de sus madres.

Esta exposición consciente de la metodología a seguir demuestra que el Inca tenía una clara idea de su misión humanista, la cual consistía en el descubrimiento de las creencias y prácticas de la sociedades andinas en relación con los rasgos universales. Por esta razón también rechazó el latín a favor de la lengua española, pues esta última alcanzaba a los que no entendían «indio ni latín», y, sobre todo, a los que como el mismo Inca habían tenido que pasar tiempo en las guerras «entre armas y caballos, pólvora y arcabuces...». Dirigiéndose a un público que sabría reconocer los velores caballerescos de lo heroico, el Inca representa un nuevo tipo de hombre, el del mestizo en cuya sangre se mezclan lo europeo y lo americano.

La importancia de los *Comentarios reales* no reside en su autenticidad histórica: el Inca había abandonado su tierra natal muy joven y no tenía manera de verificar sus recuerdos. Lo que es mucho más importante es su alta valoración de la civilización Inca y la dignidad de sus reyes, quienes van cobrando una estatura clásica. Por ejemplo, al describir a Atahualpa en el momento de su muerte, comenta: «recibió aquella pena y tormento con el valor y la grandeza de ánimo que los Incas y todos los indios nobles suelen recibir cualquiere inhumanidad y crueldad que les hagan»*.

Al igual que la obra del Inca, la del padre jesuita José de Acosta (1539-1600) se basa en el conocimiento directo del Nuevo Mundo, y específicamente de virreinato del Perú, donde residió desde 1570 hasta 1587. Este conocimiento le permitió corregir la obra de los antiguos: Platón, Plinio, Ptolomeo y Aristóteles. El último, por ejemplo, había sostenido que la «zona tórrida» no era habitable, mientras que el padre Acosta sabía que era «cómoda, placentera y agradable», y, además, fue uno de los primeros en sugerir que los indios americanos tenían sus orígenes en las migraciones que fueron hechas a través del estrecho de Bering. La taxonomía que utiliza Acosta se basa en un cosmos geocéntrico cuyos minerales, vegetación y animales se ordenan según la distribución de los elementos del fuego, del agua, del aire, y de la tierra. Se distribuyen todos también según su posición en la gran cadena evolutiva que culmina en el hombre. Como los habitantes del Nuevo Mundo tenían gobiernos y sociedades, no se les podía clasificar de salvajes. Desgraciadamente, la codicia de los europeos ya había exterminado a muchos de ellos y también muchos aspectos de la

---

* Véase, en este mismo volumen, B. Lavalle, «El Inca Garcilaso de la Vega».

42

vida indígena que hubiera servido de mucho conocer. Además,

> Que demás de ser agravio y sinrazón que se les hace es un gran daño por tenernos aborrecidos como a hombres que en todo, así en lo bueno como en lo malo, les somos y hemos sido siempre contrarios.

LA VIDA CULTURAL EN EL SIGLO XVI

La vida cultural de las nuevas colonias se encontraba gobernada por y subordinada a las exigencias de la conquista. Entre los colonizadores predominaban militares, eclesiásticos y comerciantes, la mayoría de los cuales carecían de gustos sofisticados. La conversión de los indígenas y la necesidad de control ideológico restringía aún más las actividades culturales. Por ejemplo, se prohibe la importación de novelas, las cuales eran consideradas de gran peligro para los nuevos cristianos incapaces de distinguir entre ficción y verdad. Aunque se importaban novelas y otros libros prohibidos de contrabando, las prohibiciones tenían que afectar profundamente la producción literaria *. En arquitectura, se impusieron reglas sobre la construcción y en las artes plásticas se prohibieron los temas profanos. Aún en 1680, se denunció en público a un dominico por poseer una pintura de Héctor y Aquiles [15]. En 1570, la iglesia en Quito prohibió la venta de imágenes profanas a los indios. En México, desde 1556, y más tarde en otras partes de la América española, se controlaban los gremios de los pintores y en Ciudad de México, Puebla, Bogotá y Lima se excluyó a los indígenas de los gremios hasta 1700. A partir del Concilio de Trento, se fortaleció la reglamentación de la vida cultural colonial. La Inquisición se mostró infatigable en su extirpación de la idolatría y se encarceló a varios pintores y grabadores de origen flamenco, italiano y francés bajo la acusación de ser luteranos.

En compensación, se gastaba mucha energía y talento en la organización de espectáculos y fiestas: la llegada de un virrey o una gran fiesta religiosa (en particular la fiesta de *Corpus Christi*) daban motivo a toda clase de actividades, ya fuera música, poesía, teatro o artes plásticas. Por ejemplo, la llegada de las santas reliquias de la Compañía de Jesús a México, en 1578, fue celebrada con certámenes literarios, y procesiones de indios y criollos: «Salió una danza de niños indios a recibir la procesión, vestidos de seda y plumería galana, danzando a su modo, y cantando a canto de órgano (que todos eran cantores), una letra en su lengua y en nuestra poesía y medida española, que acompañadas las voces de flautas y otros instrumentos, pareció muy bien» [16]. Después de otra danza de niños colegiales «dieron libertad a varios géneros de aves, que habían estado cautivas dentro del arco, las cuales con el ruido que con su vuelo hicieron, saliendo por lo alto, entretuvieron a la gente». Hacia el final de las festividades, que duraron ocho días, se escenificó «la tragedia grande de la persecución y triunfo de la Iglesia, de los dos Emperadores, Diocleciano y Constantino, representada por los principales de los estudios, con el mayor aparato que se vio ni parece se podrá ver en esta ciudad, con aquel afecto y noción del auditorio que se pudo desear». Este espectáculo total, tan característico del medievo europeo, unificaba todas las artes, utilizándolas con un propósito tanto religioso como estético.

Las primeras obras de teatro escritas en el Nuevo Mundo formaban parte de las fiestas religiosas. En 1553, Fray Andrés de Olmo (?-d. 1571) escribió una *Alegoría del juicio final*, en idioma náhuatl, que se estrenó en el Colegio de Santiago de Tlatelolco. Los patios de las iglesias daban amplio espacio para las representaciones teatrales, y las fiestas de los santos proporcionaban los temas y las ocasiones. Las obras religiosas también predominaban en el teatro en español. Hernán González de Eslava, dramaturgo español (1534-1621?) que se trasladó a México en 1559, escribió entremeses y coloquios, muchos de tema pastoril, además de dramas religiosos. Su entremés *Entre dos rufianes* es una de las pocas obras de tema no religioso que ha llegado hasta nuestros días. También se conocen los diálogos satíricos de Cristóbal de Llerena (1540-1610) de Santo Domingo, escritos alrededor del año 1548. Llerena fue expulsado de la isla por una sátira que protestaba contra los abusos de los abogados.

Como González de Eslava, muchos otros escritores emigraron al Nuevo Mundo en el siglo XVI; entre ellos, el novelista Mateo Alemán (1547, d. 1613), el poeta petrarquista Gutierre de Cetina (a. 1520-57?), y el dramaturgo y poeta Juan de la Cueva (1543?-1610). Muchos escritores se dedicaban a la poesía

---

* Véase, sin embargo, en este mismo volumen, C. Goic, «La novela hispanoamericana colonial».

[15] George Kubler, Martin Soria, *Art and Architecture in Spain and Portugal and their American Dominions 1500-1800*, Londres, Penguin Books, 1959, pág. 303.

[16] Sánchez Baquero, *op. cit.*, pág. 119.

lírica, como lo evidencia la Epístola de Lope de Vega dirigida a la Amarilis peruana. La tendencia petrarquista predominó en la lírica de Francisco de Terrazas (1525?-1600?), mientras que Juan de Castellanos (1522-1607) de Nueva Granada fue autor de las *Elegías de varones ilustres de Indias* (1589). Uno de los poetas más versátiles del siglo fue Bernardo de Balbuena (1562?-1627), nacido probablemente en Valdepeñas, España, pero que fue llevado a México de niño. Estudió en el Colegio de todos los Santos de la ciudad de México y luego se ordenó de sacerdote. Su primera obra consiste en doce églogas, *Siglo de oro en las selvas de Erífile* (1608), cuyos modelos literarios son las églogas de Teócrito, Virgilio y Sannazaro, mientras que *El Bernardo o Victoria de Roncesvalles* (1624) es una imitación de Ariosto. Su obra más conocida, *Grandeza mexicana* (1604), es una visión de la «soberbia y populosa ciudad» que describe como «fénix de galas, museo de ciencias, jardín de Venus». Allí encuentra realizado el sueño de la armonía de la cultura y la naturaleza:

> Bañado de un templado fresco viento,
> donde nadie creyó que hubiese mundo
> gozo florido y regalado asiento.
> Casi debajo el trópico fecundo,
> que reporta las flores de Amaltea,
> y de perlas empeña el mar profundo...
> ....
> labrado en grandes proporciones y cuenta
> de torres, capiteles, ventanajes,
> su máquina soberbia se presenta.

Balbuena fue nombrado obispo de Puerto Rico en 1619, y sufrió una amarga experiencia en 1625, cuando unos piratas holandeses incendiaron su biblioteca, destruyendo los manuscritos de la *Cosmografía universal, Alteza de Laura* y *Arte de poesía**.

La conquista del Nuevo Mundo ocasionó un tema magnífico para la poesía épica, mientras el ambiente religioso estimuló la epopeya religiosa. Como ejemplo de ésta se destaca *La Christiada* (1611) de Diego de Hojeda (1571-1615) de Lima, una epopeya mística con fines misionales basada en los Evangelios y en las obras de la patrística. Existen dos poemas épicos sobre la conquista de Chile: *El Arauco domado* (1596), de Pedro de Oña (1570-1643) que, según la confesión del autor, se escribió «por el sólo deseo de hacer algún servicio a la tierra donde nací, tanto como esto puede el amor a la patria». Más interesante, por el tono realista y las circuns-

tancias de su composición, resulta *La Araucana* de Alonso de Ercilla y Zúñiga (1533-94), publicada en tres partes en 1569, 1578 y 1589. Dicha obra es la primera epopeya escrita en el Nuevo Mundo y quizás la única escrita durante el curso de una guerra. La conquista de lo que es ahora Chile tuvo que enfrentarse con una resistencia feroz de los indios araucanos. Como explica Ercilla, *La Araucana* «se hizo en la misma guerra y en los mismos pasos y sitios, escribiendo muchas veces en cuero por falta de papel y en pedazos de cartas, algunos tan pequeños que apenas cabían seis versos». Sin embargo, el poema no aparenta ser una obra escrita apresuradamente. Compuesta en octavas reales, consta de treinta y siete cantos que abarcan la descripción de Chile, los preparativos para la guerra, las victorias de Lautaro y Caupolicán, la muerte de Pedro de Valdivia y la victoria de los españoles. Además, incluye muchas digresiones, como la historia de la hermosa Glaura y la de Tegualda, narradas al propio Ercilla, quien en ese momento se convierte en personaje de su propio poema. Un aspecto interesante de *La Araucana* es la manera en que el autor trata de captar el punto de vista de los cacique indígenas, defendiéndose en su prólogo de una posible crítica al respecto: «Y si a algunos le pareciere que me muestro algo inclinado a la parte de los araucanos, tratando sus cosas y valentías más extendidamente de lo que para bárbaros se requiere; si queremos mirar su crianza, costumbres, modos de guerra y ejercicio della, veremos que muchos no les han hecho ventaja, y que son pocos los que con tan gran costancia y firmeza han defendido su tierra contra tan fieros enemigos como son los españoles.» Despierta su admiración este pueblo que con «puro valor y porfiada determinación luchó por la libertad, derramando en sacrificio della tanto sangre así suya como de españoles, que con verdad se puede decir haber pocos lugares que no estén teñidos y poblados de huesos». No obstante, en el curso del poema justifica las guerras como mandadas por Dios. Sumamente interesante por la perspectiva del autor, *La Araucana* intenta superar la monotonía de su estilo mediante al realismo de sus descripciones bélicas. El logro del autor es solamente parcial, pues tiene notoria dificultad en manejar las transiciones de una escena a otra. Sin embargo, es una obra cuya visión caballeresca y humanista despertó aún en nuestros días la admiración de Neruda*.

Pese a los decretos contra el género nove-

---

* Véase, en este mismo volumen, A. Roggiano, «Bernardo de Balbuena».

* Véase, en este mismo volumen, L. Íñigo, «Alonso de Ercilla y Zúñiga».

Casa del Almirante, Santo Domingo

Catedral, Santo Domingo

lístico, se encuentra material fantástico y
novelesco incorporado en los libros de historia y en algunas crónicas, como *El carnero*
(1636), escrita por el neogranadino Juan Rodríguez Freile (1566-1640?), en la cual, por
medio del diálogo y otras técnicas narrativas,
relata los amores ilícitos, las brujerías y los
asesinatos acaecidos en Nueva Granada *.

El arte y la arquitectura de la primera mitad
del siglo XVI también reflejan las exigencias
prácticas y espirituales surgidas a razón de la
conquista. Algunos de los edificios construidos
durante el primer periodo de la época, como
la Casa del Almirante, en Santo Domingo
(1510), ya demuestran cierta originalidad y una
tendencia hacia la simplificación. La primera
catedral construida en el Nuevo Mundo, la de
Santo Domingo, empezada en 1521-23, adapta
tanto los estilos del medioevo como del plateresco renacentista.

Herederos de una larga tradición de vida
urbana, los españoles construían las ciudades
del Nuevo Mundo en forma de damero, estructura cuyos antecedentes se remontan a la
civilización romana y que consiste básicamente
en calles rectilíneas divididas en cuadras rec-
tangulares. Un dibujo hecho por un artista
indio y fechado alrededor de 1580 demuestra en detalle el proyecto de ingeniería diseñado para la ciudad de Cholula, México, en el
cual se ve el modelo de lo que seguiría siendo
el plano para toda la América española: una
plaza mayor rodeada de edificios públicos con
una iglesia franciscana en el centro[17]. General-

mente la iglesia se contruía primero con un
patio amurallado para acomodar al gran número de nuevos conversos. Las posas u oratorias se encontraban en las cuatro esquinas.
Algunas capillas abiertas semejaban teatros,
con muros diagonales convergiendo sobre el
proscenio. Cada orden religiosa aportó su
estilo especial, como ocurrió en México, donde
los franciscanos se guiaron según un esquema
de la *Utopía* de Santo Tomás Moro. Las iglesias
de los franciscanos, muchas de ellas construidas
en poblaciones pobres, eran las más sencillas,
mientras que los agustinos utilizaban fachadas
decoradas al estilo plateresco y murales didácticos. Por su parte, los dominicos practicaban
la construcción masiva. Todos los misioneros
se valían de la mano de obra indígena. Otra
característica de esta arquitectura temprana,
sobre todo en las fronteras, es el estilo de fortaleza que se adoptó para proteger a los frailes
de posibles ataques por los indígenas hostiles.
Un ejemplo de este estilo se encuentra en la
iglesia franciscana de Tepeaca (Puebla), construida entre 1543 y 1580, que tiene caminos
internos y postes de centinela.

En el siglo XVI predominó la pintura religiosa, siendo los primeros notables, en su mayoría, de origen peninsular o flamenco. El
primer pintor importante que trabajó en México fue el flamenco Simón Pereyns (1566-
1603), un manierista tardío que pintaba las
piezas de los altares conventuales. La transición
al barroco se hizo con un pintor español,
Alonzo Vásquez (c. 1565-1608). Otro pintor
español, Baltasar de Echave *el Viejo*, se estableció en México hacia fines del siglo XVI.
Contó con muchos discípulos entre los que
estuvo su hijo, Baltasar de Echave *el Joven*,

---

* Véase, en este mismo volumen, E. Camacho, «Juan
Rodríguez Freile».
[17] Kubler y Soria, *op. cit.*, pág. 69.

45

Potosí a principios del siglo XVIII

quien fue el primero en incorporar el paisaje en su obra. De Nueva Granada hay un ejemplo importante de pintura mural en témpera. Terminados alrededor del año 1590, en la casa de un noble de Tunja, estos frescos adornan el piso superior. Lo que más interesa de estas pinturas son los temas humanistas. En el cuarto principal hay una serie de paneles con Diana, Júpiter y Minerva copiados de un grabado de Amberes. En el plano inferior de una de las paredes hay un rinoceronte copiado de grabados europeos, un caballo, tres elefantes y un mono. Es interesante que estos temas simbólicos fueran escogidos por Juan de Castellanos, poeta andaluz y cura de Tunja. El elefante simboliza la fortaleza, la compasión y la sabiduría, y complementa la pintura de Minerva. Por otra parte, el rinoceronte se yuxtapone al símbolo de Cristo, pues significa tanto la fortaleza como Jesús. No han sobrevivido otros ejemplos de este tipo de pintura en América del Sur. La escuela de Quito de este primer período es esencialmente una continuación de las escuelas flamencas e italianas.

En el siglo XVII, las grandes ciudades como Guanajuato, Puebla, México, Potosí, Bogotá, Lima, La Habana y Cuzco, se convirtieron en centros de lujo y ostentación. A la cabeza de

la sociedad se hallaban los virreyes, verdaderos príncipes y patrocinadores indispensables de las obras artísticas y literarias. Algo del ambiente de su corte, por lo menos en el Perú, fue captado mucho más tarde en las *Tradiciones peruanas* de Ricardo Palma (1833-1919). Las magníficas iglesias, las casas sólidas, los vestidos lujosos que aparecen en los retratos dan una impresión de gran seguridad, impresión un tanto errónea. Peninsulares y criollos vivían siempre conscientes de la presencia de un pueblo vencido y rencoroso. En la ciudad de México, sobre todo, esta situación se agravó a causa de las inundaciones provocadas por el drenaje de las lagunas. Como una masa hambrienta es peligrosa, los españoles procuraban mantener bien alimentados a los indios, pero vivían atemorizados durante los años de mala cosecha, como ocurrió a fines de siglo cuando surgieron motines en México a causa de la escasez de trigo. Las inundaciones en México y, más tarde, el eclipse de 1692 y los terremotos que azotaron a muchas ciudades de América eran considerados como castigos de Dios a un pueblo impío.

Tanto en el virreinato del Perú como en México, las fiestas eclesiásticas y la llegada del virrey constituían los acontecimientos cultu-

46

rales de más importancia. Una crónica de Lima del siglo XVII, escrita por el soldado español Josephe de Mugaburu, nos da una idea del lujo con que se celebró la llegada del nuevo virrey, el conde de Castellar, en 1674[18]. Una de las calles se pavimentó de plata y las veinticuatro mulas que cargaban la pastelería llevaban canastas de plata y sogas de seda. Después de los *Te Deum*, se celebraban torneos para los caballeros y corridas de toros.

La crónica de Mugaburu también describe los autos de fe llevados a cabo por la Inquisición y las fiestas eclesiásticas que se celebraban en toda ocasión, como la dedicación de una nueva iglesia en Yanaoca. Esta fiesta duró tres días, incluyendo fuegos artificiales, toros, bailes y un saltimbanqui. Tres mil indios llegaron a estas celebraciones pero no participaron en las comidas. El teatro florecía en este ambiente, no sólo el teatro culto, sino también las representaciones hechas por los indios de la derrota del inca. Mugaburu describe una de estas representaciones celebrada para las navidades de 1659, en la cual el rey inca pelea con otros dos reyes, toma una fortaleza y luego los tres entregan las llaves al príncipe español. Por otra parte, el teatro de los grandes autores del siglo de oro mantenía su popularidad: se representaba el *Peribáñez*, de Lope de Vega por ejemplo. Los jesuitas preferían el teatro didáctico. Entre las representaciones que hicieron en el siglo XVII, Mugaburu menciona *El príncipe de Fez*, episodios de la vida de Santa Rosa de Lima, y una obra sobre la vida de San Francisco de Borja.

Al igual que la poesía lírica, la música seguía teniendo muchos aficionados en el siglo XVII. Irving Leonard, quien investigó los libros importados a Nueva España, notó la importancia de los manuales para vihuela, lo cual demuestra el grado de difusión de conocimientos musicales en la época[19]. Algunos compositores destacados, como Juan Gutiérrez de Padilla (m. 1664) que también era cantante en la catedral de Puebla, se dedicaban a la composición de música para la misa.

Para muchos eruditos, el interés del siglo XVII estriba en el desarrollo típicamente americano de lo barroco en las artes en general, a la vez que en el proceso de 'mestizaje' de la cultura, sobre todo de la cultura popular. La música, los bailes populares y la ornamentación de las iglesias ejemplifican tal proceso. En la literatura, se nota especialmente en el teatro religioso quechua de Cuzco. *El hijo pródigo*, escrito probablemente por el mestizo cuzqueño Juan de Espinosa Medrano (1632-1688), es una versión de la leyenda bíblica transferida al ambiente andino y escrita en quechua. La obra *Ollantay*, cuyo autor y fecha de composición son desconocidos, tiene un tema de amor romántico sobrepuesto a la forma narrativa histórica quechua del *wanka*[20]. Por otra parte el arte barroco y la literatura conceptista y culterana desarrollados durante este período se alejaban lo más posible de lo popular. No es de sorprender que el erudito don Carlos de Siguenza y Góngora (1645-1700), amigo de sor Juana Inés de la Cruz, hablara con desprecio de la «vil plebe» y considerara a la chusma de españoles pobres como «bribones, pícaros... desleales»[21].

El teatro sigue gozando de una gran popularidad, teniendo todas las grandes ciudades corrales de teatros y grupos de actores profesionales. Las grandes fiestas cívicas y religiosas casi siempre incluían en sus festejos certámenes de poesías en los cuales se apreciaban el ingenio y los juegos verbales.

A pesar de este ambiente poco propicio a la originalidad, en México sobresale sor Juana Inés de la Cruz (1648-95) cuya vida demuestra las posibilidades y los límites de la creación literaria durante la época colonial. Oriunda de un pequeño pueblo y de padres españoles, Juana Inés de Asbaje pronto demostró dotes extraordinarias tanto para la lectura y las ciencias como para la creación poética. Adolescente aún, se trasladó a la ciudad de México donde fue protegida por la virreina, doña Leonor Carreto, esposa del virrey, el marqués de Mancera. Desde 1664 hasta 1667, sor Juana aprovechó la biblioteca de la casa virreinal, en donde leyó a Cervantes y a Góngora, a Quevedo y a Lope. En 1667, trató de entrar en la orden de las Carmelitas, pero tuvo que salir a causa de su mala salud. Dos años más tarde, don Pedro Velázquez de la Cadena pagó su dote al entrar en el convento de San Jerónimo en la ciudad de México, donde las condiciones eran más cómodas y le permitían estudiar y escribir, gozando de cierta celebridad como niña prodigio. En 1689, intervino en una polémica teológica con el padre, Antonio de Vieyra por la cual el obispo de Puebla, don Manuel Fernández, mandó una respuesta firmada

[18] Robert Ryal Miller (ed.), *Chronicle of Colonial Lima. The Diary of Josephe and Francisco Mugaburu 1640-1697*, Norman, University of Oklahoma Press, 1975, págs. 214-16.
[19] Irving Leonard, *Baroque Times in Old Mexico*, University of Michigan, Ann Arbor Paperback, 1966, pág. 83.

[20] Demetrio Tupaq Yupanqui (ed.), *Ollantay, el rigor de un padre y la generosidnd de un rey*, 4.ª ed., Lima, 1976.
[21] «Carta a don Carlos», citado por Richard Everett Boyer, *La gran inundación. Vida y sociedad en la ciudad de México (1629-1638)*, México, Sepsetenta, 1975, pág. 34.

«sor Filotea de la Cruz», elogiando los talentos de sor Juana como polemista y al mismo tiempo instándole a dejar sus intereses mundanos y dedicarse a la vida espiritual. La *Respuesta a sor Filotea* es uno de los documentos biográficos más valiosos que tenemos de la época colonial y a la vez un resumen trágico de las contradicciones irreconciliables de esta mujer intelectual. Sor Juana anhelaba vivir sola, pues no quería «tener ocupación obligatoria que embarazase la libertad de mi estudio, ni rumor de comunidad que impidiese el sosegado silencio de mis libros». Deseosa de dominar todas las ramas del conocimiento para llegar a la cumbre de la teología, sor Juana tuvo que estudiar sin maestros ni condiscípulos, guiada sólo por su gran afición y enfrentando siempre la crítica y la persecución. Sin embargo, a pesar de las persecuciones, gozó de un enorme prestigio como la «décima musa» y, aunque sentía la injusticia de no haber podido continuar sus estudios universitarios al igual que los hombres, parece haber aceptado las dificultades impuestas por la Iglesia a la búsqueda científica y el contacto con la intelectualidad europea. En 1695, año de grandes epidemias en México, el convento de sor Juana fue azotado por la peste. La monja contrajo la enfermedad mientras cuidaba a las enfermas y murió.

Sor Juana lució en todos los géneros, desde el argumento teológico de la *Carta athenagórica* a Antonio Vieyra hasta el teatro. Escribió también algunas loas y villancicos, aunque la mayor parte de su obra consistió de sonetos,

El poema más ambicioso de sor Juana es el *Sueño*, que escribió a imitación de Góngora. Poema sumamente erudito, es una meditación sobre la significación física y espiritual del sueño que lleva a la autora a los límites permisibles del pensamiento católico. En cierto sentido, es un poema anacrónico dados los grandes descubrimientos científicos ya realizados en Europa. En la época de Descartes, de Newton y de Galileo, sor Juana se encontraba sin los recursos y el ambiente propicio de que gozaban sus contemporáneos europeos. Entre la razón y la fe, tuvo que optar por la última.

Aunque sor Juana es sin duda el talento más destacado del período colonial, también hay otras mujeres que sobresalen, como la primera santa del Nuevo Mundo, Santa Rosa de Lima (1586-1617) y la madre Castillo (sor Francisca Josefa del Castillo y Guevara, 1671-1742) poeta y escritora religiosa de Nueva Granada*.

El dedicarse a cuestiones científicas en el siglo XVII significaba navegar contra corriente, no sólo para las mujeres sino para los hombres, como demuestra el caso del amigo de sor Juana, Carlos Sigüenza y Góngora quien se educó en la Compañía de Jesús antes de abandonar la orden. Matemático importante, ocupó la cátedra de matemáticas de la Universidad de México a partir de 1676, desempeñando el cargo de Inspector Jefe de Artillería y Cosmógrafo del virreinato. Fue autor del poema en honor a la Virgen de Guadalupe, *La primavera india*, y de la relación *Los infortunios de Alonso Ramírez*, que cuenta la historia de un marinero caído en manos de ingleses quien, después de muchas aventuras, llega de regreso a Nueva España. Sigüenza también se dedicó a aprender la lengua indígena e inició los estudios de las sociedades precolombinas a pesar de la apatía existente en estas ramas. Los frutos de estas investigaciones se perdieron salvo algunas notas sobre los indios que escribió en prefacio a otras obras de encargo. Su obra histórica sobre la Nueva España después de la conquista sufrió igual suerte. Felizmente, se lograron salvar algunas de sus crónicas sobre la vida contemporánea colonial, aunque una de ellas, una carta en la que describe los motines de 1692, no se publicó hasta 1932. Su *Libra astronómica y filosófica* (1690) pone de manifiesto un espíritu curioso; en ella refuta la opinión del misionero jesuita Kino de que los cometas eran presagios del mal. Sigüenza y Góngora declara que «las autoridades no tienen sitio en las ciencias sino las pruebas y demostraciones solamente»[22].

El ambiente de Lima en el siglo XVII era quizás más frívolo que el de México. Aquí el poeta más destacado fue el satírico Juan del Valle Caviedes (c. 1652-92) un español que llegó al Nuevo Mundo de joven. Durante su vida, sus poemas se consideraron tan indecentes que le fue imposible publicarlos, y circulaban tan sólo en manuscritos. La primera edición de sus poemas se hizo en 1873. Como en el caso de Quevedo, el blanco principal de los poemas del *Diente de Parnaso* eran los nuevos ricos, los médicos, los deformes, etc. Los poemas de Caviedes reflejan un periodo de rechazo de la poética antigua que ya no inspira admiración o respeto, como demuestra la parodia de Apolo y Dafne:

En un laurel convertida
vio Apolo a su Dafne amada:
¿quién pensara que en lo verde
murieran sus esperanzas?

---

* Véase, en este mismo volumen, G. Sabat, «Sor Juana Inés de la Cruz».

[22] Irving A. Leonard, *Baroque Times in Old Mexico*, págs, 204-210.

Abrazado con el tronco
y cubierto con las ramas,
pegó la boca a los nudos
y a la corteza la cara.
Con mil almas le decía
a la que sin ella estaba:
—No para mí, para ti,
Dafne, ha sido la mudanza;
pues tanto vale el ser tronco
como ser ninfa tirana...*

Los antecedentes se encuentran en el «Romance de Angélica y Medoro» de Góngora. Pone en evidencia la crisis que se avecina del lenguaje y de los motivos poéticos. Descentralizados, los mitos ceden al realismo y la naturaleza se convierte en instrumento:

Por lo menos grabaré
en tu tronco mis palabras
que en ti, ninfa, jamás pude
que quisieras escucharlas...

La manifestación mas obvia del lujo de las clases dominantes es la arquitectura y el arte eclesiástico. La segunda mitad del siglo XVI y el siglo XVII marcan la época de la construcción de las grandes catedrales por todo el territorio americano. En la zona norte de la Nueva España se desarrolla el estilo de la fachada en retablo con arcos polígonos. La catedral de Zacatecas (terminada en 1752), con la fachada totalmente cubierta de ornamentación en forma de follaje, es característica de esta zona. Desde Puebla hacia el sur, se encuentran iglesias polícromas con arcos de múltiples curvas. En Nueva Granada, Lima y Cuzco se nota la influencia del estilo italiano (como en la casa franciscana de Quito) y la del español. Después del terremoto de Cuzco en 1650 se origina un estilo estimulado y financiado por los obispos, que consiste en la conversión del frontón de la fachada en una forma dinámica, como se encuentra en la catedral y también en la iglesia de la Compañía de Jesús. De Cuzco, pasan estas innovaciones a Lima, donde además se utiliza el *quincha*, una estructura de madera con muros de bajareque.

La escultura y la pintura del siglo XVII tienen temas predominantemente religiosos, ya que se prohibían los mitológicos y la escultura necrológica. La escultura se emplea en forme de relieve y en las imágenes de santos en las fachadas de las iglesias, en los altares y en los asientos de coro. La primera escultura del Nuevo Mundo que incorpora la

flora y fauna americana se encuentra en la iglesia de San Francisco, Bogotá. Consiste en una serie de relieves dinámicos, con escenas báquicas de frutas y follaje regionales, como cocoteros, higueras, uvas, monos, osos hormigueros y loros. La policromía da un tono tropical al conjunto.

A pesar de la importante obra desempeñada por los escultores mestizos e indios en ciudades como Quito, hay poca influencia nativa, aunque se desarrollan elementos originales, como los púlpitos en forma de concha estriada, que demuestra el lujo del periodo y también la importancia de la predicación en la vida colonial. En la zona andina también predominan las imágenes de Cristo que muchas veces tienen rasgos medievales, como la figura del Cristo de los terremotos de Cuzco. Un aspecto interesante de algunas imágenes es la influencia oriental en los rostros de los santos, como se ve en la imagen de *San Juan Evangelista* en San Francisco de Cuzco.

Los primeros pintores nacidos en México fueron Alonso López de Herrera (1579-c. 1648) y Baltasar de Echave Ibía, quienes a veces pintaban en pequeñas láminas de cobre. Desde 1630 en adelante, se nota una posible influencia de Zurbarán y Rubens en mucha de la pintura del Nuevo Mundo. José Juárez (c. 1615) hijo del pintor Luis Juárez (c. 1585-c. 1645) representa el alto barroco, mientras que el hijo de Echave Ibía, Baltasar de Echave Rioja (1632-82), quien estudió con José Juárez, representa el barroco tardío. Dos de los mejores pintores del barroco tardío en Nueva España fueron Cristóbal de Villalpando (1652-1714), quien decoró la catedral de México (*La Iglesia Militante* y *El Triunfo de la Iglesia*) y el jesuita, padre Manuel, quien fue el pintor de los apóstoles en la iglesia parroquial de Tacuba. Antonio de Santander (1657-1701) despierta gran interés por su técnica de cubrir los paneles con yeso y nácar, que posiblemente tiene su origen en la sociedad precolombina. En Nueva Granada, se destaca el pintor Gregorio Vázquez Ceballos, (1638-1711) quien, con Miguel de Santiago del Ecuador y Melchior Pérez Holguin de Bolivia (a. 1660-?) forman un trío de pintores importantes del barroco tardío de Suramérica.

De todas las colonias, Cuzco es la que logró la cultura mestiza más importante en los siglos XVI y XVII, desarrollando un estilo popular anónimo. Una serie de pinturas de la procesión de la celebración de Corpus Christi en Santa Ana (c. 1660) ilustra la vida cuzqueña de la época. Cada parroquia va encabezada por un jefe indio en traje inca seguido por un carro de la gloria con una imagen del santo parro-

* Véase, en este mismo volumen, D. R. Reedy, «Juan del Valle Caviedes».

Desposorios místicos de Santa Catalina, escuela co-
lombiana del siglo XVIII, obra de Vázquez Ceballos

quial. A continuación va un cura con la cruz,
los acólitos y finalmente la congregación. El
pueblo, formado por los indios, mestizos y
negros, mira la procesión, mientras que al
fondo los nobles esperan en los balcones de
sus casas, que han sido decoradas con tapices
de colores

Siglo XVIII

La estabilidad de la América española duró
hasta el siglo XVIII, cuando la afectaron las
presiones internas, como el descontento de los
criollos y las presiones externas, sobre todo las
del sistema económico. Los cambios económicos, en especial la transición hacia una política de libre intercambio por parte de Inglaterra, tuvieron graves consecuencias. En las
colonias, la minería comenzó a agotarse y la
agricultura, especialmente las cosechas tropicales como el azúcar, cobró mas importancia.
Las regiones ganaderas como el norte de México, la región del Plata y Venezuela, empezaron a prosperar y, en ciertos lugares, también
surgieron pequeñas industrias locales, como
el tejido de seda, a pesar de las restricciones y
la política proteccionista de la corona. Los
levantamientos y los disturbios se hicieron
más frecuentes entre los criollos. En el curso del
siglo XVIII, se produjeron insurrecciones en el
Paraguay, en Venezuela, en el norte de Argentina y en el Perú, donde en 1780 y 1781 Túpac
Amaru sublevó a los indios andinos, mató a
terratenientes y oficiales españoles y trató de
fundar una nueva sociedad. El castigo y la
muerte de Túpac Amaru puso fin a la rebelión
de los indios, pero las crecientes demandas de
los criollos eran más difíciles de eludir. Los
jóvenes de familias acomodadas viajaban al
extranjero donde tomaban conocimiento directo del pensamiento del Siglo de las Luces.

Hacia fines del siglo, se empezaron a fundar
sociedades de amigos del país en Quito (1792)
y en La Habana (1793). Desde 1778, la apertura de más puertos no alcanzaba a satisfacer
las demandas de los comerciantes criollos
quienes deseaban vender y comprar libremente.

El comercio facilitaba la importación de
libros prohibidos, como los de Rousseau, que
eran leídos por diversos miembros de la clase
media, como músicos, orfebres y cocineros.
Los periódicos, que empezaban a aparecer
con regularidad en el siglo XVIII, daban noticias de personas conocidas, de las llegadas y
salidas de los barcos y de los nombramientos
de los eclesiásticos y oficiales gubernamentales.
Eran considerados demasiado triviales para
censurarlos y así proporcionaron a los colonos
un sentido de identidad común que abonó el
terreno para la independencia.

Se empezó a sentir la crítica hacia todas las
instituciones sagradas, sobre todo a la Iglesia
y a la monarquía. En 1767, los jesuitas, cuyos
colegios educaban a la élite colonial, fueron
expulsados de todos los territorios pertenecientes a España. Con los padres expulsados
y sus misiones abandonadas, se empezaron a
desarrollar argumentos en contra de la monarquía absoluta. Por otra parte, las ideas de Montesquieu, que sostenía que los países no debían
fundar sus instituciones en patrones universales sino según las condiciones locales, proporcionaban un instrumento teórico importante a los primeros independentistas. Irónicamente, entre los precursores de la independencia se contaban muchos eruditos jesuitas, quienes escribieron sus obras después de
su expulsión del Nuevo Mundo. La obra
magna de Francisco Xavier Clavijero (1732-
87), *Storia antica de Messico* (1780-81) se
publicó en Cecena, Italia. En ella, Clavijero
señala los errores de muchos eruditos europeos
en sus versiones de la geografía y la etnografía de América. Demuestra el alto nivel de
cultura de las sociedades precolombinas, critica algunos aspectos de la conversión de los
indígenas y sostiene que el náhuatl es un idioma
sofisticado. Andrés Cavo (1739-1802), autor
de *Tres siglos de México*, defiende la cultura
indo-americana. Otro producto del exilio fue
un poema en latín, el *Rusticatio Mexicana*
(1781-82) de Rafael Landívar (1731-93). Dividido en quince partes, describe la vida cotidiana rural de México, incluyendo el trabajo
de los vaqueros, los mercados y las fiestas
indígenas.

En toda Europa, el siglo XVIII se caracterizó
por grandes proyectos cívicos que cambiaron
el aspecto de las ciudades. Este espíritu invade
también el Nuevo Mundo, especialmente Mé-

xico, donde se construyó el colegio jesuita de San Ildefonso, en 1740. En este edificio se emplea el estípite, rasgo original de la arquitectura de Nueva España, que forma una pilastra piramidal truncada con la base hacia abajo. Este estilo predomina en las fachadas de los edificios importantes y en los altares de las iglesias hasta la transición al neoclasicismo a fines de siglo. Otros aspectos de la arquitectura del siglo XVIII se encuentran en Arequipa, donde se desarrolla un estilo macizo que utiliza la piedra volcánica de la región, y en Lima, donde la transferencia de los motivos de la arquitectura religiosa a la secular se evidencia en el palacio de Torre Tagle. Después del terremoto de Lima en 1746, predomina el estilo rococó.

En la escultura siguen predominando los temas religiosos en los cuales de destacan los escultores andinos Pedro Labolia (c. 1710-d. 1749) de Bogotá, cuya estatua de *Santa Águeda* (1740), de tamaño natural, tiene una expresión realista y logra gran dinamismo; Bernardo de Lagarda (activo 1731-73), de Quito, notable por sus representaciones de la Virgen; y Manuel Chile Caspicara (activo en la última mitad del siglo), cuya *Asunción de la Virgen* se encuentra en la iglesia de San Francisco de Quito. Aunque los dos últimos son de ascendencia india, siguen modelos pañoles o italianos en su arte.

La pintura del siglo XVIII refleja el alto nivel de la vida de la clase superior, y fue inspirada en la escuela flamenca temprana de Holbein y Velázquez, sobre todo en la indumentaria. El retrato casi siempre sigue las mismas convenciones: el sujeto de pie en una habitación, como en muchas telas de Velázquez, y ligeramente vuelto hacia un lado. No hay retratos de grupos y escasean los retratos ecuestres. Los retratistas más destacados de Nueva España fueron Francisco Martínez (activo 1718-60), José de Ibarra (Guadalajara, 1688-México, 1756) y Miguel Cabrera (1695-1768), conocido por su retrato de sor Juana Inés de la Cruz, e Ignacio María Barreda (activo 1786-94).

Como las demás artes, la pintura no está ajena a las grandes inquietudes del siglo. Los centenares de dibujos de plantas hechos por los pintores de Nueva Granada y de Quito para la expedición botánica de José Celestino Mutis (1732-1808) inauguran una nueva época en la cual la observación de la naturaleza y no los temas convencionales se impone paulatinamente.

También se nota la secularización del patrocinio de la música. Se daban conciertos musicales en reuniones en donde también se leían trabajos sobre la economía y la educación.

En esta época, los músicos venezolanos José Ángel Lamas, Cayetano Carreño, Juan Francisco Velázquez y Caro de Boesi representan un verdadero florecimiento de talento.

A primera vista, la producción literaria del siglo XVIII no parece reflejar las ideas de la Ilustración. Siguen apareciendo obras anacrónicas, como el· poema épico *Lima fundada* (1732) y la *Pasión y triunfo de Cristo* (1738), del peruano Pedro de Peralta Barnuevo (1663-1743). Sin embargo, se siente la necesidad de nuevas formas de expresión más críticas. Quizás las obras más características de la época sean los primeros trabajos periodísticos del escritor quiteño, Francisco Eugenio de Santa Cruz y Espejo (1747-95) y del mexicano Joaquín Fernández de Lizardi (1776-1827), la autobiografía de Fray Servando de Mier (1763-1827), el diario de José Celestino Mutis (1732-1808) y el libro de viajes de Alonso Carrió de la Vandera (c. 1715-d. 1778). La originalidad de estas obras consiste en la observación directa y en el espíritu crítico de sus autores. Mutis, por ejemplo, fue médico y botánico español, cuyo diario registra observaciones hechas en Nueva Granada desde 1760 hasta 1790. Se interesó mucho por las supersticiones y creencias populares, además de la taxonomía de plantas, animales e insectos. La función científica del diario no le impide las descripciones de la vida cotidiana, de las fiestas del virrey y las procesiones religiosas, incluyendo las de «los pardos».

La insistencia de Mutis en los «conocimientos útiles» es sintomática de la época, y se encuentra igualmente en el libro de viajes que escribió un ex-corregidor español en Lima titulado *El lazarillo de ciegos caminantes*. Publicado en 1775 ó 1776, este libro llevaba una fecha y un lugar de publicación falsos (Gijón, España, 1773), bajo el pseudónimo Concolorcorvo. Hasta hace poco se atribuyó el libro al mestizo Calixto Bustamente Carlos Inca, que había acompañado a Carrió de la Vandera en un viaje de inspección de las guarniciones entre Buenos Aires y Lima[23]. La necesidad de encubrir el autor se debió sin duda a que Carrió de la Vandera era oficial de la corona y la crítica expresada en *El lazarillo* abarca muchos aspectos de la administración de las colonias españolas. El libro describe la ruta postal entre Buenos Aires y Lima; es un compendio de información sobre los precios, los climas, etc. de las poblaciones, ciudades y

---

[23] Véase la introducción a la edición francesa por Marcel Bataillon; Concolorcorvo, *Itinéraire de Buenos Aires á Lima*, París, Institut des Hautes Études sur l'Amérique Latine, 1962.

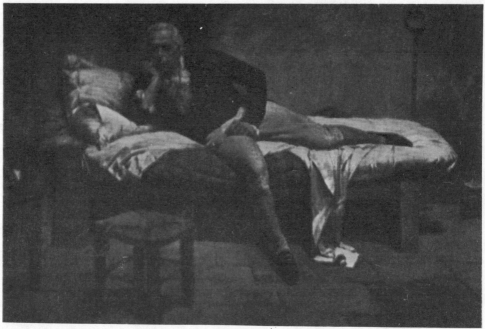

Francisco de Miranda.

aldeas conectadas por esta ruta entre el puerto de Buenos Aires y el centro administrativo. El autor se interesa sobre todo por el transporte, por la abundancia de mulas, caballos y demás ganado y muestra pasión por la estadística. Es así como sabemos que una carta urgente tardaba treinta y seis días en ir de Buenos Aires a Lima. Incluye una de las primeras descripciones de los habitantes nómadas de la pampa, los gauchos, que él llama «gauderíos», quienes «se pasean a su albedrío por toda la campaña y con notable complacencia de aquellos semibárbaros colonos, comen a su costa y pasan las semanas enteras tendidos sobre un cuero cantando y tocando. Si pierden el caballo o se lo roban, les dan otro o lo toman de la campada enlazándolo con un cabestro muy largo que llaman rosario». Al escribir su libro de viajes, Carrió de la Vandera se opuso concienzudamente a la literatura culta y anacrónica. Escribe en el prólogo:

> Si el tiempo y erudición que gastó el gran Peralta en su *Lima fundada y España vindicada*, lo hubiera aplicado a escribir la historia civil y natural de este reino, no dudo que hubiera adquirido más fama, dando lustre y esplendor a toda la monarquía; pero la mayor parte de los hombres se inclinan a saber con antelación los sucesos de los países más distantes, descuidándose enteramente de los que pasan en los suyos.

El conocimiento basado en la observación directa tiene más autenticidad y valor que todas las autoridades. Por esta razón encuentra el autor que «los viajeros... respecto a los historiadores son lo mismo que los lazarillos en comparación de los ciegos»*.

Ni Mutis ni Carrió de la Vandera se oponían explícitamente al imperio español. Representan más bien espíritus iluminados que ya advertían el peligro que surgía de la política aislacionista y el atraso en los conocimientos prácticos. La crítica de Carrió de la Vandera a la administración española tiene el propósito de mejorar su funcionamiento mediante reformas del sistema educativo, el mejoramiento de los caminos y la eliminación de la injusticia y de los abusos.

Francisco Eugenio de Santa Cruz y Espejo (1747-95), otro espíritu crítico de este ocaso de la colonia, nació en Quito, hijo de una mulata y de un indio. El padre practicaba la medicina, profesión que adoptó también el hijo. Frustrado por la poca libertad de la colonia, fundó un periódico *Primicias de la Cultura de Quito* (1791). Leía a Rousseau, Voltaire y a los enciclopedistas y, al igual que fray Servando Teresa de Mier, en México, fue tratado con severidad por las autoridades. Estuvo dos veces en la

---

* Véase, en este mismo volumen, R. A. Borello, «Alonso Carrió de la Vandera».

cárcel: una en 1787, al ser acusado de escribir un panfleto indecente, y de nuevo en 1795, cuando fue acusado de conspirar contra la corona española. Murió antes de ser procesado.

Es significativo que muchos de los pensadores audaces provinieran de las provincias más alejadas de la sede del poder de los virreinatos, como Caracas y Buenos Aires, pues refleja los cambios internos y la creciente importancia de los mismos. Los precursores de la Independencia, como Francisco de Miranda (1750-1816), se empeñaban en viajar para ilustrarse en las ideas avanzadas de la época. Miranda conoció los Estados Unidos, peleó en la guerra revolucionaria de Francia y recorrió Europa, Turquía, Rusia y Suecia antes de emprender una expedición para liberar Venezuela, en 1810.

Como en los Estados Unidos, el movimiento independentista revela un fuerte impulso económico. El deseo de libertad económica expresado por pensadores como Mariano Moreno (1778-1811), de Buenos Aires, impele también el primer brote de independencia del padre Hidalgo, en México, en 1810.

No toda la crítica a las instituciones se expresaba en forma periodística o de ensayo: *El Periquillo sarniento* (1816) del mexicano José Joaquín Fernández de Lizardi (1776-1827), considerada como la primera novela americana, cumple la misma función. El autor había sido encarcelado en Taxco, en 1810, bajo sospecha de haber ayudado a los rebeldes encabezados por el padre Hidalgo. Fundador del periódico *El Pensador Mexicano* (1812-14), posiblemente escribió *El Periquillo* por burlarse de la censura. Aun así, no le permitieron publicar la cuarta parte de la novela en 1816 porque en un capítulo habla, por boca de un negro, de la igualdad de las razas y de la abolición de la esclavitud. Escrita en primera persona, según las convenciones de la novela picaresca, la novela se dirige conscientemente a un nuevo público de compradores sumamente heterogéneo: por lo tanto, ya en el prefacio el autor señala el final de la edad del patrocinio aristocrático que había regido la producción

literaria de escritores previos, como sor Juana Inés de la Cruz. El protagonista interrumpe a cada rato la narración con largas digresiones en tono ensayístico, en las que demuestra la influencia de los pensadores del siglo de las luces, discutiendo la reforma de la educación, de las leyes, y otros asuntos. *El Periquillo* como personaje no se desarrolla, puesto que es nada más un pretexto para narrar sus aventuras ejemplares, en las que se convierte sucesivamente en estudiante, jugador, religioso, ladrón, aprendiz de farmacia, médico, escribiente en un pueblo de provincia, soldado en las Islas Filipinas y bandido. Los distintos episodios permiten que el autor describa hospitales, prisiones, aldeas, monasterios y la vida cotidiana de distintas clases sociales y razas. El libro forma un puente entre dos épocas: la de la colonia, que, como la madre indulgente de Periquillo, no procura preparar a los hijos para el trabajo útil sino que los cría orgullosos e inútiles, y los nuevos valores burgueses, no aristocráticos, como el ahorro, la dedicación al trabajo, la sobriedad, la industria y la educación práctica.

Los españoles produjeron en América una sociedad polarizada entre los extremos de lujo y de pobreza; entre la ciudad —espejo de una cultura occidental algo anacrónica, todavía dominada por la Iglesia— y el campo, con sus gauchos en el cono sur, los indígenas andinos y mexicanos, los negros trabajadores en las minas y plantaciones, los campesinos y peones. Es entre los últimos donde se encuentra una cultura original: los cultos de santería, la lírica quechua, la música y el baile del Caribe, los payadores de la Pampa, los cantantes de décimas y romances. Esta cultura, ignorada y despreciada por la mayoría de los intelectuales posindependentistas, fue capaz de configurar una cultura de resistencia, mientras la intelectualidad, obsesionada por el anacronismo de su pensamiento, se liberaba de España para dejarse dominar por el «libro importado» en otras palabras, por un nuevo discurso de poder.

II

Cartas, crónicas y relaciones

Cartas, crónicas y relaciones del descubrimiento y la conquista

WALTER MIGNOLO

INTRODUCCIÓN*

La organización de la prosa narrativa del periodo colonial, en las letras hispanoamericanas, presenta un problema tipológico que puede dividirse en dos instancias: la una, que corresponde a lo que aquí denominaremos *formación textual*, pone de relieve lo tipológico en el carácter «literario» o «no literario» de los escritos sobre el descubrimiento y la conquista; la otra, que corresponde a lo que aquí llamaremos *tipos discursivos* presenta un nivel clasificativo interno en el cual debe considerarse a qué *tipo* pertenecen los discursos actualmente —y en su generalidad— considerados como «crónicas»[1].

Entre estas alternativas hay también una solución que han practicado la mayoría de los historiadores de las letras hispanoamericanas. Esta es la de considerar tales escritos como «crónicas literarias» y organizarlas por períodos. Lo que se pone en juego, en este caso, es la adecuación de las diferentes periodizaciones propuestas[2].

No es esta, sin embargo, la dirección que tomaremos aquí. Supondremos, no obstante, el conocimiento de alguna de estas periodizaciones (ver Apéndice), ocupándonos de presentar la materia de este capítulo y analizando, al mismo tiempo, tanto los aspectos que las categorizan como tipos discursivos (por ejemplo, cartas, crónicas y relaciones) como aquellos que inscriben los tipos en las formaciones textuales.

Comenzaremos introduciendo la noción de *texto*[3] suponiendo, por un lado, que lo literario es una particularidad del texto y, por otro, que el *texto*, por su definición misma, implica una dimensión cultural. En este sentido la expresión texto es la expresión abreviada de *texto de cultura*. ¿Qué es, pues, el texto? Lo definiremos, brevemente y en función de nuestros propósitos, como un *acto verbal conservado en la memoria colectiva y de alta significación en la organización de una cultura*. De esta definición podemos derivar dos corolarios de uso inmediato: el primero es que el texto, definido como acto verbal, es inseparable de la lengua; el segundo, es que la expresión «alta significación en la organización de una cultura» nos permite distinguir, aunque de manera intuitiva, el *texto* del *documento*. Esta distinción, a su vez, no significa que el texto no pueda *emplearse* como documento. La definición de *texto* debe completarse aludiendo a la operación clasificatoria, puesto que una cultura no sólo conserva los *textos*, sino que los conserva como textos de una cierta *clase*. Ahora bien, los criterios de clasificación operan en distintos niveles; dos de ellos nos son imprescindibles para la materia que tratamos: en primer lugar, los textos se clasifican por su pertenencia a la clase más inclusiva (literarios,

---

* Las notas a pie de página contemplarán sólo la fuente directa de la cita o la bibliografía secundaria directamente relacionada con lo dicho en la exposición. No se darán, por lo tanto, en esas notas, indicaciones de otra bibliografía de utilidad para el tema o para el autor. Ésta sera compilada en la Bibliografía selecta, al final del artículo.

Mi agradecimiento a C. Goic, no sólo por lecturas críticas del manuscrito sino también por largas conversaciones mantenidas durante el proceso de redacción.

[1] Dos ejemplos ilustrativos de estos aspectos son los siguientes: a) para lo «literario» de tales escritos: «Claro está que, en los primeros capítulos, hemos tenido que admitir a muchos hombres de acción o de pensamiento que escribieron crónicas y tratados sin intenciones artísticas (sin embargo, aun en esos casos, la cuota literaria (?) de sus escritos es lo que apreciamos»; b) para el género: «... apartando lo que se hizo en lengua indígena y en latín (...) esos géneros, aunque de apariencia medieval, son los que, al contacto con la nueva realidad americana, adquieren fuerza creadora: la crónica y el teatro». Enrique Anderson Imbert, *Historia de la Literatura Hispanoamericana*, México, F. C. E., 6.ª ed., 1967, t. I, págs. 11 y 19.

[2] Para la periodización «literaria», además de la propuesta por el propio profesor Anderson Imbert (*op. cit.*); la propuesta posterior de José Juan Arrom, *Esquema Generacional de las Letras Hispanoamericanas*, Bogotá: Caro y Cuervo, 2.ª edición 1977, donde se contiene un resumen crítico de las divisiones generacionales existentes para la literatura hispanoamericana; también, la más reciente —para la época colonial—, de C. Goic «La périodisation dans l'histoire de la littérature hispanoaméricaine», en *Études Littéraires*,

vol. 8, núm. 2-3, 1975, 269-284. Para la historiografía, Benito Sánchez Alonso, *Historia de la Historiografía española*, Madrid. Gredos. 1964.

[3] Para la noción de texto puede consultarse Boris Uspenski y otros. «Theses of the Semiotic Study of Culture», en *Structures of Texts and Semiotics of Culture*, J. van Der Eng y M. Grygar (eds.) (Mouton), 1973, págs. 1-28. También. W. Mignolo *Elementos para una teoría del texto literario*, Barcelona, Crítica/Grijalbo, 1978, donde se encontrarán las bases de las cuales este trabajo se considera como una extensión de ciertos problemas allí tratados.

filosóficos, religiosos, etc.). Denominaremos esta clase, en su generalidad, *formación textual*[4]; en segundo lugar, los textos se clasifican en el interior de una clase. Para el caso de la literatura, contamos con la conocida clasificación en géneros y sus correspondientes subdivisiones. Denominaremos a esta segunda operación clasificatoria *tipos discursivos* haciendo al mismo tiempo la salvedad de que, por una parte, los tipos discursivos rescatan particularidades de la *forma* de los textos y, por otra, que podemos encontrar, en la historia de una cultura, *tipos discursivos* que no se relacionan estrechamente con una *formación textual* (tal como lo veremos en el caso de las *cartas* y de las *relaciones*).

Con estas definiciones operativas en nuestras manos, tratemos entonces de acercarnos a la materia empírica que nos corresponde. En primer lugar el aspecto relacionado con la lengua y el texto. Una cultura puede considerar significativos no sólo los textos escritos en la lengua de la cultura, sino también aquellos que, escritos en otra lengua *significan*, de una manera o de otra (determinable en cada caso), en la cultura en cuestión. Un caso que se nos aparece de inmediato son las cartas de A. Ves-

pucio y de Pedro Mártir de Anglería. Estos textos forman parte de la cultura hispana no por la lengua en la que están escritos sino por referirse a un hecho crucial en la historia de esa cultura (por ejemplo, el descubrimiento); y por estar los escritos relacionados, de algún modo, con la estructura de poder de esa cultura en el momento de escribir.

Hemos introducido en el párrafo anterior un principio que cumple una función organizativa: los textos en consideración pertenecen a ciertos tipos y también, en ciertos casos, a distintas *formaciones textuales*. Sin embargo, el criterio organizativo del material que consideramos en este capítulo no lo determinan ni el *tipo* ni la *formación* (como queda claro en la segunda parte del título) sino el referente: el descubrimiento y la conquista de Indias. De esta manera necesitamos un segundo criterio al que podemos llamar cronológico-ideológico. Si la agrupación de dos adjetivos incongruentes es sospechosa, la justificación de ella sería que, por un lado, en el corpus textual cuyo referente es el descubrimiento y la conquista, el límite cronológico puede trazarse situando, en una punta del espectro, el *Diario de navegación* de Cristóbal Colón y, en la otra, la *Historia del Nuevo Mundo* de J. B. Muñoz (1793). Esta cronología (que coincide con la época «colonial»), está marcada —a su vez— por una dimensión ideológica: lo que se denomina generalmente como «Indias» o «Nuevo Mundo», en los escritos anteriores al final del siglo XVIII y que, con más asiduidad, comienza a denominarse «América» en el siglo XIX, no sólo es —lo sabemos— un cambio de nombre, sino una modificación conceptual relacionada con un cambio político-económico que trazamos, cronológicamente, con la independencia.

Finalmente, nos queda por agregar que el corpus textual en consideración constituye una *unidad* en la medida en que todos los textos tienen en común tanto el referente como ciertas fronteras cronológico-ideológicas. Pero, por otro lado, por pertenecer a tipos y a formaciones distintas, tal *unidad* puede mejor designarse como una *familia textual* en la que encontraremos, como en toda familia, diversidad de formas y de funciones. En general se tratará de señalar las características, estructurales, discursivas y pragmáticas que tienen estos escritos desde la perspectiva de su producción; características que permiten agruparlos en *tipos* y en *formaciones*. Ello implica que lo que se *dirá* sobre cada autor considerado afectará sólo aquellas informaciones que nos permitan describir la actividad escritural. Por tanto, se dejará de *decir* aquello que afecta

---

[4] Llegamos aquí a la necesaria incomodidad de la terminología. La «teoría» que la hace necesaria es, simplemente, la siguiente: *a*) de la misma manera que, en la comunicación oral, el hablante de una lengua tiene una competencia pragmática que le permite, en ocurrencias concretas, elegir el *registro* adecuado para su acto de habla (no nos dirigimos de la misma manera a nuestro amigo íntimo que a nuestro jefe), las formas escritas tienen también su «registro» al que denominamos «tipos discursivos»: lo cual significa que todo acto escrito de lenguaje se pliega a una «forma» (tipo) preestablecido en la sociedad en la cual el acto de lenguaje tiene lugar: *b*) los tipos discursivos pueden ser textualizados y convertirse así en tipos textuales: la carta, por ejemplo, es un tipo discursivo a menos que ciertas circunstancias culturales otorguen a ciertas y determinadas cartas un valor *textual*; *c*) por otra parte, hay también tipos discursivos que tienen su lugar asignado en una actividad institucional de la cultura (p. ej. la novela o el tratado, en la actividad literaria o filosófica, por ejemplo). Es a este nivel institucional de la actividad verbal escrita al que denominamos *formación textual*. Tipo y *formación* son los elementos básicos o los componentes básicos del contexto discursivo de la actividad escrita. Finalmente, *tipo, formación* y *familia* indican *tres niveles* distintos de clasificación. Y este es el fundamento de la necesidad terminológica. Agreguemos que el sentido que le damos a la noción de *formación textual* tiene su origen en la noción de «formaciones discursivas» propuesta por M. Foucault «*À propos de ces grandes familles d'énoncés, que s'imposent a notre hábitude —et quón designe comme la medecine, ou l'économie ou la grammaire— je m'étais demandé sur quoi elles pouvaient fonder leur unité*» (*L'Archeologie du Savoir*, París; Gallimard, 1969, pág. 52). La formación discursiva o textual se constituye como unidad mediante los preceptos que la definen como disciplina: «*La discipline est un principe de controle de la production du discours. Elle lui fixe des limites par le jeu d'une identité qui a la forme d'un réactualisation permanente des régles*» (M. Foucault, *L'ordre du discours*, París, Gallimard, 1971, págs. 37-38)

las ideas o los valores personales de los autores considerados. Con ello no negamos la importancia de esos aspectos, sino que sólo intentamos precisar nuestros propósitos. Sobre estas bases podemos ya especificar nuestro intento. Primero analizaremos las *cartas relatorias*. Por «cartas relatorias» entendemos, como es obvio por el adjetivo, las cartas que *relatan* con cierto detalle un acontecimiento; distinguiendo así las cartas relatorias, culturalmente marcadas (por ejemplo, Colón, Cortés), del gran cúmulo de cartas que se intercambian entre los conquistadores y la Corona o entre conquistadores y representantes de la Corona en Indias[5]. Estas cartas, que tienden más hacia lo documental que hacia lo textual, son portadoras de mensajes, pero estos mensajes no son relatos de los descubrimientos o de las conquistas, escritos por los conquistadores o navegantes o por alguien que no haya participado en los hechos (por ejemplo, Anglería), sino «comunicaciones» (informes, solicitudes) que reemplazan la inevitable falta de copresencia entre el destinador y el destinatario. En segundo lugar nos ocuparemos de las *relaciones* marcando, en este caso, la distinción entre la *relación* como tipo discursivo y el empleo del vocablo «relación» en contextos en los cuales significa, simplemente relato o informe. En tercer término nos ocuparemos de la *crónica* en relación con la *historia* puesto que, como sugeriremos, los «cronistas indianos» no escribieron en realidad «crónicas»; y, en la mayoría de los casos en que el vocablo se emplea, lo hace como sinónimo de «historia». Las «historias» del descubrimiento y de la conquista permiten situar en sus respectivos niveles el *tipo* y la *formación textual*. En tanto que las *cartas relatorias* y las *relaciones* son, en el momento en que se escriben, sólo *tipo discursivo textualizado* que, con posterioridad, se incorpora a la *formación textual literaria* o *historiográfica*. Hablamos de «tipo discursivo textualizado» porque tanto las *cartas* como las *relaciones* se escriben con la *obligación* de informar a la Corona y no con la *intención* de pasar a la dimensión del libro; la cultura los convierte de discurso en texto, debido a la importancia del hecho cultural que relatan. Finalmente, si las cartas y las relaciones forman parte de la «historia literaria» o de la «historia de la historiografía», no la forman por la *intención de escritura* (*i. e.* ni Colón ni Cortés se proponían «hacer literatura o historia»), sino por un cambio epistemológico en

el cual se consolidan la historia literaria y la historia de la historiografía y se recuperan, del pasado, aquellos textos que «muestran», desde la perspectiva de la *recepción*, ciertas propiedades o historiográficas o literarias, aunque estas propiedades no sean características en la *producción* de tales discursos. Finalmente, aludiremos en forma breve a un grupo de textos cuyo referente los adscribe a la *familia textual* en consideración pero que presentan —esta vez a la «historia de la historiografía»— la dificultad de considerarlos (a pesar de sus propiedades referenciales) como parte de la historiografía. En tanto que, para la «historia de la literatura», y a pesar de sus propiedades referenciales, muestran mayores evidencias de su carácter «literario» (por ejemplo *La Araucana*, *El Cautiverio Feliz*, *El Carnero*, etc.).

1. Cartas relatorias

El hecho de que las cartas ocupen el primer lugar en nuestra exposición no necesita preámbulos. Pero la simplicidad del hecho tiene, sin embargo, importantes consecuencias. Comencemos por lo más obvio: el objetivo principal de hombres como Cristóbal Colón y Hernán Cortés no es el de *escribir*, sino el de *descubrir* y el de *conquistar*. Escribir es secundario y, en cierto sentido, una obligación; aunque ésta sea, en el caso de Cortés, aparentemente, también un placer. Colón manifiesta esta obligación muy claramente en la carta del tercer viaje donde, refiriéndose a los anteriores, les recuerda a los reyes que «... no hobo grande ni pequeño que no quisiese dello carta»[6]. Por su parte, la carta que los reyes le envían a Colón dándole indicaciones para su cuarto viaje, ordena: «... facer memoria de todas las dichas islas, y de la gente que en ellas hay y de la calidad que son, para que de todo nos traigas entera relación»[7]. Un ejemplo más tardío lo ofrece Nicolás Federmán, hacia 1530, cuando dice: «Todo... había sido anotado ante un escribano público, que también iba en este viaje y que anotaba lo que iba sucediendo.... Pues en todas las tierras de las Indias sometidas a la Majestad Imperial *hay orden y mandato* de hacer esto y de dar informe fidedigno a la Majestad Imperial de lo que se lleva a cabo en las Indias»[8].

---

[5] *Cartas de Indias* (publicadas por primera vez por el Ministerio de Fomento), Madrid, Imp. de E. G. Hernández, 1877. Reproducidas en B. A. E., vol. 264-265, 1974.

[6] M. Fernández de Navarrete, *Colección de los Viages y Descubrimientos que hicieron por Mar los Españoles* (1825), tomo I, Buenos Aires, ed. Guarania, 1945, pág. 370.

[7] Fernández de Navarrete, *op. cit.*, tomo I, pág. 401.

[8] Citado por Francisco Esteve Barba, *Historiografía Indiana*, Madrid, Gredos, 1964, pág. 322. Cursivas agregadas.

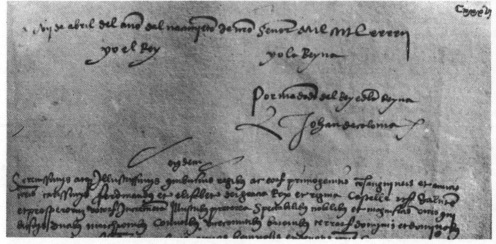
Pasaporte expedido a Colón en 1492 por los Reyes Católicos

El «Diario de navegación», informe de Colón sobre su primer viaje[9], es el texto inaugural de la familia. El sentido que tiene aquí la palabra «inaugural» es doble puesto que, por un lado, es el primero y, por otro, es el texto que marca un lugar especial en el contexto verbo-conceptual por ser, precisamente, el escrito que habla de tierras hasta ese momento, nunca vistas; y por ello ignotas[10]: lo que ofrece el «diario» es la evidencia de una realidad y el comienzo de una trayectoria en la que, poco a poco, se va modificando el concepto de la estructura y la habitabilidad del orbe. Los textos del descubrimiento se diferencian, de este modo, de los de la conquista no sólo por su tema, sino por la dimensión que tal tema adquiere: en el caso del descubrimiento la *carta* (información verbal en la que se *describe* la posición de las nuevas tierras) es complemento de *la carta* (el mapa, información gráfica donde se *diseña* la posición de las nuevas tierras)[11]: dos sistemas de signos que van articulando una misma modificación conceptual. He ahí una de las dimensiones textuales que

tienen tanto la carta como el mapa, en la transformación de las nociones cosmográficas.

Pero ¿cómo, se dirá, si hablamos de cartas relatorias comenzamos con el «Diario de navegación»? Pues, porque el «Diario de navegación» (o «Libro de navegación») es ambas cosas a la vez, dado que su realización evidencia estructuras de los tipos discursivos *diario* y *carta*[12]. Distinciones que, para Colón, no tenían mayor importancia y es así que se refiere a su actividad con el verbo *escribir*: «... y para esto pensé de escribir todo este viaje muy puntualmente de día en día todo lo que yo hiciese y viese y pasase como adelante se verá»[13]. Lo curioso de esta cita es que en ella se manifiestan los rasgos distintivos de la carta y del diario. Por una parte, la apelación directa a su destinatario identifica el «escrito» como carta; por la otra, la expresión «de día en día» lo identifica como diario. Un análisis detallado de los enunciados colombinos, en sus informes «de día en día», permitiría observar, con mayores detalles, el carácter muchas veces ambiguo y muchas veces alternado, de la relación autor-destinatario. Agreguemos que, por el mero azar de haberse perdido el original, la copia que nos queda, en la versión de Bar-

[9] Sabemos que el original se ha perdido y que nos queda el «compendio» realizado, años más tarde, por Bartolomé de las Casas. Carlos Sanz lo ha editado recientemente, junto con la versión facsimilar de las Casas; Cfr. *Diario de Colón*, Madrid, Bibliotheca Americana Vetustísima, 1962.

[10] Sobre el sentido de las palabras «descubrimiento» e «ignotas», como descripción de la empresa colombina, ver el interesante (y ya clásico) análisis de E. O' Gormán *La idea del descubrimiento de América*, México, Centro de Estudios Filológicos, 1951, especialmente, págs. 9-48.

[11] Una buena parte de este material puede consultarse en las ediciones de Carlos Sanz: *La Geographia de Ptolomeo. Ampliada con los primeros mapas impresos de América, desde 1507*, Madrid, 1959.

[12] Formalmente podemos distinguir estos dos tipos por, al menos, una de sus estructuras: la carta tiene dos *personas* distintas en función de destinador y destinatario; en tanto que para el diario, la persona del destinador es la misma que la del destinatario. Para esta amplificación del «modelo comunicativo» véase J. Lotman, «Dos modelos de comunicación en el sistema de la cultura», Tartu: *Trudy*, 1973, págs. 227-243.

[13] *Diario de Colón*, edición de Carlos Sanz, *op. cit.*, folio 1.

tolomé de las Casas, tiene la notable forma de un diario en tercera persona: mientras que, por una lado, las Casas conserva las fechas; por otro, reduce los enunciados en primera persona a enunciados informativos de la actividad de la tercera persona. Algunos claros ejemplos se encuentran en la transcripción correspondiente al viernes 21 de diciembre. En esta oportunidad Las Casas alterna las palabras de Colón con las suyas propias, hasta que, en un momento, las palabras de Colón se continúan en las suyas: «Y hay muy lindos cuerpos de mujeres, y ellas las primeras que venían a dar gracias al cielo y traer cuanto tenían, en especial cosas de comer, pan de ajes y gonza avellanada y de cinco o seis maneras frutas, *de las cuales mandó curar el Almirante para traer a los Reyes*»[14]. Obviamente, ni Colón en su organización del informe sobre la base de dos tipos discursivos, ni las Casas pasando, en una misma frase, de la primera a la tercera persona, intentaban alterar los géneros literarios: el primero se proponía simplemente informar echando mano de los recursos más inmediatos para hacerlo; el segundo, como lo veremos, explícitamente se proponía escribir «historia».

Hay todavía otros aspectos de las cartas colombinas, muy destacados ya por la crítica, a los que nos interesa referirnos. Anderson Imbert los resume de esta manera: «... en el fondo de los pasajes más vívidos de Colón no había una visión directa de América, sino el reflejo, como de nubes en un lago quieto, de figuras literarias tradicionales»[15]. Otros estudiosos[16], analizaron más en detalle este aspecto acentuando la polémica que, por un lado, atribuye a Colón un gran don de observación y, por otro, le reprocha monotonía en la expresión. Se subraya que:

La polémica, de cierto modo, no da en el blanco, puesto que la óptica del almirante es predeterminada por una tradición, que selecciona la realidad a describir y que le hace reducirla a los cuatro elementos del paisaje culto de los trovadores y de la lírica y novela italianas, es decir, del paisaje que aún sigue siendo el paisaje ideal de aquella época, probablemente no sin sugerir consciente o inconscientemente un color paradisíaco[17].

Los elementos del paisaje, sostiene el mismo autor, son los cuatro o cinco invariables: árbol, agua, brisa y canto de pájaros[18]. Este hecho, indudablemente cierto, no garantiza de ninguna manera la literariedad de las cartas de Colón; aunque más no fuera en el particular aspecto de la descripción del paisaje. Es quizás mas adecuado ver en este hecho no una dimensión literaria, sino una dimensión cognitivo-expresiva: la cognición de un objeto o acontecimiento, tal como se manifiesta en el discurso, que expresa tal acto cognitivo. Sabemos al respecto, que la cognición de un objeto o de un acontecimiento, no resulta únicamente de las informaciones que se «extraen» de tal objeto sino también (y quizás fundamentalmente), resultan de lo que *sabemos antes* de enfrentarnos con el objeto. Los filósofos de la historiografía han puesto de relieve este hecho hablando, para la cognición historiográfica, del «conocimiento basado en las fuentes» y del «conocimiento no basado en las fuentes»[19]. Se ha repetido muchas veces que una de las particularidades de los escritores del descubrimiento y de la conquista, al menos los de la primera hora, es que no disponían de modelos para escribir sobre las Indias[20]. Esta observación, sin duda cierta, implica que el objeto (por ejemplo, Indias) no tiene un lenguaje que lo exprese; es, hasta el momento del descubrimiento, un objeto «silencioso» y es, precisamente en este sentido, ignoto. Nada más natural, en casos semejantes, que *ver* el nuevo objeto con los ojos conformados al entorno que conocemos. Lo cual quiere decir, *expresarlo* mediante el *lenguaje* con el que expresamos y nos referimos a los objetos conocidos. Inventar un «nuevo lenguaje» (cualquiera que sea este), siendo que el destinatario del mensaje no *ha visto* el objeto es, simplemente, producir un discurso ininteligible. Si aceptamos estas premisas, la descripción del paisaje en las cartas de Colón, de ninguna manera evidencia un aspecto «literario», sino más bien cognitivo: isla tras isla, la descripción se resuelve en pocos renglones (que interfieren, la mayoría de las veces, con las expectativas de encontrar oro en la ribera de un

14 *Diario de Colón, op. cit.*, folio 42.
15 Enrique Anderson Imbert, *op. cit.*, pág. 21.
16 Leonardo Olschkı, «What Columbus saw on landing in the West Indies?» *Proceedings of the American Philosophical Society*, 84, 1941, págs. 639-649.
17 E. B. Palm, «España ante la realidad Americana», *Cuadernos Americanos*, vol. XXXVIII, núm. 2, 1948, páginas 136-7.

18 E. Palm, *op. cit.* Sabemos también la tópica que se constituye sobre el paisaje ideal en la literatura medieval por el estudio de E. R. Curtius, *Literatura Europea y Edad Media Latina*, México, F. — E., traducción de Margit Frenk y Antonio Alatorre, 1955, págs. 263-289.
19 Los conceptos provienen de Jerzy Topolski, *Methodology of History* (traducido del polaco por O. Wojtasiewicz) (Holland, D. Reidel Publishing Company), 1976, páginas 418-30. Ed. esp., Madrid, Cátedra, 1982.
20 José Antonio Maravall, *Los factores de la idea de progreso en el renacimiento Español*, Madrid, Real Academia de la Historia, 1963, págs. 113-114.

río o especias en las hojas de árboles desconocidos)[21]; siendo, además y la mayoría de las veces, repetición de las descripciones anteriores[22]. Colón de ninguna manera *marca* (*i. e.*, da *instrucciones* a su destinatario) una intención escritural que conecte su acto de lenguaje con la tradición poética de la cual, presumiblemente, extrae sus modelos. Caso muy distinto al de Ercilla quien, desde los primeros versos de *La Araucana*, nos indica el legado de una tradición. Colón, por el contrario, si usa modelos «literarios» los usa como la manera más expeditiva de informar y señalar el asombro que le produce lo que ve.

De los viajes subsiguientes de Colón, que fueron acompañados por respectivos «diarios», nos queda sólo el testimonio de que ellos han existido. Nos quedan, sin embargo, otros de sus escritos. En especial las cartas de su tercer y cuarto viaje[23]. En la trayectoria que podemos trazar desde el «Diario de navegación» y la primera carta[24] a las del tercer y cuarto viaje, vemos que las descripciones del paisaje y de la gente, se alternan con otras preocupaciones: la cosmografía y las obsesiones personales. En la tercera carta encontramos,

con respecto al primer punto, observaciones como la siguiente:

> Yo siempre leí que el mundo, tierra é agua era esférico é las autoridades y esperiencias que Tolomeo y todos los otros escribieron de este sitio, daban e amostraban para ello así por eclipses de luna y otras demostraciones que hacen de Oriente hasta Occidente, como de la elevación del polo Septentrión en Austro. Agora vi tanta disconformidad, como ya dije, y por esto me puse á tener esto del mundo, y fallé que no era redondo en la forma que escriben: salvo que es de la forma de una pera que sea toda muy redonda, salvo allí donde tiene el pezón que allí tiene más alto, ó como quien tiene una pelota muy redonda, y en lugar della fuese como una teta de muger allí puesta, y que esta parte deste pezón sea la más alta é mas propinca al cielo, y sea debajo la línea equinoccial, y en esta mar Océana y en fin del Oriente: llamo yo fin de Oriente, adonde acaba toda la tierra é islas, é para esto allego todas las razones sobreescriptas...»[25].

Trozo en el cual la dudosa sintaxis no oculta la línea argumentativa en la cual la experiencia (conocimiento basado en las fuentes) corrige los conceptos «leídos» (conocimiento no basado en las fuentes). Este párrafo, junto con la argumentación que le sigue, ejemplifican uno de los aspectos *marcados* en las cartas colombinas: la intencional *inscripción* de sus cartas (al menos en uno de sus aspectos) en la tradición del discurso cosmográfico y no del poético.

Por su parte, las obsesiones personales —que nada tienen de literario en un momento en que lo poético se determina por sus grados de verosimilitud y no de expresión (en el sentido romántico)— se manifiestan en dos direcciones: por un lado en la imaginería, paralela a la comprobación empírica, que le lleva a pensar en las puertas del paraíso; por otro, en la manifestación de la quiebra del sujeto, notable en su cuarta carta[26]. La fuerte convicción de estar ante las puertas del paraíso, está ligada a sus especulaciones cosmográficas. En primer lugar, Colón comienza por repetir la posición del paraíso terrenal en la versión de la «Sacra Escritura»; en segundo lugar, y al igual que en su argumentación sobre la forma de la tierra, continúa con la revisión de las autoridades

[21] Ramón Iglesias ha observado, no sin cierto desdén, que «... en ese primer viaje es el comerciante quien domina. Trata de no espantar a los indios, de infundirles confianza, de engatusarlos (...) pegajoso e insistente como viajante de comercio», *El hombre Colón y otros ensayos*, México, El Colegio de México, 1944, pág. 31.

[22] *Scritti di Cristoforo Colombo*, publicatti ed illustrati da Cesare de Lollis. Illustrazione al documento I, Raccolta Colombiana, parte L, vol. I, págs. 5 y ss.

[23] Del segundo viaje nos queda el informe «que un Dr. Chanca llamado, natural de Sevilla, fue en este viage y armada por mandato de los Católicos Reyes, y dende allá escribió a los Señores del Cabildo de Sevilla lo que les acaeció y lo que vio» (Fernández de Navarrete, *op. cit.*, tomo I, pág. 327). Del tercer viaje, «La historia del viage quel Almirante D. Cristóbal Colón hizo la tercera vez que vino á las Indias cuando descubrió la tierra firme, como lo envió á los Reyes desde la Isla Española» (Fernández de Navarrete, *op. cit.*, pág. 367); y también «Carta del Almirante al ama (que había sido) del Príncipe D. Juan, escrita hacia fines del año 1500» (Navarrete, *op. cit.*, pág. 387). Del cuarto viaje, además de la carta de Jamaica, escrita por el propio Colón, queda la relación del «escribano oficial» que los Reyes envían con él: «Habéis de ver (le ordenan los reyes antes del cuarto viaje) en estas islas y tierra firme que descubriredes, qué oro é plata é perlas é piedras é especia é otras cosas hobiere (...) é facer de todo ello relación por ante nuestro escribano é oficial que Nos mandamos ir con vos para ello...» (Navarrete, *op. cit.*, pág. 401).

[24] Esta carta, contenida también en Fernández de Navarrete, ha sido más recientemente editada, reproduciendo la primera impresión de 1493, por Carlos Sanz: *La carta de Colón anunciando el descubrimiento del Nuevo Mundo* (Madrid: Instituto de Cultura Hispánica), 1956. Un estudio detallado de los avatares de esta carta, su fecha, su impresión y distribución, con numerosos documentos, es el del mismo Carlos Sanz, *El gran secreto de la carta de Colón (crítica histórica) y otras adiciones a la Bibliotheca Americana Vetustísima*, Madrid, Librería Victoriano Suárez, 1959.

[25] Fernández de Navarrete, *op. cit.*, pág. 379.

[26] Quiebra del sujeto relacionada, obviamente, con el desplazamiento que Colón va sufriendo en el desarrollo de la empresa que él mismo comenzó. Para un resumen histórico véase J. Vicens Vives, editor, *Historia social y económica de España y América*, Barcelona, Editorial Vicens Vives, t. II, págs. 433-65.

clásicas: «Yo no hallo ni jamás he hallado escritura de latinos ni de griegos que certificadamente diga el sitio en este mundo del Paraíso terrenal, ni visto en ningún mapamundo, salvo, situado con autoridad de argumento»[27]; en tercer lugar, sitúa el Paraíso según sus conclusiones cosmográficas sobre la forma de la tierra: «Yo no tomo quel paraíso terrenal sea en forma de montaña áspera como el escrebir dello nos amuestra, salvo quel sea en el colmo allí donde dije la figura del pezón de la pera, y que poco á poco andando hacia allí desde muy lejos se va subiendo a él...»[28].

La quiebra del sujeto, por su parte, que toma el lugar que debía ocupar el informe, se anuncia ya en la introducción de la tercera carta y llega a su expresión más patética en la carta de Jamaica, cuando una «voz piadosa» —oída en circunstancias muy especiales («... yo muy solo de fuera en tan brava costa, con fuerte fiebre, en tanta fatiga...»[29])— lo enfrenta al dilema entre la fama terrena y la salvación divina. La «oración»[30] que Colón «transcribe» muestra, por un lado, cierta conciencia del «estilo»[31] y, por otro lado, deja testimonio del sujeto demolido por la empresa societaria de la cual las cartas eran el informe de actividades. La quiebra del sujeto no puede sino manifestarse en los términos que su cultura le ofrece: la salvación divina como alternativa del fracaso humano («Yo así amortecido oí todo; más no tuve yo respuesta a palabras tan ciertas, salvo llorar por mis yerros. Acabó de fablar, quien quiera que fuese, diciendo: No temas, confía: todas estas tribulaciones están escritas en piedra de mármol, y no sin causa»).

Las cartas y los diarios colombinos, resultados de un deber y de una obsesión, son los textos originales que definen, aunque equívocamente[32], el referente (Indias) de la familia

discursiva en su posición geográfica; además, inician el discurso sobre lo «natural» y lo «moral» que se continuará en las historias posteriores: Por otra parte, sus cartas y diarios son los informes de una empresa política y comercial y el testimonio de la imaginería y las obsesiones del sujeto a cargo de tal empresa. He ahí una red tópica que otorga su lugar *textual* a estos escritos que, como tales, son el resultado de un *acto* secundario, siendo el principal el de descubrir. Estos escritos, que se enderezan hacia la verdad y no hacia la verosimilitud, que son pragmáticamente (definidos por la intencionalidad del sujeto) verdaderos, y semánticamente «erróneos» o «imaginarios»; son, por todos estos aspectos, partes de las «letras»[33] de una cultura.

Nos referimos ya al hecho de que la expresión «Colón descubrió América» es por un lado obvia y por otro incorrecta. Es obvia porque al mencionar tal hecho establecemos un lugar común de comprensión y de comunicación; es incorrecta porque, sabemos, para Colón las tierras descubiertas no son ni América ni un Nuevo Mundo, sino parte de Asia. El descubrimiento es, para Colón, descubrimiento de lo *no visto pero sabido* y de ninguna manera descubrimiento de *lo no conocido*, puesto que se sabía de antemano que eran: «el fin del Oriente»[34]. Este es el momento de la historia cultural en que la nominalización del referente («Indias»; «América») entra en litigio y cuando las cartas de A. Vespucio (aunque escritas en lengua italiana y, la de mayor relieve «Mundus Novus», traducida y publicada en latín)[35] adquieren su lugar y

---

[27] Navarrete, *op. cit*, pág. 382.

[28] Navarrete, *op. cit*., págs. 382-3.

[29] Navarrete, *op. cit*., pág. 423.

[30] El ejemplo conocido, en la historiografía clásica, es la «conmovedora oración fúnebre» donde Tucídides (460-400 a, de C.) le «otorga» la palabra a Pericles (*La guerra del Peloponeso*). Corresponde también, en la retórica latina clásica, a lo que en *Ad Herennium* se clasifica como *conformatio* (prosopopeya), y de la cual se observa que, como figura unida a la amplificación, se la emplea en ciertos casos para despertar piedad (*Haec conformatio, licet in plures res mutas atque inanimas transferatur, proficit tamen plurium in amplificationis partibus et commiseratione*», *Ad Herennium*, L. IV., cap. Liii). No insinúo que Colón fuera conocedor consciente de estas fuentes, sino —lo que el «estilo» de la oración sugiere— que lo fuera de la trasmisión colectiva y cultural de esa tradición, a la cual apela Colón cuando siente la necesidad de despertar *commiseratio*.

[31] Me refiero a la definición y clasificación retórica de los tres estilos (*Ad Herennium*, L. IV., cap. VIII-XII).

[32] E. O'Gorman, *op. cit.*

[33] La noción de *texto*, en el sentido definido y en el marco de la semiótica, podría, como concepto abstracto, relacionarse muy de cerca con uno de los sentidos empíricos que la familia del vocablo *letras* («Se toma muchas veces por las ciencias, artes y erudición», *Diccionario de Autoridades*) tiene en el siglo XVI. Por ejemplo, en Fernández de Oviedo: «... El Pontano en Nápoles (...) el qual en aquella saçon era tenido por uno de los literatíssimos y doctos hombres de Italia» (*Historia General y Natural de las Indias*, tomo I, Madrid, 1851, pág. 40). Las letras y sus practicantes (los literatos y los literatíssimos), definen el ámbito del *texto*; mientras que la gramática se ocupa del hablar correcto, pero fundamentalmente del no-texto. Para la noción de no-texto, ver B. Uspenski y otros, *op. cit.*, nota 3.

[34] F. de Navarrete, t. I., *op. cit.*, pág. 493.

[35] La carta que conocemos hoy como «Mundus Novus», publicada en latín en 1505 por Matías Hutpfuff en Estrasburgo, está fechada, en su original italiano, en 1503. Esta es, al parecer, la 6.ª edición; la primera, en italiano, habría sido publicado en 1504. De todas maneras, esta es la primera *carta*, sobre el descubrimiento, que ha sido *publicada*. Para una descripción más detallada del contenido, las fechas y los destinatarios del epistolario vespuciano (incluídas aquellas cartas que se encontraron en el siglo XVIII), se consultará con mucho provecho los bien documentados, aunque

63

Américo Vespucio

cumplen su función textual en los escritos del descubrimiento. Son estas cartas las que comienzan a alterar el concepto (y no sólo el nombre) del orbe a partir de los viajes descubridores. Enumeremos, en primer lugar, el material del epistolario y de los viajes de Vespucio. Se suponen, por una parte, cuatro viajes y, por la otra, un controvertido epistolario que relataría cada uno de estos viajes en distintas cartas. Entre este epistolario merece mencionarse, en primer lugar, la carta impresa en 1506 (quizás una de las piezas más debatidas del epistolario) bajo el nombre de *Lettera di Amerigo Vespucci delle isole nuovamente trovate in cuatro suoi viaggi*[36], que

altamente prejuiciosos, libros de R. Levillier: *América la bien llamada*, (Buenos Aires, Kraft), 1948, t. II, págs. 273-345; y *Américo Vespucio*, Madrid, Cultura Hispánica, 1966, págs. 91-167. La mejor edición del espistolario vespuciano pertenece también a R. Levillier: *El nuevo mundo. Cartas relativas a sus viajes y descubrimientos* (Buenos Aires, Nova), 1951. En estos trabajos el lector puede encontrar esquematizadas las polémicas sobre la autenticidad de la «Lettera». Ésta, publicada por Fernández de Navarrete en el siglo XIX, había ya despertado las sospechas de su editor; viéndose éste forzado a señalar sus desconfianza mediante notas. Véase Fernández de Navarrete, *op. cit.*, t. III, páginas 196-289. Navarrete transcribe la traducción latina de la edición italiana de 1504, publicada en la *Cosmographie Introductio* (ver nota siguiente).

[36] Fechada en Lisboa en 1504 y dirigida a Piero Soderini, se imprime en Florencia a principios de 1505, por el editor Pietro Paccini. Siendo la más debatida en cuanto a su autenticidad, su función cultural no es por ello menos significativa, aunque coincidimos con Levillier, (*op. cit.* 1966, pág. 121) cuando señala que la importancia de ésta es menor, en cuento a su contenido, a la «Mondus Novus», puesto que en tanto que ésta es «conceptual», la «Lettera» es meramente «descriptiva»). Lo cierto es que al ser publicada en latín como parte de la *Cosmograhiae Introductio* se sugiere, sobre la base que suministra la carta, el nombre de *América* para las nuevas tierras, debido o en homenaje a su «descubridor».

mencionaremos con el nombre abreviado de «Lettera». De este modo, la relación entre viajes y cartas sería la siguiente[37]:

1) *Primer viaje, 1497*: La única referencia a este viaje se encuentra en la «Lettera». Los defensores sostienen que, en este viaje, Vespucio llega, antes que Colón, a tierra firme;

2) *Segundo viaje, 1499*: Las referencias a este viaje se encuentran en la «Lettera» y en una epístola, dirigida a Lorenzo Pier Francisco de Medicis y fechada en Lisboa el 18 de julio de 1500. Ángelo María Bandini encontró esta epístola en el siglo XVIII[38].

3) *Tercer viaje, 1501*: Descrito en la «Lettera» y además en la famosa carta «Mundus Novus». Es esta última la que adquiere mayor difusión y la que produce la polémica por remitir a las nuevas tierras descubiertas como «nuovo mondo» y no como parte de Asia[39].

4) *Cuarto viaje, 1503*: Como en el caso del primero sólo se hacen referencias a él en la «Lettera».

Finalmente, habría que agregar que los dos primeros viajes se realizaron bajo bandera española, en tanto que los dos últimos bajo bandera portuguesa.

Dos aspectos nos interesa retener del epistolario vespuciano en relación al tema de las cartas del descubrimiento:

a) El lugar que Vespucio ocupa en la empresa del descubrimiento es secundario comparado con el de Colón, o aun con el de Cortés en la empresa de la conquista. Sus cartas no son informes obligatorios y están dirigidas no a los reyes de España o de Portugal, sino a amigos italiano que son, en su mayoría, «hombres doctos» y no hombres de empresa. Este hecho pone de relieve el aspecto pragmático de la producción epistolar y destaca el rol social de quien escribe y, de manera correlativa, el rol textual en el que se figura el destinador. Si, a partir de esta nueva distinción, pensamos en el sujeto textual[40] de las

[37] Sigo el resumen de Vicente D. Sierra, *Américo Vespucci. El Enigma de la Historia de América*, Madrid, Editora Nacional, 1969, págs. 22-23. La posición de Sierra es «antivespuciana» y opuesta a la de Levillier.

[38] A. B. Bandini, *Vita e lettere di Amerigo Vespucci*, Florencia 1745.

[39] Cfr. la transcripción de una copia manuscrita, en R. Levillier, *op. cit.*, 1948, tomo II, págs. 355 y ss.

[40] De nuevo nos encontramos con la incómoda necesidad de la terminología. La distinción entre «autor» y «narrador» es hoy bien conocida en el ámbito de la ficción. Tal distinción no es sin embargo sólo necesaria y operativa en ese dominio, sino también en el de los relatos no ficticios: en una autobiografía, por ejemplo, podemos distinguir con cierta precisión el *rol social* de su autor (al que conceptualizamos mediante todo tipo de información que dispongamos sobre su «persona»); del *rol textual* (la «figura» tanto del

cartas de Vespucio en comparación con el de las cartas de Colón o de Cortés, comprobamos que —en el caso de Vespucio— el rol textual no ocupa el primer plano como en los otros dos casos: tanto en la trayectoria del triunfo a la caída, para el primero; como el proceso inverso (del «yo» integrado al «nosotros» y, a veces, remitido a la no-persona de un *él* referencial; hasta el predominio de la figuración textual) en el epistolario cortesiano. En las cartas de Vespucio nos encontramos con un sujeto textual observador que no ocupa el primer plano en su correlación con el agente de la acción como se da, de nuevo, en los casos de Colón y de Cortés. Es, repitamos, un sujeto textual observador pero no un sujeto textual que debe asumir, con todas sus consecuencias, la responsabilidad de una empresa; ni su derrota ni su triunfo en ella.

b) El segundo aspecto, semántico-referencial y no pragmático como el primero, se relaciona con el contenido de la epístola «Mundus Novus». No nos interesa, al hablar de este aspecto, si es Vespucio o no su autor; ni si Vespucio llegó o no a los extremos límites de los mares del sur, como se sostiene en la carta[41]. Lo que nos interesa es que la carta se publicó y en ella se desencadena la noción de la existencia de la «cuarta parte del mundo»; y se la ilustra, además, con la posición de las estrellas desde tales tierras (o mares) que se encuentran en las antípodas del «viejo mundo». Si, desde esta perspectiva, comparamos el epistolario vespuciano con el de Colón no sólo se nos presenta el problema de las prioridades del descubrimiento, a todas luces secundarios fuera de prejuicios nacionalistas; sino fundamentalmente para nuestros propósitos, el de la función que se otorga a estos textos su lugar en la historia de la cultura: la carta «Mundus Novus», cuya repercusión se debe quizás más a un grupo de letrados que a las intenciones del propio Vespucio[42], es la que

provoca la conciencia conceptual que asume las nuevas tierras descubiertas como la cuarta parte del golbo. Se podría objetar esta observación diciendo que Colón había sido, antes de la carta de referencia, consciente de que las tierras al sur de la Española pertenecían a un nuevo mundo. Y así lo dejan entrever el mapa de su hermano Diego Colón y el mamapundi de Juan de la Cosa[43]. Pero lo cierto es que si Colón lo *supo*, no hay repercusión de ello después de su tercer viaje, ni tampoco Colón da demasiada importancia a este hecho, preocupado por su quimérico Cipango. Las cartas de Colón no *marcan*, como lo hace la «Mundus Novus», lo que es crucial para Vespucio. Presumiblemente porque la misión de Colón no era la de encontrar nuevas tierras sino la de llegar a Asia. En la empresa descubridora las cartas de Vespucio se destacan y se conservan, en relación al referente «Indias», debido al cambio conceptual que desencadenan.

Los historiadores de América conciben, en la historia de la época colonial, tres períodos: el del descubrimiento (al cual nosotros podemos hacer corresponder, en la historia del texto —o de las letras—, las cartas de Colón y de Vespucio), el de la conquista (Cortés, Valdivia) y finalmente, el de la colonización (relaciones y «crónicas» de las cuales nos ocuparemos en las secciones siguientes). En este contexto las cartas relatorias de Cortés dan cuenta, lo sabemos, de los episodios fundamentales en la conquista de la región, llamada por el propio Cortés, Nueva España. La redacción de estas cartas, entre 1519 y 1526, ocupa desde los treinta y cuatro a los cuarenta y un años de Cortés. La primera carta, que se ha perdido y ha sido reemplazada en las ediciones conjuntas posteriores por la carta del 10 de julio de 1519 que la «Justicia y Regimiento de la Rica Villa de la Veracruz» envía a «doña Juana y al Emperador Carlos V, su hijo»[44].

narrador como del agente de la autobiografía, que conceptualizamos mediante las informaciones contenidas *en el texto*.) Todo discurso en cuanto construcción lingüística, no consta sólo de enunciados referenciales analizables sobre bases sintáctico-semánticas, sino que cuenta también con un conjunto de enunciados que no nos remite al «referente» sino al «hablante»: pues es este conjunto el que configura el *rol textual*.

[41] Para la cuestión de la «verdad» del viaje de Vespucio, ver Levillier, 1966, págs. 77 y ss. Nótese, sin embargo, los a veces forzados argumentos de Levillier para sostener la realidad de ese viaje.

[42] «*Gimnasio Vosgense*" fue llamado un cenáculo intelectual organizado en la ciudad de Saint Dié, en la Lorena, por un grupo de humanistas —geógrafos, geómetras y poetas— bajo la protección del Duque Renato y la dirección inmediata del canónigo de la Catedral, Walter Lud. Como se disponía de una imprenta, sus miembros se propusieron editar la geografía de Ptolomeo, ampliada con la información

de los nuevos descubrimientos marítimos; tarea que fue confiada a Martín Waldseemuler. Se supone que Marin Ringman, poeta alsaciano, se vinculó al Gimnasio a su regreso de París, y dio a conocer al grupo un ejemplar del «Mundus Novus» V. D. Sierra, *op. cit.*, pág. 9.

[43] Al parecer, Bartolomé Colón trazó, al margen de una copia de la «carta de Jamaica» (cuarto viaje) unos apuntes cartográficos «traduciendo» al diseño las ideas geográficas de Colón. El mapa muestra (véase la copia en Vicente Sierra, *op. cit.*) las islas descubiertas a «mitad de camino» entre España y Asia. Al sur de las islas se diseña la tierra firme con la designación de «mondo novo». El mapa de Juan de la Cosa, de 1500 (ver V. D. Sierra), traza las tierras del sur como un continente; y nada deja entrever que se piense que tal continente es Asia.

[44] H. R. Wagner, «The Lost First Letter of Cortés», *Hispanic American Historical Review*, 1951, 669-672.

La carta perdida está fechada unos pocos días después de la mencionada. En su segunda carta, el propio Cortés nos suministra la fecha: «En una nao que de esta Nueva España de vuestra sacra majestad, despaché á 16 de julio del año de 1519, envié a vuestra alteza muy larga y particular relación de las cosas hasta aquella sazón, después que yo á ella vine, en ella sucedidas»[45].

Hernán Cortés, por Coello

El título que nos es hoy familiar de «cartas de relación» proviene, recordémoslo, no de Cortés —quien no escribía «para publicar»— sino de Jacobo Cronberger quien edita la segunda carta en Sevilla, en noviembre de 1522. Cortés remite a sus informes repetidamente, es cierto, con el vocablo «relación». El vocablo «carta», empleado algunas veces para sus propios escritos, aparece con mayor asiduidad no para referirse al *informe de sus*

actividades sino más bien para referirse al *intercambio de información* de necesidad inmediata entre los españoles en Indias. En la segunda carta de relación encontramos un ejemplo: «Y tras destos dichos indios vino otro natural de la isla Fernandina, el cual me trajo una *carta* de un español que yo tenía puesto en la costa para que si navíos viniesen, les diese razón de mí y de aquella villa que allí estaba cerca de aquel puerto, porque no se perdiesen» (pág. 36). Aunque, también, en esos casos, «carta», y «relación» parecen intercambiables. La transcripción de la carta que nos da el propio Cortés termina diciendo «y que luego vernía a me traer la *relación*». (pág. 36). Hay otros muchos ejemplos semejantes. Sin embargo, el sentido en que Cortés lo emplea para designar sus extensos informes tiene un significado contextual muy preciso: Cortés no llama «relación» a sus informes «relación» sólo porque es un vocablo corriente en la época (ni menos porque desee plegarse a un «género literario»), sino simplemente porque está cumpliendo con un mandato en el que se le exige, precisamente, hacer «entera relación» (volveremos sobre este aspecto en la segunda sección). Cuando Diego Velásquez envía a Cortés, hacia octubre de 1518, a socorrer a Juan de Grijalba y a proseguir con la empresa iniciada en la isla Cozumel, no hace más que cumplir con un requisito de los gobernadores hacia los capitanes que iban a descubrir, conquistar o poblar por cuenta y mandato de las autoridades peninsulares. La carta de Diego Velásquez a Cortés, dice lo siguiente:

> Trabajaréis con mucha diligencia e solicitud de inquirir a saber el secreto de las dichas islas e tierras e de las demás a ellas comarcanas y que Dios Nuestro Señor haya sido servido que se descubran o descubrieren, así de la manera e conversación de la gente de cada una della en particular, como de los árboles y frutas, yerbas, aves, animales, oro, piedras preciosas, perlas e otros metales, especería e otras cualesquier cosas que de las dichas islas e tierra pudiéredes saber y alcanzar, e de todo *traer entera relación* por ante escribano (...) para que de todo yo pueda *hacer entera* e *verdadera relación* al Rey Nuestro Señor[46].

Esta «orden» de Velásquez nos recuerda, por un lado, el porqué de la palabra «relación» en el epistolario cortesiano y, por otra, nos conecta con la «respuesta» que constituye la

[45] «Cartas de relación de Fernando Cortés sobre el descubrimiento y conquista de la Nueva España», *Historiadores Primitivos de Indias*, Madrid, B. A. E., vol. XXII, pág. 12. Todas las citas posteriores corresponden a esta edición.

[46] Citada por Marcos Jiménez de la Espada, en su introducción a las *Relaciones Geográficas de Indias* —Perú, Madrid, BAE, vol. 183, pág. 18. Cursivas agregadas.

primera carta, o carta de «la Justicia y Regimiento» en la cual, al comienzo, se subraya: «Bien creemos que vuestras majestades, por *letras* de Diego Velásquez, teniente de almirante en la isla Fernandina, habrán sido informados de una tierra nueva (...) que al principio fue intitulada Cozumel y después la nombraron Yucatán (...)». Como así también se explica el informe detallado de lo que *hay* en esas tierras, al final de la primera carta; aspecto que desaparecerá prácticamente del epistolario cortesiano. Con algunas excepciones, por cierto, como la descripción de la «gran Temixtitan»; la cual, sin embargo, no se incluye tanto para informar lo que *hay* sino por las maravillas que Cortés percibe en esta ciudad.

Sin lugar a dudas que estos informes autodenominados «relaciones» se conforman al modelo epistolar. Hecho que no ha pasado desapercibido en los estudios sobre Cortés. Aunque estos estudios versan, en general, sobre su persona y los acontecimientos históricos en los que Cortés participa, no dejan de deslizar observaciones relevantes para nuestros propósitos. Se ha destacado, así, que uno de los aspectos de las cartas son los latinismos léxicos, además de ciertas reminiscencias de la sintaxis latina. Lo más interesante es que estas construcciones aparecen en «esa introducción y ese final en que se despide de su emperador»; en tanto que, se agrega, «Ya en el cuerpo, eso desaparece y la frase cobra un ritmo más castellano, más suelto»[47]. Lo interesante, como decíamos, es que —no por azar— las reminiscencias de la sintaxis latina se encuentran, precisamente, en la *salutatio*; lo cual indica que Cortés, al menos en este preciso aspecto, era muy consciente de las exigencias retóricas impuestas a la epístola[48]. No es por casualidad el que estos detalles se encuentren en las cartas de Cortés y no, por ejemplo, en las de Colón. Sabemos que Cortés estudió en Salamanca; sabemos que la base de toda educación humanista consistía en el estudio de la retórica, la gramática, la poética y la dialéctica; sabemos que los niños aprendían a componer frases, oraciones y fábulas; y que la retórica *Ad Herennium* (o el manual del catedrático de turno, forjado sobre su base) era el manual obligatorio[49]. No nos equivoquemos y vayamos a pensar que, al fin, encontramos unos principios «literarios» en las epístolas de Cortés: lo que encontramos es *oficio*; o, si se quiere, *arte* en el sentido que la palabra tenía en el siglo XVI[50].

Por otra parte, la prosa más suelta y el ritmo más castellano de la frase, que se ha señalado para la narración, seguramente se debe al hecho de que Cortés no disponía de ningún texto anterior al cual seguir. No obstante, el cuidadoso entretejido de la narración nos sugiere, una vez más, el buen uso que Cortés sabía hacer de su aprendizaje y dominio de la actividad verbal. Una detenida lectura de las cartas nos muestra que Cortés (sin entrar en un minucioso análisis retórico de su composición) se esforzaba por no dejar «cabos sueltos», ni en los párrafos ni en la totalidad de las cartas: del párrafo a la carta, y de una carta a las anteriores, siempre encontramos las *indicaciones* necesarias para no perdernos en la organización de lo narrado: la *materia* (podríamos arriesgar haciendo uso de la terminología retórica) es cuidadosamente controlada por la *res*; y a ello sirven los diversos niveles de la *dispositio*[51]. En el párrafo, para ilustrar brevemente, Cortés abunda en morfemas conectivos y en elementos anafóricos que retoman, a cada instante, lo dicho anteriormente. En la totalidad de la carta, emplea el apelativo epistolar («En los capítulos pasados, muy poderosos Señor...»); los indicadores temporales y espaciales («Y el *día* que el dicho alguacil mayor y yo con la gente llegamos a *la ciudad de Cempoal, donde* el dicho Narváez y su gente estaba aposentada», pág. 39); los constantes reenvíos a lo dicho en otras relaciones («En la otra relación, muy católico Señor...», pág. 55; «En la otra relación, muy venturoso y excelentísimo Príncipe...», pág. 58), organizando la materia de un modo claro; mostrando así no sólo la necesidad y obligación de informar, sino también el conocimiento en el manejo del instrumento «lin-

[47] Manuel Alcalá, «Nota preliminar» a la edición de *Cartas de Relación*, México, Porrúa, 1960, pág. xvi.
[48] Un estudio de las fórmulas retóricas en las epístolas, principalmente en la tradición medieval, M. Murphy, *Rhetoric in the Middle Ages: A History of Rhetorical Theory from Saint Agustine to the Renaissance*, Berkeley, U. C. P, 1974; sobre la *salutatio* ver págs. 205-7, 216-22. Un estudio más específico es Carol Dana Lanham, *Salutatio Formulas in Latin Letters to 1200: Syntax, Style and Theory* (Munchen: Bei der Arbeo-Besellschaft), 1975, págs. 22. Los tratados sobre la epístola, basados en la retórica, abundan todavía en el Renacimiento. Citemos uno de los más notables ejemplos: Orazio Toscanella: *Applicamento de i precetti della inventione, dispositione et elocutione, che propriamente serve allo scritore di epistole latine, et volgari*, Veneti, Pietro di Franceschi, 1575.

[49] Véase Ajo y Sáinz de Zúñiga, C. María, *Historia de las Universidades Hispánicas*, Madrid, La Normal, 1957.
[50] Se consultará con provecho, sobre este punto, el artículo de Paul Oskar Kristeller, «The Modern System of the Arts», en su *Renaissance Thought II*, Nueva York, Harper and Row, 1965, págs. 163-227.
[51] Para estas nociones remito a H. Lausberg, *Manual de Retórica Literaria* Madrid, Gredos, 1966, págs. 99-106; 367, (tomo I), (versión española de José Pérez Riesco).

güístico». Lleva sin dudas la razón A. Reyes[52] cuando objeta a quienes ven el apresuramiento del hombre de armas transparentarse en rasgos rápidos y entrecortados de sus cartas y sostiene que, todo lo contrario, sus «relaciones» muestran una clara conciencia en el manejo de la materia verbal.

Informes que son el cumplimiento de una obligación («traer entera relación»), el epistolario cortesiano es, además, ejemplo del ejercicio de un tipo discursivo privilegiado por los «humanistas» y que, por lo tanto, era parte básica de la educación por la cual pasa Cortés en las aulas de Salamanca. Pero sabemos también que en esa estructura educativa el «arte de bien decir», regulado por la retórica, se diferencia del «arte de imitar», regulado por la poética.

El epistolario de Pedro Mártir de Anglería que, desde la edición de 1530, conocemos por *Décadas del Nuevo Mundo*[53], cubre —en lo que concierne al referente— tanto los aspectos del descubrimiento como los de la conquista. En el aspecto pragmático, Anglería se encuentra en una situación muy distinta al del epistolario de Colón o de Cortés: no sólo que las cartas las envía desde España a sus cofrades italianos sino que, también, sus escritos son «cartas sobre cartas» que recibe en «paquetes» y que resume en los «libros» de sus décadas. El mismo Anglería, hace explícita la «motivación» de sus décadas:

> Desde el primer origen y designio reciente de acometer Colón esta empresa del Océano, amigos y príncipes me estimulaban con cartas desde Roma a que escribiera lo que había sucedido; pues estaban llenos de suma admiración al saber que se habían descubierto nuevos territorios y nuevas gentes, que vivían desnuda y a lo natural, y así tenían ardiente deseo de saber estas cosas (pág. 105).

Refieiéndose a Ascanio Sforza, cardenal vicecanciller y principal motivador del epistolario (a quien, además, está dirigida la primera carta impresa en el *Opus Epistolarum*[54]),

Anglería anota que «su autoridad no me dejaba dormir, y me hacía manejar asiduamente la pluma. A él le había dirigido dos libros anteriores de esta Década, a más de otras muchas cosas que algún día verás de mis comentarios [el «verás» remite a Íñigo López de Mendoza, destinatario de estas palabras], aún no publicados. La fortuna me quitó a mí el gusto de escribir, así como derribó a Ascanio del poder» (pág. 105). Las exigencias de Ascanio, apagadas por las exigencias políticas, le hacen perder también a Anglería el «calor de investigar» hasta que «el año mil quinientos, hallándome en la corte de Granada (...) el cardenal Luis de Aragón (...) me enseñó las cartas que me dirigía el propio Rey Federico, en las cuales me exhortaba a que compilara todas las cosas que seguían a las de los dos libros dirigidos a Ascanio, pues ambos declaraban que habían tenido en sus manos lo que yo le había escrito al Cardenal» (pág. 105). Sigue, entonces, diciéndole a Íñigo López de Mendoza: «Más ahora (supuesto que tú te has empeñado en arrancarme un ejemplar íntegro de mis obras, para juntar mis libros con los volúmenes innumerables que tienes en tu biblioteca) me he propuesto añadir en breves palabras lo que se ha descubierto desde aquel año mil quinientos hasta éste, que es el mil quinientos diez» (pág. 106).

En el libro X, de la octava década, nuevamente Anglería habla de las condiciones y motivaciones de su escritura: «Mejor pues que la última tanda de estas cosas tan grandes la lleven por delante las magníficas armadas que frecuentemente surcan el Océano, y que con ellas pare de escribir mi ya cansada mano derecha.» Agrega, a manera de disculpa, pero disculpa reveladora del tipo de «libro» que son las *Décadas:* «y además, porque, a causa de otros negocios, yo no tengo libertad para ponerme todos los días a escribir los sucesos de Indias: a veces me pasa en claro un mes entero, y por eso todo lo escribo de prisa y casi en confuso cuando hay lugar; y no se puede guardar orden en estas cosas porque suceden sin orden» (pág. 623). Cuando Juan Bautista Muñoz[55], en el XVIII le reprocha a Anglería, lo que es todavía hoy un lugar común, el poco cuidado que éste pone en la organización de la materia, señala un aspecto cierto pero el reproche es sin duda injusto: Muñoz se sitúa, por un lado, en un momento posterior en el que se puede pensar «en el orden de los acontecimientos» y, por otro, con la plena conciencia de estar haciendo «historia» y no

[52] A. Reyes, *Letras de la Nueva España*, México, F. C. E., 1948, pág. 47.

[53] *De Orbe Novo*, Alcalá de Henares, 1503. Empleamos la segunda edición castellana (la primera de 1892), «Vertidas del latín a la lengua castellana por el Dr. D. Joaquín Torres Asensio quien diolas a las prensas como homenaje al cuarto centenario del Descubrimiento», Buenos Aires, Bajel, 1944. Todas las citas corresponden a esta edición; y a ella remiten los números de páginas.

[54] Alcalá de Henares, 1530. Edición castellana, *Epistolario* (estudio y traducción de José López de Toro) en *Documentos Inéditos para la Historia de España*, vol. 9, Madrid. Las referencias en la exposición remiten a esta edición.

[55] Juan Bautista Muñoz, *Historia del Nuevo Mundo*, 1793, prólogo.

relatando los sucesos acontecidos a medida que llegan las noticias. Este aspecto es importante en lo que concierne a la gestación de las *Décadas*, puesto que ellas crecen como un *desprendimiento* de la común actividad epistolar de Anglería y no son, repetimos, un *intencional* libro de historia (véanse, además de los ejemplos citados, las palabras relacionadas con el mismo tópico, en páginas 119 y 120). A un letrado humanista, como lo es Anglería, no podía escapársele esta distinción: «Una cosa resta, Beatísimo Padre, muy digna de la Historia, la cual quisiera yo que hubiese caído en las manos de Cicerón o de Livio, mejor que no en las mías...» (pág. 185). Veamos algunos aspectos de este proceso.

La carta número 130, del *Epistolario* de Anglería, está dirigida a Juan Borromeo y fechada el 14 de mayo de 1493 (tres meses después del regreso de Colón del primer viaje). Este epistolario, en la edición que conocemos, comienza en 1488. La carta 130 se ocupa de distintos asuntos, tales como el del «atentado al Rey» que se continúa de cartas anteriores. La mención de Colón es rápida, y la carta termina discutiendo la situación política de Italia. Veamos lo que se dice de Colón en ella:

> Hace pocos días, volvió de los antípodas occidentales cierto Colón, de Liguria, quien a duras penas consiguió de mis reyes tres naves, porque creían quiméricas las cosas que decía. Ha regresado trayendo como pruebas muchas cosas preciosas, pero principalmente oro que, naturalmente, se produce en aquellas regiones. *Pero demos de lado a las cosas ajenas, ilustre conde, pasémolas por alto.* Cursivas agregadas.

El primer libro de las *Décadas* está fechado el 13 de noviembre de 1493, siete meses después de la anterior y la perspectiva ha cambiado en forma radical. Para esa fecha se ha comenzado ya el segundo viaje. Si seguimos la pista, el comienzo del Libro Dos fechado el 20 de abril de 1494 (cuando Colón ya ha regresado de su segundo viaje), el interés ha cundido y las Décadas comienzan a crecer. Anglería comienza este libro diciendo:

> Me repites, ilustrísimo Príncipe, que deseas conocer las cosas del nuevo mundo que en España suceden y me has insinuado que te *agradó lo que hasta ahora escribí de la primera navegación.* He aquí lo que ha ocurrido después. (*Décadas*, pág. 13).

Ya no se trata de cosas que *hay que pasar por alto*, sino de cosa de interés, cuyo relato agrada y que, por lo tanto, *hay que continuar*.

Además del interés que tienen las cartas de Anglería como informes de los acontecimientos del descubrimiento y de la conquista, son ellas también las que ejemplifican mejor que ninguna otra la importancia que la carta, como tipo discursivo, tiene en el Renacimiento[56]. Así, si para los navegantes y conquistadores la carta es la manera más práctica de cumplir con una obligación y, por lo tanto, el medio más adecuado para hacerlo, para Anglería no sólo es un medio sino también un fin en la educación humanista. Esta afirmación la ilustra más que bien la carta número 129, de su Epistolario. Dirigida al joven Gilberto, hijo del conde Borromeo y fechada el 5 de enero de 1493, el tema de esta carta es, digámoslo así, la carta (como tipo discursivo) misma en cuanto manera de ejercitarse en las letras:

> Tu padre, que me escribe con mucha frecuencia, me envía alguna vez que otra tus saludos, pero hasta ahora ninguna carta tuya. Por tanto, ¿qué voy a responder, si no me han llamado? Sólo puedo decirte una cosa: hermosa tarea es en la juventud la de provocar a los mayores en edad: de ellos pueden, en cierto modo, robar lo que han de escribir por su cuenta. Si por vergüenza —aunque esto sea propio de gente honrada— no se atreven a hacerlo, adquirirán menos cultura y serán de menos utilidad.

A continuación Anglería exhorta al joven Gilberto a que se ejercite escribiendo (y la exhortación alude a escribir cartas), «con frecuencia a tantos varones cuanto en abundante número alimenta nuestra Italia, y, mediante este ejercicio, llegues a formarte una cultura». La carta no está destinada a *dar* informaciones sino, para el joven, a *recibirlas* puesto que, además, este «ejercicio» —nos dice Anglería— «aguza el ingenio, amplía y robustece la memoria y, en el manejo de los asuntos, *suministra abundancia de palabras y de sentencias*». Objetivo fundamental del letrado y no sólo o necesariamente del poeta. En resumen, en el corpus textual de las cartas del descubrimiento y de la conquista, el interés de Anglería no reside sólo en ser «informante» de los hechos oceánicos, sino en escribir cartas y practicar este ejercicio en el ámbito y en la función que la epístola adquirió en la cultura humanista.

---

56 Consúltese, por ejemplo, P. O. Kristeller, «Humanist Learning in the Italian Renaissance», *op. cit.*, págs. 1-19; también J. Siegel, «From the *Dictatores* to the Humanist», en *Rhetoric and Philosophy*, Nueva York, Princeton University Press, 1968.

Alegoría de los viajes de exploración

2. RELACIONES

El grupo de textos al cual nos referiremos en esta sección, y que designaremos específicamente como *relaciones de la conquista y de la colonización*, se caracteriza tanto por sus rasgos pragmáticos como organizativos; y se distingue del grupo de las «cartas relatorias» y del las «crónicas» o «historias». El núcleo de este tipo discursivo lo ejemplifican las *Relaciones geográficas de Indias*, estudiadas y publicadas por don Marcos Jiménez de la Espada[57]. A su vez, la base organizativa de estas relaciones (que, como lo veremos, reside en un cuestionario oficial confeccionado y distribuido por el Consejo de Indias) permite identificar un grupo de libros, escritos bajo otras condiciones pragmáticas distintas a las de las *relaciones* y no ajustados estrictamente a ellas, pero que —sin embargo— mantienen en gran parte el principio organizativo determinado por el cuestionario. Este grupo de textos, debido a las crecientes exigencias prácticas, es el que menos conexiones traza con la cultura «letrada» y el que más se ajusta, derechamente, a la información que trasmite y organiza[58].

Pero vayamos por partes y tratemos de especificar el sentido de la palabra *relación*.

El sentido que tiene el vocablo, en el siglo XVI, es el de «la narración o informe que se hace de alguna cosa que sucedió» (*Diccionario de Autoridades*); y es el vocablo castellano correspondiente a los latinos *relatio* y *narratio*. En uno de sus sentidos correspondería al actual vocablo *relato*. Pero, en el contexto del grupo de textos que denominamos *relaciones de la conquista y de la colonización*, tiene el sentido más específico de «relato/informe solicitado por la Corona». A su vez, como lo veremos de inmediato, este último sentido debe diferenciarse, por un lado, del uso que de él hace Cortés, cuando el pedido de informes es obligatorio pero no oficial; del uso que encontramos en los textos recogidos por Jiménez de

[57] B. A. E., vol. 183-186; 1965, edición y estudio preliminar por José Urbano Martínez Carreras.
[58] Lo libros de Velasco y de Vásquez de Espinosa son sólo dos ejemplos que nos podrían llevar a relacionar con ellos otras obras; entre ellas la *Historia de las Cosas de la Nueva España*, de Fray Bernardino de Sahagún. Aunque la obra lleve el título de *Historia* su concepción se relaciona más con las «relaciones geográficas» que con la formación

discursiva historiográfica que estudiaremos en el apartado siguiente. Esta intuición la confirma Manuel Ballesteros Gaibrois (*Vida y obra de Fray Bernardino de Sahagún*, León, C. S. I. C., 1973). Al comentar sobre las «minutas», como método de trabajo del fraile, el autor observa: «Esta *minuta* (que en castellano antiguo significa borrador o proyecto) es el moderno *cuestionario*. Debemos decir que este sistema era en cierto modo usual en la escolástica y en la metodología española, y que en alguna manera tenía más bien un origen procesal que científico. Mientras Sahagún vivía sus últimos años, los funcionarios oficiales de Felipe II preparaban los *cuestionarios* para las «relaciones geográficas», y el sistema es el mismo, luego era algo usual y común en las pesquisiciones españolas. Sahagún le da al cuestionario un empleo científico, para interrogar sistemáticamente a los indios viejos, que habían de ser sus informadores. Y en esto demostró su enorme prudencia científica, ya que no buscó referencias, sino testimonios que pudieran ser veraces» (pág. 101)

la Espada donde por *relación* se alude al informe oficializado por Ovando y Godoy y continuado por Juan López de Velasco. Por otro lado, debe distinguirse también este sentido preciso del general que encontramos, por ejemplo, en Bernal Díaz del Castillo, el cual lo emplea en un sentido cercano al actual vocablo *relato*. (Volveremos sobre este aspecto más adelante.)

Aceptadas estas generalidades, veamos con un poco más de detención, tres momentos históricos que caracterizan el tipo discursivo *relación*: 1) el periodo no oficial, que se extiende desde 1505 hasta 1574; 2) el periodo oficial posterior a 1574, y 3) los libros que se modelan, en parte, bajo el mismo principio organizativo de las relaciones cuya base es el cuestionario.

El primer periodo del pedido de informes, aunque no oficializado, comienza —aparentemente— con la carta que los reyes le envían a Colón, desde Barcelona con fecha 5 de septiembre de 1493:

> Nosotros mismos y no otro alguno, hemos visto algo del *libro* que nos dejastes, y cuando más en esto platicamos y vemos, conocemos cuán gran cosa ha sido este *negocio* vuestro que habéis sabido en ello más que nunca se pensó que pudiera saber ninguno de los nacidos (...). Y porque para bien entender mejor este vuestro *libro*, *habíamos menester saber* los grados de las islas y tierras que fallastes y los grados del camino por donde fuistes, por servicio vuestro que nos los enviéis luego; y asimismo, la *carta* que vos rogamos que nos enviáredes antes de vuestra partida, nos enviad luego muy cumplida y *escrito* en ella los nombres [59].

No se emplea, todavía, el término relación, sino que se habla de libro, de carta, de escribir. De igual manera, ocurre en la carta fechada en Segovia el 16 de agosto de 1494:

> Vimos vuestras *letras* e *memoriales* que nos enviastes con Torres. Y visto todo lo que nos *escribistes*, como quiera que asaz largamente *decís* todas las cosas, de que es mucho gozo y alegría *leerlas;* pero algo más *queríamos que nos escribiésedes*, ansí en que sepamos cuántas islas fasta aquí se han fallado, y a las que habéis puesto nombre, qué nombre a cada una; porque, aunque nombráis algunas en vuestras cartas, no son todas, y a las otras los nombres que las

llaman los indios; y cuánto hay de una a otra (...). Y todo nos lo *escribáis por nuestro servicio* [60].

No aparece tampoco la palabra relación pero el «queríamos que nos escribiésedes», aunque sea «cordial», es un pedido de la corona; y da la pauta de lo que en gran parte aparece en las cartas de Colón (o de cualquier otro conquistador o descubridor) y de lo que el escritor «verá» en las Indias; parcialmente su *ver* estará condicionado por lo que los reyes quieren *saber* (cotéjese, por ejemplo, la última parte de la primera carta de relación de Cortés, con la carta de Diego Velásquez). En fin, aparece aquí una de las primeras características de las *relaciones* y es que ellas no transcriben la observación «libre» de quien escribe, de lo que *ve* quien escribe, sino que *responden*, de alguna manera, a los pedidos oficiales. Estas respuestas, repitámoslo, se oficializan y se codifican en las preguntas del cuestionario a partir de 1574. Pero sigamos viendo algunos momentos más de esta trayectoria no oficializada. En la carta de los reyes a Colón, sobre su cuarto viaje (que ya mencionamos) el «habíamos menester saber» y el «queríamos que nos escribiéredes», de las dos cartas anteriores, se trueca en una *orden* de *hacer entera relación*:

> Y *habéis de informarnos* del grandor de las dichas islas, e facer memoria de todas las dichas islas y de la gente que en ellas hay y de la calidad que son para que de todo *nos traigáis entera relación* [61].

A partir de este momento se esbozan los llamados, por Jiménez de la Espada, «antecedentes» de las *relaciones* oficializadas a partir de 1574 [62]. En esta primera etapa, la cuestión parece ser, siguiendo el estudio de Jiménez de la Espada, que no es seguro que se estableciera obligatoriamente, ni que se diera sin alteraciones a todos los navegantes y descubridores. Por otra parte, las instrucciones no son tampoco homogéneas: así, por ejemplo, las instrucciones dadas a Magallanes de «hacer relación», el 18 de marzo de 1519, «nada hablan de descripción del suelo, calidad, gente y frutos de los países que se descubran, encuentren, visiten o exploren» (pág. 16). No hay tampoco evidencia de que la orden se aplicara en todos los casos, aunque hay numerosos casos en-

[59] Citada por Jiménez de la Espada, *op. cit.*, págs. 13-14. Cursivas agregadas.

[60] Jiménez de la Espada, *op. cit.*, pág. 14.
[61] Fernández de Navarrete, *op. cit.*, vol. 1, pág. 401.
[62] Para los «antecedentes», ver el detallado estudio de Jiménez de la Espada, *op. cit.*, págs. 5-91.

contrados, entre 1501 y 1522, en que aparece tal pedido. Por otra parte, entre 1523 y 1528, constata De la Espada, parecen omitirse en los asientos el artículo o artículos referentes a la descripción del país descubierto, conquistado o poblado. A su vez se supone que, a juzgar por los asientos capitulados, durante el periodo que va de 1520 a 1572, rige más o menos explícitamente una disposición general, para descubridores y pobladores, que se ponía en práctica cuando los pobladores o descubridores solicitaban rentas, vasallos o tierras. En esta trayectoria, parece de importancia la cédula de 1533, fechada en Zaragoza el 8 de marzo y firmada por «La Reina y Sámano, secretario». Este documento (que se confecciona para asegurar los frutos económicos durante el reinado de Carlos V, y dirigido a «vos el nuestro governador y oficiales de la provincia del Perú»[63]) consta de siete asientos, (divididos en cuatro y tres respectivamente) y es una de la primeras manifestaciones de una regulación sistemática de las preguntas. Los primeros cuatro asientos, piden, en forma resumida: 1) que se informen de los nombres de todas las provincias, poblaciones, etc. 2) que se averigüe cuáles fueron los primeros conquistadores; 3) que se diga cuántas provincias hay pobladas de españoles, y 4) que se determine en qué partes hay minas de metales, piedras, pesquería de perlas, etc. En los tres asientos restantes, se pide hacer memoria de repartimentos entre los conquistadores y pobladores, según la calidad de personas y servicios, estipulándose, específicamente: 1) que se determine qué tributos podrá dar a la corona cada encomendero; 2) que se determine qué tierras convendrá reservar para pobladores que en adelante vayan a Indias, y 3) que se regule la justicia y hacienda en las provincias y cabeceras que quedaren en la corona. Poco de literario o de retórico hay quizás en todo esto; pero es ella y no otra la base de las *relaciones*.

Los momentos rápidamente bosquejados en los párrafos anteriores son los antecedentes, como dijimos, de la tarea que con sistematicidad y rigor emprenderá Juan de Ovando y Godoy, destinada a recoger «relaciones geográficas e históricas» de Indias. Ovando y Godoy obtuvo, en 1568, el cargo de Consejero de la Inquisición y visitador de Indias, pasando a la presidencia del Consejo de Indias en octubre de 1571. Además de las «Leyes de Indias», Ovando es, al parecer, el responsable de la publicación en las Ordenanzas Reales del consejo, en septiembre de 1571, de las bases

para la formación de un *Libro descriptivo* de todas las provincias indianas. Esta tarea sería encomendada a quien asumiera el cargo de *cosmógrafo y cronista mayor de Indias*[64]. Desde este momento, Ovando comienza a establecer exigencias rígidas a los pedidos de información para llevar a cabo la compilación de los datos necesarios para tal libro. Y comienza, desde este momento, la confección de los cuestionarios que se envían a gobernadores y virreyes. Los cuestionarios sufren muchas transformaciones hasta que, después de la muerte de Ovando (1575 ó 1576), López de Velasco, que había sido nombrado para el cargo de cosmógrafo y cronista, se ocupa de reducir el cuestionario a cincuenta preguntas. Veamos los primeros puntos de este cuestionario[65] para, luego, a grandes rasgos la «estructura» de las relaciones. El cuestionario pide:

1. Primeramente, en los pueblos de los españoles se diga el nombre de la comarca o provincia que están, y qué quiere decir el dicho nombre en lengua de indios y por qué se llama así.
2. Quién fue el descubridor y conquistador de la dicha provincia, y por cuya orden y mandamientos se descubrió, y el año de su descubrimiento y conquista, lo que de todo buenamente se pudiere saber.
3. Y generalmente el temperamento y calidad de la dicha provincia o comarca, si es muy fría o caliente o húmeda o seca, de muchas aguas o pocas, y cuándo son más o menos, y los vientos que corren en ella, qué tan violentos y de qué parte son, y en qué tiempos del año.
4. Si es tierra llana o áspera, rasa o montosa, de muchos o pocos ríos o fuentes, y abundosa o falta de aguas, fértil o falta de pastos, abundosa o estéril de fructos y de mantenimientos.
(...)
7. Las leguas que cada ciudad o pueblo de españoles estuviere de la ciudad donde residiere la Audiencia en cuyo distrito cayere o del pueblo donde residiere el gobernador a quien estuviere sujeta; y a qué parte de las dichas ciudades o pueblos estuviere.
(...)
9. El nombre y sobrenombre que tiene o hubiere tenido cada ciudad o pueblo, y por qué se hubiere llamado así (...) y quién le puso el nombre y fue el fundador della.

Etcétera.

[63] Jiménez de la Espada, *op. cit.*, pág. 27.

[64] Véase Rómulo D. Carbia, *La crónica oficial de las Indias occidentales*, Buenos Aires, Francisco A. Colombo, 1940, págs. 141-149.
[65] Jiménez de la Espada, *op. cit.*, págs. 86-89.

El análisis de estas relaciones nos mostraría que las «cincuenta funciones» (por ejemplo. las preguntas del cuestionario) si bien no se encuentran todas en cada relación, todas se encuentran en el gran número de relaciones existente. Veamos, a manera de ejemplo, algunos aspectos de dos de ellas: la *Relación general de las poblaciones españolas del Perú hecha por el Licenciado Salazar de Villasante* y la *Relación de la ciudad de Guamanga y sus términos. Año de 1586*. Algunas de ellas, cuando la persona que informa tiene un rasgo social más o menos elevado, puede presentarse como carta escrita, directamente, por el informante. Así, por ejemplo, la de Salazar de Villasante: «Muy ilustre señor: El licenciado Salazar de Villasante, oidor que fui en la Real Cancillería de los Reyes y ahora lo soy en la de Quito, en el Pirú, digo, que v.md., como visitador del Consejo de Indias y persona celosa de saber el estado de las provincias de Pirú, pueblos y disposición de cada uno (…) *me mandó le diese* una descripción de las partes y lugares que (así) yo he estado y tenga noticia de aquellos reynos...» (pág. 121). En cambio, la *Relación de la ciudad de Guamanga y sus términos*, no tiene la forma de carta sino de «declaración jurada» ante escribano: «En la ciudad de *Sanct Joan de la Frontera de Guamanga*, veinte e dos días del mes de febrero de mill e quinientos e ochenta e seis años, Pedro de Ribera, vecino y regidor de la dicha ciudad, y Antonio de Chaves y de Guevara, vecino della, en cumplimiento de lo que Excelentísimo señor Conde del Villar, visorrey, gobernador e capitán general destos reinos, mandó por su carta e instrucción de su Majestad se hiciese acerca de la Descrición de las Indias (…) respondiendo por la orden que en ella me manda, se responde lo que se sigue...» (pág. 181). Al final de la relación, Jiménez de la Espada informa lo siguiente: «Vienen aquí la Instrucción y Memoria impresas por las cuales se ha de hacer la relación, y luego se inserta la carta en que el Virrey del Perú remite el documento al corregidor de Guamanga...» (pág. 200). Suficiente en lo que respecta a la «presentación» de tales relaciones. Veamos ahora algunos aspectos de su organización.

Tomemos la *Relación de la ciudad de Guamanga* (págs. 181-200) la cual, tanto por la fecha como su estructura, parece conformarse al cuestionario de Velasco; en tanto que la de Salazar Villasante, parece estar dirigida a Ovando y responder a la forma anterior de los cuestionarios. La *Relación de Guamanga* tiene la ventaja, además, de enumerar los párrafos y responder a 37 asientos:

1. En el primer asiento se dice: «... esta provincia, en tiempo de los Incas, se llamó *Vilcas Guaman*, que quiere decir *guaman* provincia, y *vilcas* principio de la provincia; y este asiento de Vilcas era muy poblado, como cabecera de provincia de todos los indios de esta comarca, y era el medio de entre la ciudad del *Cuzco*, donde los Incas residían y de la ciudad de *Los Reyes*». Dejando de lado lo correcto de la etimología, la cual anota De la Espada, nos encontramos con que este primer asiento da el nombre de la comarca y también «qué quiere decir el dicho nombre en lengua de indios y por qué se llama así», según la pregunta 1.

2. El segundo asiento es el que sigue: «Conquistóse esta provincia por mandato del marqués don Francisco Pizarro y por sus capitanes, y después de poblada la ciudad de Los Reyes y la del Cuzco, se pobló ésta. Poblóla Vasco de Guevara, teniente de gobernador del dicho marqués, en *Quínua*, tres leguas de esta ciudad; y tuvo nombre *Quínua* por una semilla que allí se daba de comer (...) y fundóse el año de 1539, (...); y por ser aquel sitio frío, húmedo y lluvioso, se pasó el pueblo a donde al presente está». Este asiento parece conjugar los puntos 2 y 3 del cuestionario. El punto 3, sin embargo, se encara más en detalle en el asiento siguiente.

3. «Esta ciudad tiene un temple tan moderado, que ni es frío ni caliente; es tan apacible que ni en verano ni invierno no da pesadumbre el calor ni el frío; por mayo y junio hiela moderadamente.» Etcétera. Si del asiento 3 saltamos al asiento 7, siguiendo los puntos del cuestionario que transcribimos anteriormente como ejemplo, vemos que este punto pregunta por «las leguas que cada ciudad o pueblo estuviere de la ciudad donde residiere la Audiencia».

4. Y el punto 7 de la relación dice: «Esta ciudad está a 79 leguas de la ciudad de *Los Reyes*, ques donde reside la Audiencia y virrey a quien es subjeta esta ciudad», etc.

En tanto que la carta por un lado y la historia por otro, tenían una tradición y los que emprendían esta tarea, directa o indirectamente la implicaban, las *relaciones*, por el contrario, se presentan como ajustadas a un *modelo* creado sobre la marcha (de lo cual testimonian los sucesivos ajustes del cuestionario) y basado sobre las necesidades que brotan de la información que se desea obtener.

Vayamos, finalmente, a aquellos libros que sin llevar el título de *relaciones* siguen, en algunas de sus partes, el principio organizativo trazado en el cuestionario.

El primero de estos libros es, obviamente, el de Juan López de Velasco, *Geografía y Descripción Universal de las Indias*[66]. Siendo Velasco parte en la formulación de los cuestionarios, nada debe sorprendernos que su libro siga, aunque no en su totalidad, esos principios. La *Geografía* sobrepasa, sin lugar a dudas, los estrechos límites del cuestionario. Es más, al propio Velasco se le reconoce un lugar especial en la geofísica por su trazado de las longitudes, de la declinación magnética y el trazado de las líneas de los vientos que afectan a la navegación. El largo capítulo sobre la navegación es, obviamente, ajeno al cuestionario aunque no a su espíritu: si bien se necesita un cosmógrafo para «responder a tales cuestiones», la información referente a la navegación es tan necesaria —para la corona— como las informaciones que se recogen, en tierra firme, de los informantes. Pero cuando López de Velasco llega a la descripción de las tierras de Indias y de sus ciudades, el cuestionario «aparece». Veamos un ejemplo de los muchos:

> La isla de San Juan de Puerto Rico, que por otro nombre llaman *Boriquen*, y es la primera de las islas pobladas de españoles, y donde antiguamente se hacía la primera escala de las Indias, está a 64 grados y medio y 66 y tres cuartos de longitud del meridiano de Toledo (...). Hay en esta isla, al presente, tres pueblos de españoles (...). El primer español que tuvo noticia desta isla, y la descubrió se llamaba el capitán Juan Ponce de León (...). El temple de esta isla es participante de mucho calor y humedad como las demás islas de este paraje (...). La principal grangería que agora tiene es el ganado, cueros y principalmente el azúcar, que se da con gran abundancia (...) (pág. 66).

Al recorrerse otras descripciones de la *Geografía* se comprobarán las estrechas relaciones con el cuestionario; de la misma manera que en este ejemplo vemos: 1) nombre y etimología; 2) situación (que Velasco da en grados y longitudes); 3) descubridor; 4) temple; 5) riquezas; que corresponde a las preguntas 24 y siguientes del cuestionario.

El segundo ejemplo del que nos ocuparemos, también brevemente, es el *Compendio y Descripción de las Indias Occidentales*, del padre Antonio Vázquez de Espinosa[67]. Como en el caso anterior, no todo este libro sigue el «mo-delo» sugerido. Vázquez de Espinosa comienza, como en los libros del siglo XVI, por describir la navegación desde España y continúa, un tanto tardíamente para el siglo XVII, repitiendo afirmaciones sobre la redondez de la tierra, etc. Velasco Bayón, señala que el *Compendio* es «obra única en su género». Si algún antecedente puede encontrarse, ese antecedente sería el libro de López de Velasco. Las diferencias, agrega Velasco Bayón, son también notables: «Apenas importante el aspecto etnológico, religioso, histórico y naturalista en López, ocupan éstos un lugar destacado en Vázquez de Espinosa»[68]. Reconociendo estas diferencias, daremos algunos ejemplos para sugerir, luego, la relación de *principios* entre estos dos libros, aunque sus resultados —obviamente— difieran. Veamos el capítulo 1, libro segundo, primera parte (consagrado a la descripción de la isla La Española), recordando la descripción de López de Velasco y el cuestionario ya citado. Vázquez de Espinosa enumera los asientos y sigo, en la transcripción, los números de este capítulo:

> 98. La isla Española, que los Indios llamaron Haití que significa tierra de aspereza, a quien también llamaron Quisqueya que quiere decir tierra grande, descubrió Cristóbal Colón el año de 1492 (...) a la cual nombró Española, que hasta hoy conserva este nombre; tiene de largo de Oriente a Poniente 150 leguas (...).
>
> 99. El temple de esta isla es cálido y húmedo, siempre es verano, iguales los días y las noches, por estar dentro del trópico, fértil y abundante de mantenimientos (...).
>
> 100. Las frutas de la Isla son las que más hay en las Indias, como son plátanos de diferentes suertes, (...) la piña es fruta regalada que se da en unas matas a modo de cardos (...).
>
> 101. Por toda la isla hay abundancia de caza, palomas grandes y torcaces, tórtolas de muchas suertes, gallinas de Guinea, faisanes (...).
>
> 103. Tiene la isla riquísimas minas de oro de subida ley, como son las de Sibao y otras, de donde a los principios se sacó grande riqueza (...).

No hace falta ya comentar ni destacar la pauta que sigue la descripción: nombre, descubridor, temple, mantenimientos y riquezas mineras. Señalar este hecho no es por cierto novedad. Ya lo había hecho Jiménez de la Espada, sugiriendo que «los modelos para las "Relaciones Geográficas" de Andrés García

[66] B. A. E., vol. 248, 1971, con estudio preliminar de María del Carmen González, y editado por Marcos Jiménez de la Espada.

[67] B. A. E., vol. 231, 1969, edición y estudio preliminar de B. Velasco Bayón.

[68] *Op. cit.*, xxiii.

Céspedes, que ocupó el cargo de cosmógrafo desde 1596 hasta 1611», le sirvieron para organizar la materia del *Compendio*. Los prologuistas y estudiosos de un autor persisten, sin embargo, en salvaguardar la originalidad del autor de turno. Y es así que el prologuista de Vásquez de Espinosa agrega, a la observación de Jiménez de la Espada, que «puede admitirse en términos generales, la opinión de Jiménez de la Espada, porque efectivamente corresponde el esquema de Vásquez a la fórmula propuesta por García Céspedes, pero no se ajusta de manera inflexible y se mueve libremente por otros campos»[69]. Sin duda, ni Vásquez de Espinosa ni López de Velasco, son los interrogados por el cuestionario y lo que están escribiendo son *libros* (descripción, compendio) y no *relaciones* y pueden, por lo tanto, moverse «libremente por otros campos». El uno como cosmógrafo y cronista mayor, el otro como misionero carmelita, ocupan roles sociales que los sitúan como *relatores* particulares: son los que aprovechan las relaciones, indirectamente en el caso de Velasco, directamente en el caso de Espinosa en su deambular por las tierras de Indias. Pero el resultado es que, estos libros, no se ajustan ni a las cartas (aunque sea obvio decirlo) ni tampoco a las «historias» (de las que nos ocuparemos en el apartado siguiente). Sino que se ajustan, más bien, al modelo del informe o recopilación general de noticias sobre Indias de las cuales el cuestionario, y las *relaciones* que de él se obtienen, son un paso intermedio para la composición de los compendios y las descripciones que, por cierto, no escribirán los gobernadores y los virreyes, ni menos «los vecinos», sino los hombres de letras. En este sentido, estos libros, con las diferencias del caso y las distinciones necesarias, pueden considerarse como parte del grupo de textos que denominamos *relaciones de la conquista y de la colonización*. Su rasgo distintivo, en el orden pragmático es, como dijimos, ser obra de hombre de letras; y en el aspecto sintáctico-semántico, responder a una organización que no se basa en modelos de la tradición clásica, sino en modelos forjados por las necesidades del caso: recoger y ordenar la información sobre las nuevas tierras conquistadas[70]. Criterios suficientes para basar sobre ellos la distinción de un *tipo discursivo-textual* de rasgos bien definidos.

3. LA CRÓNICA Y LA HISTORIA

Un tercer grupo bien diferenciado de textos es aquel que, partiendo de algunos de los autores y títulos canónicos, llevan el vocablo «historia» como indicador de la clase a la cual pertenecen. Es también, paradójicamente, en algunos de estos libros donde encontramos como sinónimo de historia, el vocablo «crónica». De modo que recordar la trayectoria y el sentido que tienen ambos vocablos en el siglo XVI, no es una mera curiosidad etimológica sino, fundamentalmente, el punto de partida para identificar la clase de discursos a la cual alude quien emplea, para designar lo que escribe, uno o ambos vocablos. En primer lugar, *historia* (que provine del griego ἱστορία) se emplea, en la antigua Grecia (y es así como al parecer lo emplea Herodoto)[71] en el sentido de *ver* o *formular preguntas apremiantes a testigos oculares*; y significa también el informe de lo visto o lo aprendido por medio de las preguntas. El primer hecho que debe destacarse de este sentido del vocablo es que no contiene, de ninguna manera, el componente temporal en su definición. Es quizás por esta razón por lo que Tácito[72] denomina *anales* al informe de lo pasado; en tanto que llama *historia* al informe de los tiempos de los cuales, por su trayectoria vital, es contemporáneo. Tal definición la recoge San Isidoro en sus *Etimologías* y se repite, todavía, en los tratadistas de la historiografía en los siglos XVI y XVII. La ausencia del componente temporal explica el nombre y el concepto de «historia natural»; y es así como lo encontramos, en los siglos XVI y XVII hispánicos. *Crónica*, por el contrario, es el vocablo para denominar el informe del pasado o la anotación de los acontecimientos del presente, fuertemente estructurados por la secuencia temporal. Más que relato o descripción la crónica, en su sentido medieval, es una «lista» organizada sobre las fechas de los acontecimientos que se desean conservar en la memoria. En el momento en que ambas actividades y ambos vocablos coe-

[69] *Op. cit.*, xxiii.

[70] Habría que mencionar, al respecto, las *Relaciones* peninsulares, puestas de relieve por Fermín Caballero, en 1866 («Las relaciones topográficas de España», discurso leído en la Real Academia de la Historia), como otras manifestaciones del mismo tipo discursivo, aunque versen sobre la «península» y no sobre «Indias». Véase, sobre estas relaciones, el estudio de José Urbano Martínez Carreras, en la edición de las *Relaciones Geográficas de Indias* de Jiménez de la Espada, *op. cit*, liii-lix.

[71] V. N. Toporov, «Les sources cosmologiques des premières descriptions historiques», en J. M. Lotman y B. A. Uspenski, *Travaux sur les Systèmes de Signes*, Bruselas, Editions Complexe, 1976, pág. 116.

[72] Cayo Cornelio Tácito (hacia 54-120): los veinte libros de *Historias* comprenden el periodo Galba-Dominiciano (68-96); en tanto que los dieciséis *Anales*, comprenden el periodo anterior, Tiberio-Nerón (14-68).

xisten, es posible encontrar, al parecer, crónicas que se asemejan a las historias; y el asemejarse a la historia, según los letrados de la época, proviene del hecho de escribir crónicas no sujetándose al seco informe temporal sino hacerlo mostrando más apego a un discurso bien escrito en el cual las exigencias de la retórica interfieren con el asiento temporal de los acontecimientos[73]. Las dos actividades que designan ambos vocablos tienden, con el correr de los tiempos, a resumirse en la *historia* la cual, por un lado, incorpora el elemento temporal y, por el otro, desplaza a la crónica como actividad verbal[74]. De estas interferencias, las cuales producen la sinonimia de los vocablos, nos da debida cuenta —en el siglo XVII— Jerónimo de San José, cuando trata de «los varios nombres que se dan a la Historia»:

> El primero y más ordinario, y aun más universal, según el común modo de hablar, es este nombre de Historia, el cual se origina de una voz griega, que quiere decir, conocer, ver o mirar (...). Llámase también Crónica; y nuestra lengua española que no sufre aspereza, ni dificultad en la pronunciación y sonido de las palabras, y por eso añade o quita letras a las dicciones ásperas, pareciéndoselo ésta le añade una *o* en la primera sílaba diciendo Corónica, y de ahí coronista; aunque los muy escrupulosos eruditos siempre retienen la propiedad griega, diciendo crónica y cronista, y aun la ortografía de aquella lengua retienen escribiendo con *h* chrónica (...). Es, pues, Corónica la Historia difusa de alguna República eclesiástica, religiosa o seglar ajustada a los años, aunque no tan ceñida y precisamente como los Anales o Diarios. Pero Crónico es Historia breve y ceñida, ajustada a los años. La cual también se llama Cronología y especialmente si es narración y averiguación de años y de tiempos, porque *Chronos* es voz griega que significa tiempo[75].

Este análisis nos recuerda que ya hacia el siglo XVI los antiguos anales y crónicas habían

ido desapareciendo gradualmente y fueron reemplazados por la *historiae* (narración del tipo *gesta* o del tipo *vitae*, éste último, que irá conformando la biografía). Es este, al parecer, el sentido en el que se emplea el vocablo «crónica» en los escritos sobre el descubrimiento y la conquista. Cieza de León, a pesar de que titula *Chrónica del Perú* a su libro, no tiene ningún empacho en afirmar, en el «proemio al lector», «Y cobrando ánimo, con mayor confianza determiné de gastar algún tiempo de mi vida en escribir *historia*». También: «Y si no va escripta esta *historia* con la suavidad que da á las letras la sciencia, ni con el ornato que requería, va á lo menos llena de verdades».

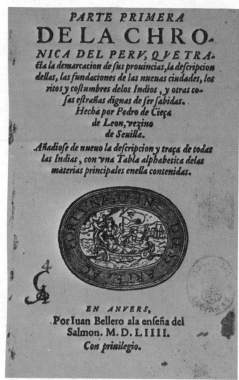

Crónica del Perú, edición de 1554

Concluye, ademas, refiriéndose a la muy conocida definición que Cicerón da de la historia llamándola, curiosamente, no historia sino *escriptura*: «Y. así, llamó á la escriptura Cicerón testigo de los tiempos, maestra de la vida, luz de la verdad». Pese a los nombres que emplea Cieza para remitir a su escrito, queda clara la «intención» del tipo de discurso que adopta y la formación discursiva en la cual lo inscribe. Ejemplos como éste no son difí-

---

[73] Los vocablos de *anales* y *crónicas,* acuñados en la Antigüedad, son los vocablos principales que se conservan en la Edad Media para asentar los acontecimientos notables. Anales y crónicas estaban ligados a las prácticas de la Iglesia y a la confección de calendarios y de ciclos pascales. Véase Reginald L. Pooie, *Chronicles and Annals,* Oxford, Clarendon Press, 1962.

[74] Los anales y las crónicas tienden a desaparecer hacia el siglo XVI y se reemplazan por las narraciones históricas del tipo *gesta* o *vitae*. Cfr. K. Keuchk, *Historia, Geschichte des Wortes und seiner Bedeutung in der Antike und in den romanischen Sprachen,* Munster, 1934.

[75] *Genio de la Historia* (1651). Edición moderna con ensayo bio-bibliográfico y notas por fray Higinio de Santa Teresa, Victoria, Ediciones del Carmen, 1957, pág. 270.

ciles de encontrar y, a veces, puede emplearse *anales*, en lugar de crónica, para designar la narración de acontecimientos «dignos de memoria» que corresponde a la historia [76]. Hay, sin embargo, un caso que merece mayor atención: el prólogo a la *Historia de las Indias* [77], del padre Bartolomé de Las Casas*. Dado el volumen de la bibliografía sobre el padre Las Casas, relativamente poca atención se le ha prestado a este prólogo. Quizás debido a que la figura de Las Casas ha despertado mayores intereses ideológicos que historigráficos. Entre las excepciones se encuentra el apartado VI de la introducción de Lewis Hanke a la citada edición de la *Historia*, que lleva como título «Por qué escribió Las Casas historia». Como lo señala el reconocido especialista «Ningún historiador español del siglo XVI ha expuesto de forma tan docta y tan clara como Las Casas los motivos que le impulsaron a escribir historia» (pág. lvii). Este prólogo es, sin lugar a dudas, el «tratado» más completo redactado en el XVI por los historiadores indianos. Tendremos oportunidad de volver sobre él. Por el momento sólo nos interesa lo que nos dice Las Casas de por qué escribió «historia». El prólogo, en su primera parte, es un listado de erudición señalando (en los historiadores griegos romanos, hebreos y, entre ellos, dando un especial lugar a Cicerón) los motivos que los impulsaron a escribir historia. Al concluir este análisis, Las Casas observa: «¿Dónde va a parar tanto y tan luengo discurso de prólogo, trayendo tantas cosas de originales antiguos? Digo que a poner los fundamentos y asignar las causas de todo lo que en esta *Corónica* de estas Indias propongo decir, va todo lo susodicho dirigido» (pág. 12, cursivas agregadas). Lo cual es un ejemplo bastante convincente de la sinonimia de los vocablos o, mejor, del empleo de *corónica* para referirse a la *historia*.

Antes de ocuparnos de algunas de las principales figuras de la historiografía indiana, mencionemos rápidamente los aspectos que caracterizan a la historiografía como formación discursiva. Ello quiere decir que quien escibe *historia* no lo hace, como en el caso de las cartas y de las relaciones, sólo por la obligación de informar, sino que lo hace aceptando el *fin* que la caracteriza y la distingue (*i.e.*: el *fin* de la actividad historiográfica). El *fin* de la *historia* (del escribir historia) se caracteriza, por un lado, en un nivel filosófico y, por otro, público. En cuanto al primero, sabemos desde Aristóteles que la historia se diferencia de la poesía por ocuparse de verdades particulares, en tanto que la poesía lo hace de generalidades verosímiles. El fin público de las verdades particulares es el de la utilidad comunitaria. Los *propósitos*, sin embargo, pueden variar de acuerdo a los fines. Así, por ejemplo, Las Casas comienza analizando las *causas* que movieron a diversos historiadores a escribir. Siendo teleológico el sentido que tiene en este caso la palabra causa, Las Casas está buscando más los motivos o propósitos que impulsaron a los escritores a escribir historia: algunos, nos dice, deseosos de fama y gloria eligieron escribir historia por «polidas y limadas palabras, dulzura y hermosura suave de decir»; otros para servir y lisonjear a los príncipes; otros para rescatar los hechos acaecidos en su tiempo del olvido; otros «compelidos por la necesidad de contar lo que de sus propios ojos vieron» (pág. 3). El *fin* y el *propósito* se resumen en la frase siguiente: «Resta pues afirmar, con verdad solamente moverme a dictar este libro la grandísima y última necesidad que por muchos años a toda España, de verdadera noticia y de lumbre de verdad en todos los estados della cerca deste Indiano Orbe, padecer he visto» (pág. 12). Si bien el ejemplo es flaco y no podemos aquí detenernos en estos principios definitorios de la formación discursiva historiográfica, baste para decir, repitiendo, que cuando la formación discursiva existe es ésta la que de alguna manera dicta la forma y los motivos por los cuales se emprende la actividad de escribir. Y, si no en todos los casos lo vemos tan claramente formulado como en el padre Las Casas, toda atenta lectura los revela diseminados en los prólogos y en aquellos enunciados que no son descriptivo-narrativos sino «palabra del historiador»; donde éste «toma posición» y hace explícitas las reglas del juego que adopta. Tendremos oportunidad de señalarlo en las páginas siguientes cuando nos ocupemos de historiadores particulares.

Un segundo y fundamental aspecto es el de la «causa eficiente» [78]: el historiador. Como en

[76] Así Ruy Díaz de Guzmán titula *Anales del descubrimiento población y conquista del Río de la Plata* (escrito hacia 1612). Y es también *anales* el vocablo que emplea el autor («tomando la pluma para escribir estos anales del descubrimiento»).

[77] *Historia de las Indias*, Edición de Agustín Millares Carlo y estudio preliminar de Lewis Hanke, México, F. C. E., 1951, pág. 3-22.

* Véase, en este mismo volumen, A. Saint-Lu, «Fray Bartolomé de las casas».

[78] El padre Las Casas usa las cuatro causas aristotélicas tanto para definir la historiografía como para «explicar» los acontecimientos que la historia cuenta. Este modelo, popular ya en el siglo XVI, lo resume, para la historiografía, en 1611, Cabrera de Córdoba: «Yo digo, *es la historia na-*

toda formación discursiva, ésta regula las condiciones que deben cumplir los agentes de tal actividad. La historia exige que el historiador cumpla con determinadas condiciones. De nuevo Las Casas se hace cargo de este aspecto: «Tampoco conviene a todo género de personas ocuparse con tal ejercicio, según se entendía de Methástenes, sino a varones escogidos, doctos, prudentes, filósofos, perspicacísimos, espirituales y dedicados al culto divino como antes eran y hoy son los sabios sacerdotes» (pág. 6). En una palabra, la escritura de la historia no puede dejarse en manos de cualquiera, sino de los *letrados*. No obstante, la historiografía indiana brinda una excepción a la regla dadas las circunstancias históricas que hace a capitanes y soldados tomar a su cargo una tarea que no están en condiciones de hacer. Por esta razón encontramos, en los casos en los que la historia se ejercita por personas no «adecuadas» para tal práctica, los «pedidos de disculpas» que no sólo manifiestan el tópico de la «falsa modestia», sino también la conciencia de estar ejercitando una práctica que tiene sus preceptos y, entre ellos, aquél que atañe a las personas indicadas para hacerla.

Finalmente, la formación discursiva se caracteriza también por las divisiones internas que establece. Aunque no podemos decir que haya, en los siglos XVI y XVII, criterios claros sobre la división de la historia, hay al menos ciertos principios generales compartidos que podemos resumir de la manera siguiente:

1) Historia Divina
   vrs.   :   { Historia Natural
   Historia Humana   { Historia Moral
2) Historia Universal *vrs.* General y Particular.

La división 1) se basa sobre el «contenido» de la historia. Como se sabe, la «historia natural y moral» cubre lo que con posterioridad al siglo XVIII se divide, por un lado, en disciplinas independientes (botánica, zoología, sociología, psicología, etc.). Por otro lado, la «historia humana» se produce en un marco epistémico que no marca todavía el conflicto que veremos aparecer hacia finales del siglo XIX bajo la división de «ciencias naturales» *vrs.* «ciencia humanas o del espíritu». La segunda división atañe no a la materia sino a los límites temporales (cronológicos) y geográficos (topográficos) en los que se enmarca la

materia. La «historia universal» comprenderá así una historia que comienza con el origen del mundo (a la cual suele a veces denominarse también general, por ejemplo, «La General Historia»). La «historia general», en el caso de Indias se delimita la mayoría de las veces topográficamente. Finalmente, la «historia particular» lo es de una nación o de una región. De acuerdo a estas divisiones vemos que en la historia del siglo XVI predomina lo «general; moral y natural»; en tanto que hacia el XVII la tendencia más marcada es hacia la «historia particular». Lo cual, de ninguna manera indica que no hubiera «historias particulares» en el XVI ni «historias generales» en el XVII. Veremos indirectamente este aspecto en los apartados siguientes.

No sólo es Fernández de Oviedo el primero que emplea el vocablo «historia» en el contexto que estamos estudiando, sino que lo hace con plena conciencia de la actividad historiográfica que emprende [79]. Como ha sido señalado repetidas veces por los especialistas en Oviedo, sus viajes por Italia y su cercanía a la familia real le dan la oportunidad de conocer las tendencias intelectuales de su tiempo y estar al corriente de las preocupaciones de la conciencia letrada [80]. El hecho de que se haya puesto en duda cuán letrado era o cuánto latín sabía, no es cuestión en litigio para este capítulo. Lo cierto es que sabía «lo suficiente» como para orientar la ruta de su trabajo. Las huellas de estas orientaciones se encuentran a lo largo de la *Historia General y Natural de las Indias* [81], mediante opiniones y referencias bibliográficas. En el prohemio al libro XXXI, por ejemplo, comienza con una cita de Cicerón, continúa con los versos de Petrarca en los cuales Alejandro, frente a la tumba de Aquiles, «dixo suspirando»: «Oh! afortunado, que tan clara trompeta hallaste, é quien de ti assi altamente escribiese.» Lo que Oviedo extrae de esta referencia es el hecho de que «Estas palabras de Alexandro muestran la envidia que ovo de aver tenido Achiles tan alto *escriptor para su historia*, é quél para la

_____

rración de verdades por hombre sabio, para enseñar a bien vivir. Consta esta definición de género y diferencia, y contiene las cuatro causas, material, formal, eficiente y final» *De historia para entenderla y escribirla,* Edición de Santiago Montero Díaz, Madrid, Instituto de Estudios Políticos, 1948, pág. 24.

[79] E. O'Gorman ha señalado este aspecto. Aunque incurra en el equívoco sobre la «traducción» del *Claribalte* (cfr. Cedomil Goic, «La novela hispanoamericana de los siglos XVI, XVII y XVIII», en este mismo volumen), no son menos válidas sus observaciones sobre la «conciencia historiográfica» que las Indias despiertan en Oviedo («Oviedo y su "Historia general y natural de las Indias"», prólogo a la de *Sucesos y diálogo de la Nueva España,* México, UNAM, 1946.

[80] Sobre la biografía de Oviedo véase José de la Peña y Cámara, «Contribuciones documentales y críticas para una biografía de Gonzalo Fernández de Oviedo», *Revista de Indias,* núm. 69-70, 1957, págs. 603-705.

[81] Madrid, Imprenta de la Real Academia de la Historia, 1851, 4 vols. Todas las citas corresponden a esta edición.

suya no tenía tal *coronista*». Señalemos, al pasar, el empleo sinónimo de *escriptor* y *coronista* para designar el agente de la actividad de escribir *historia*, para subrayar la evidencia que el párrafo deja del conocer los requisitos de tal actividad; aunque lo dicho sea dicho, como en este caso, para justificar lo que le falta a la suya: «porque en la verdad el estilo y elocuencia del auctor de una famosa historia mucho la engrandesce é sublima por el ornamento de su graciosa pluma é sabio proçeder, ó mucho lo que le disminuye del propio velor, quando en el tal escriptor no hay la habilidad que se requiere en cosas grandes» (vol. III, 185). En esas palabras no sólo se evidencia la conciencia del «estilo» sino también la del «tema» de la historia: *sc.* «cosas grandes».

Oviedo destaca «lo natural» en el primer informe que titula, precisamente, *Sumario de la Natural Historia*; pero su obra mayor, como sabemos, lleva el título de *Historia General y Natural de las Indias*. Es cierto sin embargo, que esta historia se ocupa también del aspecto «moral». Veamos por separado «lo natural» y «lo moral», observando, para «lo general», que ello pone de relieve el hecho de que la historia se ocupa de la totalidad de las nuevas tierras descubiertas.

a) ¿Cuál es la concepción de la historia natural que subyace al libro de Oviedo? En primer lugar es la tendencia a valorar la *experiencia*, sobre todo en relación al momento cultural y a la significación de las nuevas tierras descubiertas, dejando de lado los lapidarios y bestiarios medievales[82]. En segundo lugar, el hecho de que esa experiencia le sugiera «continuar» la obra de Plinio: «Y razón es que le ayudemos a escribir lo que no supo ni halló escripto en las partes australes é occidentales destas nuestras Indias ni en las otras regiones della» (vol. I, 387)[83]. Ahora bien, lo notable es no sólo que se trate de «ayudar a escrebir», la *Historia Natural* de Plinio con lo que Oviedo conoce directamente en Indias, sino que tal *experiencia* esté ligada al modelo que le ofrece el *libro* de Plinio. La concepción de la historia natural se manifiesta, entonces, en la exposi-

La historia general de las Indias, edición de 1535

ción de la materia (la realidad natural de las Indias) organizada sobre el modelo de un libro. Plinio no sólo *inspira*, sino que *dicta* el orden expositivo. Veamos algunos ejemplos. El libro I, por ejemplo, consta solamente del «prohemio» a los libros de esta primera parte. En el Libro II se aclara por qué el Libro I consta solamente del «prohemio»: «Pues Plinio contó su prohemio por primer libro, sea assí mi introducción precedente en quien comienzan los míos, e queste llamemos segundo». Este prurito llega a dimensiones insospechadas en el Libro XII, cuando se propone hablar de los animales y justificar el porqué Plinio destinó el Libro VIII a los animales terrestres en tanto que él, Oviedo, le destinará el XII. El lector podrá dudar de la importancia de estos detalles, pero son precisamente ellos los que nos muestran la particular «estructura conceptual» de la historia natural; que consiste, en el caso de Oviedo, en la organización de la materia sobre el modelo de un libro. Nada nuevo en este hecho. Lo que nos interesa destacar sin embargo es que, al parecer, Oviedo no toma en cuenta ni el hecho de que el Libro VII de Plinio haya tratado del hombre y en el VIII se disponga a tratar, siguiendo la jerarquía del modelo aristotélico, «los otros animales y

---

[82] Cfr. J. A. Maravall, «La experiencia personal y la autonomía de la razón» y «La experiencia del descubrimiento de América», en *Los factores de la idea de progreso en el Renacimiento español*, Madrid, Real Academia de la Historia, 1963.

[83] Sin embargo, se ocupa de marcar la diferencia entre la lectura y la experiencia: «Todos estos libros están divididos, según el género é calidad de las materias por donde discurren; las quales no he sacado de dos mill millares de volúmenes que haya leydo, como en el lugar suso alegado Plinio escribe (...) pero yo acumulé todo lo que aquí escribo de dos mill millones de trabajos y necessidades é peligros en veynte é dos años é mas que ha que veo y experimento por mi persona estas cosas.» (Vol. I, 6.)

primero de los terrestres» (*Ad reliqua transeamus animalia, et primum terrestria*); ni que la *lógica* no sea la del *número* sino la del *concepto*: la división del mundo natural en animales, vegetales, minerales; y, en el reino animal, la división entre racionales e irracionales. Este modelo, que desde Aristóteles se extiende hasta finales del siglo XVIII, es evidente en Plinio al comenzar al libro VIII con los animales terrestres y darle el primer lugar al elefante, porque es el que más se asemeja al hombre (*Maximum est elephas, proximunque humanis sensibus*). Junto a este apego al orden del modelo, se encuentra en Oviedo una gran preocupación por el *orden* de materia expuesta: orden que toca mayormente al *discurso* pero no al *concepto*. El orden conceptual oscila entre las necesidades que dicta la experiencia (tanto el «sumario» como la «historia» comienzan, en lo vegetal, por el maíz que provee el pan como alimento básico) y el conocimiento común de los reinos vegetal y animal. Al poner en perspectiva el concepto de historia natural en el siglo XVI (sin emplear tampoco tal perspectiva para «valorar» la obra de Oviedo), es útil recordar que el concepto de la *continuidad* que se mantiene todavía en Buffon (*i.e.* cuando del caballo, por ejemplo, se pasa al cuadrúpedo, de los cuadrúpedos a los pájaros, de los pájaros a los reptiles y de los reptiles a los peces) se basa sobre el presupuesto de un mismo *plan* o un mismo *diseño* que es el de los animales vertebrados. Si este es uno de los grandes aportes de Buffon a la historia natural, el paso siguiente corresponde a Cuvier y es el de proponer, para el reino animal, no un plan sino cuatro: el plan de los vertebrados, el de los moluscos, el de los insectos y el de los zoófitos. Pero esta *discontinuidad*, tomando como único ejemplo el reino animal, no se conocerá sino hasta principios del siglo XIX[84]. La historia natural hasta el momento de Buffon, quien la orienta hacia la búsqueda de «sistemas», se manifiesta en la acumulación de información, de tal suerte que la historia del caballo o del asno consistirá en lo que los antiguos pensaban, todo lo que han imaginado de sus virtudes, carácter, coraje, los usos o empleos posibles, los cuentos que existen sobre ellos, los milagros a los que están ligados en ciertas religiones, etc.[85]. Sin llegar a tales extremos, y aunque Oviedo haya observado aspectos que aún hoy se consideran correctos[86], tampoco debemos dejar de lado el criterio acumulativo y noticiario que caracteriza, en estos momentos, a la historia natural.

b) ¿Cuál es la concepción de la «historia moral» en Oviedo? Dos aspectos, comunes en otros escritores de la época, pueden darnos una aproximación al problema. En primer lugar, la concepción de la historia como memoria de los hechos notables del pasado, y el de la historiografía como el *discurso escrito* capaz de cumplir tal tarea.

> Por todas las vías que he podido, después que á estas Indias passé, he procurado con mucha atención, assi en estas islas como en la Tierra-Firme, de saber por qué manera ó forma los indios se acuerdan de las cosas de su principio é antecesores, é si tienen libros, o por cuáles vestigios é señales no se les olvida lo passado. Y en esta isla, á lo que he podido entender, solos sus cantares, que ellos llaman areytos, es su libro o memorial que de gente en gente queda de los padres a los hijos, y de los presentes a los venidores (...) (vol. I, pág. 125).

Para la historia moral, la definición de Cicerón es el modelo seguido. En éste, la historia no sólo se reduce a la memoria de lo pasado, sino que también se concibe como «narración» (o relato). Tal narración, que implica la temporalidad, presupone, a su vez, el discurso verbal como único sistema de signos pertinente para hacerlo. En Oviedo, al menos en el párrafo citado, esta idea no está claramente expresada aunque al «solos sus cantares», localiza (y quizás minimiza) la transmisión oral. La idea que subyace a ésta observación de Oviedo podemos inferirla de otros escritos, entre ellos la historia de José de Acosta, sobre la que volveremos más adelante; también de los *Comentarios Reales* del Inca Garcilaso de la Vega (L. I, cap. XV): «—Inca, tío, pues no hay escritura entre vosotros, *que es la que guarda la memoria de las cosas pasadas*, qué noticia tenéis del origen y principio de nuestros Reyes» (cursivas agregadas). Aunque esta concepción es la que prevalece de tal manera de ir reduciendo cada vez más la noción de historia a la de historia moral, tiene sin embargo sus opositores entre los tratadistas de la historiografía; entre ellos, el principal es Francesco Patrizzi[87].

---

[84] Cfr. P. Flourens, *Histoire des travaux et des idées de Buffon*, París, 1850. Nueva edición, Ginebra, Slatkine Reprints, 1971, págs. 35-45.

[85] *Oeuvres*, París, Garnier Frères, 1853, t. 1, «Premier Discours», pág. 13.

[86] Enrique Álvarez López, «La Historia Natural de Fernández de Oviedo», *Revista de Indias*, 69-70, 1957, páginas 541-601.

[87] *Della Historia dice dialoghi*, Venecia, 1560 (Dialogo Terzo). Empleo la versión facsimilar recogida por Kessler en su *Theoretiker Humanistischer Geschichtsschreibung*, Munich, Wilhelm Fink Verlag, 1971.

Una aproximación más particular de la concepción de la historia moral en Oviedo, podemos ejemplificarla tomando el capítulo XXIX, del Libro XXXIII, dedicado a las conquistas de Hernán Cortés. En esta parte comienza citando palabras de Cicerón después del castigo de la conjuración de Catilina (según la versión de Salustio, *De Bello Cathilinario*), en las cuales palabras éste pide: «Por estas cosas grandes (...) vuestra perpetua memoria de aquesta jornada. De la memoria vuestra, oh, romanos de ella sean mis cosas nodridas: crescerán por las palabras, e durarán por las historias tomando siempre una mayor fuerza (...) Palabras, memorias, historias, perpetuación del pasado y perpetuación de la *fama*; base de la concepción de la historia moral o de la conservación de los hechos humanos mediante «historias escritas». Sobre esta base, como lo hizo anteriomente con el ejemplo de Alejandro, Oviedo conecta su justificación para escribir la gesta cortesiana: «Más es muy justa cosa que en la memoria de los que viven estén escritas las hazañas é fechos memorables de Hernando Cortés» (vol. III, pág. 412). Esta concepción de la historia humana la veremos acentuada en el siglo XVII con el agregado de la importancia que la *elocutio* adquiere en la narración (por ejemplo, Antonio de Solís).

En Francisco de Gómara encontramos otro ejemplo de la concepción de la historia moral aunque ésta sea sólo una parte del libro que se anuncia bajo el título general de *Hispania Vitrix* y que se compone de dos partes: la primera la *Historia General de las Indias* y la segunda, *La Conquista de México*, «Segunda parte de la *Crónica General* de las Indias» cursivas agregadas)[88]. El libro se escribe en loa a las glorias de España que Gómara hace explícitas en la dedicatoria a «Don Carlos, Emperador de Romanos y Rey de España»; así como también en el capítulo final de la primera parte. En la dedicatoria, Gómara repite en sus palabras lo que había señalado C. Colón en la introducción a su «Diario de navegación»: «La mayor cosa después de la creación del mundo —dice Gómara— sacando la encarnación y muerte del que lo crió, es el descubrimiento de Indias (...) Quiso Dios descobrir las Indias en vuestro tiempo y á vuestros vasallos, para que las convirtiésedes á su santa ley (...). Comenzaron las conquistas de Indios acabada la de los moros, porque siempre guerreasen españoles contra infieles». A estos designios generales que sitúan el «fin» con el

Crónica general de las Indias, edición de 1553

que se escribe *Hispania Vitrix*, se agregan los designios particulares que caracterizan la primera y la segunda parte. Comenzaremos por la segunda, alterando el orden, para continuar de esta manera el tópico que introdujimos al hablar de la concepción de la «historia moral» en Oviedo.

En primer lugar, la *Conquista de México* se organiza desde el nacimiento hasta la muerte de Hernán Cortés. Esta organización muestra (aunque no sean —como lo veremos— los designios de Gómara) la estructura de lo que más tarde se consolidará como un tipo discursivo historiográfico: la biografía[89]. El «fin» de esta historia es el de narrar los hechos notables de una persona para rescatar del olvido la memoria de sus hazañas; estableciendo así

[88] Las referencias son a la edición de B. A. E., t. XXII, Madrid, 1946.

[89] Dejemos de lado, al tratar «la conquista de México», el problema de la «biografía», la cual podría analizarse como tipo discursivo de la formación discursiva historiográfica. Puede consultarse, al respecto, José Luis Romero, *Sobre la biografía y la historia*, Buenos Aires, Sudamericana, 1945. Para lo que podríamos considerar la manifestación anterior del tipo autobiográfico, *vita*; consúltese H. Delehay *Les légendes hagiographiques*, Bruselas, 2.ª ed., 1906. Sobre la biografía en general, J. A. Garraty, *The Nature of Biography*, Nueva York, 1957.

la *fama* de la persona historiada[90]. Gómara aclara este aspecto en la dedicatoria a don Martín Cortés, marqués del Valle: «A ninguno debo intitular, muy ilustre señor, la conquista de Méjico, sino á vuestra señoría, que es hijo del que lo conquistó, para que, así como heredó el mayorazgo, herede también la historia. En lo uno consiste la riqueza y en lo otro la fama.» R. Iglesia, apelando a otros escritos de Gómara, ha resumido en forma clara su concepción de la historia moral, al decir que «para Gómara, en una palabra, la historia es esencialmente la biografía de los grandes hombres» y cita, en apoyo de su afirmación, el prefacio de la *Crónica de los Barbarrojas*:

> Dos maneras hay, muy ilustre señor, de escrebir historias. La una es cuando se escribe la vida, la otra cuando se cuentan los hechos de un emperador o valiente capitán. De la primera usaron Suetonio Tranquilo, Plutarco, San Hierónimo y otros muchos. De aquella otra usan que todos tienen de escrebir; de la cual, para satisfacer al oyente, bastará relatar solamente las hazañas, guerras, victorias y desastres del capitán. En la primera hanse de decir todos los vicios de la persona de quien se escribe (...) Ninguno me reprenda al presente, si dixere algo, o echare a menos alguna cosa en esta mi escriptura, pues no *escribo vida, sino historia*, aunque pienso, si los alcanzare de días, de escrebir asimesmo sus vidas[91].

Notemos, de nuevo al pasar, el vocablo *crónica* empleando en el título y el de *historia* no sólo empleado en el prefacio sino también cuidadosamente distinguido de *vida*. Vemos así más claramente por qué le dedica la segunda parte de la *Crónica General de las Indias* a la gesta de Hernán Cortés: la narración de los hechos de «un valiente capitán», se considera *historia* y no *vida*[92]. Vemos también un ejemplo de lo dicho más arriba cuando señalábamos que las narraciones del tipo *gesta* y del tipo *vita*, más comunes en el medioevo, pasan a constituirse, en el siglo XVI, como tipos discursivos integrados a la historiografía; o,

para emplear el propio vocablo que ellos emplean, a la historia. En este aspecto de la concepción de la historia moral es donde coinciden Oviedo y Gómara; aunque Oviedo acentúe el valor de la experiencia en la escritura de la historia y Gómara responda más al hombre de letras que lo faculta (por ello y no necesariamente por la experiencia directa) para hacerlo.

Hagamos un paréntesis y, antes de llegar a la primera parte de la historia de Gómara, integremos a Bernal Díaz del Castillo* y su *Verdadera Historia de los Sucesos de la Conquista de la Nueva España*[93]. No encontraremos en Bernal Díaz, como en los demás historiadores, una clara posición con respecto a la actividad escriptural que emprende. El vocablo *verdadera* tiene más peso, en este caso, que el vocablo *historia* puesto que, sabemos, Bernal Díaz nos ofrece la «otra cara» de la *Conquista de Méjico*, laudatoria de Cortés, escrita por Gómara. No es la otra cara porque sea necesariamente «anti-Cortés» sino porque se escriben no las hazañas de un «valiente capitán» sino de los soldados. Es por esta razón, quizás, por lo que Bernal Díaz emplea, indistintamente, el término *relación* como sinónimo de *historia*; «Como acabé de sacar en limpio ésta mi relación, me rogaron dos licenciados que se las emprestase para saber muy por extenso las cosas que pasaron en las conquistas de Méjico y Nueva-España, y ver en qué diferencia lo que tenían escrito escrito los coronistas Francisco López de Gómara y el doctor Illescas...» (pág. 315). Es también en ese capítulo CCXII donde Bernal Díaz se confiesa iletrado pero defiende, pese a ello, la *verdad* de lo dicho: «é yo se la presté, porque de sabios siempre se pega algo á los idiotas sin letras como yo soy, y le dije que no enmandasen cosa ninguna de las conquistas, ni poner ni quitar, porque todo lo que yo escribo es muy verdadero» (pág. 315). No sólo esto sino que también, al escuchar las observaciones que le hace «el uno dellos muy retórico», señalándole que «para dar más crédito á lo que he dicho, que diese testigos y razones de algunos coronistas que lo hayan escrito, como suelen poner y alegar los que escriben, y aprueban con otros libros de cosas pasadas, y no decir, como digo tan secamente, esto hice y tal me acaeció, porque yo no soy testigo de mí mismo» (pág. 315), Bernal Díaz defiende su experiencia apoyándose en el testimonio de Cortés y del virrey don Antonio de Mendoza sobre su propia trayectoria en Indias (cfr. pág. 315). Pero el libro de Bernal Díaz

---

[90] Sobre la fama en la historiografía véase el excelente resumen de Víctor Frank en *El «Antijovio» de Gonzalo Jiménez de Quesada y las concepciones de Realidad y Verdad en la época de la contrarreforma y el manierismo*, Madrid, Ediciones Cultura Hispánica, 1963, págs. 193-236.

[91] Citado por Ramón Iglesia, *Cronistas e Historiadores de la Conquista de México*, México, El Colegio de México, 1942, pág. 100. Cursivas agregadas.

[92] Para la tradición de lo que en el Renacimiento se denomina *vida*, ver H. Delehay, *op. cit.* Además, del mismo autor, «La méthode historique et hagiographique», en *Bulletin de la Classe des Lettres et des Sciences Morales et Politiques*, 5ème série, t. XVI, núms. 5-7, 1930, págs. 218-31.

* Véase, en este mismo volumen, M. Alvar, «Bernal Díaz del Castillo».

[93] B. A. E., t. XXVI, 1947.

es algo más que el «documento» irremplazable de su experiencia y ocupa también su debido lugar textual. Al parecer dos son las razones fundamentales que le otorgan este lugar en la historiografía de la conquista:

a) una, como ya hemos dicho, la de hacer la historia no de capitanes o de emperadores sino de elevar al rango de personaje digno de ser historiado a los participantes en las acciones de la conquista;

b) la otra, un cierto imponderable como es «el arte de contar», que lo destaca sobre informes semejantes de otros muchos capitanes o descubridores.

El empleo de la lengua «que va según nuestro común hablar de Castilla la Vieja» justifica todas sus excusas con respecto a su «falta de retórica». Pero sabemos que el arte de contar, como lo muestran numerosas experiencias folklóricas, no es una virtud que se adquiera en la universidad. La referencia a las experiencias folklóricas no es gratuita, puesto que no son las historias clásicas ni menos los tratadistas de la historiografía o de la retórica quienes suministran a Bernal Díaz el conocimiento no basado en las fuentes, Bernal Díaz no ha escapado al escrutinio «literario» y no sólo se le ha ligado al Amadís de Gaula, sino que se han hecho conexiones con Berceo, con Pérez de Guzmán y con Fernando del Pulgar[94]. Pero las referencias que más se destacan en su repertorio son quizás el refranero, el romancero y los libros de caballería. Es quizás esta conjugación de la experiencia y de la «literatura popular» lo que permite entender su arte de contar, lo que produce el «encanto» de su relato. Es quizás esta marginalidad de los modelos sobre los que articula su relato, la que le otorga el lugar especial que ocupa en un corpus historiográfico que, en su mayoría, está estructurado, como discurso, o sobre las historias clásicas o sobre los preceptos del relato histórico[95].

Volvamos, después de este paréntesis, a la primera parte o *Historia General de Indias* de Francisco López de Gómara. Ésta tiene un carácter bien distinto del que hemos anotado para la *Conquista de Méjico* o la *Crónica de los Barbarrojas*. Pero, como en estos casos, Gómara nos deja en el prólogo «a los leyentes» el trazo claro de sus designios:

Toda historia, aunque no sea bien escrita, deleita. Por ende no hay que recomendar la nuestra (...). El romance que lleva es llano cual agora usan, la orden concertada é igual, los capítulos cortos por ahorrar palabra, las sentencias claras, aunque breves (...). Contar cuándo, dónde y quién hizo una cosa, bien se acierta; empero decir cómo es dificultoso; y así siempre suele haber en esto diferencia. Por tanto, se debe contentar quien lee historias de saber lo que desea en summa y verdadero (...).

El estilo condensado de Gómara se manifiesta aun en este prólogo el cual, de anotarse, nos conduciría a desarrollar un capítulo sustancioso de los preceptos historiográficos: en él, se resumen los problemas de la lengua en que debe ser escrita la historia (que tanto preocupaba a Oviedo, y que otros también manifestaron)[96]; la organización del discurso y, finalmente, los criterios de verdad historiográficos[97], que Gómara cuidadosamente distingue entre lo que hay u ocurrió de la manera en que lo habido u ocurrido se conceptualiza en el discurso: en términos más actuales veríamos en ello el crucial problema de la *referencia* y la *significación*. Tentados aunque impedidos de detenernos en todos estos aspectos, ilustremos el que más conviene a la concepción de la *historia general*: el de «la orden concertada e igual». Después de una breve introducción en la que se discuten los temas comunes relativos a si hay o no antípodas, el sitio de las Indias, etc. Gómara comienza su «historia general» por las tierras del Labrador e introduce un capítulo muy corto en el cual se nos dice:

Comienzo a contar los descubrimientos de las Indias en el cabo del Labrador por seguir *la orden* que llevé en poner su sitio, pareciéndome que sería mejor así, y más claro de contar y aún de entender; ca fuera confusión de otra manera, aunque también llevará buena orden comenzándolos por los tiempos en que se hicieron (pág. 177).

La «orden concertada e igual» a la cual alude en el prólogo se manifiesta aquí bajo dos prin-

[94] Stephen Gilman, «Bernal Díaz del Castillo and "Amadis de Gaula"», en *Studia Philologica*, II, Homenaje a Dámaso Alonso, Madrid, Gredos, 1961, págs. 99-113.

[95] Alfonso Reyes, *Letras de la Nueva España*, México, F. C. E., 1948, págs. 50-52; también, Carmelo Sáenz de Santa María, *Introducción Crítica a la 'Historia Verdadera' de Bernal Díaz del Castillo*, Madrid, 1967, pags. 117-122.

[96] Ver, en Oviedo, *Historia...*, *op. cit.*, vol. IV, páginas 589-91. Un ejemplo del siglo XVII es el de Solórzano y Pereyra, en su Política Indiana (B. A. E., Madrid, 1972), quien hace explícito el problema de la lengua en su dedicatoria. Algunos de los trabajos ya clásicos sobre el tema: Morel Fatio, «L'Espagnol, Langue Universelle», *Bulletin Hispanique*, XV, 1913, págs. 207-23; R. Menéndez Pidal, «El Lenguaje del siglo XVI», en *La lengua de Cristóbal Colón*, Madrid, Austral, 1942; Manuel García Blanco, *La lengua española en la época de Carlos V*, Madrid, Escelicer, 1967, págs. 1-43.

[97] Víctor Frankl, *El «Antijovio» de Gonzálo Jiménez de Quesada...*, ed. cit.

cipios básicos de la preceptiva historiográfica: la topografía y la cronología. Como nos lo dice en esta cita, al situar las Indias, lo hizo por la topografía (pág. 162); y es así como «la orden» seguirá el derrotero geográfico descendiendo de norte a sur y continuando, luego de pasar por el estrecho de Magallanes, hasta encontrar las Molucas (pág. 221). Pero, al terminar tal recorrido topográfico, y pasar al «Descubrimiento del Perú» (pág. 224) cambia la «orden» topográfica por la cronológica pero, siguiendo con sus propias exigencias, tiene el buen cuidado de advertirlo:

> Quisiera seguir en este descubrimiento y conquistas la órden que hasta aquí, dando á cada costa su guerra y tiempo, según continuamos la geografía; mas déjolo por no replicar una cosa muchas veces. Así que, trastrocando nuestra propuesta orden, digo que residiendo Pedrarias de Avila (...) (pág. 224).

La «historia general» que se complementa cuando es necesario con la dimensión cronológica sigue, en general, el derrotero norte a sur donde para «cada costa» Gómara no sólo se ocupa de las guerras de los españoles y de las conquistas sino también integra la «historia moral» de los habitantes nativos y también datos de «historia natural». Cincuenta y nueve años después de publicada la historia de Gómara, estos preceptos de la organización del discurso historiográfico, pasan a primer plano en un tratadista como Cabrera de Córdoba: «La narración sigue el orden natural, que otros llaman en ella de prudencia, que es el de los tiempos, lugares, personas y cosas, ministrada de la *geografía*, que enseña las regiones, ciudades, montes, la *cronología*, los tiempos, la *genealogía* las personas» [98].

Ya hemos mencionado, en la introducción a esta sección, el prólogo de Bartolomé de Las Casas a su *Historia de las Indias*. Ahora nos interesa apuntar algunos aspectos de esta obra y de la *Apologética Historia* [99], en relación al corpus de textos que tratamos de configurar. Sobre las relaciones entre ambas obras. E. O'Gorman se ha ocupado de resumir las posiciones existentes y de proponer su propia hipótesis [100]. Sin entrar en esta debatida cuestión, algunos de los datos

propuestos y discutidos por los especialistas serán de enorme valía para nuestros propósitos. Volvamos sobre el prólogo a la *Historia de las Indias*:

> (...) porque desde cerca del año 500 veo y ando por aquestas Indias y conozco lo que escribiere; a lo cual pertenecerá, no sólo contar las obras profanas acaecidas en mis tiempos, pero también lo que tocare a las eclesiásticas, entreponiendo a veces algunos morales apuntamientos y *haciendo alguna mixtura* de la cualidad, naturaleza y propiedades desta religión, ritos, cerimonias y condición de las gentes naturales de ellas (...) tocando las veces que pareciere a la materia de la cosmografía y geografía conveniente; cuya noticia a muchos, y mayormente a los príncipes se conoce ser provechosa, según de los sabios antiguos fue conforme sentencia; y así esta corónica podrá engendrar menos fastidio y mayor apetito de ser proseguida por los oyentes (pág. 22).

Destaquemos la advertencia de «hacer alguna mixtura»: ella nos conduce, por un lado, a la razón por la que denomina también *corónica* al libro y, por otro lado, nos conducirá a la *Apologética*. En primer lugar, si hablar de ritos, ceremonias, cosmografía y geografía es «mixtura» no lo es porque el designio fundamente es la *cronología*. Esto lo demuestra la organización cronológica de los tres libros que componen la *Historia de Indias*. Al final del prólogo nos advierte estos designios: «Lo formal de él comprenderá seis partes o seis libros, las cuales contengan historia casi de sesenta años, en cada uno refiriendo los acaecimientos de cada diez, si no fuere el primero, que contará los de ocho, porque la noticia de estas Indias no la tuvimos sino en el año de 1492» (vol. I, pág. 22); lo cual se repite en las introducciones al libro segundo (vol. II, pág. 201) y tercero (vol. II, pág. 432). El designio cronológico nos explica entonces el por qué llamar *mixtura* a los hechos que no convienen a tal designio. Pero, por otra parte, ¿qué ha pasado con tal promesa siendo que lo poco que queda, en la *Historia de las Indias*, de geografía, religión, costumbres, son los caps. XX a XXV del libro II? O'Gorman nos sugiere que es precisamente éste el punto de donde se desprende la *Apologética*. Estos datos, entonces, que en un principio se piensan como «noticia a muchos provechosas», pasan a ser los fundamentos de la argumentación «apologética». Pero vayamos aquí con cuidado.

El plan de la *Apologética* es uno muy distinto al de la *Historia*: «La causa final de escribirla fue cognoscer todas y tan infinitas naciones deste vastísimo orbe infamadas por algunos

---

[98] Cabrera de Córdoba, *De historia... op. cit.*, págs. 76-77.

[99] *Apologética Historia Sumaria*, Edición preparada por E. O'Gorman, U. N. A. M., 1967.

[100] E. O'Gorman «*La Apologética Historia*, su génesis y elaboración. Su estructura y su sentido», *op. cit.*, págs. xv-xxxvi. El lector se remitirá con provecho a este estudio para un minucioso resumen de la obra.

(...)»[101]. Las palabras siguientes resumen y sitúan a la *Apologética* como un libro que oscila entre los propósitos de la dialéctica y de la retórica[102]: por un lado, la intención manifiesta de demostrar la verdad nos remite a la primera en tanto que, por otro lado, la intención latente de forzar una posición ideológica, nos remite a la segunda. Veamos, no obstante, los fines o propósitos manifiestos:

> Para demostración de la verdad (...) se traen y compilan en este libro (...) *seis causas naturales*, que comienzan en el capítulo 22, (...) la influencia del cielo, la disposición de las regiones, la compostura de los miembros y órganos de los sentidos exteriores e interiores, la clemencia y suavidad de los tiempos, la edad de los padres, la bondad y sanidad de los mantenimientos; con las cuales concurren algunas particulares causas, como la disposición buena de las tierras y lugares y aires locales de que se habla en el capítulo 32. Ítem otras cuatro accidentales causas que se tractan en el capítulo 26 y éstas son la sobriedad en el comer y beber, la templanza de las afecciones sensuales, la carencia de solicitud y cuidado cerca de las cosas mundanas y temporales, el carecer asimesmo de las perturbaciones que causan las pasiones del ánima, conviene a saber, la ira, gozo, amor, etc.

La *Apologética* está organizada en tres libros, de los cuales el tercero es el más extenso (500 páginas, en la edición citada, con aproximadamente 110 para el primero y 110 para el segundo). El tercer libro «se propone demostrar la capacidad racional del indio por sus obras, examinadas de acuerdo al esquema aristotélico de las tres especies de prudencia: monástica, económica y política». El libro más extenso, por lo tanto, es el que trata de cuestiones morales en tanto que los otros dos se ocupan más bien de los aspectos naturales que contribuyen a hacer del indio un ente racional. O, para decirlo de otra manera, si el segundo libro culmina hablando de «la castidad y otras virtudes», de la «mansedumbre y del excelente ingenio» y de la «nobleza de las almas» es porque ello se analiza desde el punto de vista de la «relación que hay

La Española y Puerto Rico. Grabado francés

entre los climas y las condiciones de los hombres». Son, por lo tanto, este primer y segundo libro, los que están estructurados sobre la base de la indagación de las «causas naturales, particulares y accidentales».

De acuerdo al esquema propuesto en el «argumento de toda ella», el primer libro comienza por una descripción —en cuatro vueltas— de la isla La Española. En las cuatro vueltas toca los distintos puntos cardinales de la isla para, luego, detenerse sobre los mantenimientos, los frutos y los árboles. Los capítulos finales del primer libro los dedica a la *demostración*, apelando a las *causas* para demostrar la salubridad de la isla, y las riquezas naturales que el clima permite. El segundo libro usa de la descripción del primero para ocuparse, directamente, de la extensión del análisis de las *causas* que producen el «goce de plenitud de entendimiento». Para ello apela a la influencia de los cielos primero y de las cualidades del clima y de la tierra después. En la tercera parte comienza demostrando la

---

[101] *Apologética Historia, op. cit.*, «Argumento de toda ella», pág. 3.

[102] Aristóteles, *El Arte de la Retórica*, (cap. I, 1354-57). Luis Vives, en el siglo XVI, recurre a la metáfora común «del puño cerrado y de la palma abierta». Además, propone estas otras diferencias: «Dos son, pues, las artes que se establecieron referentes al lenguaje, a saber: la dialéctica, que Cicerón llama *arte de discurrir*, y Aristóteles le da el nombre de *lógica* y la retórica, que es el *arte de hablar*.» (*De Disciplinis* (1531). Cito por la traducción de Lorenzo Riber, Madrid, Aguilar, 1948, tomo II, pág. 425.

prudencia monástica en el buen gobierno que los indios tuvieron de ellos mismos, para luego ocuparse brevemente de la economía doméstica. La «prudencia política» es mucho más extensa que las anteriores y en ella se dedica, en primer lugar, siguiendo el esquema aristotélico, a analizar las «seis clases de ciudadanos»: labradores, artesanos, guerreros, ricos hombres, sacerdotes, jueces y gobernantes. Pero antes de pasar a analizar la primera de estas «seis clases de ciudadanos» dedica diez capítulos a la ciudad, que contrapone al caso «de hombres silvestres solitarios». Atención especial recibe también el tratamiento de la quinta clase de ciudadanos, a saber, los sacerdotes. Es esta la parte más compleja, que ocupa desde el capítulo LXXI al capítulo CXXXIV, quedándosele en el «tintero» lo relativo a los jueces y a los gobernantes.

Como vemos, podemos aceptar la hipótesis de O'Gorman que concibe la *Apologética* como el desarrollo de esas «mixturas» que anunciaba en la *Historia* donde se ocupa, fundamentalmente, de los hechos, cronológicamente narrados, de los españoles en Indias. Por otra parte, podemos ver que la *Apologética Historia* es una historia en donde una de las estructuras fundamentales, no necesariamente común para la formación discursiva historiográfica, es la estructura argumentativa. La descripción y la narración son, como en todo discurso argumentativo, las pruebas de la demostración. Pero una demostración que, como dijimos al comienzo de este apartado, oscila entre el argumento dialéctico (filosófico) y el argumento retórico. Distinción fundamental para Aristóteles, ya que por encima de las semejanzas entre dialéctica y retórica (que, a diferencia de la medicina o la geometría, abarcan todos los asuntos imaginables, puesto que se ocupan de los principios comunes que atañen al razonamiento), la dialéctica conduce a la formación de las reglas de la verdad lógica y entimemática, mientras que la retórica se ocupa de la verdad pública y de la persuasión[103].

No es sin embargo la *Apologética* el único libro del siglo XVI que incluye la estructura argumentativa en el discurso historiográfico.

También lo hace, aunque con diferentes fines, el padre Jose de Acosta en su *Historia Natural y Moral de las Indias*[104]. Acosta declara en el prólogo que

> Del nuevo mundo e Indias occidentales han escrito muchos autores *diversos libros* y relaciones, *que dan noticia* de las cosas nuevas y extrañas, que en aquellas partes se han descubierto, y de los hechos y sucesos de los españoles que la han conquistado y poblado. Más hasta agora no he visto autor que trate de *declarar las causas y razón* de tales novedades y extrañeza de la naturaleza, ni que haga discurso e inquisición, en esta parte, ni tampoco he topado libro cuyo *argumento* sea los hechos e historia de los mismos indios antiguos y naturales habitadores del nuevo orbe. (Cursivas agregadas).

En lo subrayado vemos que emplea *libro* o *relación* para lo que, en otras oportunidades, llamará también *historia (i.e.* una relación de hechos verdaderos, un libro que cuenta hechos verdaderos); en segundo lugar, que llama la atención sobre la falta de libros que indaguen en las *causas* de «tales novedades y extrañezas». Esta exigencia lo llevará, más adelante en el mismo prohemio, a sostener: «Así que aunque el Mundo Nuevo ya no es nuevo sino viejo, según hay mucho dicho y escrito de él, todavía me parece que en alguna manera se podría tener esta Historia por nueva, por ser juntamente Historia y en parte Filosofía y por ser no sólo de las obras de naturaleza, sino también de las del libre albedrío.» En tercer lugar, y en relación a ésta última cita, emplea también el vocablo *argumento* no para la estructura verbal *demostrativa* sino más bien en el sentido de «assunto o materia de que habla algún libro» (*Diccionario de Autoridades*). La terminología es pertinente por cuanto el discurso sobre las «causas» afecta fundamentalmente la «historia natural» en tanto que es notable la caída hacia lo meramente descriptivo en las «obras del libre albedrío». La declaración sobre el hecho de que su libro sea en parte historia y en parte filosofía es, al parecer, una concepción si no común al menos considerada en el siglo XVI. Mencionamos anteriormente a Francisco Patrizi. Es este uno de los tratadistas de la historia que se ocupa fundamentalmente de combatir la definición ciceroniana de la historia argumentando, en su contra, que no puede definirse la historia como *narración* de cosas hechas del remoto pasado.

---

[103] Agreguemos, a la nota anterior, la observación de Bacon al diferenciar dialéctica y retórica empleando, por un lado, la imagen de Zeno («el puño y la palma») y por otro, observando que mientras las pruebas y demostraciones de la lógica (dialéctica) están dirigidas a los hombres en general, las de la retórica difieren de acuerdo al auditorio particular. Véase, W. S. Howell, «Poetics, Rhetoric and Logic in Renaissance Criticism», en *Classical Influences on European Culture*, R. R. Bolgar (ed), Nueva York, Cambridge U. P., 1976, págs. 155-162.

[104] Edición preparada por E. O'Gorman, con un prólogo, tres apéndices y un índice de materias, México, F. C. E., 1940. Las citas corresponden a esta edición.

La primera objeción de Patrizi es la de sostener que historia es en primer lugar *memoria* y no *narración*; puesto que la memoria puede conservarse mediante otros tipos de signos distintos a las palabras («con altri segni materiali o con diversi forme di cose») De modo que la historia es narración cuando tal memoria se conserva mediante los signos verbales o la palabra. Por otra parte, Patrizi intenta definir la historia en relación con la filosofía y no sólo en relación con la poesía: para Patrizi la filosofía se ocupa de las *causas*, en tanto que la historia lo hace de la narración y memoria de los *efectos* «Il narramento adunque degli effeti, che caggiono sotto alla cognitione di sentimenti, e degli ochi sopra tuto, ha ragionavolmente nome historia»)[105]. Sin embargo, al limitar Acosta, al contrario de Las Casas, la estructura argumentativa a la parte natural, se mantiene en los límites de la búsqueda de la verdad y no de la persuasión. En este sentido el fin de conocer las causas de los hechos naturales es un paso hacia la admiración que se le debe profesar a su Creador.

Aunque el libro se divide derechamente en dos partes, lo natural y lo moral, podemos en realidad considerarlo en tres, teniendo en cuenta también que lo considerado como primera parte son los capítulos escritos por Acosta en latín y en Perú, cuya advertencia hace el mismo Acosta al comenzar el Libro III[106]. Esta primera parte está consagrada «al cielo y a la habitación de las Indias en general» (pág. 88). En la segunda trata de los tres elementos (aire, agua y tierra) y de los compuestos (metales, plantas y animales). La tercera está dedicada a las «obras del libre albedrío». Como se intuye por lo dicho, y sobre todo en las dos primeras partes, el «repertorio» de Acosta proviene de la lógica, de la física y de la astronomía. Es en el Libro IV donde encontramos la articulación cognitiva o la concepción de la naturaleza que Acosta retoma de Aristóteles. Después de haber considerado los tres elementos simples o introducir los mixtos, lo hace mediante una *comparación* cuya función no es simplemente la de proporcionar al lector un punto de referencia en común (como lo son por ejemplos las numerosas comparaciones de Oviedo); ni tampoco, por cierto, nos encontramos con

Historia natural y moral de las Indias, edición de 1590

la función ornamental de ella, sino con una función puramente cognitiva:

Los metales son *como plantas* encubiertas en las entrañas de la tierra, y tienen alguna semejanza en el modo de producirse, pues se ven también sus ramos y *como tronco* donde salen, que son las vetas mayores y menores, que entre sí tienen notable trabazón y concierto, y de alguna manera *parece* que crecen los minerales al modo de plantas, no porque tengan verdadera vegetativa vida interior, que esto es de verdaderas plantas, sino porque de tal modo se producen en las entrañas de la tierra por virtud y eficacia del sol y de los otros planetas (...) Y así como los metales *son como plantas* ocultas de la tierra, así también podemos decir que las plantas *son como* animales fijos en un lugar, cuya vida se gobierna del alimento que la naturaleza les provee en su propio nacimiento. Más los animales exceden a las plantas, que como tienen ser más perfecto, tienen necesidad de alimento también más perfecto, y para conocelle y descubrille, sentido. De suerte que la tierra estéril y ruda *es como materia* y *alimento* de los metales; la tierra fértil y de más sazón es materia y alimento de plantas; las mismas plantas son alimentos de animales, y las plantas y animales alimento de los

[105] Francesco Patrizi, *De Historia... op. cit.* (Dialogo Secondo, pág. 8).

[106] *De Natura Orbis Libri Duo.* En 1589 se edita en Salamanca *De Natura Novi Orbis Libri Duo,* et *de Promulgatione Evangelii apud Barbaros, sive de Procuranda Indorum Salutre, Libri Sex*) que le sirve de base, con el agregado de lo referente a México, para su *Historia Natural y Moral.*

hombres, sirviendo siempre la naturaleza inferior para sustento de la superior y la menos perfecta subordinándose a la más perfecta. (Libro IV, cap. I, pág. 140; cursivas agregadas.)

En este párrafo advertimos claramente el modelo continuo y jerárquico (del cual hablamos con respecto a Oviedo). A este modelo Acosta superpone, en la organización de la materia, las «cuatro causas» aristotélicas que emplea como base de la estructura argumentativa. Así, por ejemplo, cuando explica la diferencia de los vientos («Cuál sea la propia y original causa de estas diferencias tan extrañas de los vientos, yo no atino a otro sino que el *eficiente* y quien produce los vientos», pág. 90). Las causas formal y eficiente están presupuestas en esta afirmación. A su vez, Acosta declara «desconocidas» la causa formal y la causa final: «El principio y origen de estos vientos no le vemos ni aún sabemos qué tanto durarán, ni dónde procedieron ni hasta dónde llegarán» (pág. 90). Queda, entonces, la causa eficiente y la material como posibles explicaciones de la diferencia de los vientos. De esta manera Acosta arguye que la causa formal es desconocida aunque se presupone, para establecer la diferencia, que «quien produce el viento ese le da la primera y más original propiedad». Por su parte, la causa material, «porque la materia de que se hacen los vientos, que según Aristóteles y razón, son exhalaciones de los elementos inferiores, aunque con su diversidad de ser más gruesa y sutil, más seca o más húmeda, puede causar, y en efecto causa gran parte de esta diversidad». La causa material no le parece todavía bastante y recurre así a la causa eficiente: «Y así parece que se ha de reducir el negocio al eficiente superior y celeste que ha de ser el sol, y movimiento e influencia de los cielos, que de diversas partes mueven e influyen variamente» (pág. 90). Al pasar a los mixtos o compuestos, la exposición comienza a ser fundamentalmente descriptiva más que argumentativa. Esta parte de la historia natural se mantiene sobre la estructura descriptiva dominada por los verbos «ser», «estar», «tener» y «hacer» (o equivalentes), cuando se trata de describir el uso que se hace de un metal, un vegetal o un animal. A estas descripciones se intercalan no sólo las referencias clásicas pertinentes, sino también las experiencias personales del propio Acosta que comienzan a aparecer con más asiduidad. No obstante ello, la experiencia ya no jugará un rol fundamental como en Oviedo puesto que, para Acosta, la razón es primera a la experiencia «... para inquirir sus causas, guián-

donos no tanto por la doctrina de los antiguos filósofos, cuando por la verdadera razón, y cierta experiencia» (pág. 65) [107].

En la «historia moral» Acosta cambia su orientación y así nos dice, en el prólogo a los libros correspondientes, puesto que «después del cielo y temple, y sitio y cualidades del Nuevo Orbe, y de los elementos y mixtos (...); la razón dicta seguirse el tratar de los hombres que habitan el Nuevo Orbe» (pág. 215). Pero esto no es todo puesto que si, por el modelo jerárquico adoptado, después de los animales corresponde hablar de los hombres, hay también una razón distinta que justifica el conocimiento, comparado con las razones que habían justificado los capítulos dedicados a la «historia natural». Mientras que el conocimiento de la naturaleza le conduce a la admiración del Creador, el de la historia moral «no es sólo dar noticia de lo que en Indias pasa, sino *enderezar esa noticia al fruto* que se puede sacar del conocimiento de tales cosas, que es ayudar aquellas gentes para su salvación, y glorificar al Creador y Redentor que los sacó de las tinieblas oscurísimas de su infidelidad» (página 215). En esta presentación general nos interesa señalar las consideraciones de Acosta sobre la *escritura* que, indirectamente, nos conducen a su concepción de la historiografía. Los capítulos I al IX, del libro VI, están dedicados a demostrar que «es falsa la opinión de los que tienen a los Indios por hombres faltos de entendimiento» y a considerar, en este libro, el problema del entendimiento en relación a su «falta de letras». Letras, en este capítulo, se emplea en sentido restringido y es sinónimo no de «conocimiento o sabiduría», sino de escritura: «las letras se inventaron para referir y significar inmediatamente las palabras que pronunciamos, así como las mismas palabras y vocablos» (cap. VI). Acosta liga estas ideas sobre las «letras» a la concepción del «discurso» cuando analiza el «género de letras y libros que usan los chinos» y afirma que «piensan muchos, y aún es común opinión, que son letras como las que usamos en Europa, quiero decir, que con ellas se puedan escribir palabras o razones, y que sólo difieren de nuestras letras letras y escritura por sus caracteres y forma (...) y por la mayor parte no es así porque ni tienen alfabeto, ni escriben letras, ni es la diferencia de caracteres, sino en que principalmente *su escribir es pintar o cifrar, y sus letras no significan partes de dicciones como*

[107] Sobre la relación entre el padre Acosta y la ciencia de su tiempo, el clásico libro de José R. Carracido, *El Padre José de Acosta y su importancia en la Literatura Científica Española*, Madrid, 1899, págs. 91-153.

las nuestras, sino son figuras de cosas, como de sol, de fuego, de hombre, de mar y así de lo demás» (cap. V). Luego de estas consideraciones, Acosta llega al tema que ya señalamos con respecto a Oviedo: «Y queriendo yo averiguar en qué manera podían los indios conservar sus historias y tantas particularidades, entendí que aunque no tenían tanta curiosidad y delicadeza como los chinos y japoneses, todavía no les faltaba algún género de letras y libros, con que a su modo conservaba las cosas de sus mayores» (cap. VIII). De estas ideas a la concepción de la historiografía ligada a la escritura silábica no hay más que un paso: «Los indios del Perú, *antes de venir los españoles*, ningún género de escritura tuvieron, ni por letras, ni por caracteres o cifras o figurillas, como los de la China y los de Méjico; mas no por eso conservaron menos la memoria de sus antiguallas». A éste respecto, la historia (o relato historiográfico), tiene su lugar como la práctica de los pueblos que han llegado a la escritura silábica y, por otro, debido a las exigencias del momento histórico, se sitúan y se distingue de las «fábulas y ficciones»: «Así que cuando esto no tuviese más que ser historia, siendo como lo es, y no fábulas y ficciones, no es sujeto indigno de escrebirse y leerse» (pág. 319)[108].

La obra de Garcilaso de la Vega puede tomarse como un buen ejemplo de los cambios que va sufriendo, hacia el siglo XVII, la formación discursiva historiográfica. Sánchez Alonso ha señalado, para el corpus de la historiografía indiana, que la tendencia más notable en este siglo es la de las historias particulares y la de las historias eclesiásticas[109]. Siendo que estas últimas quedan fueran de consideración en este artículo donde tratamos de aquellos escritos que se refieren «al descubrimiento y a la conquista», centramos la atención sobre las historias particulares. Las razones por las cuales éstas tienden a reemplazar las historias generales, naturales y morales pueden ser varias. Las que primero aparecen para una consideración aproximativa al problema son,

por un lado, aquellas que presta el desarrollo de los propios acontecimientos indianos: el interés creciente por el conocimiento de regiones específicas más que la generalidad de Indias que había preocupado a los primeros escritores; por otro lado, la propia tendencia historiográfica que va concentrando la concepción del relato histórico no sólo en los fines (rescatar del olvido los hechos notables para bien de la comunidad), sino también, por así decirlo, de los medios: la idea de una narración coherente se hace más perentoria. Quien expresa este tópico de manera clara es Antonio de Solís y Rivadeneyra, cuando al justificar, como cronista oficial, por qué se ocupará sólo de la conquista de México, lo hace bajo el principio de «coherencia», ya que ella no puede alcanzarse en las historias generales sino en la concentración de la narración sobre un hecho particular. (Ver IV, 8.)

Este aspecto de la «bibliografía del Inca» lo ha puesto de relieve uno de sus mayores especialistas, Aurelio Miró Quesada, en la introducción a *La Florida*. Lo que habría que agregar a esa introducción, con miras a nuestros propósitos, es la vigencia que adquiere tal concepción de la historiografía a finales del siglo XVI y el acercamiento decisivo que se establece entre, por un lado, la narración y la preceptiva historiográfica y los módulos retóricos, por el otro. Ejemplo singular de este acercamiento lo constituye la *De historia para leerla y escribirla* de Cabrera de Córdoba (1611). Notemos al respecto que su editor e introductor, Montero Díaz, a quien le interesa más la concepción de la historia que la de la historiografía, pone el acento sobre la primera parte de la obra de Cabrera, señalando, para la segunda, que ésta es de menor interés puesto que repite temas ya conocidos en los tratados de retórica. Para nosotros, como es obvio, es precisamente ahí donde reside su interés.

En *La Florida*, el Inca manifiesta, aunque de manera indirecta, la tendencia por un lado, a la veracidad del discurso historiográfico en oposición a las «fábulas o ficciones» que continúa la ya manifiesta en Oviedo, entre los «Libros de verdad» y los «libros de ficción»[110] y, por otro, la necesidad de que esta narración verdadera cumpla con los requisitos de una narración bien articulada. Con respecto a lo segundo el «prohemio» a *La Florida* lo manifiesta cuando dice que habiendo conservado

---

[108] Sobre los aspectos relativos a la «ficción» y los «libros de verdad» ver E. O'Gorman «La "Historia natural y moral de las Indias" del P. Joseph de Acosta», publicado en la edición de 1940. y recogido en *Cuatro Historiadores de Indias*, México, Septetenta, págs. 216 y ss. Este prólogo ha sido ligeramente modificado para la edición citada en la nota 104. Ambos se consultarán con provecho para la descripción de la «estructura» del libro de Acosta.

[109] Benito Sánchez Alonso, *Historia de la Historiografía Española*, Madrid, Consejo Superior de Investigaciones Científicas, 1944, 3 vols. La referencia pertenece al vol. 2, pág. 161. Señala también que en este periodo la monumental obra de Antonio de Herrera es una de las pocas «historias generales» (vol. 2, pág. 238).

[110] Sobre este aspecto, ver el «Prólogo» de Aurelio Miró Quesada a la edición de *La Florida del Inca*, México, F. C. E., 1956; págs. xxxviii y ss. Más recientemente, Enrique Pupo-Walker, «Los *Comentarios Reales* y la historiocidad de lo imaginario», *Revista Iberoamericana*, 1978, núms. 104-105, págs. 385-408.

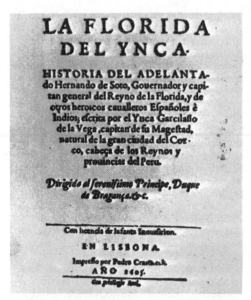

La Florida del Ynca.

LA FLORIDA DEL YNCA.

HISTORIA DEL ADELANTA-
do Hernando de Soto, Gouernador y capitan general del Reyno de la Florida, y de
otros heroicos caualleros Españoles è
Indios; escrita por el Ynca Garcilasso
de la Vega, capitan de su Magestad,
natural de la gran ciudad del Cozco, cabeça de los Reynos y
prouincias del Peru.

Dirigido al serenissimo Principe, Duque
de Bragança.&c.

Con licencia de la santa Inquisicion.

EN LISBONA.

Impresso por Pedro Crasbeeck.
AÑO 1605.

La Florida, edición de 1605

«mucho tiempo y en diversos lugares con un caballero, grande amigo mío (...) me pareció cosa indigna y de mucha lástima que obras tan heroicas que en el mundo han pasado quedasen en perpetuo olvido». Por lo tanto, «importuné muchas veces a aquel caballero *escribiésemos esta historia, sirviéndole yo de escribiente*». ¿Qué indica esta división entre, en términos actuales, *quien posee la historia* y *quien posee el discurso*? O, para decirlo con palabras de el Inca, entre quien tiene la relación y quien posee la escritura?:

> Empero, creciéndome con el tiempo el deseo, y por otra parte el temor que si alguno de los dos faltaba perecía nuestro intento, porque, muerto yo, no había él de tener quien le incitase y sirviese de escribiente, y, faltándome él, no sabía yo de quién poder haber la relación que él podía darme (...)

Párrafo sin desperdicio, como el resto del «prohemio», en la postulación de los principios historiográficos. Pero sigamos el hilo de este principio que distingue entre la posesión de la historia y la posesión del discurso. Garcilaso nos dice que, además de la relación del tal «caballero», «tengo la contestación de otros dos soldados testigos de vista, que se hallaron en la misma jornada». De igual manera, los soldados *tienen la relación* pero *no tienen el discurso*. Después de alabarlos como testigos y como hombres de bien, Garcilaso advierte: «Verdad es que en su proceder no llevan suce-

sión de tiempo, si no es al principio, ni orden en los hechos que cuentan, porque van anteponiendo unos y posponiendo otros, ni nombran provincias, sino muy pocas y salteadas». En resumen, «tener el discurso» significa poner la relación en los términos exigidos por la formación discursiva que, en palabras y en la concepción de Garcilaso, se manifiesta en la «impresión del libro»:

> ... como la obra no había de salir en su nombre, no se le debió dar nada por ponella en orden y dijo que se le acordó más como testigo de vista que no como autor de la obra, entendiendo que el padre provincial que pidió la relación la pondría en forma para *poderse imprimir*.

En lo que respecta a las fronteras del discurso historiográfico, en relación a las «ficciones», nuevamente Garcilaso es claro en el «prohemio» a *La Florida*, lo repite en *Comentarios Reales* (Libro I, cap. XVIII) y, con mayor claridad quizás, en el cap. XXVII de *La Florida*:

> Por lo cual, con verdad podré negar que sea ficción mía, porque toda mi vida —sacada la buena poesía— fui enemigo de ficciones como son libros de caballerías y otras semejantes.

En donde la clasificación de discursos se ejerce, por un lado, entre tres conjuntos y, por otro, articula una clasificación cruzada: la verdad se distingue de la ficción (o mejor, los «discursos verdaderos» de los «discursos ficticios») en un nivel, pero también, dentro de lo ficticio, nos propone distinguir jerárquicamente entre la ficción que es «la buena poesía» y aquella que representan «los libros de caballerías y otras semejantes». Pero, en cuanto el discurso *verdadero* es, además de verdadero, también *discurso*, éste no debe perderse en la sóla función de ser informativo y verdadero sino también de cumplir con las exigencias de su ser discurso y, por lo tanto, coherente: «llevar el orden de los tiempos».

A no dudarlo, los libros de Garcilaso ilustran más que bien estos principios. Sorprendentes quizás, por la complejidad de niveles que incluyen, son los *Comentarios Reales*[111].

---

[111] Recordemos que el libro se publica en 1609; y la obra de Cabrera de Córdoba, *De historia... op. cit.*, en 1611.

Montero Díaz, al anotar la edición citada incluye (nota 20) el siguiente comentario: «El "libro segundo" del tratado *De Historia* contiene excelentes discursos. No obstante, en conjunto es inferior al primero. Los discursos 4, 17, 27, 28 tratan de problemas fundamentales. Pero, en general, esta segunda parte es —con preferencia— retórica. Muchos de

Se ha sugerido que el vocablo del título («comentarios») proviene de su conocimiento del libro de Julio César. Quizás sea cierto. Pero también parece ser cierto que al optar por «comentarios» en lugar de «historia», opta por una máscara que, bajo la intención manifiesta de «servir de comento y glosa» a los autores españoles (que también habían narrado los hechos del Perú, faltándole sin embargo, por no conocer la lengua, la interpretación correcta de algunos datos), esconde un libro de plena y consciente organización historiográfica: es decir, los *Comentarios* son, lisa y llanamente, de acuerdo a los principios enunciados por Garcilaso y a la organización misma, un libro de *historia*; aunque para la conciencia historiográfica del XIX no sea tal sino «novela utópica» [112].

Sabemos que en los *Comentarios*, después de unos capítulos iniciales donde sitúa el Perú, habla del origen de su nombre, de la cuestión de las antípodas, etc., se traza una ordenada cronología en dos niveles: por un lado, las *tres etapas*, de las cuales la primera corresponde a los habitantes del Perú que precedieron a los Incas, que ocupa unos pocos capítulos iniciales; la segunda, que ocupa el resto del libro, está dedicada a los Incas y la tercera, constantemente presente en la narración de esta segunda etapa, aunque descrita en detalle en la *Historia del Perú*, es la de la conquista hispana. A esta organización por etapas se superpone, además, una rigurosa cronología trazada sobre la base de la sucesión de los reyes Incas, desde Manco Cápac hasta Atahualpa. No obstante ser la primera más extensa la que pertenece estrictamente a los Incas, la primera y la tercera están constantemente presentes porque ellas son las que le permiten justificar las grandezas y miserias de la segunda: todo el «bien» que los Incas, bajo la religión de un dios único (El Sol), hicieron a los «idólatras» y, en consecuencia, de qué manera los Incas, por haber llegado a la concepción monoteísta, prepararon la implantación de la verdadera y única reli-

gión. Pero, además, a esta organización cronológica de la sucesión de los Incas, y al detalle de las conquistas de cada uno de ellos y la extensión del Imperio, Garcilaso agrega capítulos descriptivos que no nos remiten al Imperio Inca en un momento determinado de su historia sino que son válidos para su totalidad por ejemplo (Libro IV, cap. I-XIV, Libro VII, cap. I-XII). Hay sin embargo algunas excepciones. Los capítulos I-XVI, del Libro V están dedicados a la sociedad Inca bajo el reinado de Viracocha, o al menos en el momento en que Viracocha toma el poder después de la huida de su padre, Inca Roca. Lo que llama la atención en este caso es que, al contrario de los libros anteriores, el Inca Garcilaso produce el «suspenso», dejando a los Chancas en su avance y a los Incas en los preparativos de su defensa, mediante el conocido tópico «de no cansar al lector»; e introduce, de esta manera, la parte descriptiva. Este hecho, por un lado, se podría atribuir a la conciencia libresca del relato, que le ha llevado ya (en el cap. VIII, Libro I), después de haber dado los límites del Perú, a introducir la leyenda de Pedro Serrano, «porque este capítulo no sea tan corto». Pero este caso parece tener una significación distinta a la del mero artificio narrativo, y cumplir una función enfática y justificativa del peligro de destrucción de una sociedad que se presenta con todas las virtudes del respeto de las leyes, y organizada sobre la conciencia del trabajo. Esta concepción de la sociedad Inca, sobre el modelo de la sociedad hispánica, se articula a lo largo del libro sobre las dos actividades básicas que *enseñan* Mánco Capac y Mama Ocllo: el primero enseña a los hombres a «cultivar la tierra»; mientras que la segunda enseña a las mujeres a «hilar y texer» (Libro I, cap. XXI).

Si estos dos planos cronológicos (el de las etapas históricas y el de la sucesión de los Incas), al cual se agregan los «bloques» descriptivos, constituyen la base organizativa del libro, no debemos olvidar que más allá de los requisitos de la «historiografía», hay un principio «fantasmático» (Atahualpa), en el cual anidan las obsesiones personales, del Inca. Obsesiones que cumplen, a su vez, un fuerte papel estructurador. Cronológicamente, Atahualpa es el último de los Incas, y por lo tanto, su lugar en el *relato* corresponde a los últimos capítulos del *discurso*. No obstante, a Atahualpa los vemos aparecer desde el Libro I, cap. XX. Reaparece frecuentemente y, por cierto, en el Libro V, cap XXI, conceptualmente el más confuso del libro, donde el Inca debe justificar la conquista, mantener el sistema religiosos tan estrictamente trazado

sus discursos *podrían perfectamente omitirse*, pues afecta a cuestiones de retórica que no son privativas del género histórico, sino de cualquier obra literaria» (cfr. discursos 22, 23, 24, etc.). (Cursivas agregadas.)

El comentario es de lo más interesante; por un lado muestra la «censura» impuesta por una conciencia moderna de la historiografía; por otro lado, señala lo que adquiere cada vez mayor fuerza en la historiografía y en los tratados del siglo XVII: la atención que se presta a la organización del discurso y a la retórica que le sirve de base. Indirectamente podríamos suponer que Garcilaso no es ajeno a esta «conciencia historiográfica» que pone el acento sobre la articulación del discurso.

[112] Marcelino Menéndez y Pelayo, *Historia de la poesía hispanoamericana*, Madrid, 1913.

Antonio de Solís y Rivadeneira

del siglo XVIII, se cuenta con el puesto de «cronista oficial» que es un cargo administrativo respaldado por la corona, se da un nuevo paso hacia la consolidación disciplinaria, cuando el puesto de cronista se cancela y se reemplaza por el de miembro de la Academia de la Historia[115]. La obra de J. B. Muñoz, *Historia del Nuevo Mundo*, es un libro que da testimonio del desempeño oficial en la Academia, de la misma manera que Solís y Herrera ejemplifican la crónica oficial[116]. Pero antes de detenernos en Solís y pasar a Muñoz, mencionemos brevemente otros ejemplos de la historiografía del siglo XVII que trazan la ruta entre Garcilaso y Solís: *La Historica Relación del Reino de Chile* (1646) del jesuita Alonso de Ovalle; y la *Historia General del Nuevo Reino de Granada* (1661) del mestizo y clérigo colombiano Lucas Fernández de Piedrahita[117].

Ambas son historias particulares; ambas escritas por motivos semejantes (dar a conocer las zonas respectivas de reinos de Indias); y ambas ejemplifican una tendencia historiográfica que da fundamental importancia a la armonía de la narración, aunque ello vaya en desmedro del acopio de datos.

La razón por la cual Ovalle escribe el libro se aclara, como es común, en el «Prólogo al Lector»: «Habiendo venido del Reino de Chile y hallado en éstos de Europa tan poco conocimiento dél que en muchas partes ni aun sabían su nombre, me hallé obligado a satisfacer al deseo de los que me instaron diese a conocer lo que tan digno era de saberse.» La falta de información con la que emprende tal trabajo se manifiesta a continuación; y es quizás esta situación la que le lleva a poner el título de *Histórica Relación* en el cual «histó-

en correspondencia con las proximidades del modelo católico[113] y, en consecuencia, marginar al dios Viracocha como obra del demonio. Pero, al mismo tiempo, debe justificar que tal nombre haya sido dado a los españoles. Desde esta perspectiva, y como lo deja ver claramente en el capítulo citado, Atahualpa debe necesariamente aparecer en toda su maldad puesto que es ella la que hace peligrar el imperio Inca el cual, esta vez, es *salvado* por los españoles, como antes el Inca Viracocha lo había salvado del peligro de los chancas.

Hacia finales del siglo XVII encontraremos en Antonio de Solís y Rivadeneyra un ejemplo fundamental no sólo de la historia particular, sino también de la creciente consolidación de la disciplina historiográfica. Hasta ese momento, la disciplina se manifiesta en la codificación de los tratados historiográficos. Uno de estos muchos ejemplos, de particular interés por haber sido compuesto en Indias, son los *Preceptos Historiales*[114] de Fuentes y Guzmán. Además, si hasta los primeros años

[113] Pierre Duviols, «L'Inca Garcilaso de la Vega, interprète humaniste de la religion incaique», *Diogène*, núm. 47, 1964, págs. 39-54.

[114] Escrito hacia finales del siglo XVII, publicado por primera vez en 1957 en la edición de Chinchilla Aguilar, Instituto de Antropología e Historia de Guatemala. El tratado es un «resumen» de la obra ya mencionada de Cabrera de Córdoba.

[115] «En 1735 constituyó don Julián de Hermosilla una tertulia literaria, cuyos miembros diéronle primero el nombre de Academia Universal y luego el de Academia de la Historia, señalándose como objetivo un diccionario histórico-crítico de España. Trasladadas sus reuniones al año siguiente a la Real Biblioteca, se solicitó en 1737 el amparo de Felipe V, que, en efecto, acogió la naciente institución, aprobando sus estatutos (1738): (...). Hubo de enfrentarse la nueva institución con dificultades de vario carácter. Las económicas fueron atenuadas por el monarca, accediendo a refundir en ella los oficios de Cronistas y a atribuirle dotaciones. Ello se hizo de momento (1744) con los que estaban vacantes, y se completó más tarde (1755) con el de Indias...» Sánchez Alonso, *op. cit.*, vol, 3, págs. 71-72.

[116] Rómulo D. Carbia, *La crónica oficial de las Indias Occidentales*, Buenos Aires, 1940. Estudia en detalle la tradición del cargo, antes de crearse el de Indias. Sobre Solís, págs. 207-214; sobre J. B. Muñoz, págs. 242-267. En relación a lo mencionado en la nota 115, puede consultarse también, en Carbia, «La Academia de la Historia, cronista perpetuo de las Indias», págs. 234-240.

[117] Cito por las siguientes ediciones: para Ovalle, Instituto de Literatura Chilena, 1969; para Piedrahita, Biblioteca Popular de Cultura Colombiana, Bogotá, 1942, 4 volúmenes.

rica» se relega a función adjetival y modificadora de «Relación». Sus referencias a la «general historia» y a la «historia universal», no sólo separan y sitúan el sentido de su «relación», sino que también evidencian el conocimiento que Ovalle tiene del campo en el cual se instala. El libro tiene dos partes, sólo la primera nos interesa, puesto que la segunda es la historia de la Compañía en Chile y, como tal, pertenece más a la historia eclesiástica, aunque ésta sea inseparable de la «conquista». Pero, en la opción que hemos tomado en esta aproximación a las clases de discursos sobre la conquista y el descubrimiento, la historia eclesiástica es una rama que debe estudiarse por separado. El libro primero se ocupa «De la naturaleza y propiedades del Reino de Chile» y el libro segundo «De la Segunda y Tercera Parte del Reino de Chile», trata de las islas, de la Tierra del Fuego, de los estrechos, y de la provincia de Cuyo. El libro tercero se ocupa «De los habitantes del Reino de Chile»; y desde el libro cuarto al séptimo de la entrada de los Españoles, de las guerras y gobernaciones. Es decir, que la «relación» cubre tanto la «historia natural» como la «historia moral» en sus dos aspectos, el indígena y el hispano. El «tema» es el mismo que el de la historiografía del siglo XVI, pero el lenguaje ha cambiado; y es en este cambio de lenguaje donde encontramos evidencias de la importancia que la armonía discursiva adquiere en la historiografía del siglo XVII. Tomemos un ejemplo, para ilustrarlo. En los capítulos 17 y 18, del libro III, José de Acosta (uno de los autores, junto con Herrera, más citados por Ovalle), se ocupa de los ríos, fuentes y manantiales. El capítulo dedicado a los ríos tiene dos páginas en la edición citada. Todo lo que se dice de los ríos, en este capítulo, es lo siguiente:

> De la parte del Sur, en las sierras del Pirú no son tan grandes los ríos comúnmente, porque tienen poco espacio de corrida y no pueden juntar tantas aguas, pero son recios por caer de la sierra y tienen avenidas súbitas, y por eso son peligrosos y han sido causa de muchas muertes; en tiempo de calores crecen y vienen de avenida.

El resto del capítulo está destinado a narrar las penurias de los Españoles en la travesía del Amazonas y los artificios que emplean los indios para cruzar los ríos... Es decir que de los ríos poco sabemos. Veamos, en contraste, un párrafo de Ovalle, donde de los ríos pasa a las fuentes y manantiales:

> Menester fue para contrapeso y alivio de los peligros y penalidades de estos caminos

[se refiere a los ríos caudalosos, W. M.], que templase Dios sus rigores con el entretenimiento de tantas y tan alegres fuentes y manantiales, como los que se van descubriendo y gozando por ellos; vense algunos descolgarse de una imperceptible altura, no hallando obstáculo en el espacio intermedio, saltar esparcido todo el golpe del agua, que suele ser muy grande, y desbaratándose en el camino en menudas gotas, hacer en la bajada una hermosísima vista como de aljófar derramado, o perlas desatadas, que con la fuerza del aire que sopla, de esta parte, ya de la opuesta, se cruzan y entretejen entre sí, haciendo un vistoso ondeado desde el alto de su nacimiento hasta la tierra, donde, convirtiéndose en arroyos, van a encorporarse con la canal principal del río, que corre por medio. (Cap. VII, Libro I).

Donde Acosta, escuetamente, constataba la existencia (mediante un seco «hay ríos... hay manantiales») y los describía como naturaleza, Ovalle los integra en un proceso discursivo («Menester fue para contrapeso...») y los describe no como naturaleza sino «paisaje». La historiografía del XVII tiene, en este aspecto, uno de sus fuertes, puesto que, como lo aconseja la retórica, la descripción es una de las estructuras privilegiadas donde se puede ejercer el estilo elevado del discurso. Aspecto que evidencia también Piedrahita, en el cual, también encontramos «descripción del paisaje» más que «descripción de la naturaleza».

> Tan deleitoso sitio es el del Nuevo Reino, que apenas se imaginará deleite a los sentidos que falte en la amenidad de sus países. Hay eminencias limpias y descolladas, vegas apacibles en los ríos, arroyos y fuentes en abundancia, lagunas de aguas y peces muy saludables. La de Tota, puesta en lo más levantado de un páramo, tiene seis leguas en contorno, formada en círculo perfecto, tan profunda que apenas puede sondarla el arte; sus aguas claras y suaves son de color verde mar en el centro, inquietante a la manera de un golfo y de continuo hacen en las orillas la batería ruidosa que el océano en las arenas. (Libro I, cap. I.)

Por otra parte, el libro de Piedrahita, tanto como el de Ovalle, nos enfrenta a otra de las preferencias de la «historia moral» del siglo XVII: su carácter altamente «sentencioso»[118].

---

[118] La *sentencia*, sabemos, es una observación moral, que tiene el carácter de lección y que se expresa en pocas palabras («*Sententia est oratio sumta de vita, quae aut quid sit, aut quid esse oporteat in vita, breviter ostendit*», Ad Herennium, liber IV, xvii). También en Cabrera de Córdoba, *De Historia... op. cit.*, segunda parte, discurso XV).

El historiador, tomando al pie de la letra la definición de la historia como *magistra vitae*, no pierde oportunidad para, antes o después del relato de una acción, introducir la *sentencia* de la cual la acción relatada no es sino el *exemplum*. Entre los muchos párrafos que pueden ilustrar esta observación, tomemos uno de cada libro:

> Nadie la dé [la muerte] a otro por asegurar su vida, porque no hay camino más breve ni más cierto de perderla; ni estibe en el artificio de la política que dicta la iniquidad y traza la ambiciosa pasión, porque aunque tenga la apariencia de estabilidad, son, en fin, telas de araña que con un soplo deshace la divina justicia, que a la corta o a la larga no deja delicto ninguno sin castigo. (Ovalle, Cap. XIV, Libro IV).

> Poco tuvieron siempre de meritorias las calamidades, que no pasaron por el crisol de los trabajos hasta el examen de la constancia. Fúndase ésta en la grandeza de un ánimo elevado a quien ni los prósperos ni los buenos sucesos inmutan. A muchos acreditó poderosos el relámpago de una buena fortuna; pero muy pocos dejaron de llegar a la cumbre del premio, habiendo encaminado los pasos por la estrecha senda de la perseverancia. (Piedrahita, Libro IV, Cap. I).

Hemos bosquejados dos aspectos que caracterizan el cambio en la historiografía del siglo XVII: uno de ellos la concentración en la historia humana, la que justamente responde a la definición de *magistra vitae* y donde, consecuentemente, se practica la sentencia; la otra, que apunta hacia la armonía de la narración y que tiene, en la descripción del paisaje, uno de los ejemplos característicos. En Solís encontramos no sólo acentuadas estas tendencias, sino también marcadamente explícitas.

El auge de los tratados de historiografía en el siglo XVI, se continúa todavía en el siglo XVII. En España se publican las ya mencionadas obras de Cabrera de Córdoba (1611) y de Jerónimo de San José (1651). Los tratados prestan poca atención a la «historia natural», fuera de mencionarla como una de las «divisiones» de la historia. Los dos intereses mayores son el fin y la *utilidad* de la historia, por un lado, y —sobre todo en el siglo XVII— la *dispositio* y la *elocutio* en el discurso historiográfico, por el otro. La narración (y sobre todo la narración de hechos humanos) recibe atención especial por ser ella «el cuerpo de la historia» [119], y

lo hace mediante los recursos que ofrece la retórica para producir discursos armónicos y efectivos. Antonio de Solís y Rivadeneyra ilustra en exceso este aspecto de la historiografía del siglo XVII [120]. Solís nos sitúa, desde las primeras páginas de su *Historia de la Conquista de México* (1648) [121], frente a dos principios fundamentales: el del estilo y el de la «coherencia» narrativa. Con respecto al primero, claramente expresa:

> A tres géneros de darse a entender con palabras reducen los los Eruditos el Carácter, ó Estilo que se puede usar en diferentes Facultades, y todos caben ó son permitidos en la Historia. El Humilde, ó familiar (que se usa en las cartas ó en la conversación) pertenece a la Narración de los Sucesos. El Moderado (que prescribe a los Oradores) se debe seguir en los Razonamientos, que algunas veces se introducen, para dar a entender el fundamento de las Resoluciones. Y el Sublime, ó más elevado (que sólo es peculiar a los Poetas) se puede introducir con la debida moderación en las Descripciones, que son como unas pinturas, o dibujos de las Provincias, ó lugares donde sucedió lo que se refiere, y necessitan de algunos colores para información de los ojos.

El párrafo es rico en varios aspectos. En primer lugar, situar el estilo con respecto a las Facultades y, traslaticiamente, considerar la historia como una facultad o disciplina. En segundo lugar, otorgar su propio lugar historiográfico a los razonamientos o conciones («Las que el latino llama *Conciones* en la Historia, son unos razonamientos o pláticas que los personajes de quien se habla en ella hacen en ocasiones muy notables», Jerónimo de San José, Primera parte, cap. IX [122]. Solís apela a los razonamientos repetidas veces,

---

119 «La narración es este cuerpo, exposición con juizio, ornamento y prudencia, de las cosas que, el tiempo *en qué*, el lugar *dónde*, el modo *cómo* y la causa *por qué* (...). La dis-

tribución de las cosas de la disposición y asiento por orden distinto, que los grandes y excelentes históricos hizieron», Cabrera de Córdoba, *De Historia... op. cit.*, segunda parte, discurso II.

120 Es todavía irremplazable, sobre este aspecto, el estudio de Luis Arocena: *Antonio de Solís: Cronista Indiano. Estudio sobre las formas historiográficas del Barroco*, Buenos Aires, EUDEBA, 1963. Especialmente los capítulos IV, V y VI: «Teorías y prácticas historiográficas de Solís», «Composición» y «Estilo».

121 Las citas corresponden a la edición de 1684 (Madrid, Bernardo de Villa Diego). Entre las ediciones modernas, la de más fácil acceso es la de México, Porrúa, 1968, con prólogo de E. O'Gorman y notas de José Valero Silva.

122 Tal es la fuerza dominante que impone la retórica a la historiografía, que la tendencia crítica manifiesta en lo que es quizás la «primer historia de la historiografía» (H. L. V. de la Popelinière, *Histoire des Histoires avec l'idée de l'histoire accomplie*, 1599), critica arduamente las historias que otorgan a los personajes palabras inventadas por el historiador. Pero esta tendencia no se hará dominante hasta el siglo XVIII.

para transcribir «razonamientos» de Córtes (cfr. Libro III, cap. II). Como se comprende por la tradición de esta estructura discursiva, la originalidad de Solís no reside en emplearla (también los historiadores del siglo XVI lo habían hecho, cfr. Gómara *La Conquista de México*), sino que su originalidad consiste en otorgarle el lugar adecuado en los niveles del estilo formando sistema con la narración y la descripción. Finalmente, otorgar a la descripción histórica el nivel adecuado para ejercer el estilo elevado. Al observar este aspecto podemos comprender mejor los párrafos antes citados de Ovalle y Piedrahita; por otro lado, podemos comprobar cuán de cerca seguía Solís a los preceptistas, ya que esta división de los estilos, y el lugar que se le otorga a la descripción en tal sistema, se encuentra en Jerónimo de San José. Este autor observa (Primera parte, VIII, 5) que «En el estilo tiene aquí (se refiere a las descripciones) más licencia el historiador. Porque la descripción admite más gallardía y bizarría que la narración: que como esta parte de la Historia sirve más al ornato que a la sustancia, más al gusto que a la necesidad, aunque también a la necesidad (...) concédese más lugar al deleite y divertimiento con las flores de la elocución (...)». Solís emplea la descripción en ambos sentidos (como ornato y como necesidad). Como necesidad, la descripción forma el marco del acontecer narrativo. Pero no se reduce sólo a su función (de necesidad), sino que podemos comprobar también la «gallardía y bizarría» en que se la construye. Para dar un ejemplo, recordemos primero que Solís nos dice en su presentación de los tres estilos, que las descripciones son «como unas pinturas o dibujos (...) de los lugares donde sucedió lo que se refiere, y necesitan de algunos colores para información de los ojos». Esta unión de «lo útil con lo agradable», del «deleite con la necesidad», puede intuirse en el párrafo enumerativo en el que se anuncia la entrada de los españoles en Cholula:

> La entrada que los españoles hicieron en Cholula fue semejante a la de Tlaxcala: innumerable concurso de gente que se dejaba romper con dificultad; aclamaciones de bullicio; mujeres que arrojaban y repartían ramilletes de flores; caciques y sacerdotes que frecuentaban reverencias y perfumes; variedad de instrumentos, que hacían más estruendo que música, repartido por las calles... (Libro III, Cap. 6.)

El segundo aspecto en el cual Solís pone el acento y, al hacerlo, evidencia la importancia que tiene, para la historiografía, la armonía de la narración, es el de «la relación del todo con las partes». Tal es la importancia de este aspecto que llega a justificar, sobre él, el por qué de haber elegido la conquista de México como tema de su historia: las historias generales, dice Solís, por su diversidad y variedad, son antagónicas al principio de unidad. Éste sólo puede conseguirse en las historias particulares, y en la narración de unos acontecimientos estrechamente relacionados. Razón «discursiva» podríamos decir, que (junto con otras razones contextuales) explicaría el auge de las historias particulares en el siglo XVII. Veamos las palabras de Solís al respecto, las cuales, paradójicamente, son significativas para ciertas preocupaciones modernas que se fijan como objeto las condiciones de la «coherencia» discursiva:

> Quieren los Maestros del Arte que en las transiciones de la Historia (assí llaman al passo que se hace de unos sucesos a otros) se guarde tal conformidad de las partes con el todo, que ni se haga monstruoso el cuerpo de la Historia con la demasía de los miembros, ni dexe de tener los que son necessarios para conseguir la hermosura de la variedad; pero deben estar (según doctrina) tan unidos entre sí, que ni se vean las ataduras, ni sea tanta la diferencia de las cosas que se dexe de conocer la semejanza o sentir la confusión. Y *este primor de entretejer los sucesos sin que parezcan los unos disgresiones de los otros, es la mayor dificultad de los Historiadores;* porque si se dan muchas señas del suceso que se dexó atrasado, quando le vuelve a recoger la narración se incurre en el inconveniente de la repetición y la proligidad; y si se dan pocas se tropieza en la obscuridad y la desunión. Vicios que se deben ir con igual cuidado porque destruyen los demás aciertos del Escritor. (Libro I, Cap. I; cursivas agregadas.)

Para este caso también encontramos referencias semejantes en Jerónimo de San José (Primera parte, cap. VIII). Ahora bien, este principio que se aclimata en el siglo XVII tiene todavía vigencia en el siglo XVIII; y sobre él se puede bosquejar una línea de continuación del concepto historiográfico. Al mismo tiempo puede servir de punto de referencia para marcar el cambio de orientación en la disciplina, en este siglo. Juan Forner [123], por ejemplo, se ocupa del mismo problema, contraponiendo el sistema de la Poética a la indeterminación de la Historia. Con ello alude, como resulta obvio, al «sistema de la narración» en el discurso his-

---

[123] J. P. Forner, «La Historia de España», edición de Francois López, Textos Hispánicos Modernos, núm. 23, Barcelona, Labor (cap. II).

toriográfico que no ha tenido, como la poética, exigencias de unidad semejantes. Forner señala que las nociones de *todo* y de *unidad*, propuestas por Aristóteles para la poesía, no están destinadas a enseñar cómo hacer un poema bello sino más bien, a buscar «el centro íntimo a donde debían ir dirigidas todas las partes y bellezas de su composición, y de aquí resultó aquella máxima en la poesía, *a saber que todo poema debe constituir no sólo un todo sino una unidad completa en lo posible*» (pág. 114). Esta unidad, continúa Forner, existente en los grandes historiadores de la Antigüedad,

> es cabalmente la que se escapó a la perspicia de los que formaron el arte histórico, naciendo de aquí que sus reglas se dirigían a formar cúmulos más que unidades, siendo así que las historias mismas que les suministraron las reglas eran unidades dispuestas y trabajadas con la misma atención que usan el buen poeta y pintor en la composición de sus obras; *en la exposición de lo verdadero caben las mismas reglas en que la ficción y expresión de lo verosímil* (págs. 114-115, cursivas agregadas).

Si ponemos estas observaciones de Forner en perspectiva, comprobamos un proceso en el cual la preceptiva historiográfica va acentuando, a partir de la segunda mitad del siglo XVI, la tendencia a ocuparse no sólo de la *definición*, los *fines* y la *utilidad* de la historia, sino también de la «estructura» del discurso historiográfico, «tum Rhetorum artibus»[124]. De ello se deriva la importancia decisiva que la narración ocupa como *estructura verbal* básica del discurso historiográfico, al tiempo que la narración consolida *la historia* como *historia moral*, separándose cada vez más de la *historia natural*. La retórica, como base constitutiva del discurso historiográfico, tendrá validez hasta que en el siglo XVIII la tendencia «erudita» (véase más adelante) la rechace en nombre de la verdad de los datos y, en el XIX, sea reemplazada por el auge creciente de la lógica[125].

Si a Solís se le ha podido reprochar, aunque el reproche sea de relativa validez[126], que la preocupación por la armonía de la narración descuida la acumulación de datos y la veracidad del discurso historiográfico; el mismo reproche no tendría cabida en el caso de Juan Bautista Muñoz, aunque éste —al igual que Solís— le otorgue gran importancia al estilo de la narración: Juan Bautista Muñoz, un siglo después de Solís, es quien realiza una de las primeras tareas monumentales de recopilación, copia y organización de los documentos sobre el descubrimiento y la conquista[127]. Esta preocupación, como dijimos, no invalida ni minimiza la importancia que le otorga a la trabazón de «las partes con el todo». Al leer la *Historia* de Muñoz tenemos una sensación semejante a la que nos produce la lectura de Solís: el cúmulo de información *se procesa* de una manera en la que el resultado se asemeja más a un resumen depurado de los datos existentes, vertidos en una prosa que mantiene, por ella misma, la atracción y el interés de la lectura. No es difícil, después de la lectura de Muñoz, recordar la observación de Forner: «En la exposición de lo verdadero caben las mismas reglas que en la ficción y en la expresión de lo verosímil.» Muñoz ha eliminado, en su narración, las pesadas descripciones marcadas por los verbos de existencia o de estado, las acumulaciones innecesarias en la descripción de un objeto o de un acontecimiento; ha eliminado también las conciones y el estilo directo en el informe de las palabras dichas por otros. Ha introducido, sin embargo, un artificio en los tiempos verbales al recurrir al *presente* que es, justamente, uno de los tiempos en litigio entre aquellos tiempos pertinentes para la ficción y para la historia[128]:

> Vuélvese a empezar el camino, y a poco vuelven también los riesgos y trabajos en

[124] Antonii Viperani, *De Scribenda Historia Liber*, 1569, cap. XV («De Difficultate Scribendi»). El tratado de Viperani es interesante porque, aunque no claramente divididos, se notan los dos aspectos que casi medio siglo más tarde separará claramente Cabrera de Córdoba. Viperani se ocupa, entre otros aspectos del discurso, de la sentencia (cap. XI); de las digresiones, descripciones y conciones (cap. IX) y también de la narración (cap. XIII y XIV).

[125] Por ejemplo J. S. Mill, *A System of Logic*, 1843, trata de la historia en el libro VI (cap. X y XI). También H. Th. Buckle, *History of Civilization in England*, 1857, cap. II IV, del volumen I. Para un panorama general, E. Fueter, *Histoire de l'historiographie Moderne*, Paris, 1914. Sin duda estas posiciones no son todavía unánimes en el siglo XIX, porque en 1883 Menéndez y Pelayo pronuncia su famoso

discurso «De la Historia considerada como obra artística», en el cual esta corriente no se evidencia (reproducido en *Estudios de Crítica Literaria*, Madrid, 1893, I, páginas 81-135).

[126] Véase E. O'Gorman, en el «Prólogo» a la edición de la *Historia de la Conquista de México*, México, Porrúa, 1968.

[127] Juan Bautista Muñoz, *Historia del Nuevo Mundo* (1793). Edición moderna con introducción y notas de José Alcina Franch, Madrid, Aguilar, 1975. Sobre la tarea de Muñoz en la recopilación de documentos sobre el Nuevo Mundo, A. Ballesteros Beretta, «Juan Bautista Muñoz: La creación del Archivo de Indias», *Revista de Indias*, II-4, 1941, págs. 55-95.

[128] K. Hamburger, *Die Logik der Dichtung*, 1956 (traducción inglesa por M. J. Rose, Indiana University Press, 1973, págs. 98-110) además, sobre la temporalidad en la historia, E. Benveniste, «Les relations de temps dans le verbe français», en *Problèmes de linguistique générale*, Paris, Gallimard, 1966.

otros grupos de isletas. Porfía el almirante hasta ponerse al norte de la Isla de Pinos, que nombró Evangelista. Allí observa que la costa tuerce al sur, como lo esperaba según lo escrito por los viajeros (pág. 213).

La preocupación por el «efecto» narrativo de Muñoz, que nos recuerda, además de a Solís, a otros relatos que empleaban los datos historiográficos para articular una narración despojada de los ripios que exige una fidelidad a ellos[129], no debe llevarnos a equívocos, haciéndonos ver en la *Historia* de Muñoz sólo un relato que, uno o dos siglos después, repite la concepción historiográfica de sus antecesores. Esta afirmación no debe tampoco llevar a poner énfasis en la «originalidad» de Muñoz, aunque la tenga, sino más bien a destacar el cambio de orientación que se está produciendo en la época en la cual escribe. Los indicios que en Muñoz nos llevan a relacionarlo con un cambio de época en la concepción historiográfica son varios. En primer lugar, las notas documentales que, además de las pocas que incluye, promete ampliar. Esto, junto al criterio que le lleva a pensar en la edición de documentos inéditos, su esmerado trabajo en la recopilación de fuentes, nos ponen frente a una concepción historiográfica que se distingue tanto del resumen y la repetición que practicaban los autores de los siglos XVI y XVII (y que muchas veces llevó a los especialistas a acusarlo de «plagio» o de «deshonestidad» al emplear, sin hacer referencias, el material de otros escritores)[130] como de la falta de mención explícita de las fuentes en Solís.

No obstante lo dicho con respecto a la narración practicada por Muñoz, un cuidado análisis diferencias notables con la narración en Solís. En este autor, el capítulo inicial (cap. III) de la narración propia, comienza con un marcador del puro dominio del relato: «*Corría* el año de mil y quinientos y diez y siete, digno de particular memoria en esta monarquía no menos por sus turbaciones, que por sus felicidades»[131]. Además, Solís continúa (al desarrollar el estado de cosas esbozados en la primera frase), con un informe ceñido *a las personas* de la familia real, aunque bosquejadas en su dimensión política. Muñoz, por el contrario, en el Libro I, bosqueja el *cuadro general* que condiciona el descubrimiento, su importancia y su magnitud. En el Libro II, antes de entrar a la historia de Cristóbal Colón, dedica algunos párrafos a las *condiciones* que han hecho posible el descubrimiento. He aquí cómo nos introduce a la importancia de «la piedra imán» en las empresas de navegación:

> De entre las tinieblas de los siglos bárbaros salió casualmente la luz que ha dirigido a los navegantes en sus expediciones por el grande océano, en cuyo seno estaban encerradas y ocultas las dilatadas regiones del Nuevo Mundo. Una interpretación hecha por los árabes en el libro de las piedras atribuido a Aristóteles demuestra que los filósofos de aquella nación conocieron la maravillosa propiedad del imán o calamita, que puesta en libre movimiento alrededor vuelve constantemente uno de sus lados hacia el norte.

Párrafo en el cual se puede apreciar tanto el estilo al que nos habituará Muñoz, como el leve desplazamiento hacia los factores históricos que condicionan la realización y efectuación de un acontecimiento, más que la determinación de voluntades individuales, sobre las que gira la «introducción» de Solís a la «historia de la conquista de México».

Fuera de estas evidencias de concepción historiográfica que se detectan en la narración misma, Muñoz nos deja en el prólogo no sólo un informe de los pasos que ha seguido en su trabajo, sino también una manifestación explícita de sus principios. El eco de los nuevos aspectos que preocupan a los filósofos de la historia se hace presente desde las primeras páginas:

> Determiné hacer en mi historia lo que han practicado en distintas ciencias naturales los filósofos a quienes justamente llaman restauradores. Púseme en estado de duda universal sobre cuanto se había publicado en la materia, con firme resolución de apurar la verdad de los hechos y sus circunstancias hasta donde fuese posible en fuerza de documentos ciertos e inconstrastables: resolución que he llevado siempre adelante sin desmayar por lo arduo del trabajo, lo prolijo y difícil de las investigaciones.

---

[129] Por ejemplo, Hernán Pérez de Oliva, (1494?-1531), *Historia de la Invención de las Indias* estudio, edición y notas de José Juan Arrom, Bogotá, Instituto Caro y Cuervo, 1965. También, Bartolomé Leonardo de Argensola, *Conquista de México*, Introducción y notas de Joaquín Ramírez Cabanas, México, Pedro Robredo, 1940. En esta edición se extraen las narraciones referentes a México del volumen *Primera parte de los anales de Aragón*, publicado en Zaragoza en 1630.

[130] Por ejemplo la larga y disputada cuestión del Códice Ramírez-Tovar-Acosta (cfr. E. O'Gorman, en el prólogo a la edición de la *Historia Natural y Moral* del padre Acosta, nota 104).

---

[131] Sobre este comienzo, ver L. Arocena, *Antonio de Solís, op. cit.*, págs. 168-70.

Las referencias del párrafo no son difíciles de detectar, aun en una primera aproximación. Por una lado, la mención de las «distintas ciencias naturales» y a «los filósofos que llaman restauradores», nos dirige la atención, lo primero, hacia la influencia que ejerció la física de Newton en el área hasta entonces considerada de las humanidades y cuyos difusores, en el dominio de la filosofía, son Voltaire (1696-1778) y el abate Condillac (1715-80). A su vez, la segunda referencia, más la mención del «estado de duda universal», no sólo nos remite a una posición filosófica conocida (que además descree, en los términos estrictos de Descartes, de la posibilidad de llegar a la verdad histórica)[132], sino que también nos invita a considerar la tendencia dieciochesca de la «erudición» historiográfica, que se presenta como una posible vía para asegurar la verdad en la historia. Esta última adhesión se manifiesta, en Muñoz, en su «firme resolución de apurar la verdad (...) en fuerza de documentos ciertos e inconstrastables»; y, también, al manifestar más adelante, en el mismo prólogo, que «Para satisfacer a los literatos, exhibiré al fin de cada reinado los fundamentos en que se apoya la verdad de los sucesos referidos...» (pág. 68). Muñoz parece conciliar la conciencia dieciochesca que, por un lado, destaca la erudición como tarea historiográfica destinada a los especialistas con la armonía de la narración dirigida al gran público. Esa conciliación se manifiesta en el estilo de su narración, que se mantiene en la tradición retórico-historiográfica, y en la importancia del documento que responde a las exigencias de la erudición.

La importancia de la *Historia del Nuevo Mundo*, que constituye en nuestro trabajo el extremo final del espectro, es la de cerrar un ciclo: el del comienzo de la historiografía indiana, que comienza en el cuadro renacentista y que culmina en la confluencia de las transformaciones de la disciplina y de la situación política que se producirá con los movimientos y las guerras de la independencia. Más allá de este límite, encontraremos, por un lado, la «historia erudita» que tomará a cargo los acontecimientos del descubrimiento y de la conquista; y, por otro lado, encontraremos la historia «nacionalista» que se ocupará de hacer resaltar los hechos que condujeron al nacimiento de las nuevas naciones[133]. Las cartas y relaciones han dejado de escribirse, puesto que han dejado de cumplir, hace tiempo, el rol que cumplieron en su momento. Nuevos tipos discursivos se hacen predominantes: el ensayo y la novela. Ellos responden, además, a las nuevas exigencias político-históricas que caracterizan, en el siglo XIX, a *Hispanoamérica* y no ya a las «Indias» o al «Nuevo Mundo».

4. OBSERVACIONES FINALES

Aunque escapa estrictamente a nuestro tema no podemos concluir sin hacer mención de un grupo de textos que pertenecen a la *familia*, por tener como temas aspectos del descubrimiento, conquista o colonización de Indias, pero que, por un lado, no se inscriben en ninguna de las tres categorías consideradas (cartas, relaciones, crónicas) y, por otro, su ambiguedad discursiva ha concitado siempre el problema de su adecuada clasificación. Los textos en consideración son: *La Araucana* (1569-78-89) de Alonso de Ercilla, *El Carnero* (1638) de Rodríguez Freile; *Los infortunios de Alonso Rámirez* (1690) de Carlos Sigüenza y Góngora; *El cautiverio feliz* (1673) de Pineda y Bascuñán; y, finalmente, *El lazarillo de ciegos caminantes* (1773) de Concolorcorvo.

Creemos que la perspectiva propuesta a lo largo de este capítulo (en el cual se distinguieron, por un lado, los niveles de tipo, estructura y formación discursiva y, por otro, se consideró que las estructuras pueden ser elementos migratorios en relación a los tipos y los tipos en relación a la formación) puede permitirnos plantear el problema de otra manera: esa «otra manera» es la de no forzar la clasificación rígida de los textos en consideración, sino tomarlos en su ambigüedad; una ambigüedad localizada en los niveles de las estructuras, los tipos y la formación. El problema, desde esta perspectiva, ya no residiría en decidir, por ejemplo, si *La Araucana*[134] *es* historia o *es* épica. Este esfuerzo nada diría sobre *La Araucana* sino más bien sobre los criterios evaluativos de quien trata de decidir una clasificación. Dicho de otra manera, ello nos conduciría a *saber* lo que se considera épica o historia no necesariamente en el momento en que Ercilla escribe sino en el momento en el que T. Medina o A. Bello[135] lo hacen. Otra

[132] Sobre este aspecto puede consultarse Georves Lefebvre, *La Naissance de l'Historiographie Moderne*, París, Flammarion 1971, págs. 91-124; R. N. Stromberg, «History in the Eighteenth Century», en *Journal of History of Ideas*, XII, 1951, págs. 295-304.

[133] Para un informe de carácter general, A. C. Wilgus, *Histories and Historians of Hispanic America*, Nueva York, Cooper Square Publishers, págs. 46 y ss.

[134] *La Araucana* (edición especial en conmemoración del primer centenario de la independencia de la Republica de Chile), Valparaíso, Imprenta Moderna, 1910.

[135] A. Bello, «*La Araucana* por don Alonso de Ercilla i Zúñiga» (1841), recogido en *Obras completas*, IX, Santiago,

vía de acercarse al problema, al igual que lo hicimos para el «género crónica», es la de buscar las indicaciones en los textos en el momento de producción en relación con los contextos discursivos disponibles. En *La Araucana*, no hay lugar a equívocos en la inscripción tanto en el tipo como en la formación discursiva. Los versos iniciales,

> *No* las damas, amor, no gentilezas
> de caballeros canto enamorados,
> *ni* las muestras regalos y ternezas
> de amorosos afectos y cuidados;
> *mas* el valor, los hechos, las proezas...
> (Canto I)

no remiten ni a Tito Livio ni a Tácito sino a Ariosto[136]. La doble negación («no...ni»), no es una negación del tipo discursivo (épica), sino del *tema* de ella. Es el reemplazo del tema y no del tipo discursivo lo que propone Ercilla al proponer, por alternativa, «el valor, los hechos, las proezas» y decir, más adelante, «es relación sin corromper sacada / de la verdad, cortada a su medida».

Pero afirmar que se va a relatar la verdad, no significa necesariamente que se inscriba el discurso en la formación discursiva historiográfica; puesto que si la verdad es uno de los criterios que definen a la historiografía, éste no es privativo de ella ni marca, por lo tanto, su *diferentia specifica*. Como discurso, *La Araucana* da suficientes indicaciones de inscripción en el tipo discursivo épico y en la formación discursiva poética. Es sólo en el nivel de una «semántica del mundo» en el que se ofrece una variante al cambiar la generalidad de lo verosímil por lo particular de la verdad. Pero esto no es todo puesto que, sabemos, el *programa* (en términos cognitivos) inicial no se lleva a cabo. Y este cambio de orientación conduciría al discurso más y más hacia la épica y la poética. Es así como en el canto XIX (segunda parte) encontramos la modificación de la primera estrofa:

> Hermosas damas, si mi débil canto
> no comienza a espercir vuestros loores,
> y si mis bajos versos no levanto
> a cantos de amor y obras de amores,
> mi priesa es grande, y que decir hay tanto
> que a mil desocupados escritores,
> que en ello trabajasen noche y día,
> para todos materia y campo habría.

La Araucana, edición de 1590

El destinatario ha cambiado: ya no es el «gran Felipe» sino «las damas». Hay, en este cambio, toda una dimensión enunciativa que está puesta en juego: mientras su destinatario es Felipe, la enunciación se mantiene en los marcos comunicativos de la *carta*; en tanto que, en el momento en que las «damas» pasan a ocupar el lugar del destinatario, la estructura enunciativa remeda la figuración ya codificada para la épica, entre el «vate y su audiencia». Correlativo al cambio de la estructura enunciativa, es el cambio temático y en el canto XXI, donde culmina la narración de Teoalda, el amor es tema del canto: «Quién de amor hizo prueba tan bastante? Quién vio tal muestra y obra tan piadosa?» Estas pocas observaciones, en relación con la compleja estructura narrativa de *La Araucana*, son indicios suficientes para no dudar que, en el contexto discursivo disponible, el *acto* de Ercilla se inscribe en los preceptos de la poética más que en los de la historia, aunque algunos de sus capítulos *tengan también valor documental*.

---

ed. Nascimento, 1935, págs. 522-31. J. T. Medina, «Don Alonso de Ercilla» en *Historia de la literatura colonial de Chile*, I, Santiago, Librería del Mercurio, 1878, págs. 26-118.

[136] M. Chevalier, «Ercilla et ses disciples» en *L'Arioste en Espagne*, Burdeos, 1966, págs. 144-64, J. B. Avalle-Arce. «El poeta en su poema: el caso Ercilla», *Revista de Occidente*, segunda época, XXXII, 95, págs. 152-70.

El caso del *Cautiverio Feliz*[137] es sin duda más problemático que el de *La Araucana*, Esteve Barba, (*Historiografía Indiana*, 1964, pág. 545) lo integra en el grupo de «memorias de soldados de la guerra del Arauco». Dos preguntas surgen de inmediato ante esta clasificación: ¿qué vigencia tiene la «memoria», como tipo discursivo, hacia finales del siglo XVII? Es indudable que la «intención» de Pineda no es la misma que la de, pongamos por caso, fray Servando Teresa de Mier. De modo que podemos intuir, sin detenernos en la «historia» del vocablo que hoy sirve para designar un tipo discursivo, que no es ésta la intención discursiva de Pineda y Bascuñán. Por otra parte, en lo que respecta a la segunda parte de la clasificación de Esteve Barba («soldados de la guerra del Arauco»), vale la pena recordar el primer párrafo de la Introducción de Barros Arana a la edición del libro de Pineda:

> Cuando los soldados del rey de España que servían en la conquista del nuevo mundo solicitaban una gracia de su soberano, acostumbraban hacer una relación de sus servicios y acompañarla de documentos justificativos. Esas solicitudes (...) eran cuidadosamente conservadas en los archivos (...). El El rico archivo de Indias, depositado ahora en Sevilla, donde están reunidos todos los documentos relativos a la conquista y colonización de la América ántes española, existen gruesos paquetes de solicitudes de ese jénero dirijidas por los soldados que servían en la guerra de Chile (...). Sin embargo, la firma del autor del *Cautiverio Feliz* no se halla al pie de ninguna de esas solicitudes.

Barros Arana nos certifica, indirectamente, que el *Cautiverio Feliz* no es *relación* en el sentido en que hemos analizado las *relaciones* no oficiales que anteceden a su oficialización en el cuestionario preparado por Ovando y Velasco. Si descartamos la «memoria y la relación», como tipos discursivos posibles en los cuales inscribir el libro ¿cuál es su lugar, entonces, en el contexto discursivo en el cual se produce? Pineda mismo se ocupa de hacérnoslo saber. Sus referencias a la historiografía, que aparecen desde el primer capítulo, y sus especulaciones sobre la elocuencia en los historiadores, no deben llevarnos tampoco a pensar que Pineda *intenta* escribir una obra historiográfica. Más bien, de lo que se trata es de una crítica a cierto tipo de historiografía.

¿Pero una crítica desde qué perspectiva? En el capítulo IV, del Discurso IV (pág. 318), tenemos algunos indicios para comenzar a desenredar la madeja. Después de considerar las enseñanzas que los antiguos nos brindan en la veneración de sus dioses y culto y la reverencia de sus templos, culmina diciendo que «De aquí podremos sacar algunas consecuencias *al principal intento de este libro ajustadas*». Las consecuencias son tres: la primera es que «estos bárbaros no pueden reducirse a policía cristiana, porque en sus principios fueron mal industriados, maltratados y oprimidos...»; la segunda, «la nota y mal ejemplo con que fueron doctrinados»; la tercera y última la citaremos completa:

> Lo último que podemos notar, es decir que adonde no hai justicia igual a la de estos antiguos jentiles, y se permiten iguales maldades y sacrilejios, cómo podemos esperar paz, quietud ni descanso, sino es una guerra perpetua y inacabable, como la que hasta el día de hoi se ha continuado en este desdichado reino, *a cuyo blanco van enderezados estos verdaderos discursos*.

No queda duda entonces de que el intento no es sólo *contar* (narrar una historia, la de su cautiverio), sino *persuadir*[138]. Y para este objeto se escriben estos «verdaderos discursos». El acto *persuasivo*, en este caso, no es oral ni, por lo tanto, se ejerce ante una audiencia, co-presente con el emisor. No obstante, el modelo del «discurso del orador» no deja de estar presente. Es, entonces, desde esta perspectiva desde donde podemos entender las abundantes referencias de Pineda a la elocuencia, cuyas miras están puestas no en la historiografía sino en la oratoria. Es, por tanto, en el «discurso del orador» donde quizás podamos encontrar el modelo (tipo discursivo) en el cual se inscribe el *Cautiverio Feliz*.

Los tres libros restantes, de los mencionados, tienen puntos en común en la consideración crítica que se hace de ellos. Tanto *El Carnero*[139], como *Los Infortunios...*[140], como *El Lazarillo...*[141] han sido entroncados con la «novela picaresca». María Casas de Faunce[142]

[137] *Cautiverio Feliz de las guerras dilatadas de Chile*, Colección de Historiadores de Chile y documentos relativos a la historia nacional, vol. III, Santiago, Imprenta del Ferrocarril, 1863, con introducción de Diego Barros Arana.

[138] A Luis Alberto Sánchez le «molesta» la retórica porque escapa a su intento de forzar el libro a los antecedentes de la novela (*Escritores representativos de América*, Madrid, Gredos, págs. 77-84).

[139] *El carnero*, con notas de Miguel Aguilera, Bogotá, Imprenta Nacional, 1963.

[140] «Infortunios de Alonso Ramírez», *Colección de libros que tratan de América*, Madrid, 1902.

[141] *El lazarillo de ciegos caminantes*, edición de E. Carilla, Barcelona, Labor, 1973.

[142] *La novela picaresca Latino Americana*, Madrid, Planeta-Universidad, 1977.

justifica la inserción de *El Carnero* entre los antecedentes de la novela picaresca diciendo que «esta obra se podría ubicar en la (división) correspondiente al mito picaresco por presentarnos una realidad social coloreada con pinceladas literarias que son reminiscencias estéticas y que producen en el lector una impresión de hallarse ante una obra del género picaresco» (pág. 19). Las propias palabras de Freile parecen orientarnos por otros rumbos: «Y volviendo a mi propósito digo que aunque el reverendo Fray Pedro Simón en sus escritos y noticias y el padre Juan de Castellanos en los suyos trataron de las conquistas de estas partes, nunca trataron de lo acontecido en este Reino, por lo cual me animé yo á decirlo; y aunque en tosco estilo, *será la relación sucinta y verdadera, sin el ornato retórico que piden las historias, ni tampoco lleva raciocinaciones poéticas, porque sólo se hallará en ella desnuda la verdad,* (...)» (Prólogo al lector).

Las partes del libro que justifican las conexiones con la novela picaresca son los «relatos» de la vida ciudadana colonial[143], y no los primeros capítulos consagrados a las disputas de los caciques Guatavita y Bogotá. ¿Pero qué tipo de conexiones? No tenemos las andanzas de un *pícaro*, sino meramente una sucesión de cuadros, que sirven de *exemplum* a la sentencia moralizante (como lo vimos en Ovalle y Piedrahita, para la historia del XVII), en los cuales se podría quizás justificar una cierta ironía impuesta por el modo narrativo. Pero estos ejemplos son flacos para sostener el carácter de *novela* y el carácter de *picaresca* de un libro que, por lo demás se presenta como *relación* y se diferencia de la *historia* y de la *poética*. ¿Dónde estamos entonces? El contexto en el cual escribe Freile, su conciencia de escribir «algo» que difiere de la poética y de la historia pero que, al mismo tiempo, tiene como objetivo «guardar memoria» de los hechos de la región de Nueva Granada, parece tener como modelo antecedente un tipo discursivo, que no hemos analizado, representado por las relaciones diferentes a las oficiales que nos ocuparon en el apartado 2: la del soldado que, en el siglo XVI, escribe sus experiencias, relata, hace relación de hechos que le parecen dignos de memoria, pero sabiendo, al mismo tiempo, que su *acto* no se inscribe en ningún molde institucional, sino que es producto de las circunstancias (cfr. Ruy Díaz de Guzmán). En el siglo XVII, ya no hay soldados de la conquista, sino que hay «vecinos», como en el caso de Freile que, por un lado sienten la misma necesidad y, por otro, se encuentran rodeados de contextos discursivos con diferentes epistemologías. Con respecto a lo primero, Freile no tiene la experiencia inmediata del descubridor o del conquistador; con respecto a lo segundo, el momento en que escribe le ofrece una variedad mucho mayor de posibilidades discursivas con las cuales «modelar» su relato. Los mismo veremos para el caso de Sigüenza y Góngora y, aun, para el de *El Lazarillo*... La conclusión que se desprende de estas pocas observaciones es que, por un lado, Freile inscribe su libro en la clase de los libros que se escriben para guardar «memoria» del pasado de una región, dentro del marco de la conquista y de la colonización; por otro lado, tal relato no se apega a la seca narración de los hechos acaecidos (como en las relaciones de soldados, o en las relaciones oficiales) sino que se articula mediante estructuras «migrantes» que provienen de distintos tipos y formaciones discursivas: en algunas de estas estructuras podemos establecer conexiones con la picaresca; pero, en otras, lo haremos con un tendencia moralizante que hace de la sentencia una estructura migratoria que aparece en distintos tipos y también formaciones discursivas. De ahí a considerarlo como «antecedente de la novela picaresca» en América hay un gran paso.

Muy distinto es el libro de Sigüenza y Góngora: la inscripción en la tradición picaresca[144] es mucho menos dudosa pero, al mismo tiempo, radicalmente distintos sus resultados. El vocablo del título («infortunios»), no parece ocultar ningún vínculo con las «fortunas y adversidades» de *El Lazarillo de Tormes*. De la misma manera, la narración «autobiográfica» parece indicar otro vínculo; también la inserción explícita, en las últimas páginas, del «destinatario» de la narración que, en este caso es Sigüenza y Góngora, y en el caso del *Lazarillo* «original», es «vuestra merced». Sin embargo, las diferencias son también notables. No sólo que los *Infortunios de Alonso Ramírez* forman parte de las «relaciones históricas» de Sigüenza y Góngora, sino también que se lo recoge, en 1902, en una «Colección de Libros que tratan de América», no como obra literaria sino histórica. El propio Sigüenza la presenta como tal en el prólogo, aunque la na-

[143] S. Benso, «La técnica narrativa de J. R. F.», *Thesaurus*, t. XXXII, núm. 1, 1977, págs. 95-165.

[144] Para el «estado actual», de la novela picaresca véase la edición de *La vida de Lazarillo de Tormes*, por y con introducción de Alberto Blecua, Madrid, Castalia; el importante estudio *La novela picaresca y el poeta de vista*, de Francisco Rico, Barcelona, Seix Barral; Fernando Lázaro Carreter, *Lazarillo de Tormes en la picaresca*, Barcelona, Ariel, 1972. Debe mencionarse para el caso de S. Y. G. el artículo de R. H. Castagnino, «C. de S. y G. o la picaresca a la inversa», en *Razón y Fábula*, 1972, págs. 27-34.

rración se realice en primera persona. Pero, en este caso, no se trata de una autobiografía ficticia, como en el del *Lazarillo de Tormes*, sino de una autobiografía *narrada* por el autobiografiado y *escrita* por Sigüenza. Tal ambigüedad queda pendiente al final del libro, en la medida en que se sugiere que el relato que acabamos de leer, *narrado* por Alonso Ramírez, ha sido escrito por Sigüenza: «Mandóme (...) fuese a visitar a don Carlos Sigüenza y Góngora (...). Compadecido de mis trabajos, *no sólo formó esta relación* en que se contienen, sino que me consiguió con la intercesión y súplicas que en mi presencia hizo... etc.» El enunciado subrayado es el que manifiesta la ambigüedad de la «autoría» de un relato que, narrado en primera persona, es —sin embargo— compuesto por un sujeto que no es precisamente el «autobiografiado». De este aspecto nos interesa señalar que, por un lado, nos encontramos en un caso semejante al que se encontró Garcilaso al escribir *La Florida* en donde se reparten responsabilidades el poseedor de «la relación» y el poseedor «del discurso»; por otra parte, la diferencia reside en la manera en que se resuelve la narración: apegada a las normas historiográficas en el caso de Garcilaso, se inclinan, en el caso de Sigüenza, hacia un relato cuyo modelo no lo suministra la historiografía sino la tradición de «la novela picaresca». No nos queda, por tanto, más que aceptar el libro en la ambigüedad de una inscripción referencial y de una correferencialidad entre el sujeto textual y el sujeto social (por ejemplo Alonso Ramírez); al mismo tiempo, verlo estructurado sobre un modelo que no tiene tradición en «los libros de verdad» sino en «los libros de ficción». ¿Es casual que estos tres libros se escriban en el siglo XVI y que a la vez que postulan una referencialidad explícita, escapen a la inserción directa en un tipo discursivo; y además, que lo hagan a partir del título mismo?

Finalmente, el *Lazarillo de Ciegos Caminantes* ofrece un caso semejante, por su ambigüedad, al de Sigüenza y Góngora. ¿Qué duda cabe, desde el título mismo, que hay una referencia al libro que funda el tipo discursivo denominado «novela picaresca»?[145] Pero ¿qué duda cabe, también, que se introduzca un narrador ficticio («Concolorcorvo»), el libro tiene muchos elementos que no pertenecen a la «picaresca»? La complejidad de este libro nos remite hacia variadas direcciones: a) por un lado corresponde al trazado de los libros de

viaje, populares en los siglos XVII y XVIII; y es así que lo recoge Torre Revello[146]. Ello nos llevaría al análisis de este tipo discursivo, que no hemos considerado en este capítulo; b) pero, además de ser libro de viajes, el detalle de la descripción, las estadísticas, etc., lo entroncan también con las primitivas *relaciones* de Indias; c) en tercer lugar, el «libro» que leemos es el resultado de la confrontación de dos textos que se mencionan como dos tipos discursivos distintos: el *diario* de Concolorcorvo y las *memorias* del visitador:

> Después de haber descansado dos días en Potosí, pidió el visitador este *diario*, que cotejó con sus *memorias* y le halló puntual en las postas y leguas (...) (pág. 275).

Hasta aquí podemos resumir diciendo que se trata de un libro de viajes, que integra, en su forma, dos tipos discursivos (diario y memoria) y que, además, introduce ciertas estructuras de la «novela picaresca». Pero esto no es todo, puesto que hay claras referencias a la historiografía que se mencionan desde el principio y donde se opta por la *fábula* como alternativa de la *historia*: «Si fuera cierta la opinión común, o llámase vulgar, que viajero y embustero son sinónimos, se debía preferir la lectura de la fábula a la de la historia» (pág. 123) observación que se corona con el epígrafe que inaugura la primera parte (*canendo et ludendo refero vera*) y que se transforma en el cierre del libro (*canendo et ludendo retuli vera*). Emilio Carilla no ha observado las conexiones entre el encuadre epigráfico y las posiciones declaradas con respecto a la fábula y a la historia, y sólo dice que «Carrió había comenzado su obra (después de su detallado prólogo) con el epígrafe de una frase latina (...). Quizás remede algún comienzo de poema, que no puedo precisar (...). De todos modos aceptamos que el viaje de Carrió fue, para el lector, ilustrativo y entretenido» (pág. 473). Digamos finalmente que, a lo enumerado, hay todavía que agregar el *diálogo*, como estructura discursiva, que se inserta en la segunda parte y donde se contraponen los puntos de vista de Concolorcorvo y del visitador, introduciendo una estructura discursiva que había tenido gran relevancia en la «Literatura» de los siglos XVI y XVII. Tal es la complejidad silenciada de este *Lazarillo*, al que sólo se ha acertado a trazarle conexiones con la picaresca y clasificarlo en los libros de viajes.

---

145 Véase, sin embargo, la discusión y puesta al día del problema en la introducción de E. Carilla a la edición citada (cfr. nota 141).

146 Torre Revello, «Viajeros, relaciones, cartas y memorias, siglos XVII, XVIII y primer decenio del XIX», en *Historia de la nación argentina*, Buenos Aires, 1940, páginas 397-407.

Periodo de 1480 a 1543

   Características: 1) Expansión territorial de España; 2) Impulso humanístico en la historiografía: el Gerundense vislumbra la situación y propone el origen de un pueblo que ocupa un lugar particular en el periodo. En este sentido, una de «las influencias» del humanismo se destaca en la exaltación de lo nacional; 3) Abandono del tipo de crónica medieval; 4) Las formas de expresión se enriquecen: el diálogo y la carta ganan para la expresión historiográfica; 5) Auge de las historias nacionales; 6) Un nuevo capítulo en la historiografía castellana: la historia de Indias.

Autores y obras	Fechas de la obra	Fechas vitales
A.1. *Historiografía peninsular*		
Juan Margarit (El Gerundense); *Paralipomenon Hispaniae*	Escrita probablemente después de 1472; publicada en 1545.	1421-84
A.2. *Preceptistas*		
Luis Vives *De disciplinis* *De ratione dicendi* *De conscribendis epistolis*	1531 1532 1536	1492-1540
A.3. *Historiografía Indiana*		
Cristóbal Colón *Diario de a bordo* Carta del primer viaje	Escrito en 1492-93. F. art. 3342; 3366; 3367. Publicado por Navarrete en 1826.	1451-1507
Carta del tercer viaje Carta del cuarto viaje	Escritas entre 1500 y 1505. Fuentes, art., 3373-75. Publicado por Navarrete en 1826.	
Pedro Mártir de Anglería *Décadas de Orbe Novo*	Escritas entre 1494 y 1526. Publicadas en 1530.	1455/59-1526
Hernán Cortés *Cartas de relación*	Escritas entre 1519-26.	1485-1547
José Fernández de Oviedo *Sumario de la Natural Historia* *Historia General y Natural de las Indias.*	Publicado en 1526. Primera parte publicada en 1535. Primera edición completa, 1851-55.	1478-1557
Fray Toribio de Motolinía *Historia de los Indios de la Nueva España.*	Escrita hacia 1541.	1495(?)-1569

Historia natural de las Indias, de Fernández de Oviedo

Periodo de 1543 a 1592

Características: 1) Comienzos del Siglo de Oro de las letras; 2) En la historiografía se nota tanto el rigor por los datos en algunos, como el primor literario en otros; se nota también una profusión de géneros; los tratadistas, observa S. A., se ocupan de la manera de exponer y olvidan lo que entraña la investigación y depuración de los hechos; 4) Auge de los cronistas oficiales y consolidación de la historiografía oficial; 5) en la historiografía indiana, preocupación por la historia indígena.

A.4. *Historiografía peninsular*

Florián de Ocampo   1490/95-1558
Crónica General de España.   Publicada en 1543.

A.5. *Preceptistas*

Sebastián Fox Morcillo   1526/28-60
De Historiae Institutione Dialogus   Publicado en 1557.

Páez de Castro   m. 1570
De las cosas necesarias para es-   Publicado en 1892.
escribir historia

104

Juan Costa		m. 1597
De conscribenda rerum historia libri duo	Publicado en 1591.	

A.6. *Historiografía Indiana.*

Bartolomé de las Casas		1474-1566
Apologética Historia	Primera publicación comp., 1909	
Brevísima relación de la destrucción de las Indias	Publicada en 1552.	
Historia General de las Indias.	Primera publicación, 1821.	
Francisco López de Gómara		•1511-72?
Historia General de las Indias	Publicada en 1552.	
Juan López de Velasco		
Geografía y descripción Universal de las Indias	Compuesta entre 1571-74; publicada en 1894.	
José de Acosta		1539-1600
Historia Moral y Natural de las Indias.	Publicada en 1590.	
Bernal Díaz del Castillo		1496?-1582
Historia verdadera de la Conquista de la Nueva España	Compuesta después de 1568; se publica por primera vez en el siglo XVII.	
Francisco Cervantes de Salazar		1514?-75
Crónica de la Nueva España	Escrita después de 1560; publicada en 1914.	
Juan de Castellanos		1522-1607
Elegía de varones ilustres de Indias.	Primera parte publicada en 1589; escrita hacia 1578. Segunda parte, escrita hacia 1584. Tercera parte, escrita hacia 1601. Segunda y tercera parte se publican en 1847.	
Fray Bernardino de Sahagún		
Historia General de las Cosas de la Nueva España	Terminada en 1569; revisada en 1585. La encuentra Muñoz en el siglo XVIII.	
Pedro Cieza de León		1518-60
Chrónica del Perú	Primera parte impresa en 1553. Segunda parte, en 1880.	
Agustín Zárate		1514-77?
Historia del descubrimiento y conquista del Perú.	Publicada en 1555.	

Periodo de 1592 a 1623

Características: 1) Periodo venturoso para el progreso de las letras y de las ciencias; marca en España el apogeo de la literatura de ficción; no es propicio para la historiografía; 2) Interés en Europa por la historia eclesiástica debido a la Reforma y Contrarreforma; 3) Importancia

105

de la historia del padre Mariana; 4) La historia de Indias tiene como rasgo más saliente el estar a cargo de religiosos; la predicación del cristianismo se aneja a la historia eclesiástica; 4(Evangelización y aprendizaje de las lenguas indígenas.

A.7. *Historiografía peninsular*

Juan de Mariana   1536-1624
Historiae de Rebus Hispaniae   Edición príncipe, 1592.
Libri XXX   Edición castellana, 1601.

A.8. *Preceptistas*

Luis Cabrera de Córdoba   1559-1623
De Historia, para entenderla y   Publicada en 1611.
escribirla

Antonio de Herrera   1549-1625
Discurso sobre los provechos de Manuscrito.
la historia
Discurso y tratado de la historia Manuscrito.
e historiadores Españoles

Bartolomé de Argensola   1562-1631
Discurso acerca de las cualidades Publicado en 1889.
que ha de tener un perfecto
cronista

A.9. *Historiadores de Indias*

Antonio de Herrera   1549?-1625
Historia General de los hechos   Publicada entre 1601 y 1615.
de los castellanos en las islas y
tierra firme del mar océano.

Antonio de Remesal
Historia de la provincia de San Vi-
cente de Chyapa   Publicada en 1619.

Grabado de la *Historia general* de Herrera, edición
de 1601

Garcilaso de la Vega, Inca		1599-1617
La Florida del Inca	Publicada en 1605.	
Comentarios Reales de los Incas	Publicada en 1609.	
Historia del Perú	Publicada en 1617.	

Ruy Díaz de Guzmán		1554-1629
Historia del descubrimiento, población y conquista del Río de la Plata	Escrita en 1612. Publicada en 1836.	

Fernando de Alva Ixtlilxochitl		1569-1648
Horribles crueldades de los conquistadores de México y de los Indios que los auxiliaron	Publicado en 1829. (Fuentes, art. 5515.)	

Fernando Alvarado Tezozomoc	
Crónica Mejicana	Publicada en 1878. (Fuentes, art. 3028.)

Periodo de 1623 a 1684

Características: 1) Apogeo de la historia de sucesos particulares; 2) Se aplican al género hombres de dotes literarias; 3) Contraste con la prosa retorcida del momento; 4) La historia general apenas se cultiva; 4) La historiografía indiana muestra, en general, la continuación de la participación de los religiosos en el periodo.

A.10. *Historiografía peninsular*

Francisco de Moncada		1586-1635
Expedición de los catalanes y aragoneses contra turcos y griegos	Terminada en 1620. Publicada en 1623.	

A.11. *Preceptistas*

Jerónimo de San José		1587-1684
Genio de la Historia	Publicada en 1651.	

Pedro de Valdivia, grabado de *Histórica relación...* de Alonso de Ovalle

A.12. *Historiografía Indiana*

Bernabé Cobo
Historia del Nuevo Mundo — Terminada hacia 1653. — 1572-1659
Publicada en 1890-93.

Juan de Solórzano Pereyra — 1575-1655
Política Indiana

Alonso de Ovalle — 1601-51
Histórica relación del reino de — Publicada en 1648.
Chile

Antonio de Solís y Rivadeneyra
Historia de la Conquista de Méjico — Publicada en 1684. — 1610-16

Periodo de 1684 a 1727

Características: 1) Reacción contra la fábula que desde el siglo xv impregnaba la historiografía; 2) Se reanudan las historias generales; 3) Aparece un tono polémico como marca de la transición del periodo; 4) En la historiografía indiana se editan pocos escritos y predomina la historia civil y eclesiástica.

A.13. *Historiografía peninsular*

Juan de Ferreras — 1652-1735
Sinopsis histórico-cronológica de — Publicada entre 1700 y 1727.
España

A.14. *Preceptistas*

Francisco Antonio de Fuentes — 1643(?)-90
y Guzmán
Preceptos historiales — Escritos hacia 1685
Publicados en 1957.

A.15. *Historiografía Indiana*

Pedro Fernández del Pulgar — 1623-97
Historia General de las Indias — No publicado; ref. al manuscrito
Occidentales — en F., art. 6208.

Francisco Antonio de Fuentes — 1643(?)-90
y Guzmán
Recordación Florida — Compuesta después de 1680.
Primera parte publicada en 1924.

José de Oviedo y Baños — 1671-1738
Historia de la población y con- — Impresa en 1723.
quista de la provincia de Vene-
zuela

Lucas Fernández de Piedrahita — c. 1600-88
Historia de las conquistas del — Escrita en 1666.
Nuevo Reino de Granada — Impresa en 1688.

Periodo de 1727 a 1781

Características: 1) Fundación de la Academia de la Historia; 2) Se acentúa la tendencia a depurar la historia eludiendo las fábulas; 3) Crece el interés por la preceptiva orientada hacia la aplicación práctica; 4) Se acentúa la historia de sucesos particulares; 5) En la historiografía indiana hay poca variedad.

A.16. *Preceptistas*

Jacinto Segura
Norte Crítico con las reglas más   Impreso en 1733.   1688-d. 1748
ciertas para la discreción en
la historia

José Mora (marqués de Llió)
Observaciones sobre los principios   Impreso en 1756.
elementales de la historia

Fray Benito Feijoo   1676-1764
Reflexiones sobre la Historia   Impresa en 1773.

Fray Miguel de San José   1682-1757
Cricis de Critices arte   Impreso en 1745.

A.17. *Historiografía Indiana*

Lorenzo Boturini Benaduci   1702-51
Idea de una nueva historia general   Impresa en 1746.
de la América Septentrional

Jorge Juan y   1713-73
Antonio de Ulloa   1716-95

Discurso y reflexiones políticas   Impreso en 1826.
sobre el estado presente de los
Reynos del Perú

Dionisio de Alcedo y Herrera   1690-1777
Compendio Histórico de la Pro-   Impreso en 1741.
vincia de Guayaquil

José Martín Félix de Arrate   1697-1766
Llave del nuevo mundo; antemural   Escrita en 1761.
de las Indias; La Habana des-   Impresa en 1827.
crita

Periodo de 1781 a 1808

Características: 1) Alto nivel de la historiografía en la cual se alcanza el copioso alumbramiento de fuentes; 2) Ensanche del campo histórico a todas las facetas de la vida nacional; 3) La historiografía indiana manifiesta un renacimiento del interés por la empresa descubridora y por la difusión de fuentes.

A.18. *Historiografía peninsular*

Juan Francisco de Masdeau   1744-1817
Historia crítica de España y de   Publicada en 1781.
la cultura española

A.19. *Preceptistas*

Pablo Forner
Reflexiones sobre el modo de es-   Escrito hacia fines del reinado de   1754-97
cribir la historia de España   Carlos III; publicado en 1816.

Gaspar Melchor Jovellanos   1744-1810
Sobre la necesidad de unir el estu-   Pronunciado en 1780
dio de la legislación al de nues-   (Ingreso en la Real Academia
tra historia y sus antigüedades   de la Historia).

A.20 *Historia de Indias*

Juan Bautista Muñoz   1745-99
Historia del Nuevo Mundo   Primera parte impresa en 1793.
                                         Segunda parte en manuscrito.

Antonio de Alcedo y Herrera   1735-1812
Diccionario Geográfico-Histórico   Impreso entre 1786 y 1789.
de las Indias Occidentales

Cristóbal Cladera   1760-1816
Investigaciones históricas en res-
puesta a la memoria de Mr. Otto   Impreso en 1794.
sobre el verdadero descu-
brimiento de América

GUÍA BIBLIOGRÁFICA

A. GENERAL

A.1. Historias de la historiografía, de la literatura, temas generales, repertorios bibliográficos

ADERSON IMBERT, E., *Historia de la literatura Hispanoamericana*, México, F. C. E., 1954-67.

ANTONIO A., «El mito de la edad de oro en las letras hispanoamericanas del siglo XVI», *Thesaurus*, XXXI (1976), págs. 81-112.

— «Literatura y sociedad en la América Española del siglo XVI», *Thesaurus*, XXXVIII (1973), páginas 279-330.

ARROM, J. J., *Esquema generacional de las Letras Hispanoamericanas*, Bogotá, Instituto Caro y Cuervo, 2.ª. ed., 1977.

ESTEVE BARBA F., *Historiografía Indiana*, Madrid, Gredos, 1964.

BATAILLON, M., *Erasmo y España*, México, 1950.

DE CAMILLO, R., *El humanismo castellano del siglo XVI*, Valencia, Fernando de Torres, ed., 1975.

FUETER, E., *Geschichte der neueren Historiographie*, Munich, 1911 (traducción francesa, 1913).

GERBI, A., *La Disputa del Nuovo Mondo-Storia di un'idea*, Milán. 1955.

— *La natura delle Indie Nove: Da Cristoforo Colombo a Gonzalo Fernández de Oviedo*, Milán, Ricardo Ricciardi Editore, 1975.

HARRISSE, H., *Bibliotheca Americana Vetustissima*, Nueva York., 1866-1872, 2 vols.

LEONARD, I. A., *Los libros del conquistador*, México, F. C. E., 1953.

MEDINA, J. T., *Bibliografía Hispanoamericana* (1493-1810), Santiago de Chile, 1898-1907, 7 vols.

MORALES PADRÓN, «Los grandes cronistas de Indias», en *Estudios Americanos*, Sevilla, 1957, octubre, noviembre, págs. 85-108.

NORRIS, Y. E., «Estudios críticos sobre la historiografía latinoamericana», *Revista de Historia*, (1966), núms. 61-62, págs. 245-312.

O' GORMAN, E., *La idea del descubrimiento de América: Historia de esa interpretación y crítica de sus fundamentos*, México, Centro de Estudios Filosóficos, 1951.

SÁNCHEZ ALONSO, B., *Historia de la Historiografía Española*, Madrid, C. S. I. C., 1947, 3 vols.

— *Fuentes de la Historia Española e Hispanoamericana*, Madrid, C. S. I. C., 1952, 3 vols.

CRO, STELIO, «Cervantes, el 'Persiles' y la historiografía Indiana», *Anales de Literatura Hispanoamericana*, núm. 4 (1975), págs. 5-25.

WILGUS, A. C., *Histories and Historians of Hispanic America*, Nueva York, Cooper Square Publishers, 1965.

A.2. Preceptiva historiográfica

A.2.1. Tratados

CABRERA DE CÓRDOBA, *De historia para entenderla y escribirla*, (1611), Edición, estudio preliminar y notas de Santiago Montero Díaz, Madrid, Instituto de Estudios Políticos, 1948.

FUENTES Y GUZMÁN, F. A. DE, *Preceptos Historiales*, con prólogo de Carlos Samayo Chinchilla, Guatemala, Instituto de Antropología e Historia, 1957.

JERÓNIMO DE SAN JOSÉ, *Genio de la Historia* (1651), con ensayo bio-bibliográfico y notas por Higinio de Santa Teresa, Vitoria, El Carmen, 1957.

KESSLER, E., *Theoretiker Humanistischer Geschichtschreibung*, Munich, Wilhelm Fink, 1971 (contiene selecciones y algunos tratados completos de R. Robortello, D. Atanagi, F. Patrizi, G. Aconcio, G. A. Viperano, U. Foglieta, A. Sardi, Sperone Speroni).

PÁEZ DE CASTRO, *De las cosas necesarias para escribir historias.* (Escrito en el tercer cuarto del siglo XVI, queda inédito hasta 1892;. *La Ciudad de Dios*, núms. 28-29.)

A.2.2 Estudios

COLSON, F. H., «Some considerations as to the Influence of Rhetoric upon History», in *Proceedings of the Classical Association*, XIV (1917), págs. 149-173.

KESSLER, E., «Geschichte: Menschliche Praxis oder Kritische Wissenschart?», introducción a la edición de tratados historiográficos citada (cfr. A. 2.), págs. 7-82.

NADEL, G. H., «The Philosophy of History before Historicism», in *Studies in the Philosophy of History*, George H. Nadel (ed.), Nueva York, Harper and Row, 1965, págs. 49-73.

FRANKL, V., *El «Antijovio de Gonzálo Jiménez de Quesada y las concepciones de realidad y verdad en la época de la contrareforma y el manierismo*, Madrid, Cultura Hispánica, 1963.

MAFFEI, E., *I trattati dell' arte storica dal Rinascimento al secolo XVII*, Nápoles, 1897 (claro e importante resumen de la preceptiva historiográfica).

MENÉNDEZ Y PELAYO, Marcelino, *Historia de las Ideas Estéticas*, Consejo Superior, 1974, vol. I, cap. IX (Vienes, Fox Morcillo, Juan Costa, Cabrera de Córdoba y Jerónimo de San José).

MONTERO DÍAZ, S., «La doctrina de la Historia en los tratadistas españoles del Siglo de Oro», *Hispania* (1941), IV, págs. 3-39 (reimpreso en la edición moderna de L. Cabrera de Córdoba, *De historia para entenderla y escribirla*, Madrid, 1948).

TATE, R. B., *Ensayos sobre la Historiografía Peninsular del siglo XV*, Madrid, Gredos, 1970.

STRUEVER, N., *The Language of History in the Renaissance* (Rhetoric and Historical Consciousness in Florentine Humanism), Princeton, P. U. P., 1970.

WILCOX, D. J., *The Development of Florentine Humanist Historiography*, Harvard Historical Studies, 82,1969.

A.3. *Sobre la preceptiva epistolar*

La preceptiva epistolar es una «invención» medieval; los principales estudios versan sobre este momento, que es en el que se encuentran la mayor cantidad de tratados. Sin embargo, afirma R. Murphy (cfr. 6, pág. 267) que, en realidad, los tratados epistolares continuaron produciéndose, *al menos*, hasta el siglo XVI. Anotamos sólo tres de los varios. Hacia los siglos XVII y XVIII, se siguen escribiendo «tratados» que ya se alejan de las exigencias de la retórica y se inclinan más hacia exigencias prácticas: Cfr. Giovani Guarini, *Il Segretario* (1600), Pánfilo Pérsico, *Del Segretario* (1643) y, menos interesante, *Nuevo estilo y formulario de escribir* (1757) en el que se hace, referencia a los «caminantes» y se dan ejemplos de cartas.

A.3.1. Tratados

ESPINOSA DE SANTAYANA, Rodrigo, *Arte de rhetorica, en el qual se contienen tres libros: El primero enseña el arte generalmente; el segundo particularmente el arte de historiador; el tercero escrivir epístolas y diálogos*, Madrid, Guillermo Drouy, 1578.
TOSCANELLA, Orazio, *Applicamento de i precetti della inventione, dispositione et elocutione, che propiamente serve allo scritore di epistola latine et volgari*, Venecia, Pietro de Franceschi, 1575.
VIVES, Luis, *De Conscribendis epistolis* (1536). Traducción castellana por Lorenzo Riber, Madrid, Aguilar, 1948, II.

A.3.2. Estudios

FAULHABER, Ch., *Latin Rhetorical Theory in Thirteenth and Fourteenth Century Castile*, California, U. C. P., Modern Philology, vol. 103, 1972.
MURPHY, J. Y., «'Ars dictamis', The Art of Letter-Writing». en *Rhetoric in the Middle Ages*, California, U. C. P., 1974, págs. 194-268.
SIEGEL, J., «From the *Dictatores* to the Humanist», en *Rhetoric and Philosophy in Renaissance Humanism*, N. J., Princeton U. P., 1968.
HERRERA ORIA, Enrique, *Historia de la educación española desde el Renacimiento*, Madrid, 1941.
WINNICZUK, L., *Epistolografía* (1487-1563), Varsovia, 1952.

B. CARTAS RECATORIAS

B.1. *Cristóbal Colón* (14S1-1507)

B.1.1 Ediciones *(F. 3342)* *

La Carta de Colón anunciando el descubrimiento del Nuevo Mundo, 15 de febrero-14 de marzo de 1493

---

* Se detallan sólo las ediciones relativamente asequibles. La notación (F. núm.) remite al artículo de las *Fuentes* de Sánchez Alonso (cfr. A.1.15). En este y otros repertorios el lector encontrará referencias a las primeras ediciones y ediciones anteriores a las citadas.

(Reproducción del texto original español, impreso en Barcelona [Pedro Posa, 1493]). Transcripción y reconstitución del mismo, con notas críticas. Historia del impreso y de su influencia en la historia universal preparada por Carlos Sanz, Madrid, Instituto de Cultura Hispánica, 1956.
Diario de Colón, Edición facsimilar publicada por Carlos Sanz, *Bibliotheca Americana Vetustíssima*, Madrid, 1962, (2 vols.).
FERNÁNDEZ DE NAVARRETE, *Coleccion de los viages y descubrimientos que hicieron por mar los españoles desde fines del siglo XV*, vol. I, 1826 (edición moderna, Buenos Aires, Guarania, 1945).
— *Los cuatro viajes de C. Colón*, ed. y prólogo de I. B. Anzoátegui, Buenos Aires, Espasa Calpe, 1958.

B.1.2 Estudios

BALLESTEROS Y BERETTA, A., *Cristóbal Colón y el descubrimiento de América*, Barcelona, Salvat, 1945, 2 vols.
FERNANDEZ-ARMESTÓ, F., *Columbus and the Conquest of the Impossible*, Londres, 1974.
IGLESIA, R., *El hombre Colón y otros ensayos*, México, El Colegio de México, 1944.
LOLLIS, Cesare de, *Cristoforo Colombo nella leggenda e nella storia*, Lanciano, 1931.
MENÉNDEZ PIDAL, R., *La lengua de Cristóbal Colón*, Madrid, Austral, 1942.
OLSCHKI, L., *Storia letteraria delle scoperte geografiche*, Florencia, 1937.
PINEDA YÁÑEZ, Y., *La isla y Colón*, Buenos Aires, Emecé, 1955.
SANZ, C., *El gran secreto de la carta de Colón* (Crítica histórica y otras adiciones a la Bibliotheca Americana Vetustíssima), Madrid, Victoriano Suárez, 1959.
SANZ, Carlos, *La Geographia de Ptolomeo. Ampliada con los primeros mapas impresos de América*, Madrid, Victoriano Suárez, 1959.

B.2 *Américo Vespucio* (1451-1512)

B.2.1 Ediciones *(F. 3525)*

El Nuevo Mundo. Cartas relativas a sus viajes y descubrimientos. Textos en italiano, español e inglés. Estudio preliminar de Roberto Levillier, Buenos Aires 1951 (el lector encontrará en esta edición, así como en los libros del mismo autor, mayores referencias sobre la trayectoria de las ediciones del epistolario Vespuciano).
ABOAL AMARO, José A., *Amerigho Vespucci*, Ensayo de bibliografía crítica, Madrid, 1962.
BANDINI, A. M., *Vita e lettere di Amerigo Vespucci*, Florencia, 1745.
LEVILLIER, Y., *America la bien llamada*, Buenos Aires, Kraft, 1948.
— *Americo Vespucio*, Madrid, Ediciones Cultura Hispánica, 1966.
SANZ, Carlos, *El nombre América. Libros y mapas que lo impusieron*, descripción y crítica histórica, Madrid, Victoriano Suárez, 1959.
SIERRA, V. D., *Américo Vespucci, enigma de la historia de América*, Madrid, Editora Nacional,

1968 (tanto en esta obra como en la de Levillier, el lector encontrará buenos resúmenes de las posiciones antagónicas desarrolladas en el campo de los estudios vespucianos; las dos obras de Levillier contienen detallados análisis de las cartas).

B.3 *Hernán Cortés* (1485-1547)

B.3.1 Ediciones *(F. 5099)*

Cartas y relaciones de H. Cortés al Emperador Carlos V, corregida e ilustrada por don Pascual de Gayangos, París, 1866.
Cartas de relación de la conquista de la Nueva España escritas al emperador Carlos V y otros documentos relativos a la conquista, años de 1519-27. Codex Vindobonensis, SN 1600, Introducción y bibliografía de Charles Gibson, Verlagsanstalt, 1960.
Cartas de relación de Fernando Cortés sobre el descubrimiento y conquista de la Nueva España, Madrid, B. A. E., t. XXII, 1946.

B.3.2 Estudios

CAILLET-BOIS, Julio, «La primera carta de relación de Hernán Cortés», *Revista de Filología Hispánica* (III), 1941, págs. 50-54.
FLASCHE, Hans, «Syntaktische Strukturprobleme des spanischen in der Briefen des Hernán Cortés an Karl V», en *Spanische Forschungen der Görresgesellschaft*, Münster, 1958, págs. 1-18.
IGLESIA, Ramón, *Cronistas e historiadores de la conquista de México*, México, El Colegio de México, 1942, págs. 17-69.
LÓPEZ LIRA, Enriqueta, «La conquista de México y su problema historiográfico», *Revista de Historia de América*, núm. 18 (1944), págs. 307-333.
SCHEVILL, R., «La novela histórica, las crónicas de indias y los libros de caballería», *Revista de Indias*, núm. 18, Bogotá, 1943, págs. 59-60.

B.4. *Pedro Mártir de Anglería* (1455/59-1526)

B.4.1 Ediciones *(F. 3584)*

De Orbe Novo, Alcalá de Henares, 1530.
Décadas del Nuevo Mundo (vertidas del latín a la lengua castellana por el Dr. Joaquín Torres Asensio quien diólas a las prensas como homenaje al cuarto centenario del Descubrimiento), 1892.
Décadas del Nuevo Mundo, reimpresión de la primera traducción castellana con un estudio preliminar de Luis Arocena y una Bibliografía de Pedro Mártir por Joseph H. Sinclair, Buenos Aires, Bajel, 1944.

B.4.2. Estudios

BATAILLON, Marcel, «Historiografía oficial de Colón, de Pedro Mártir a Oviedo y Gómara», en *Imago Mundi*, *Revista de Historia de la Cultura*, Buenos Aires, 1954; I,5; págs. 23-29.
IGLESIA, Ramón., *Historiadores de la Conquista de México*, México, 1942, págs. 73-78.
LÓPEZ DE TORO, José, «Introducción al epistolario de

Pedro Mártir», en *Documentos inéditos para la Historia de España*, Madrid, 1953-1957, vols. IX-XII.
MENÉNDEZ Y PELAYO, Marcelino, «Los historiadores de Colón», en *Estudios de crítica histórica y literaria*, Madrid, 1895, vols. 2, págs. 201-304.
O' GORMAN, E., *Cuatro Historiadores de Indias*, México, Septsetentas, 1972.
TORRE REVELLO, José, «Pedro Mártir de Anglería y su obra 'De orbe novo'», en *Thesaurus*, Bogotá, 1957, págs. 133-153.
SALAS, A. Mario, *Tres cronistas de Indias; Pedro Mártir de Anglería, Gonzalo Fernández de Oviedo, Bartolomé de Las Casas*, México, F. C. E., 1959, págs. 15-60.
SÁNCHEZ MARTÍNEZ, «Pedro Mártir de Anglería, cronista de Indias», en *Cuadernos americanos*. (1959), 45-3, págs. 186-219.

C. RELACIONES

C.1. *Relaciones geográficas de Indias*

C.1.1. Ediciones

JIMÉNEZ DE LA ESPADA, Marcos, *Relaciones geográficas de Indias*, Perú, Madrid, 1881-1897, 4 vols. (Reimpreso en B.A.E., 1965, vols. 183-186.)
LATORRE, G., *Relaciones geográficas de Indias*, Contenidas en el archivo General de Indias de Sevilla, 1919-20, 2 vols.

C.1.2. Estudios

CABALLERO, Fermín, «Las relaciones topográficas de España», Discurso leído ante la Real Academia de la Historia, Madrid, 1866.
CLINE, H. F., «The 'Relaciones geográficas' of the Spanish Indies», en *The Hispanic American Historical Review*, XLIV, 3 (1964), págs. 341-374.
JIMÉNEZ DE LA ESPADA, Marcos, «Relaciones Geográficas de Indias», estudio preliminar a su edición citada (cfr. C.1.1.), págs. 5-117.
MARTÍNEZ CARRERAS, José Urbano, «Don Marcos Jiménez de la Espada y las 'Relaciones' del siglo XVI», estudio preliminar a la edición de la B.A.E., t. 183 (1965), págs. iii-lxvi.

C.2. *Juan López de Velasco* (1530-40 ?-1598)

C.2.1. Ediciones *(F. 3590)*

Geografía y Descripción Universal de las Indias (1574), ed. de Justo Zaragoza, *Boletín de la Sociedad Geográfica de Madrid*, 1880-1894.
Geografía y Descripción Universal de las Indias, ed. de Marcos Jiménez de la Espada, estudio preliminar de María del Carmen González Muñoz, B. A. E., t. 248, 1971.

C.2.3. Estudios

CARBIA, Rómulo, *La crónica oficial de las Indias Occidentales*, Buenos Aires, Ediciones Buenos Aires, 1940, págs. 141-149.

113

GONZÁLEZ MUÑOZ, María del Carmen, «Estudio preliminar» a la edición de la B. A. E., 1971, págs. iii-xlviii.
MENÉNDEZ PIDAL, G., *Imagen del mundo hacia 1570*, Madrid, Consejo de la Hispanidad, 1944.

C. 3. *Antonio Vázquez de Espinosa* (1570 ?-1630)

C.3.1. Ediciones

Compendio y Descripción de las Indias Occidentales, ed. de Charles Upson Clark, Washington, 1948.
Compendio y descripción de las Indias Occidentales, edición de B. Velasco Bayón, B. A. E., t. 231, 1969.

C.3.2. Estudios

CLARK, G. Ch., «Prólogo» a la edición de 1948 (cfr. C.3.1.).
CUEVAS, M. S. J., *Descripción de la nueva España en el siglo XVII por el P. Fray A. V. de E. y otros documentos del siglo XVII*, México, 1944.
LOHMANN VILLENA, Guillermo, «Algunos datos inéditos sobre Fray Antonio Vázquez de Espinosa», *Historia*, II, Buenos Aires, 1957.
MUÑOZ SAN PEDRO, Miguel, «La relación de las Indias de Fray Antonio Vásquez de Espinosa», *Revista de Indias*, IX (1948).
VELASCO BAYÓN, B., «Estudio Preliminar», a la edición de la B. A. E., 1969. (Cfr. C.3.1.)

D. LA CRÓNICA, LA HISTORIA

D.1. *Gonzálo Fernández de Oviedo* (1478-1557)

D.1.1. Ediciones *(F. 3585, 3856)*

Historia Natural y General de las Indias, con introducción de José Amador de los Ríos, Madrid, 4 vols. También en B. A. E., edición y estudio preliminar de Juan Pérez de Tudela, t. CXIX al CXII, 1959.
Sumario de la Natural Historia, con un estudio preliminar y notas de Enrique Álvarez López, México, F. C. E., 1942. También en B. A. E., t. XXII, Madrid, 1946.

D.1.2. Estudios

ÁLVAREZ LÓPEZ, Enrique, «Plinio y Fernández de Oviedo», en *Anales de Ciencias Naturales del Instituto José de Acosta*, Madrid, 1940, vol. 1, págs. 4-61; vol. II, págs. 13-35.
«LA HISTORIA NATURAL EN FERNÁNDEZ DE OVIEDO», *Revista de Indias*, 69-70, 1957, PÁGS. 541-601.
CHINCHILLA AGUILAR, Ernesto, «Algunos aspectos de la obra de Oviedo», *Revista de Historia de América*, núm. 28, págs. 303-330.
GERBI, A., *La Natura delle Indie Nove*, Milán, Riccardo Ricciardi, 1975, págs. 165-561.
O' GORMAN, E., «Oviedo y su 'Historia general y natural de las Indias'», publicado como introducción a *Sucesos y diálogos de la Nueva España*,

México, 1946. Recogido en *Cuatro historiadores de Indias*, México Septsetentas, 1972, págs. 47-84.
SALAS, M. A., *Tres Cronistas de Indias:* Pedro Mártir de Anglería, Gonzálo Fernández de Oviedo, Bartolomé de las Casas, México, F. C. E., 1959.

D.2. *Bartolomé de las Casas* (1474-1566)

Para la bibliografía de y sobre Las Casas, ver en este mismo volumen pág. 125.

D.3. *Bernal Díaz del Castillo* (1496-1582)

Para la bibliografía de y sobre Díaz del Castillo, ver en este mismo volumen pág. 133.

D.4. *Francisco López de Gómara* (1511-72?)

D.4.1. EDICIONES *(F. 3587)*

Historiadores primitivos de Indias, Colección dirigida por Enrique de Vedia, Madrid, B. A. E., t. XXII, 1946.

D.4.2. EESTUDIOS

CANTER, J., «Notas sobre la edición príncipe de la Historia de López de Gómara», *Boletin del Instituto de Investigaciones históricas*, Buenos Aires, I, 1922, págs. 128-145.
ESPINOSA, A. M., «López de Gómara y las cartas de Hernán Cortés», *Revista de Filología Española*, X, Madrid, 1923, págs. 400-402.
IGLESIA, R., *Cronistas e Historiadores de la Conquista de México*, México, El Colegio de México, 1942.
JOS, E., «El Cronista de Indias Francisco López de Gómara. Aspectos biográficos», *Revista de Occidente*, t. XVIII, Madrid, 1927, págs. 274-78.
WAGNER, M., *Francisco López de Gómara and his works*, American Antiquarian Society, Worcester, 1949, núm. 58.

D.5. *José de Acosta* (1539-1600)

D.5.1. Ediciones *(F. 3593)*

Historia Natural y Moral de las Indias, edición, introducción y notas de E. O'Gorman, México, F. C. E., 1940. Reeimpresa en 1962. Contiene noticias sobre ediciones anteriores.
Obras del Padre José de Acosta, estudio preliminar y edición del padre Francisco Mateos, Madrid, B. O. E., t. LXXIII, 1954.

D.5.2. Estudios

AGUIRRE, E., »Una hipótesis evolucionista en el siglo XVI», *Arbor*, 1957, vol. 36, págs. 176-187.
ÁLVAREZ LÓPEZ, E., «La filosofía natural del padre Acosta», *Revista de Indias*, IV (1943), páginas 305-322.
CARRACIDO, J. R., *El padre José de Acosta y su importancia en la literatura científica española*, Madrid, Sucesores de Rivadeneyra, 1899.
O' GORMAN, Ed., «'La historia natural y moral de

las Indias' del P. Joseph de Acosta», introducción a la edición de la obra de 1940 (cfr. D. 5. 1.).
— «Prólogo» a la edición de 1962 (cfr. D. 5.1) (ambos estudios son los más completos y detallados sobre el libro en cuestión).
RIVERA DE TUESTA, María Luisa, *José de Acosta, un humanista reformista*, Lima, Editorial Universo, 1970.

D.6. *Garcilaso de la Vega, Inca* (1539-1617)

Para la bibliografía de y sobre el Inca Garcilaso, ver en este mismo volumen pág. 143.

D.7. *Alonso de Ovalle* (1601-1651)

D.7.1. Ediciones *(F. 4520)*

Histórica relación del Reino de Chile, edición del Instituto de Literatura Chilena, Santiago de Chile, 1969.

D.7.2. Estudios

BULNES, O., «Alonso de Ovalle, clásico de las letras chilenas, *Boletín de la Academia Chilena de Historia*, 35 (1946), págs. 23-41.
LATCHMAN, R. O., «Un clásico colonial: El padre Alonso de Ovalle», en *Bolívar*, núm. 45, Bogotá, (1955), págs. 853-64.
LIRA URQUIETA, P., *El padre Alonso de Ovalle. El hombre, la obra.*, Santiago de Chile, 1944.
MATTE ALESSANDRI, E., «El padre Alonso de Ovalle y su 'Histórica relación del reino de Chile'», *Atenea* (1947), núm. 269-70, págs. 474-84.
SOLAR CORREA, E., «Un gran poeta en prosa: Alonso de Ovalle», en *Atenea*, Santiago, 1930.
— *Semblanzas literarias de la colonia*, Santiago, 1926, págs. 99-161.

D.8. *Lucas Fernández de Piedrahita* (1603?-1688)

D.8.1. Ediciones

Historia General del Nuevo Reino de Granada, con un discurso de Miguel A. Caro y noticia biográfica de Miguel Acosta, Bogotá, 1881. Reimpresa en Bogotá, Biblioteca popular de cultura colombiana, en 1942.

D.8.2. Estudios

GÓMEZ RESTREPO, A., *Historia de la literatura colombiana*, t. II, Bogotá, 1945, págs. 161-170.
OTERO D' ACOSTA, E., *Semblanzas colombianas*, t. I, Bogotá, Editora OBC, 1928, (estudia, entre otros, a Fernández de Piedrahita y Juan Rodríguez Freyle).
POSADA MEJÍA, F., «La historiografía del nuevo reino de Granada. 1540-1810», *Boletín de Historia y Antigüedades*, núm. 452-54 (1952), páginas 303-28.
REVOLLO, P. M., «Historiadores del Nuevo Reino de Granada. Estudio bibliográfico y cronológico» *Boletín de Historia y Antigüedades*, Bogotá, 1923, págs. 231-345.

D.9. *Antonio de Solís y Rivadeneyra* (1610-1686)

D.9.1. Ediciones *(F. 5103)*

Historia de la Conquista de Méjico, población y progreso de la América Septentrional conocida por el nombre de Nueva España, París, Garnier, 1844.
Historia de la Conquista de México... Nueva edición corregida por Agustín Luis Josse, Londres, Imprenta R. Juigné, 1909.
Historia de la Conquista de México, con prólogo de E. O' Gorman y notas de José V. Silva, México, Porrúa, 1968.

D.9.2. Estudios

ARAUJO-COSTA, L., «La *Historia de la Conquista de Méjico* de Solís», *Revista de las Españas*, VI, (1931), núm. 59-60, págs. 336-40.
AROCENA, L., *Antonio de Solís, Cronista Indiano. Estudio sobre las formas historiográficas del Barroco*, Buenos Aires, EUDEBA, 1963.
BALLESTEROS Y BERETTA, O., «Estudio sobre las fuentes de la Historia de la Conquista de México», en A. Altolaguirre y Duvale (ed.), *Descubrimiento y Conquista de México*, Barcelona, Salvat, 1954, págs. 48-49.
BARROS ARANA, Diego, «Los cronistas de Indias», *Obras Completas*, t. VIII, Santiago de Chile, 1910, págs. 5-46.
CAPMANY SURIS Y DE MONTPALAU, A. de, *Filosofía de la elocuencia*, Madrid, Imprenta de Sancha, 1842.
COSSÍO, José María de, «Un caso de prosa culterana: la 'Historia de la Conquista de México', de D. A., de Solís», en *Notas y estudios de crítica literaria, siglo XVII*, Madrid, Espasa Calpe, 1939, págs. 229-272.
LÓPEZ LIRA, E., «La Historia de la Conquista de México de Antonio de Solís», en *Estudios de historiografía de la Nueva España*, México, El Colegio de México, 1945, págs., 263-292.
— «La conquista de México y su problema historiográfico», *Revista de Historia*, núm. 18, (1944), págs. 307-333.
REYES, A., «Solís el historiador de México», en *Capítulos de literatura Española*, México, La Casa de España, 1939, págs. 293-303.

D.10. *Juan Bautista Muñoz* (1745-99)

D.10.1. Ediciones *(F. 3623)*

Historia del Nuevo Mundo, Introducción y notas de José Alcina Franch, Madrid, Aguilar, 1975.

D.10.2. Estudios

ALCINA FRANCH, J., «Juan Bautista Muñoz, su vida y su obra», prólogo a la edición de la *Historia del Nuevo Mundo*, (cfr. D. 10.1), págs. 9-48.
BALLESTEROS BERETTA, O., «Don Juan Bautista Muñoz: Dos facetas Científicas», *Revista de Indias*, II, 3 (1941), págs. 5-37.
— «Juan Bautista Muñoz: La creación del Archivo

115

de Indias», *Revista de Indias*, II, 4 (1941), páginas 55-95.
— «Don Juan Bautista Muñoz: La Historia del Nuevo Mundo», *Revista de Indias*, III, 10 (1942), páginas 589-660.

FERNÁNDEZ DURO, C., «Don Juan Bautista Muñoz. Censura por la Academia de su *Historia del Nuevo Mundo*», *Boletín de la Real Academia de la Historia*, XLII-1, o.5-59.

Fray Bartolomé de Las Casas

André Saint-Lu

Dentro de la numerosa familia de los llamados cronistas de Indias, Bartolomé de las Casas sobresale a la vez por la importancia de su papel histórico y por la originalidad de sus escritos. Muchos autores, igual que él, fueron a un tiempo actores y testigos de la gran empresa española en el Nuevo Mundo, pero aun entre los más nombrados, trátese de descubridores como Colón, de conquistadores como Cortés o de misioneros como Sahagún, muy pocos podrían, en rigor, equiparársele, habiendo sido él uno de los hombres que más contribuyeron a orientar la historia de Hispanoamérica por medio siglo de acción personal infatigable, tanto en España como en las Indias, y por una obra escrita de excepcional alcance, destinada toda ella a apoyar dicha acción. Añádase a esto que nunca dejó, después de muerto, de dar pasto a la crítica por sus implicaciones, aunque involuntarias, en la famosa y pertinaz leyenda negra antiespañola, y que sigue siendo su figura de candente actualidad, por su estrecha vinculación con los problemas, tan presentes en nuestro mundo, del colonialismo, el racismo, y la defensa de los derechos del hombre.

El combate de una vida

Como hombre de acción, descuella el defensor de los indios —ya que ésta fue su vocación—, entre todos sus contemporáneos, por su estatura sin igual. Una vez empezada, su lucha por la justicia moviliza todas sus fuerzas y se confunde con la historia de su vida.

Nacido en Sevilla, probablemente en 1484, de una modesta familia de mercaderes, pasó a las Indias en 1502 con la gran expedición de Nicolás de Ovando. Corresponde esta fecha al principio de la explotación en gran escala de la isla La Española, con el consiguiente aniquilamiento de la población indígena, rápidamente diezmada por los trabajos agotadores, las guerras de represión, y las enfermedades mortíferas traídas por los europeos. Frente a tan desastrosa situación, los primeros en reaccionar fueron los religiosos de la orden de Santo Domingo, y Las Casas pudo oír, a fines de 1511, los angustiados sermones de fray Antonio Montesinos en que el dominico, con la elocuencia del corazón, proclamaba que los indios eran hombres y debían ser tratados como tales. Poco efecto, sin embargo, surtieron sus palabras, y las Leyes de Burgos promulgadas al año siguiente, aunque bien intencionadas y hasta cierto punto protectoras, mantuvieron el sistema casi feudal de trabajo forzado ya establecido desde 1503 con la institución de la encomienda.

En cuanto a Las Casas, que se había ordenado de sacerdote, sólo, al parecer, unos años después, estando él en Cuba, donde en 1513 presenció como capellán de los españoles la terrible matanza de Caonao, se dio cuenta cabal de la inhumanidad de las conquistas y de la explotación colonial. Según su propio relato, tuvo lugar esta toma de conciencia en 1514, a raíz de una meditación inspirada por la Biblia, y el clérigo, después de renunciar al repartimiento de indios de que había disfrutado como cualquier poblador, y predicar en vano como lo hiciera Montesinos, regresó a España para hablar al rey.

Las Casas, en esta ocasión, pudo sentirse portador de una gran misión provindencial. Sin embargo, los numerosos «remedios» presentados por él en los años siguientes, primero para las islas, luego para el continente, revelan claramente que su mentalidad de excolono no sufrió de un golpe un cambio irreversible. Los principios rectores de sus planes sucesivos —sustitución de las encomiendas individuales por un sistema de «comunidades», envío de labradores, y de algunos negros, en vez de gente ociosa y parasitaria, penetración pacífica a cargo de religiosos protegidos por guarniciones de soldados— no descartan en absoluto la finalidad colonizadora, con todos los beneficios de una explotación fructífera de las riquezas de las Indias, aunque sin perjuicio, así pensaba él, de los intereses materiales y espirituales de los indios. Al concluir en 1522 esta primera fase de su acción reformadora con el fracaso, que él no supo o no quiso evitar, de su intento personal de aplicación de esos proyectos en la región de Cumaná, fue cuando se dio cuenta, dolorosamente, de las dificultades que había que vencer y también probablemente, de sus culpables acomodamientos a la codicia colonial. De esta grave crisis, que él llamó su «conversión», resultó al año siguiente su ingreso en la orden de los domi-

Brevísima relación..., edición de 1522

las tormentas le llevan a Nicaragua, donde sus intentos se ven contrarrestados por la malevolencia de las autoridades. Llegado a la vecina Guatemala, encuentra por fin buena acogida y con unos pocos compañeros de hábito empieza allí en 1537, usando únicamente de métodos persuasivos, la «conquista» de una zona no sometida todavía por los conquistadores, la llamada Tierra de Guerra, que diez años más tarde, ya llevada a cabo la empresa, recibiría oficialmente, a modo de consagración, el hermoso nombre de Vera Paz.

Pero fray Bartolomé no podía contentarse con éxitos locales. Queriendo conseguir el «total remedio» de las Indias, vuelve a España en 1540 para actuar en el más alto nivel. Estos años de grandes actividades políticas van a coincidir con el apogeo de su carrera. No deja la coyuntura de serle favorable: en 1537, el papa Pablo III había proclamado en su Bula *Sublimis Deus* que los indios, «verdaderos hombres», no podían ser privados de su libertad; en 1539, fray Francisco de Vitoria, en sus famosos lecciones de Salamanca, demostraba la ilegitimidad de los títulos de conquista alegados hasta entonces. Para apoyar sus gestiones, Las Casas redacta una serie de memoriales; destacan entre ellos el *Octavo remedio*, radical condenación de las encomiendas, y la *Brevísima relación de la destrucción de las Indias*, espantosa visión de las atrocidades de la conquista. Llega así a conseguir, con las importantes *Leyes Nuevas* de 1542-43, una gran «reformación de las Indias» en que se cumple, con la supresión de las encomiendas, de la esclavitud y otras formas de trabajo forzado, y con una nueva reglamentación de las expediciones armadas, parte no despreciable, aunque insuficiente para él, de las medidas que venía postulando con tanto tesón.

nicos, preludio de una nueva etapa, muy distinta, de su larga carrera.

En los conventos de La Española, fray Bartolomé aprovechó su estado de religioso para acumular unos amplios conocimientos jurídicos y teológicos de que antes carecía, encontrando ahora en los libros, y en especial en la doctrina tomista, los argumentos científicos y dialécticos indispensables para su acción futura. Allí también fue donde empezó a trabajar en sus dos grandes obras, la *Historia de las Indias* y la *Apologética Historia*, que terminaría en los últimos años de su vida, y donde redactó, en latín, todo un tratado de la «conquista evangélica», el *De unico vocationis modo*, centrado en la noción de atracción persuasiva del entendimiento y la voluntad, excluyendo todo medio coercitivo, de conformidad con la enseñanza de Cristo y el ejemplo de los Apóstoles.

Pasados algunos años, va a tratar Las Casas de poner en práctica sus teorías. Después de tomar parte, con éxito, en la reducción pacífica de Enriquillo, cacique rebelde de la isla, se embarca con la intención de ir al Perú, pero

Su combate, sin embargo, está lejos de haber terminado. Cuando vuelve a las Indias en 1544, con la nueva dignidad de obispo, puede medir a sus expensas, a la par que su creciente impopularidad, la fuerte oposición del mundo colonial a las recientes ordenanzas. En su diócesis, donde pretende exigir el respeto de las leyes, se enfrenta de inmediato con la resistencia, no siempre pasiva, de los españoles. Y llegan a tanto, en todas las Indias y en especial en el Perú, las protestas y amenazas de los colonos que la Corona se ve obligada a restablecer las encomiendas. Al ver que las autoridades —la Audiencia de los Confines— le niegan su ayuda y que sus esfuerzos no sirven para nada, Las Casas, en 1547, vuelve definitivamente a España para reanudar la lucha en la metrópoli.

Allí le esperaba un adversario de mucha capacidad, el nombrado humanista Ginés de Sepúlveda, cuya tesis de la legitimidad de las conquistas, fundada en la supuesta barbarie de los indios, contradecía radicalmente los postulados lascasianos. En la reñida controversia vallisoletana de 1550-51, se encararon los dos adversarios con gran acompañamiento de tratados, apologías, objeciones y réplicas. Llevó allí Las Casas a su más alto grado, afinando en extremo la argumentación, sus inconmovibles conceptos humanitarios. Y no habló en vano, ya que en lo sucesivo, salvo en casos de ofensas indígenas, las conquistas armadas quedaron prohibidas.

Sin perder nada de su asombrosa actividad, siguió luchando el defensor de los indios año tras año en todos los terrenos, dando a la imprenta en 1552-1553 ocho de sus principales escritos —entre ellos la *Brevísima relación*—, redactando sus dos obras mayores, la *Historia de las Indias* y la *Apologética Historia*, oponiéndose con éxito a la perpetuidad de las encomiendas pedida con apremio por el mundo colonial, escribiendo nuevos tratados sobre los graves problemas del Perú, y abogando en la Corte por todos los indios oprimidos.

Murió en 1566, habiendo combatido hasta sus últimos días después de medio siglo de entrega total a su tan exigente como irrefragable cometido.

Bartolomé de las Casas

AL SERVICIO DE LA ACCIÓN: LA OBRA ESCRITA

A lo largo de su muy atareada carréra redactó Las Casas una asombrosa cantidad de escritos, algunos de ellos de enorme extensión. Al lado de su obra propiamente historiográfica destacan sus trabajos antropológicos, sus tratados jurídicos, teológicos o políticos, sus relaciones y memoriales de denuncias o de remedios, amén de otros muchos opúsculos y de un abundante epistolario. Pero más allá de su gran diversidad temática y formal, esta obra escrita se caracteriza por una profunda unidad de inspiración y finalidad. Y es que toda ella, directa o indirectamente y sin la menor excepción, está al servicio de la defensa de los indios. Más aún, es la obra escrita de Las Casas —con su palabra, claro está— la forma privilegiada de la acción de toda su vida. Obra, pues, totalmente comprometida, lo que no impide, como se verá, que se pueda también apreciar como obra «literaria», guardándole a este concepto el sentido de la época.

En el campo historiográfico, es la *Historia*

de las Indias[1], con las de Pedro Mártir, de Oviedo y de Gómara, una de las grandes «historias generales» de los descubrimientos y conquistas escritas en el siglo XVI. Fundada en la experiencia vivida del autor y en valiosos documentos de primera mano, es también una de las más ricas y fidedignas sobre los primeros treinta años de la empresa de Indias.

Empezada en La Española durante los primeros años conventuales, parece que fue redactada en su forma definitiva en España a partir de 1552 (fecha del prólogo) y hasta una época muy avanzada de la vida de Las Casas. Dos figuras sobresalen del relato de los hechos históricos: la de Colón, que ocupa los dos primeros libros, dedicados a los viajes de descubrimiento y a su contexto político, y la del mismo Las Casas en el libro tercero y último, que abarca toda su época de clérigo hasta su ingreso en la Orden de Predicadores. De la persona y actividades del Descubridor, cono-

[1] Ediciones recientes de Lewis Hanke y Agustín Millares Carlo, F. C. E., México, Biblioteca Americana, 1951; y de Juan Pérez de Tudela y Emilio López Oto, Madrid, B. A. E., XCV y XCVI, 1957.

cidos a través de sus propios escritos, nos da el autor, a pesar de los reparos que le merecen sus fechorías, una imagen fundamentalmente favorable, en atención a su alta misión considerada como providencial. En cuanto a la figura y papel del clérigo, no dejan algunas veces de ser objeto de cierta complacencia, como ocurre en todas las memorias de personajes históricos. De particular interés son los capítulos relativos al despertar de su vocación (libro III, capítulo 79 *sq.*), a sus gestiones en la corte (capítulo 84 *sq.*) y al episodio de Cumaná (capítulo 156 *sq.*). También merecen señalarse, para el buen entendimiento de las actividades de Las Casas frente a la esclavitud de los negros, aquellos pasajes en que da cuenta de su progresiva toma de conciencia de la ilegitimidad de esas prácticas (libro I, capítulos 22, 27, 136, 150) y recuerda con sincero arrepentimiento su anterior obcecación (libro III, capítulos 120 y 129).

Más allá de estas materias biográficas, y aun del interés inmediato de la obra como crónica general de las Indias, la importancia y singularidad de la *Historia* de Las Casas estriban ante todo en su marcado propósito denunciador. Restablecer la verdad, la dramática verdad desconocida u ofendida en perjuicio de todos, tal es la gran finalidad del libro, solemnemente proclamada en el prólogo con esos acentos enfáticos y esas redundancias llenas de latinismos léxicos y sintácticos que son el sello inconfundible de la elocuencia lascasiana:

> Resta, pues, afirmar con verdad solamente moverme a dictar este libro la grandísima y última necesidad que por muchos años a toda España, de verdadera noticia y de lumbre de verdad en todos los estados della cerca deste Indiano Orbe, padecer he visto; por cuya falta o penuria ¡cuántos daños, cuántas calamidades, cuántas jacturas, cuántas despoblaciones de reinos, cuántos cuentos de ánimas cuanto a esta vida y a la otra hayan perecido y con cuánta injusticia en aquestas Indias, cuántos y cuán inexpiables pecados se han cometido, cuánta ceguedad y tupimiento en las conciencias, y cuánto y cuán lamentable perjuicio haya resultado y cada día resulte, de todo lo que agora he dicho, a los reinos de Castilla! Soy certísimo que nunca se podrán numerar, nunca ponderar y estimar, nunca lamentar, según se debría, hasta el final y tremebundo día del justísimo y riguroso y divino juicio.

Presentada de este modo, como una exigencia cívica y moral insoslayable, adquiere la *Historia* valor de testimonio de todos los abusos y desmanes consumados en las Indias y de sus calamitosas consecuencias para los pueblos conquistados. De acuerdo con esta sistemática voluntad de denunciación, ofrece dicha obra no pocas páginas que no tienen nada que envidiar a los pasajes más horribles de la *Brevísima Relación de la Destrucción de las Indias*, como las que describen las atrocidades perpetradas en La Española en tiempos de Ovando (primeros capítulos del libro II) o la cruel matanza de Caonao en Cuba (libro III, capítulo 29).

Teniendo en cuenta esta función testimonial de la *Historia*, no deja de extrañar la decisión de no publicarla tomada por Las Casas en 1559, «porque no hay para qué ni ha de aprovechar». Sin descartar la posibilidad de algún desaliento momentáneo del viejo luchador, cabe pensar que las incertidumbres de la coyuntura política a principios del reinado de Felipe II le movieron a aplazar la publicación de su gran libro, en espera de tiempos más permeables a sus generosas tendencias indiófilas, o cuando menos de una opinión más abierta, por escarmentada, a su «verdadera noticia y lumbre de verdad». Editada por primera vez más de tres siglos después de redactada, no por eso se quedó la obra del todo desconocida, ya que fue ampliamente aprovechada por varios autores, en especial por Herrera, historiador oficial de la época de Felipe III.

Concebida como una parte de la *Historia* dedicada a la descripción del Nuevo Mundo y de sus habitantes, la *Apologética Historia* fue tomando tanta extensión que Las Casas prefirió separarla para hacer de ella una obra autónoma. La intención apologética expresada en el título se afirma en el «Argumento». En oposición con aquéllos que consideraban a los indios como hombres inferiores, el autor quiere probar su plena capacidad. Ni de lejos pueden los indios ser asimilados a la categoría aristotélica de esclavos por naturaleza. Trátase pues, aquí también, de restablecer la verdad y de redimir a esos pueblos tan injustamente calumniados.

En una primera serie de capítulos (1 a 39), demuestra Las Casas, a base de razones «naturales, particulares y accidentales», que los habitantes del Nuevo Mundo gozan de una perfecta capacidad intelectual. Viene a ser esta primera parte una historia natural de las Indias aumentada con un verdadero tratado de psicología. Sobresalen por su belleza y exaltación las descripciones de la isla de La Española, siempre recordada con ingenua admiración:

> Por cualquier parte destas dos sierras que se asomen los hombres [...], se parecen y descubren veinte y treinta y cuarenta leguas a los

que tienen la vista larga, como quien estuviese en medio del Océano sobre una altura muy alta. Creo cierto que otra vista tan graciosa y deleitable, y que tanto refrigere y bañe de gozo y alegría las entrañas, en todo el orbe no parece que pueda ser oída ni imaginada, porque toda esta Vega tan grande, tan luenga y tan larga, es más llana que la palma de la mano, antes tan llana como una mesa de bisagras. Está toda pintada de yerba, la más hermosa que puede decirse, y odorífera, muy diferente de la de España. Píntanla de legua a legua, o de dos a dos leguas, arroyos graciosísimos que la atraviesan, cada uno de los cuales lleva por las rengleras de sus ambas a dos riberas su lista o ceja o raya de árboles siempre verdes, tan bien puestos y ordenados como si fueran puestos a mano, y que no ocupan poco más de quince o veinte pasos en cada parte. Y como siempre esté esta Vega y toda la Isla como están los campos y árboles de España por el mes de abril y mayo, y la frescura de los continuos aires, el sonido de los ríos y arroyos tan rápidos y corrientes, la claridad de las dulcísimas aguas, con la verdura de las yerbas y árboles, y llaneza o llanura tan grande, visto todo junto y especulado de tan alto, ¿quién no concederá ser el alegría, gozo y consuelo y regocijo del que lo viere, inestimable y no comparable? [Capítulo 8].

A continuación, y en nada menos que 263 capítulos, el autor pone de manifiesto las tres clases de «prudencia» —monástica, económica y política— que poseen los indios (capítulos 40-58), así como los seis órdenes de oficios existentes en sus repúblicas —labradores, artífices, guerreros, hombres ricos y principales, sacerdotes y jueces—, necesarios pero suficientes, según Aristóteles, para que se basten a sí mismas y se perpetúen (capítulos 59-263). Llega así Las Casas a la evidente conclusión de que los indios, pese a su ignorancia del cristianismo, no pueden ser tachados de bárbaros ni tratados como tales (capítulos 264-267).

Pero este breve análisis no refleja en absoluto la extraordinaria riqueza de la obra, que viene a ser una verdadera enciclopedia del Nuevo Mundo. En esta abundancia y diversidad de datos, procedentes de la larga experiencia indiana del autor y de una multitud de informes pacientemente recogidos, estriba el principal interés de este libro, aunque no se le puede pedir, por razones bien claras, el carácter científico de los modernos tratados de antropología. También es evidente que al sostener la tesis del alto grado de civilización de los indios, se aleja Las Casas no pocas veces de la realidad objetiva, o la enjuicia, cuando menos, en función de criterios muy subjetivos. Téngase en cuenta, sin embargo, que no encubre sistemáticamente las inferioridades morales o sociales de esos pueblos. Sólo que, para él, no se trata de ninguna incapacidad sino, sencillamente, de un estado atrasado de su evolución histórica, que podrán superar con facilidad si a ello se les induce con «amor y mansedumbre». Tal es, en definitiva, la hermosa lección, de confianza en la naturaleza humana, y de caridad, que se puede sacar de la *Apologética Historia*.

A pesar de haber quedado inédita como la *Historia*[2], no dejó esta obra, o la substancia de ella, de ser utilizada por el defensor de los indios, en especial frente a Sepúlveda durante la gran controversia de Valladolid sobre la legitimidad de las guerras de conquista en las Indias. Allí también se valió Las Casas de otro enorme tratado suyo de carácter más doctrinal, la llamada *Apología latina contra Sepúlveda*[3], en que demostraba con argumentos teóricos y ejemplos históricos que ni so pretexto de barbarie, ni como castigo de la idolatría, ni en defensa de víctimas inocentes, ni para abrir paso a la predicación, motivos todos éstos aducidos por su adversario, se justificaba la guerra contra los indios, siendo al contrario la vía pacífica la única forma legítima, y eficaz, de llamarlos a la verdadera fe.

Sobre esta noción fundamental de atracción pacífica, Las Casas había compuesto, años antes, otro tratado latino de alcance más general, el *De Unico Vocationis Modo* («Del único modo de atraer a todos los pueblos a la verdadera religión»), que no ha sido conservado en su totalidad. En la parte conocida, por lo demás considerable[4], afirma el autor que todos los pueblos de la tierra han sido llamados por Dios a recibir la fe. Es imposible, por lo tanto, que alguna raza o nación carezca de capacidad para gozar de esta gracia divina, y más aún tratándose de los indios, siendo ellos dotados por la naturaleza de tan excelentes facultades mentales. Ahora bien, instituyó la Providencia un solo y único modo de enseñar la fe, fundado en la persuasión del entendimiento por la razón y en la atracción de la voluntad por la dulzura. En su demostración acumula Las Casas, usando de todos los recursos escolásticos, los argumentos bíblicos, patrísticos e

[2] Primera edición por Serrano y Sanz, Nueva B. A. E., Madrid, 1909; ediciones recientes de Pérez de Tudela, Madrid, B. A. E., CV y CVI, 1958, y de Edmundo O'Gorman, México, U. N. A. M., 1967.
[3] Edición de Ángel Losada con traducción castellana, Madrid, Editora Nacional, 1975.
[4] Edición de L. Hanke y Agustín Millares Carlo, con traducción castellana de Atenógenes Santa María, México, F. C. E., 1942.

Encomendero y los indios que trabajan para él (siglo XVI)

históricos, y contrapone en sugestivas páginas los beneficios de la paz a los desastres de la guerra.

Así como condena, sin la menor excepción, las guerras de conquista, el defensor de los indios rechaza terminantemente, por injustos e inhumanos, todos los modos de explotación implantados en las Indias. Tema es éste que aparece ya en los primeros memoriales del clérigo, y vuelve con creciente premura en su epistolario y en escritos tan fundamentales como el llamado *Octavo Remedio*, en que expone las calamitosas consecuencias de la encomienda, y el *Tratado de los indios que se han hecho esclavos*, donde denuncia todos los abusos y daños inherentes a la esclavitud[5].

En total contraposición con esta colonización inicua y destructora, postula Las Casas, de conformidad con la doctrina tomista del derecho natural, un sistema plenamente respetuoso de la propiedad, soberanía y libertad de los pueblos indígenas. En sus *Treinta proposiciones muy jurídicas*, y sobre todo en su extenso *Tratado comprobatorio del imperio soberano*[6], puntualiza y justifica su concepción política de un «supremo imperio» en que los reyes de Castilla aparecen como «emperadores sobre muchos reyes», o sea como protectores de los señores naturales, sin merma alguna de los poderes y prerrogativas de éstos ni de los bienes y libertades de sus súbditos. Sistema excluyente pues, de toda explotación depredadora y opresiva de las riquezas de las Indias, y que llevaba en sí, lógicamente, entre otras obligaciones, el deber de restitución de todas las cosas mal adquiridas. De estas exigencias de Las Casas en materia de restituciones, dan bastante prueba, por otra parte, sus *Avisos y Reglas* para los confesores de españoles en las Indias, y sus tratados más tardíos de las *Doce Dudas* y de los *Tesoros del Perú*[7].

Pero este panorama de las obras escritas del defensor de los indios, aunque reducido a las más notables de ellas, quedaría a todas luces imperfecto y aun amputado de uno de los aspectos más representativos de la manera lascasiana si no se prestara una atención muy especial a la famosa *Brevísima Relación de la Destrucción de las Indias*[8]. Pertenece este libro a la nutrida categoría de los memoriales de agravios, y no deja de parecerse, por lo tanto, a otros muchos escritos de Las Casas destinados a dar fe de todas las ofensas padecidas por los indios. Lo que lo hace inconfundible, y que le ha dado tanta fama —frecuentemente

[5] Edición de Pérez de Tudela (con otros muchos opúsculos lascasianos), Madrid, en B. A. E., 1958.
[6] B. A. E., CX.

[7] Los dos primeros en B. A. E., CX; el último, editado por Ángel Losada con traducción española del original en latín, Madrid, C. S. I. C., 1958.
[8] B. A. E. CX; muchas ediciones y traducciones sueltas.

envenenada— en España y en el mundo, es la extraordinaria virulencia del relato de atrocidades, espantosas a cual más, a que se atiene la denuncia a todo lo largo de la obra.

Lleva la *Brevísima Relación* la fecha de 1542, año de intensas actividades lascasianas en el terreno político, que desembocaron, como es sabido, en la gran reforma de las Leyes Nuevas. Dentro de este contexto ha de situarse, pues, la concepción y redacción de la obra, cuya materia, antes de redactada, debió de ser expuesta, de palabra, durante las gestiones llevadas a cabo por el autor en los atareados meses anteriores a la promulgación de las leyes. En 1546 añadió Las Casas unos párrafos para denunciar el incumplimiento de las nuevas ordenanzas, especialmente en el Perú, y en 1552, estando en Sevilla, dio la obra a la imprenta con otros siete escritos suyos, aumentándola a modo de apéndice con un fragmento de carta en que se referían las crueldades cometidas por los conquistadores en ciertas provincias del Nuevo Reino de Granada. El libro está dedicado al príncipe don Felipe, el futuro Felipe II, que ya se ocupaba de los asuntos de las Indias.

En lo esencial, estas finalidades y circunstancias vienen desarrolladas, con la acostumbrada solemnidad, en el «Argumento» y en el «Prólogo» de la edición de 1552, así como en las últimas páginas de la obra. Trátase de dar a conocer los males de que sufren las Indias, y más precisamente las atrocidades perpetradas con motivo de las detestables guerras de conquista. Este deber de información es imperativo; tiene Las Casas una larga experiencia de las realidades coloniales, y su silencio le haría cómplice de las iniquidades del sistema:

> Considerando, pues, yo (muy poderoso señor), los males e daños, perdición e jacturas (de los cuales nunca otros iguales ni semejantes se imaginaron poderse por hombre hacer) de aquellos tantos y tan grandes y táles reinos, y por mejor decir de aquel vastísimo nuevo mundo de las Indias, concedidos y encomendados por Dios y por su Iglesia a los reyes de Castilla para que se rigiesen y gobernasen, convirtiesen e prosperasen temporal y espiritualmente, como hombre que por cincuenta años y más de experiencia, siendo en aquellas tierras presente los he visto cometer; que, constándole a Vuestra Alteza algunas particulares hazañas de ellos, no podría contenerse de suplicar a Su Majestad con instancia importuna que no conceda ni permita las que los tiranos inventaron, prosiguieron y han cometido que llaman conquistas, en las cuales, si se permitiesen, han de tornarse a hacer, pues de sí mismas (hechas contra aquellas indianas gentes, pacíficas, humildes y mansas que a nadie ofenden),

son inicuas, tiránicas y por toda ley natural, divina y humana, condenadas, detestadas e malditas; deliberé, por no ser reo, callando, de las perdiciones de ánimas e cuerpos infinitas que los tales perpetraran, poner en molde algunas e muy pocas que los días pasados colegí de innumerables, que con verdad podría referir, para que con más facilidad Vuestra Alteza las pueda leer. [Prólogo].

Yendo las cosas de mal en peor, resulta sumamente urgente, concluye el autor, que se prohíban en adelante semejantes conquistas, para preservar la salvación temporal y espiritual de las Indias y de España.

La estructura de la obra es de las más sencillas: no es más, toda ella, que una larga sucesión —larga a pesar del título— de matanzas, destrucciones y otras barbaries consumadas en medio siglo de conquistas por todos los confines de las Indias. En líneas generales, el orden adoptando es geográfico, correspondiendo también, aproximadamente, a la cronología de las empresas conquistadoras: isla La Española y archipiélago antillano, «Tierra Firme», Nueva España y provincias adyacentes, países de América del Sur, Perú, Nueva Granada. Pero antes de dar principio a esta galería de cuadros particulares, esboza el autor a manera de introducción una presentación de la «destrucción de las Indias». Páginas son éstas del mayor interés, ya que dan la pauta de la obra y son la clave de su argumentación.

Se reduce esta clave o argumento único a una absoluta oposición, desarrollada en dos párrafos simétricos, entre la bondad e inocencia de los indios y la maldad y crueldad de los españoles, idea revestida de una doble imagen antitética colocada a modo de eje entre las dos hojas del díptico:

> Entre estas ovejas mansas, y de las cualidades susodichas por su Hacedor y Criador así dotadas, entraron lós españoles, desde luego que las conocieron, como lobos e tigres y leones cruelísimos de muchos días hambrientos.

Remite claramente esta doble imagen de ovejas y lobos, pero invirtiéndola, a la palabra de Cristo a sus apóstoles: «Yo os envío como ovejas entre lobos.» Ahora bien, se sabe que la presencia de los españoles en las Indias, de conformidad con las Bulas llamadas de concesión de 1493, sólo se justificaba por su misión apostólica. Se percibe, pues, al alcance de esta frase de Las Casas: además de portarse como criminales, los españoles han renegado totalmente del mandamiento divino. Tal es la grave acusación formulada de entrada contra los «cristianos», nombre empleado en adelante por el autor para dar a entender, con amarga ironía, que los que lo llevaban no lo merecían.

Todo lo que sigue constituye la ilustración de esta afirmación inicial. Acumula Las Casas los más pavorosos ejemplos de atrocidades gratuitas que parecen rebasar, uno tras otro, los límites de la mostruosidad. Bastarán unas líneas, ya que en definitiva se parecen todas, para dar idea de esas visiones de horror y espanto:

> Entraban en los pueblos, ni dejaban niños ni viejos ni mujeres preñadas ni paridas que no desbarrigaban e hacían pedazos, como si dieran en unos corderos metidos en sus apriscos. Hacían apuestas sobre quién de una cuchillada abría el hombre por medio, o le cortaba la cabeza de un piquete o le descubría las entrañas. Tomaban las criaturas de las tetas de las madres, por las piernas, y daban de cabeza con ellas en las peñas. Otros daban con ellas en ríos por las espaldas, riendo e burlando, e cayendo en el agua decían: bullís, cuerpo de tal; otras criaturas metían a espada con las madres juntamente, e todos cuantos delante de sí hallaban. Hacían unas horcas largas, que juntasen casi los pies a la tierra, y de trece en trece a honor y reverencia de Nuestro Redemptor y de los doce apóstoles, poniéndoles leña y fuego, los quemaban

vivos. Otros ataban o liaban todo el cuerpo de paja seca, pegándoles fuego así los quemaban. Otros, y todos los que querían tomar a vida, cortábanles ambas manos, y dellas llevaban colgando, y decíanles: «Andad con cartas»... [De la isla La Española].

«Otros, otros...», así van desfilando, sin el menor descanso, las terribles escenas de crueldades y matanzas. Frente a tanta inhumanidad, la cuestión que inmediatamente se plantea es la de la veracidad y exactitud del testimonio lascasiano. Antes que nada, se puede afirmar que Las Casas, en substancia, no inventa esas fechorías, de muchas de las cuales, como lo subraya a cada paso, fue testigo ocular en La Española y otras partes. Por lo demás, bastantes documentos de varias procedencias confirman expresamente la realidad de los hechos que refiere. Sirva de ejemplo, para los que se han citado más arriba, un memorial de 1519 redactado por los dominios de Santo Domingo, amén de los relatos de los propios conquistadores.

No por eso se ha de negar que la presentación de estos hechos en tan implacable requisitoria como viene a ser la *Brevísima Relación*, corre peligro de conducir a no pequeñas alteraciones de la estricta verdad histórica. Demasiado obvias, en efecto, además del es-

Tropas españolas torturando indios (siglo XVI)

quematismo de la oposición fundamental entre la bondad de los indios y la maldad de los españoles, y de algunas generalizaciones o extrapolaciones arriesgadas, son las sistemáticas exageraciones cuantitativas —abultamiento hasta lo infinito del número de víctimas— o cualitativas —insistencia continua en los rasgos más horribles— que recargan el relato lascasiano de la «destrucción» de las Indias. Ha de notarse, sin embargo, que tales hipérboles no pasan, las más veces, de meros procedimientos estilísticos —elección de términos fuertes, acumulación de superlativos, reiteraciones y encarecimientos verbales— destinados a reforzar, quizás con cierta torpeza, el impacto de la denuncia, sin merma de la veracidad esencial del testimonio.

Con torpeza o sin ella, no parece que esos excesos, una vez entendida la finalidad de la obra, pueden explicársele sin más ni más, pese a cierta interpretación aparentemente autorizada, por alguna anomalía patológica de la mente del autor. Nada más consciente en realidad, nada más lógico y organizado, con arreglo a los objetivos perseguidos, que la *Brevísima Relación*. Nada más alejado, por fin, aunque también se ha sostenido lo contrario, de una incoercible explosión de odio a los espa-ñoles y a España, frente a la detestable conducta de los conquistadores. A menos de confundir la verdadera finalidad del libro, que no pudo ser otra que la defensa de los indios, con la malévola explotación, a todas luces independiente de la voluntad del autor, que hicieron de él los enemigos de España, esta interpretación queda totalmente inadecuada. Obra de carácter a la vez ético y pragmático, así ha de apreciarse la *Brevísima Relación*, como testimonio de las injusticias e instrumento de lucha por la justicia, sin que la compasión por las víctimas, ni siquiera la execración de las fechorías, impliquen de ninguna manera el aborrecimiento de los culpables.

En definitiva, la explicación de esta obra, como la de todos los escritos de Las Casas, y de toda su vida, podría reducirse a una pasión, una vehemente pasión humanitaria. Defensor incondicional de los indios oprimidos, tampoco dejó, a su modo, de compadecerse de aquellos compatriotas suyos a quienes su «codicia y ambición» había hecho, en su sentir, «degenerar del ser hombre» («Argumento» de la *Brevísima*). Bien merece mantenerse viva, en nuestros tiempos de incertidumbres, esta gran lección de humanidad.

BIBLIOGRAFÍA

Orientación bibliográfica

Avalle Arce, Juan Bautista, «Las hipérboles del padre Las Casas», *Revista de la Facultad de Humanidades*, Universidad Autónoma de San Luis Potosí, núm. I, 1960, págs. 33-55.
Bataillon, Marcel, *Estudios sobre Bartolomé de Las Casas*, Barcelona, Peninsular, 1976 (colección de artículos de gran penetración y ponderación).
Bataillon, Marcel y Saint-Lu, André, *El padre Las Casas, defensor de los indios*, Barcelona, Ariel, 1976 (antología comentada de textos lascasianos).
Giménez Fernández, Manuel, *Bartolomé de las Casas*, Sevilla, Escuela de Estudios Hispanoamericanos, 2 vols., 1953 y 1960 (la obra más documentada sobre el clérigo Las Casas).
Hanke, Lewis, *La lucha por la justicia en la conquista de América*, Buenos Aires, Editorial Sudamericana, 1949 (Las Casas dentro del contexto histórico de la controversia de Indias).
Martínez, O. P., Manuel María, *Fray Bartolomé de las Casas*, «*Padre de América*», Madrid, imp. La Rafa, 1958 (estudio biográfico-crítico de orientación un tanto apologética).
Menéndez Pidal, Ramón, *El Padre Las Casas. Su doble personalidad*, Madrid, Espasa Calpe, 1963 (discutible interpretación de la personalidad de Las Casas).
Pérez de Tudela Bueso, Juan, *Significado histórico de la vida y escritos del Padre Las Casas*, Madrid, B. A. E., XCV, 1958 (sugestivo estudio de conjunto de la acción y escritos lascasianos).
Saint-Lu, André, *La Vera Paz. Esprit évangélique et colonisation*, París, Centre d'Etudes Hispaniques, 1968 (sobre un importante episodio de la acción de Las Casas).

Bernal Díaz del Castillo

MANUEL ALVAR

LA VIDA

Seguir los pasos de los conquistadores es galopar levantando un aquilón de polvo, como dijo Heredia. Pero verlos morir en la impotencia de los años, recomidos de evocaciones y nostalgias, es asistir al triste despido del más doloroso acabamiento: «porque soy viejo de más de ochenta y cuatro años y he perdido la vista y el oír». Este desgarro humano lo signaba Bernal Díaz del Castillo, soldado y colonizador, hombre doñeguil y, a su decir, empobrecido, corregidor de Quetzalnenango y vecino de Guatemala. La verdad nos llega por otros caminos bien poco heroicos: los libros del Cabildo recogen su firma; en 1583, mal que bien, sus ojos seguían los rasgos de la letra; en la primera sesión de 1584, el secretario Juan de Guevara firma por él, pues Bernal «ya no veía». Un poco después, al atardecer del viernes 3 de febrero, ya sólo queda «el blanco muro». Pero esta vida ha contado por algo más que ese despido, que aún nos entristece, y nos entristece aún porque entre heroísmos y vanidades, piedades y miserias, valores y amedren-

Juan de Grijalva

tamientos, nos ha dejado un libro que cuenta entre los más apasionantes que jamás haya escrito un soldado. Aquella vida que se extingue en Santiago de Guatemala había empezado su peregrinar muchísimos años atrás, en la ciudad castellana de Medina del Campo entre octubre de 1495 y marzo de 1496. Más de una vez el recuerdo de su pueblo llenaría sus líneas de evocaciones entrañables, pero la vida es, sí, recordar, y vivir es crear ensueños para la evocación. Bernal Díaz del Castillo empezó a urdir su tejido:

> Como mis antepasados y mi padre y un mi hermano siempre fueron servidores de la corona real y de los Reyes Católicos, don Hernando y doña Isabel, de muy gloriosa memoria, quise parecer en algo a ellos. Y en aquel tiempo, que fue año de mil y quinientos y catorce [...] vino por gobernador de Tierra Firme, un caballero que se decía Pedrarias Dávila, acordé de me venir con él a su gobernación y conquista.

La vida fue generosa con el soldado. Si no le premió todo lo que él quiso merecer, le concedió a manos llenas algo que —para nosotros, y hoy— vale mucho más: contemplar las gestas y relatarlas, ver nuevas realidades con unos ojos desmesuradamente abiertos, oír palabras inéditas con unos sentidos que acabarían embotados, tener memoria y paciencia para quererse salvar en la memoria de los hombres. Y, consigo, salvar el recuerdo imperecedero de aquellas criaturas que un día se encontraron en las calzadas de México, en los bergantines de Tenotchtitlán, en la Noche Triste, en la expedición de Higüeras y, también, desnudos sus blancos cuerpos sobre la piedra oscura de la mesa de los sacrificios. Bernal vivió todo esto: fue a Yucatán con Hernández de Córdoba (1517) y con Grijalva (1518), acompañó a Cortés y le fue siempre fiel, tanto al levantarse contra la autoridad de Velázquez (1519), como en el hecho de Cholula, al avanzar sobre Tenochtitlán o al guardar a Moctezuma, al retirarse por las puentes de Tacuba o en el desquite de Otumba, al organizar la vida nueva o en los juicios de residencia, en la marcha a Honduras o en el amargo regreso de los vencidos. Después, las gestas heroicas dejan paso a otras menos brillantes, pero más profundas. Bernal en 1538, volvió a España en

127

busca de algún premio a sus trabajos; se amparó en su pariente Gutierre Velázquez de Lugo, consejero de Indias, reunió probanzas, alcanzó un corregimiento en Guatemala (1540), regresó a su encomienda (1541), se casó con Teresa Becerra, viuda de conquistador (1544). Volvió a España (1550), pues no era buena su encomienda y quería mejorarla; Gutierre Velázquez le ayuda de nuevo, y todo mejora para el colonizador: retorna a Guatemala y allí se afinca (1551); vive en la calle Real, tiene criados y guardaespaldas, posee tierras y se dedica a la ganadería. Tiene también libros, y escribe. El resto, es algo más que su vida de soldado o de colonizador. Antes del 3 de febrero de 1584, Bernal Díaz ha escrito una *Verdadera Historia*; por ella ha merecido la pena evocar los pasos del hombre.

LA «HISTORIA VERDADERA»

Según razonable hipótesis, después del segundo viaje a España comienza a escribir el relato: «lo que yo oí y me hallé en ello peleando, como buen testigo de vista, yo lo escribiré, con el ayuda de Dios, muy llanamente, sin torcer ni a una parte ni a otra [...] y por ventura no tengo otra riqueza que dejar a mis hijos y descendientes, salvo esta mi verdadera y notable relación». Buscar porqués a los móviles de un escritor es una tarea muy poco brillante, tan fácil es caer en el error. El viejo soldado, viejo por 1551, pues ya tenía 56 años, que no eran pocos en el siglo XVI, se encontraba asentado, tranquilo, con tiempo. El recuerdo de la epopeya que vivió se le agrandaría con el paso de los años, y al acercarse la senectud reviviría un pasado de añoranzas; con la poetización de los recuerdos y la insatisfacción que produce siempre la realidad en que se vive. Nada de extraño en el hombre; mucho menos si el hombre ha vivido intensamente y sus ojos en torno sólo van encontrando el vacío:

> De todos los que he recontado, agora somos vivos de los de Cortés cinco, y estamos muy viejos y dolientes de enfermedades, y lo peor de todo muy pobres y cargados de hijos e hijas para casar, y nietos, y con poca renta, y ansí pasamos nuestras vidas con trabajos y miserias.

Qué extraño, si encontrándose ajeno a esa realidad actual, tentara de evocar un pasado glorioso o codiciara salvarse en la memoria de los hombres: «Para que digan en los tiempos venideros: esto hizo Bernal Díaz del Castillo». Pero, mientras en su tranquilidad iba llamando a los recuerdos, y «estando escribiendo esta relación vi las corónicas de los coronistas Francisco López de Gómara y las del doctor Illescas y la de Jovio, que hablan de las conquistas de la Nueva España, y lo que sobre ella me pareciese declarar, adonde hubiere contradición lo propondré clara y verdaderamente, y va muy diferente de lo que han escrito los coronistas ya por mi nombrados» (capítulo XVII). La *Hispania victrix* es de 1552; la *Historia pontifical*, de 1564; los *Elogios o vidas breves de los caballeros antiguos y modernos*, de 1568. Estas son, según el propio testimonio, las obras que vinieron a soliviantar los apacibles recuerdos del soldado; contra ellas arremete y, condicionado por ellas, va ordenando o reordenando su propio relato. Claro que es Gómara quien de más cerca le hiere, porque es el más próximo a los hechos y a lo que al buen soldado le afecta; contra él lanza, una y otra vez, sus tiros: «las palabras que dice Gómara en su historia, [...] son todas contrarias de lo que pasó» (capítulo XX), «lo que dice es por nuevas» (XXIX), «todo lo que escribe no le dieron buena cuenta de lo que dice» (XLII), «esto es lo que pasó [...], y no otra cosa que sobre ello hayan escrito Gómara ni los demás coronistas, que todo es burla y trampas» (LII), etc. Pero sobre todo le indigna el nimbo heroico con que rodea a Cortés, con detrimento de sus soldados:

> Aquí es donde dice el coronista Gómara que cuando Cortés mandó barrenar los navíos, que no lo osaba publicar a los soldados que quería ir a México en busca del gran Motezuma. No pagó como dice, pues ¿de qué condición somos los españoles para no ir adelante y estarnos en partes que no tengamos provechos y guerras? [LVIII]

> Que el coronista Gómara diga hizo Cortés esto, fue allá, vino de acullá, y dice otras tantas cosas que no llevan camino, y aunque Cortés fuera de hierro, según lo cuenta Gómara en su historia, no podía acudir a todas partes [LXVI].

> He visto que el coronista Gómara no escribe en su historia ni hace mención si nos mataban o estábamos heridos, ni pasábamos trabajo, ni adolecíamos, sino todo lo que escribe es como quien va a bodas, y lo hallábamos hecho. ¡Oh cuán mal le informaron los que tal le aconsejaron en su historia! Y a todos los conquistadores nos ha dado qué pensar, en lo que ha escrito, no siendo así, y debía considerar que habíamos de decir la verdad [LXVI].

Gómara es su obsesión. Injusto con los soldados, sólo piensa en Cortés, como si el caudillo no tuviera sino mundo hostil en su cerco (y «nunca capitán fue obedecido con tanto acato y puntualidad»), y Bernal trata de refutarlo a cada paso hasta que «ya estoy harto de mirar en lo que el coronista va fuera de lo que pasó, lo dejaré de decir» (CII), o como hay mucho trecho «de la verdad a la mentira [...] dejemos ya de contar y traer a la memoria los borrones declarados» (CXXIX). Que alguna vez, Gómara le sirva de cañamazo no tiene nada que ver con esto: simplemente, es el apoyo de una memoria que puede ser falaz y que —humanamente— se vislumbra indecisa. Illescas aducido, y corregido, aquí o allá, muy poco significa en el quehacer del cronista, y nada las escasas citas que hace a Paulo Jovio. Creo que hay aquí una clave para entender a Bernal Díaz: su fidelidad y admiración hacia Cortés, no tienen medida, ni casi reservas. Por encima de todo están la sagacidad, el valor y el prestigio del caudillo; las mezquindades humanas son las que hacen de él no un arquetipo de epopeya, sino la grandeza de hombre. Pero Bernal siente el orgullo de su empresa, tal vez se magnifica a sí mismo, y siente lealtad hacia aquellos soldados que vivieron con él las grandes hazañas, o que se quedaron en el camino. El relato del soldado es el testimonio de unos hombres oscuros, que, apenas con historia, son los que han hecho la Historia. Sociológicamente, el hecho es de enorme transcendencia: a la literatura acceden los seres que habían contado muy poco, no los reyes o los santos, sino los mozos de muchos amos, las mujeres de vida arriscada o los soldados rasos. La literatura española se ha adelantado siglos a las otras literaturas; se dice que el día que Fígaro dirige a su señor, la Revolución Francesa se ha cumplido. He aquí otra revolución, literaria, pero no de escasa transcendencia.

Bernal escribe para sí mismo: su propia vanidad y su propia satisfacción o «¿quisieran que lo digan las nubes o los pájaros que en aquellos tiempos pasaron por alto?». Escribe por sus compañeros, pues los cronistas sólo ponen en sus escritores la «alabanza de Cortés y callan y encubren nuestras ilustres y famosas hazañas». Escribe para que «sus hijos y descendientes gocen las loas de sus heroicos hechos». No hace falta otra justificación, si justificación le pidiéramos: se trata de una teoría de valores, aceptables desde el testimonio al que llamamos verdad. Pero esta verdad —todas las verdades humanas— pueden ser movedizas.

Bernal Díaz del Castillo ha querido contar lo que su memoria prodigiosa le ha guardado, lo que sus amigos le han dicho, y de lo que no sabe de manera directa, prefiere no hablar. Cierto que así su historia es incompleta, a las

La batalla de Otumba, lienzo de Tlaxcala

veces con inexactitudes, de vez en cuando trueca los nombres, pero Bernal escribe retazos de vida, la suya y la de sus compañeros, y escribe de una realidad precisa y concreta en la que él actuó y sufrió. No necesitaba rastrear documentos, buscar fuentes, hablar con los indios ni justificar conductas; simplemente contar lo que bien sabía. Somos nosotros quienes sometemos su relato a la alquitara de las erudiciones. Él narró lo que supo y resulta que supo muchas cosas, que las supo con gran precisión y, además, supo contar, no como quería aquel licenciado que le pidió borrador y encontró —Santa Lucía le tenía vueltas las espaldas— «que era muy retórico».

Y regresamos a algo que resulta imprescindible: su historia quiere ser veraz, modifica por completo la perspectiva del relato y aspira a la sencillez del hablar llano. Algunas de estas son las maestrías que deberemos analizar.

CORTÉS Y BERNAL DÍAZ

Un buen estudioso de nuestro cronista, el padre Carmelo Sáenz de Santa María, dice que las *Cartas de Relación*, de Cortés, son la primera fuente documental de la conquista de México, y la *Historia*, la segunda. Otros críticos cambian el orden o introducen nombres nuevos. De cualquier modo se trata de una obra singular y la primera de todas en la descripción de los hombres, en la captación de la realidad y en la adecuación de medios y fines.

Cortés escribe al emperador («me esforzaré a decir a vuestra alteza lo menos mal que yo

129

pudiere, la verdad y lo que al presente es necesario que vuestra majestad sepa») y esto condiciona un tono y un estilo. Debe hacerse entender; por ello no son muchos los americanismos que emplea (*maíz, ají, patata yuca, canoa*) y aun evita dar el nombre preciso de las cosas, ante el temor de no ser entendido: «Llámase esta ciudad Tezcuco, y será de hasta treinta mil vecinos. Tienen, señor, en ella, muy maravillosas casas y mezquitas, y oratorios muy grandes y muy bien labrados»; «de la gente de guerra no salía ninguno a donde pudiese recibir daño, aunque los veíamos estar encima de las azoteas cubiertos con sus mantas que usan»; «[Mexicalcingo] vino a mí muy secretamente una noche y me trajo cierta figura en un papel de lo de su tierra; y queriéndome dar a entender lo que significaba [...]». Cortés rehúye el empleo de *cue*, de *escaupil* y de *amate* porque nada dicen; mientras que Bernal rehíla su emoción cuando designa las cosas más insignificantes o más entrañables: *totoloque* 'un juego', *xihuaquetlan* 'cierta hierba', *chía* 'salvia', *cuilo* 'homosexual', *cotara* 'sandalia', *cazalote* 'poleadas de maíz'. La diferencia estaba en el propio alcance de sus escritos: la *Historia Verdadera* es un relato para gentes que han vivido la epopeya y que luego, emocionadamente, dejan los años de paz sobre las tierras nuevas. Los términos menos grandiosos son los que hablan con voz inequívoca a esos conquistadores que aún viven y que se identifican en las menudencias del quehacer cotidiano. Cortés no, escribe para quienes nunca entendieron la gigantesca aventura y para quienes nada había de decir una realidad exótica. Entonces, cualquiera que sea la cultura que aprendió en Salamanca, bien sabe que el caudillo debe justificar su conducta y deducir las consecuencias que decidieron su actuación. Y piensa en un modelo clásico: César, el héroe que es paradigma de la antigüedad romana, pero que es, también, el modelo de los historiadores en su *Guerra de las Galias* y en su *Guerra Civil*. La fortuna había arrojado unos dados que hicieron a Cortés más grande que a César; Cortés lo supo y no fue remiso al envite: tuvo su gloria en la conquista de México y legó a la posterioridad su *De bello gallico* en las *Cartas de Relación*, y en ellas —también— su *De bello civile*, en la victoria sobre Narváez y sus partidiarios. El reflejo era perfecto y el caudillo castellano había superado el retrato que se le ofreció como modelo. Seguíamos en los paradigmas renacentistas, pero Bernal había hecho la historia de aquellos hombres ignorados, pero en cuyos hombros se apoyó la grandeza del héroe. Bernal con ello dio vida a la autobiografía moderna.

EL MUNDO AMERICANO DE BERNAL DÍAZ DEL CASTILLO

Hay un texto ejemplar de Bernal Díaz del Castillo. Bien vale para conocer los límites de asombro inaudito en que los conquistadores se movían: más allá de la tierra que pudieron ensoñar, pero ligados a ella por la creación fantástica de unas narraciones inverosímiles:

> No podíamos andar, y los mismos caciques decían a sus vasallos que hiciesen lugar, e que mirasen que éramos teules ['dioses'], que si no hacían lugar nos enojaríamos con ellos.

Ni Esplandián, ni Florisel, ni Tirante habían levantando tanto su sueño. Pero esto era poco: más adelante se descorre el telón de fondo. Ya no se puede ponderar. Aquel pobre soldado de Medina del Campo, sudoroso, aspeado, sin resuello, se da cuenta de que está escribiendo una gran página de la historia, pero se contempla en su limitación: no un dios; no, tampoco, un pobre diablo. Se ve en su propia medida en los alcances de su parvedad. Y entonces en el alba primera de aquel mundo que se clareaba para occidente, el soldado cuenta,

> Y otro día por la mañana llegamos a la calzada ancha y vamos camino de Estapalapa. Y desque vimos tantas ciudades y villas pobladas en el agua, y en tierra firme otras grandes poblaciones y aquella calzada tan derecha y por nivel cómo iba a México, nos quedamos admirados, y decíamos que parecía a las cosas de encantamiento que cuentan en el libro de Amadís.

El texto, además de hermoso, es ejemplar. Eran, sí, las inauditas maravillas, pero también la explicación del milagro inefable. «Cosas de encantamiento que cuentan en el libro de Amadís». El conquistador iba a hacer vida aquel libro de caballerías que sólo existió en la fábula, y la vida la iba a convertir en un paradigma literario. He aquí las primeras consecuencias: por los ojos, desmesuradamente abiertos, entraba un mundo inédito al que había que ir poniendo nombres, pero el oído estaba torpe para oír cuanto no fueran las resonancias de la voz amiga. Este era el primer desajuste: vista y oído quieren recoger un mundo, pero vista y oído vienen ya configurados desde la lejana Castilla. Ven y oyen con Amadís, con el romancero, con el cancionero tradicional. Es difícil dar con el registro que cada cosa posee, porque la voz ya no tiene registros. El conquistador ve, y trueca el nombre; oye, y los ojos se van hacia los recuerdos prendidos en la tierra lejana. Leonard ha podido escribir un bello tratado sobre *Los libros del conquistador*, pero los conquistadores escribieron también sus libros. Estamos con uno de ellos, gracias a él sabemos lo que la nueva realidad había hecho sentir a este hombre que, cuando podía gallear, suspira por una india de buen ver; que, cuando podía con las armas, luchó en ciento diecinueve batallas; que sentía piedad por los indios y que ahora, cargado de años y desengaños, sin luz en los ojos y sin agudeza en el oído, se apresta a escribir una de las más hermosas historias que hayan salido de la pluma de un soldado.

Porque la primera dificultad estaba en dar nombre a lo que, como en un paraíso recién estrenado, todavía no lo tenía en la cultura de Europa. El conquistador se valió de su propio instrumento lingüístico o tuvo que engendrar una especie de mestizaje, el primero y más inmediato: el de recibir la fecundación de la nueva vida. Especie de Adán que descubre la voz para llamar a los seres.

> En cuanto a la retórica [de la historia], va según nuestro hablar de Castilla la Vieja, y que en estos tiempos se tiene por más agradable, porque no van razones hermoseadas ni policía dorada, que suelen poner los que han escrito, sino todo a las buenas llanas, y que debajo de esta verdad se encierra todo bien hablar.

Gran lección la del cronista que no sabía latín, ¿para qué lo quería en las Antillas, en el Altiplano, en Yucatán o en Guatemala?, que se diría «idiota sin letras» y que sólo tenía una riqueza: su verdad para contar las cosas *a las buenas llanas*. Gracias a eso nos dijo lo que vio, y no anduvo haciendo las retóricas de «los que han escrito»; gracias a eso, la inolvidable verdad de lo que va viendo.

Sí, el recuerdo será libresco o de sabiduría ajena, pero es la Castilla que él conoce o las regiones leonesas que —aún— se creen castellanas las que han dado la proporción para que podamos medir su relato: Cholula se parecía a «nuestro Valladolid de Castilla la Vieja» y la loza de barro negro y rojo que fabricaban en la ciudad le traía el recuerdo de Talavera y de Plasencia; el mercado de Tlatelolco le evoca el buen orden del de Medina; como para Cortés, la plaza de Salamanca es reiteradamente motivo de comparación o, al hablar del camino de Tepeaca a Guacachula, le asalta su geografía más entrañable.

Castilla, entrañada en la voluntad de estos hombres, era la presencia física de cada uno de ellos, pero era también la presencia meta-física de una realidad que los indios no comprendían y, sin embargo, había quedado clavada en su existencia. La historia es bien sabida y hasta larga de contar, pero en Bernal Díaz es el primer testimonio de la adopción de la palabra exótica entre los indios de Campeche. Un domingo, saltaron los hombres a tierra para hacer aguada; los indios —señalando el levante— decían: ¡*Castilan, castilan!*, pero nadie hizo caso al grito; sólo un hombre, Cortés, que «en todo ponía gran diligencia». Cortés pensó que aquellas voces de los indios hacían referencia a otros hombres blancos que por ventura estarían en aquella tierra. Sí. Otros hombres blancos les habían precedido en las ruinosas expediciones de Enciso y de Valdivia. Dos supervivientes quedaron: uno Jerónimo de Aguilar, de Écija y ordenado del Evangelio, que fue lengua —y clave— de la conquista. El otro *castilan* se habían aindiado; también primer testimonio de un proceso conmovedor: se habían hecho de la tierra y Castilla ya no operaba sobre su conciencia mortal. Gonzalo Guerrero no quiso volverse con los castellanos, pero su recuerdo en el cronista nos llena de emoción hacia este hombre que va al naufragio como nave al garete.

> Hermano Aguilar: Yo soy casado y tengo tres hijos y tiénenme por cacique y capitán cuando hay guerras; idos con Dios, que yo tengo labrada la casa y horadadas las orejas. ¡Qué dirán de mí desque me vean esos españoles ir desta manera! E ya veis estos mis hijicos cuán bonicos son. Por vida nuestra que me deis desas cuentas verdes que traeis para ellos, y diré que mis hermanos me las envían de mi tierra.

Todo se aindiaba: los hombres, los animales, las plantas. Resulta inacabable seguir a Cieza de León en cada uno de los capítulos en que nos cuenta cómo crecen limones, naranjas, uvas, traídos de España. Fue nuestro Bernal quien llevó las primeras naranjas a la Nueva-España. Conste con las escuetas palabras del cronista:

> Sembré unas pepitas de naranja junto a otra casa de ídolos, y fue de esta manera: que como habíamos muchos mosquitos en aquel río de Tonalá fuémonos diez soldados a dormir en una casa alta de ídolos, y junto a aquella casa las sembré, que había traido de Cuba, y nacieron muy bien, de allí se hicieron de naranjas toda aquella provincia. Bien sé que dirán que no hacen al propósito de mi relación estos cuentos viejos y dejallo he.

Ahí queda la historia vieja, aunque merezca el recuerdo. Contra todo el aluvión de Castilla que va a llegar, queden esos dos testimonios inversos y bien reales: Gonzalo Guerrero, el

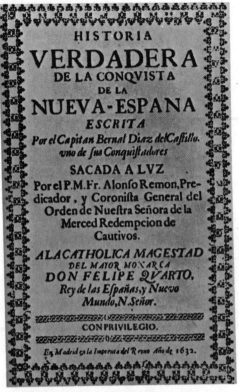

HISTORIA
VERDADERA
DE LA CONQVISTA
DE LA
NUEVA-ESPAÑA
ESCRITA
Por el Capitan Bernal Diaz del Castillo,
vno de sus Conquistadores
SACADA A LVZ
Por el P.M.Fr. Alonso Remon, Pre-
dicador, y Coronista General del
Orden de Nuestra Señora de la
Merced Redempcion de
Cautivos.
ALA CATHOLICA MAGESTAD
DEL MAYOR MONARCA
DON FELIPE QVARTO,
Rey de las Españas, y Nuevo
Mundo, N. Señor.
CON PRIVILEGIO.
En Madrid en la Imprenta del Reyno Año de 1632.

Historia verdadera, edición de 1632

primer español que se aindió, y las naranjas
nacidas en la provincia de Pánuco. Porque el
soldado que vivía en inciertas zozobras sintió
—también— la emoción por la naturaleza.
Alguna mano cansada de manejar la espada
sembró un día unas rosas que nacieron —abiertas ya al cielo limpio de Méjico— con un nombre mestizo: *Kastillanxochitl*.

LA ADOPCIÓN LINGÜÍSTICA

El cronista oyó. Y nos transmitió cuidadosamente lo que había oído. Unas palabras, las
más, tal como él las transcribió así se han per-
petuado (*cacaco, copal, chía, chilmole*, etc.),
otras han persistido, pero bajo forma o significado distinto (*amal* como *amate, masteles*
como *mastate, quilites* como *quelites, chalchiui-
te* no como 'jade', sino como 'baratija'), otras
han desaparecido (*acal, nahuatato* 'intérprete
de lengua náhuatl', *papa*, etc.) y unas cuantas
—por último— jamás se han recogido (*totoloque, xihuaquetlan*). Este variado panorama
muestra bien a las claras que el cronista tuvo
el don de la observación exacta: no sólo para
narrar en su lengua, sino, también, para apre-
hender una circunstancia que era harto diversa
de la que traía configurada («todo lo que escribo acerca dello pasó al pie de la letra»).
Pero el náhuatl que oye Bernal Díaz del
Castillo no es una lengua que se agoste por
aquellas calendas, como ocurrió al arahuaco o
al taíno. Mereció —o estaba ya mereciendo—
los más cuidadosos desvelos de misioneros y
frailes estudiosos; ha llegado hasta nosotros.
Por eso, de las voces que él transcribe sabemos
más que un valor de equivalencia léxica; tras
ellas —también— la elaboración de una cultura o la complejidad de una religión. Bastarán
unos pocos ejemplos: *jiquipil* es, ciertamente,
'ocho mil', aunque su nombre quiere decir
'bolsa o talega', y es que en el sistema numeral
de los náhuas, ocho mil se representaba por
una bolsa o talega y se suponía que en ella
cabían esos granos de cacao, y el cacao se empleaba como moneda: cuando nuestro cronista vino desastrado de Higüeras, Sandoval le
dio «oro e cacao para gastar». *Tatuán* es 'señor'
por más que *tlatoani* 'señor de siervos' pro-
ceda del verbo *tlatoa* 'hablar', pero es que la
cortesía náhuatl impedía hablar a la gente
vulgar en presencia de los principales: baste
un testimonio de la *Historia Verdadera*: cuando
venían a despachar con Moctezuma prisionero, los caciques, por importantes que fueran,
se quitaban las ropas preciosas y se ponían
otras de henequén antes de pasar a su presencia;
entraban descalzos y, con un puntero le seña-
laban sobre un paño que traian dibujando,
cuál era el motivo de su presencia, porque no
osaban hablarle.
Una organización teocrática como la azteca
por fuerza tendría que informar algunos aspectos del vocabulario: el pegujal de nuestro
cronista permite alguna ilustración. Los 'vasallos' se llamaban *maceguales*, voz que procede del náhuatl *maceualli* que tiene el mismo
sentido que le da Bernal Díaz; el aztequis-
mo nace de un verbo *macehua* 'hacer penitencia, sufrir'; *macegual* era antiguamente
'hombre' o, etimológicamente, 'el merecido
por la penitencia'. Según la mitología del México antiguo la tierra había existido varias
veces; en cada una de ellas apareció la especie
humana, pero mejorada en las sucesivas creaciones: los primeros hombres fueron hechos
de ceniza y el agua los convirtió en peces;
los segundos, fueron los gigantes, seres débiles
que se destruían fácilmente; los hombres de
la tercera edad fueron transformados en pavos;
los de la cuarta se convirtieron en hombres-
-monos. Ahora estamos en la quinta edad: los
dioses reunidos en Teotihuacán crearon el
quinto sol, la quinta edad, y encargaron a

Quetzalcóatl la restauración del hombre. El dios serpiente-emplumada fue a la región de los muertos; consiguió los huesos de los antepasados; los molió y los puso en un recipiente; después se sangró sobre ellos y, por el sacrificio de Quetzalcóatl, los hombres renacieron; eran *maceguales* 'los merecidos por la penitencia del dios' y estos dos primeros hombres —Oxomoco y Cipactáual— recibieron el maíz en sus labios del propio Quetzalcóatl y supieron cultivarlo y al comerlo se hicieron fuertes.

La lengua de Bernal Díaz del Castillo es permeable a las voces del mundo nuevo. Conformada en unas tierras muy diferentes de las americanas, lucha por adaptarse a la nueva realidad y sigue los caminos del castellano común: emplea los términos patrimoniales para designar conceptos nuevos (*adive* 'coyote', *tigre* 'jaguar', *león* 'puma', *lagarto* 'caimán'), opone el *de la tierra* a *Castilla* o americaniza su contenido (*estancia, estero, tortilla*). En nada de esto hay novedad. Es el proceso de adaptación. Pero las lenguas indígenas, al tiempo que se hispanizan, van aindiando al español, del mismo modo que la tierra conforma bajo su impronta a aquellas gentes que, cada vez más americanas, van soltando las amarras que las unían con la patria de origen. Es la adopción. Tampoco novedad en ello. Bernal Díaz sigue los barquinazos de nuestra lengua y de nuestra cultura: él es el testimonio impar de los dos procesos. Escribe cuando se alimenta, sólo, de recuerdos y esos largos años vividos hacen que su narración sea un testimonio único. Sus referencias no son apresuradas o cogidas al azar, sino el sedimento de muchos otoños fecundados sobre la misma tierra. Tal es el valor de sus americanismos, oídos mil veces y seleccionados los que la lengua ha aceptado o los que son necesarios para que su expresión no quede mermada de recursos. Creo que esa es su eficacia, ser una experiencia repetida; tan experiencia repetida como la propia existencia. Los procedimientos que humanamente le, y nos, conmueven, son justamente los que dan valor a esa colección de voces americanas. Son las palabras que han quedado incrustadas en la memoria del viejo conquistador, como el nombre de los camaradas —uno a uno en impresionante memento— que quedaron en los puentes de Méjico, que perdieron el corazón en las garras de los sacrificadores, que fueron pasto de las fieras. Con su recuerdo ha salvado las palabras y los hombres, les ha dado el nombre perdurable en la memoria de los que hemos venido después.

RECAPITULACIÓN

El cronista vio y contó: ése fue su gran mérito y ésa fue su originalidad. Saber ver y adecuar la lengua a la narración es —en última instacia— la maestría del hombre que describe, lo que le hace ser artista. Bernal Díaz lo fue en cualquier momento de su obra.

Acaso esa coincidencia que Bernal muestra con lo que ya sabemos de nuestra propia historia lingüística no sea sino testimonio del acierto con que los hechos se han planteado. Pero él, con su larga vida, con el prodigio de escribir a los ochenta y cuatro años, con su memoria incríble, viene a ser como una conciencia viva de la lengua. Y si tenía que evadirse de la realidad, porque la realidad era pobre para contar lo que veía, ahí estaban las grandes creaciones hechas para el pueblo —y por el pueblo—: los libros de caballerías, el romancero, el cancionero tradicional. Y vino a resultar que esa forma de narrar era mucho más directa y mucho más eficaz que la lógica que querían inventar los eruditos. He dicho cómo la maravilla sorprendente de México le hace pensar en Amadís, nadie vacile al ponderar los hechos. Era un mundo de ensueño. Cuando tocaron tierra en la que llamaron la Florida, los sabihondos de la expedición quisieron explicar las cosas

los ídolos de barro y de tantas maneras de figurar, decían que eran de los gentiles. Otros decían que eran de los judíos que desterró Tito y Vespasiano de Jerusalén, y que habían aportado en aquella tierra.

El cronista no opina, ni Amadís ni Roldán podrían sacarle de apuros. Más vale que no supiera latín y se dejara de «prólogo y preámbulo con razones y retóricas muy subida». Por eso supo ser fiel a lo que los prodigios le mostraron y su *Verdadera historia* fue —ni más ni menos— el espejo de su lengua, la propia historia de la lengua en unos días en que el español se dilataba más allá de cualquier fantasía.

BIBLIOGRAFÍA

Ediciones:

Díaz del Castillo, Bernal, *Historia verdadera de la conquista de la nueva España* (ortografía modernizada), prólogo y notas de Ramón Iglesia, México, 1943, dos vols.
— *Historia verdadera de la conquista de la Nueva España*, introducción y notas de Joaquín Ramírez Cabañas, México, 1944, 3 vols.
— *Historia verdadera de la conquista de la Nueva España*, en *Historiadores primitivos de Indias*, Madrid, B. A. E., t. 26, 1944.

Estudios:

Balbuena Briones, Angel, «Épica e historia», *Archivium*, Oviedo, 1959, pp. 83-110.
Ghiano, Juan Carlos, «Veracidad y naturalidad de Bernal Díaz del Castillo», *Revista de literatura argentina e iberoamericana*, Mendoza, 1959, páginas 83-110.
Gilman, Stephen, «Bernal Díaz del Castillo and 'Amadís de Gaula'» *Studia Philologica* (Homenaje a Dámaso Alonso), Madrid, Gredos, 1961, II, pp, 99-113.
Iglesia, Ramón, «Las críticas de Bernal Díaz del Castillo a la historia de Gómara», *Tiempo* (1939), números 6-7, págs. 23-28.
— «Introducción al estudio de Bernal Díaz del Castillo y de su 'Verdadera Historia'», *Filosofía y Letras*, México, 1941, págs. 127-140.
Sáenz de Santa María, Carmelo, «Bernal Díaz del Castillo. Historia interna de su crónica», *Revista de Indias*, Madrid, 1956, págs. 585-604.
— *Introducción crítica de la «Historia verdadera» de Bernal Díaz del Castillo*, Madrid, C. S. I. C., 1967.

El Inca Garcilaso de la Vega

BERNARD LAVALLE

En la historia de las letras hispanoamericanas, pocas figuras han gozado de una fama tan brillante y duradera como la del Inca Garcilaso. Su doble herencia española y americana, tantas veces y tan ardientemente reivindicada por él, no podía sino convertirle en uno de los símbolos del Nuevo Mundo y de la nueva sociedad en que había nacido.

No cabe duda de que el propio Garcilaso contribuyó no poco a la edificación de su leyenda, pero ésta ha podido deformar el sentido y mermar el alcance de su obra, tanto más cuanto que la leyenda garcilasiana ha sido manipulada a lo largo de los siglos, a veces en sentidos contrarios.

Hoy, casi a finales de este siglo XX, cuando ya se han ido desmoronando muchos mitos americanos e hispanos, cuando ya desde algún tiempo a esta parte la investigación ha venido aclarando o rectificando, a veces de manera radical, muchas afirmaciones del pasado, tanto en el campo de la literatura como en materia de historia, ¿qué nos queda verdaderamente de Garcilaso?

APUNTES PARA UNA BIOGRAFÍA SIGNIFICATIVA

En el Cuzco que apenas había dejado de ser capital del imperio incaico, seis años después de la llegada de los primeros españoles al Perú, el 12 de abril de 1539 nacía Gómez Suárez de Figueroa. Éste había de pasar a la historia de las letras hispanoamericanas con el nombre doblemente ilustre del Inca Garcilaso.

Aunque hijo natural, como la gran mayoría de los primeros mestizos, estaba vinculado con la flor y nata del nuevo grupo dominante de los conquistadores. En efecto, en muchos aspectos, la figura de su padre podría servir de arquetipo. El capitán Garcilaso de la Vega había nacido en Badajoz. Extremeño, pues, como tantos soldados de la conquista, descendía de capitanes de la Reconquista, y estaba emparentado por el lado materno con la famosa estirpe de los Garcilasos. Llegado a América con dos hermanos suyos por los años de 1520-30, el capitán Garcilaso había combatido en varios puntos del subcontinente, antes de pisar la tierra peruana bajo el mando del también pacense Pedro de Alvarado. No tardó en estar implicado en las guerras civiles

que, al poco tiempo, habrían de oponer a almagristas y a pizarristas y, luego, a los partidarios de Gonzalo Pizarro y a la corona, representada por La Gasca. Cautivado por Gonzalo Pizarro que le trató con generosidad, tuvo la suerte de pasarse al campo realista poco antes de la batalla decisiva de Xaquixahuana. Así, pudo atravesar sin daños mayores un periodo tan sangriento, mientras que morían sus dos hermanos, uno (Juan de de Vargas) en la batalla de Huarina, otro (Gómez de Tardoya) en la de Chupas. Pasada la tormenta, pudo conseguir un pingüe repartimiento en la región de la actual ciudad boliviana de Cochabamba, lo que le permitió llevar una vida verdaderamente muy desahogada, y convertirse en uno de los señores feudales más conspicuos de la joven sociedad cuzqueña.

Su posición hizo que a principios de la década del 50 casara con doña Luisa Martel de los Ríos que pertenecía a lo más granado de la aristocracia española del Perú. En 1554, fue nombrado por dos años corregidor del Cuzco. Murió en 1559, al tiempo que pensaba regresar a España, sueño de todo conquistador acaudalado.

Si por parte de padre el joven Gómez Suárez de Figueroa entroncaba directamente con los conquistadores, por el lado materno heredaba también una muy ilustre prosapia. Su madre, la *Palla* Isabel Chimpu Ocllo, llamada Isabel Suárez, era nada menos que nieta de Túpac Yupanqui, antepenúltimo emperador inca. El capitán Garcilaso tuvo con ella otra hija, Leonor de la Vega, que como su hermano había de pasar a España. Después del casamiento del capitán, doña Isabel contrajo matrimonio, pero con un soldado español de origen y situación mucho más humildes, un tal Juan del Pedroche, con quien tuvo más adelante otros dos hijos.

Los biógrafos del Inca Garcilaso suelen distinguir en general dos etapas en su vida cuzqueña que duró apenas veinte años. Durante los doce primeros, vivió con su madre y su padre —a menudo ausente por razones político-militares— en una casa noble de Cusipata. Fueron años difíciles de guerras civiles, angustias y sangrientos lances a los que Garcilaso había de aludir en su obra; años durante los que éste vivió en un ambiente netamente quechuizante —aunque no exclusiva-

Túpac Inca Yupanqui

mente, si bien fue el quechua su lengua materna— y en contacto íntimo con el mundo y la cultura indígenas, tanto por las repetidas ausencias del padre como por la convivencia con parte de su familia materna.

En lo sucesivo, después de la disgregación de su hogar, el joven Garcilaso se quedó con su padre. Mezclándose cada día más con la sociedad hispana del Cuzco que se iba organizando, se crió con la primera generación de criollos y mestizos. Con ellos aprendió los rudimentos de las humanidades, compartió sus juegos y su aprendizaje de las armas como cualquier hijo de vecino acaudalado. En tal ambiente, se fue españolizando y llegó a ser perfectamente bilingüe.

Después de muerto su padre, en 1560 pasó a España, y, tras frustrados trámites ante el Consejo de Indias para conseguir alguna renta, llegó un año más tarde a Montilla, pequeña ciudad andaluza en la que había de residir unos treinta años, apenas entrecortados por viajes a Madrid y —según algunos biógrafos— a Italia, siendo muy hipotético éste último. Lo cierto, en cambio, es que con motivo de la llamada guerra de las Alpujarras contra los moriscos granadinos en 1570, consiguió una «conducta de capitán».

Habiendo fallecido su tío don Alonso de Vargas, que le había traído a Montilla, Garcilaso pasó diez y ocho años más en esa pobla-

ción, hasta que, en 1588, la muerte de su tía le permitiese gozar de la herencia dejada por don Alonso. Así terminó uno de los períodos más oscuros y difíciles, en particular en el plano económico, de la existencia de Garcilaso.

Su nueva y muy desahogada posición dio rápidamente una orientación diferente a su vida. Se trasladó a la vecina Córdoba, y se puso a publicar su primera obra, concebida en sus largos años de retiro y estudio en Montilla, durante los cuales había aprovechado la biblioteca de su tío, veterano de las guerras de Italia. Así, en 1590, salió en Madrid su traducción de los *Dialoghi* de León Hebreo. Significativamente la tituló *La Traducción del Indio de los Tres Diálogos de Amor de León Hebreo*. Tres años después, en 1593, terminó su *Relación de la descendencia de Garci Pérez de Vargas*, imaginada primero como prólogo para *La Florida del Inca*, historia del Adelantado Hernando de Soto, también concebida en los años montillanos, pero que sólo había de salir mucho más tarde, en 1605, en Lisboa. En efecto, una de las características de las obras de Garcilaso que ya ostentaba el título de Inca, fue su elaboración muy lenta, mediando casi siempre muchos años entre redacción y publicación. Así, en 1596 tenía ya lista la mitad de su *Primera parte de los Comentarios Reales* que sólo salieron a luz trece años más tarde en 1609, también en Lisboa, cuando ya trabajaba en su última obra, su *Historia General del Perú* (planeada como segunda parte de los *Comentarios Reales*), publicada en Córdoba después de su muerte, en 1617.

Al mismo tiempo que se dedicaba a su labor literaria, en la que le ayudaba a veces un hijo natural que le servía de amanuense, Garcilaso llevaba en Córdoba una vida social al parecer bastante desarrollada. Lo encontramos en diversos negocios de cereales que le permitieron redondear su fortuna. En 1612, como buen hidalgo acaudalado, compró una capilla para su entierro, e incluso al final de su vida se incorporó al estado clerical, pero sólo se ordenó de menores.

Murió en Córdoba el 24 de abril de 1616, después de vivir unos cincuenta y seis años en España...

GARCILASO Y LA HISTORIA

Durante siglos, se solió considerar a Garcilaso como a la mayor y mejor autoridad en todo lo tocante al pasado andino, llegándose a calificarle a menudo de «Príncipe de la historiografía peruana». Tal fama tuvo varias razones.

Cabe citar, desde luego, la amplitud y precisión de su extenso panorama de la historia y de la civilización incaicas. A lo largo de nueve libros, en sus *Comentarios Reales* ofrece al mismo tiempo una cronología del incanato desde su origen hasta la llegada de los conquistadores, y toda una serie de capítulos sobre la religión (libro I), las vías de comunicación y los templos (libro II), las costumbres familiares y la vida social (libro IV), la agricultura y el abastecimiento (libro V), la corte del Inca (libro VI). Prácticamente, no se le olvida ningún aspecto de la vida social y política del imperio hasta los acontecimientos bastante complicados que precedieron a la aparición de los españoles e hicieron más fácil su conquista (libro IX). De la misma manera en la *Historia General del Perú*, concebida como segunda parte de los *Comentarios*, Garcilaso intenta hacer otro tanto con las campañas españolas, las guerras civiles entre los diferentes bandos, y la instalación del coloniaje hispano, abarcando hasta el periodo de don Francisco de Toledo, virrey del Perú a partir de 1569, o sea cuando Garcilaso había dejado su país desde hacía unos diez años.

No obstante, la ambición de un autor y el tamaño de sus obras no bastan para explicar su éxito. Cuando aparecieron las de Garcilaso, tanto las antigüedades americanas como los años de la conquista habían suscitado ya en España muchos libros, a veces de gran valor, y que desde un principio habían gozado de merecido crédito. Basta con citar a López de Jerez, Diego Fernández *el Palentino*, Francisco López de Gómara, Antonio de Herrera, José de Acosta, Gonzalo Fernández de Oviedo. Pedro de Cieza de León contaba ya con tres ediciones a comienzos del siglo XVII, Agustín de Zárate, con cinco...

Si a pesar de tantos y tan valiosos predecesores Garcilaso gozó rápidamente de una fama sin igual, que atestiguaron también durante el siglo XVII diversas reediciones y traducciones en Francia, Inglaterra u Holanda, fue sin duda alguna por el carácter nuevo de su testimonio, por ser el primer peruano y el primer «indio» en escribir sobre su país y su historia. Con no poco acierto, en cuanto a lo que hoy se llamaría la promoción de su obra, Garcilaso insistió repetidas veces en la originalidad, la novedad y la exclusividad de sus informaciones o de sus enfoques. Ya en las primeras líneas del proemio al lector de sus *Comentarios*, escribía que por ser: «natural de la gran ciudad del Cozco, que fue otra Roma en aquel Imperio» podía dar «más larga y clara noticia de la que hasta ahora los escritores han dado». Más adelante (libro IX, cap. XIX)

Tejedora inca, de la *Nueva Corónica*

pasando revista de sus fuentes, después de aludir a «otros muchos Incas e indios naturales... con los cuales —dice él— me crié y comuniqué hasta los veinte años» añade: «En suma digo que me dieron noticia de todo lo que tuvieron en su República, que si entonces lo escribiera, fuera más copiosa esta historia.» No se le olvida tampoco el aspecto vivencial que tantas veces surge entre sus recuerdos.

> Demás de habérmelo dicho los indios, alcancé y vi por mis ojos mucha parte de aquella idolatría, sus fiestas e supersticiones, que aún en mis tiempos, hasta los doce o trece años de mi edad, no se habían acabado del todo.

Garcilaso afirma, además, haberse dedicado a una verdadera encuesta, interrogando a sus amigos peruanos, lo que convertiría pues su obra en una especie de testimonio generacional ya que se valió de

> ... otras muchas relaciones de las conquistas y hechos de aquellos reyes, porque luego que propuse escribir esta historia escribí a los condiscípulos de escuela y gramática, encar-

gándoles que cada uno me ayudase con la relación que pudiese haber... Sacaron de sus archivos las relaciones que tenían de sus historias y me las enviaron.

Todo aquello, le capacitaba pues para corregir muchos errores en que habían caído, a su parecer, no pocos historiadores metropolitanos, siquiera por razones lingüísticas:

... por falsa relación que tuvieron por no saberla pedir el español con distinción de tiempos y edades y división de provincias y naciones, o por no entender al indio que se la daba, o por no entenderse el uno al otro, por la dificultad del lenguaje, que el español que piensa que sabe más dél ignora de diez partes las nueve.

La especie de aureola que rodeó el testimonio garcilasiano ha venido sin embargo palideciendo más o menos desde finales del siglo pasado. En esa revisión a veces exagerada intervinieron varios factores, entre ellos la publicación de historias y crónicas hasta entonces ignoradas que lo completaban o contradecían (las de Bernabé Cobo, Sarmiento de Gamboa, Juan de Betanzos, don Fernando Montesinos, etc.), los descubrimientos arqueológicos que hicieron resurgir una tras otra las numerosas civilizaciones andinas o costeñas, los adelantos y los cuestionamientos de la etnohistoria que, desde hace unos treinta años, viene renovando de manera a veces radical el conocimiento del mundo aborigen. Algunos críticos, incluso, han caído en la manía facilona y de cortos alcances de «coleccionar» las equivocaciones de Garcilaso. Semejante actitud no puede sino conducir a contrasentidos mayúsculos. Las concepciones modernas de la historia nos imponen recordar que esa obra, como todas, vale tanto por su contenido como por su sentido, lo cual nos obliga forzosamente a situarla en su época, a juzgarla en función de la mentalidad que la imaginó y de las intenciones con que la realizó.

En los siglos XVI y XVII, el historiador tenía que seguir forzosamente toda una serie de pautas, tanto en la forma como en la construcción de su obra. De manera inevitable, estas argollas técnicas unidas a las estructuras mentales de la época han tenido fuertes incidencias en la historiografía, incidencias que hoy se consideran a veces como distorsiones de la verdad o equivocaciones.

Por ejemplo, llama la atención la importancia de las clasificaciones, de las divisiones temporales, en una palabra de la cronología alrededor de la que se ordenaba el relato y que por lo tanto marcaba el ritmo del proceso histórico tal como lo reconstruía el historiador. Tal «dictadura» de la cronología —imperativa pero en realidad imprecisa, de una veracidad muy incierta y discutible— correspondía en aquella época precientífica a un afán de nitidez, de orden y estructura en los conocimientos, cuando en realidad se carecía de los medios adecuados para ello.

Las obras de Garcilaso no podían faltar a tal principio, y, por consiguiente, son a menudo más crónica que historia verdadera cuando se mete a reconstruir el transcurso de los acontecimientos, ya se trate de las campañas de los conquistadores en el Perú, de sus guerras civiles, de las hazañas de Hernardo de Soto o del incanato articulado a partir de la sucesión de los diferentes emperadores incas, en gran parte míticos. Por supuesto, es entonces fácil subrayar aquí o allí errores de Garcilaso, arguyendo que tal conquista no fue obra de tal Inca como él afirma, o que tal o cual conquistador español no estaba donde él supone. Pero, afortunadamente, Garcilaso supo renovar en gran parte este aspecto de la historia-crónica de su tiempo, alternando y mezclando tal tipo de historia con otro mucho más moderno, aquel que se interesa, antes de todo, por el sinnúmero de detalles significativos que constituyen la vida colectiva e individual de los hombres del pasado y tiende hacia esa intrahistoria, de las que hablaba Unamuno, o la historia de la «larga duración» definida por Braudel. Incluso, más allá de los hechos, de los datos, Garcilaso supo lo que R. Porras Barrenechea llamó acertadamente la «historia anímica», la de las fábulas, de las leyendas reveladoras de todo un universo mental y tan valoradas hoy por la nueva etnohistoria.

Otro modelo clásico que influyó mucho en la obra garcilasiana, es el modelo heroico. No cabe duda de que tanto la primera parte de los *Comentarios* como la *Historia general del Perú* están construidos a partir de una concepción heroica de la historia, lo cual no puede extrañar en una época en que Plutarco y sus *Vidas paralelas*, por una parte, y la epopeya, por otra, seguían siendo parangones imprescindibles para el género histórico. Basta con recordar, por ejemplo, obras como la *Historia del Emperador Carlos V* de Pedro Mexía, o, en el campo de la historia hispanoamericana, la segunda parte de la *Historia General de las Indias* de Francisco López de Gómara.

Para Garcilaso, los héroes de la historia peruana son sin duda alguna los Incas, sobre todo el primero, Manco Cápac, fundador del imperio y, manifiestamente, Eneas de lo que Garcilaso llamaba «aquella otra Roma», esto es, el Cuzco De la misma manera, el heroísmo empapa la *Historia General del Perú*, cuyas figuras se llaman Pizarro, Almagro, Alvarado, Carvajal, etc. No en vano, en los primeros capítulos de su obra, al recordar el famoso acuerdo de Pizarro, Almagro y Luque en Panamá, Garcilaso evoca el encuentro de Laino donde Marco Antonio, Lépido y Octaviano fundaron el triunvirato. Si bien en las obras de Garcilaso no menudean tanto como en otras de la época las comparaciones con las más insignes figuras de la Antigüedad, no cabe duda de que, de manera implícita, se equipara a los conquistadores con los héroes antiguos. Para generaciones nutridas de literatura greco-latina tales esquemas distaban mucho de ser meros tópicos en la medida en que el siglo XVI español creyó verdaderamente que estaba pisando las huellas de sus modelos y reanudando sus hazañas. Semejante paralelismo entre Antigüedad y Conquista se encontró reforzado en las obras de Garcilaso, como en las demás de su siglo, por la convicción del sentido trascendental de la nueva historia americana. Si la Fortuna había marcado con su signo el destino de los conquistadores, la providencia divina daba un sentido a su gesta: la expansión de la fe por toda la tierra. La predestinación de España para tal hazaña encontraba sus pruebas en los milagros que, en los momentos más difíciles, habían ayudado a los conquistadores y los habían convencido de su misión. Así, Garcilaso se complace en recordar las intervenciones del apóstol Santiago convertido en Matamoros en Mataindios, o las apariciones de la Virgen, por ejemplo, durante el sitio del Cuzco. Desde este punto de vista, Garcilaso no presenta gran novedad con relación a las demás crónicas españolas que también mezclaban lo maravilloso cristiano con lo maravilloso pagano, todos los mitos heredados de la Antigüedad unidos a los que habían surgido de la propia gesta americana. Sin embargo, la originalidad de Garcilaso radica en que asigna a los Incas un papel simétrico al de los españoles. Antes de los Incas, según él, todo era barbarie, idolatría, ignorancia y animalidad. Sólo la labor civilizadora de los Incas permitió más tarde que la cristiandad se pudiese extender en el Perú, como probaba *a contrario* el hecho de que los pueblos a los que los Incas no habían podido someter se habían negado al Evangelio por incapacidad y falta de preparación, como en el caso de los Chiriguanos por ejemplo. De esta manera, para Garcilaso, españoles e Incas venían a ser indisociables. Una misma misión los unía, pues sus trayectorias históricas tenían el mismo sentido trascendente y complementario.

Estas últimas consideraciones tienen evidentes implicaciones ideológicas. Esto no puede extrañar, en la medida en que desde el principio lo americano se vio involucrado en una red compleja de presiones, de deformaciones o cálculos de tipo político e ideológico sobre cuya ortodoxia vigilaba atentamente el Consejo de Indias, a través de la censura, por ejemplo. Ya desde las primeras crónicas soldadescas del Perú (Cristóbal de Mena, Francisco de Jerez, Miguel de Estete, Alonso Enríquez de Guzmán, etc.) vemos cómo se iba estructurando una mentalidad colonialista; pero los acontecimientos de las guerras civiles, de la rebelión pizarrista, y luego las polémicas acaloradas que suscitaron las ideas lascasianas, hicieron que la historia peruana viniese a ser —como diríamos hoy— *comprometida*, en la medida en que quiso demostrar algo, luchar contra contradictores o desmentirlos.

Hasta la fecha, la crítica ha enfocado equivocadamente la posición de Garcilaso frente a no pocos problemas por haber olvidado o ignorado lo que acabamos de escribir. Por ejemplo no cabe duda de que Garcilaso hizo una apología exagerada de los Incas por sen-

Comentarios reales, edición de 1609

PRIMERA PARTE DE LOS
COMMENTARIOS
REALES.
QVE TRATAN DEL ORI
GEN DE LOS YNCAS, REYES QVE FVE-
RON DEL PERV, DE SV IDOLATRIA, LEYES, Y
gouierno en paz y en guerra: de sus vidas y con-
quistas, y de todo lo que fue aquel Imperio y
su Republica, antes que los Españo-
les passaran a el.

Escritos por el Inca Garcilasso de la Vega, natural del Cozco,
y Capitan de su Magestad.

DIRIGIDOS A LA SERENISSIMA PRIN-
cesa Doña Catalina de Portugal, Duqueza
de Bargança, &c.

Con licencia de la Sancta Inquisicion, Ordinario, y Paço.

EN LISBOA:
En la officina de Pedro Crasbeeck.
Año de M. DCIX.

139

tirse miembro de su linaje. Su desprecio para con las civilizaciones preincaicas o costeñas tenía el mismo origen, al que habría que añadir, sobre todo, sus ignorancias. Sin embargo, fundamentalmente, Garcilaso quiso contrarrestar las ideas que desde hacía unos treinta años la ideología oficial venía desarrollando.

En efecto, deseoso a la vez de acabar con la resistencia incaica atrincherada en Vilcabamba y de acallar las reivindicaciones de los lascasistas del Perú, el virrey don Francisco de Toledo emprendió, por los años de 1565-1570, una gran campaña de revisión ideológica que anduvo pareja con sus grandes reformas de la sociedad nativa, que plasmaron para siglos las bases colonialistas del mundo peruano. Para demostrar que los Incas no eran —según la terminología del derecho natural— reyes naturales sino tiranos, suscitó de manera directa o indirecta varias crónicas que proporcionaron una visión totalmente nueva del incanato. Para dar el tono, basta con citar los títulos de los dos primeros capítulos del *Gobierno del Perú* (1567) del oidor de Charcas, Juan de Matienzo, que fue uno de los colaboradores de don Francisco de Toledo: «Del gobierno y tiranía de los Ingas y cómo no eran reyes naturales de estos reinos del Perú» (capítulo I). «De cómo entraron los españoles en este reino y cómo fue justamente ganado y tiene su Magestad justo título a él» (capítulo II). Para convencer a los propios descendientes de los Incas de tal «verdad», otro colaborador del virrey, el doctor Loarte, anduvo por el Cuzco con grandes lienzos pintados que representaban a la aristocracia india todos los abusos y desmanes de sus antepasados, lo cual había de incapacitarla para cualquier tipo de reivindicación...

Tal perspectiva en la que se situaron también hombres como Polo de Ondegardo o Pedro Sarmiento de Gamboa, tuvo más tarde otros muchos voceros prestigiosos, y durante todo el siglo XVII siguió predominando, aunque no de manera exclusiva ni radical el enfoque toledano. En sus obras, el historiador argentino Roberto Levillier, que dedicó gran parte de sus investigaciones a don Francisco de Toledo, subrayó los errores de Garcilaso y su animadversión manifiesta para con el virrey en los capítulos finales de la *Historia General del Perú*. Le censuró duramente, acusándole de haber falseado la realidad, a propósito de la muerte de Túpac Amaru I, o de la presunta actividad del virrey para con los mestizos. No cabe duda de que Garcilaso reconstruyó ese momento de la historia peruana que, además, no conoció personalmente por estar ya entonces en España. Pero, sus mismas exageraciones, sus deforma-

ciones, el sentido que quiso dar a «su» historia no son por eso menos interesantes ni, sobre todo, insignificantes. Tanto en esas páginas como en su presentación del incanato, asoma una reacción al discurso oficial que desde casi cuarenta años se venía desarrollando en los medios gubernamentales de España, discurso que, por ser fundamentalmente una justificación del colonialismo, rechazaba todo lo incaico hacia un transfondo exagerado de barbarie y de tiranía, mientras que representaba la época española con los colores más amenos.

LAS DIRECTRICES DE UNA OBRA LITERARIA

El interés histórico de la obra de Garcilaso no es el único motivo de su fama. En efecto, si el crédito de que gozó durante siglos empezó a bajar o a cuestionarse a finales del XIX, los juicios sobre el valor de sus libros siguieron siendo tan favorables como antes. No cabe duda de que Garcilaso no pensó jamás en reducir sus obras históricas a un mero trabajo testimonial, sino que quiso dejar al mismo tiempo una especie de testamento literario. Esto no puede extrañar, si se recuerda que su primera labor consistió precisamente en la traducción de una obra con fines literarios y morales: los *Diálogos de Amor* de León Hebreo.

Muchas historias o crónicas sobre el Perú carecen de todo valor estético. Las crónicas soldadescas de Francisco de Jerez o de Pedro Pizarro, por ejemplo, son sencillas, sobrias, con un estilo a veces bastante rudo e imperfecto. En la de Alonso Borregán, incluso, menudean las transgresiones sintácticas y se trasparenta una especie de barbarie mental que indica a las claras el origen y la incultura de su autor, que no tomó la pluma sino por pura casualidad. Juan de Betanzos, más tarde, se contentó con transcribir lo que le contaban los indios de manera caótica. Los historiadores que también fueron funcionarios coloniales (Santillán, Matienzo), al contrario dan verdaderos informes oficiales, precisos, descriptivos, mesurados, pero a menudo totalmente fríos, en los que no asoma la sensibilidad de aquel que los escribió (sobre todo en el caso de Matienzo). En otros, los clérigos, surge no pocas veces la vehemencia de la cátedra y de la elocuencia sagrada preocupada por la moral y la justicia, como en el caso del padre José de Acosta. Al contrario, la acumulación de detalles, de colores, y arte sutil del retrato psicológico delata en Gutiérrez de Santa Clara la índole netamente cortesana de su obra.

Hombre culto, Garcilaso está igualmente alejado de todos esos estilos. Se ha subrayado cómo su obra publicada a principios del siglo XVII seguía siendo en muchos aspectos una obra renacentista. Por supuesto, si uno se pone a pensar que las últimas obras de Garcilaso salieron poco más o menos al mismo tiempo que las de Góngora, el desfase salta a la vista. Incluso se ha hablado de «arcaísmo». Este se puede explicar. Su largo retraimiento en Montilla, las influencias que había sufrido (la de León Hebreo entre otras), sus amistades literarias que se han podido reconstituir, su edad (Garcilaso escribió la mayor parte de su obra histórica pasados los cincuenta), los libros que había leído y que conocemos en gran parte gracias a las investigaciones de Durand, todo aquello hacía efectivamente de Garcilaso un hombre del Renacimiento. De todas formas, no hay que olvidar que si bien los *Comentarios Reales* y la *Historia General del Perú* se publicaron a comienzos del siglo XVII, su elaboración empezó mucho antes, en los decenios finales de la centuria precedente. Si apuntaban ya las primeras tendencias barrocas, el estilo natural, pausado y equilibrado típico del período renacentista seguía siendo el de la mayoría, de tal modo que el «arcaísmo» de Garcilaso, indudable en algunos aspectos, fue quizás menor de lo que a veces se ha creído y dicho. Hasta se pueden rastrear leves huellas de un culteranismo incipiente en los prólogos de su última obra, esto es la *Historia General del Perú*.

José de la Riva Agüero ha tratado de definir las líneas directrices del estilo garcilasiano. Acertadamente, subraya:

> ... la mesura y el delicado equilibrio ... la ponderación y concierto de las facultades ... la regularidad de las proporciones ... la claridad lógica llevada hasta en los sentimientos ... la nitidez de las representaciones e ideas ... el predominio de la razón analítica y discursiva ... la imaginación plástica ... el orden y aseo del lenguaje ... la pureza del gusto.

elementos que reflejan el ideal neoplatónico de orden, regularidad y sosiego en que se había formado. Este estilo, por supuesto trabajado pero nunca afectado, corresponde a los esquemas en vigor durante la primera mitad del siglo XVI. Sin duda alguna, sentimos que se trata de un obra pensada, muy madura y, para utilizar la terminología hoy en boga, muy escrita. No pocas veces, intercala Garcilaso en sus relatos consideraciones sobre el heroísmo de tal o cual Inca, de tal o cual conquistador, sobre la vanidad de las cosas, la brutalidad y

ceguera del destino, sobre la decadencia de los imperios, por ejemplo, al evocar su ciudad, el Cuzco. Introduce discursos, retratos o reflexiones morales en el transcurso de los acontecimientos, pero nunca con grandilocuencia, sino de manera sobria, elegante y concisa, con un manifiesto anhelo de perfección.

Sin embargo, detrás de esas formas bastante estáticas, el hombre no desaparece nunca, el escritor no llega a ocultarse. Porras Barrenechea, Riva Agüero, entre otros, han insistido en el hecho de que en la obra de Garcilaso la función emocional desempeñaba un papel importante. Esto resalta, por ejemplo, en su recurso a la propia experiencia, a los recuerdos gratos o infaustos, que, según los casos, bañan sus páginas en nostalgia o en una ternura entrañable no exenta de gravedad, o hacen surgir si no la cólera por lo menos la indignación. Tal función emocional del lenguje unida con lo que sabemos de la trayectoria biográfica del Inca hicieron que L. A. Sánchez llegara a presentarle como una especie de romántico. En su *Literatura peruana*, escribe:

> Lo encuentro más romántico que clásico, entendiendo por éste la ponderación y la cultura greco-latina, por aquél lo desmesurado e intenso.

Considerando la antinomia de su existencia y su contradicción viviente añade:

> Semejante contradicción, ese duelo perenne de nostalgias y amarguras mal reprimidas, ese disfrazarse la imparcialidad, no lo podemos entender si le quitamos la pasión y nos lo figuramos clásico, ponderado y tenso.

Tal juicio del gran polígrafo peruano es sin duda voluntariamente excesivo y anacrónico en la medida en que quiso insistir en un aspecto hasta entonces bastante dejado de lado. Más matizado y más acertado parece lo que escribió Augusto Tamayo Vargas en su *Literatura peruana*:

> ... se percibe la angustia de una vida rota por contrastes, por contradicciones de su mestizaje en función; y con facilidad el recuerdo se convierte en melancolía, la palabra equilibrada en una especie de protesta contra la realidad que lo golpea en sus sentimientos más íntimos. Su misma actitud vacilante ya unas veces hacia su mundo indígena, ya a veces hacia sus antepasados españoles, establece una presencia de la angustia, del retorcimiento armónico, pero generalmente se diluye en un magnífico concierto armónico de su perfeccionado estilo. Podría decirse que

Garcilaso es activamente un romántico, en su biografía; pero que en su expresión literaria, predominan las notas clásicas, como una especie de superación de su angustia por el equilibrio, el concierto, la belleza formal que se han señalado tan acentuadamente en él.

GARCILASO ¿SÍMBOLO RACIAL DEL NUEVO MUNDO

Todo un sector de la crítica quiso ver en Garcilaso una especie de símbolo de lo que Vasconcelos había de llamar la «raza cósmica» nacida en América de las sangres pluricontinentales que se mezclaron en el Nuevo Mundo. Es indudable que por sus orígenes, tanto por parte de padre como de madre, la figura del Inca es eminentemente simbólica del encuentro de dos razas y dos culturas. No obstante parece atrevido hacer de Garcilaso el representante tipo del mestizo de su época.

Por cierto, los primeros años de la conquista vieron surgir en el Perú una primera generación mestiza, hija de conquistadores más o menos ilustres y de indias que pertenecían a menudo a la aristocracia indígena: Diego de Almagro el mozo cuya madre fue una india panameña, doña Francisca hija de Francisco Pizarro y emparentada con Atahuallpa; Pedro y Francisco Altamirano, hijos de Antonio Altamirano; Juan Arias Maldonado, cuyo padre fue Diego Maldonado el rico; las dos niñas mestizas de Diego García; los tres varones de doña Beatriz Coya y de Pedro de Bustincia; los de Blas Gómez y doña Isabel hija de Atahuallpa, de Pedro del Barco, del conquistador Monedero y otros muchos. Durante los primeros años, la nueva sociedad peruana todavía no estructurada en sus prejuicios parece haber aceptado a los mestizos procedentes de familias conocidas. Se criaron, como confirma Garcilaso, con la primera generación criolla, mientras que los numerosos mestizos frutos de los encuentros, de las violaciones de la soldadesca, permanecieron entre la masa indígena.

Con el aumento del número de los mestizos, el mestizaje vino a considerarse como una señal envilecedora, «la mancha de color vario». En la medida en que tenían sangre india, los mestizos se vieron involucrados en una red compleja de prejuicios, suscitados en la mentalidad colonialista, por la naturaleza, la civilización y la condición servil de la gente llamada de color; consideraciones sobre la «fealdad» de los pueblos americanos cuyas facciones no correspondían con la plástica greco-latina; presunta debilidad del hombre americano; derrota de los indios; supuestos

arcaísmo y barbarie de su civilización; desprecio por su condición servil, producto de la conquista, pero que se justificaba entonces con argumentos de orden físico, intelectual o religioso. Hay que añadir que, por ser en su mayoría, hijos naturales, los mestizos fueron considerados como hijos del pecado y esto se adujo para negarles, por ejemplo, las órdenes mayores.

Además, las *castas* fueron rápidamente víctimas de una muy mala reputación social. Cada día más numerosas, rechazadas a la vez por los blancos y los indios, se transformaron en elementos inestables, a menudo agresivos en la vida social. Las autoridades no tardaron en temer la posibilidad de una sedición de los mestizos con los que se hubieran podido juntar los indios, los negros y todos aquellos que no habían podido colocarse en la nueva sociedad colonial. Como vemos, la situación del mestizo en la sociedad hispanoamericana de los siglos XVI y XVII, distó mucho del armonioso equilibrio que algunos críticos han imaginado.

Si objetivamente se puede considerar a Garcilaso como el símbolo del mestizaje peruano, sería, pues, de un grupo de mestizos muy reducido social e históricamente. Además, sus cincuenta y seis años pasados en España, sus pacientes estudios de las letras renacentistas, su arraigo social en Montilla y después en Córdoba, su campaña alpujarreña, dieron por supuesto a su existencia y a su formación espiritual un cuño totalmente nuevo y diferente de lo que hubieran sido de haber permanecido en el Perú como los demás mestizos de su generación.

La originalidad de Garcilaso radica en que reivindica su «indianidad» a partir de un hispanismo innegable y que asume aún en no pocos prejuicios. En esto, por ejemplo, se diferencia de manera radical de un cronista verdaderamente indígena como el indio Felipe Huaman Poma de Ayala cuya *Nueva Corónica y Buen Gobierno* es sin duda alguna el testimonio más emocionante y angustiado surgido del pueblo indio sojuzgado. Alejado de su tierra, de la realidad cotidiana en que había nacido, depositario de la cultura nativa, pero convertido en hidalgo andaluz culto y aficionado a la pluma, Garcilaso quiso reconstituir el sentido transcendente de la sociedad nueva surgida de la conquista. Por el equilibrio y la complementariedad que estableció entre lo incaico y lo español, delineó lo que hubiera podido ser el desarrollo armonioso de una nueva realidad humana y cultural. Pero también en su obra como en su propia existencia asomó no pocas veces la dificultad de llegar a tal equilibrio, de ser verdaderamente mestizo asumiendo su indianidad, en la medida en que el Nuevo Mundo nacido de la guerra estaba envuelto en un contexto lleno de prejuicios y violencias. Incluso su exaltación de lo incaico, su mirada a veces crítica para con los procederes españoles, su exaltación constante de la patria amada y lejana, llegaron a hacerle sospechoso en los medios gubernamentales. A finales del siglo XVIII la corona española mandó recoger cuantos ejemplares de los *Comentarios Reales* circulaban entonces en el virreinato, después del desastrado fin de Túpac Amaru III. Por lo contrario, no es de extrañar que el general San Martín quisiera reeditarlo como libro de inspiración patriótica en las flamantes repúblicas sudamericanas.

En el terreno intelectual, Garcilaso es sin duda, según expresión de Aurelio Miró Quesada «uno de los más auténticos forjadores de la nacionalidad». Por su originalidad y sus contradicciones, por los azares de su existencia, Garcilaso fue el primero de tantos escritores latinoamericanos que sólo en el destierro europeo, separados de sus raíces, bañados en otras culturas, encontraron y supieron expresar el sentido profundo de la realidad en que nacieron, sólo que en el caso de Garcilaso, las implacables fuerzas socio-económicas han hecho que, hasta la fecha, la armoniosa simbiosis imaginada y construida por él quede todavía en gran parte por hacer.

BIBLIOGRAFÍA

Ediciones:

GARCILASO DE LA VEGA, Inca, *La Florida del Inca*, edición y notas de E. S. Speratti Piñeiro, prólogo de Aurelio Miró Quesada y estudio bibliográfico de José Durand, México, F. C. E., 1956.
— *Comentarios Reales de los Incas*, edición al cuidado de Ángel Rosemblat, prólogo de Ricardo Rojas, Buenos Aires, Emecé, 1954.
— *Obras completas*, edición y estudio preliminar de C. Sáenz de Santamaría, Madrid, B. A. E., t. 132-135, 1960.

Estudios:

AROCENA, Luis, *El inca Garcilaso y el humanismo renacentista*, Buenos Aires, 1949.
BERMEJO, Vladimiro, «Algunos estudios crítico-literarios sobre la obra del Inca Garcilaso», en *Nuevos estudios sobre el Inca Garcilaso de la Vega*, Actas del Symposium realizado en Lima del 17 al 28 de junio de 1955, Lima, Centro de Estudios Histórico-militares del Perú, 1955, págs. 247-270.
DURAND, José, «La biblioteca del Inca Garcilaso», *Nueva revista de filosofía hispánica*, vol. II, México, 1948.

— «El Inca Garcilaso, historiador apasionado», *Cuadernos Hispanoamericanos*, México, julio-agosto 1950.
— «Garcilaso y su formación literaria e histórica», en *Nuevos estudios...*, págs. 63-85.
— *El Inca Garcilaso, clásico de América*, México, Sepsetentas, 1976.
ESCOBAR, Alberto, «Lenguaje e Historia en los Comentarios Reales», en su *Patio de Letras*, Lima, 1965, págs. 11-40.
MIRÓ QUESADA, A., *El Inca Garcilaso y otros estudios garcilasianos*, Madrid, Cultura Hispánica, 1971.
PORRAS BARRENECHEA, Raúl, *El Inca Garcilaso de la Vega (1539-1616)*, Lima, 1946.
— *El Inca Garcilaso en Montilla*, Lima, 1955.
RIVA AGÜERO, José de la, «Examen de los *Comentarios Reales*», *Revista Histórica del Perú*, vol. I, páginas, 515-561, vol. II, págs. 129-162 (1907).
SÁNCHEZ, Luis Alberto, *Garcilaso de la Vega, primer criollo*, Santiago de Chile, Ercilla, 1939.
VALCÁRCEL, Daniel, «Concepto de la historia en los *Comentarios Reales* y en la *Historia General del Perú*», en *Nuevos estudios...*, págs. 123-136.
VALCÁRCEL, Luis E., «Garcilaso y la etnografía del Perú», en *Nuevos estudios...*, págs. 137-163.

Juan Rodríguez Freile

Eduardo Camacho Guizado

Juan Rodríguez Freile es, indudablemente, un cronista diferente entre los muchos que, durante los tres largos siglos coloniales, «dieron razón» a la metrópoli hispana de esas extrañas y vastas tierras de allende el mar océano, de los descubrimientos, conquistas, colonizaciones; de sus gentes, su naturaleza, sus costumbres, en lo que puede calificarse como las primeras y más abundantes letras escritas en América sobre tema americano. Y tal vez la razón de su diferencia reside en el hecho de que sus inclinaciones y talentos literarios y su peculiar visión de la vida colonial, mucho más atraída por lo particular, lo personal y privado que por lo general, le dieron a su obra una vitalidad y una amenidad que no tienen otras en la misma medida. A Rodríguez Freile interesaba, más que la hazaña heroica del bravo capitán, la conducta escandalosa de su mujer; más que la fundación de ciudades, la deshonestidad de los funcionarios coloniales; más que la naturaleza o los problemas sociales del indio, los dramáticos lances de honor de sus conciudadanos. Lo mejor de su crónica es la detallada y animada narración de lo privado, sin detenerse, ni mucho menos, ante el chisme o la conseja popular, la murmuración o el secreto de familia. Así, de su pluma va saliendo una estampa mucho más vívida y verdadera de la vida colonial que la de otros cronistas de mayor vuelo histórico. La vida cotidiana en esas pequeñas ciudades que ya van cumpliendo un siglo de existencia cuando él escribe, se nos va desvelando en esa realidad social y psicológica en la que los colonizadores se muestran movidos por la codicia, la lujuria, la envidia o los celos y de ninguna manera por altos ideales de heroicidad o por virtudes cristianas. Para Rodríguez Freile la historia de su patria, el Nuevo Reino de Granada, no está, como en otros lugares de la propia América, movida por grandes fuerzas generales, sino por otras, mucho más particulares y humanas. Cuando habla, por ejemplo, de los famosos tiranos o grandes rebeldes como Gonzalo Pizarro, Lope de Aguirre o Álvaro de Oyón, dice:

> En este Reino no se ha sentido tirano alguno, que aunque hubo aquellas revueltas del licenciado de Monzón y los demás, eran tiranías de amor y celos... [Capítulo XIX].

Rodríguez Freile nació en Santa Fe de Bogotá en 1566. Es, así, el primer autor de importancia nacido en el territorio de la actual Colombia. Además posee una clara conciencia de ser colonial, no español. En 1585 viaja a España, donde permanece hasta 1591, y tiene oportunidad de presenciar el asalto de Francis Drake a las costas gaditanas en 1587. Él se hallaba en Sevilla, pero cuando los sevillanos acuden en socorro de la ciudad amenazada, con ellos marcha el santafereño: «no fui yo uno de los postreros», dice. Don Juan se siente orgulloso de que sus padres hubiesen llegado al Nuevo Reino en 1533 y de que fueran cristianos viejos. Su viaje a España tiene un interés especial para él; va «con deseo de seguir en ella el principio de mis nominativos», actitud aún muy extendida entre cierta *élite* latinoamericana sedienta de tradición europea. Pero cuando, en España, muere su señor y le deja «hijo de oidor muerto», se encuentra «pobre y en tierra ajena y extraña». Hay ciertamente, orgullo en su conciencia de pertenecer al Nuevo Reino: «He querido hacer este breve discurso por no ser desagradecido a mi patria, y dar noticia de este Nuevo Reino de Granada, de donde soy natural...» Y no falta cierto espíritu de protesta ante las injusticias que se cometen con su patria, ante el expolio de sus riquezas: «¿quién lo ha empobrecido [al Nuevo Reino]? Yo lo diré, si acertare, a su tiempo; pues aquel ya se fue a España, que no ha de volver acá (...)».

Tal vez se pueda ver aquí un germen de esa conciencia criolla que aflora plenamente en el siglo XVIII y lleva al movimiento independentista.

Pocos datos se saben sobre Rodríguez Freile, como no sean los que él mismo proporciona en su única obra, titulada de modo casi interminable, pero conocida siempre por el sugerente aunque enigmático nombre de *El carnero*. Se han intentado varias explicaciones de este sobrenombre, no del todo satisfactorias. Posiblemente el material en que se encuadernaban los libros entonces (piel de carnero) y el carácter satírico y malicioso de muchos episodios del libro hayan contribuido al mote popular del libro.

El carnero fue escrito entre 1636 y 1638, y en su mismo extenso título aparecen ya las peculiaridades de su contenido: la intención

Catedral de Bogotá (siglo XVI)

inicial parece ser la de una crónica general al estilo de las muchas que se escriben por aquella época, no ya por los protagonistas directos de descubrimientos y conquistas, sino por sus descendientes, moradores rutinarios de poblaciones ya centenarias. En efecto, el título comienza de la siguiente manera: *Conquista y descubrimiento del Nuevo Reino de Granada de las Indias Occidentales del mar océano...*, y luego prosigue: *Cuéntase en ella su descubrimiento, algunas guerras civiles que había entre sus naturales, sus costumbres y sus gentes...* y, finalmente:

> *con algunos casos sucedidos en este Reino, que van en la historia para ejemplo, y no para imitarlos por el daño de la conciencia.*

No hay mejor descripción del contenido del libro; pero, realmente, lo que ofrece mayor interés desde un punto de vista literario es esta última y pintoresca parte: los *casos*. Estos casos son siempre locales y de conocimiento más o menos directo por parte del cronista. A nuestro picaresco autor no le interesan en verdad los de lejana referencia, por novelescos o interesantes que sean. Por ejemplo, escasamente menciona la apasionante historia de Lope de Aguirre ya que, además, ha sido rela-

tada por los cronistas «clásicos» Juan de Castellanos y fray Pedro Simón, fuentes históricas de Rodríguez Freile.

A éste sólo le interesa verdaderamente lo que él mismo ha «visto y oído»; y lo que ha visto y oído es la rencilla personal, los casos de celos, las envidias, los asesinatos, los engaños, las pequeñas revueltas ciudadanas. Lo demás, allá los cronistas generales; abundan las frases como «A la historia general del Pirú remito al lector, a donde hallará esto muy ampliado».

Desde un punto de vista literario, como decía, el *caso* resulta de un enorme interés. En estos casos, o episodios, en los que combina lo visto, lo oído o lo leído «en autos» con su innegable talento de manipulador de la realidad (es decir, de literato) reside la verdadera importancia de Rodríguez Freile, ya que el valor histórico de su relato tal vez se deba más bien a la ausencia de otros cronistas de la misma época más juiciosos y precisos. Es posible, no obstante que la obra freiliana no deba verse como un relato histórico en el que se insertan historietas o casos, sino como una totalidad ya que, por ejemplo, resulta al menos dudosa la conveniencia de aislar la codicia que mueve a oidores o capitanes de las vicisitudes de la extracción del oro de las minas del Reino. Sin embargo, en esta ocasión parece lo mejor un estudio de Rodríguez Freile como escritor de

146

casos, lo cual, en último término, significa una indagación sobre sus dotes literarias.

Los casos son ilustraciones de la historia, ejemplos siempre con contenido moralizante, o adornos, también, incluídos en la obra por un prurito de amenidad. La primera de las más de veinticuatro menciones de la palabra «caso» en la obra, aparece, como ya se vio, en el propio título y su intención moralizante es evidente.

Caso significa, por supuesto, lo que *casus*: caída, suceso, suerte desagradable, desgracia. O, como define el diccionario, «Cada realización particular de cierto tipo de situaciones o cosas». En *El carnero* tal vez puede definirse así: situación desgraciada y de consecuencias trágicas en la que se ven envueltos los hombres por dar rienda suelta a sus pasiones y vicios, o por caer en las tentaciones del demonio, el mundo o la carne. El caso posee una configuración, una forma particular y determinada que lo aproxima a formas literarias como el cuento. A. Jolles lo incluye entre las llamadas *formas simples* «que, aunque pertenecen al arte, no llegan a ser obras de arte, las que aunque poéticas, no son poemas»[1], junto con la hagiografía, la leyenda, el mito, el enigma, la sentencia, el acontecimiento memorable, el cuento de hadas y el chiste. En la literatura latinoamericana habría que mencionar también, en el aspecto formal, la *tradición* de Ricardo Palma.

De cualquier manera, la intención, en el caso freiliano, resulta principal y explícitamente moralizante, lo cual no implica que sus procedimientos no sean de genuina estirpe literaria, cuentística o incluso novelística. Y aquí reside una de las características fundamentales de la obra del cronista bogotano: su intención es casi siempre historiográfica o moralizante, pero en ella se desliza un prurito de amenidad que la avecina a la literatura entendida como «adorno», distracción, diversión del lector, en primer lugar; y, también, los procedimientos utilizados para la actualización, ilustración, amenización o particularización de esa historia o de esos principios morales (el caso), son genuinamente literarios.

En cuanto a su intención, pues, el caso freiliano no puede calificarse de literatura. Su autor no tiene la intención de hacer literatura. Ya en el prólogo lo declara:

> [...] aunque en tosco estilo, será la relación sucinta y verdadera, sin el ornato retórico que piden las historias, ni tampoco lleva racio-

cinaciones poéticas, porque sólo se hallará en ella desnuda la verdad, así en los que le conquistaron como en casos en él sucedidos (...)

Además, hay en *El carnero* páginas muy explícitas en las que el autor diferencia muy nítidamente su obra de las de creación literaria. Para Freile hay una evidente separación entre poetas, a quienes se les permite «fingir» en razón del arte; autores de libros de caballerías, «sacadineros» y mentirosos sin licencia, y cronistas, siempre «obligados a la verdad». Es curioso que no mencione aquí a otra clase de escritores como los novelistas ya que, por ejemplo, el *Quijote* o el *Lazarillo* podrían haber sido leídos por quien conocía bien el *Poema del Cid* o la *Celestina*. Pero recuérdese que desde 1531 se prohibió la circulación de novelas en la América española y aunque esta prohibición no se cumplía totalmente, sí es un síntoma del poco aprecio que se sentía en ciertos círculos por la novela, lo cual tal vez sea uno de los factores que contribuyen a la ausencia de tales obras durante el periodo colonial. Más adelante nos referiremos de nuevo a ello.

Pero si la intención del caso no es literaria, sí lo es su realización. Además, lo que he llamado el prurito de amenidad lleva al autor a adoptar una actitud paraliteraria, podríamos decir. Cuando se siente obligado a justificar la inclusión de citas bíblicas y «otras historias antiguas» y de explicar su relación con la historia del Nuevo Reino, compara a ésta con la doncella huérfana por casar y dice:

> que esta doncella es huérfana y aunque hermosa y cuidada de todos, y porque es llegado el día de sus bodas y desposorios, para componerla es menester pedir ropas y joyas prestadas, para que salga a vistas; y de los mejores jardines coger las más graciosas flores para la mesa de los convidados [...]

Pero no sólo las citas bíblicas son «flores»; también lo son los casos, incluso los más escabrosos. En el capítulo IX, dice: «En ínterin que llega el primer presidente de este Reino, quiero coger dos flores del jardín de Santa Fe de Bogotá (...)» Una de estas flores es nada menos que el famoso caso de la hechicera Juana García, picaresco relato de brujería y adulterio que comienza hablando de una mujer moza y hermosa la cual, «con la ausencia del marido no quiso malograr su hermosura sino gozar de ella. Descuidóse e hizo una barriga (...)».

Sin embargo, Rodríguez Freile no se cansa de repetir una y otra vez: «Ya tengo dicho que

[1] Andre Jolles, *Las formas simples*, traducción de R. Kempf; revisión de Carlos Foresti Serrano, Santiago de Chile, Editorial Universitaria, 1972, pág. 16.

todos estos casos y los más que pusiere, los pongo para ejemplo»; «He puesto esto para ejemplo, y para que los hombres miren bien lo que hacen en semejantes casos». No obstante, nuestro autor se muestra en cierto modo ambiguo. ¿Es la insistencia constante en la moralización un pretexto para cubrirse las espaldas, como ya lo hacía un colega suyo, muy anterior, el Arcipreste de Hita?

> No puedo dejar de tener barajas con la hermosura, porque ella y sus cosas me obligan a que las tengamos. Esto lo uno, y lo otro porque ofrecí escribir casos, no para que se aprovechen de la malicia de ellos; sino para que huyan los hombres de ellos y los tomen por doctrina y ejemplo para no caer en sus semejantes y evitar lo malo. [Capítulo XVIII].

Los casos parecen provenir, en general de los autos de la Real Audiencia; Rodríguez Freile remite a ellos constantemente; otras veces, él ha sido testigo presencial o los ha recogido de otros testigos que se los trasmiten oralmente. Sin embargo, lo que interesa aquí es más bien la elaboración personal de los materiales, lo cual, como ya he dicho, constituye un procedimiento en el que se puede apreciar claramente un definido temperamento literario que hace del cronista bogotano uno de los más directos antecedentes no sólo de la literatura colombiana sino de la latinoamericana, como lo reconoce la crítica más solvente.

El caso, pues, aparece bien como actualización y particularización de la narración histórica general; bien como «flor», adorno o amenización del relato; bien como ejemplo moralizante. En él hallamos una estructura determinada: casi siempre es un suceso o situación desgraciada que termina con el ajusticiamiento de los culpables que así purgan sus crímenes o debilidades. Sus procedimientos son variados, pero casi siempre incluyen el diálogo (que podría provenir en algunos casos de los interrogatorios judiciales consultados por Freile), la caracterización directa o indirecta, actualización, intriga (*suspense*), figuras literarias, manipulación de datos (datos escondidos, antecedentes lejanos, etc.), reflexiones morales, ejemplos, relativo análisis psicológico, exploración de motivaciones personales, lengua coloquial en los diálogos, ritmo lento y detallismo, etc. Buen ejemplo de todo ello es el «Caso del Oidor desesperado», Andrés Cortés de Mesa; son notables en él el magistral manejo novelístico del «material», los antecedentes, la intriga, la caracterización indirecta del oidor, su ruindad moral al utilizar a su pro-

pia esposa para «la mejoría de sus negocios»; su víctima; su estupidez al denunciarse declarando lo que no se le pregunta y, en fin, su «desesperación». La narración es realista, presentativa; no penetra en la interioridad de los personajes, pero lo que podría llamarse la selección del material y los diálogos van trazando por sí solos los caracteres. Freile recoge, de los múltiples detalles del suceso histórico, aquellos que puedan dotar a la narración de un interés, más que historiográfico, humano, personal, dramático.

Hay en *El carnero* no menos de veinticinco casos, desde los que podrían clasificarse como «mini-casos» hasta los grandes casos, entre los cuales señalaré los ocho siguientes:

> «La hechicera Juana García». (Cap. IX).
> «Jorge Voto, maestro de danza, o el que a hierro mata, a hierro muere». (Cap. X).
> «El Oidor desesperado» (Cortés de Mesa). (Cap. XII).
> «Juan Roldán, el alguacil pícaro». (Capítulos XIII y XIV).
> «La fiscala celosa» (caso del fiscal Orozco). (Caps. XIII-XIV).
> «La fiscala infiel» (caso de Gaspar de Peralta). (Cap. XV).
> «La dama infiel y frustrada» (Luisa Tafur). (Cap. XVIII).
> «El marido asesino de esposa inocente» (caso de Francisco Martínez Bello). (Capítulo XIX.)

Cualquiera de ellos constituye un relato pleno de interés y realizado con recursos literarios de excelente factura. Pero, además, hay en *El carnero* gran cantidad de sucesos, historietas satíricas o incluso chismes de malicia, humor o interés humano e histórico. Para citar un ejemplo, que retrata mejor que cualquier relato de historiador el carácter del adelantado don Gonzalo Jiménez de Quesada, fundador de Bogotá, véase el capítulo VII, en el que Freile cuenta cómo fue echado de la plaza de la corte por su inoportuna ostentación en el vestir; o léase el suceso del desnarigado Melchor Vásquez Campuzano (capítulo XV); o el del falso cornudo don García de Vargas, relato tragicómico casi de humor negro. Un sordomudo acude a una fiesta en la que se mata un novillo. Don García, al ir a su casa, se encuentra al sordomudo y le pregunta por señas de dónde viene; el sordomundo responde por señas

> poniendo ambas manos en la cabeza a manera de cuernos; con lo cual el don García fue a su casa revestido del demonio y de los celos con las señas del mudo, topó a su mujer en las escaleras y dióle de estocadas. [Cap. XVI].

Primera página (detalle) de la relación de Jiménez de Quesada

Ahora bien, como decía inicialmente estos casos y sucesos nos ilustran, más vivamente que cualquier recuento general, sobre la vida real, cotidiana de la colonia neogranadina. Ese clima de desconfianza, deshonestidad, hipocresía, crimen, robos, engaños, celos, codicia, lujuria, queda vívida, gráficamente registrado en las historias de Freile con extraordinario vigor y veracidad. Pero ello se debe al indudable talento de narrador y de literato de nuestro autor y también a su conciencia crítica de criollo que presencia los síntomas de la decadencia paulatina de la maquinaria burocrática del imperio, sin poder, claro está, identificarla como tal.

Mucho se ha discutido entre los historiadores de la literatura sobre el tema de la inexistencia de una novela colonial americana, pero no se suele conceder atención a un problema básico: el de las condiciones históricas que posibilitan o no el florecimiento del género. A mi juicio la colonia americana no ofrece tales condiciones. A pesar de todo, es aún una época poética, por decirlo así, en cierto modo heroica, en la que sus hombres se sienten todavía solidarios en su devoción al ideal imperial y en el sentimiento religioso, aunque el proceso de degradación se haga ya evidente precisamente en obras como la del propio Freile. Pero aún no se llega en su época, a aquella situación que, por ejemplo, posibilita y propicia la unidad, la visión y el arte del *Lazarillo de Tormes*. En este sentido, Freile sería un precursor, un verdadero antecedente del género en Latinoamérica. En *El carnero* puede verse el embrión, el germen de lo que hubiera podido perfectamente ser una novela. Me refiero a los episodios del alguacil Juan Roldán, el cual está al borde de ser un

verdadero personaje picaresco. Primeramente aparece en el capítulo XIII, en el que con mañas dignas de Lázaro o de Guzmán de Alfarache, engaña a las autoridades para poder sacar subrepticiamente unos papeles del presidente Armendáriz; y luego vuelve a aparecer para liberar a un preso amigo del visitador Monzón, mediante el clásico truco de la lima escondida en una empanada; pero no terminan ahí sus hazañas, pues se ofrece al visitador a «dar un picón» (= chasco, zumba o burla) a los oidores de la Real Audiencia (capítulo XIV), picón del que él mismo sale chasqueado ya que le condenan a tormento, del que logra escapar, sin embargo, fingiéndose muerto, aunque de todos modos tiene que estar en prisión casi dos años. Este episodio se caracteriza principalmente por el personaje, a diferencia de la mayoría de los otros, en los que importa más que todo la acción, y esto lo aproxima estrechamente a un relato puramente literario. Pero, realmente, no llega a serlo. Tal vez por pruritos historiográficos, Freile no se abandona a la creación literaria. Mostrando a la vez su temperamento de escritor y sus restricciones, al hablar en cierta ocasión de Eva, dice:

> Eva, deseosa de ver el paraíso tan deleitoso, apartóse de Adán y fuese paseando por él; y ¡qué de materias se me ofrecen en este paseo! Pero quédense agora, que no les faltará lugar. [Cap. V].

Tal vez podría esta frase definir *El carnero*: un libro lleno de posibilidades literarias, de virtualidades novelísticas, que se queda en historiografía.

BIBLIOGRAFÍA

Se excluyen de esta bibliografía las conocidas historias y estudios generales de literatura latinoamericana, por razones de espacio. Véase Héctor H. Orjuela, *Fuentes generales para el estudio de la literatura colombiana*. Guía bibliográfica, Bogotá, Instituto Caro y Cuervo, 1968.

El carnero ha conocido no menos de siete ediciones a partir de la primera, copia del manuscrito hecha por Felipe Pérez (Bogotá, 1859), a la que siguieron la de J. M. Henao (Bogotá, 1935), y varias más entre 1942 y 1962 (Biblioteca de Cultura Colombiana, Biblioteca Popular de Cultura Colombiana, Biblioteca de Autores Colombianos); pero todavía falta una edición verdaderamente depurada y realizada con criterio científico moderno. Aquí hemos utilizado de preferencia la última, según nuestras noticias, la cual parece más cuidadosamente impresa que las anteriores, a pesar de sus erratas:

Juan Rodríguez Freile: *El carnero*. Con notas explicativas de Miguel Aguilera. Comentario crítico-bibliográfico por Miguel Aguilera. *El carnero, libro único de la colonia*, por Óscar Gerardo Ramos. [Medellín], Editorial Bedout. Bolsilibros Bedout, vol. 23, s. a. [¿1968?].

ARANGO FERRER, Javier, *La literatura de Colombia*, Buenos Aires, Casa Editorial Coni, 1940.

CAMACHO GUIZADO, Eduardo, *Sobre literatura colombiana e hispanoamericana*, Bogotá, Instituto Colombiano de Cultura, 1978.

CURCIO ALTAMAR, Antonio, *Evolución de la novela en Colombia*, Bogotá, Instituto Caro y Cuervo, 1952.

GÓMEZ RESTREPO, Antonio, *Historia de la literatura colombiana*, Bogotá, Biblioteca de Autores Colombianos, 1956.

MARTINENGO, Alessandro, «La cultura literaria de Juan Rodríguez Freile. Ensayo sobre las fuentes de una crónica bogotana del Seiscientos», en *Boletín del Instituto Caro y Cuervo*, vol. XIX, núm. 2 Bogotá, 1964.

MARTÍNEZ, Fernando Antonio, «Dos alusiones cidianas», en *Boletín del Instituto Caro y Cuervo*, vol. XVIII, núm. 2, Bogotá, 1963.

— «Un aspecto desconocido de la vida de Juan Rodríguez Freile», en *Anuario Colombiano de Historia social y de la Cultura*, vol. I, núm. 2, Bogotá, 1963.

POSADA MEJÍA, Germán, «La historiografía en el Nuevo Reino de Granada, 1540-1810», en *Boletín de Historia y Antigüedades*, XXXIX, números 452-454, Bogotá, junio-agosto de 1952.

RIVAS SACCONI, José Manuel, *El latín en Colombia. Bosquejo del humanismo colombiano*, Bogotá, Instituto Caro y Cuervo, 1949.

SANÍN CANO, Baldomero, *Letras colombianas*, México, Fondo de Cultura Económica, 1944.

VERGARA Y VERGARA, José María, *Historia de la literatura en Nueva Granada*, Bogotá, Biblioteca de la Presidencia de Colombia, 1958.

Alonso Carrió de la Vandera

Rodolfo A. Borello

El *Lazarillo de ciegos caminantes* ocupa un lugar singular entre los pocos textos representativos del siglo XVIII hispanoamericano. Tanto peruanos como argentinos lo han considerado siempre uno de los monumentos literarios e históricos más típicos de la Ilustración.

La obra apareció en Lima, suponemos que a principios de 1776 (o, según Carilla, en 1775)[1], con un pie de imprenta falso: Gijón, 1773, Ya O. Rich, en fecha tan temprana como 1835, y otros eruditos del siglo XIX habían acotado que el pie de imprenta y la fecha de edición eran falsos[2].

Otro hecho sobre el cual se ha escrito largamente es el del autor real del libro. Hoy, después de las investigaciones de W. Bose, José J. Real Díaz, J. L. Pérez Castro, Bataillon, Vargas Ugarte y Carilla, sabemos que su autor fue don Alonso Carrió de la Vandera (o Bandera), visitador de Correos en aquella parte de la América del Sur, en la que desempeñó durante largos años diversos cometidos[3].

Poco sabemos de la familia de Carrió. Don Alonso nació en Gijón, hacia 1715. A los veinte años llegó a México, donde pasó una década en la capital y en la zona llamada entonces Nueva Vizcaya (los actuales estados de Sonora y Durango), dedicado al comercio. Según dato del *Lazarillo*, pasó en 1746 al Perú, donde gozó de la protección del rico comerciante Felipe Barba de Cabrera. Dos años más tarde hizo un extenso viaje en barco hasta Chile conociendo Valparaíso y Santiago. En 1749 visitó por vez primera Buenos Aires y atravesó la Pampa.

En 1750 casó con Petronila Matute y Melgarejo, limeña que formaba parte de una importante familia de la ciudad. Por renuncia de un pariente de su mujer, llamado Pablo de Vargas, desempeñó entre 1750 y 1757 el cargo de corregidor de la provincia de «Chilques y Masques» (zona cercana al Cuzco), y fue allí, además, lugarteniente del capitán general, alcande mayor de Minas y subdelegado de Bienes de Difuntos.

Entre 1762 y 1763 se alistó don Alonso en un regimiento de caballería que el entonces virrey del Perú, don Manuel de Amat, había formado con el objeto de repeler cualquier intento inglés de invadir el virreinato (durante esos años España estuvo en guerra con Inglaterra).

En 1767 el rey Carlos III decretó la expulsión de los jesuitas de todos los dominios hispánicos de América. Un grupo de 181 religiosos de Chile y el Perú se alistaron en el puerto del Callao para ser conducidos en el navío de guerra español «El Peruano» con rumbo a Europa. Don Alonso se ofreció para dirigir la repatriación de los religiosos y viajó con ellos, primero a Valparaíso, y después a España. Ya en 1768 don Alonso había entregado a los jesuitas bajo su custodia en Cádiz, y fue en ese año cuando nuestro personaje se trasladó a la corte, para solicitar recompensa por sus servicios a la Corona. Logró la altísima recomendación de don Manuel de Roda y Arrieta, ministro que había preparado la expulsión de la Compañía de Jesús. Solicitó entonces el puesto de corregidor de Arica y, aunque obtuvo tres votos del Consejo, fracasó en su intento. Tampoco obtuvo la vacante de Huamanga. Es entonces cuando decidió presentar impresa la relación de sus servicios y la distribuyó en las oficinas de los distintos consejos. Desdichadamente, ese documento se ha perdido. También le fue denegada la solicitud de ser nombrado corregidor

---

[1] Emilio Carilla, *El libro de los «Misterios». El Lazarillo de ciegos caminantes*, Madrid, Gredos, 1976, pág. 17. Este es el más completo —y el único— libro hasta hoy dedicado al *Lazarillo*. Su autor ha estudiado multitud de aspectos de la obra y ha reunido una útil bibliografía comentada sobre el tema. Carilla es también autor de la mejor edición prolongada y anotada del *Lazarillo* (Barcelona, Labor, 1973), en la que ha reunido un ejemplar de la rara primera edición limeña. Todas nuestras citas están tomadas de esta edición y sus páginas remiten a la misma.

[2] Véanse las valiosas referencias bibliográficas reunidas por José J. Real Díaz en «Don Alonso Carrió de la Vandera, autor del "Lazarillo de ciegos caminantes"», *Anuario de Estudios Americanos*, Sevilla, 1956, XIII, págs. 387-416. Hemos manejado la reproducción de dicho artículo, que como prólogo fue reeditada en la edición del *Lazarillo* publicada por la Biblioteca de Autores Españoles (Continuación), núm. 122, Madrid, Atlas, 1959, págs. 245-77. Véase allí, pág. 266. A esta reedición remiten nuestras referencias.

[3] W. L. Bose fue el primero que probó la existencia real de Calixto Bustamante (el que Carrió llamó *Concolorcorvo*) en *El Lazarillo de ciegos caminantes y su problema histórico*, La Plata, 1941, págs. 283-85. Ella Dunbar Temple situó a Bustamante dentro de la familia incaica de los Bustamante Incas (ver Bibliografía). J. Real Díaz editó documentos del Archivo de Indias que probaron sin dudas, la autoría de Carrió. J. L. Pérez de Castro en *Archivum*, XV, Oviedo, 1965, aportó algunos documentos sobre los últimos años de Carrió y reprodujo el *Extracto del Diario Náutico* de don Alonso, que Carilla reeditó, modernizado, en su libro. Marcel Bataillon, «Introducción a Concolorcorvo y a su Itinerario de Buenos Aires a Lima», *Cuadernos Americanos*, CXI, 4, México, 1960, págs. 197-216, estudia las ideas y la importancia histórica y literaria del *Lazarillo*.

151

Buenos Aires en el siglo XVIII

de Huarochiri. Tenía entonces don Alonso 55 años.

A comienzos de 1771 consiguió, de parte del marqués de Grimaldi, el nombramiento de visitador de la ruta entre Lima y Buenos Aires. En junio de ese año, se le encargó inspeccionar las postas radicadas entre ambos alejados puntos sudamericanos. Ya para esa fecha don Alonso había partido de La Coruña (lo hizo en enero del 1771) en el correo real «Tucumán». El 11 de mayo llegó a Montevideo. Allí se enteró del naufragio del navío «Oriflama», en el que iba la pequeña fortuna personal de toda su vida: casi 20.000 pesos que Carrió repatriaba al Perú... y que perdió.

La orden dada a Carrió por Grimaldi formaba parte de un vasto plan de renovación, reorganización y perfeccionamiento de las comunicaciones terrestres y marítimas, en que España estaba empeñada. Centralización, eficacia y rentas nuevas para la monarquía borbónica eran algunos de los objetos de ese amplio proceso que se había iniciado en 1764, cuando se instituyeron los Correos Marítimos con las Indias, y se estableció que el puerto base de los mismos sería La Coruña. Cuatro años más tarde, en 1768, Carlos III incorporó a la corona el oficio de Correo Mayor de Indias, que el rey Fernando el Católico había concedido graciosamente en 1514 a uno de sus consejeros, el doctor Lorenzo Galíndez de Carvajal y a sus descendientes. Este privilegio personal será así convertido en la Superintendencia de Correos y Postas, dependerá directamente de la corona y proveerá buenas comunicaciones y nuevos fondos a las Rentas del Estado, como las Aduanas.

Durante su viaje en el «Tucumán», Carrió escribió un *Diario náutico* del cual conocemos solamente un extracto publicado por Pérez de Castro y reeditado por Carilla. Cuando don Alonso llegó a Buenos Aires, se puso en contacto de inmediato con el primer administrador general de Correos de la ciudad, don Domingo de Basavilbaso, y junto con él puso en marcha una reorganización del sistema postal que fue completada entre septiembre y octubre de 1771.

El 5 de noviembre de ese año, don Alonso inició su viaje hacia Lima. Hoy sabemos que en Córdoba se unió a la caravana, en calidad de amanuense de Carrió, Calixto Bustamante Carlos, aquel a quien el visitador atribuiría más tarde la redacción de su libro. Por las fechas suponemos que Bustamante comenzó a trabajar para don Alonso a fines de noviembre de 1771.

Entre Buenos Aires y la ciudad de Salta, el viaje tardó ciento cincuenta y ocho días. Desde Salta la siguiente etapa fue hasta Potosí, donde permaneció Carrió setenta y un días. Es importante señalar esta detención porque allí terminó la colaboración de Bustamante Carlos con don Alonso. Por un recibo firmado por Bustamante, sabemos que fue amanuense del comisionado durante diez meses y que, por su trabajo, percibió doscientos pesos (a veinte por mes). El recibo está firmado en Potosí, el 21 de agosto de 1772[4].

De allí Carrió pasó al Cuzco (donde permaneció desde el 16 de enero a 14 de abril de 1772) y llegó a Lima el 6 de junio de ese año, terminando su extenso periplo. Fueron en total 946 leguas recorridas en diecinueve meses. El *Lazarillo de ciegos caminantes* constituye, en parte, la relación de esa larga marcha, de las medidas que el visitador tomó y aconsejó en las distintas paradas, y una suma de valiosísimas observaciones de todo tipo que don Alonso fue realizando (y anotando) en esa oportunidad. Y debe adelantarse que la obra es la única publicación de este tipo (un itinerario) conocida hasta hoy en la América Hispánica. Si poseyéramos otras semejantes para Centro América y el norte de América del Sur, nuestros conocimientos sobre la vida, economía, costumbres, sociedad, transportes, léxico, etc., de la América española, serían mucho más ricos y exactos.

Ya desde la llegada de don Alonso a Buenos Aires (y aun antes) habían comenzado las duras diferencias que separarían tanto a Basavilbaso como a Carrió, del administrador de Correos del Virreinato del Perú, don José Antonio de Pando. Pando había sido nombrado para dicho cargo en abril de 1769, pero debido a una larga enfermedad, tomó posesión de su puesto en mayo de 1772. Por diversas razones que sería largo señalar aquí, Pando mostró

---

4 Documento fundamental publicado por J. Real Díaz, citado, pág. 270.

desde el comienzo una actitud negativa y polémica con don Alonso y jamás se entendieron ambos entre sí. Diferencias de caracteres, de concepción del servicio real, de actitudes, hicieron que pronto ambos funcionarios comenzaran un largo pleito que terminó de manera poco airosa para don Alonso. Baste decir que éste, para defender sus puntos de vista, escribió un extenso *Manifiesto* (en 1777 o 1778) en el que atacaba duramente a Pando y a sus partidarios. Pando entabló juicio y logró que el escrito fuera secuestrado y quemado, Carrió preso y, en atención a su edad y estado de salud, puesto en libertad y jubilado de oficio.

En octubre de 1781 murió la mujer de don Alonso y éste falleció en Lima el 17 de enero de 1783, siendo enterrado en la iglesia de San Francisco.

¿Qué valores históricos posee la obra? Como indicó Bataillon:

> Debemos reconocerle (a Carrió) el haber analizado... una actividad capital para la América del Sur. Los tratantes en mulas, su personal y sus recuas eran los principales usuarios de las rutas. Centrado en Córdoba y en Salta, su tráfico cubría un vasto espacio desde los pastizales argentinos hasta las regiones perdidas de la Sierra, hasta las ciudades mineras, hasta las capitales del Perú, suministrando a ese inmenso país caballerías de carga, de silla y de tiro. Un cuadro así tenía para la época el mismo interés que tendría hoy el de la industria de automóviles y de su mercado interior en un continente recién abierto a la motorización... nuestro escritor no observaba este tráfico en simple curioso o en economista desinteresado, sino que lo describe en hombre de negocios informado del lado financiero de las cosas.

El libro trae una suma asombrosa de informaciones económicas: costos, pérdidas, transporte, inversiones, rutas, ganancias, riesgos, plazos y gastos; ninguno posee tantos datos sobre los salarios de la época. En todos los lugares donde se detuvo, Carrió se informó sobre habitantes, nacimientos y muertes, estructura étnico-social. El libro acumula una valiosísima información demográfica. Es que Carrió, como otros hombres de su siglo, y tal vez más que muchos otros, poseía una especial capacidad para ver y describir lo real y concreto. Hay un pasaje en su libro que muestra con claridad desacostumbrada, qué tipo de hombre era don Alonso. Es aquel, al final del prólogo, en el que el autor se ríe del escritor peruano Peralta Barnuevo, erudito pedante que vivió escribiendo una literatura de glorificación del pasado, en lugar —dice el Visitador— «de

escribir la historia civil y natural de este reino... pero la mayor parte de los hombres se inclinan a saber con antelación los sucesos de los países más distantes, descuidándose enteramente de los que pasan en los suyos» (págs. 117-18).

Carrió fue un hombre de realidades, una extraña mixtura de comerciante, funcionario y persona interesada en lo actual, lo concreto. Como escribió Bataillon (de quien tomamos la idea y la cita anterior): «La realidad americana más concreta es su objetivo preferido. La conoce tanto en su conjunto como en el detalle y siempre por dentro y desde dentro.»

Esto explica la veracidad de sus descripciones de los hechos, personas, situaciones, actitudes sociales. En cada lugar relaciona siempre la riqueza de las iglesias y curatos con la situación económica de los habitantes. De allí deduce la relativa indiferencia religiosa de los hombres del Río de la Plata, frente a los que vivían en el interior y en Bolivia y Perú. A la vez, con inmediata acuidad, percibe la ausencia de nobleza y de espíritu aristocrático en la zona mencionada, frente a la marcada y rígida sociedad conservadora y aristocratizante de cordobeses, tucumanos, potosinos y limeños (diferencias éstas que inspirarán ciertos pasajes de *Facundo*, ochenta años más tarde, claro que exageradas por Sarmiento...).

Carrió, casi al pasar, anota aspectos de aquel mundo lejano que son hoy de inmenso valor: las comedias, las costumbres, la religiosidad, la salud, la forma de pronunciar el español, el lujo o la sencillez en el vestir, las enfermedades más comunes, la ausencia o abundancia de viejos, los tipos sociales infrecuentes (recuérdese su tan plagiada y valiosa descripción de los gauderios), etc. Es innecesario decir que lo relativo a su misión básica está claramente consignado: distancias, caminos, postas, medios y costos de transporte.

¿Qué valores literarios posee la obra? Una lectura detenida del libro sólo permite calificarlo (como indicó Carilla), de *libro de viaje*. No es una novela, ni una protonovela; menos una obra picaresca. No exageremos además sus valores literarios. Carrió, que era un hombre inteligente y que entendía de literatura, califica la obra de árida y de mal escrita (aunque adjudicándole estos defectos a Bustamante...). Escritor circunstancial, don Alonso fue un típico lector culto de su siglo. Manejaba un corto caudal de citas latinas (Virgilio —aunque mal citado, acota Carilla—, Ovidio, Tácito), conocía el célebre *Telémaco* de Fenelón y entre los españoles había leído el *Quijote*, Quevedo (su autor favorito según Carilla), Gracián y el padre Feijóo, al que admiraba profunda-

Camino de montaña en la provincia de Quito

mente y al que toma, en cierto sentido, como maestro.

En cuanto a los aspectos novelescos del libro, ha ocurrido con el *Lazarillo* algo que está fuera de sus dimensiones concretas y de su sentido real. Varios críticos (y de los más avisados) han necesitado buscar, en los siglos XVII y XVIII de la América Hispánica, textos para plantear y resolver el intrincado problema de la ausencia de novela hispanoamericana antes del *Periquillo* de Lizardi (1816). La ausencia de narrativa anterior, o la tardía novela de Hispanoamérica, ha dado origen a una dilatada polémica que descubrimientos recientes no han hecho más que replantear. Tal vez la respuesta más mesurada sea simplemente pensar que mientras no hubo sociedad urbano-burguesa (autores, industria editorial, sociedad más o menos estable, lectores) no hubo novela. Cuando esta estructura social se hace presente, aparece la novela. Si volvemos al *Lazarillo*, veremos que diversos críticos han buscado antecedentes, una especie de protonovela precursora, en la centuria anterior a Lizardi (Alegría, Anderson Imbert, Castagnaro). En esta evolución genérica, el *Lazarillo* ha sido visto así como una etapa de orígenes, en la historia de la narrativa del continente. Alegría escribe:

> Sin ser una novela en el sentido exacto de la palabra, la historia de Concolorcovo, con su armazón picaresca, es un anuncio del *Periquillo* de Lizardi[5].

La lectura del libro muestra que la redacción del mismo se atribuye a Calixto Bustamante Carlos Inca, al que se le da el sobrenombre de Concolorcorvo. ¿Por qué Carrió ocultó su nombre bajo el de un amanuense (Bustamante)? Una interesante carta de Carrió dirigida desde Lima el 24 de abril de 1776, a los Jueces Administradores Generales de la Renta de Correos en Madrid, parece explicar tanto el ocultismo del autor, como la inserción en el libro de materiales adventicios:

> Muy SSres. míos: Por este navío dirijo a V. S. S. dos paquetes con 12 exemplares de mis Ytinerarios, desde Montevideo a esta capital... (Lima).
> Disfracé mi nombre por no verme en la precisión de regalar todos los exemplares. No ignoran V. SS. lo árido de un Diario, particularmente en Payses despoblados, por lo que me fue preciso vestirle al gusto del Pays para que los Caminantes se diviertan en las Mansiones, y se les haga el camino

Imbert, *Historia de la literatura hispanoamericana*, 6.ª ed., México, F. C. E., 1967, págs. 160-61, señala los aspectos de novela picaresca de la obra. A. Castagnaro, *The Early Spanish American Novel*, Nueva York, Las Américas, 1971, págs. 13-15, rechaza la existencia de aspectos novelescos en la obra. En fecha tan temprana como 1914, Ventura García Calderón había señalado el género del libro: «El *Lazarillo* no es novela picaresca, sino el itinerario de un viaje de Buenos Aires a Lima, un relato somero, ingenioso y tunante.» y había intuido los dos yoes que fictivamente hablan en la obra: «Parece peninsular por su ferviente mentís a la pretendida crueldad de los españoles; parece indio por la sutil y cariñosa (¿?) comprensión de la vida indígena.» *Revue Hispanique*, XXXI (1914), págs. 339 y n.

[5] Fernando Alegría, *Breve historia de la novela hispanoamericana*, México, Studium, 1959, págs. 16-17. E. Anderson

menos rudo. Yo recelo, que no sean del agrado de V.SS. por difuso, y en algunas partes jocoso. Lo primero lo executé a pedimento de los Tratantes en mulas, que no creo sea desagradable a ninguno, y aun pienso que ahí tendrán mucho la complacencia de saver a fondo la sustancia de este género de tragín.

En lo segundo procedí según mi genio, en que no falté un punto a la realidad, por que me parece, que lo demás es un engaño trascendente a la posteridad... [Citado por José J. Real Díaz, véase nota 2, pág. 271.]

Ya Bataillon y J. Real Díaz (y antes W. Bose) señalaron que la publicación clandestina del libro la ocultación del autor, se debieron a las diferencias con Pando. Carilla además indica que en el texto mismo de la obra había —veladas en ciertos pasajes, como el de las cuatro PPPP de Lima— algunas agresivas referencias chistosas a Pando y sus seguidores[6]. Estos estudios eruditos parecen haber resuelto definitivamente el problema de la autoría y el de la edición falsa: hoy sabemos que Carrió escribió la obra y parece averiguado por qué apeló don Alonso a un seudónimo.

Si acudimos al texto mismo veremos que, en diversos pasajes, se explica cómo fue escrito el libro. La técnica de redacción parece sobremanera curiosa: Bustamante fue el amanuense y el redactor, pero todos los materiales insertos en la obra, así como las descripciones (y hasta el estilo) fueron supervisados (y criticados, aunque jocosamente) por el Visitador. En el título leemos: «Sacado de las Memorias que hizo don Antonio (sic) Carrió de la Vandera, en este dilatado viaje... Por don Calixto Bustamante Carlos Inca, alias Concolorcorvo, natural del Cuzco, que acompañó al referido comisionado en dicho viaje y escribió sus extractos.»

Hay otros dos pasajes que son esenciales para entender la composición de la obra. Obsérvese que siempre el yo que habla es el de Bustamante; cuando lo hace Carrió, éste toma la palabra indicándose claramente quién habla:

> Después de haber descansado dos días en Potosí, pidió el Visitador este diario, que cotejó con sus memorias y le halló puntual en las postas y leguas; y aunque le pareció difuso el tratado de mulas, permitió que co-

rriese así, porque no todos comprenden las concisiones. Quise omitir las coplas de los gauderios, y no lo permitió, porque sería privar al público del conocimiento e idea del carácter de los gauderios, que no se pueden graduar por tales sin la música y poesía, y solamente me hizo sustituir la cuarta copla, por contener sentido doble, que se podía aplicar a determinados sujetos muy distantes de los gauderios, lo que ejecuté puntualmente, como asimismo omití muchas advertencias, por no hacer dilatada esta primera parte de mi diario, reservándolas para la segunda, que dará principios en la gran villa de Potosí... [Págs. 275-76.]

El otro pasaje coincide con éste en una nota que ya analizaremos. Dice:

> el haber escrito este itinerario, que, aunque en Dios y en conciencia lo formé con ayuda de vecinos, que a ratos ociosos me soplaban a la oreja, y cierto fraile de San Juan de Dios, que me encajó la introducción y latines, tengo a lo menos mucha parte en haber perifraseado lo que me decía el Visitador en pocas palabras. Imitando el estilo de éste... [Páginas 116-17.]

La imagen que el libro deja es la de una obra colectiva, cuya autoría parece diluida —humorísticamente— entre varias manos. Un cura le ayudó en el prólogo y los latines; el Visitador corrige los datos de distancias y caminos, pero permite que muchos pasajes mal escritos o tropicales (difusos, los llama...) queden como están, con lo cual la autoría recae sobre Bustamante. ¿Qué persigue esta autoría colectiva? Simplemente quitarle a la misma responsabilidad absoluta. Si sumamos a estos citados otros pasajes semejantes (el de las descripciones de las fiestas del Cuzco, págs. 413-14; las frustradas de la mina de Huancavélica y la de Lima, págs. 418-19 y 441, y todos los pasajes que Bustamante califica de «chistes»), veremos que Carrió perseguía algo muy concreto: dividir la autoría de la obra en dos sectores bien diferenciados. El referente a distancias, postas, caminos, o sea el de los materiales específicamente relacionados con su misión, así como el de las opiniones sobre la conquista española, los indios y los negros quedan claramente adscritos a su persona. Todo el resto, lo que podríamos calificar de materiales adventicios: chistes, descripciones, críticas, casos, episodios, referencias a personas concretas, entretenimientos (lo picaresco, lo superficial, lo no-serio ni utilitario), deben adscribirse a Concolorcorvo.

¿Por qué esta división de los materiales de la obra en cuanto a su autoría? Simplemente

---

[6] Véase Carilla, libro citado, págs. 28-37. A los argumentos aducidos por este crítico, podrían sumarse las quejas veladas (puestas en boca de Concolorcorvo) que expresa el Visitador, contra ciertos funcionarios (un ministro, uno o dos corregidores) que no ayudaron a su gestión y que obstaculizaron la tarea de los Correos del Rey, véase ed. citada, págs. 301-2, donde se habla de «corregidorcitos».

EL LAZARILLO
DE CIEGOS CAMINANTES
desde Buenos-Ayres, haſta Lima con ſus Itinerarios ſegun la mas puntual obſervacion, con algunas noticias utiles á los Nuevos Comerciantes que tratan en Mulas; y otras Hiſtoricas.
SACADO DE LAS MEMORIAS QUE
hizo Don Alonſo Carrio de la Vandera en eſte dilatado Viage, y Comiſion que tubo por la Corte para el arreglo de Correos, y Eſtafetas, Situacion, y ajuſte de Poſtas, desde Montevideo.

POR
DON CALIXTO BUSTAMANTE CARLOS Inca, alias CONCOLORCORVO Natural del Cuzco, que acompañó al referido Comiſionado en dicho Viage, y eſcribió ſus Extractos.

CON LICENCIA.
En Gijon, en la Imprenta de la Rovada. Año de 1773.

El Lazarillo de ciegos caminantes, edición de 1773

porque por una parte, Carrió temió que esos textos no-técnicos y jocosos (como las referencias de tono subido o las descripciones cómicas o las críticas veladas), podían restarle seriedad burocrática, podían afectar su imagen de funcionario serio y responsable ante los ojos de los administradores de Madrid (y dar argumentos a sus enemigos de Lima...). Por otra parte, él sabía que en algunos de esos pasajes había referencias veladas a corregidores y funcionarios peruanos que no habían acatado sus decisiones y propuestas como Visitador; adjudicándoselas a Bustamante, eludía su responsabilidad en cuanto a las mismas.

El yo que habla a través de la mayor parte del libro es entonces una primera persona diluida, una primera persona que carece de responsabilidad simplemente porque no es autónoma, es dependiente. Debe pedir asentimiento al Visitador, requerir de éste no sólo su aprobación en cuanto a los *tipos de materiales*, que

se insertarán en el relato, sino también consultarle en cuanto a la *forma* en que éstos deben ser tratados. Es una primera persona oscurecida, no libre; una persona sin libertad. Ya veremos que, así como esa primera persona no es libre en cuanto a la elección de materiales y a la forma de los mismos, tampoco lo fue en cuanto a sus ideas, su imagen de sí mismo, su visión de su raza, su cultura y su mundo.

Otro aspecto complejo del libro es el de la diversidad de materiales narrativos que ocupan sus páginas. Un breve examen de ellos explicará por qué la obra ha merecido tan distintos calificativos de parte de los críticos. En lo esencial, se trata de un itinerario. Esta es la parte menos entretenida de la obra, la que corresponde al informe técnico de postas, caminos y transportes. A este discurso técnico se suman otros materiales. En primer lugar el marco mismo dentro del cual la obra avanza. Aquí el autor apela a algunos aspectos de la picaresca: una primera persona (la de Concolorcorvo) que habla al lector. El título remite al famoso fundador del género que nació a orillas del Tormes. Otro aspecto es el del cinismo amoral con que esa primera persona habla de sí mismo. Recuérdese el prólogo (pág. 99); aquel párrafo que comienza: «Yo soy indio neto, salvo las trampas de mi madre...» (pág. 116); el que acota: «... aunque descendiente de sangre real, por línea tan recta como el arco iris...» (pág. 100). Y, finalmente, un pasaje clave, el del autorretrato de Concolorcorvo, pasaje en el cual se reitera una tendencia constante que ya había llamado la atención de Mendiburu y de Ricardo Palma, la de una autodestrucción cínica no sólo del narrador, sino de todo lo indígena [7].

Lo picaresco juega en el libro dos funciones diferentes; por una parte permite la inserción en la obra de una gran cantidad de materiales entretenidos, de tono subido y a veces curiosos. Por otra es lo que —a través de un constante cinismo— permite la negación, la anulación como persona de Concolorcorvo. Ese cinismo no va dirigido contra toda la sociedad en torno. Afecta siempre lo indígena y, en especial, la familia, los ascendientes y la figura humana del que habla. Y, como veremos, esa negación apunta en última instancia al nivel social que Concolorcorvo representa, el nivel indígena, al que Carrió despreciaba profundamente.

Por eso no puede calificarse —en ningún caso— la obra como una novela picaresca, o como una protonovela.

---

[7] Véase el autorretrato de Concolorcorvo, que es denigrativo y burlón, págs. 395-6, ed. citada.

Otro conjunto muy importante y valioso de materiales corresponden a los de tipo utilitario, característicos de su siglo: fauna y flora, propuestas para el mejoramiento y perfeccionamiento de los lugares por donde pasan los viajeros, observaciones sociológicas, costumbres, críticas a supersticiones, etc.

Y, por fin, los materiales propiamente narrativos, que siempre funcionan en el libro como circunstanciales descansos lúdicos.

Hacia el final de la obra se produce un fenómeno nuevo: en un marco dialogado de tipo filosófico y político, Carrió (y también Bustamante) hacen una encendida defensa colonialista y antiindigenista de la Conquista de América por España (págs. 327-79). Esta defensa de España va acompañada de una visión constantemente denigratoria, insultante, del indio y del negro. En muy pocos textos coloniales se han escrito peores cosas sobre el indio.

A pesar de todo esto, el libro deja un retrato vivo o punzante, de esa parte de América del Sur, a finales del siglo XVIII. Esto es lo que explica que la obra haya sido tantas veces traducida y plagiada por viajeros, geógrafos, ensayistas y escritores europeos e hispanoamericanos del siglo XIX y del siglo XX. Geógrafos como Malte-Brun, ensayistas como Sarmiento, pensadores como Alberdi, viajeros como Arsene Isabelle y muchos otros, aprovecharon las vivísimas descripciones y observaciones que Carrió obtuvo de primera mano en sus largos años por esta parte de América[8]. Esa capacidad para ver y testimoniar la realidad, y sus pasajes lúdicos y coloquiales, explican la persistencia de la obra en la actualidad.

---

[8] Sobre la difusión y la importancia del libro véase la obra citada de Carilla, págs. 134-56 y del mismo crítico «Un raro ejemplo de transmisión literaria (Concolorcorvo, Malte-Brun y Sarmiento)», *Neohelicon*, IV, 1-2, Budapest, 1976, págs. 81-89.

BIBLIOGRAFÍA

Ediciones

Además de la primera, que se ha convertido en un libro raro, la mejor de las ediciones modernas es:

CARRIÓ DE LA VANDERA, Alonso, («Concolorcorvo»), *El Lazarillo de ciegos caminantes. Edición, prólogo y notas de Emilio Carilla*. Barcelona: Labor, 1973. (Una lista completa de las ediciones con una crítica de las mismas, en el prólogo de ésta, así como en el libro del mismo crítico, págs. 163-64, que se cita más adelante.)

Estudios críticos

ÁLVAREZ BRUN, Félix, «Noticias sobre Carrió de la Vandera (autor del "Lazarillo de ciegos caminantes")», *Caravelle*, 7, Toulouse, 1966, págs. 179-88.

BATAILLON, Marcel, «Introducción a Concolorcorvo y a su Itinerario de Buenos Aires a Lima», *Cuadernos Americanos*, 111, 4, México, 1960, págs. 197-216 (traducción española del prólogo que Bataillon preparó para la versión francesa del libro, realizada por Y. Billod, París, Unesco, 1962).

BOSE, Walter B. L., «Los orígenes del correo terrestre en el Río de la Plata (1707-1769)», *Boletín de la Universidad de La Plata*, La Plata, 1934, págs. 93-112.

— «Alonso Carrió de la Vandera, Visitador de la Real Renta de Correos en el Río de la Plata (1771-1772)», *Revista de Correos y Telégrafos*, 15-16, Buenos Aires, 1938.

— «El Lazarillo de ciegos caminantes y su problema histórico», *Labor de los Centros de Estudio*, Sección II, t. 24, 3, La Plata, Universidad de La Plata, 1940, págs. 219-87.

BUSANICHE, José Luis, «La incógnita de "El Lazarillo"» prólogo a su edición de la obra, Buenos Aires, 1942.

CARILLA, Emilio, *El libro de los «Misterios». El Lazarillo de ciegos caminantes*, Madrid, Gredos, 1976.

— «Un raro ejemplo de transmisión literaria (Concolorcorvo, Malte-Brun y Sarmiento)», *Neohelicon*, IV, 1-2, Budapest, 1976, págs. 81-89.

CASTRO ESTÉVEZ, Ramón de, «El Correo y los medios de comunicación,» en R. Levene (director), *Historia de la nación argentina*, IV, Buenos Aires, 1940, págs. 299-305.

DUMBAR TEMPLE, Ella, «Los Bustamante Carlos Inca», *Mercurio Peruano*, 243, Lima, 1947, págs. 283-305.

MAZZARA, Richard A., «Some picaresque elements in Corcolorcorvo's "El lazarillo..."», *Hispania*, 46, 3, Wisconsin, 1963, págs. 323-7.

PÉREZ DE CASTRO, J. L., «El viaje de América de Carrió de la Vandera con otras aportaciones biobibliográficas,» *Archivum*, 15, Oviedo, 1965, págs. 358-79.

REAL DÍAZ, José J., «Don Alonso Carrió de la Vandera, autor del "Lazarillo..."», *Anuario de Estudios Americanos*, 13, Sevilla, 1956, págs. 387-416.

VARGAS UGARTE, S. I., «En pos del verdadero autor de "El Lazarillo"», *Boletín del Instituto de Investigaciones Históricas*, 39, Buenos Aires, 1929, págs. 16-19. Reproducido, con el título: «¿Quién fue el autor del "Lazarillo"?», *Mercurio Peruano*, 137-138, Lima, 1929, págs. 104-5.

— *Historia del Perú. Fuentes*, Lima, 1946, 2.ª ed.

III

Épica hispanoamericana colonial

La épica hispanoamericana colonial

PEDRO PIÑERO RAMÍREZ

LA ÉPICA CULTA, UN GÉNERO FECUNDO

La Primera Parte de *La Araucana* de Alonso de Ercilla, aparecida en Mádrid, en 1569, abre la serie de poemas épicos de la literatura hispanoamericana colonial, al tiempo que es una de las primeras obras de la abundante producción épica española, que sólo años antes se había iniciado con poemas de escaso valor literario[1]. A partir de estos comienzos,

LA ARAVCA
NA DE DON ALON-
SO DE ERZILLA Y CV-
ñiga, Gentil Hombre de su Magestad, y de
la boca de los Serenissimos Principes de
Vngria. Dirigida a la S.C.R.M.
del Rey don Phelippe nue-
stro Señor.

Con priuilegio.
Impressa en Madrid, en casa de Pierres Cossin. Año. 1 5 6 9.

La Araucana, edición de 1569

el género se desarrolla en la literatura hispana, a lo largo de los siglos XVI y XVII, con una fecundidad verdaderamente sorprendente.

Frank Pierce y otros críticos han intentado explicar esta fecundidad de la épica hispana de los Siglos de Oro. En este sentido se ha apuntado una serie de factores, cuya suma podría aclarar esta eclosión feraz de nuestra épica culta. Existen, sin duda, los factores literarios: la madurez de la lengua en esta época hace posible la elaboración de estos largos poemas, verdaderas enciclopedias del saber de entonces. Se dieron también los factores genéricos: la supremacía de la épica asegurada en las poéticas y preceptivas desde la misma *Poética* de Aristóteles, donde entraba en competencia con la tragedia. Debe hablarse, en tercer lugar, de factores extraliterarios: la política militar, el descubrimiento y conquista de América, la expansión del imperio, soñado entonces por los españoles de la época, propiciaron la creación literaria de los hispanos en determinados géneros, tanto en la Península Ibérica, como en el Nuevo Mundo. La poesía heroica se presentaba para aquellos hombres como el cauce idóneo para reflejar la hazañosa actividad de aquellas centurias. «Nosotros creemos —escribe F. Pierce— que ha de haber relación entre los cauces por los que España invirtió sus energías espirituales y materiales y esas múltiples tentativas épicas de reflejar, rememorar y vivificar las empresas de la llamada época imperial[2]».

LA PRIMACÍA GENÉRICA DE LA EPOPEYA

Salvo muy contadas excepciones, los largos poemas épicos, que entretuvieron las espaciosas horas de los lectores de entonces[3], no se leen hoy. Incluso muchos estudiosos de la literatura no ocultan el rechazo de este género, que fue preeminente en el pasado. Se cae en

---

[1] Efectivamente, sólo habían aparecido las obras de Nicolás Espinosa, *La segunda parte de Orlando* (Zaragoza, 1555); de Jerónimo Sempere, *La Carolea* (Valencia, 1560); de Luis Zapata, *Carlo famoso* (Valencia, 1566); y de Diego Ximénez de Ayllón, *Los famosos y heroicos hechos del invencible y esforzado Cid Ruiz Díaz de Bivar* (Amberes, 1568).

[2] Frank Pierce, *La poesía épica del Siglo de Oro*, Madrid, 1968, 2.ª ed., págs. 219-220. La obra de Pierce es el estudio de conjunto más importante sobre la poesía épica, de imprescindible consulta para este capítulo. José Lara Garrido prepara un documentado volumen sobre *La épica culta en España*, de próxima aparición.

[3] Consúltese, en este sentido, Maxime Chevalier, *Lectura y lectores en la España del siglo XVI y XVII*, Madrid, 1976, cap. «La épica culta», págs. 104-137.

un error crítico y de perspectivas. Hay que hacer el esfuerzo por estudiar y valorar el poema épico desde la misma época que lo produjo y lo leyó. Si hubo una aceptación extendida del género y se cultivó hasta el agotamiento, fue porque se consideró en la cúspide jerárquica de los géneros literarios, y más que otra forma poética podía alardear de mayor dignidad literaria. En este sentido, F. Pierce puntualiza:

> Desde los años de mayor creación artística del Siglo de Oro hasta tiempos de Quintana, este género, ahora pasado de moda, dominó los gustos y encabezó la jerarquía de valores literarios entre los que se dedicaban a la creación poética y a la enseñanza[4].

Y esto ocurría no sólo en España, sino también en Europa, donde se llegó a considerar la épica como la más elevada forma literaria, norma de todos los demás géneros, como preconizaba Escalígero[5]. Por esto los escritores en lengua hispana se empeñaron en el intento de escribir esta clase de poemas, conscientes de la supremacía de la epopeya; pero el empeño, con demasiada frecuencia, resultó fallido, como en el caso de Lope de Vega, al menos en algunos de sus ensayos épicos, que con gusto decididamente culto se enfrascó en la aventura del largo poema épico, y no en una, sino en varias modalidades.

Por otro lado, pesaba la opinión unánime de los preceptistas de los Siglos de Oro; aunque quizá convenga remontarse a los tiempos más distantes del medievo: en la *Rota Vigilii*, base de la teoría de los estilos en la Edad Media, el estilo grave, sublime, era el de la poesía épica, que ocupaba el lugar preferente en la escala de los géneros, situación que no se invirtió en los siglos XVI y XVII. Los teóricos de entonces discutían sobre la primacía del magisterio de Homero o de Virgilio, pero no cuestionaban la situación de privilegio en que se hallaba la épica con respecto a los otros géneros, no cediendo nada más que ante la tragedia, y esto en casos excepcionales.

López Pinciano, en su *Philosophía antigua poética*, define así la poesía heroica: «[Es] imitación común de acción graue, hecha para quitar las passiones del alma por medio de la compassión y miedo», y enumera sus cualidades:

Primeramente, que sea la fábula fundamentada en historia; y que la historia sea de algún príncipe digno secular; y no sea larga por vía alguna; que ni sea moderna ni antigua; y que sea admirable; ansí que siendo la tela en la historia admirable, y, en la fábula, verisímil, se haga tal, que de todos sea codiciada y a todos deleytosa y agradable[6].

En la misma línea, por citar otro ejemplo de los muchos que en este orden se pueden encontrar en la época, está Francisco Cascales, años después del Pinciano:

[La epopeya] es imitación de hechos graves y excelentes, de los quales se haze un contexto perfecto y de justa grandeza, con un dezir suave, sin música y sin bayle, ora narrando simplemente, ora introduziendo a otros a hablar. Dan materia al poema heroico con sus claros hechos los ilustres príncipes y cavalleros inclinados naturalmente a grandes honras...[7].

LA ÉPICA AMERICANA

La enorme producción épica hispana dio, en la mayoría de los casos, poemas de mediocre valor literario. Esto es un hecho que los historiadores y la crítica tienen que aceptar hoy. Con cierta benevolencia pueden librarse de este juicio negativo, al menos en aspectos parciales, algunas obras escritas por los españoles de la metrópoli: junto con algunos de los poemas de Lope de Vega, pueden salvarse de este severo critero, los de Virués, Rufo, Mesa, Valdivielso y alguno más. El estudioso del género debe buscar sus más logradas muestras entre los poemas americanos. Casi nadie discute la supremacía de Ercilla, y *La Araucana* se considera hoy el más logrado de nuestros poemas narrativos, al menos el de mayor aliento épico de los escritos en letras hispanas. Del mismo modo se acepta que las obras de Hojeda y las de Balbuena, según la crítica más reciente, se acercan en calidad artística y logros poéticos a la escrita por Ercilla, y los poemas de Pedro de Oña, Juan de Castellanos, Gabriel L. Lasso de la Vega, Gaspar de Villagrá y otros contienen aciertos indiscutibles, si bien en su conjunto son algo inferiores a los antes citados. Esto justifica la opinión de Menéndez Pelayo:

---

[4] *La poesía épica*, ob. cit., págs. 9-10.
[5] Julio-César Escalígero, *Poetices Libri Septem* (Apud Petrum Santandreanum, 1591), pág, 364, citado por Sanford Shepard, *El Pinciano y las teorías del Siglo de Oro*, Madrid, 1970, 2.ª ed., pág. 113.

[6] López Pinciano, *Philosophía antigua poética*, ed. de Alfredo Carballo Picazo, Madrid, 1973, III, págs. 147 y 178, respectivamente.
[7] Francisco Cascales, *Tablas poéticas*, ed. de Benito Brancaforte, Madrid, 1975, págs. 132-133.

Singular privilegio del pueblo americano el que en él hayan sido compuestas las tres principales epopeyas de nuestro Siglo de Oro; la história en Chile, la sagrada en el Perú, la novelesca y fantástica en México, Jamaica y Puerto Rico[8].

El descubrimiento y la conquista del continente americano originó una abundante producción épica que fue original, al menos, por su inspiración. Un género nuevo, que tuvo su modelo en *La Araucana*, trata de definirse a igual distancia de la crónica rimada y de la epopeya clásica[9]. Unas especiales circunstancias, más extraliterarias que propiamente poéticas, se dieron para hacer posible esto. Los poemas épicos cultos europeos, en su inmensa mayoría, tenían básicamente unas apoyaturas literarias: se trataba de revitalizar un género que había sido cultivado por los grandes poetas de la antigüedad clásica, y que había sufrido modificaciones y variantes originales en la Edad Media, justamente en el momento idóneo para la elaboración del poema heroico, cuando se empezaban a configurar los pueblos occidentales en la alta Edad Media. Así surgieron las gestas y las epopeyas medievales. Ahora, en los siglos XVI y XVII, había desaparecido el factor nacionalista e histórico que motivara desde fuera la epopeya, y los poetas imitan obras literarias con el exclusivo deseo de emular unos modelos ejemplares de la antigüedad.

El caso de la epopeya americana es bien distinto, al menos, como decimos, por las motivaciones extraliterarias. Los españoles en América y los primeros criollos volvían a vivir tiempos épicos. La aventura del descubrimiento, la temeridad de la conquista de territorios amplísimos y desconocidos, la sorpresa ante una nueva naturaleza, con flora y fauna nunca soñadas, y la conciencia de que nacía y hacían un nuevo mundo, propició el desarrollo de un género muy literalizado, pero que en esas particulares circunstancias cobraba nueva vida, sin perder nunca, claro es, la conciencia de que escribían un género muy marcado por la larga tradición poética anterior. Los modelos clásicos, inevitablemente, estaban operando también en la epopeya americana. Sabían estos poetas que caminaban por sendas muy pisadas, y fue imposible salirse del camino.

La novedad estuvo, fundamentalmente, en los asuntos cantados y, en algunos casos, en

Soldado español, siglo XVI

la inmediatez de los acontecimientos que el poeta —con frecuencia poeta y soldado— narraba. Pero tampoco en las nuevas tierras del continente americano la épica culta pudo desprenderse de la serie de ingredientes tópicos que dan a todos estos poemas un carácter

[8] Marcelino Menéndez Pelayo, *Historia de la poesía hispanoamericana*, Madrid, 1948, Edición Nacional, II, páginas 98-99.

[9] Cfr. Maxime Chevalier, *L'Arioste en Espagne (1530-1650). Recherches sur l'influence du «Roland furieux»*, Burdeos, 1966, pág. 144.

uniforme, con desarrollo y enfoque relativamente limitados, a pesar de la variedad argumental y temática que recogieron. En este sentido, aunque algo exageradamente, Eugenio Asensio escribe:

> En la proposición, innovación y dedicación todas las fórmulas estaban agotadas antes de nacer Camoens. La poesía épica [...] es la más tradicional y la más ajena a las novedades del seiscientos. Poesía casi china, apegada a todos los arcaísmos, en que los poetas heredan un almacen de recursos tópicos, que cada autor genial va levemente remozando, y que los imitadores copian con la misma fe que si se tratase de las *Ideas* de Platón: sombra de sombras de Homero y Virgilio[10].

LA ÉPICA, UN GÉNERO CONSOLIDADO. LOS MODELOS

Cuando se escriben los primeros poemas épicos hispanos, pasada la primera mitad del siglo XVI, el género está muy consolidado en la literatura italiana y se está extendiendo por las restantes literaturas occidentales, como un género que ha recibido el impulso de la nueva poesía renacentista. Sólo faltaba la aparición de la *Gerusalemme liberata* de Tasso, terminada en 1575, para tener completo el cuadro de los modelos antiguos y modernos que imitarían los poetas hispanos.

A) *Los modelos de la antigüedad clásica*

Homero, Virgilio y Lucano fueron los poetas épicos por antonomasia del mundo clásico; la *Ilíada*, la *Eneida* y *La Farsalia*, los modelos más imitados de esta literatura del pasado grecolatino. Las tres suponen para la épica culta hispánica, como para toda la europea, el magisterio continuo de los clásicos, el ejemplo imitable de la tradición. En las introducciones que anteceden a los poemas hispanos o en los textos de las preceptivas poéticas que tratan del género, van unidos, con frecuencia, los tres poetas de la antigüedad clásica, a veces con igual rango de magisterio[11].

En líneas generales, en estas obras se fijaban ya definitivamente la configuración y arqui-

tectura del poema épico culto y sus ingredientes básicos.

Homero. La *Ilíada*, y también la *Odisea*, no se leyeron mucho traducidas al español. A partir de 1519 se difundió la *Ilíada de Homero en romance* de Juan de Mena, que es la traducción en prosa de la *Ilias latina*, epítome del siglo I. De la *Odisea* también circuló una traducción al romance, que se editó varias veces a lo largo del siglo XVI[12]. Desde luego, la influencia de Homero es más general y difusa que la de los poetas latinos; pero, de todas formas, la épica culta hunde sus raíces en la poesía homérica, que es el venerable punto de partida de la epopeya occidental. Los dos poemas homéricos, en especial la *Ilíada*, fueron el pórtico del género en Europa. Y también lo fue del poema jocoso, si es que Homero es el autor de la *Batracomiomaquia*, como pretenden muchos historiadores.

El poema concebido por Homero ejemplifica la materia del género, pues se refiere a lo que Horacio llamó en su *Arte poética* «res gestae regumque ducumque et tristia bella»[13]. En los textos homéricos se encontraban ya los héroes épicos perfectamente trazados: Aquiles, Ayax, Ulises, etc., al tiempo que se ofrecía dos de los grandes asuntos de la épica: por un lado, el asedio a una ciudad, Troya, que después de largas vicisitudes sería tomada. Por otro lado, el tema de las largas navegaciones con toda clase de azarosas aventuras como se ejemplificaba en la *Odisea*. Además, en los poemas homéricos, se manejaban una copiosa serie de ingredientes que luego serían imitados en abundancia por los poetas modernos, y que más adelante estudiamos.

Virgilio. El poeta de Mantua fue el maestro por excelencia de la épica culta de los Siglos de Oro. Los lectores hispanos contaron en el siglo XVI con una buena traducción de su *Eneida*, la realizada por Gregorio Hernández de Velasco, y publicada en Toledo en 1555[14]. «Virgilio había creado un nuevo tipo de poesía (ahora la llamada épica literaria) que armonizaba con los ideales políticos, religiosos y estéticos de la sociedad europea de comienzos de la edad moderna: era el modelo que enseñaba cómo describir los esfuerzos para fundar y construir una comunidad de conformidad con un plan divino, dando primacía a un héroe

---

[10] Eugenio Asensio, «España en la épica filipina», *RFE*, XXXIII, 1949, pág. 79.

[11] Sólo un ejemplo: Francisco de Borja, en el Prólogo a la *Dragontea* de 1602, de Lope de Vega, escribe: «El autor deste libro en mediano sugeto tomó el estilo de Virgilio, lo heroyco en su dulzura y agrado, lo épico de Homero en escribir verdad desnuda, el de Lucano en agradables episodios...» (Apud F. Pierce, *La poesía épica*, ob. cit., pág. 248).

[12] Nos referimos a *De la Ulyxea de Homero. XIII libros*, Salamanca, 1550, traducida por Gonzalo Pérez.

[13] Cfr. F. Pierce, *La poesía épica*, ob. cit., pág. 13.

[14] *Los doce libros de la Eneida traduzida en octava rima y versos castellanos*, Toledo, 1555. Esta obra tuvo 14 ediciones en los siglos XVI y XVII. (Véase F. Pierce, *La poesía épica*, ob. cit., especialmente págs. 21, 222 y 364-365, donde se anotan otras traducciones de la *Eneida*.)

que dominaba la obra y a menudo llevaba su nombre»[15].

En el principio de la épica culta está la *Eneida*, y la reputación que Virgilio mantuvo como autor magistral a lo largo de la Edad Media, continuó aumentada durante los siglos XVI y XVII. Además, el poeta latino ejemplificaba y desarrollaba lo que había legado para la posteridad‧Homero en sus cantos. Eneas es el héroe por antonomasia de esta clase de poemas, pero es un héroe derivado del ciclo troyano, creado por el poeta griego.

Lucano y Virgilio, de manera especial este último, crearon los modelos épicos latinos. La veneración en las literaturas occidentales por la *Eneida*, como epos por excelencia, difundió el gusto por la poesía homérica y aseguró y extendió muchos de los recursos e ingredientes de la epopeya griega. Todo poeta moderno debe algo a Virgilio; la deuda de las epopeyas renacentistas a este poeta en particular, y a la poesía clásica en general, es incontrovertible.

Lucano. De entre los clásicos, Lucano ocupa el tercer lugar en importancia en lo que se refiere al género que estamos estudiando. *La Farsalia* también se difundió pronto en España, traducida por Martín Lasso de Oropesa, hacia 1530[16]. De todas formas, Lucano había influido notablemente en Juan de Mena, y ejercía, desde muy temprano, a través de los versos del *Laberinto de Fortuna*, un magisterio indiscutible en algunos elementos y episodios de la poesía épica.

Lucano aunó a la ambición épica la relación verídica: para él la base histórica del poema era esencial. Y esto ocurrió en el *Laberinto*, respetado modelo castellano muy difundido en el siglo XVI, como en los poemas cultos hispanos, en especial los americanos, tan asentados en la realidad histórica que sus poetas vivieron.

De la misma manera, de este poeta latino se imitó con frecuencia el prurito de elaboración de una poesía científica: de su mano entró en nuestros poemas heroicos el *mapa mundi*, la geografía científica y pintoresca del mundo clásico, que adornaba, con un gesto erudito

Portada de un volumen de canciones de Ariosto, 1568

y humanístico, las largas series de octavas narrativas.

La huella de Lucano no se reduce a esto. Otras aportaciones suyas fueron, fundamentalmente, la técnica *in medias res*, que, a partir de Homero, él perfeccionó, y el empleo de lo maravilloso basado en la magia, aspectos que estudiamos más adelante.

B) *Los modelos italianos*

Ariosto. Como en la mayoría de los géneros literarios del Renacimiento europeo, la literatura italiana se había adelantado al resto de las europeas en la creación de la poesía épica culta. Después de una época de tanteo en la configuración de este género, con obras como el *Morgante* (Florencia, 1483) de Luigi Pulci, y el *Orlando innamorato* (Florencia, 1498) de Matteo M. Boiardo[17], apareció el *Orlando furioso* de Ludovico Ariosto (primera edición en 1516, y la edición definitiva en 1532). Desde el primer momento se consideró al poeta italiano como un nuevo Virgilio, y su *Orlando* se imitó del mismo modo que la *Eneida*. La obra se conoció muy pronto en España, tanto

[15] F. Pierce, «Introducción» a Diego de Hojeda, *La Cristiada*, Salamanca, 1971, pág. 10. Que la *Eneida* es el punto de partida ineludible para la épica culta renacentista es reconocido por todos; cfr. en este sentido, por citar sólo un estudio, Gilbert Highet, *La tradición clásica. Influencias griegas y romanas en la literatura occidental*, México, Buenos Aires, 1954, 2 vols., I, págs. 228-257.

[16] *La hystoria que escrivió en latín el poeta Lucano, trasladada en castellano*, en prosa, ¿Madrid o Amberes?, c. 1530. Tuvo luego numerosas ediciones. (Véase F. Pierce, *La poesía épica*, ob. cit., pág. 365.)

[17] Para la influencia del poema de Boiardo en la épica culta española, debe consultarse ahora el excelente estudio de Antonio Prieto, *Origen y transformación de la épica culta en castellano*, en su libro *Coherencia y relevancia textual. De Berceo a Baroja* (Madrid, 1980), cap. III, págs. 117-178.

en su lengua original, como en la traducción que hizo Jerónimo de Urrea, aparecida en Amberes, 1549[18], y reimpresa muchas veces en la segunda mitad del siglo XVI.

El poema de Ariosto es el resultado del empeño de años de estudio y de conocimiento de los poemas épicos y libros de caballerías anteriores. El *Orlando furioso*, con tres núcleos temáticos básicos (el amor de Orlando por Angélica, la guerra entre cristianos y sarracenos a las afueras de París, y el amor, lleno de vicisitudes, de Ruggero y Bradamante), presentaba un mundo poemático multicolor de episodios e historias, que ponían de manifiesto el gusto vivísimo por las aventuras extrañas, novelescas y espectaculares, por las que Ariosto sentía una gran afición. El eje vertebral de todo este cúmulo de aventuras, organizadas en una meditada estructura orgánica, era el amor.

La influencia del *Orlando* es fundamental para la poesía épica hispana y, en líneas más generales, para otros géneros de la literatura de nuestros Siglos de Oro, como ha puesto de manifiesto el profesor Maxime Chevalier en un libro valioso y ejemplar[19]. En el dominio de la poesía narrativa, la obra de Ariosto sirvió de modelo a numerosos poemas que no escaparon a la fuerte atracción que sobre ellos ejercía el *romanzo* italiano, inmerso en este mundo de aventuras. Ejemplos de esta influencia notable son obras de primera línea en el género hispano: *La Araucana*, de Ercilla, *La hermosura de Angélica*, de Lope de Vega, y *El Bernardo*, de Balbuena. Y no sólo libros de esta importancia, sino otros de segunda fila, como el *Cortés valeroso*, de G. Lasso de la Vega, por citar tan sólo un ejemplo de entre los poemas americanos de menor importancia literaria. Puede decirse, con el estudioso francés, que los poemas españoles escritos en las dos centurias que nos ocupan, salvo raros casos, recibieron en mayor o menor grado la influencia del poema italiano.

Lo que más llamaba la atención a nuestros poetas fue la variedad ariostesca. El peligro de la monotonía que amenazaba a los largos relatos militares, como en *La Araucana*, podría evitarse con las variaciones que proponía Ariosto; y por eso su receta, las armas y los amores combinados, fue tan seguida en nuestros poemas.

Claro es que la huella de Ariosto se dejó sentir más ampliamente en otros procedimientos formales, recursos técnicos propios del género, episodios de la materia novelesca, etc., a los que luego nos vamos a referir.

Tasso. El otro gran modelo italiano, fundamental también en el desarrollo de la épica hispana de los Siglos de Oro, fue Torquato Tasso. En 1575 terminaba Tasso, después de una larga y meditada elaboración, su *Gerusalemme liberata*, que se consideró desde el primer momento como obra magistral que abría nuevos cauces al género. En España se leyó pronto en castellano, traducida por Juan Sedeño, en 1587[20], aunque se difundió, desde el principio, en italiano, lengua que leía con facilidad el español culto de los siglos XVI y XVII.

En un reciente estudio el profesor Joaquín Arce[21] establece una ponderada valoración de conjunto sobre el magisterio de Tasso en nuestra literatura. Arce ha destacado que, al difundirse la *Gerusalemme liberata* en España,

lo que había de sugestionar necesariamente a los escritores españoles de la Contrarreforma era un tipo de poema épico que permitía hacer compatibles las exigencias de la forma virgiliana con un contenido moderno, es decir, cristiano. A ninguna historia quizá como a la nuestra le era fácilmente adaptable un arquetipo basado en una lucha de cristianos contra infieles, en la que el triunfo de los primeros, gracias a la intervención divina, se logra contra los poderes infernales que se oponen a ellos. Tasso es, según una interpretación casi tópica, un nuevo Virgilio, Un Virgilio cristiano en quien está la fórmula que permite cristianizar la antigua materia épica. Por ello, ya desde los dos últimos decenios del siglo XVI, pero sobre todo a lo largo del XVII, la sustitución como modelo épico de Ariosto por Tasso va siendo paulatina hasta acabar con la primera; o, lo que es lo mismo, al tipo de poema novelesco o fantástico se va superponiendo el poema épico cristiano e histórico que responde plenamente a las aspiraciones del lector español de la época[22].

---

[18] *Orlando furioso, traducido en Romance Castellano* (por Jerónymo de Urrea), Anuers, en casa de Martín Nucio, 1549.

[19] *L'Arioste en Espagne (1530-1650).* ob. cit. Hay abundante bibliografía sobre este aspecto: véase, además del magistral libro de Chevalier, Antonio Portnoy, *Ariosto y su influencia en la literatura española*, Buenos Aires, 1932.

[20] *Ierusalem libertada, poema heroyco de Torquato Tasso, traduzido, al sentido, de lengua Toscana en Castellana*, Madrid, por Pedro Madrigal, 1587.

[21] *Tasso y la poesía española. Repercusión literaria y confrontación lingüística*, Barcelona, 1973. Son de necesaria consulta, además de este libro de Arce y de la obra de F. Pierce, los trabajos anteriores de Arturo Farinelli, «Tasso in Ispagna. Una versione inedita della *Gerusalemme*», en *Italia e Spagna*, Turín, 1929, II, págs. 235-286, y Giovanni M. Bertini, «Torquato Tasso e il Rinascimento spagnolo», en *Torquato Tasso*, Milán, 1957, págs. 605-671.

[22] Ob. cit., págs. 34-35.

A continuación señala Arce los tres aspectos fundamentales de la épica tassesca, tal como lo expuso el poeta italiano en sus estudios teóricos del género[23], y lo entendieron sus imitadores. Estos tres aspectos son:

a) La utilización de la historia, que es la que confiere grandeza y dignidad al tema y que, al no ser ni excesivamente remota ni demasiado cercana, encuentran en la Edad Media, de la que es consustancial el elemento religioso, su filón inagotable.

b) La presencia de lo «maravilloso cristiano», que permite la intervención de fuerzas sobrenaturales, no de naturaleza pagana, sino derivadas de las creencias cristianas.

c) Los ornatos de la elocución, tanto en lo que se refiere a efectos rítmicos, o al uso de determinadas figuras retóricas, como al empleo de estructuras expresivas que los imitadores reflejarán conscientemente para reforzar su vinculación al modelo elegido[24].

Ahora bien, en lo que se refiere a la épica que estudiamos aquí, y a pesar de que en España se registró inmediatamente la imitación tassiana, originando una larga serie de poemas de «liberación», en general de poco valor[25], los poemas americanos, que se habían escrito bajo la influencia de *La Araucana*, que guarda, como sabemos, evidentes deudas con la obra de Ariosto, no siguieron plenamente las directrices tassianas en ningún caso, con la excepción del *Poema heroico del asalto y conquista de Antequera* (Lima, 1627), de Rodrigo de Carvajal y Robles, que, como su mismo título indica, no tiene nada que ver con los poemas de temas americanos, y que si se cita y considera aquí es sólo por tratarse de la obra de un español trasplantado a América, donde escribe y publica su poema, con la añoranza de la patria chica lejana. Pero, claro es, podemos seguir algunas huellas de la influencia de este poema italiano en los escritos en América. Así, el *Arauco domado* (1596) de Pedro de Oña, aun dentro, obviamente, de las imitaciones de *La Araucana*, arquetipo de los poemas americanos, mantiene algunas aproximaciones a la *Gerusalemme*: por ejemplo, se organiza el poema con una mayor unidad es-

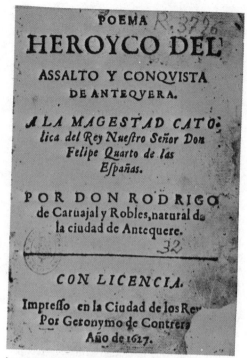

Poema heroico, edición de 1627

tructural en torno a un héroe central, o maneja la máquina infernal con apariciones frecuentes del demonio, al estilo tassiano[26]. Más clara parece la deuda, en algunos episodios y elementos, de Diego de Hojeda en su *Christiada*, como han señalado en varios trabajos F. Pierce y Mary E. Meyer[27]. Del mismo modo, la deuda a Tasso es manifiesta en algunos episodios del poema de G. Lasso de la Vega: nos referimos, por ejemplo, a la historia de la joven Taxguaya y su combate, disfrazada de guerrero, con el español Alvarado (*Mexicana*, XVII y XVIII)[28].

De todas formas, lo más evidente es que no se puede señalar en la épica americana, con la excepción ya hecha, ningún poema que esté dentro de la línea marcada por Tasso, aunque sí existe, como venimos diciendo, una influencia más o menos diluida, que aparece

[23] Nos referimos a sus *Discorsi dell'Arte poetica e in particolare sopra il poema eroico* (compuesto antes de 1565 y publicado en 1587), los *Discorsi del poema eroico* (1594) y su *Apologia in difesa della «Gerusalemme liberata»*, escritos que pueden consultarse reunidos ahora en Torquato Tasso, *Prose*, a cura di Ettore Mazzali, col. *La letteratura italiana. Storia e testi*, vol. XXII, Milán-Nápoles, 1959, págs. 347-729.

[24] J. Arce, ob. cit., pág. 35.

[25] Cfr. F. Pierce, *La poesia épica*, ob. cit., págs. 305-318.

[26] Cfr. J. Arce, ob. cit., pág. 41.

[27] Frank Pierce, «*La Christiada* of Diego de Hojeda: a poem of the literary Baroque», en *Bulletin of Spanish Studies*, XVII, 1940, págs. 1-16; y «The Poetic Hell in Hojeda's *La Christiada* imitation and originality» en *Estudios dedicados a Menéndez Pidal*, IV (1953), págs. 469-508. Mary E. Meyer, *The Sources of Hojeda's «La Christiada»*, Ann Arbor, 1953.

[28] Cfr. José Amor y Vázquez, *Prólogo* de *Mexicana*, Madrid, 1979, *BAE*, núm. 232, págs. L-LIII.

patente en algún que otro elemento o ingrediente épico, salido directamente de la *Gerusalemme*. Y esto por varias razones, de las que queremos destacar dos: primero, Tasso recomendó en sus escritos teóricos sobre el género —recomendación que él mismo llevó a la práctica con todo rigor en su poema— que el asunto contado por la epopeya debía ser histórico, pero ni muy remoto ni muy próximo, como ya hemos señalado, de modo que, asentado este argumento en una base real y documentada por las crónicas, el poeta pudiera fingir en lo accesorio de la fábula [29]. Entre los poetas españoles de la metrópoli esto fue posible, y de hecho así se hizo en abundancia, pues se cantó con preferencia los hechos hazañosos de la reconquista que, histórica y cronológicamente, reunían estas condiciones señaladas por Tasso; pero en América se cantó lo coetáneo, lo inmediato, presenciado, en muchos casos, por los mismos poetas, cuando no eran protagonistas de los mismos hechos que poetizaban.

En segundo lugar, el poeta italiano había creado un tipo de poema que por su argumento, organización y contextura se conoce con la denominación de «poema de liberación». Del mismo modo que la ciudad santa era recuperada, liberada, de manos de los paganos por los cruzados, así muchas ciudades españolas tuvieron su poema de liberación, en esta misma línea, ya que en ellos se contaba poéticamente la reconquista de la ciudad por los cristianos que derrotaban a los moros, el bando pagano que la ocupaba.

Pero esto no era posible en América, porque la historia no fue así, y por eso no se escribieron poemas de liberación al estilo tassiano con asuntos americanos.

C) *Los modelos españoles*

La historicidad y el realismo, que pueden considerarse como notas características de los poemas de temas americanos, tenían en la épica medieval castellana sus antecedentes

indiscutibles: el *Poema del Cid*, sobre todo en su primera parte, contrasta con las epopeyas de otros pueblos europeos (como, por ejemplo, la *Chanson de Roland* o los *Nibelungos*) precisamente por su historicidad en las descripciones. Además, ese realismo de lo inmediato, y no desdeñar lo cotidiano, notas presentes en muchos de los poemas americanos, estaban ya en el cantar cidiano.

Interesa destacar también otro aspecto que se encontraba, del mismo modo, en la épica castellana y se consideró elemento notable y característico: nos referimos a la simpatía o admiración que los autores medievales sintieron y expresaron por los adversarios, los moros en este caso. Y este trato diferente y caballeroso con el enemigo se acentuó en otras obras castellanas de finales de la Edad Media, donde abundan los testimonios de la consideración que recibe el enemigo moro, protagonista destacado de la novela morisca y el romancero fronterizo. Pero también por este sentido iban las cosas en el *Orlando furioso*, donde el poeta trata, según un mismo patrón de orden caballeresco, a cristianos e infieles enfrentados en toda clase de encuentros y ensalzados como protagonistas de aventuras de toda índole. Y lo mismo ocurrió en el poema de Tasso, de modo que podemos decir que «En España —en palabras de F. López Estrada— el influjo del poema épico a la manera italiana, con sus moros poéticos, se mezcla con la tradición del moro literario español, y el resultado es el grupo de poemas heroicos de contextura italiana con argumentos diferentes a hechos de la Reconquista de España. En estos casos se asegura la condición caballeresca del moro» [30]. La *Historia de Nueva México* (1610) de Gaspar de Villagrá puede servirnos de ejemplo de este trato considerado con el enemigo, por no citar el caso conocidísimo de *La Araucana* y de algunos de los poemas derivados del de Ercilla. Y esto llegó a tal extremo, que en algún caso puede hablarse de una épica a favor del indio americano. Claro es que no siempre quedaron en el vacío las doctrinas tan paladinamente defendidas por Las Casas y algunos otros moralistas y juristas que escribieron sobre las cosas del Nuevo Mundo.

En esta misma línea de los antecedentes castellanos, la influencia del *Laberinto de Fortuna* de Juan de Mena en la poesía heroica hispana de los siglos XVI y XVII es notable. En sus coplas encontraron los poetas pasajes modélicos para distintos episodios y aderezos épicos abundantes, que en la mayoría de los

---

[29] «Ma l'istorie de'tempi né molto moderni né molto remoti non recano seco la spiacevolezza de'costumi, né della licenza di fingere ci privano. Tali sono i tempi di Carlo Magno e d'Artu e quelli ch'o di poco successero o di poco precedettero; e quinci avviene che abbiano porto soggeto di poetare ad infiniti romanzatori. La memoria di quelle età non è sì fresca che, dicendosi alcuna menzogna, paia impudenza, ed i costumi non sono diversi da'nostri; e se pur sono in qualche parte, l'uso de'nostri poeti ce gli ha fatti domestici e familiari molto. Prendasi dunque il soggetto del poema epico da istoria di religione vera, ma non sì sacra che sia immutabile, e di secolo non molto remoto, né molto prossimo alla memoria di noi ch'ora viviamo.» T. Tasso, *Discorsi dell'Arte poetica*, ed. cit., pág. 358.

[30] Francisco López Estrada, *El Abencerraje y la hermosa Jarifa. Cuatro textos y su estudio*, Madrid, 1957, pág. 123.

casos no eran originales del poeta de la corte de Juan II, pero que ofreció como vehículo trasmisor de las huellas de la poesía de la antigüedad, y estos elementos que llegaron a través de Mena se convirtieron en tópicos de este género literario[31].

Por último, no se puede olvidar que los poemas americanos recogieron también algunos ingredientes hazañosos de las aventuras y episodios amorosos que contaban el romancero y los libros de caballerías, que a pesar de las censuras y prohibiciones se leyeron en América.

LA CONFIGURACIÓN DEL POEMA ÉPICO

La épica es un género determinado con toda precisión y estrechamente acotado, de tal modo que los autores se desenvuelven dentro de unos cánones establecidos con suma rigidez. Los poetas siguen unas líneas trazadas desde casi los comienzos mismos de la literatura europea y manejan todos un enorme almacén de recursos tópicos, que han ido pasando inmutables de generación en generación. En los tratados teóricos más difundidos en la Antigüedad ya se fijaba el género y sus características fundamentales, con sus ingredientes, recursos, fórmulas técnicas, etc. La *Poética* de Aristóteles y la de Horacio, *Epistola ad Pisones*, por citar las que sirvieron de norte a los múltiples tratadistas de los siglos XVI y XVII, se habían ocupado del género épico, que por otro lado, como sabemos, tenía ya sus modelos acabados en las obras de Homero, Virgilio y Lucano, que en este sentido lo habían hecho casi todo. Luego, en las letras modernas sólo unos pocos —Ariosto, Tasso, Camoens, Ercilla, Milton, y alguno más— pisando los mismos senderos de estos maestros clásicos, añadieron alguna que otra nueva forma, pocos elementos y algún ingrediente novedoso, consiguiendo de esta manera cierta originalidad. Pero la inmensa mayoría de los poetas no pudieron remontar los caminos trazados, y siguieron repitiendo los elementos genéricos del fondo común —estructura, organización, motivos, fórmulas técnicas, fórmulas estilísticas, tópicos, etc.—, que dieron como resultado obras que el lector sentía parecidas, y de hecho y con todo rigor lo eran. No se puede esperar originalidad de estos poemas: «Quizá sea poco realista —escribe F. Pierce— exigir gran originalidad a un género como la épica, de rasgos tan vetustos

Historia de la Nueva México, edición de 1610

y uniformes, en lo principal, como la misma literatura escrita. Los autores de comedias pretendían transformar, renovar el teatro español; no le pidamos la novedad a los poetas épicos [...], cuya obra puede cambiar de fisonomía e incluso de elementos internos, pero sin alterar nada de lo esencial del género»[32].

Dada, pues, la fijación del género, podemos establecer un cuadro con los diversos elementos que configuran el poema épico, y ver su plasmación en los americanos.

A) *La forma poética: la octava real*

La poesía épica italiana, como sabemos, se había colocado a la cabeza del género en Europa, y había proporcionado y difundido los ejemplos en sus distintas modalidades. En lo que se refiere a la métrica que adoptó esta clase de poesía, también los poetas italianos fijaron la forma estrófica, la *octava rima (octava real* en la métrica española), que se consideró la más adecuada a este tipo de poesía eminentemente narrativa.

[31] Consúltese, sobre todo, María Rosa Lida, *Juan de Mena, poeta del prerrenacimiento español*, México, 1950, en especial págs. 491-514.

[32] *La poesía épica*, ob. cit., pág. 262.

El primero que la empleó en Italia fue Boccaccio, en el *Filostrato*, y en el siglo XV los poetas heroicos la hicieron suya, de modo que cuando en los primeros años del siglo XVI Ariosto escribe su *Orlando furioso*, la octava se ha convertido en la estrofa insustituible para el poema culto renacentista, sin competencia posible con otras modalidades métricas. En la literatura hispana la octava real, como la mayoría de los metros y estrofas que procedían de la poesía italiana, se introdujo en los versos de Juan Boscán y Garcilaso de la Vega. Este último perfeccionó la estrofa italiana en nuestra poesía con su *Égloga III* (1536). Fernando de Herrera, al comentar las obras de Garcilaso, refiriéndose al empleo de la octava en esta *Égloga*, analiza su composición:

> Estas [rimas], por explicarse en ocho versos y comenzar y cerrarse en ellos la conclusión y el sentido del argumento propuesto o narración, se llaman del número de ellos octava rima, y se responden alternadamente desde el primero hasta el sexto verso en las voces postreras, que se determinan semejantemente; y los dos que restan, que perfeccionan y acaban el sentido, y por eso se llaman la llave en toscano, tienen unas mismas cadencias, diferentes de las primeras[33].

En 1549 Jerónimo Ximénez de Urrea publica, por primera vez, su traducción del *Orlando furioso*, conservando la estrofa de Ariosto. En 1555 la versión castellana de la *Eneida*, de Gregorio Hernández de Velasco, se hace también en octava real. Estas traducciones de los textos básicos de la poesía heroica muy divulgadas y reimpresas una y otra vez a lo largo del siglo XVI, fijaron en España la octava como la estrofa indiscutible de la poesía épica.

> En 1569, año en que apareció la primera parte de *La Araucana*, la octava era, pues, una forma tan aceptada en España como el soneto o la silva. Gran parte de la poesía solemne del Siglo de Oro fue escrita en octavas reales; este esquema métrico, a la vez que permitía todos los sutiles matices del endecasílabo, daba a la poesía una gravedad y una elocuencia que no poseía el muy tradicional pie de romance, con todas sus virtudes, ni el verso de arte mayor, de vida más corta. La nueva épica [...] conservó casi siempre su uniformidad en el aspecto formal[34].

Precisamente Díaz Rengifo, a finales del siglo XVI, al señalar en su *Arte poética* la difusión de la octava rima y su afianzamiento en la poesía hispana, pone como ejemplo de dominio en el uso de esta estrofa a Ercilla:

> Este genero de Copla [...] es muy vsado en España, y muy à proposito [...] para Descripciones, Encomios, Eglogas, y para Historias seguidas, y ay dellas varias sonadas [...]. Todas las partes del Ilustre Poeta Don Alonso de Ercilla puedes tomar por exemplar[35].

Después de todo lo expuesto, era de esperar, como así fue, que la mayoría de los poemas épicos que estamos estudiando, emplearan la octava real, desde el primero de los poemas americanos, y el más importante de la poesía hispana, *La Araucana*, hasta los últimos que se escribieron adentrada ya la segunda mitad del siglo XVII, como el *San Ignacio de Loyola* (1666) de Hernando Domínguez Camargo.

Ahora bien, como estos poemas son obras de bastante extensión, la repetición de la misma estrofa y el uso del mismo metro, el endecasílabo, podría acarrear la monotonía formal, que el poeta debía evitar utilizando para ello todas las variedades de combinaciones internas de la octava y las posibilidades de variedades acentuales de los distintos tipos de endecasílabo. Salvo en casos muy concretos, que más adelante veremos, la rima de la octava es la de su distribución clásica: ABABABCC. Pero la disposición en el curso sintáctico de la estrofa puede variar, que es lo que hace, en lo posible, romper la monotonía del empleo de un mismo esquema machaconamente repetido.

Tipos de disposición más frecuentes en el curso sintáctico de la octava en los poemas épicos americanos:

a) ABABAB: CC (6 + 2) (Es la disposición más común de esta estrofa; en ella, el pareado —«la llave», en toscano— cierra el sentido de lo expuesto en los seis primeros versos, o lo redondea o resume):

> Ilustres casas, ínclitas haciendas
> Y nobles patrimonios dilatados,
> Y en peligrosas y ásperas contiendas
> A fuerza de armas y virtud ganados,
> Allí aparecen como viles prendas,

---

[33] Antonio Gallego Morell, ed. *Garcilaso de la Vega y sus comentaristas*, Madrid, 1972, 2.ª ed., pág. 565.
[34] F. Pierce, *La poesía épica*, ob. cit., pág. 222.

[35] Juan Díaz Rengifo, *Arte poética española*, Salamanca, 1592, cap. LXIX, «De las Octavas Rimas». Consúltese, en este sentido, Tomás Navarro Tomás, *Métrica española. Reseña histórica y descriptiva*, Madrid, 1972, 3.ª ed., páginas 206-207 y 255-256; Rudolf Baehr, *Manual de versificación española*, Madrid, 1969, págs. 287-290; Emiliano Díaz Echarri, *Teorías métricas del Siglo de Oro. Apuntes para la historia del verso español*, Madrid, 1970, reimp., págs. 239-241.

Pobres, deshechos, rotos, disipados;
Que desta fiera los macizos dientes
Los desatan en vinos excelentes.

> (Hojeda, *La Cristiada*, I, pág. 58,
> ed. de F. Pierce, Anaya.)

b) ABAB : ABCC (4 + 4) (La estrofa queda dividida por un corte manifiesto, expreso en signos de puntuación, despué's del cuarto verso, y se forma así una estrofa bipartita, con pausa rítmica en su mitad. Esta es también una de las disposiciones preferidas por los poetas):

Hiel denegrida escupe, raspa el suelo,
levántase un humoso remolino,
globos con él ardientes van en buelo,
tiembla el robusto monte, el mar vezino.
Las llamas del Trinacrio Mongibelo
i de ceniza, i piedra el torvellino,
flores con esto son, es la marea,
que por el prado al alva se passea.

> (Oña, *El Ignacio de Cantabria*, fol.
> 43 v).

c) ABAB : AB : CC (4 + 2 + 2) (Se trata, en realidad, de una combinación de los dos tipos anteriores):

¡Oh aves, que con lenguas esparcidas
Soléis regocijar las alboradas,
En estas selvas frescas y floridas
Por los umbrosos ramos derramadas!
Cantad, que mis pasiones recebidas
Con gran ventaja son recompesadas;
Pues veis que sobrepujan los favores
Las más crüeles penas y dolores.

> (Castellanos, *Elegías*, 143, 3).

d) AB : AB : AB : CC (2 + 2 + 2 + 2) (Es una combinación no muy utilizada):

Estaba el rey feroz del caos horrendo
En una grave y peligrosa duda:
Quiere pedir consejo al estupendo
Senado, que si elije, no se muda;
El mal suyo, y del hombre el bien temiendo,
Ríos de fuego y piedrazufre suda;
Y es que no alcanza con su ingenio escuro
Si Cristo es hombre y Dios, o es hombre puro.

> (Hojeda, *La Cristiada*, IV, 3, pág. 81,
> ed. cit.).

e) ABABABCC (8) (Es una estrofa monomenbre, sin pausa secundaria al final de ningún verso):

Como quien vio fantasma con escuro
Que se le figuró con cola y cuello,
El cuero sin temor áspero, duro,
Erizados los pelos y cabello,
En el lugar mejor y más seguro
Queda sin pulso, habla sin resuello,
Por ser tales visiones tan feroces,
Que tapan los caminos a las voces.

> (Castellanos, *Elegías*, 137, 6).

f) AB : AB : ABCC (2 + 2 + 4) (Esta forma de distribución interna de la octava es muy poco frecuente en la poesía hispana):

El buen Lasarte con la diestra airada
en medio del furor se desenvuelve;
pasa el pecho a Talcuén de una estocada
y sobre Titagnán furioso vuelve;
abrióle la cabeza desarmada
mas el rabioso bárbaro revuelve
y antes que la alma diese, le da un tajo
que se tuvo al arzón con gran trabajo.

> (Ercilla, *La Araucana*, XV, 34, pág.
> 418, vol. I, de la ed. de Marcos A.
> Morínigo e Isaís Lermer, Madrid,
> Castalia, 1979).

De esta manera los poetas agilizan, con este abanico de posibilidades combinatorias, la estructura fija de esta estrofa épica. Cada octava, tal y como fue concebida y empleada por los poetas italianos, y luego usada por Garcilaso en su *Égloga III*, queda como una mínima obra de arte en sí misma, de modo que el periodo sintáctico debe darse total, dentro de cada estrofa, pues se trata de una estrofa cerrada, lo cual supone un no pequeño artificio por parte del poeta.

Arauco domado, edición de 1605

g) La octava de Pedro de Oña: caso destacado es la estrofa mixta, combinación de octava real y copla de arte mayor, en que compuso Pedro de Oña su *Arauco domado:* ABBA : ABCC. «No ofrecía tal estrofa —escribe T. Navarro Tomás— la definida gravedad de la octava italiana ni el equilibrio y simetría de la de arte mayor. El mismo Oña prescindió de la citada forma mixta en sus poemas *El Ignacio de Cantabria* y *El Vasauro*, en los cuales volvió a la ordinaria octava real»[36]:

> Ya Lima con soberbia, fausto y pompa
> Se hincha, se levanta, se engrandece,
> Y deshacer su fábrica parece,
> O que de todo punto se corrompa;
> Al son de caja, pífano y de trompa
> El aire, el mar, la tierra se ensordece,
> Y cuanto con sus términos encierra
> Es un tumulto y máquinas de guerra.

> (Oña, *Arauco domado*, I, pág, 355, ed. BAE, XXIX).

B) *El endecasílabo*

El poeta, junto a las diferentes combinaciones de la octava real, emplea, buscando variedad a sus poemas, los distintos tipos de endecasílabo que se usan en la poesía de la época. Fundamentalmente baraja cuatro tipos:

endecasílabo sáfico	(B_2):	ooo óo oo óo óo
endecasílabo heroico	(A_2'):	o óo oo óo oo óo
endecasílabo melódico	(A_3'):	oo óo oo óo oo óo
endecasílabo enfático	(A_1'):	óoo oo óo oo óo

Los dos primeros tipos son los más usados en estos poemas y, en general, en la poesía endecasilábica de los siglos XVI y XVII[37].

C) *Otros metros y combinaciones estróficas*

Aunque la octava real fue el vehículo poético básico de la épica, algunos poemas se escribieron en otras combinaciones estróficas, que nunca llegaron a afectar a la hegemonía clarísima de la estrofa italiana, y menos a desplazarla.

En el caso de la épica colonial escrita en América, encontramos, efectivamente, un corto número de poemas donde se han empleado otras estrofas o combinaciones estróficas:

— En serie de endecasílabos sueltos están escritos tres poemas: *Historia de la Nueva Mé-xico*, de Gaspar de Villagrá, *Compendio historial del descubrimiento, conquista y guerra del Reyno de Chile, con otros discursos*, de Melchor Xufré del Águila, y *Los actos y hazañas valerosas del capitán Diego Hernández de Serpa*, de Pedro de la Cadena.

— En silvas escribe Fernando de Valverde su *Santuario de Nuestra Señora de Copocabana, en el Perú*, como la *Gatomaquia* de Lope de Vega, aunque esto no es frecuente en la poesía épica hispana.

— Cuartetas, estrofa extraña a este género de poesía, utiliza Rodrigo de Valdés en su *Poema heroyco hispanolatino panegýrico de la fundación y grandeza de Lima*.

— Quintillas dobles empleará Luis de Belmonte Bermúdez en su *Vida del Padre Maestro Ignacio de Loyola*, como hizo Lope de Vega en *El Isidro*. Esta es una de las estrofas que con más frecuencia alterna con la octava real en este género, sobre todo cuando se trata de vidas de santos, con lo que se pretende, al utilizar una estrofa popular, la ·mayor difusión del poema hagiográfico.

— En octavas de arte mayor está escrita la anónima *Relación de la conquista y del descubrimiento que hizo el gobernador don Francisco Pizarro*.

— Por último, Diego Sáenz Ovecuri combina varios metros en su *Thomasiada al sol de la Iglesia*.

D) *División en cantos de estos poemas*

Estas obras son de una considerable longitud. Su contenido poético está dividido en libros o en cantos, y para ello la tradición, y los modelos antiguos y modernos, ofrecían distintas soluciones de distribución del desarrollo del contenido del poema.

Homero había dividido la *Ilíada* en veinticuatro cantos, cifra que fue seguida por Álvarez de Toledo, en *El Purén indómito*, por Bernardo de Balbuena, en *El Bernardo*, y por Hernando Domínguez Camargo, en su *San Ignacio de Loyola*.

Virgilio distribuyó su *Eneida* en doce cantos, modelo imitado por Lasso de la Vega, en su *Cortés valeroso*, Diego de Hojeda, *La Christiada*, y Pedro de Oña, *El Ignacio de Cantabria*.

La Farsalia de Lucano proporcionó el modelo de la división en diez cantos, que fue muy seguido en España, pero en América sólo se publicó un poema con esta distribución, el de Luis de Belmonte Bermúdez, *Vida del Padre Maestro Ignacio de Loyola*.

Por último, entre los modelos modernos, Tasso consagró en su *Gerusalemme* la orga-

---

[36] *Métrica española*, ob. cit., pág. 256.
[37] Cfr. R. Baehr, *Manual de versificación*, ob. cit., páginas 135-157.

nización en veinte cantos, también muy imitada en la épica española, aunque sólo conservamos tres poemas americanos con esta distribución: *El peregrino indiano*, de Antonio de Saavedra Guzmán, *Poema heroico del asalto y conquista de Antequera*, de Rodrigo de Carvajal y Robles, y *Armas antárticas, hechos de los famosos capitanes españoles que se hallaron en la conquista del Perú*, de Juan de Miramontes y Zuazola.

El resto de los poemas americanos, que forman la mayoría de éstos, no se atiene a divisiones preferidas por los mentores del género, sino que, por lo general, superan largamente el número que la tradición y los modelos establecieron. Claro es que son poemas largos, larguísimos algunos de ellos, porque los sucesos históricos que cuentan se extienden también en acontecimientos y detalles. Tales son los casos, por citar solo algunos ejemplos destacados, de *La Araucana* de Ercilla (37 cantos), *Mexicana* de Lasso de la Vega (25 cantos), *Elegías de varones ilustres de Indias* de Castellanos (55 cantos, con lo que es el poema más largo de las letras hispanas), la *Historia de la Nueva México* de Villagrá, etc.

Pero hay también poemas divididos en menor número de cantos que los modelos citados, por ejemplo: *Temblor de Lima, año de 1609* (1 canto) de Pedro de Oña, *Miscelánea austral* (6 cantos) de Diego de Ávalos y Figueroa, *Compendio historial del descubrimiento, conquista y guerra del reino de Chile* (3 cantos) de Melchor Xufré del Águila, etc.

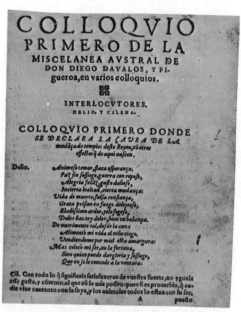

Miscelánea Austral, comienzo

FÓRMULAS TÉCNICAS DEL ESTILO ÉPICO

Fórmula de comienzo. De Virgilio se tomó la fórmula de comienzo más repetida en esta clase de poemas: «Arma virumque cano, Troiae qui primus ab oris / Italiam fato profugus Laviniaque venit / litora... / Musa, mihi causas memora...» (*Eneida*, I, 1-9). El poema expone en los primeros versos el objeto o tema del poema, y a continuación invoca la ayuda de las musas —cristianizadas en los poemas hispanos, por influencia de Tasso, en muchos casos—, para llevar a buen término la obra. Las invocaciones poéticas se encontraban ya en la *Ilíada*, y no sólo al principio del poema, o de los cantos, sino también cada vez que el poeta es consciente que inicia un episodio de interés relevante[38].

> Canto las armas y el varón famoso
> que, por disposición del justo Cielo,
> salió de Iberia, y con valor glorioso
> arribó al Antípoda en el suelo.

Aquel que por el mar tempestuoso
y varias tierras, y con odioso celo
fue, y con furor dañado, perseguido
de los monstruos del reino del olvido.
...

¡Oh tú, celeste Musa, cuya planta
pisa la luna, el sol y las estrellas,
y en la Trina presencia, eterna y santa,
ciñen tu sien gloriosa las más bellas;
tú mi estilo humildísimo levanta,
alivio de mis ansias y querellas,
para poder cumplir lo prometido,
haciéndome capaz de lo que pido!

> (G. L. Lasso de la Vega, *Mexicana*,
> I, 1 y 3, ed. de J. Amor y Vázquez,
> BAE, 232).

Técnica «in medias res». Uno de los recursos fundamentales de la poesía heroica, y que afecta a los principios constructivos en el desarrollo de la narración, es el comienzo *in medias res* y no *ab ovo* (según indica Horacio en su *Arte poética*, basándose en ejemplos de Homero y Virgilio). Con ello se pretende destacar la diferencia entre el tratamiento histórico y el poético de un mismo asunto, además de buscar romper la monotonía de la narración lineal comenzada desde el principio. Esta

---

38 El estudio más completo que sobre este aspecto conozco es el de Antonio Prieto, *Del ritual introductorio en la épica culta*, en su libro *Estudios de Literatura europea* (Madrid, 1975), págs. 15-72.

técnica se utilizó desde los comienzos de la epopeya clásica por el propio Homero, y fue continuada y afianzada por Virgilio, en algunos episodios de la *Eneida*, y sobre todo por Lucano, que la empleó con más frecuencia en su *Farsalia*.

Entre los preceptistas españoles del Renacimiento, el Pinciano expone dicha fórmula narrativa, alegando las razones que recomiendan su utilización:

> Vna cosa digna de ser sabida acerca de la heroyca. ¿De dónde ha de tomar su principio? Porque se dize que deue començar del medio de la acción, y que ansí lo hizo Homero en su Vlysea [...]; y es la razón porque, como la obra heroyca es larga, tiene necessidad de ardid para que sea mejor leyda; y es assí que, començando el poeta del medio de la acción, va el oyente desseosso de encontrar con el principio, en el qual se halla al medio libro, y que, auiendo passado la mitad del volumen, el resto se acaba de leer sin mucho enfado [39].

Aunque el mismo autor expresa a continuación que no es absolutamente necesario comenzar siempre la historia por el medio: «Ansí que esta doctrina de comenzar por el medio no es mala, pero no es necesaria y puede hazer el poeta lo que le pareciese sin agrauiar a la sustancia del poema».

Entre los poetas hispanos, a pesar de esta arraigada tradición clásica, no fue frecuente el empleo de esta técnica durante el siglo XVI, lo que justificaría las últimas palabras transcritas del Pinciano, pero sí fue seguida plenamente por los poetas del siglo siguiente. Balbuena, por ejemplo, entre los poetas hispanos de América, sigue en su *Bernardo* (1624) esta técnica narrativa, propia, dice en el Prólogo, del poema épico, de la narración artificial y poética que es la que corresponde a esta poesía:

> Y así, conviene —manifiesta— que la narración poética no comience del principio de la acción que ha de seguir, sino del medio, para que así, al contarla toda, se comience, se prosiga y acabe artificialmente, y traya con eso en su discurso aquel deleite que el artificio con su novedad, y la novedad con su admiración suelen causar, tanto mayor cuanto más ingenioso es, y más sutiles y menos violentas invenciones descubre [40].

En estrecha relación con esta técnica *in medias res* está el recurso mediante el cual el poeta, en muchos casos, no debe ser el narrador de los acontecimientos de la historia, sino que debe ceder la palabra a alguno de los personajes. En *El Bernardo* encontramos ejemplos, con frecuencia, de este recurso. También el Pinciano escribe sobre este aspecto de la narración poemática:

> En el qual [el poema heroico] el poeta deue hablar lo menos que él pueda; y, si la acción se narrasse por el orden que fue hecha, era fuerça que fuesse narrada por la persona propia del poeta [...] Del narrar la cosa por persona agena del poeta nacen muchas cosas buenas a la acción; primeramente que, hablando assí, le es más honesto el alabar o vituperar las cosas que ama y aborrece, y dar su sentencia y parecer más libre; lo otro, que, dichas por vna y otra persona, varía la lección y no cansa tanto como si él solo fuesse el que narrasse; lo otro, para el mouimiento de los affectos es importantíssimo... [41].

EL POETA PRESENTE EN LA OBRA

Por varios motivos y de distintas maneras el poeta se hace presente en la obra. En el caso de los poemas americanos, como la mayoría narra acontecimientos de historia coetánea, sucede, a veces, que el poeta ha participado en lo que va contando, como ocurre en una parte de *La Araucana*, protagonizada por el propio Ercilla. Entonces la historia se va ensamblando de recuerdos personales; así hace Castellanos en sus *Elegías de varones ilustres de Indias*, donde aúna recuerdos de los acontecimientos vividos por él mismo con las informaciones que, por varios conductos, le han llegado.

Pero la constante presencia del yo del poeta no siempre está justificada por el relato verista y por razones autobiográficas. La tradición y los modelos, fundamentalmente Ariosto, pesan sobre ellos. A imitación del italiano, los poetas heroicos introducen, por lo general al comenzar los cantos, reflexiones éticas, con lo que se presentan como moralistas que sacan enseñanzas de los hechos que van contando. Del mismo modo que Ercilla, numerosos poetas americanos continuaron el empleo de estas digresiones moralizantes.

> Las cosas por los hombres intentadas,
> cuyo principio y fin a Dios se envía,
> yendo a tan cierto blanco enderezadas,
> el mismo Dios las traza, ordena y guía.
> Si al humano entender son intrincadas,

---

[39] *Philosophía antigua poética*, ob. cit., III, págs. 206-207. La cita siguiente también corresponde a la misma pág. 207.
[40] *El Bernardo*, «Prólogo», ed. de la B.A.E., 17, pág. 141.

[41] *Philosophía antigua poética*, ob. cit., III, págs. 208-209. Cfr. Pedro M. Piñero Ramírez, *Luis de Belmonte Bermúdez. Estudio de «La Hispálica»*, Sevilla, 1976, págs. 156-157.

Él abre la intratable y ciega vía:
su voluntad midiendo a nuestro intento,
nos hace, para obrarlas, su instrumento.

> (G. L. Lasso de la Vega, *Mexicana*,
> XII, 1, ed. cit.).

Balbuena llega más lejos al acabar cada
canto con una alegoría con la que intenta, de
acuerdo con las tendencias de la época, armonizar fantasía y moralidad[42].

También, por influjo del *Orlando furioso*
el poeta, en algún momento, se distancia irónicamente de lo que está contando y se convierte en sonriente crítico de la historia poética,
con frecuentes llamadas de atención al lector
para que penetre en el sentido exacto de lo que
va diciendo y advierta la ficción de la fábula
en un gesto de complicidad comunicada; o
bien se dirige a él como destinatario interesado
de la historia que está narrando:

> lector, y si dijeres ser comento,
> como me lo contaron te lo cuento.

> (Castellanos, *Elegías*.)

De cualquier forma, en la épica americana,
más que en la española, se aúnan, por un lado,
todo el bagaje que conlleva un género tan cons-
treñido como la epopeya, y, por otro lado, la
experiencia, el interés inmediato del poeta,
poeta que en muchos casos ha sido protagonista (como Ercilla o Castellanos), o testigo
interesado (como Silvestre de Balboa Troya
y Quesada), o que está motivada por peren-
torias obligaciones que le llevan a la servidumbre de determinado señor (como en el
caso de Pedro de Oña, que con su *Arauco domado*, contrapunto de la obra de Ercilla, pretende prestar servicios a don García Hurtado
de Mendoza). Todo esto hace que el poeta, al
narrar hechos tan coetáneos, se sienta compro-
metido en el poema, compromiso que le lleva
a ser partidista de determinada facción, en
algunos casos, y que, en otros, le hace estar
presente en señalados momentos del poema.

LA MÁQUINA SOBRENATURAL
DEL POEMA HEROICO

Desde los comienzos de la poesía heroica,
en la *Ilíada*, los dioses participan en el desarrollo de la acción, y de manera tan interesada
como los mismos protagonistas humanos: se
dividen en dos bandos opuestos y toman partido por uno u otro ejército. Fue, sin embargo,

Virgilio el maestro indiscutible en el aprovechamiento de este elemento estructural básico
del género, que se conoce con el nombre de
sistema o máquina sobrenatural. Ya en los
primeros versos de la *Eneida*, Juno se presenta
como enemiga de los troyanos, frente a Venus
que vigila por el bienestar de Eneas y los suyos.
Tasso imitó el empleo de esta máquina virgiliana, y la cristianizó, estableciendo un riguroso enfrentamiento de los dos planos dispuestos simétricamente, el celestial cristiano
y el infernal, que sostienen una pugna paralela
que es la réplica de lo que está pasando en el
suelo.

Siguiendo estos modelos, los poemas americanos utilizan también este elemento genérico: así ocurre, por ejemplo, en *La Christiada*[43], donde desde el principio la presencia
del mundo sobrenatural en los acontecimientos
narrados es un hecho evidente; claro que en
este caso era esperable, pues se trata de un poema religioso sobre la pasión y muerte de Cristo.
Pero también se registra en obras de temas profanos, de historia contemporánea, como en
Mexicana de G. Lobo Lasso de la Vega, donde
hay un juego de fuerzas celestiales —el ángel
San Miguel— e infernales —la furia Megera—,
que ayudan a los españoles o a los indios respectivamente:

> Dijo, y veloz el ángel al momento
> de la trina presencia se desvía,
> y con alegre, humilde acatamiento
> parte, dorando la nocturna vía.
> Del invisible y áspero elemento,
> su presencia suspende la porfía;
> humíllase el soberbio mar insano
> viendo al santo, celeste cortesano.

> Cálase en punta y vuelo infatigable
> sobre la rota y descompuesta armada,
> vibrando la asta dura, incontrastable,
> contra la escuadra mísera, dañada,
> que en confuso tropel, fiero, espantable,
> la esperanza afligía más fundada;
> limpia de monstruos el nocturno manto,
> y abátelos al reino del espanto.

> Aquí y allí invencible discurriendo
> el refulgente joven se ofrecía,
> los cascados bajeles socorriendo;
> mil rutilantes rayos de sí envía,
> en los ánimos tristes esparciendo
> con devota humildad santa alegría;
> sobre las sesgas alas se sustenta,
> y el pecho aflicto de Cortés alienta.

> (G. L. Lasso de la Vega, *Mexicana*,
> II, 32-34, ed. cit.).

---

[42] Cfr. F. Pierce, *BH*, LI-LII, 1949-1950.

[43] Cfr. F. Pierce, Introducción de Diego de Hojeda, *La
Cristiada*, págs. 15 y ss.

Oyéronse al instante mil aullidos
del monstruo, que duraron pieza larga,
y de nocturnas aves mil graznidos,
respondiendo a la amiga queja amarga:
viéronse espesos montes denegridos
de pez, con que la Noche el aire carga,
y de un confuso, extraordinario velo
se cubre el mundo y se oscurece el cielo.

La Furia, destas muestras alentada,
vuela do el Tlaxcalteca belicoso
tenía alguna gente convocada:
el Tlaxcalteca fuerte, valeroso,
que con cerviz altiva, no domada,
de quien nunca admitió ningún concierto
resistía al tirano poderoso,
que con armas no fuese, en campo abierto.

(*Ídem*, XVI, 10-11).

EL INFIERNO ÉPICO

Dentro de esta máquina sobrenatural, el
infierno tiene sus peculiares características.
El mundo infernal que aparece en la *Eneida*
ha sido de una enorme difusión, episodio
obligado de multitud de poemas, en los que se
ha recogido, en la mayoría de los casos, este
infierno virgiliano a través de la versión tassiana. Así lo podemos ver en muchos de los
pasajes de las obras que estamos estudiando.
Virgilio había facilitado el modelo descriptivo del mundo subterráneo clásico al hacer que
Eneas, acompañado de la pitonisa Sibila, re-
corra, en el canto VI, las regiones del Averno.
Sabino Sola [44], en una monografía rica en de-
telles y textos, ha hecho el estudio de este infierno poético de raigambre, en primer lugar,
virgiliana, y luego tassesca.

Las deidades del infierno épico son, en la
mayoría de los casos, de procedencia libresca,
pues se trata de personajes demoníacos de la
mitología pagana, pero que están dirigidos
por el padre de los demonios cristianos,
Luzbel. En este infierno, de considerables dimensiones, sus pobladores se reparten en dos
categorías o procedencias: la cristiana y la
pagana clásica, con demonios, en algunos de
los poemas americanos, de origen indígena,
como el Eponamón de *La Araucana*, *La Christiada* y el *Arauco domado*, o el dios Pillán del
Arauco domado y el *Purén indómito*.

Ni los dioses en Méjico temidos
De aqueste horrendo cónclave faltaron,
De humana sangre bárbara teñidos,
En que siempre sedientos se empaparon;
Ni del Perú los ídolos fingidos,
Que en lucientes culebras se mostraron;

[44] Sabino Sola, *El diablo y lo diabólico en las letras americanas (1550-1750)*, Bilbao, 1973.

Ni Eponamón, indómito guerrero,
Mavorte altivo del Arauco fiero.

(D. de Hojeda, *La Christiada*, canto
IV, pág. 86, ed. cit.)

Este infierno híbrido está poblado de muchos
dioses secundarios, que en su mayor número
son de ascendencia clásica. Y no faltan nunca
en estos poemas los espantables conciliábulos
infernales, donde los demonios, presididos
por Plutón o Lucifer, maquinan contra los
españoles, que constituyen el bando cristiano
de los poemas americanos. De estas consultas
generales sale, las más de las veces, un mensajero (Megera, con frecuencia), que va a animar
o a aconsejar al bando indio, como ocurre en
el *Arauco domado*:

El azufrado rey del hondo averno
Mandó juntar en lóbrego concilio
A los que le juraron domicilio,
Y están al disponer de su gobierno,
Para que contra el justo mozo tierno
Al bárbaro se dé favor y auxilio,
Haciendo su poder, porque le venza,
Y saque al Orco triste de vergüenza.
...
Vino Demomorgón, famoso mago,
Autor de las fantasmas y visiones,
Y el adalid insigne de ladrones,
A quien Alcides dio su justo pago;
Salieron del humoso y turbio lago
Cercado de diabólicas legiones,
La dama de Jasón y la del toro,
Con el que sus manjares eran oro.
...
También las tres Euménides furiosas,
Que de la Noche fueron engendradas,
De tábidas culebras enlazadas,
Entraron iracundas y rabiosas;
Y aquellas tres Gorgónides hermosas
De víboras mortales coronadas,
Que en esto se tornaron sus cabellos,
Después que se prendó Neptuno dellos.
...

(Oña, *Arauco domado*, IV, págs. 371-
372, ed. cit.).

Aparece también, pero con menor frecuencia, el infierno moral, donde figuran los siete
pecados capitales: la Soberbia, la Avaricia,
la Lujuria, la Ira, la Gula, la Envidia y la Pereza,
como desfilan en un largo episodio del libro I
de *La Christiada*, cuya descripción recuerda
la de los demonios del libro IV. De los poemas
americanos, quizá sea *El peregrino indiano*, de
A. de Saavedra Guzmán, donde se ofrezca un
infierno moral más caracterizado por estos
elementos alegóricos, que también se presentan, aunque en menor número y relevancia, en
los poemas de Lasso de la Vega y Oña [45].

[45] Cfr. *ídem*, pág. 152.

EL MUNDO MÁGICO

El mundo de la magia y de la hechicería tiene también un lugar propio e importante en los cantos de los poemas americanos. De nuevo, la *Eneida* (libro IV) y *La Farsalia* (libro VI) son los modelos de la antigüedad clásica, que dejaron su huella en el poema de Juan de Mena, *Laberinto de Fortuna*, donde, a imitación de Lucano, presenta el famoso episodio de la maga de Valladolid. Del mismo modo, Tasso, por no citar nada más que un ejemplo de los modelos italianos, ofrece un mundo mágico, rico por la variedad de soluciones y motivos, en la *Gerusalemme liberata*: nos referimos al mago de Ascalona, que protege a los cruzados, y a Ismeno, al servicio de los paganos.

Ya en el primer poema americano aparece un largo episodio presidido por el fabuloso Fitón (*La Araucana*, XXIII), que propiciará después la presencia de otros magos y hechiceras en las abundantes octavas de los poemas que estamos estudiando.

El poder de estos magos es sorprendente: pueden alterar o detener el curso de la naturaleza, utilizan las virtudes curativas de las yerbas, escudriñan los secretos destinos de los mortales predicen el futuro. Por lo general, habitan en cuevas oscuras, espeluncas secretas, que desconocen los rayos del sol, y donde tienen sus laboratorios mágicos en estancias misteriosas, que maravillan al guerrero que, por casualidad, penetra en la mansión mágica:

> Al pie de una asperísima montaña,
> pocas veces de humano pie pisada,
> hace su habitación y vida estraña
> en una oculta y lóbrega morada,
> que jamás el alegre sol la baña,
> y es a su condición acomodada,
> por ser fuera de término inhumano,
> enemigo mortal del trato humano.
>
> Mas su saber y su poder es tanto
> sobre las piedras, plantas y animales,
> que alcanza por su ciencia y arte cuanto
> pueden todas las causas naturales;
> y en el escuro reino del espanto
> apremia a los callados infernales
> a que digan por áspero conjuro
> lo pasado, presente y lo futuro.
>
> (Ercilla, *La Araucana*, XXIII, 40-41, ed. cit.).

Dentro del motivo del mundo mágico, el poeta, por variados recursos, puede predecir o adelantar acontecimientos, o introducir otras narraciones que cronológicamente son posteriores al tiempo en que se narra. Y estas predicciones se hacen, con frecuencia, por medio

Antonio Saavedra Guzmán

de un recurso clásico muy imitado, las pinturas en las paredes de una cueva. Así, por seguir citando el primer ejemplo de este motivo entre nuestros poemas, Fitón enseña a Ercilla, protagonista de su propio poema, la estancia mágica con paredes iluminadas por la historia futura (*La Araucana*, XXIII, 67 y ss.)

Junto a Fitón se podría enumerar una lista de magos, con idénticas o similares características, de la epopeya americana; y también hay hechiceras, como la de Tlaxcala, Tlantelup, de *El Peregrino indiano*, de A. de Saavedra Guzmán.

EL MUNDO MITOLÓGICO

Las epopeyas homéricas, los poemas latinos de Virgilio y Lucano, y las *Metamorfosis* de Ovidio, leídas por los escritores de los siglos XVI y XVII, llevaron a la poesía épica europea el gusto por las alusiones constantes a la Antigüedad clásica, y muy especialmente a la Mitología gentil. Pero esto no fue exclusivo de este género, sino que toda la literatura de la época que ahora nos interesa recogió la mayoría de los mitos de la antigüedad. Estas alusiones frecuentes a la mitología, a la historia y a la literatura grecolatinas constituyeron para el hombre moderno, desde el siglo xv, la contraseña de la cultura.

> La concepción grecolatina del mundo —escribe Dámaso Alonso— había reducido todas las formas y actividades vitales a una serie de arquetipos. La religión pasó de una adoración de la vida en todas sus manifestaciones elementales a la concreción de esas energías en otras tantas fórmulas, mitos o fábulas, a cada una de las cuales acompaña un símbolo fitomórfico, zoomórfico o antropomórfico. La mitología en el sentido más amplio —primario— de la palabra, es una reducción de la cambiante y siempre renovada actividad biológica a fórmulas inmutables, un paso de lo abstracto a símbolos concretos [...] Queda así el mundo desdoblado en dos zonas; abajo, la tornadiza variedad vital; encima, su representación mítica en fórmulas ya fraguadas de una vez para siempre, estilizadas, inmutables [...] El Renacimiento vuelve a dar valor a todas estas representaciones. Para un escritor renacentista, un objeto cualquiera se sitúa, se ordena, dentro del mundo, cuando se le refiere a un punto de este sistema fijo. Cada uno de los fenómenos de la realidad queda definido por una polar mitológica[46].

El aparato mitológico servía para prestigiar las obras de estos escritores americanos, y su conocimiento les venía, cuando no de la lectura directa de poemas épicos clásicos o contemporáneos —pensamos en *Os Lusíadas* de Camoens[47]—, de los libros enciclopédicos, verdaderos manuales del saber, como la *Bibliotheca universalis* de Gesner (1516-1565), donde encontraban recogida toda esta erudición libresca que utilizaban para exorno de sus octavas. Claro es que no siempre se llegó a conseguir la perfecta asimilación de estos elementos clásicos al poema moderno, como se dio en Garcilaso, en la lírica, y en Camoens, en la epopeya. En muchos casos puede el lector captar lo innecesario y enojoso del constante alarde de ciencia universal a que llevó en muchos autores el desmesurado empleo de esta erudición bastante apergaminada.

El infierno, lo hemos visto ya, se recubre del ropaje de los dioses infernales mitoló-

gicos, y Marte pasea su furor bélico por todos los poemas; Alecto se mueve incitadora entre los ejércitos pagamos, y Venus, ayudada de Cupido, enamora a los héroes épicos; mientras, el carro de Apolo gira insistentemente una y otra vez sobre los mortales para hundirse cada noche en el mar; Plutón preside los conciliábulos infernales; Vulcano prepara las armas de los más afamados guerreros, y Neptuno pasea sus dioses marinos por las profundidades de los mares, para salir de vez en cuando a contemplar una batalla sangrienta sobre sus olas. Así, este gran núcleo cultural grecolatino informa y constituye el patrón de referencia en la épica renacentista, no sólo en cuanto a los modelos épicos, sino también en cuanto al abundante aparato mitológico[48].

Lo frecuente en los poemas americanos son las alusiones fugaces a algún aspecto de la mitología en uno o varios versos, o incluso una estrofa completa. A veces, en estos casos, el elemento mitológico clásico se incorpora al texto a menudo mecánicamente, incrustado por inercia cultural, y no siempre asimilado a nivel poético, como ocurre con bastante frecuencia en las *Elegías* de Castellanos:

> Callen Tifis, Jasón, Butes, Teseo,
> Anfión, Echión, Érex, Climino,
> Cástor y Pólux, Téstor y Tideo,
> Hércules, Telamón, Ergino;
> Pues vencen a sus obras y deseos
> Los que trataron ir este camino...

> (Castellanos, *Elegías*, II, 71, 2.)[49]

En otros casos se trata de reconstrucciones de episodios sacados de los modelos grecorromanos, que tienen una entidad propia en el poema, como la historia de Dido de *La Araucana* (cantos XXXII-XXXIII), o de pasajes donde la presencia o intervención de lo mitológico es más relevante y continuada, como es frecuente en las narraciones de algunas borrascas que azotan los navíos:

> Dejan veloces sus acuosos nidos
> de Océano los alados moradores,
> de pieles vistosísimas vestidos
> y escamas varias, varias en labores:
> que como resonase en sus oídos
> (más que jamás, con truenos muy mayores)
> la superior señal, se alborotaron
> y las cabezas sobre el agua alzaron.

---

[46] Dámaso Alonso, *Estudios y ensayos gongorinos*, Madrid, 1960, 2.ª ed., págs. 99-100.
[47] Para la influencia del poema de Camoes en la épica culta hispánica, debe consultarse, entre otros: Dámaso Alonso, «La recepción de *Os Lusiadas* en España (1579-1650)», *BRAE*, LIII, 1973, págs. 33-61, ahora en *Obras Completas*, III, Madrid, 1974; y sobre todo, Eugenio Asensio, *La fortuna de «Os Lusiadas» en España*, Madrid, 1973. El texto de Camoes puede leerse en la cuidada edición de F. Pierce, Oxford, 1973.

[48] Pedro M. Piñero, *Luis de Belmonte*, ob. cit., pág. 239.
[49] Cfr. Giovanni Meo Zilio, *Estudios sobre Juan de Castellanos*, I, Florencia, 1972, págs. 79-80. De aquí tomamos la estrofa citada de Castellanos.

Tú, Icaro, de Febo aún temeroso,
no enjuto de las lágrimas paternas,
del rayo te recelas fulminoso,
con que ya regaló tus alas tiernas.
Temblaron de tu mar altivo, ondoso,
las aguas, y las cóncavas cavernas
bramaron todas con los recios truenos,
llenos de confusión sus huecos senos.

Refrenó el frigio Marisias su corriente,
el llorado tributo al mar negando,
su albergue de cristal resplandeciente,
con vuelo velocísimo dejando:
saca del agua su mojada frente,
los azules cabellos ondeando,
al son horrible y áspero movido,
nunca de él con vigor tan grande oído.

Veloz se cala al espacioso centro
la vigilante y presta centinela,
y por la estancia de Neptuno adentro,
la alegre nueva en altas voces vuela.
Sale el marino dios al grato encuentro,
que el torpe efecto del tardar recela;
los presurosos vientos le acompañan,
que el mar humilde desde el centro ensaña.

(G. L. Lasso de la Vega, *Mexicana*,
V,12-15, ed. cit.).

Argentina y conquista del Río de la Plata, edición
de 1602

LAS HORAS MITOLÓGICAS

Uno de los temas en conexión con el mundo
mitológico, repetido en la poesía épica, es el
de las horas mitológicas.

Es este un ejemplo más de continuidad
en el cultivo de un pequeño tema poético,
desde su primera aparición, como expresión
mítica de un hecho natural, hasta su ocaso
como requisito convencional para un género
literario. Lo valioso de tan larga biografía
no está, por supuesto, en la mera perduración a través de un tiempo estático, sino en
la tenacidad casi patética con que este hilillo
de tradición enlaza tanta vieja y nueva cultura, encerrando su increíble diversidad dentro del cerco aúreo de la tutela grecorro-
mana[50].

En la poesía heroica recibió variadas formas,
y aparece en todos los poemas del género,
como ejemplo de persistencia de un motivo
poético, que, procediendo de los más antiguos poemas clásicos, se mantiene a lo largo
de la literatura de los siglos XVI y XVII, sobre
todo en la poesía narrativa. El poeta expresaba
una y otra vez momentos del día, en bellas
descripciones, y esto lo hacía según las fórmulas
heredadas de la poesía antigua. El amanecer y
el anochecer eran estas horas favoritas del
poeta, en especial el primero. No se olvide que
en la organización interna del poema estas
horas realizan una función: es corriente que los
cantos, o las divisiones dentro de ellos, comien-
cen con la descripción de un bello amanecer,
con elementos mitológicos, y acaben con el
anochecer.

Una rica gama en las descripciones de estas
horas revelaba el agrado por el virtuosismo en
la variación retórica de un motivo dado por la
tradición. Veamos algunos ejemplos en la
poesía americana:

Al tiempo que su padre de Faetonte
en continuación de su carrera
quería ya salir del horizonte,
seyendo Venus ya a la mensajera,
sus rayos extendiendo por el monte
de la sierra que estaba más afuera...

(Castellanos, *Elegías*, I, XI, canto
VI, 13).

---

[50] María Rosa Lida de Malkiel, «El amanecer mitológico
en la poesía narrativa española», en *RFH*, VIII (1946),
págs. 77-110, y ahora en *La tradición clásica en España*,
Barcelona, 1975, págs. 119-164; la cita, en pág. 121. Del
mismo modo, los ejemplos de Castellanos y de Miramontes
Zuázola, citados a continuación, los tomamos de este
estudio, págs. 151 y 155 respectivamente.

Ya por el oriental rubio horizonte
daba señales la rosada Aurora
del resplandor del padre de Faetonte,
que el mustio suelo, el mar y el aire dora,
vistiendo sierra, llano, valle y monte
de los colores de Amaltea y Flora,
verde, morado, azul, blanco, escarlata...

> (Miramontes Zuázola, *Armas antárticas*, ed. J. Jijón y Caamaño, XX, 1671).

Un texto de Ercilla nos sirve para cerrar esta serie de ejemplos de amaneceres:

Por entre dos altísimos ejidos
la esposa de Titón ya parecía,
los dorados cabellos esparcidos
que de la fresca helada sacudía,
con que a los mustios prados florecidos
con el hímido humor reverdecía
y quedaba engastado así en las flores
cual perlas entre piedras de colores.
En el carro de Faetón sale corriendo
del mar por el camino acostumbrado,
sus sombras van los montes recogiendo
de la vista del sol,...

> (Ercilla, *La Araucana*, II, 54-55, ed. cit.).

La descripción del anochecer suele hacerse —al igual que encontramos en Homero— con rasgos más realistas, prescindiendo con frecuencia de los elementos míticos que adornan el motivo del amanecer:

A la sazón que ya la noche fría
al medio de su curso se acercaba,
y del trabajo del pasado día,
hombres, aves y fieras relevaba...

> (G. L. Lásso de la Vega, *Mexicana*, XI, 8, ed. cit.).

CONTEXTURA POÉTICA

El poema heroico es obra de gran envergadura y enorme empeño poético y los autores deben hacer un esfuerzo portentoso por mantener a lo largo de cientos de octavas el tono poético en obra de tan larga andadura. Para conseguirlo tienen que recurrir al empleo del mayor número de figuras retóricas que den como resultado una lengua poética digna del género. La épica exigía del poeta un conocimiento enciclopédico, que vertía en sus estrofas, y los poemas épicos se convierten, al mismo tiempo, en depósitos de toda suerte de materiales lingüísticos y figuras retóricas: el poeta heroico, al escribir su obra, echaba mano de todos los elementos que la lengua literaria le ofrecía, y mientras que en la lírica, de extensión reducida, éstos se presentan en concentrada intensidad, en la épica lo importante es mantener, a través de la dilatada narración, por la acumulación de los elementos retóricos utilizados, el valor poético de la obra. Se trata más bien entonces, de un problema de cantidad. De este modo, el poeta utiliza, en gran número, la mayoría de los recursos estilísticos de la lengua poética de la época: símiles, metáforas, imágenes, metonimias, hipérboles, paronomasias, anáforas, paralelismos, perífrasis, alusiones, etc. forman parte de esta contextura poética del poema heroico.

De todas estas figuras, quizá sea el símil el recurso más empleado y preferido por la poesía heroica desde sus orígenes: Homero lo utiliza ya con frecuencia. El símil constituye uno de los elementos retóricos más apropiados, cuando no el principal, para la narración, y encuentra en la octava real, estrofa básica del poema épico, el molde más adecuado para su desarrollo.

También esto fue así, claro es, en los poemas americanos, donde ocurre que, a veces, el poeta acude a su propia experiencia y al mundo nuevo que le rodea como punto de referencia de la comparación que se establece en el símil. Aunque lo más frecuente es que sea la tradición literaria la que le ofrezca el material. Veamos en Ercilla un ejemplo de la presencia del mundo americano en el elemento comparativo de un símil; en este caso es la fauna, el caimán, lo que ha llamado la atención del poeta:

Como el caimán hambriento, cuando siente
el escuadrón de peces que cortando
viene con gran bullicio la corriente,
el agua clara en torno alborotando,
que, abriendo la gran boca, cautamente
recoge allí el pescado y apretando
las cóncavas quijadas lo deshace
y al insaciable vientre satisface,

pues de aquella manera recogido
fue el pequeño escuadrón del homicida,
y en un espacio breve consumido,
sin escapar cristiano con la vida...

> (*La Araucana*, III, 24-25, ed. cit.)[51].

Por otro lado, los poetas se proponen ennoblecer la lengua del poema heroico echando mano de cultismos —tanto sintácticos como léxicos—. «Al emular la poesía clásica —escribe G. Highet— es imposible no envidiar la fuerza y flexibilidad de las lenguas griega y latina. Por eso todos estos poemas, en mayor

---

[51] Ejemplo que cita también Lucrecio Pérez Blanco, en «El símil en *La Araucana* y el *Arauco domado*», en *La Ciudad de Dios*, CXC, núm. 2, págs. 347-348. Sobre el símil en *La Araucana* véase, en este mismo volumen, Luis Íñigo Madrigal, «Alonso de Ercilla y Zúñiga».

o menor grado, enriquecieron su estilo introduciendo nuevas palabras y nuevos tipos de frases modelados por el latín, y en cierta medida sobre el griego»[52].

No es extraño, pues, encontrar en los poemas americanos la utilización de un léxico culto, y esto se hace más frecuente en los escritos en el siglo XVII, cuando la influencia gongorista se extiende por España y América. El léxico culto contribuye en esta clase de obras a huir de la realidad vulgar y a evitar la palabra corriente desgastada en el comercio idiomático, que es sustituida por otra que trae nuevos aires de llamativa coloración, sacada de la tradición grecolatina. Claro es que, como se trata de poemas narrativos largos, el poeta debe usar con mesura el cultismo léxico para no dificultar ni entorpecer la lectura de estas obras.

En el dominio del léxico, debemos destacar en los poemas americanos la presencia de indigenismos, que dan fe de la nueva realidad de las Indias Occidentales y que reflejan, desde el primer momento, las novedades de las tierras recientemente descubiertas y ocupadas. En este sentido, podemos localizar numerosos vocablos indígenas en el largo poema de Castellanos, por indicar un ejemplo[53].

LA MATERIA BÉLICA

El fondo argumental de los poemas épicos americanos, en su gran mayoría, es histórico, como veremos más adelante. Esta base argumental que cuenta los avatares de la azarosa conquista del Nuevo Mundo forma la materia histórica del poema americano. En relación con esta materia histórica está la materia bélica. En el caso de la épica hispánica, en general, tanto la escrita en España, como en América, resulta que uno de sus rasgos más típicos es la abundancia de materia bélica: episodios militares, batallas, combates individuales, encuentros, escaramuzas, desafíos, etc., tan frecuentes como en los libros de caballerías, con los que la épica, indudablemente, guarda una notable relación.

De cualquier forma, la materia bélica es algo consustancial a la epopeya. La *Ilíada* es un poema fundamentalmente bélico, y fue el modelo primero en muchos de los elementos que componen esta materia y que los poetas siguientes repetirán. También, como es bien sabido, el primer poema americano, *La Araucana*, en su Primera Parte, es básicamente una obra épica, sin mezcla de relatos amorosos ni de otra especie, según el propósito que el autor expresó en la primera estrofa. Así, pues, por encima de los modelos extranjeros, la poesía épica hispana tenía en *La Araucana* los ejemplos para el relato bélico. «Lo que Ercilla ha enseñado a muchos poetas, ahogados en el mundo convencional —escribe Eugenio Asensio— es la temperatura de la guerra, el fuego de la batalla, el arte de transformar el suceso del día en alquimia poética. Su lección la han aprendido principalmente los poetas soldados, los que [...] escribían "tomando ora la pluma, ora la espada"[54]. Y así, a imitación de Ercilla, en buen número de poemas americanos los encuentros bélicos —bien en forma de batallas en las que participa todo el ejército, o una considerable parte de él, bien en forma de combates individuales, donde se pone de manifiesto el valor de unos héroes destacados, o en forma de escaramuzas protagonizadas por unos pocos— acaparan una buena parte de las estrofas de estas obras.

Esta materia conlleva una técnica narrativa y descriptiva propia, con una serie de características y de elementos indispensables en la tópica de la *res militaris*. Las batallas generales están organizadas por la ley de la simetría: ambos ejércitos tienen sus capitanes destacados, y sus hazañas son asombrosas en uno y otro lado, aunque al final resulte triunfador el ejército de los españoles; a la arenga del jefe castellano, corresponde simétricamente la de un jefe indio: así, si Cortés arenga a sus hombres, Tabasco convoca también a los suyos y les anima a continuar la lucha contra el invasor español (*Mexicana*, cantos III y X respectivamente). A los poetas americanos, como se ha indicado, no les dolieron prendas destacar el valor de los indígenas, o al menos mantener una circunspección con el adversario vencido digna de destacar.

Por otro lado, los poetas ponían un enorme empeño en la narración realista de los combates. El gusto por el pormenor horrendo, el detenerse anatómicamente en el detalle de cada herida mortal, ha sido heredado, en la poesía heroica de todos los tiempos, de los cantos homéricos[55]. No tienen otros antecedentes las atrocidades de las descripciones de heridos en los encuentros de *La Araucana*. Bien es cierto que, entre los poetas hispanos, fue Ercilla quien consiguió los acentos y los tonos más horrendos al estilo homérico, con el que se iguala en este aspecto por su realismo crudo: el sangriento machacar de los guerreros araucanos y el furor bélico de los españoles desparra-

---

[52] *La tradición clásica*, ob. cit., pág. 167.
[53] Véase Manuel Álvar, *Juan de Castellanos. Tradición española y realidad americana*, Bogotá, 1972.

[54] «España en la épica filipina», art. cit., pág. 86.
[55] Cfr. F. Pierce, *La poesía épica*, ob. cit., pág. 269.

man por los campos chilenos heridas sangrantes, ojos atravesados, vísceras, cuerpos destrozados.

> Unos vienen al suelo mal heridos,
> de los lomos al vientre atravesados;
> por medio de la frente otros hendidos;
> otros mueren con honra degollados;
> otros, que piden medios y partidos,
> de los cascos los ojos arrancados,
> los fuerzan a correr por peligrosos
> peñascos, sin parar, precipitosos.

> Y a las tristes mujeres delicadas
> el debido respeto no guardaban,
> antes con más rigor por las espadas,
> sin escuchar sus ruegos, las pasaban;
> no tienen miramiento a las preñadas,
> mas los golpes al vientre encaminaban,
> y aconteció salir por las heridas
> las tiernas pernezuelas no nacidas.

> (Ercilla, *La Araucana*, VI, 35-36, ed. cit.).

El patetismo de los guerreros muertos, el alma de los moribundos escapándose por las mismas heridas, las exequias de un héroe caído en el combate, como los funerales celebrados por Patroclo, amigo de Aquiles (*Ilíada*, XXIII); las incursiones de destacados guerreros solos en el ejército enemigo, como la llevada a término por Diomedes y Ulises (*Ilíada*, X) y el recuento y catálogo de los capitanes y sus ejércitos (*Ilíada*, II) son episodios que tienen sus antecedentes en la poesía clásica en general, y homérica en particular, de donde proceden también las distintas técnicas narrativas fijadas para estos pasajes concretos.

Los poetas americanos insertan a modo de estadística el recuento de los guerreros, como el de los araucanos en la obra de Ercilla (*La Araucana* II y XXI), del mismo modo que Pedro de Oña enumera las cualidades de las huestes españolas, haciendo reseña general de sus fuerzas ante el caudillo:

> Pero de vuestras alas confiado,
> ¡Oh musas! echaré a volar mi pluma,
> Diciendo, aunque en ceñida y breve suma,
> Las cosas deste alarde señalado.
> Pues ya que vino el término aplazado,
> Entró por donde el cano mar se espuma,
> Delante de su gente, el nuevo Marte
> Con el regal católico estandarte.

> Mandando que a un lugar de la ribera
> Se ponga la veloz caballería,
> Y en otro la valiente infantería,
> Unos delante de otros en hilera;
> Paró su curso luego toda esfera,
> Y Febo que en la suya se movía;
> Echóse el viento, el mar se puso en calma,
> Quedándose más llano que la palma.

> Mostróse pues, de todos el primero
> Aquel que puede serlo en toda parte,
> Representando a Júpiter y a Marte,
> No menos manso en paz que en guerra fiero;
> Su rostro entre benévolo y severo,
> Y el acabado cuerpo de tal arte,
> Que claro por defuera descubría
> Al ánima que dentro lo movía.

> (Oña, *Arauco domado*, IX, pág. 396, ed. cit.).

LA MATERIA AMOROSA

Es cierto que el núcleo básico argumental de los poemas americanos lo forman la materia histórica y la materia bélica, pero estos poetas no pudieron escapar al hechizo de los relatos de ficción de contenido amoroso. El mismo Ercilla, tan épicamente bélico, tuvo que ceder a su primer proyecto y dejar lugar en la narración histórica para contar los amores de algunos protagonistas. Y esto, una vez más, se hallaba ya en los cantos homéricos. El poeta griego, escribiendo la historia de la guerra de Troya, mezcló episodios que entretuvieran a los lectores u oyentes de la materia principal de la guerra, mucho más densa. De este modo, desde los lejanos comienzos de la epopeya occidental, apareció la materia imaginativa de entretenimiento, basada en historias amorosas. Homero narra, en este sentido, el episodio novelesco amoroso de la pareja formada por Héctor y Andrómaca (*Ilíada*, VI y *passim*). Virgilio concedió más importancia y extensión al relato amoroso protagonizado por el héroe troyano, Eneas, y la reina de Cartago, Dido (*Eneida*, IV).

El poeta épico debe introducir variedad dentro de su poema, porque el fin de la imitación poética es el deleite, y a conseguirlo contribuyen de modo relevante los episodios imaginados amorosos, el relato de ficción insertado en el de base histórica. Así lo entendió Bernardo de Balbuena, al escribir en el prólogo de su *Bernardo*: «Que si de la imitación poética, la porción mayor de su fin es el deleite, en ningún modo lo podrá dañar el enriquecerla de ese tesoro por todos los campos posibles». Esta materia adicional del poema se basa, a veces casi exclusivamente, en relatos amorosos, que forman en su conjunto las «novelas» ingeridas en la historia [56].

En este sentido, la épica italiana abundaba en episodios novelescos amorosos, tanto en el *Orlando furioso*, como en la *Gerusalemme liberata*, pero en especial en el *romanzo* de Arios-

---

[56] Cfr. Pedro M. Piñero, *Luis de Belmonte*, ob. cit., págs. 251-253.

to. Las historias de amor forman el contrapunto de las narraciones hazañosas de los guerreros. Ya hemos dicho que fue la influencia de Ariosto, sobre todo, la que decidió a los poetas hispanos a romper la monotonía de los largos relatos militares, haciendo realidad su receta: las armas y los amores combinados, como programaba en el pórtico de su poema:

Le donne, i cavallier, l'arme, gli amori,
le cortesie, l'audaci imprese io canto...

(*Orlando furioso*, I, 1).

A imitación de Ariosto, Ercilla rompe su primer propósito, como hemos dicho, cerradamente bélico de la materia de su poema, y cuenta las historias amorosas de Lautaro y Guacolda, Tegualda y Crepino, Glaura y Carilán, Lauca y su esposo, y hasta tal punto se deja llevar por estos episodios, que en algún momento tiene que rechazar las instancias repetidas del amor, para que no se entorpezca ni arrincone el relato bélico:

Pérfido amor tirano, ¿qué provecho
piensas sacar de mi desasosiego?
¿No estás de mi promesa satisfecho
que quieres afligirme desde luego?
¡Ay!, que ya siento en mi cuidoso pecho
labrarme poco a poco un vivo fuego
y desde allí con movimiento blando
ir por venas y huesos penetrando.

(Ercilla, *La Araucana*, XXII, 1, ed. cit.).

Pero ya Ercilla había cedido a los requerimientos del relato amoroso, buscando la variedad necesaria de su dilatada obra poética (*La Araucana*, XV, 1-5).

Y como Ercilla, la mayoría de los poetas heroicos americanos: por ejemplo, en el *Arauco domado*, Pedro de Oña introduce los episodios y relatos amorosos de Caupolicán y Fresia (canto V), Tucapel y Gualeva (cantos VI-VIII, XII), Talgueno y Quidora (cantos XII-XVI). Gabriel Lobo Lasso de la Vega cuenta las aventuras de Taxguaya y Alvarado (*Mexicana*, XVII-XVIII), de evidente deuda tassesca, o la historia de amor de la joven Claudina (*Mexicana*, IX). Y Castellanos, por su parte, relata, entre otras, la historia de la hermosa Diana, mujer del cacique Goaga Canari (*Elegías* II, 139, págs. 3 y ss.).

LA MATERIA HISTÓRICA:
LA HISTORIA AMERICANA

El gran tema, cercano a la exclusividad, de la épica americana fue la historia de la conquista del Nuevo Mundo, en sus distintas etapas y zonas. Fue la materia histórica por excelencia de estos poemas. Las razones son obvias y a ellas nos hemos referido con anterioridad. Los acontecimientos contemporáneos eran lo suficientemente heroicos como para merecer la atención de aquellos poetas; es más, algunas crónicas escritas en el siglo XVI, como la *Historia verdadera de la Nueva España* de Bernal Díaz del Castillo, según defiende A. Valbuena Briones[57], retuvo en sus páginas un alto sentido épico. Es que la historia que se estaba haciendo tenía visos de epopeya y el historiador coetáneo difícilmente escapaba a la tentación de poetizar la narración ante la tamaña sorpresa de lo que estaba viviendo. Las cosas del Nuevo Mundo son tan deslumbrantes que «ellas mismas encumbran el estilo», como escribía Juan de Castellanos.

Por otro lado, no es extraño el caso del poeta soldado (el tópico «armas y letras» del Renacimiento se hacía realidad cotidiana en América), que narra poéticamente los acontecimientos en que ha tomado parte o conoce con bastante fidelidad por relatos de compañeros de armas. El caso de Ercilla es el más llamativo y citado, pero no es el único. También fue poeta-soldado, como otros, Hernando Álvarez de Toledo, que contará sus propias experiencias en *El Purén indómito*.

El ejemplo de *La Araucana*, es cierto, marcó el camino de la mayoría de los autores americanos, que en la misma línea, los ojos fijos en este modelo, consagraron sus poemas, o en algunos casos sus crónicas rimadas, a la conquista del Nuevo Mundo. En este sentido, el magisterio de Ercilla fue determinante y definitivo, hasta el punto que la mayoría de las historias de la literatura hispanoamericana hablan de los «discípulos de Ercilla» o de las «continuaciones, imitaciones y emulaciones de *La Araucana*».

Así las cosas, el poeta americano transformaba en materia poética lo vivido, o lo que de alguna manera conocía y le afectaba en lo más profundo de su experiencia personal. Deslumbrado ante la emoción de una naturaleza nueva y exuberante, y atónito ante la historia de la que él mismo se sentía agente consciente, el poeta épico, a partir de este primer modelo, que la mayoría tuvo presente, en mayor o menor medida, escogió tres enfoques distintos —como ha señalado con acierto Mario Hernández Sánchez-Barba, en un estudio re-

---

[57] *Literatura Hispanoamericana*, Barcelona, s. a., 4.ª ed. ampliada, págs. 16-25.

Grabado del *Cortés valeroso*

asuntos religiosos, como puede comprobarse con sólo repasar los títulos de estos poemas.

La conquista de Chile y las dificultades que planteó fue asunto preferente para estos poetas: al menos seis se ocupan de este tema (Ercilla, P. de Oña, D. de Santistevan, M. Xufre del Águila, H. Álvarez de Toledo, y J. de Mendoza y Monteagudo). Le sigue México en interés, con la particularidad de que la figura de su conquistador Hernán Cortés ocupa lugar de preferencia en la historia narrada. Cinco poemas cantan las hazañas de los conquistadores en tierras mejicanas (los de G. Lobo Lasso de la Vega, A. de Saavedra Guzmán, G. Villagrá, F. de Terrazas y J. Cortés Osorio). De diversos temas peruanos tratan cuatro obras (las de P. de Oña, R. de Valdés, J. de Miramontes y Zuazola y un escritor anónimo, autor de la *Relación de la conquista y del descubrimiento que hizo el gobernador don Francisco Pizarro*). Menor interés tuvieron para la poesía épica los asuntos de Argentina, Venezuela, el Caribe y otras zonas del Nuevo Mundo.

POEMAS DE ASUNTO RELIGIOSO

La épica religiosa fue muy cultivada por los poetas españoles, pero no tanto por los hispa-

ciente[58]—, pero que tenían evidentes puntos comunes: «exaltación de la identificación de una acción de conquista-resistencia, valorando categorialmente los dos supuestos de la confrontación, que es el caso de *La Araucana* del madrileño Alonso de Ercilla y Zúñiga (1533-1594); exaltación de toda una empresa humana de proporciones ciclópeas, que se encuentra expresado en las *Elegías de varones ilustres* del andaluz Juan de Castellanos (1522-1607); exaltación, por último, de un personaje decisivo en la empresa de la conquista de México, cual ocurre con el poema del madrileño Gabriel Lobo Lasso de la Vega, *Cortés valeroso* y *Mexicana*, que sobresale entre todos los otros poemas narrativos del siglo XVI relativos a la conquista de México». De acuerdo con este historiador, pensamos que los poemas narrativos de asunto histórico escritos en América y sobre la realidad de aquel continente, obedecen a uno de estos tres objetivos y son el resultado de actitudes distintas ante el hecho americano, y esto es válido para las obras escritas durante todo el siglo XVI y principios del siguiente, porque a partir de la tercera década del XVII, la poesía épica tomó otro rumbo temático, inclinándose fundamentalmente a los

Grabado de los *Desagravios de Cristo*

58 *Historia y Literatura en Hispano-América (1492-1820). La versión intelectual de una experiencia*, Madrid, 1978, la cita siguiente en la pág. 133.

noamericanos. Sólo conocemos ocho poemas religiosos escritos en América, o por poetas criollos. Frente a esta escasez numérica, hay que resaltar que en América se escribió el poema religioso más importante de todo el género en la literatura hispana, *La Christiada* de Diego de Hojeda. A mediados casi del siglo XVII, apareció en México la obra de F. Corchero Carreño, que canta el triunfo de Cristo contra el judaísmo, muy en la línea de la poesía religiosa de esa época.

La Virgen, en su advocación particular de Nuestra Señora de Copocabana, es asunto de un solo poema, el escrito por F. de Valverde. A Santo Tomás y a San Diego de San Nicolás del Puerto se le dedican sendos poemas: son los de Diego Sáenz Ovecuri y Alonso G. de Escobedo respectivamente.

Caso distinto y especial es el de San Ignacio de Loyola. De los cuatro poemas que se escriben sobre su vida y milagros en la literatura hispana, tres fueron redactados en América o por autores criollos. El influjo de la nueva orden de los jesuitas en la cultura del barroco es notable, y dentro de esta influencia, en las más distintas facetas de la vida religiosa y cultural, destacó el desarrollo literario del tema de su propio fundador, que ya había sido biografiado en obras en prosa, como la famosa y divulgada *Vida de San Ignacio de Loyola,*

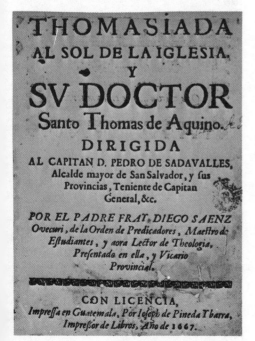

Thomasiada al Sol de la Iglesia, edición de 1667

fundador de la Compañía de Jesús, del P. Pedro Ribadeneyra. Los colegios y seminarios jesuitas tenían aceptable ambiente cultural-religioso, y no podían dejar de propiciar el nacimiento y difusión de temas, historias y leyendas ignacianos, y esto se daba no sólo en las cuestiones pedagógico-apostólicas, sino también literarias.

La compañía de Jesús era demasiado organizada á estaba demasiado interesada programáticamente en toda biografía y exaltación de su fundador (véanse las innumerables vidas del santo escritas por jesuitas y las litografías biográficas difundidas entonces en todo el mundo), como para no aprovechar la oportunidad de consolidarla a nivel literario con una obra como la de Camargo, de matriz jesuita él también, así como lo había hecho con los poemas análogos de Belmonte Bermúdez, de Escobar y Mendoza, de Oña [59].

Estas *Vidas de San Ignacio* conjugaron con acierto el carácter pedagógico-apostólico, que corresponde de pleno derecho a estos poemas hagiográficos, con el digno nivel poético de este género narrativo.

EL ASUNTO MEDIEVAL:
LA AÑORANZA DE LA METRÓPOLI

Alguna vez, y en casos excepcionales, el poeta hispano asentado en el Nuevo Mundo, dedicó su poema a cantar algún acontecimiento de la historia medieval de la lejana España. Solo podemos señalar tres obras en esta línea temática. También en este caso nos encontramos con uno de los más logrados poemas épicos de asunto medieval escrito en América: nos referimos a *El Bernardo* de B. de Balbuena, claramente dentro de la órbita de las influencias ariostescas. Se cuenta también con un ejemplo de poema apologético de linajes, *El Vasauro*, de Pedro de Oña, y, por último, un poema de ciudad «liberada» en la línea más fiel a Tasso, escrito por un español afincado en Lima, Rodrigo de Carvajal y Robles, se trata del *Poema del asalto y conquista de Antequera.*

Si estas obras se citan aquí es porque fueron escritas por españoles trasplantados a América o criollos que no perdieron los lazos afectivos

[59] Giovanni Meo Zilio, *Estudio sobre Hernando Domínguez Camargo y su San Ignacio de Loyola. Poema Heroyco*, Florencia, 1967, págs. 63-64.

con las cosas de España, porque se consideraron en todo momento españoles. De cualquier modo, es el ejemplo de cómo la materia histórica medieval se desarrolló con fuerza en la poesía épica hispana, desbordando las fronteras de la península y extendiéndose por el Nuevo Mundo de la mano del romancero o en las octavas dilatadas de la poesía épica.

BIBLIOGRAFÍA*

a) Relación de los poemas publicados en los siglos XVI y XVII

1569
ERCILLA Y ZÚÑIGA, Alonso de, *La Araucana.* Parte I, Madrid, 1569 (Pierres Cossin), 15 cantos.
1578
— *La Araucana.* Parte II Zaragoza, 1578 (Juan Soler), 14 cantos.
1589
— *La Araucana.* Parte III, Madrid, 1589 (Pedro Madrigal), 8 cantos.
1590
— *La Araucana.* Partes I, II, y III, Madrid, 1590 (Pedro Madrigal), 37 cantos.
(Para las ediciones modernas de *La Araucana* véase el capítulo dedicado a Ercilla).
1588
LASSO DE LA VEGA, Gabriel L., *Cortés valeroso y Mexicana.* Parte I, Madrid, 1588 (Pedro Madrigal), 12 cantos.
1594
— *Mexicana*, Madrid, 1594 (Luis Sánchez), 25 cantos.
(Edición con estudio preliminar de José Amor y Vázquez, Madrid, 1970, *BAE*, 232).
1589
CASTELLANOS, Juan de, *Elegías de varones Illustres de Indias.* Parte I, Madrid, 1589 (Viuda de Alonso Gómez), 55 cantos.
(Para las ediciones modernas de las *Elegías* de Castellanos, véase el capítulo dedicado a este autor).
1596
OÑA, Pedro de, *Arauco domado*, Parte I, Ciudad de los Reyes, 1596 (Antonio Ricardo de Turín), 19 cantos.
(De ésta y otras obras de Pedro de Oña hay ediciones modernas).
1597
SANTISTEVAN OSORIO, Diego de, *La Araucana.* Partes IV y V, Salamanca, 1597 (Juan y Andrés Renaut), 33 cantos.
1599
SAAVEDRA GUZMÁN, Antonio de, *El peregrino indiano*, Madrid, 1599 (Pedro Madrigal), 20 cantos.
1602
ÁVALOS Y FIGUEROA, Diego de, *Miscelánea austral.* Parte I, Lima, 1602 (Antonio Ricardo), 6 cantos.

BARCO CENTENERA, Martín de, *Argentina y conquista del río de la Plata*, Lisboa, 1602 (Pedro Crasbeek), 28 cantos.
(Ediciones: en *Historiadores primitivos*, vol. III, ed. de A. A. González de Barcia Carballido y Zúñiga, 1749, en *Colección de obras y documentos relativos a la historia de las Provincias del Río de la Plata*, vol. II, ed. de P. de Angelis, Buenos Aires, 1836, en *Historia Argentina*, vol. III, ed. de R. Díaz de Guzmán, Buenos Aires, 1854, edición facsímil de J. M. Gutiérrez y E. Peña, *Biblioteca de la Junta de Historia y Numismática Americana*, vol. V, Buenos Aires, 1912., edición facsímil de Carlos Navarro y Lamarca, Buenos Aires, 1912.)
1608
BALBOA TROYA Y QUESADA, Silvestre de, *Espejo de Paciencia. Donde se cuenta la prisión que el capitán Gilberto Girón hizo de la persona del Ilustrísimo Señor Don Fray Juan de las Cabezas Altamirano, Obispo de la Isla de Cuba, en el Puerto de Manzanillo, año de Mil seiscientos y cuatro*, Santa María del Puerto de Príncipe, 1608.
(Edición de Felipe Pichardo Moya, La Habana, 1941).
1609
OÑA, Pedro de, *Temblor de Lima, año de 1609*, Lima, 1609 (Francisco del Canto), 1 canto.
BELMONTE BERMÚDEZ, Luis de, *Vida del Padre Maestro Ignacio de Loyola*, México, 1609 (Gerónimo Balli), 10 cantos.
1610
VILLAGRÁ, Gaspar, *Historia de Nueva México*, Alcalá, 1610 (Luis Martínez Grande.) 34 cantos.
(Edición de L. González Obregón, México, 1900. Traducción inglesa de G. Espinosa, Los Ángeles, 1933. Reedición de la edición inglesa, Chicago, 1962).
1611
HOJEDA, Diego de, *La Christiada*, Sevilla, 1611 (Diego Pérez), 12 cantos.
(Para las ediciones modernas véase el capítulo dedicado a Hojeda).
1627
CARVAJAL Y ROBLES, Rodrigo de, *Poema heroico del asalto y conquista de Antequera*, Ciudad de los Reyes, 1627 (Gerónimo de Contreras) 20 cantos.
(Edición de Francisco López Estrada, Anejo IX del *BRAE*, Madrid, 1963).
1630
XUFRE DEL ÁGUILA, Melchor, *Compendio historial del descubrimiento, conquista y guerra del reino de Chile, con otros dos discursos*, Lima, 1630 (Francisco Gómez Pastrana), 3 cantos.
(Edición de L. Montt, Santiago de Chile, 1897.)
1639
OÑA, Pedro de, *El Ignacio de Cantabria.* Parte I, Sevilla, 1639 (Francisco de Lyra), 12 cantos.

---

* Para la relación bibliográfica *a* y *b* de los poemas americanos nos servimos básicamente de los Apéndices bibliográficos del estudio de F. Pierce (*La poesía épica*, ob. cit., páginas 327-375). Sólo añadimos algunos títulos y ediciones que el hispanista inglés no registró en su obra; alguno, claro es, por su posterior publicación. Siempre que ha sido posible se anota el impresor-editor de la edición antigua y el número de cantos del poema.

1641

VALVERDE, Fernando de, *Santuario de Nuestra Señora de Copacabana, en el Perú*, Lima, 1641 (Luis de Lira), 18 silvas.

1649

CORCHERO CARREÑO, Francisco, *Desagravios de Christo en el Trivmpho de su Cruz contra el Judaismo, Poema Heroyco*, México, 1649.

1666

DOMÍNGUEZ CAMARGO, Hernando, *San Ignacio de Loyola, fundador de la Compañía de Jesús*, Madrid, 1666 (Ioseph Fernández de Buendía), 5 libros, 24 cantos.

(Edición moderna: Bogotá, 1956 ed. «ABC». En las *Obras* edición a cargo de Rafael Torres, Bogotá, 1960, Instituto Caro y Cuervo).

1667

SÁENZ OVECURI, Diego, *Thomasiada al sol de la Iglesia, y su Doctor Santo Thomás de Aquino*, Guatemala, 1667 (Ioseph Pineda Ybarra), 9 cantos.

(Edición de D. Vela, Guatemala, 1960.)

1687

VALDÉS, Rodrigo de, *Poema heroico hispano-latino panegírico de la fundación y grandezas de Lima*, Madrid, 1687 (Antonio Román), 572 cuartetas.

b) Relación de los poemas conservados manuscritos, con sus ediciones modernas.

ÁLVAREZ DE TOLEDO, Hernando, *El Purén indómito*, ms. de fines del siglo XVI, 24 cantos.

(Edición de Diego Barros Arana, Leipzig, 1862.)

ANÓNIMO, *Relación de la conquista y del descubrimiento que hizo el gobernador don Francisco Pizarro en demanda de las provincias y reinos que agora llamamos Nueva Castilla*, ms. siglo XVI, 283 octavas.

(Edición de León de Francia, 1848. - Edición de F. Rand Morton, México, 1963.)

CADENA, Pedro de la, *Los actos y hazañas valerosas del capitán Diego Hernández de Serpa*, ms. siglo XVI, 17 cantos.

ESCOBEDO, Alonso Gregorio de, *La Florida, donde se canta la vida, muerte y milagros del glorioso Santo Diego de Santo Nicolás del Puerto... Y con los hechos de muchos españoles, y con los ritos y costumbres y conversión de los indios*. Partes I-III, ms. fines del siglo XVI, octavas.

TERRAZAS, Francisco de, *Nuevo Mundo y conquista* (fragmentos). Ms. principios del siglo XVII, octavas.

(En la edición de J. M. de Agreda y Sánchez, de la obra de Baltasar Dorantes de Carranza, *Sumaria relación de las cosas de la Nueva España, con noticia individual de los descendientes legítimos de los conquistadores y primeros pobladores españoles*, México, 1902).

(Fragmentos en J. García Icazbalceta, *Francisco Terrazas y otros poetas del siglo XVI*, Madrid, 1962.)

MENDOZA Y MONTEAGUDO, Juan de, *Las guerras de Chile*, ms. siglo XVII, 11 cantos.

(Edición de José Toribio Medina, Santiago de Chile, 1888.)

OÑA, Pedro de, *El Vasauro*, ms. fechado en 1635, El Cuzco, 11 cantos.

CORTÉS OSSORIO, Jerónimo, *Las Cortesiadas*, ms. sin a. ni l.

MIRAMONTES Y ZUAZOLA, Juan de, *Armas antárticas, hechos de los famosos capitanes españoles que se hallaron en la conquista del Perú*, ms. sin a. ni l, 20 cantos.

(Edición de «Gaspar» - Félix Cipriano Coronel Zegarra—, en *La Revista Peruana*, t. III, Lima, 1879. Edición de J. Jijón y Caamaño, Quito, 1921.)

*c) Estudios**

ALONSO, Dámaso, «La recepción de *Os Lusiadas* en España (1579-1650)», *BRAE*, LIII, 1973, págs. 33-61, (ahora en *Obras Completas*, III, Madrid, Gredos, 1974).

ARCE, Joaquín, *Tasso y la poesía española. Repercusión literaria y confrontación lingüística*, Barcelona, Planeta, 1973.

ASENSIO, Eugenio, «España en la épica filipina», *RFE*, XXXIII, 1949.

— *La fortuna de «Os Lusiadas» en España*, Madrid, Fundación Universitaria Española, 1973.

CARAVAGGI, *Studi sull'epica ispanica del Rinascimento*, Pisa, Universidad de Pisa, 1974.

CIROT, Georges, «Coup d'oeil sur la poésie épique du siecle d'or», *Bhi*, XLVIII, 1946, págs. 294-329.

CHEVALIER, Maxime, *L'Arioste en Espagne (1530-1650). Recherches sur l'influence du «Roland furieux»*, Bordeaux, Institut d'Études Ibériques et Ibéro-Américaines de L'Université de Bordeaux, 1966.

— *Lectura y Lectores en la España de los siglos XVI y XVII*, Madrid, Turner, 1976.

HIGHET, Gilbert, *La tradición clásica. Influencias griegas y romanas en la literatura occidental*, México, Buenos Aires, Fondo de Cultura Económica, 1954, 2 vols.

LACADENA, Esther, *Nacionalismo y alegoría en la épica española del XVI: «La Angélica» de Barahona de Soto*, Zaragoza, Departamento de Literatura de la Universidad de Zaragoza, 1980.

LIDA DE MALKIEL, María Rosa, «El amanecer mitológico en la poesía narrativa española», en *RHF*, VIII, 1946, págs. 77-110 (ahora en su libro *La tradición clásica en España*, Barcelona, Ariel, 1975, págs. 119-164.)

MENÉNDEZ PELAYO, Marcelino, *Historia de la poesía hispanoamericana*, Madrid, Edición Nacional, 1948. t. II.

MEO ZILIO, Giovanni, *Estudio sobre Hernando Domínguez Camargo y su San Ignacio de Loyola. Poema Heroyco*, Florencia, 1967.

PIERCE, Frank, *La poesía épica del Siglo de Oro*, Madrid, Gredos, 1968, 2.ª ed.

---

* Los estudios sobre las obras de Ercilla, Castellanos, Hojeda y Balbuena, que suman la inmensa mayoría de los trabajos críticos acerca de la poesía épica americana, deben consultarse en los capítulos correspondientes a cada uno de estos autores.

PIÑERO RAMÍREZ, Pedro Manuel, *Luis de Belmonte Bermúdez. Estudio de «La Hispálica»*, Sevilla, Diputación de Sevilla, 1976.

PRIETO, Antonio, *Del ritual introductorio en la épica culta*, en *Estudios de Literatura europea*, Madrid, Narcea, 1975, págs. 15-72.

— «Origen y transformación de la épica culta en castellano», en *Coherencia y relevancia textual.*

De Berceo a Baroja, Madrid, Alhambra, 1980, cap. III, págs. 117-178.

SOLA, Sabino, *El diablo y lo diabólico en las letras americanas (1550-1750)*, Deusto, Universidad de Deusto, 1973.

VON RICHTHOFEN, Erich, *Tradicionalismo épico-novelesco*, Barcelona, Planeta, 1972.

Alonso de Ercilla y Zúñiga

LUIS ÍÑIGO MADRIGAL

En julio de 1554 el infante don Felipe, que habría de ser Felipe II, Rey de España (1556-1598), viajó a Londres para contraer allí segundas nupcias con la reina de Inglaterra (1553-1558), María Tudor, *la Católica*[1]. Durante su permanencia en la corte inglesa conoció don Felipe las noticias de la sublevación de Francisco Hernández Girón en el Perú, y la muerte en Chile, a manos de los araucanos, del gobernador Pedro de Valdivia[2]. El futuro monarca, que regía desde 1543 los asuntos de Indias y España, por delegación de su padre, el emperador Carlos V, se apresuró a nombrar nuevo gobernador de Chile a Jerónimo de Alderete, y virrey del Perú a don Andrés Hurtado de Mendoza, con especial encargo a este último de dirigirse prontamente a su destino, para poner coto a la insurrección de Girón[3]. Tres pajes de la comitiva del Príncipe solicitaron y obtuvieron de él la merced de acompañar al nuevo Virrey a Indias, para combatir a los rebeldes. Uno de aquellos pajes, al servicio de don Felipe desde 1548, mozo de veintiún años recién cumplidos, y que aún no ceñía espada, era don Alonso de Ercilla y Zúñiga, llamado a ser «Inventor» de Chile[4].

Alonso de Ercilla y Zúñiga

Transcurriría tiempo, sin embargo, hasta que Ercilla conociera el escenario, los hechos y las gentes que iba a cantar en *La Araucana*, el poema épico que traería renombre a su autor y al lejano Reino de Chile. Sólo en octubre de 1555 zarpaban desde el puerto andaluz de Sanlúcar las naves que conducían a Hurtado de Mendoza y a Alderete, y con ellos a don Alonso, hacia las Indias; sorprendida la ar-

---

[1] El Príncipe don Felipe se embarcó en La Coruña, España, el 12 de julio de 1554, haciéndose a la mar al día siguiente y desembarcando el 19 en Inglaterra. El matrimonio con la Reina María, a quien Felipe conocía sólo en imagen con anterioridad a estas fechas, se efectuó el 25 de julio de 1554. El Príncipe permaneció en la corte inglesa, y en compañía de su segunda esposa, hasta finales de agosto o principios de septiembre de 1555.

[2] Francisco Hernández Girón encabezó la rebelión de los encomenderos peruanos motivada por una Real Cédula sobre el servicio personal de los indios y disposiciones de la Audiencia de Lima sobre las condiciones de los conciertos con los indios, que se inició en Cuzco el 13 de noviembre de 1553 y se alargó hasta diciembre de 1554 (véase *infra*, nota 6). Pedro de Valdivia había sido muerto por los araucanos el 1 de enero de 1554, aunque no existe unanimidad en los historiadores sobre esta fecha: otros señalan el 25 de diciembre de 1553. Jerónimo de Bibar, 1966, data la muerte de Valdivia «primero domingo de Pascua de Navidad y primer día del año cincuenta y cuatro» (pág. 170). La noticia de la muerte de Valdivia tal vez conmovió especialmente a don Felipe, no tanto por el personaje, cuanto por la «alta y desconcertante categoría de reino» que ostentaba Chile, y que Carlos V le había dado en jurisdicción «para que la corona del novio de la reina de Inglaterra fuese también corona real» (Bulnes, 1933, pág. 87).

[3] Don Andrés Hurtado de Mendoza fue nombrado Virrey del Perú por Real Cédula de 5 de noviembre de 1554; a Jerónimo de Alderete se le nombró Gobernador de Chile el 29 de mayo de 1555.

[4] Hijo de Fortún García de Ercilla (Bermeo, 1494-1534, Dueñas), integrante del Real Consejo de Carlos V, y de

doña Leonor de Zúñiga (*c*. 1494-1559), que a la muerte de su marido entró al servicio de las infantas doña Juana y doña María, hermanas de Felipe II, don Alonso de Ercilla y Zúñiga nació en Madrid el 7 de agosto de 1533. Apenas cumplidos quince años entró don Alonso a servir de paje al príncipe Felipe, en vísperas de emprender éste viaje a Flandes, a fin de visitar al emperador Carlos V, su padre (1548); en el séquito del príncipe viajó don Alonso. De regreso a España (1551), volvió a emprender viaje Ercilla, esta vez hacia Viena, acompañando a su madre, que formaba parte de la comitiva de Maximiliano, rey de Hungría y Bohemia, y de su mujer doña María. En 1554 estaba nuevamente en España, de donde partiría acompañando a don Felipe en su viaje a Inglaterra (véase *supra*, nota 1). Para la biografía de Ercilla continúa siendo fundamental Medina, 1917 *a*, de donde extraigo estas noticias y las que, en adelante, daré sobre la vida del poeta. El epíteto «Inventor de Chile» se debe a Neruda, 1971.

mada días después por un gran temporal, algunas de las naos, entre ellas la de Alderete, en la que viajaba Ercilla, hubieron de volver a Cádiz, no haciéndose a la mar nuevamente sino en diciembre de ese año. No pararon allí las desventuras. Ya arribados al Nuevo Mundo y después de atravesar el istmo de Panamá, Alderete enfermó gravemente, muriendo en la isla de Taboga en abril de 1556[5]. Continuó viaje Ercilla, reuniéndose con el virrey Hurtado de Mendoza en el puerto peruano de Trujillo y siguiendo con él hasta Lima.

Entretanto la rebelión de Hernández Girón había sido dominada y el motivo primero del viaje de Ercilla a América, dejado de existir[6]. Por esas fechas, el Virrey don Andrés Hurtado de Mendoza nombró a su hijo don García, Gobernador de Chile, en sucesión del fallecido Alderete[7]; y con don García decidió ir Ercilla al Reino austral, para servir a su monarca en la guerra contra los araucanos.

En febrero de 1557 salieron de Callao los navíos que conducían a don García y sus tropas, y con ellos, pasajero de la nave del nuevo Gobernador, don Alonso.

El 23 de abril de ese año de 1557 tocaba Ercilla, en el puerto de Coquimbo o La Serena, la tierra que cantaría en su célebre obra:

La Araucana. Y dos meses después, el 21 de junio, siempre junto a don García, continuaría su ruta hacia el escenario de las guerras de Arauco, anclando los expedicionarios a la vista de la isla Quiriquina, a la cuadra de Penco, tras sufrir la violencia del Mar del Sur, el 28 de ese mes.

Pronto hubo don Alonso de lograr su propósito de defender el imperio español, luchando contra los no sometidos araucanos[8]; pronto también comenzó a escribir el que sería poema mayor de la épica en lengua española,

> ... el cual, porque fuese más cierto y verdadero, se hizo en la misma guerra y en los mismos pasos y sitios, escribiendo muchas veces en cuero por falta de papel, y en pedazos de cartas, algunos tan pequeños que apenas cabrían seis versos...[9].

Poema «cierto y verdadero», decía don Alonso, dentro por tanto de la tradición verista de la literatura española[10], pero poema, también, atento a la preceptiva del género y aun, en ocasiones, innovador, consciente o no, de ella.

Escrita en octavas reales[11], *La Araucana* consta de tres Partes[12] divididas en Cantos,

---

5 Alderete enfermó «de calenturas» en Panamá, falleciendo en la isla de Taboga el 7 de abril de 1556. Ercilla recuerda el triste acontecimiento en su poema:

.... en compañía
del nuevo capitán y Adelantado
caminé desde Londres hasta el día
que le dejé en Taboga sepultado;

La Araucana, Canto XIII, octava 30, versos a-ch; de ahora en adelante citaré por *A*, el número del canto, el de la octava y las letras de orden correspondiente a los versos de ella. Sigo la edición de Alonso de Ercilla. *La Araucana*, edición y prólogo de Julio Caillet-Bois, Buenos Aires, 1945, salvo indicación en contrario.

6 Girón fue tomado prisionero en noviembre de 1554 y conducido a Lima; el 7 de noviembre «le sacaron a ajusticiar metido en un serón y arrastrado por un caballo»; su cabeza, metida en una jaula de hierro, fue exhibida en la plaza de Lima, en donde, según Medina, 1917 *a*, pág. 36, pudo contemplarla Ercilla (?).

7 Don García Hurtado de Mendoza fue designado Gobernador de Chile por decreto de 29 de enero de 1557. Don García tenía por la fecha sólo veintiún años, juventud que no dejarían de reprochale, entre otros al propio Ercilla (de veintitrés años entonces), que calificaría a don García como «mozo capitán acelerado» (*A*, XXXVII, 70, b); la razón directa de la perífrasis está en la sentencia de muerte que don García dictó contra Ercilla en Chile (y que posteriormente revocó, por intercesión de una mujer), a la que el poema se refiere en varias ocasiones: *A*, IV, 4-5; *A*, XXXVI, 33-34; *A*, XXXVII, 70; véase también Medina, 1917 *a*, págs. 79-80 y notas 202-218 al texto.

ACELERADO «tiene con frecuencia en la lengua clásica y preclásica la acepción de 'inconsiderado, violento , pues «en él se confundieron los lat. *acceleratus* y *sceleratus* 'criminal'», Joan Corominas, *Diccionario Crítico Etimológico de la Lengua Castellana*, *s. v.* CÉLERE.

8 En la defensa del fuerte de Penco, asaltado por los araucanos el 25 de agosto de 1557, según fecha establecida por Medina, 1917 *á*, pág. 46 y nota 97 al texto; aparte de las fuentes citadas por Medina, Bibar, 1966, que él no conoció, escribe en el capítulo cxxxi de su obra: «Despachado el gobernador el navio otro día, se acercó junto al asiento de La Concepción con los navíos donde dio orden en como hizo un fuerte de palizada encima de una loma baja, teniendo por las espaldas la mar, y hecho salió con toda la gente de guerra a tierra, viernes, veinte de agosto. *El miércoles siguiente vinieron hasta siete mil indios* [a] *acometele una hora antes que amaneciese*» (pág. 200; las cursivas son mías).

9 *A*, «Prólogo del autor», ed. cit., pág. 31; en la «Dedicatoria» ya había escrito Ercilla: «Y así, entre las mismas armas, en el poco tiempo que dieron lugar a ello, escribí este libro...» (*ibid.*, pág. 30).

10 «Poesía historial» llama a *La Araucana* Ramón Menéndez Pidal, en la Introducción a la *Historia General de las Literaturas Hispánicas*, dirigida por Guillermo Díaz-Plaja, Barcelona, Barna, 1949-1967, 6 vols. (4.º, 2 tomos). I, pág. XLI. Menéndez Pidal invoca el caso de Ercilla como ejemplo de una tradición hispánica realista, manifestada muy señaladamente en la epopeya. Sobre el problema de la verdad y la historicidad de *La Araucana*, v. *infra*, *passim* y notas, 52, 53.

11 Estrofa favorita de la época española renacentista y barroca. «Con el advenimiento del verso endecasílabo, la copla de arte mayor fue substituida por la octava rima italiana, más conocida en español con el nombre de *octava real*. De sus ocho endecasílabos, los seis primeros riman en forma alterna y los dos últimos son pareados ABABABCC», Tomás Navarro Tomás, *Arte del verso*, México, Compañía General de Ediciones, 1959, pág. 119.

12 Según la preceptiva clásica la epopeya, al igual que la tragedia, podía constar de un mínimo de tres partes (Aristóteles, *Poética*, 7, 3) y un máximo de cinco (Horacio, *Ars poetica*, 189). Las tres partes de *La Araucana* se publicaron en un lapso de veinte años (véase *Bibliografía:* Er-

numerados correlativamente: quince forman las Primera Parte, catorce la Segunda y ocho la Tercera: esto es, un total de treinta y siete.

Cada una de las Partes va precedida de un *exordium*, dentro de la tradición del género, si bien alguno de esos exordios presenta peculiaridades notables[13]; los Cantos, por su parte, tienen también, regularmente, sus propios exordios: unas estrofas introductorias de carácter moral o sentencioso, a imitación de los poemas de Ariosto[14], aun cuando en el de Ercilla esos momentos gnómicos adquieren función especial en cuanto *sententiae* o moralejas de lo que se narra principalmente en el Canto respectivo, ofrecido a modo de *exemplum* de la reflexión contenida en los versos iniciales[15].

---

cilla, 1569, 1578, 1580) y su composición ocupó al poeta cerca de treinta (puesto que empezó a escribirla en Chile y continuó trabajando en ella hasta su muerte, según parece indicar la serie de correcciones de las distintas ediciones aparecidas en vida del poeta y las de la edición póstuma de 1597, cfr. Medina, 1917 b, «Ilustración X», *passim*, e «Ilustración XIII», *passim)*. Ello, unido a las diferencias que pueden apreciarse entre la primera y las restantes partes, ha llevado a la crítica a preguntarse sobre posibles variaciones del plan original de la obra; Medina, 1878, página 23, sugiere que las diferencias se deben únicamente a las modificaciones «que el espíritu del autor» sufrió a lo largo de los muchos años de redacción *(cfr.*, sin embargo, *infra*, nota 46); Medina, 1917 a, indica en varios pasajes (por ejemplo, págs. 45, 77, 81, 96, 113, 120, 137, 188) el itinerario que a su juicio cumplió la composición del poema: iniciado en Chile en 1557 y muy adelantado allí, continuado en España e «injertado» por el editor de la edición 1597 con lo que don Alonso llegó a escribir de un poema sobre la guerra de Portugal (véase *infra*, nota 40). Ducamin, 1900, «Introducción», postula que hubo una primera versión del poema, concluida en Lima en 1559, que terminaba en el Canto XV; versión modificada en España nueve años después con vistas a continuar la obra, pasando posteriormente parte del primitivo Canto XV a formar algunas de las estrofas del Canto XXXVII de la versión que hoy conocemos. Goic, 1971, nota 10, opina que el parecer de Ducamin es indefendible y basado sólo en conjeturas. Albarracín-Sarmiento, 1974, nota 13, sostiene contra Medina, que no hay certeza histórica de que la redacción de la Primera Parte comenzara antes de 1558, y comparte con Ducamin la idea de una versión primitiva de Lima, 1559, modificada en España, 1568.

[13] Para un examen de los distintos exordios de *La Araucana*, véase Goic, 1970.

[14] Ludovico Ariosto, *Orlando Furioso* (1.ª ed., 1516; ed. def. 1532); *Cinque Canti* (1.ª ed., póstuma, 1545).

[15] El *exemplum* es un caso particular de la *similitudo* en sentido amplio, que pone en relación comparativa con la *causa*, con fines de hacerlo creíble, todo fenómeno semejante (limitado, en el caso del ejemplo, a las *res gestae* de fuente histórica o literaria). La significación propia del *exemplum* (en el caso de Ercilla, regularmente, histórica) es un medio alusivo para conseguir el fin de la significación seria (explicitada en los momentos gnómicos). El que el ejemplo adopte la forma literaria de la *narratio* es común, cfr. Heinrich Lausberg, *Manual de Retórica Literaria*, versión española de José Pérez Riesco, Madrid, Gredos, 1966-1968, 3 vols., párrafos 410-426. Goic, 1970, pág. 16, hace una enumeración de los exordios de cantos con carácter sentencioso.

Paralelamente, en la mayoría de las ocasiones, tanto los Cantos como las Partes se cierran con tópicos de la conclusión provenientes de la tradición clásica[16].

La Primera Parte de *La Araucana* narra sucesos anteriores a la llegada de Ercilla a Chile, concluyendo precisamente con el inicio de la tempestad que, según sabemos, sorprendió a don García y sus acompañantes en el viaje desde Coquimbo al sur del país. Las cinco primeras octavas del Canto I contienen el exordio general del poema, que se inicia con la famosa estrofa:

> No las damas, amor, no gentilezas
> de caballeros canto enamorados,
> ni las muestras, regalos y ternezas
> de amorosos afectos y cuidados;
> más el valor, los hechos, las proezas
> de aquellos españoles esforzados,
> que a la cerviz de Arauco no domada
> pusieron duro yugo por la espada[17]

cuyos dos primeros versos son una inversión, como ha repetido la crítica, de los iniciales del *Orlando furioso*, de Ariosto:

> *Le donne, i cavallier, l'arme, gli amori,*
> *le cortesie, l'audaci imprese io canto[18],*

estableciendo así, por oposición, la materia que se propone cantar *La Araucana*, materia explicitada en los restantes versos de la octava, que enuncia lo medular de la *propositio* del poema, destinado a enaltecer la grandeza imperial de España y los triunfos de sus armas y su Monarca en defensa de la fe católica. No obstante, Ercilla no cumplió enteramente su

---

[16] Véase Goic, 1971.

[17] *A*, I, 1.

[18] Cito por la edición de Ludovico Ariosto, *Orlando Furioso*, a cura di Lanfranco Caretti, Milán-Nápoles, Riccardo Ricciardi, La Letteratura Italiana Storia e Testi, 19, 1954; una nota al texto (incluida en el volumen siguiente de la serie, Ludovico Ariosto, *Opere Minori*) asegura que estos versos provienen del Dante, *Purgatorio*, XIV, 109-110; versos que dicen:

> *le donne e' cavalier, li affani e li agi*
> *che ne'nvogliava amore e cortesia*

(cito por *Obras Completas de Dante Alighieri*, Madrid, Biblioteca de Autores Cristianos, 1956, edición bilingüe). El exordio del *Orlando Furioso*, como el de *La Araucana*, invierte el orden recomendado por Horacio:

> *Non fumum ex fulgore, sed ex fumo dare lucem*
> *cogitat, uo speciosa dehinc miracula promat*

(Ars poetica, 143-144), colocando en primer lugar la *propositio* y después la *invocatio*. Sobre la influencia de Ariosto en Ercilla, véase Chevalier, 1966, págs. 144-164.

Araucanos en combate con españoles, grabado de la *Histórica relación del reino de Chile*, edición de 1646

La segunda de las estrofas del poema, segunda también de la *propositio*,

> Cosas diré también harto notables
> de gente que a ningún rey obedecen,
> temerarias empresas memorables
> que celebrarse con razón merecen:

intención de no cantar a Amor, introduciendo en las tres partes de su obra episodios amorosos de los cuales son protagonistas heroínas indígenas, así como una versión de la leyenda de Dido, reina de Cartago, que corrige la propalada por Virgilio [19].

Amorosos son los episodios con heroínas indígenas, a saber: *a)* el de «Guacolda y Lautaro» (*A*, XIII, 43-57; XIV, 13-20), Lautaro duerme junto a Guacolda y ambos despiertan de malos sueños; el de Guacolda anuncia la muerte próxima de su amado, augurio que él trata de desvirtuar, pero que pronto se cumple; *b)* el de «Tegualda y Crepino» (*A*, XX, 27-79; XXI, 5-12), el poeta, después de una batalla, descubre a una mujer que vaga, en la noche, buscando el cuerpo de su amado muerto para darle sepultura: es Tegualda quien, a petición del narrador, cuenta la historia de sus amores con Crepino, desde que éste obtuvo su mano en un torneo hasta su casamiento, ocurrido un mes antes del relato; el poeta ayuda a Tegualda en su triste búsqueda y, cumplida, la acompaña hasta dejarla en seguro; *c)* el de «Glaura y Cariolán» (*A*, XXVII, 61; XXVIII, 3, d-52), una india sorprendida por el poeta mientras corre campo a través cuenta a aquél su historia: se llama Glaura y, tras la muerte de su padre y de un pretendiente a quien no amaba, a manos de los españoles, huyó por los montes, siendo asaltada por dos negros que pretendían violarla; desbaratado el intento por el indio Cariolán, que mata a ambos agresores, Glaura le toma como «guarda y marido», pero casi de inmediato son sorprendidos por una partida española que combate con Cariolán mientras Glaura escapa; en este punto del relato llega hasta el poeta uno de sus sirvientes indios: precisamente Cariolán, a quien aquél había salvado la vida no hacía un mes; reunidos los amantes, el poeta les concede la libertad; *ch)* el de «Lauca» (*A*, XXXII, 32-42), el poeta encuentra a una joven india que ha pretendido suicidarse por la muerte de su esposo; la cura con hierbas, la disuade de su propósito y la deja en manos de un indio ladino para que cuide de ella; *d)* el de «Fresia y Caupolicán» (*A*, XXXIII, 78-83), prisionero Caupolicán, Fresia, su mujer, le arroja a los pies del hijo de ambos, reprochándole su cobardía. A todos estos episodios o escenas se refiere Schwartz Lerner, 1972, señalando sus antecedentes literarios y analizando cómo «Los cinco episodios... Están pensados como adorno retórico y como contraparte de los pasajes bélicos. No representan una ruptura en el hilo del relato ni quitan unidad a la obra sino que contribuyen a crear un ritmo de alternancia temática» (pág. 616).

Otro episodio amoroso hay en *La Araucana*, pero su protagonista no es indígena, sino nada menos que Dido, reina de Cartago, cuya historia cuenta el poeta a sus compañeros de armas (justamente tras el encuentro con Lauca, véase *supra*), desmintiendo la supuesta infidelidad que a Dido achaca Virgilio en su *Eneida* (*A*, XXXII, 44-91; XXXIII, 2-55). Sobre la historia de Dido en la obra de Ercilla, que Medina, 1878, pág. 63-69, juzga de inclusión indisculpable en el poema, si bien enderezada a la «apolojía del matrimonio», ver especialmente María Rosa Lida de Malkiel, «Dido y su defensa en la literatura española», *RFH*, IV, 1942, págs. 209-252 y 313-382; V, 1943, págs. 45-50, 373-380; también McManamon, 1955.

Aún hay otros episodios, no amorosos, con protagonistas femeninas en *La Araucana*: tal por ejemplo el de doña Mencía de Nidos, que enrostra a los españoles que abandonan Concepción su cobardía (*A*, VII, 20-31), o la premonición que tiene Ercilla de la futura esposa doña María de Bazán (*A*, XVIII, 66-74), así como numerosas menciones o reflexiones sobre el amor, opiniones sobre la mujer, etc. Sobre estos temas puede consultarse, aparte de los textos ya mencionados, los siguientes: Aubrun, 1956; Bocaz, 1976; Caillet-Bois, 1967, págs. 44-47; Coddou, 1969; Florit, 1967; Medina, 1928; Pierce, 1946.

---

[19] En rigor los episodios amorosos, así como los referidos a mujeres, tienen gran importancia en *La Araucana*. El último canto de la Primera Parte se inicia con unas estrofas en que el poeta muestra su arrepentimiento por su promesa de no cantar a Amor:

> ¿Qué cosa puede haber sin amor buena?,
> ¿qué verso sin amor dará contento?,
> ¿dónde jamás se ha visto rica vena
> que no tenga de amor el nacimiento?
> No se puede llamar materia llena
> la que de amor no tiene el fundamento:
> los contentos, los gustos, los cuidados,
> son, si no son de amor, como pintados.

(*A*, XV, 1), y las estrofas siguientes del exordio del Canto cuentan cómo el poeta ha pensado dar cabida a los temas amorosos en su poema (lo que, por otra parte, ha hecho ya en el Canto XIII, véase *infra*), pero ha abandonado, finalmente, el intento. Sin embargo ese abandono no es tal. Si concedemos, con Medina, 1878 (cap. III; véase también *ibid*, pág. 3 y Medina, 1917 *a*, págs. 31-35), que la causa cierta de Ercilla para viajar a Indias fue un desengaño amoroso, documentado en la primera composición poética de él conocida (una Glosa, recogida en el *Parnaso Español*, de López Sedano, 1770, y reproducida en Medina, 1878, pág. 52 y Medina, 1917 *a*, pág. 31; ver también Medina, 1918 *a*, «Ilustración XVII»), nos podremos explicar tanto la negación explícita del amor, como su presencia en *La Araucana*.

raras industrias, términos loables
que más los españoles engrandecen:
pues no es el vencedor más estimado
de aquello en que el vencido es reputado.[20]

anuncia, por su parte, otra peculiaridad de la obra, anticipada y explicada ya por el propio Ercilla en el «Prólogo» de ella[21], y que se propone aquí, en los últimos versos citados, en términos inequívocos, a saber, la admiración manifiesta con que el poeta describe y juzga a los indígenas, a quienes por momentos parece tener en más que a los propios españoles. Tal generosidad ha llevado a ver en el poema, no sólo un canto al pueblo de Arauco, sino la primera muestra de literatura americana «anti-imperialista», a hablar del lascasismo de Ercilla y, en fin, a estudiar, desde el punto de vista de la sociología literaria, la peculiar visión del mundo que subyace en su obra[22].

Las tres estrofas restantes del exordio de la Primera parte contienen la *invocatio* del poema, que muestra la rara característica de no estar dirigida a las musas, ni a los dioses, sino a un ser humano: el «gran Felipe», Rey de España, a quien Ercilla había servido como paje y a quien ahora encomienda su obra[23], concluyendo con versos que reafirman, con la autoridad de lo visto y oído, la veracidad del poema:

> dad orejas, Señor, a lo que digo,
> que soy de parte dello buen testigo.[24]

Y lo que dice Don Alfonso a continuación es aquella conocida octava inicial de la larga descripción de Chile, sus habitantes y costumbres, que ocupa buena parte del Canto I[25]:

> Chile, fértil provincia y señalada
> en la región antártica famosa,
> de remotas naciones respetada
> por fuerte, principal y poderosa;
> la gente que produce es tan granada,
> tan soberbia, gallarda y belicosa,
> que no ha sido por rey jamás regida
> ni a extranjero dominio sometida.[26]

---

[20] *A*, I, 2.
[21] «Y si a alguno le pareciere que me muestro algo inclinado a la parte de los araucanos, tratando sus cosas y ventías más extendidamente de lo que para bárbaros se requiere, si queremos mirar su crianza, costumbres, modos de guerra y ejercicios della, veremos que muchos no les han hecho ventaja, y que son pocos los que con tan gran constancia y firmeza han defendido su tierra contra tan fieros enemigos como son los españoles...», *A*, pág. 32; también el prólogo «Al lector», de la Segunda Parte *(A*, págs. 371-372) insiste en la heroicidad araucana que, por otra parte, se pondera en el texto en innúmeras ocasiones.
[22] Las referencias críticas sobre el tratamiento de los araucanos en la obra de Ercilla son innumerables, si bien especialmente significativas en el siglo XIX (reprochándolo desde la perspectiva hispánica, alabándolo desde la americana), cfr. Bello, 1841; Martínez de la Rosa, 1827; Menéndez Pelayo, 1911; Quintana, 1933; Rosell, 1851. En nuestro siglo Cruchaga Ossa, 1935, anota interesantes datos que pueden explicar la visión del indio en Ercilla; Pérez Bustamante, 1952, dice que «*La Araucana* es un canto al valor, a la acometividad, a la gallardía de los guerreros de Arauco» (pág. 158), aduciendo una serie de ejemplos que «sitúan a Ercilla en una línea que pudiéramos llamar lascasiana', tendencia que no es singular entre los cronistas de Chile» (pág. 164), aunque no desarrolla suficientemente su tesis; Alegría, 1954, afirma que «*La Araucana* como toda epopeya primitiva está preñada de un sentimiento social y político» (pág. 38) y que «la idea fundamental del poeta» es «la lucha por la libertad» (pág. 53), por lo «que interpretó justamente lo que para nuestro continente constituye un momento de su historia el tema fundamental, el tema épico por excelencia: la lucha por la libertad económica y política contra los imperialismos extranjeros» (pág. 40); Durand, 1964, explica la visión del indio en Ercilla como no común, pero tampoco insólita, entre los «chapetones», esto es, los bisoños en América, en su generalizada oposición frente a los indianos viejos, ricos encomenderos o «baquianos»; Concha, 1964, menciona el posible lascasismo de Ercilla que «produce una inversión absoluta en la perspectiva sobre el español, a la par que una plena valoración del indígena, no calcada, desde luego, en la imagen de inocencia auténticamente lascasiana, sino de acuerdo con los patrones épicos vigentes» (pág. 66); el propio Concha, 1969, analiza con profundidad la actitud de Ercilla hacia los indios, mencionando nuevamente su lascasismo, pero precisando que «toda la valoración ercillesca del araucano y el definitivo enaltecimiento

de Caupolicán se hacen misteriosos, si no se insiste en la situación social del poeta en el proceso de la conquista» (pág. 66), esto es, su adscripción a los intereses de la corona y por consiguiente su oposición a los encomenderos», Morínigo, 1971 considera que «*La Araucana* fue concebida como un poema heroico-histórico» (pág. 208) en el que que «los españoles son personajes históricos» (pág. 209) y «Los indios en cambio son personajes poemáticos» *(ibíd.)*, debiéndose la aparente preeminencia de estos últimos a que la obra resultó «Un poema histórico con mucho de poema y poco de historia» (pág. 211), de donde «sería absurdo pensar que deliberadamente [Ercilla] concediera a los indios superioridad alguna en el plano de lo real» (pág. 213); finalmente, Cueva, 1978 pretende analizar *La Araucana* en el «nivel... de la visión del mundo de Ercilla, inicialmente identificada con la ideología imperial española, que el poeta asume con profunda convicción» (pág. 29) en un principio, aun cuando, «Felizmente para él y para su arte, en el momento de las plasmaciones concretas consigue *recrear*, rebasando sus afirmaciones ideológicas abstractas, un mundo en el cual termina por revelarse la igualdad integral de los contendores» (pág. 33).
[23] La invocación dirigida a un ser humano tiene antelación en el poeta hispano-latino Lucano (36-65) que invoca en su *Pharsalia*, en un largo panegírico, a Nerón *(Pharsalia*, I, 33-66). La primera traducción española de la obra de Lucano es la de Martín Lasso de Oropesa *(c*., 1530). Curiosamente, en la traducción en octavas reales de Juan de Jáuregui (Madrid, 1684), el panegírico mencionado se inicia con este verso: «Por ti, grande Filipo, hoy que en mi acento...» (I, 4, a; cito por la edición de Madrid, Viuda de Hernando, 1888, 2 vols.). Sobre la influencia de Lucano en Ercilla, véase Chevalier, 1966; Janik, 1969; McManamon, 1955.
[24] *A*, I, 5, fg.
[25] *A*, I, 6-47.
[26] La larga descripción de Chile, sus gentes y costumbres, sirve al propósito de informar a los españoles sobre esa, en la época, casi desconocida región del imperio. Diego Barros Arana, *Historia General de Chile*,

193

Descripción a la que sigue el recuento de la resistencia encontrada por los que han pretendido invadir la tierra: primero los Incas[27]; luego Diego de Almagro, descubridor de Chile[28] y finalmente Pedro de Valdivia, cuya primera fortuna y el inicio de su posterior desgracia, debida a culpas de codicia y lenidad, cierran el primer Canto[29].

El Canto II se abre con un largo momento gnómico que introduce uno de los temas fundamentales de *La Araucana*: el de Fortuna[30]. La varia diosa determina que la ventura de los españoles, triunfadores hasta el instant[e] en su lucha contra los indígenas, cambie d[e] signo: decididos los araucanos a terminar co[n] la invasión hispana, se reúnen en junta su[s] caciques para elegir Capitán General que le[s] guíe en la guerra. Puestos en discordia por ta[l] designación, que todos creen merecer, acepta[n]

como de la «exagerada influencia que atribuía en las ac[-] ciones de los hombres a la intervención de la Divinida[d] en su más bello privilejio, la libertad» (pág. 92), lo que l[e] llevaba a ver «en un acontecimiento desgraciado de l[os] compañeros o del enemigo, la mano de Dios» (pág. 94[)]. Caillet-Bois, 1962, relaciona el tema con el de la justifica[-] ción poética de la *peripecia*, atribuida en los poemas clá[-] sicos a la intervención de las divinidades, lo que desde e[l] medioevo choca con la concepción cristiana. En *La Arau[-] cana*, dice, Fortuna y sus instrumentos, los hados, tiene[n] gran importancia; pero el plano en que Fortuna parec[e] dominarlo todo aparece como menos profundo y real, [a] ojos del poeta, que el de la moral cristiana. El castigo divin[o] provocado por las culpas —codicia, soberbia, ira— es e[l] que se cierne sobre los personajes, y no los cambios d[e] Fortuna, sobre la que triunfan los que «son capaces d[e] despojarse de ambiciones y codicia, abandonando el plan[o] de valores contingentes del mundo de los hombres, dond[e] se lucha por intereses y reina la diosa inconstante» (pá[g.] 420); Concha, 1964, cree distinguir en el tema una dobl[e] faz, que origina una doble dicotomía: los sucesos ventu[-] rosos son introducidos por Providencia, los desgraciado[s] por Fortuna; ésta rige, en general, el destino de los arauca[-] nos, aquélla el de los españoles.

En las tres opiniones citadas hay elementos atendible[s]. Cabe agregar que el tema de Fortuna, en Ercilla, aparec[e] directamente influido por Juan de Mena. María Rosa Lid[a] de Malkiel, *Juan de Mena, poeta del prerrenacimiento es[-] pañol*, México, El Colegio de México, 1950, señala coin[-] cidencias formales y de contenido entre ambos poetas (ve[r] págs. 496-499, 501-505, 508, 511, 512); Rafael Lapesa, «E[l] elemento moral en el *Laberinto* de Mena: su influjo en l[a] disposición de la obra», en su *De la Edad Media a nuestro[s] días. Estudios de historia literaria*, Madrid, Gredos, 195[7], págs. 112-122, al explicar que en Mena las relaciones entr[e] Fortuna y Providencia deben entenderse desde la perspec[-] tiva «moral» del *Laberinto*, estando engarzadas en un pen[-] samiento estoico-cristiano y, además, en una visión espon[-] tánea que asigna a Fortuna mayor importancia y autono[-] mía de la que quisiera darle una visión providencialist[a] (aun cuando la perspectiva moral atribuye buena fortun[a] a los virtuosos y mala a los pecadores), establece un esque[-] ma que, con algunos cambios, podría aplicarse a Ercill[a]. Efectivamente, en Ercilla, a más de los rasgos anotad[o] en Mena, se encuentra también una visión renacentista de[l] tema, que podría resumirse en la frase maquiavélica segú[n] la cual Fortuna (al igual que Providencia) es «*arbitra dell[a] metá delle azione nostre, ma que etiam lei ne lasci governar[e] l'altra metá*» y sólo «*dimostra la sua potenzia dove non [è] ordinata virtú a resistirle*» (Niccolo Machiavelli, *Il Princip[e] Opere*, Milán-Nápoles, Riccardo Ricciardi, 1954, págs. 7[9-] 80), lo que en *La Araucana* se ejemplifica en la posibilida[d] de triunfar sobre Fortuna despojándose de ambiciones [y] codicias, pero también de otras maneras:

> Que no son hados, es pura flaqueza
> la que nos pone estorbos y embarazos;
> pensar que haya fortuna es gran simpleza:
> la fortuna es la fuerza de los brazos.

(*A*,VIII, 30, a-ch) dice Tucapel famosamente. Pero l[os] dos modos de triunfar sobre Fortuna —despreciando lo[s] valores contingentes u oponiéndole la fuerza de los brazos[—] no son idénticos; hay entre ellos una jerarquización en la[que] la «fortaleza» espiritual (y con ella el cristianismo, y lo[s] españoles) ocupa el lugar superior.

Santiago de Chile, Rafael Jover, 1884, recuerda que «Treinta y tres años después del descubrimiento de Chile por don Diego de Almagro, y después de que los conquistadores españoles estaban en tranquila posesión de su suelo, no se tenían en España más que las ideas más vagas y extrañas sobre la naturaleza de este país y su situación, y sobre las peripecias de su ocupación» (pág. 267). Voltaire, 1728, anota: «*Ce commencement, qui serait insupportable dans tout autre poëme, est ici nécessaire, et ne déplaît pas dans un sujet où la scène est par-delà l'autre tropique, et où les héros sont des sauvages, qui nous auraient été toujours inconnus s'il ne les avait pas conquis et célébrés*» (pág. 395). Ciertamente, también la poética de la época de Ercilla era sensible a la inconveniencia de descripciones semejantes en la epopeya: Torquato Tasso (*«Discorsi dell'arte poetica e in particolare sopra il poema epico»*, cito por T. Tasso, *Prose*, a cura di Ettore Mazgali, Milán-Nápoles, Riccardo Ricciardi, La Letteratura Italiana Storia e Testi, 22, 1959, págs. 349-410) escribía por los años en que se publicaba la Primera Parte de *La Araucana* sobre el riesgo de utilizar en el poema épico (en rigor: en el *romanzo*) temas de tiempos demasiado remotos, que, si daban pábulo a la libre imaginación del poeta, hacían también necesaria una introducción a las costumbres de la época de que se tratara, tediosa de leer. Ercilla no cantaba tiempos remotos, pero sí remotísimas naciones, y de allí la necesidad ¿tediosa? de esas estrofas del Canto I. Por otra parte «El comenzar un poema narrativo con el panegírico de alguna ciudad o país se hizo habitual ya en la Edad Media» (v. E. R. Curtius, *Literatura europea y Edad Media latina*. trad. de Margit Frenk Alatorre y Antonio Alatorre, México, F. C. E., 1955, 2 vols., I, pág. 224).

[27] *A*, I, 48-53.
[28] *A*, I, 54.
[29] *A*, I, 55-72.
[30] *A*, II, 1-5: las estrofas presentan el tema del cambio de fortuna de los que, hasta un momento, han sido favorecidos por la varia diosa, y concluyen con una invitación a leer lo que sigue (¿el canto?, ¿la parte?, ¿el poema?), como ilustración de esa verdad:

> Esto verse podrá por esta historia:
> ejemplo dello aquí puede sacarse,
> que no bastó riqueza, honor y gloria
> con todo el bien que puede desearse
> a llevar adelante la vitoria; [española]
> que el claro cielo al fin vino a turbarse,
> mudando la Fortuna en triste estado
> el curso y orden próspera del hado.

(*A*, II, 5). A partir de este canto las referencias a Fortuna (como deidad o como destino) son abundantísimas; también lo son las de los Hados y, en grado menor, las de Providencia.

El tema ha merecido numerosas reflexiones críticas: Medina, 1878, I, págs. 85-95, señala la extrema religiosidad del poeta como fuente común de «su creencia del gran influjo que el acaso, la fatalidad, o la fortuna, la diosa del paganismo, ejerce sobre los hombres» (pág. 93), así

Danzas indias en la *Histórica relación del reino de Chile*

el parecer del anciano Colocolo, que propone sea elegido

> ... quien más un gran madero
> sustentare en el hombro sin pararse[31].

Triunfador de la prueba es Caupolicán:

> ... noble mozo de alto hecho,
> varón de autoridad, grave y severo,
> amigo de guardar todo derecho,
> áspero y riguroso, justiciero;
> de cuerpo grande y relevado pecho,
> hábil, diestro, fortísimo y ligero,
> sabio, astuto, sagaz, determinado,
> y en casos de repente reportado.[32],

que sostiene el leño desde el alba de un día hasta salido el sol de dos días después, siendo elegido toquí de los araucanos y constituyéndose, así, en figura axial del poema, no sólo por la principal actuación que, casi desde el momento en que es electo le corresponde en el enfrentamiento con los españoles, sino porque la acción misma del poema se cierra con la prisión, conversión, tormento y muerte de este «Grande General Caupolicano»[33]. En efecto,

[31] *A*, II, 35, d-e.
[32] *A*, II, 47.
[33] La importancia de Caupolicán en *La Araucana* ha sido resaltada desde antiguo por la crítica, que ha llegado a ver en él al *héroe* del poema (para juzgarlo, dice por ejemplo Bello, 1841, «se debe... tener presente que su protagonista es Caupolicán, y que las concepciones en que se explaya... son las del heroísmo araucano», pág. 360). La significación simbólica o alegórica del cacique, en cambio, ha sido menos estudiada, a pesar de que ya en el siglo XVII su figura aparece en un auto sacramental de Lope de Vega «como personificación alegórica del Divino Redentor del mundo» (*horresco referens*, se escandaliza Menéndez Pelayo); Concha, 1964, ofrece algunas notas sobre las resonancias bíblicas de la caracterización del toqui, tema

tras la muerte de Caupolicán y en el mismo canto en que ella se narra, los araucanos, que lejos de amedrentarse redoblan su odio al invasor, deciden elegir nuevo toqui; otra vez surgen dificultades para su designación y otra vez, como en la primera junta ya nombrada, es Colocolo quien con ánimo de solucionarlas

adelantó la voz desta manera[34];

desarrollado en Concha, 1969, págs. 63-65. Sin embargo, la significación seria de Caupolicán, o la función que tiene en el poema, no es clara sino, por el contrario, llena de contradicciones y ambigüedades.

Tras triunfar en la prueba del tronco (prueba cuya veracidad histórica parece confirmar Bibar, 1966, págs. 173-174; cfr. Durand, 1978), el General araucano dispone el el asalto al fuerte de Tucapel, que fracasa (*A*, II, 63-87); participa luego en la batalla en que Valdivia es preso y muerto (*A*, III, 21-67), pero el triunfo de los araucanos se debe a Lautaro, paje indio de Valdivia, que cuando ve a sus compatriotas semivencidos y en retirada les anima, dándoles ejemplo de valentía (*A*, III, 34-46); por ello, posteriormente, cuando reunidos los araucanos Caupolicán habla sobre la conveniencia de no hostigar a los españoles, termina nombrando su teniente a Lautaro (*A*, III, 84), quien obtendrá pronto varias victorias. Caupolicán participa al frente de sus tropas en el asalto a la Imperial (*A*, VIII), asalto frustrado por intervención divina (*A*, IX, 13-19). Reunidos nuevamente los indios para celebrar las victorias habidas (pues Lautaro, entretanto, ha vencido nuevamente a los españoles), se realizan fiestas y competiciones de las que Caupolicán es señalado juez (*A*, X, 19), suscitándose una diferencia entre él y Tucapel (*A*, XI, 19-30). Terminadas las fiestas se encomienda a Lautaro dirigir una nueva ofensiva contra los hispanos (*A*, XI, 33), muriendo en ella el joven teniente (*A*, XIV, 17-18; véase *supra*, nota 19). En vísperas de la batalla de Bío-bío, pasa Caupolicán revista a su ejército (*A*, XXI, 27-48). Y antes de la de Millarapue envía a un emisario a desafiar en su nombre a don García (*A*, XXV, 6-12), quien acepta el duelo, aun cuando éste no llega a efectuarse; en el curso de la batalla misma, Caupolicán, que manda un escuadrón (*A*, XXV, 19), tiene un bravo comportamiento (*A*, XXV, 22-23), pero finalmente debe batirse en retirada (*A*, XXV, 76). Vencidos los araucanos en otras batallas, algunos jefes que no han sabido conducirlos a la victoria son castigados por Caupolicán (*A*, XXVIII, 71), quien reúne a los principales para consultar con ellos «las cosas del Estado» (*A*, XXVIII, 72). En la junta, el general propone abrasar el campo indígena y librar una lucha sin cuartel contra los enemigos (*A*, XXIX, 5-8), parece aceptado por los indios; sin embargo éstos han ido perdiendo confianza en su toqui (*A*, XXX, 35), que trata de recuperarla organizando el asalto al fuerte de Cañete (*A*, XXX, 40-42), al que envía un espía, Pran (*A*, XXX, 43-46), que es engañado por el yanacona Andresillo (*A*, XXX, 47-64), quien promete ayudar a los indios, pero informa del propósito de ellos a los españoles (*A*, XXXI, 5-10). Engañado el propio Caupolicán por el mismo yanacona (*A*, XXXI, 12-29), se sigue el descalabro araucano en el asalto. Retírase el General «roto, deshecho y falto de pujanza» (*A*, XXXII, 24 b) y con sólo diez de sus hombres se oculta en la sierra, en donde es descubierto, aprehendido (*A*, XXXIII, 56 y ss.) y, después de llevado a campo español, torturado y muerto (*A*, XXXIV, 1-30), no sin que antes proponga a los invasores «establecer la ley de Cristo» entre los indios y hacer que «toda la tierra» rinda obediencia al rey Felipe, si se le libera (*A*, XXXIV, 14) y, al ser rechazada la propuesta, querer ser bautizado antes de morir (*A*, XXXIV, 18).

Durand, 1978 destaca la doble relevancia histórica y épica del toqui Caupolicán en la obra de Ercilla.

[34] *A*, XXIV, 43 g.

195

pero el lector no llega a saber lo que dice el anciano cacique, pues el narrador interrumpe aquí su relación para iniciar una larga cuenta de lo que, en otros lugares de Chile, sucede por las mismas fechas a don García Hurtado de Mendoza. Los sucesos allí narrados, en los que participa el propio Ercilla, son seguidos por la partida del poeta de Chile[35] y sus andanzas hasta retornar a España; sólo en el Canto XXXVI recuerda el narrador lo que ha dejado suspenso:

> ¿Cómo me he divertido y voy apriesa
> del camino primero desviado?
> ¿Por qué así me olvidé de la promesa
> y discurso de Arauco comenzado?
> Quiero volver a la dejada empresa
> si no tenéis el gusto ya estragado;
> más yo procuraré deciros cosas
> que valga por disculpa el ser gustosas.

> Volveré a la consulta comenzada
> de aquellos capitanes señalados,
> que en la parte que dije disputada
> estaban diferentes y encontrados;

---

[35] Ercilla abandonó, desterrado, Chile «en los últimos días de diciembre de 1558, o en los primeros del mes de enero de 1559» (Medina, 1917 a, pág. 80; ver también íd., nota 22 al texto), después de haber sido condenado a muerte, y perdonado, por García Hurtado de Mendoza:

> ... en un grueso barcón, bajel de trato,
> ....
> salí de aquella tierra y reino ingrato
> ....
> y sin contraste alguno ni rebato
> ....
> llegué al Callao de Lima celebrado.

(A, XXXVI, 37 a, c, d, g). En Lima escribió, según Medina, 1917 a, pág. 82, «los episodios más importantes que se verificaron después de la muerte de Valdivia» (cfr. *supra* nota 12) y, acuciado por necesidades económicas, escribió a Felipe II solicitando un repartimiento de indios, petición que el soberano concedió, aun cuando nunca fuese otorgada en propiedad a don Alonso: entretanto éste había obtenido un puesto en los gentileshombres lanzas del Virrey, del cual vivió hasta que decidió volver a España, pidiendo una licencia de dos años para ausentarse del Perú; sin embargo, y como al parecer habían llegado por esos días a Lima noticias de «los atroces desmanes que Lope de Aguirre» cometía en la región del Amazonas, Ercilla se dispuso a formar parte de la expedición que debería castigarlo, embarcando hacia Panamá a fines de septiembre de 1561 y arribando un mes después, ocasión en que conoció la muerte de Aguirre (subrayemos, entre paréntesis, el curioso paralelismo de los viajes de ida y vuelta de Ercilla: va a América para castigar a Girón, pero al llegar al Nuevo Mundo aquél ya ha muerto; parte del Perú para luchar contra Aguirre, pero tampoco logra su propósito; Girón y Aguirre, por otra parte, comparten la condición de rebelarse contra el poder de la Corona). Siguió, pues, don Alonso viaje a España, en cuanto tuvo ocasión de ello, ya que tardó varios meses en llegar, sufriendo en el lapso algunos contratiempos y una «enfermedad larga y extraña» *(A,* XXXVI, 40 b). Sólo arribaría a su patria, que había dejado en 1555, a mediados de 1563.

> contaré la elección tan porfiada,
> y cómo al fin quedaron conformados;
> los asaltos, encuentros y batallas,
> que es menester lugar para contallas... [36];

pero los puntos suspensivos dejan nuevamente al lector sin saber lo que dijo Colocolo en aquella segunda junta y los sucesos que se siguieron, pues el poeta vuelve sus ojos a España en las últimas dos estrofas de ese Canto XXXVI, y el XXXVII «trata cómo la guerra es de derecho de gentes, y se declara el que el Rey don Felipe tuvo al reino de Portugal, juntamente con los requerimientos que hizo a los portugueses para justificar más sus armas»[37], cerrándose con una larga conclusión[38] que pondera la grandeza del monarca español, hace relación de los servicios a él prestados sin haber recibido por ellos riqueza ni honras, para terminar con la previsión de una muerte cercana y esta estrofa, final del poema:

> Y yo que tan sin rienda al mundo he dado
> el tiempo de mi vida más florido,
> y siempre por camino despeñado
> mis vanas esperanzas he seguido,
> visto ya el poco fruto que he sacado,
> y lo mucho que a Dios tengo ofendido,
> conociendo mi error, de aquí adelante
> será razón que llore y que no cante[39].

El que antes de esa desesperanzada (aunque tópica) última estrofa *La Araucana* incluya una descripción de la invasión de Portugal[40],

---

[36] *A,* XXXVI, 42-43.
[37] Hijo de un jurisconsulto de importancia en la corte de Carlos V, criado en la época en que el derecho natural y el de gentes alcanzaría su gran expresión en la obra de los españoles Francisco de Vitoria, Domingo de Soto, Melchor Cano, Alfonso de Castro, Luis de Molina, etc., la preocupación de Ercilla por la «guerra justa» dista de ser retórica. El largo exordio del Canto XXXVII (1-13) presenta, de alguna manera, la *idea* de todo el poema, y se relaciona con todos sus aspectos (por ejemplo con la visión del indio que en él se encuentra; cfr. *supra*, notas 21 y 22). Véanse entre otros, Cruchaga Ossa, 1935; Pérez Bustamante, 1952; Durand, 1964; Caillet-Bois, 1967, págs. 39-44; Concha, 1969, págs. 52-58.
[38] *A,* XXXVII, 63-76. Goic 1971 se refiere a ella en las págs. 29-34.
[39] De vuelta en España Ercilla continuó ligado a la corte de Felipe II; casó con doña María de Bazán en 1570; desempeñó diversas misiones y obtuvo honores; participó en la campaña de Portugal (véase *infra*, nota 40); el jueves 29 de noviembre de 1594 murió en Madrid. Una extensa relación sobre la biografía del poeta desde su vuelta a España hasta su muerte, en Medina, 1917 a, caps. VII, VIII, IX, X, XI, XIII y XIV.
[40] Medina, 1917 a, págs. 187-190, sostiene que las estrofas referidas a la conquista de Portugal pertenecen a un poema que comenzó a escribir Ercilla sobre ese tema, y que no concluyó ni publicó fragmentariamente en vida. «Por fortuna, aquellas estrofas no se perdieron, merced a la mujer del poeta, que las guardó cuidadosa, y al buen acuerdo del licenciado Várez de Castro, que las incorporó en la

SEGVNDA
PARTE DE LA ARAV-
cana de Don Alonso de Erzilla y Cuñiga, que
trata la porfiada guerra entre los Españoles,
y Araucanos, có algunas cosas notables que en aquel tiempo
sucedieron.

EN ÇARAGOÇA,
¶Impreſſo con licencia, en caſa de Iuan Soler,
Año de Chriſto, 1 5 7 8.

La Araucana, edición de 1578

no es excéntrico ni singular en la obra de Ercilla.

En la Segunda Parte de ella, en ocasión en
que el poeta no logra reposar y decide emplear
la noche en escribir, se ve sorprendido por
un súbito sueño y por la «robusta y áspera
Belona»[41], quien le conduce a una alta cum-

bre desde donde presencia la batalla de San
Quintín y el triunfo de las armas españolas
sobre las francesas[42], suceso coetáneo a los
narrados en las estrofas inmediatamente posteriores, pertenecientes a las Guerras de Arauco[43].

También en la Segunda Parte, mediante otra
intervención maravillosa, el poeta puede contemplar y describir la batalla naval de Lepanto,
en que la escuadra aliada de España, Venecia
y Malta, bajo las órdenes de don Juan de
Austria, venció a la armada turca[44]. En este
caso, aparte del don de ubicuidad, el narrador
hace gala del de premonición, puesto que la
batalla de Lepanto tuvo lugar mucho tiempo
después de los hechos que ocupan los Cantos
inmediatos a aquel en que figura su visión[45].

La inclusión de esos tres episodios ajenos a
las guerras de Arauco ha concitado el rechazo
reiterado de la crítica[46], que ha atribuido a
La Araucana, entre otras, la falta de unidad
de acción. En rigor, tales episodios se justi-

---

[42] *A*, XVII, 60-61; XVIII, 4 d-28.

[43] La batalla de San Quintín tuvo lugar el 10 de agosto de
1557. Su relación en el poema de Ercilla está insertada en la
víspera del asalto al fuerte de Penco por los araucanos
(véase nota 8). La estrofa anterior a las que describen el in-
somio y deseo de escribir del poeta (*A*, XVII, 34) y el «súbito
acidente» que le sume en profundo sueño (*A*, XVII, 35-37)
antes de que se le aparezca Belona (*A*, XVII, 38), dice:

...... y los bárbaros en esto,
....
al fuerte, en escuadrón, con paso presto
cubiertos de la noche se acercaban,

(*A*, XVII, 33 a, c, ch); y cuando termina la relación de la
batalla de San Quintín (más la nueva aparición que predice
el futuro curso de la política europea, *A*. XVIII, 25-29;
advierte al poeta lo que debe hacer para saber más de la
materia, *A*, XVIII, 60-62; y termina enseñándole un grupo
de damas entre las que está su futura esposa) y el poeta despierta de su sueño, se encuentra en medio del asalto araucano.

[44] *A*, XXIII, 76-87; XXIV, 1-96.

[45] El 6 y 7 de octubre de 1571.

[46] Medina, 1878, I, pág. 24, dice que, al releer Ercilla la
Primera Parte ya publicada del poema, «se persuadió de que
[sus cantos] estaban así demasiado áridos i que, en consecuencia, la amenidad exijía que en adelante se mezclase con
la relación de sucesos verídicos algunas incidencias que dis-
trajesen agradablemente el ánimo; i como buen español
nada vió más adecuado a este objeto... que contar algunas
de las famosas empresas en que su patria... estaba empeñada en Europa... Como estos incidentes eran completamente
estraños al asunto que tenía entre manos, para injerirlos en
el tronco de la obra no tuvo más recurso que apelar a la
ficción, introduciendo así en ella cierta especie de *máquina*
o algo parecido a lo que los preceptistas dan por tal en una
epopeya». Medina se refiere únicamente a los episodios de
San Quintín y Lepanto, puesto que sobre la guerra de Portugal es otra su opinión (véase *supra*, nota 40) y, aparte de
insinuar que los episodios mencionados no son verídicos (?)
no justifica su inclusión, sino el medio por el cual el poeta los
introduce (sobre lo maravilloso en *La Araucana*, véase
infra, nota 52). Antes y después de Medina muchos echan
en cara a Ercilla la falta de unidad de acción de su obra,
véase Pierce, 1968, *passim*.

---

edición que en 1597 hizo de *La Araucana*, formando con
ellas un injerto, que así podemos llamarlo, con las cinco
últimas del canto XXXVI y las que llenan casi todo el que
sigue.» El mismo Medina, 1917 *b*, págs. 25-28, describiendo
la edición del licenciado Castro, 1597, da antecedentes sobre
el problema (véase *Bibliografía*, Ercilla, 1597), *ibíd.*, «Ilustración XIII», anota las variantes entre esa edición y las anteriores.

La campaña de Felipe II en Portugal tiene sus antecedentes en 1577, con los preparativos legales de la anexión de ese
reino a la corona española; en 1579 se empezaron a realizar
los trámites legales para ella, y los españoles entraron en el
país vecino en 1580. El propio Felipe II se estableció en Portugal entre 1581 y 1583. Ercilla estuvo en Lisboa en 1582,
permaneciendo allí largo tiempo, y participó, quizás, en la
campaña naval de conquista de las Azores (Medina, 1917
a, pág. 131), de la que describió en un romance la batalla del
22 de julio de 1582 entre las armadas española y francesa;
el romance fue publicado en Lisboa en 1586 y su texto puede
leerse en Medina, 1917 *a*, págs. 132-134.

[41] *A*, XVII, 38 g.

fican en cuanto el poema canta la grandeza imperial de España o, si se prefiere, la de Felipe II[47].

Junto a la falta de unidad de acción se ha reprochado a *La Araucana* la ausencia de un héroe central, problema al que ya nos hemos referido[48], y, en general, la prescindencia o desconocimiento de las normas clásicas del género épico, sin parar mientes (al menos hasta el siglo pasado) en las posibles innovaciones legítimas introducidas por Ercilla en el poema heroico español.

Mientras en la Italia renacentista la épica tuvo, junto con innovadores prácticos, teóricos, en España la teoría del poema épico no sería desarrollada hasta después de, aproximadamente, 1580[49]. Ello explica que, en las fechas de su aparición y aún en el siglo XVII, los juicios sobre la obra de Ercilla sean, por lo regular, meramente encomiásticos. También el que los críticos del siglo XVIII, por el contrario, censuren en el poema todo lo que se aparta de los modelos clásicos, extendiendo la crítica a otros aspectos formales de la obra. El más conocido censor de Ercilla en este sentido es, probablemente, Voltaire, cuya posición se resume en las siguientes líneas:

Mapa de Araucania y Patagonia

Il est vrai que si Alonso est dans un seu endroit supérieur à Homère [en la calidad de las arengas o discursos de los personajes especialmente de los de Colocolo], *il es dans tout le reste au-dessous du moindre des poëtes. Ont est étonné de le voir tomber si bas, après avoir pris un vol si haut. Il y a sans doute beaucoup de feu dans ses batailles, mais nulle invention, nul plan, point de variete dans les descriptions, point d'unité dans le dessein. Ce poëme est plus sauvage que les nations qui en font le sujet*[50].

El juicio de Voltaire rinde tributo, por una parte, a las fechas y circunstancias nacionales e históricas en que fue escrito[51], pero también

---

[47] Explicando los episodios mencionados, Galdames, 1933, dice que Ercilla «aspira a ser el cantor de su patria y de su tiempo, dentro del campo de lo heroico, en homenaje sobre todo a su rey» (pág. 43); parecer compartido por buena parte de la crítica actual.

[48] Véase *supra*, nota 33 *et passim*; véase también Pierce, 1968 *passim;* Cristóbal Suárez de Figueroa (*Hechos de Don García Hurtado de Mendoza...*, Madrid, 1613), parece haber sido el primero en achacar a Ercilla el presentar «un cuerpo sin cabeça, esto es un exercto sin memoria de General» (citado por Pierce, 1968, pág. 37), frase que tuvo continuadores e impugnadores. La concepción clásica de la unidad de acción en la epopeya fue discutida en la polémica renacentista italiana sobre el poema épico. Especialmente interesante para nosotros es la opinión de Giraldi Cinzio, que defiende los *romanzi,* sosteniendo que son una forma literaria que Aristóteles no conoció y para los cuales, por tanto, sus reglas no tienen validez (*Discorso intorno al comporre dei Romanzi,* terminado de escribir en abril de 1549; cito por G. G. Giraldi Cinzio, *Scritti critici,* a cura di Camilo Guerrieri Crocetti, Milán, Marzorati, 1973, págs. 43-167). Ginzio escribe: «*E perché la poesia eroica non è altro che imitazione delle azioni illustri, sarà il soggetto di tali componimenti una o più azioni illustri, di uno o di più uomini chiari ed eccelenti, che con le voci, accompagnate col numero e con la dolcezza, imiterà il poeta*» (pág. 50), definición que le permite distinguir distintos tipos de poemas heroicos, y así, mientras la epopeya clásica imitaba «*una sola azione di un uomo solo*», los *romanzi* «*hanno imitato molte, non solo di uno ma di molti*»: tipo de poema este último, acotemos, en que podría ser comprendida *La Araucana.* Sobre la poética renacentista y la innovación genérica de Ercilla, véase Alegría, 1954, págs. 32-42; Queiroz, 1961; Caillet-Bois, 1967, págs. 17-21.

[49] Véase Karl Kohut, *Las teorías literarias en España y Portugal durante los siglos XV y XVI,* Madrid, Consejo Superior de Investigaciones Científicas 1973, págs. 6, 8-9.

· [50] Voltaire, 1728, pág. 400; el ensayo de Voltaire fue escrito en inglés y publicado en Inglaterra, con el título de *Essay upon the Epic Poetry of the European Nations from Homer down to Milton,* a finales de 1727 (la primera versión francesa, de 1728, es una traducción del abate Desfontaine cuya labor no satisfizo a Voltaire; éste hizo posteriormente su propia versión al francés del *Ensayo* e introdujo en él diversas variantes en distintas ocasiones). Rene Wellek, *Historia de la crítica moderna 1750-1950,* versión castellana de J. C. Cayol de Bethancourt, Madrid, Gredos, vol. I, 1959, sostiene que probablemente Voltaire utiliza, sobre Ercilla, datos de segunda mano; Wellek cita el *Ensayo* por su original inglés (págs. 46 y 303).

[51] A pesar de que Voltaire no fuera «neoclásico inflexible y repetidor de los puntos de vista del siglo XVII» (We-

a la no comprensión de las características innovadoras de la épica ercillana. Por otra parte, la sola lectura del poema basta para desbaratar el acerbo juicio del crítico francés.

Efectivamente, la obra de Ercilla aparece, en múltiples aspectos, firmemente atenta a la preceptiva clásica del género, y ello incluso en los casos en que la vulnera. Una ojeada a la fábula de *La Araucana* puede servir de ejemplo: se trata de una narración interrumpida, en que se introducen diversos episodios; cuyos personajes actúan en función de las situaciones respectivas; que presenta un grado de complicación apreciable; cuyos contenidos provocan en ocasiones efectos patéticos; y que no es, en sentido estricto, verdadera, sino sólo verosímil, como prueban (paradójicamente) la presencia en ella de lo maravilloso, lo ilógico, lo absurdo, etc.[52]: características todas acordes con la preceptiva clásica. Naturalmente este tradicionalismo retórico aparece difuminado por la elección de un asunto histórico coetáneo al tiempo en que se narra (elección que, aunque no llamó la atención de los contemporáneos de Ercilla, permitió posteriormente otras lecturas del poema[53]), lo que determina en diversos sentidos las innovaciones introducidas en el poema.

Por otra parte, también el lenguaje de *La Araucana* muestra un elevado grado de elaboración. Andrés Bello escribió en el siglo pasado:

---

llek, *op. cit.*, pág. 44), virtud que el *Ensayo* que citamos muestra en otros aspectos, su juicio sobre Ercilla contradice esa su condición. Por otra parte, aun críticos españoles del siglo XVIII repiten de alguna manera iguales pareceres, véase por ejemplo, Ignacio de Luzán, *La Poética*, Libro IV, cap. IV.

Fundamental para conocer el itinerario crítico de *La Araucana*, desde su publicación hasta *c.* 1965, es Pierce, 1968 (págs. 29-215), que ofrece una enorme cantidad de referencias sobre la obra de Ercilla.

[52] Como se sabe, la preceptiva clásica autoriza el empleo de lo maravilloso, lo ilógico, la mentira y lo absurdo en la epopeya, mientras estén al servicio del objeto nuclear de la acción y se guarde la verosimilitud. En ese campo los elementos más conocidos de la obra de Ercilla han sido magistralmente resumidos por María Rosa Lida de Malkiel, «La visión de trasmundo en las literaturas hispánicas» (Apéndice a Howard R. de Patch, *El otro mundo en la literatura medieval*, México, Fondo de Cultura Económica, 1956, págs. 369-449), a quien cito: «En el canto XVII, 35 y ss., de *La Araucana*, don Alonso de Ercilla cuenta un sueño en que se le aparece Belona, y le lleva a un prado paradisíaco donde se solazan ninfas y sátiros y, arrebatándole... le deja en la cumbre de un monte desde donde ve la redondez de la tierra: allí se aplica a contemplar la batalla de San Quintín. Una nueva aparición (XVIII, 29) predice muy detalladamente el curso de la política europea hasta la elección de don Juan de Austria como general de la Santa Liga y previene al poeta que, si quiere saber el resto, ha de seguir una corcilla que le conducirá a un anciano, el cual le encaminará a la cueva del hechicero Fitón. Para variar el tema, la aparición conduce al joven don Alonso a un paraje "si decidirse puede, un paraíso" (XVIII, 66), descrito con los acostumbrados encarecimientos, donde se hallan las beldades de España; entre ellas sobresale la prometida del poeta, quien despierta poco después. La aventura continúa cinco cantos más adelante (XXIII, 27 y ss.): el autor de una corcilla, que le guía —motivo frecuente del *roman courtois*— por un áspero camino a una selva donde se encuentra a Guaticolo, quien le conduce a la cueva de Fitón. Éste le lleva a una cámara maravillosa, de cristal, pedrería y columnas de oro, y adornada, como una Casa de la Fama, con las "hazañas figuradas" de los que han sobresalido en armas, letras y virtudes. En medio de la cámara, un globo de gran artificio muestra al poeta la batalla de Lepanto (XXIII, 77 y ss.; XXIV). Ercilla vuelve a hallar a su mago en el canto XXVI; esta vez le conduce a una montaña; al toque de su báculo se abre una estrecha puerta por la que pasan a un hermoso prado; en él se levanta un muro de jaspe, pórfido y amatista, y en sus puertas de cedro "mil sabrosas historias entalladas". De

allí pasan a un jardín cuya extraordinaria belleza suspende al poeta. Fitón le conduce al aposento del globo y le muestra en él el mapamundi de fines del siglo XVI, enriquecido con las noticias de los Descubrimientos: sola diferencia, en verdad, que separa este episodio de las visiones cosmográficas medievales» (págs. 431-432).

A más de los episodios citados es interesante mencionar otros dos: el primero consta en el Canto IX (4-21); determinados los indios a asaltar la Imperial, tras un súbita tormenta se les aparece Eponamón, que les incita («en forma de un dragón horrible y fiero», *A*, IV, 10, d) al ataque; en ese instante cesa la tempestad y se aparece, volando, una mujer «cubierta de un hermoso y limpio velo» (*A*, IV, 13, d), acompañada de «un viejo cano» (*A*, IV, 14, c) que contiene a los indígenas introduciendo en ellos el terror y haciéndoles abandonar su empeño.

El segundo se encuentra en el Canto XVI; en el momento en que, en medio de la tormenta que la ha sorprendido, la expedición de don García pone por vez primera pie en tierra araucana,

cayó un rayo de súbito, volviendo
en viva llama aquel nubloso velo;
y en forma de lagarto discurriendo,
se vio hender una cometa el cielo;
el mar bramó, y la tierra resentida
del gran peso gimió como oprimida.

(*A*, XVI, 24 c-g), conjunción de meteoros que los indígenas, que acechan belicosamente la llegada del navío español, toman como «siniestro pronóstico» de su futura destrucción, dándose a la fuga. En uno y otro caso el narrador muestra su asombro frente a los fenómenos contados e invoca testimonios de su veracidad, lo que puede leerse como una reafirmación del verismo de su poema, pero también como un medio de guardar la simple verosimilitud de lo narrado (cfr. *A*, IV, 4, 5 y 19; XVI, 23).

[53] Uno de los más antiguos reparos a *La Araucana*, especialmente reiterado desde el siglo XVIII, insiste en el carácter de «crónica rimada» o en verso de la obra, a la que se niega categoría de poema. El parecer casi unánime de la crítica actual postula, en cambio, la condición literaria del libro de Ercilla, véase por ejemplo Pierce, 1952; Avalle-Arce, 1971; Morínigo, 1971; Albarracín-Sarmiento, 1974; Chapman, 1978, que piensa que *La Araucana* no es un poema épico, sino una «tragedia»; etc. La discusión sobre el carácter histórico o literario de la obra está cerrada por el momento por Durand, 1978, quien anota «La epopeya verista fue para don Alonso el modo natural de expresarse y de perennizar aquellos pocos años en el Nuevo Mundo que llenaron su vida. Así, con realidades y no con ficciones, cabía defender maravillosamente a los indios, y hasta darles cabida en una literatura de la honra» (pág. 389). Una derivación interesante de esta discusión sobre *La Araucana* son las acusaciones o defensas hechas a su exactitud antropológica, cuyos hitos pueden seguirse en Guevara, 1918.

El estilo de Ercilla es llano, templado y natural, sin énfasis, sin oropeles retóricos, sin arcaísmos, sin trasposiciones artificiosas. Nada más fluido, terso y diáfano. Cuando describe lo hace con las palabras propias. Si hace hablar a sus personajes, es con las frases del lenguaje ordinario, en que naturalmente se expresaría la pasión de que se manifiestan animados[54].

pero el ilustre venezolano, a pesar de la profundidad de su análisis del poema, llevado de su admiración y de sus preferencias confundía aquí la retórica de un periodo con la ausencia de ella. Hay, por cierto, retórica en Ercilla, y un inventario de las galas del trovar que se encuentran en su obra sería interminable; sí es cierto, en cambio, que don Alonso introduce en su poema, junto a los recursos poéticos cultos comunes a su época, formas lingüísticas populares[55].

El más significativo de los recursos retóricos de *La Araucana*, el símil, muestra también ese doble carácter popular y culto. La importancia de los símiles en la obra de Ercilla ha ocupado frecuentemente la atención de la crítica[56], si bien ésta se ha limitado, en la mayoría de los casos a formulaciones generales sobre ellos, sin acotar precisamente sus características y sentido en el poema ercillano. Más allá de la originalidad, propiedad o belleza de esos símiles, es curioso que su asombrosa abundancia[57] y el uso de recursos que, como el *exemplum*, caen dentro de la esfera del símil, unidos a la persistente inclinación del siglo XVI por la semejanza y al sentido providencialista que los españoles de la época gustaban atribuir al descubrimiento y conquista de América, no hayan sugerido a los estudiosos (sino fragmentariamente) la atractiva posibilidad de una interpretación de la obra como comparación generalizada, quizá apologética[58].

En el exordio de su poema, dirigiéndolo a Felipe II, escribió Ercilla:

Quiero a señor tan alto dedicarlo,
porque este atrevimiento lo sostenga,
tomando esta manera de ilustrarlo,
para que quien lo viere en más lo tenga:
y si esto no bastare a no tacharlo,
a lo menos *confuso se detenga*
pensando que, pues va a vos dirigido,
que *debe de llevar algo escondido.*[59]

Tal vez la sugerencia sobre un posible sentido críptico de *La Araucana* insinuada en párrafos anteriores se haya dejado influir por estos versos. Pero es indiscutible que ese poema, que fue leído en los tiempos de su publicación con tanta asiduidad como los libros de caballerías[60], que provocó continuaciones, imitaciones y enmiendas[61], que proporcionó asunto a piezas teatrales y a romances[62], que más allá del terreno literario fundó la mitología de una nueva nacionalidad, y que aún hoy, en que se lee poco, continúa incitando simpatías y diferencias[63], lleva efectivamente algo escondido. Algo que fue entrevisto y declarado por Lope, cuando en la Silva V de su *Laurel de Apolo* (1630), ponderó:

Don Alonso de Ercilla
tan ricas Indias en su ingenio tiene,
que desde Chile viene
a enriquecer las musas de Castilla,
pues del opuesto polo
trajo el oro en la frente, como Apolo;
porque después del grave Garcilaso
fue Colón de las Indias del Parnaso.

---

[54] Bello, 1841, pág. 361.

[55] Íñigo Madrigal, 1969, ofrece algunos ejemplos al respecto. La propiedad del lenguaje de Ercilla fue oficializada en el siglo XVIII con su inclusión en el académico *Diccionario de Autoridades.*

[56] Véase por ejemplo, Medina, 1878, I, págs. 104-108; Menéndez Pelayo, 1911, II, págs. 228 y ss.; Ducamin, 1900, pág. 69 *et passim*; en nuestro siglo hay también numerosas referencias sobre el particular. De todas, las más extensa es Dale, 1922, que compara el uso del símil en Ercilla con el que de él hacen Homero y Dante, poetas frente a los cuales, dice Dale, el español muestra mayor abundancia, pero menor calidad. Dale cita ochenta casos de símil en *La Araucana* y examina algunos de ellos.

[57] Cerca de ciento ochenta en total, de los cuales bastante más de la mitad se encuentran en la Primera Parte, y sólo un poco más del 10 por 100 en la Tercera.

[58] Véase *supra*, nota 33. Montes, 1966, sostiene que el símil en *La Araucana* es una suerte de instrumento de comprensión y comunicación del mundo, llegando a afirmar: «la comparación es el poema mismo, no sólo está en él» (pág. 85), aunque ni explícita ni prueba ese aserto.

[59] *A*, I, 4; las cursivas son mías. En la ed. de 1578, 4.°, el primer verso de la octava dice: «Quiero a tan alto rey enderezarlo». Goic, 1970, pág. 13, refiriéndose a esta estrofa, señala el nulo interés que le ha dedicado la crítica, e indica que ella muestra el propósito de cantar algo más que lo indicado en la proposición principal, a saber: la grandeza imperial de Felipe, que preside el poema.

[60] Cfr. Irving A. Leonard, *Los libros del conquistador,* traducción al español de Mario Monteforte Toledo, México, Fondo de Cultura Económica, 1953, págs. 110 y 144.

[61] Por ejemplo, Diego de Santistevan y Osorio, *La Araucana, Cuarta y Quinta Parte, en que se prosigue y acaba la historia de D. Alonso de Ercilla hasta la reducción del valle de Arauco, en el Reino de Chile,* 1597; Pedro de Oña, *Arauco Domado,* 1596; Fernando Álvarez de Toledo, *Purén indómito,* 1862 (primera mitad del XVII); Juan de Mendoza y Monteagudo, *Las guerras de Chile,* 1888 (primera mitad del XVII); Melchor Jufré de Aguilera, *Compendio historial del descubrimiento, conquista y guerra del Reino de Chile,* 1630; por citar sólo poemas relativos a Chile; véase Medina, 1918 *a,* «Ilustración XX».

[62] Véase Medina, 1878, I, cap. IV, nota 7; Medina, 1915; Medina, 1918 *b*; Cossío, 1954; Cossío, 1960; Rodríguez Moñino, 1970; Aquila, 1975, apartado Da; Lerzundi, 1978.

[63] «En Chile es donde se lee más *La Araucana* y se lee poco. Suele hojearla uno que otro erudito», se lamenta Guevara, 1918, pág. 17. Concha, 1969, ofrece un interesante resumen de la historia de las lecturas del poemas, concluyendo con desconsuelo: «Sólo ahora, en 1969, se da una lectura tan absolutamente desnacionalizada de este libro, que ni siquiera es posible calificarla de enajenante» (pág. 33).

BIBLIOGRAFÍA

La presente bibliografía incluye sólo las referencias de los textos sobre Ercilla citados en el artículo, más las de algunos estudios sobre *La Araucana* no incluidos en el trabajo de Aquila, 1975, al cual remito al lector interesado. Ya en prensa este artículo ha aparecido una excelente edición de *La Araucana*, con introducción y notas de Marcos A. Morínigo e Isaías Lerner (Madrid, Castalia, 1980, 2 vols.) que no hemos podido utilizar.

ALBARRACÍN-SARMIENTO, Carlos, 1974, «Arquitectura del narrador en *La Araucana*», en *Studia Hispanica in Honorem R. Lapesa*, Madrid, Cátedra Seminario Menéndez Pidal-Gredos, 3 vols., II, págs. 7-19.

ALEGRÍA, Fernando, 1954, «Ercilla y sus críticos» en su *La poesía chilena, orígenes y desarrollo del siglo XVI al XIX*, México, Fondo de Cultura Económica, págs. 1-55.

— 1973, «Neruda y *La Araucana*», en Andrew P. Debicki and Enrique Pupo-Walker, eds., *Estudios de literatura hispanoamericana en honor a José J. Arrom*, Chapel Hill, University de W. C., págs. 193-200.

AQUILA, August J., 1975, *Alonso de Ercilla y Zúñiga, a basic bibliography*, Londres, Grand & Cutler.

— 1977, «Ercilla's Concept of the Ideal Soldier», *Hispania*, 60, págs. 68-75.

AUBRUN, Charles V., 1956, «Poesía épica y novela: el episodio de Glaura en *La Araucana* de Ercilla», *Revista Iberoamericana*, 41-42, enero-diciembre, págs. 261-273.

AVALLE-ARCE, Juan B., 1971, «El poeta en su poema: El caso Ercilla», *Revista de Occidente*, segunda época, XXXII, 95, febrero, págs. 152-170.

BELLO, Andrés, 1841, «*La Araucana* de Alonso de Ercilla», *El Araucano*, Santiago, 5 de febrero; citamos por la edición de *Obras Completas*, Caracas, Ministerio de Educación, tomo IX, «Temas de crítica literaria», 1956.

BIBAR, Gerónimo de, 1966, *Crónica y relación copiosa y verdadera de los Reynos de Chile hecha por Gerónimo de Bibar natural de Burgos, 1558*, transcripción peleográfica del profesor Irving A. Leonard según el manuscrito original, tomo II, Texto [el primero no apareció], Edición Facsimilar y a plana, Santiago de Chile, Fondo Histórico y Bibliográfico José Toribio Medina.

BOCAZ, Aura, 1976, «El personaje Tegualda, uno de los narradores secundarios de *La Araucana*», *Boletín de Filología*, Santiago de Chile, Universidad de Chile, tomo XXVII, págs. 9-27.

BULNES, Alfonso, 1933, «Visión de Ercilla», *Anales de la Universidad de Chile*, año XCI, núm. 11, 3.ª serie, tercer trimestre, Santiago de Chile, págs. 78-90.

CAILLET-BOIS, Julio, 1962, «Hado y fortuna en *La Araucana*», *Filología*, año VIII, núm. 3, Buenos Aires, Universidad de Buenos Aires, págs. 403-420 (la revista apareció en 1964).

— 1967, *Análisis de La Araucana*, Buenos Aires, Centro Editor de América Latina.

CODDOU, Marcelo, 1969, «Nuevas consideraciones sobre el tema del amor en la obra de Ercilla», en *Homenaje*, 1969, págs. 111-131.

CONCHA, Jaime, 1964, «Observaciones acerca de *La Araucana*», *Estudios Filológicos*, núm. 1, Valdivia (Chile), Universidad Austral, páginas 63-79.

— 1969, «El otro Nuevo Mundo», en HOMENAJE, 1969, págs. 31-82.

COSSÍO, José María de, 1954, «Romances sobre *La Araucana*», en *Estudios dedicados a Don Ramón Menéndez Pidal*, Madrid, Consejo Superior de Investigaciones Científicas, V, páginas 201-229.

— 1960, «Nota a romances: un nuevo romance sobre *La Araucana*», en *Studia Philologica. Homenaje ofrecido a Dámaso Alonso*, Madrid, Gredos, págs. 427-429.

CRUCHAGA OSSA, Alberto, 1935, «Ercilla diplomático», *Boletín de la Academia Chilena de la Historia*, III, 5, primer semestre, págs. 47-61.

CUEVA Agustín, 1978, «El espejismo heroico de la Conquista (Ensayo de interpretación de *La Araucana*)», *Casa de las Américas*, núm. 110, La Habana, septiembre-octubre, págs. 29-40.

CHAPMAN, Arnold, 1978, «Ercilla y el "furor de Marte"», *Cuadernos Americanos*, 6, México, noviembre-diciembre, págs. 87-97.

CHEVALIER, Maxime, 1966, «Ercilla et ses disciples», en su *L'Arioste en Espagne*, Bordeaux, Université de Bordeaux, 1966, págs. 144-164.

DALE, George Irving, 1922, «The Momeric [*sic*, evidentemente por Homeric] Simile in the Araucana of Ercilla», *Washington University Studies*, St. Louis, Humanistic Series, IX, 2, abril, págs. 233-244.

DUCAMIN, Jean, 1900, *L'Araucana. Poème épique par D. Alonso de Ercilla y Zúñiga. Morceaux choisis. Précédés d'une étude biographique, bibliographique et littéraire*, París, Garnier Frères.

DURAND, José, 1964, «El chapetón Ercilla y la honra araucana», *Filología*, X, Buenos Aires, Universidad de Buenos Aires, págs. 113-134.

— 1978, «Caupolicán, clave historial y épica de *La Araucana*», *Revue de Littérature Comparée*, núm. 2-3-4, París, págs. 367-389.

ERCILLA, Alonso de, 1569, *La Araucana de Don Alonso de Erzilla y Çuñiga, Gentil Hombre de su Magestad, y de la boca de los Serenissimos Principes de Vngria. Dirigida a la S. C. R. M. del Rey Don Phelippe nuestro Señor*, Madrid, Pierres Cossin, 1569 (edición príncipe de la Primera Parte de la obra).

— 1578, *Primera y segunda parte de la Araucana de don Alonso de Ercilla y çuñiga, cauallero de la orden de Santiago, gentil hombre de la camara de la Magestad del Emperador. Dirigida a la del Rey don Phelippe nuestro Señor*, Madrid, Pierres Cossin, 1578 (primera edición de la Segunda Parte).

— 1589, *Tercera Parte de la Araucana de don Alonso de Ercilla y çuñiga, Cauallero de la orden de Santiago, gentil hombre de la camara dela Magestad del Emperador. Dirigida al Rey don Felipe nuestro señor*, Madrid, Pedro Madrigal, 1589 (edición príncipe de la Tercera Parte de la obra).

— 1597, *Primera, Segunda, y Tercera Partes de la Araucana de don Alonso de Ercilla y çúñiga, Cauallero de la ordẽ de Santiago, gẽtilhõbre dela camara dela Magestad del Emperador. Dirigidas al Rey don Felipe nuestro señor*. Madrid, Licẽciado Castro, 1597 (esta edición póstuma es la primera que incluye el texto completo que manejamos hoy. Medina 1917 b, Ilustración X, advierte: «... en el Canto XXXII se añadieron seis estrofas» [48-53, LIM]... Y al final del XXXIV un trozo bastante largo [desde la estrofa 45, LIM]... con el cual se concluyó ese canto, se llenó el XXXV y todo el XXXVI, con excepción de las cuatro últimas estrofas; de modo que el que en las ediciones anteriores era XXXV, quedó siempre de final, con el número XXXCI...»).

ESCUDERO, Alfonso M., 1971, «Ercilla y Chile», en INVENTOR, 1971, págs. 37-60.

EYZAGUIRRE, Jaime, 1971, «Don Alonso de Ercilla, caballero del amor y del desengaño», en INVENTOR, 1971, págs. 13-55.

FLORIT, Eugenio, 1967, «Los momentos líricos de *La Araucana*», *Revista Iberoamericana*, número 63, enero-junio, págs. 45-54.

GALDAMES, Luis, «El carácter araucano en el poema de Ercilla», *Anales de la Universidad de Chile*, año XCI, núm. 11, 3.ª serie, tercer trimestre, Santiago de Chile, págs. 40-53.

GOIC, Cedomil, 1970, «Poética del exordio en *La Araucana*», *Revista Chilena de Literatura*, núm. 1, otoño, Santiago de Chile, Universidad de Chile, págs. 5-22.

— 1971, «La tópica de la conclusión en Ercilla», *Revista Chilena de Literatura*, núm 4, otoño, Santiago de Chile, Universidad de Chile, páginas 17-34.

GUEVARA, Tomás, 1918, *La etnolojía araucana en el poema de Ercilla*, Santiago de Chile, Soc. Imp. Lit. Barcelona.

HOMENAJE, 1969, *Homenaje a Ercilla*, Concepción, Universidad de Concepción.

INVENTOR, 1971, *Don Alonso de Ercilla inventor de Chile*, Barcelona, Ediciones Nueva Universidad, Universidad Católica de Chile-Pomaire.

ÍÑIGO MADRIGAL, Luis, 1969, «Lo popular en *La Araucana*. Símiles populares, uso de refranes y muestras de humor en la obra de Ercilla», *Boletín de la Universidad de Chile*, núm. 99, Santiago de Chile, diciembre, págs. 3-13.

JANIK, Dieter, 1969, «Ercilla, lector de Lucano», en HOMENAJE, 1969, págs. 83-109.

LEAL, Luis, 1974, «*La Araucana* y el problema de la literatura nacional», *Vórtice*, Stanford, Stanford University, vol. I, núm. 1, primavera, págs. 68-73.

LERNER, Isaías, 1974, «Dos notas al texto de *La Araucana*», *Revista Iberoamericana*, núm. 86, págs. 119-124.

— 1976, «El texto de *La Araucana* de Alonso de Ercilla: Observaciones a la edición de José Toribio Medina», *Revista Iberoamericana*, número 42, págs. 51-60.

LERZUNDI, Patricio, 1978, *Romances basados en La Araucana*, Madrid, Playor, Colección Nova Scholar.

LIRA URQUIETA, Pedro, «La grandeza de España y *La Araucana*», *Boletín de la Academia Chilena*, núm. 58, Santiago de Chile, Instituto de Chile, págs. 124-128.

MARTÍNEZ DE LA ROSA, Francisco, 1827, «Apéndice sobre la poesía épica española», cito por la edición de *Obras de...*, Madrid, Biblioteca de Autores Españoles, 3 vols., III, núm. 150, Ediciones Atlas, 1962, págs. 73-90.

McMANAMON, James Edward, 1955, *Echoes of Virgil and Lucan in the Araucana*, tesis doctoral, Urbana, University of Illinois; resumen de *Dissertation Abstract*, XVI, 1956-1957, pág. 966.

MEDINA, José Toribio, 1878, *Historia de la literatura colonial de Chile*, Santiago de Chile, Imprenta de la Librería del Mercurio, 3 vols., véase I, caps. I-IV.

— 1915, *Dos comedias famosas y un auto sacramental basados principalmente en La Araucana de Ercilla*, Santiago de Chile, Imp. Lit. Barcelona, 2 vols. (II, 1917), I.

— 1917 a, *La Araucana de D. Alonso de Ercilla y Zúñiga, Edición del Centenario, ilustrada con grabados, documentos, notas históricas y bibliográficas y una biografía del autor*, Santiago de Chile, la publica..., 5 vols., 1910-1918; III, *Vida de Ercilla*, cito por la ed. de México, Fondo de Cultura Económica, 1948, que reproduce el tomo original.

— 1917 b, *La Araucana...*; IV. *Ilustraciones*.

— 1918 a, *La Araucana...*; V. *Ilustraciones II*.

— 1918 b, *Los romances basados en La Araucana*, Santiago de Chile, Imprenta Elzeviriana.

— 1928, «Las mujeres de *La Araucana* de Ercilla», *Hispania*, XI, núm. 1, febrero, págs. 1-12.

MENÉNDEZ PELAYO, Marcelino, 1911, *Historia de la Poesía Hispano-Americana*, cito por la ed. de *Obras completas*, Madrid, Consejo Superior de Investigaciones Científicas, 2 vols. (XXVII y XXVIII de la serie), 1948; véase II, págs. 220-238.

MONTES, Hugo, 1966, *Estudios sobre La Araucana*, Valparaíso, Chile, Universidad Católica de Valparaíso.

— 1971, «*La Araucana*: Elogios y vituperios», en INVENTOR, 1971, págs. 61-80.

MORÍNIGO, Marcos A., 1971, «Españoles e indios en La ARAUCANA», *Filología*, XV, Buenos Aires, Universidad de Buenos Aires, págs. 205-213.

— 1973, «Lo que Ercilla vio de la guerra Araucana», en Karl-Hermann Körner y Klaus Rühl (eds.), *Studia Iberica: Festschrift für Hans Flasche*, Berna, Francke, págs. 427-440.

MUÑOZ G., Luis, 1969, «Ercilla, protagonista de *La Araucana*», en HOMENAJE, 1969, págs. 5-29.

NERUDA, Pablo, 1971, «El mensajero», en INVENTOR, 1971, págs. 9-12.

PÉREZ BLANCO, Lucrecio, 1978, «Cinco autores hispanoamericanos ante el concepto de Dios, vida, amor y muerte», *Cuadernos para la Investigación de la Literatura Hispánica*, 1, págs. 121-163.

PÉREZ BUSTAMANTE, Ciriaco, 1952, «El lascasismo en *La Araucana*», *Revista de Estudios Políticos*, XII, 64, Madrid, julio-agosto, págs. 157-168.

PIERCE, Frank, 1946, «Some Themes and their Sources in the Heroic Poem of the Golden Age», *Hispanic Review*, XIV, 2, abril, págs. 95-103.

— 1952, «History and Poetry in the Heroic Poem of the Golden Age», *Hispanic Review*, XX, 4, . octubre, págs. 302-312.

PIERCE, Frank, 1968, *La poesía épica del Siglo de Oro*, versión española de J. C. Cayol de Bethencourt, Madrid, Gredos, segunda edición revisada y aumentada (primera, 1961).

QUEIROZ, María José de, 1961, «*La Araucana*, ou a epopéia reformada», *Kriterion*, XIV, 57-58, Minas Gerais, Universidade de Minas Gerais, julio-diciembre, págs. 480-500.

QUINTANA, Manuel José, 1833, «Sobre la poesía épica castellana», cito por la edición de *Obras de...*, Madrid, Biblioteca de Autores Españoles, núm. 19, Ediciones Atlas, 1946, págs. 158-173.

RAVIOLA MOLINA, Víctor, 1971, «Elementos indígenas en *La Araucana* de Ercilla», en INVENTOR, 1971, págs. 81-136.

RICHTOFEN, Erich von, 1972 *a*, «Ercilla y Villagrá, cantor de la conquista de Nuevo México», en su *Tradicionalismo épico-novelesco*, Barcelona, Planeta, págs. 195-206.

— 1972 *b*, «Tardíos ímpetus épicos españoles: Ercilla, Villagrá, Ayllón, en su *Tradicionalismo épiconovelesco*, Barcelona, Planeta, págs. 207-213.

RODRÍGUEZ-MOÑINO, Antonio, 1970, «Nueva cronología de los romances sobre *La Araucana*», *Romance Philology*, XXI, 1, Berkeley, agosto, págs. 90-96.

ROMÁN-LAGUNAS, Jorge, 1971, «Lo épico y *La Araucana*», en INVENTOR, 1971, págs. 161-168.

ROMERO, Héctor R., 1977, «*La Araucana* a través de los antologistas», en Américo Bugliani (ed.), *The Two Hesperias: Literary Studies in Honor of Joseph G. Fucilla on the Ocassion of his 80 th. Birthday*, Madrid, Porrúa, págs, 367-389.

ROSSELL, Cayetano, 1851, *Poemas épicos*, colección dispuesta y revisada, con notas biográficas y una advertencia preliminar por..., Madrid, Biblioteca de Autores Españoles, núm. 17; cito por la impresión de Ediciones Atlas, 1945.

SEPÚLVEDA LLANOS, Fidel, 1971, «Huellas de *La Araucana* en las letras hispánicas», en INVENTOR, 1971, págs. 137-159.

SCHWATZ LERNER, Lía, 1972; «Tradición literaria y heroínas indias en *La Araucana*», *Revista Iberoamericana*, núm. 81, octubre-diciembre, páginas 615-626.

VOLTAIRE, 1728, «Essai sur la poésie épique», cito por la ed. de *Oeuvres completes de...*, Basle, de l'imprimerie de J. J. Tourneisen, 71 vols., 1784-1790; X (1785), págs, 329-416.

Juan de Castellanos

GIOVANNI MEO-ZILIO

VIDA*

Nació Juan de Castellanos en Alanís (Sevilla), en 1522, de Cristóbal Sánchez Castellanos y Catalina Sánchez. Estudió *gramática* en el colegio del presbítero Miguel de Heredia en Sevilla. Allí formó las primeras bases de su cultura, y allí también actuó de repetidor antes de embarcarse para América. Esta temprana vocación docente cuajará después de 1562 en Tunja, donde tendrá un estudio en que volverá a enseñar *gramática* y que será el centro de una tertulia literaria de la que surgirá más de un poeta. No sabemos, a ciencia cierta, cuándo se embarcó para el Nuevo Mundo, pero es seguro que en 1539 ya se encontraba en América puesto que él mismo declara haber conocido al obispo Alonso Manso el cual murió en septiembre de ese año en Puerto Rico. Su paso por las islas de la costa de Venezuela, allá por 1540, está documentado en su obra. Tenemos, con todo, algunos datos más:

1541. Se halla viviendo en casa de un amigo (Pedro Barrasa) en Nueva Cádiz (isla de Cubagua) en donde lo coge un maremoto que describirá luego en las *Elegías de varones ilustres de Indias* (I, 587** y ss.) con cúmulo de particulares.

1542. Pasa a la cercana y rica isla de Margarita (en la costa de Venezuela, frente a la actual Sucre) que también describe soberbiamente en las *Elegías*... (I, 592 y ss.: «En esta dicha isla [...]/Do fui mucho tiempo residente») y en la que transcurre un periodo de regalo y placeres («Pues allí gasté mi primavera [...]»: *ibíd*, 662), inesperados para un jovenzuelo que llega de la casta y rigurosa Andalucía.

1543. Lo hallamos en una expedición por la tierra firme de Venezuela, por los pagos en donde será fundada luego Nueva Valencia («Do la Nueva Valencia fue fundada/Muchos años después por Venezuela»).

1544. Pasa de la isla Margarita al Cabo de la Vela en donde lo hallamos conquistando en el valle de Upar, buscando (en vano) oro.

1545 (o fines de 1544). Invitado por el capitán Lorenzo Martín, poeta de «tan sonora y abundante vena, / que nunca yo vi cosa semejante» (IV, 351), se agrega a las tropas de Jerónimo Lebrón, gobernador de Santa Marta, que quiere anexionar el Nuevo Reino de Granada desafiando a su conquistador y adelantado Jiménez de Quesada. La fecha la indica el mismo Castellanos: («la era de cuarenta y cinco años / o por el fin del cuarenta y cuatro»; *ibíd*, 350), en un pasaje famoso en el que cita y alaba a su maestro Ercilla y, a continuación, defiende, contra el parecer de los mismos Martín y Jiménez de Quesada, la legitimidad del endecasílabo italiano por él adoptado. A mediados de ese año («El de cuarenta y cinco demediado»; II, 272) sale de Santa Marta, con las tropas del capitán Luis Pardo, hacia la Sierra Nevada en búsqueda «del aurífero venero». Prosiguiendo su viaje, se arriesga a morir ahogado en el río Palomino. En estas andanzas había juntado ya su buen caudalejo que guardaba celosamente.

1546-47. Lo hallamos de nuevo en Santa Marta.

1548. En Cartagena, en donde ya había estado en 1545.

1549. En Cabo de la Vela, en donde dice que asistió a la muerte de Juan Pérez de Tolosa, gobernador de Venezuela.

1550. También en Cabo de la Vela, en donde estuvo por perecer en un naufragio.

1551-53. En Santa Fe, Río de la Hacha, Santa Marta.

1554. En Cartagena, donde asiste a los funerales del adelantado don Pedro de Heredia. En ese año se ordena sacerdote.

1557. Es nombrado canónigo de la iglesia de Cartagena con dignidad de tesorero (interino).

1558. Por motivos que desconocemos, se aleja de la ciudad sin esperar siquiera el ya solicitado nombramiento de Tesorero efectivo.

1559. Es cura párroco de Río de la Hacha.

1560. Se halla en Santafé sin que conozcamos más detalles.

1562. Pasa a desempeñar el cargo de cura párroco de Tunja, en donde permanecerá hasta el fin de sus días.

1568. Se le nombra *Beneficiado* de la Iglesia de Tunja.

1572. Entra a desempeñar el cargo de mayordomo de la Fábrica de la Iglesia.

---

* Este capítulo representa en parte una síntesis de las ideas críticas del autor sobre Juan de Castellanos que el lector podrá hallar tratadas más ampliamente en su *Estudio sobre Juan de Castellanos* citado en la *Bibliografía*.

** Los números romanos se refieren a las *Elegías*. Los árabes a las páginas de la edición de Bogotá, 1955.

Ciudad de Cartagena de Indias (siglo XVII)

1575. Es nombrado, por el arzobispo, fray Luis Zapata de Cárdenas, juez eclesiástico para entender en un pleito contra los Agustinos.

1586. Es enviado por el mismo arzobispo a tratar con la Audiencia, en Santafé, la defensa contra el inminente ataque del pirata Draque.

1588. Es designado, por el mismo, juez del tribunal especial para entender en la averiguación de los hechos milagrosos relacionados con la imagen de la Virgen de Chiquinquirá.

1600. Por nombramiento del arzobispo don Bartolomé Lobo Guerrero, actúa como juez en un pleito relacionado con el nuevo mayordomo de la Fábrica de la Iglesia.

1606. Escribe su testamento (protocolizado el 5 de junio).

1607 (24 de noviembre). Agrega un codicilo a su testamento. El 27 de noviembre ya consta que había muerto, en Tunja, a los ochenta y cinco años de edad (pero la partida de defunción no ha sido hallada).

Es, en síntesis, lo que se sabe de su vida práctica, entresacado, más que nada, del poema mismo. Muy poca cosa, y demasiado fragmentaria, para la historia de una personalidad tan compleja y cautivante como la de nuestro poeta.

Veamos ahora, a vuelo de pájaro, lo que se desprende del testamento:

1. Poseía un caudaloso patrimonio de bienes inmuebles y ganado, en contraste con lo modesto de los muebles y enseres domésticos y la ausencia casi total de joyas y vestimenta de

calidad. De ello se deduce que, a pesar de tener el cargo eclesiástico más importante y representativo de la ciudad, llevaría un estilo de vida sensillo y práctico prefiriendo invertir sus rentas productivas antes que gastárselas en lujo y decoro. Invirtió una parte de sus ahorros en préstamos particulares cobrando los correspondientes intereses (el costo del dinero entonces debía de ser elevado puesto que a su administrador, sólo para cobrar sus haberes, le reconocía, un porcentaje del 6 por 100. Pero esto no debe extrañarnos puesto que en aquella época el préstamo particular (con hipoteca) era la forma corriente de invertir el dinero ahorrado, así como hoy se hace depositándolo en el banco.

2. Poseía, entre otras cosas, un conspicuo número de esclavos para atender a las faenas de las casas y las estancias: era mano de obra que costaba menos que la de los indios, a los que había que pagarles según las leyes metropolitanas.

3. Al hacer testamento se preocupó, antes que nada, de preestablecerse unos funerales pomposos y costosos y asegurarse méritos en el más allá mediante una abrumadora lista de misas pre-pagadas (como ciento cincuenta) en favor de su propia alma. Mucho menos destinó, en cambio, a obras pías en favor de los demás. Las 50 misas que destina por el alma de los demás, se las encomienda todas a su nieto Gabriel de Ribera.

4. Asimismo quedan en familia casi todos los bienes materiales (terrenos, casas, ganado, capellanías) que reparte entre Pedro de Ri-

bera (su yerno carnal), su nieto Gabriel y su sobrino Alonso.

5. Liberta a un par de esclavas y deja al cuidado de su sobrino una negrita y un negrito nacidos en su casa. A los demás 20 esclavos ni siquiera los nombra.

6. Deja sus libros, todos en latín, a Gabriel de Ribera, junto con los manuscritos de sus obras.

6. Asegura la cobertura financiera para la impresión de su poema sobre San Diego de Alcalá (que se ha perdido) mientras que condiciona la financiación de los cuatro tomos restantes de las *Elegías...* al hecho de que «de sus bienes hubiera la cantidad necesaria». Tal cantidad, por lo visto, no se encontró, puesto que los libros fueron impresos tan sólo tres siglos después...

Obra

No se sabe, a ciencia cierta, cuándo Castellanos empezó a escribir su obra en prosa, luego versificada. Pudo haber empezado en cualquier momento, por lo menos a partir de 1544, año en que se ordenó sacerdote y abandonó las andanzas y trajines de su vida aventurera; sin contar que desde años anteriores vendría apuntando datos de su propia experiencia personal y relaciones de los demás (un historiador nato, como él, no se inventa *ex abrupto*). Claro está que un trabajo de redacción sistemática podría efectuarse mejor a partir de 1561-62 (los borradores desde mucho antes) cuando pasó a desempeñar el cargo de párroco en aquella apacible y confortable ciudad, en donde se habían juntado tantos testigos oculares de la conquista y tantos buenos amigos suyos que le podrían alentar y documentar. Se conoce, en cambio, la época en que emprendió la versificación puesto que Agustín de Zárate, en su Censura al Consejo Real (referencia al primer libro publicado en 1589), nos asegura haber sido «informado de hombres fidedignos que Castellanos gastó más de diez años en reducir la prosa en verso». Si tenemos en cuenta que en aquella época el itinerario para el envío de los manuscritos a España y el trámite de la censura y la impresión del libro no podían llevar menos de un par de años, llegamos fácilmente a la conclusión de que Castellanos pudo empezar a poetizar su crónica alrededor de 1577-1578.

Veamos el itinerario de la confección del poema basándose en los pocos datos seguros ofrecidos por el mismo autor (entre corchetes colocamos algunos datos integrativos, derivados de los primeros):

[1577-1578: comienza la versificación de la I parte];

1579: ha llegado al verso 9.928 de la I parte;

1584: ha escrito ya los restantes 17.000 versos de la I parte y unos 18.000 de la II parte (un promedio de 7.000 versos por año);

[1585: compone los restantes 10.000 versos (aproximadamente) de la II parte];

1586: redacta el *Discurso del capitán Francisco Draque* (unos 5.200 versos):

[1587: escribe el primer tercio de la III parte (unos 10.000 versos);

1588: ha llegado a los dos tercios de la III parte (unos 20.000 versos), al final de la historia de Popayán;

1589: termina la III parte (unos 10.000 versos más);

[1590: emprende la IV parte];

1591: ha superado la mitad de la IV parte (más de 10.000 versos);

1592: termina la IV parte.

Un ritmo de producción impresionante, ¡con rachas de 10.000 versos por año!

Esta reconstrucción cronológica interna, puede ahora integrarse con los datos externos que poseemos:

1589: se publica en Madrid la primera parte de la obra con la censura de Agustín de Zárate.

1590-91: Sarmiento de Gamboa otorga su censura (se refiere tan sólo a la III parte puesto que la IV todavía no estaba terminada).

1601: Castellanos remite a España el manuscrito de la IV parte, con dedicatoria a S. M. Felipe III.

Podemos por lo tanto observar que el arco aproximado de la confección de la obra poetizada comienza allá por 1577-1578 y llega a 1592 (unos quince años), en tanto que la parábola total, incluyendo los borradores de la crónica preliminar en prosa, puede partir de 1554. Posiblemente el poeta haya continuado trabajando en la parte final de su obra hasta 1601, y hasta 1607 si tenemos en cuenta una corrección que hizo en ese año al verso de IV, 439. La trayectoria, por lo tanto, ¡llegaría a cubrir unos cincuenta años! Agréguese que Castellanos escribió (no sabemos cuándo) también el citado poema sobre la vida y milagros de San Diego de Alcalá, en octava rima, del que habla en su testamento. Téngase en cuenta, finalmente, que el poeta pensaba continuar las *Elegías...* con otro libro, como lo promete en la nota *A los lectores* de la *IV Parte*: «con presupuesto de que, dándome Dios vida, en otro libro se dará cumplida relación de los demás pueblos...» (IV, 133). Pero su promesa quedó sin cumplir. Sólo la primera parte fue publicada en vida del autor (Madrid, 1589). En 1847, la B. A. E. (Rivadeneyra) editó juntas la I, II y III parte (sin el *Discurso del Capitán Francisco Draque*). En 1886 se publicó la IV parte en Madrid, Colección de Escritores Castellanos, Sección Historiadores. Sólo en 1921 pudo publicarse, el *Discurso del Capitán Francisco Draque* por el Instituto Valencia de don Juan en Madrid (edición y prólogo de Ángel González Palencia). La obra completa se publicó por vez primera en 1930-32 en Caracas (Parra de León Hermanos, Editorial Suramérica), edición y prólogo de Caracciolo Parra León. La segunda y más reciente edición completa es la de la Biblioteca de la Presidencia de Colombia (Juan de Castellanos, *Elegías de Varones Ilustres de Indias*, Bogotá, editorial ABC, 1955, en 4 tomos). Lleva como prólogo el conocido estudio *Joan de Castellanos* de Miguel Antonio Caro.

CONTENIDO DE LAS *Elegías*

Parte I: Descubrimiento del Nuevo Mundo por parte de Cristóbal Colón y primeros acontecimientos en la isla La Española [Haiti] (I tomo, I-V); descripción de las primeras conquistas y especialmente de las islas de *Boriquén* [Puerto Rico] (VI); Cuba (VII); Jamaica (VIII); Trinidad (X); Cubagua (XIII); Margarita (XIV).
Parte II: Descripción de los acontecimientos de la provincia de Venezuela (II tomo, I-III); del Cabo de la Vela (265-294); de la Gobernación de Santa Marta (294-671).
Parte III: Historia de Cartagena (III tomo, 13-302); Historia de Popayán (302-527); Historia de la Gobernación de Antioquía (528-704); Relación de la Gobernación de Chocó (704-736); Discurso del Capitán Francisco Draque (IV tomo, 9-130).
Parte IV: Historia del Nuevo Reino de Granada (IV tomo, 137-614).

POSIBLES FUENTES HISTÓRICAS DE LAS *Elegías*

Castellanos reafirma pragmáticamente su riguroso historicismo a lo largo de toda su obra (aunque, a veces, se aleja de su propósito). Sus fuentes históricas son, ante todo sus recuerdos (y apuntes) personales acerca de los hechos a los que asistió personalmente. En segundo lugar, las relaciones escritas que él mismo solicitaba a sus amigos y conocidos acerca de determinados hechos a los que él no asistió personalmente (nos informa que cotejaba cuidadosamente hasta diez versiones del mismo relato). En tercer lugar los «cuadernos» manuscritos de obras o apuntes de otros his-

toriadores que se los prestaban (cosa corriente, entonces, entre los varios autores) a los efectos de su mejor documentación (al concepto *moderno* de plagio en aquel entonces no existía). Y, finalmente, las obras historiográficas impresas con anterioridad.

Acerca de sus informantes nos señala numerosos nombres, algunos desconocidos (la mayor parte), otros conocidos como Juan de Vargas (III, 668) o Francisco de Orellana (II, 203). En lo que respecta a los «cuadernos»

Firma de Francisco de Orellana

de otros historiadores contemporáneos, también cita a más de uno: algunos debían de ser simples *aficionados*, como su amigo Domingo de Aguirre (II, 357); otros *del oficio* como su otro gran amigo y «Mecenas» Gonzalo Jiménez de Quesada (I, 64; IV, 169). Un caso aparte es el de la obra de Medrano (continuada después por Aguado: *Recopilación Historial*, publicada sólo en 1906) puesto que Castellanos se limita a citar el nombre de «fray Antón Medrano» entre los sacerdotes franciscanos que acompañaron a Quesada en la expedición de 1569. Sin embargo, el autor de las *Elegías* debe de haber conocido el manuscrito de la obra de Medrano-Aguado (que se empezaría a escribir alrededor de 1550-55) así como lo conoció en la misma época y, tal vez en la misma Tunja (en donde parece que residió como guardián del convento de los franciscanos el mismo Aguado), el adelantado Jiménez de Quesada el cual, según Piedrahita, lo criticó en el prólogo de una de sus obras porque «se sigue por relaciones vulgares». Los críticos han sospechado, desde hace tiempo (sobre todo I. J. Pardo y M. G. Romero: véase *Bibliografía*), alguna influencia de Medrano-Aguado en Castellanos o viceversa y Pardo hasta señaló un lugar preciso (IV, 502) en que la misma («si no utilizaron fuentes comunes») es evidente. Un análisis comparativo sistemático de las dos obras nos ha llevado a hallar una nutrida serie de coincidencias que de ninguna manera pueden ser casuales.

En cuanto a las obras historiográficas ya publicadas en la época de Castellanos, acerca de las cuales seguramente nuestro escrupuloso cronista debe de haber hecho todo lo posible por documentarse, algunas las cita directamente, como el «libro llamado *Peregrino*» (III, 64) de Juan de Orozco (que no ha llegado hasta nosotros); otras las cita indirectamente, como *La destrucción de las Indias* de Bartolomé de las Casas, al cual se refiere implícitamente en III, 324 al hablar de Chamba, cacique de la provincia de Quito, quemado vivo por los españoles: «Y esto trata el obispo de Chiapa» (ya sabemos que Las Casas trata de esto en el capítulo «De los grandes reinos y grandes provincias del Perú» en la obra mencionada); otras las calla del todo aunque, a veces, dice haber conocido al autor, como en el caso de Oviedo (I, 207). Entre las obras impresas que seguramente Castellanos conocía, se hallan algunas famosas, además de las citadas *Destrucción de las Indias* de Las Casas y *Recopilación Historial* de Medrano-Aguado, A saber: la primera parte de la *Historia General y Natural de Indias* de Gonzalo Fernández de Oviedo (1535); la *Historia General de las Indias* de Francisco López de Gómara (1552); la *Crónica del Perú* de Pedro de Cieza de León (1553). En ellas se pueden hallar coincidencias tales que nos llevan a la conclusión que Castellanos no sólo estaba al tanto de las obras historiográficas de su época sino que las ha utilizado amplia y detalladamente (por lo menos algunas) aun cuando no las cita (pero esta era una práctica corriente en el siglo XVI sin implicar, como lo hemos dicho, connotación alguna del moderno *plagio*). Hasta hay pasajes de las *Elegías* en que parece seguir simultáneamente a más de uno de los autores anteriores. Es el caso, por ejemplo, de la descripción física de Colón (I, 201), en donde están presentes, al mismo tiempo, Fernández de Oviedo y López de Gómara (el cual, a su vez, sigue al primero).

TENSIÓN E HIPOTENSIÓN
POÉTICA EN LAS *Elegías*

La mostruosa extensión del poema (más de ocho veces la de la *Divina Comedia* de Dante), junto con la *poética* eminentemente coloquial del autor, es responsable del constante *tono menor* de las Elegías y de la substancial *antiepicidad* de esta curiosa epopeya de la conquista. El lector tiene la impresión de hallarse ante un inmenso *poema hablado* que puede leerse y apreciarse sólo antológicamente. En efecto, dentro del maremágnum de datos históricos y de elementos descriptivos, en el que triunfa cuantitativamente la hipotensión, hay que hacer un poderoso esfuerzo de selección

para detectar y filtrar los momentos de tensión poética, de logro estilístico. Ello será más fácil el día en que se disponga de una antología realmente selecta y adecuadamente comentada de la obra. Para una primera guía del lector podemos señalar aquí, a grandes rasgos, que, por lo general, los momentos de mayor logro literario (algunos realmente asombrosos) pueden hallarse sobre todo en: *a*) las descripciones de las batallas entre indios y españoles en que a veces Castellanos llega a superar hasta a su maestro Ercilla; *b*) las soberbias comparaciones o similitudes (algunas tópicas y otras inéditas algunas de corte clásico elaboradas dentro de la tradición literaria y otras sacadas magistralmente de la realidad cotidiana); en ellas no sólo se pueden hallar cumbres de poesía sino que en todas la tensión poética suele ser constante, sin aquellas depresiones estilísticas que caracterizan el resto de la obra; *c*) las escenas *sensuales*: ya sea las gastronómicas (lujo y regalo de comidas y banquetes que adelantan *in nuce* los famosos *bodegones* gongorinos y, en general, barrocos); ya sea las eróticas (por supuesto, limitadas forzosamente por las convenciones formales del rigorismo moralista de la época y del ambiente); entre éstas últimas, la más famosa y orgánica (pequeño poema dentro del poema) es la de la aventura amorosa y fatal entre un joven soldado español y la bella Diana, mujer querida del cacique Goaga Canari, criatura estupenda, Helena de la pelea, comparada amorosamente «Al claro resplandor de la mañana» (I, 139 y ss.), en la cual el tono sensual y naturalístico estalla en un canto ariostesco: el *eros* substituye el *epos*...

LASCIVIA Y MORALISMO EN CASTELLANOS

Hemos llegado así, a uno de los temas que han quedado abiertos dentro de la crítica castellanesca: el de la lascivia y de su compatibilidad o incompatibilidad con el moralismo de la época y del ambiente. Esto de la *lascivia* es un tema que el Beneficiado trata repetidas veces a lo largo del poema, pero *en dos claves opuestas*. A veces con ariostesca, despreocupada complacencia (o, cuando menos, con benévola neutralidad), a veces, con moralístico desdén. Es *la doble moralidad contrarreformística y jesuítica* de la que tanto se ha hablado. Mas si el moralismo postridentino tiene su límite de tolerancia, con respecto a la lascivia, en el orden constituido *ad maiorem Dei gloriam* (en lo teológico más que en lo terrenal), el moralismo de Castellanos parece poseer su *línea de demarcación* antilasciva más bien *en lo terrenal, lo práctico, lo utilitario*. La lascivia está

Francisco Draque

permitida mientras no produzca efectos prácticos dañinos o peligrosos. En efecto, en ciertas ocasiones, el autor se detiene complaciente y hasta complacido en la descripción naturalística de las gracias de las indias y de los juegos, mucho menos que castos, que los conquistadores entablan con ellas. Puesto que, en tales casos, el *tono poético de la narración suele elevarse*, esto sugiere que se trata de un tema que, de por sí, lejos de ser objeto de rechazo, de censura por parte del afable cura tunjano, es vivido inmediatamente como bien acepto, como materia legítima y gratamente susceptible de poetizarse. Si *esta tesis relativista* no está desacertada, tenemos, pues, también en el nivel moral, un indicio de la filosofía pragmática y utilitaria del autor, la cual se corresponde funcionalmente con su poética empírica, su eidética crematística y su poesía de la concreción. Empezamos entonces a *entrever cierta unidad orgánica* en esta curiosa personalidad del desértico siglo XVI americano que, a una primera lectura, puede parecer inasible por polimórfica y contradictoria. *Al aceptar su relativismo ya no hay contradicción real.*

Balance de la crítica y juicio global sobre la obra

La trayectoria de la crítica sobre Castellanos hasta hoy no ha sido ni coherente ni progresiva (aparte del aspecto erudito) y continúa siendo problemática y perpleja, como revelando cierta angustia ante ese *mostrum* de las *Elegías*, objeto de lecturas diversas y divergentes, a veces ligeras o atrevidas, a veces atentas y penetrantes, pero, de todos modos, esencialmente dramáticas. Lo cual puede corresponder:

a) a la mostruosa y proliferada extensión del poema (¡113.609 versos!);

b) a cierta actitud de polarización emocional (simpatía / rechazo; atracción / repulsión; exaltación / denigración), tan frecuente hasta hoy en cierta crítica hispanoamericana;

c) al hecho de que la mayor parte de los autores han repetido, de manera pasiva, opiniones anteriores de otros, sin examinarlas críticamente y hasta sin conocer siquiera las demás; sin tener en cuenta que la forma crítica va madurándose en las generaciones (así como la forma literaria lo hace en el individuo), al injertarse cada uno dentro del filón auténtico precedente: sin percatarse, en suma, de que la verdad crítica, aparte de sus límites objetivos, se realiza *in progress* (no conocerás la verdad por nosotros, pero sí te señalaremos un rumbo...).

Sin embargo, los mencionados motivos no pueden explicar del todo lo irregular, lo incoherente, lo saltuario (cuando no lo inconsistente) y, en fin, lo patético de la línea historiográfica castellanesca, puesto que está jalonada también de nombres famosos como M. A. Caro o M. Menéndez y Pelayo y, de todos modos, de nombres autorizados como Paz y Melia, Parra de León, Rojas, Pardo, Romero... (la crítica de los dos últimos ha sido de lo más notable hasta hoy). Puede haber, pues, un reflejo de algo inherente a la forma interna de la obra, algo que vuelva tal vez inutilizables los parámetros tradicionales; que desconcierte a los críticos acostumbrados a los cánones clásicos; que confunda, entrecorte y termine por ahogar la propia natural evolución historiográfica. Es que debemos de hallarnos frente a un nuevo modelo épico construido empírica y voluntariamente por el poeta y que, a pesar de cierto elemento prosaico y trivial, ingenuo y socarrón, de tono menor y casero (y hasta por eso mismo), es substancialmente revolucionario y libertario ante los esquemas habituales y, por lo tanto, no puede medirse con los metros que nos ha legado la tradición crítica. Tal vez tengamos que renunciar a la dicotomía metodológica establecida al respecto por Marcelino Menéndez y Pelayo y adoptada por gran parte de los autores sucesivos, vale decir la distinción entre juicio histórico y literario acerca del poema. En nuestro concepto, desde que el cura tunjano ha optado, finalmente, por la forma poética, también la materia se ha convertido en poética y como tal debe juzgarse: los sucesos de la historia se han convertido en ocasión de su poetizar. A la poesía hay que medirla con el metro de la poesía y no de la historia... De esta manera, el tan manido problema de si Castellanos es o no es historiográficamente fidedigno (y eso independientemente de su elección historicista) constituye, para el crítico literario, un falso problema. El que el poeta se preocupe de aclarar, programática y reiteradamente, lo veraz de su relato, asegurando su propio testimonio en muchos acontecimientos y citando escrupulosamente las fuentes en otros, debe colocarse en relación con los cánones épicos entonces en boga a la luz de las poéticas historicistas de lo verídico, procedentes de las conocidas polémicas literarias italianas de la época, cuyo eco llegó al Nuevo Mundo por intermedio de la cultura española y también directamente (piénsese en hombres como Cortés, Oviedo, Jiménez de Quesada, que habría frecuentado las cortes italianas). Querer tomar al pie de la letra este tipo de actitud doctrinaria nos llevaría a juzgar historiográficamente hasta obras como la *Gerusalemme Liberata* de Tasso... Otra cosa es, por supuesto, el considerar las *Elegías* (sobre todo por el hecho de haber sido escritas inicial y parcialmente en prosa) un efectivo vivero de informaciones históricas, sociales, costumbristas, geográficas y demás, que pueden ser útiles para el investigador de las disciplinas correspondientes y cuya credibilidad puede comprobarse o menos, caso por caso, mediante el cotejo con otras fuentes históricas. Pues no nos queda más que examinarlas y juzgarlas por lo que son y no por lo que hubieran podido ser si hubiesen sido otra cosa: un poema cuya materia poética está representada por las hazañas de la conquista y cuyo autor es también actor de la misma; y ver en qué consiste, en síntesis, la novedad de la forma interna de esta obra curiosa y monstruosa que tanto trabajo le ha dado a la crítica.

El primer impacto novedoso (y brutal) para el lector, ya se produce a nivel físico-cuantitativo: la enorme extensión, que ha multiplicado la de los más famosos entre los grandes poemas de la humanidad. En esta misma desmesurada yuxtaposición de la materia ya se impone algo nuevo que no puede ser casual: nuevas dimensiones de la narrativa, dilatada *ad infinitum*... Paralelamente al tamaño de la materia poetizada, ya observamos que el tiempo que el poeta trabajó la obra se desarrolla en un arco de medio siglo: una entera existencia productiva dedicada a la confección de su crónica. Ésta fue concebida, vivida y realizada, como un camino, un viaje largo y vertiginoso de hechos y cosas rememoradas, actualizadas y vueltas a presentar en su propio devenir real (mezclándose el tiempo cronológico y el sicológico), como un andar continuo en el que se fusionan y confunden la historia, la poesía y la misma vida de quien fue copartícipe de los hechos que relata; por un empaste original y caótico, pero coherente a su manera, en el que ya no se distingue lo relatado de lo vivido puesto que ambos se poetizan, a la vez que lo poetizado vuelve a vivirse a un nivel superior y el círculo tiende a completarse en planos cada vez más altos, en forma de espiral. Estallan pues los límites tradicionales de la épica; se derrumban los viejos cánones de la unidad de tiempo, de acción, de personaje, de lugar; se disuelve la oposición entre protagonista y antagonista, entre héroe y coro. Al quebrarse el tipo de coralidad de la fórmula clásica, los jefes ya se pluralizan de forma indiferenciada, sin colocarse jerárquicamente en una escala graduada de valores ideales; ya no son ejemplares (como Aquiles, Ulises, Eneas, Orlando o Gofredo...) y tienden más bien a representar al coro, a la masa: dejan de ser el *unicum*, simbolizador de una idea superior, y pasan a ser el *plurimum*, presentativo de la realidad heterogénea y polimorfa de los españoles o de los indios (con mutua tranfusión de naturaleza y cultura). Se estrella, en suma, la unidad, el personalismo y el divismo clásico y avanza el enredo, la despersonalización moderna. Algo de todo eso ya estaba en *La Araucana* de Ercilla, pero tan sólo embrionariamente. Por esto también los valores de las dos obras se vuelven incomparables (y Castellanos esta vez toma, historiográficamente, la delantera...). Nivelación de los personajes, colectivismo de lo anónimo, conversión de la épica en epopeya popular... Estamos lejos ya del verticalismo, la selección, la jactancia de tipo pindárico o del triunfalismo barroco de la madre-patria. Hay humildad historicista, discreción en el intervento subjetivo del poeta, sin privilegios, sin soberbia, justamente por su conciencia crítica de la dignidad objetiva de las cosas que relata; realismo que se articula dentro de lo complejo indiferenciado del barroco manteniendo una dimensión propia. Todo esto también contribuye a explicar la total poetización de lo real por parte del Arcipreste, tan asombroso y tan frágil a la vez, primariamente atónito (estupor existencial y poético) ante la

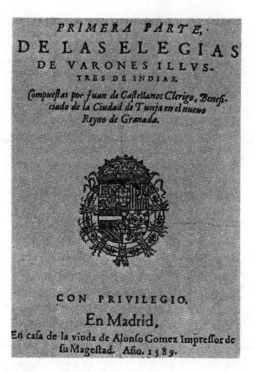

Elegías de varones ilustres de Indias, edición de 1589

materia tratada: inmensa maravilla que es el éter interno del inmenso poema... En esto radica también la enorme importancia de las *Elegías* dentro de la línea evolutiva de la épica hispanoamericana.

El poderoso don Juan se sacude de encima, con gesto de gigante, los modelos terribles que llevaba a cuestas: lo clásico, lo hispánico y, por ciertos aspectos, al mismo Ercilla... E intenta algo atrevido, algo nuevo justamente, haciendo la poesía en el mismo hacer vital, construyendo su vida en el poema y viceversa. A su vez, la vida de él corresponde (y hasta coincide en parte) con la de la colonia, con la historia de la conquista y con la misma construcción del imperio. En el empaste se entremezcla todo: el impacto vivencial ante el Nuevo Mundo (en el nivel práctico, estético, emocional ideológico-político-religioso); el estupor del europeo frente a los indios, la codicia del aventurero ante el oro, el orgullo del español que edifica su epopeya substituyendo a los mitos fantásticos de la antigüedad con la fábula de sus propias hazañas; el furor sacro del doctrinero que arrasa con los ídolos de los demás para imponer los propios; el drama agónico del hombre ante la violencia brutal y sistemática... En esta original agresión (vivencia-re-

lato) de la materia americana en la que el narrador se mete casi sin mediación tradicional, en toma directa, fílmica, dramática, contando las cosas desde adentro de las cosas, realidad y ensueño se entremezclan, nivel histórico y fantástico se confunden, realidad eidética fenoménica y onírica se fusionan: y entonces todos los márgenes y cánones estallan, no sólo con relación a los modelos clásicos formales, sino también en relación con el principio historicista de lo verídico adoptado doctrinariamente por el escrupuloso cronista. Se alteran y confunden nombres, fechas, lugares; se vuelven intercambiables experiencias personales y testimonios ajenos, se trastruecan las relaciones lógicas de causa y efecto o las cronológicas de presente y pasado. En lo estructural se derrumba la construcción (piramidal) del poema épico y se desvía el movimiento escénico que ya no se precipita linealmente hacia la *catástrofe* (proyectada, deducida), sino que se complica con digresiones de toda clase; el autor se olvida frecuentemente de los personajes y luego los vuelve a pescar, en cualquier momento, en el maremágnum de su *unicum* vivido y relatado. En lo sintáctico, se trastornan los tiempos verbales, a veces por la mencionada interferencia del tiempo psicológico frente al histórico; a veces por simple arbitrio, rebelde y libérrimo, que anticipa el vendaval barroco. En lo métrico, al lado de endecasílabos perfectos, pululan versos claudicantes, como para reflejar (o, de todos modos, acompañar) lo enclenque de la realidad. En lo fenomelódico, se intercambian momentos de preciosa sonoridad y consonante armonía imitativa, con momentos de disonancia y hasta de cacofonía, rescatada vivencial y voluntarísticamente bajo el impacto de lo disonante cotidiano y vital (todo es materia de poesía: se ensancha la franja de lo poetizable). En lo léxico, se entremezclan términos y giros pertenecientes a distintos niveles lingüísticos (el solemne y oratorio con el familiar y coloquial y hasta jergal). En los contenidos eidéticos, se alternan imágenes pulquérrimas (mitológicas o, de todos modos, cultas) con otras triviales y plebeyas. En los contenidos ideológicos, se acompañan y hasta fusionan sentencias filosóficas y morales con reflexiones populares y pragmáticas.

También la dialéctica clásica funcional entre la parte y el todo, entre el detalle y la globalidad, se ha desequilibrado: no tanto y no sólo en el sentido de que no hay en la obra una única estructura, general y geométrica, sino varias estructuras internas, a distintos niveles, a veces autónomas y conclusas y yuxtapuestas (como el *Discurso del Capitán Francisco Dra-*

que: un poema dentro del poema), a veces independientes y hasta sobreponiéndose (como las de Colón y de la bella Diana); sino también en el sentido preliminar de que en la misma actitud (y la poética) del formidable cura ante lo real, prima la visión total, la *Gestalt* vivencial, el impacto anímico unitario y concreto, el estupor existencial frente al particular historiográfico o al detalle costumbrista o a la pincelada (que, sin embargo, no están ausentes de las *Elegías*).

Esta agresión del Nuevo Mundo, inmediata y turgente, cargada todavía de todas las tensiones y connotaciones de la conquista (amén de las contradicciones de la vida), tal vez represente la clave para comprender la efectiva naturaleza del poema: Jano bifronte, a la vez unitario y polimorfo, historicista y fantástico, moralístico y desprejuiciado, conformista y rebelde, culto y plebeyo, serio e irónico, imperial y casero, mostruoso y humilde: como la vida misma... Obra *in progress*, poema abierto como la propia vida.

Claro está que esa dilatación de la vida (y de la historia) sobre la obra, y la consiguiente inmensa reinvención recíproca de ambas, han contribuido a debilitar la tensión poética gegeneral (decaimiento de la hipertensión clasicista cualitativa en favor de la hipotensión cuantitativa: una y otra serían las dos ánimas del inminente Barroco...).

Si pensamos, entonces, con estos parámetros, con el metro que la obra misma nos ofrece desde adentro, ya no nos extrañará la incertidumbre, la perplejidad, el tormento y las contradicciones de la crítica y la mencionada asusencia en ella de una línea evolutiva coherentemente *in crescendo*, en el sentido que hemos dejado aclarado más arriba. El hecho es que se ha buscado, en general, el historicismo o el antihistoricismo, la coherencia o la incoherencia, lo verdadero o lo falso, lo viejo o lo nuevo, lo culto o lo popular, lo bello o lo feo..., cuando, en realidad, todo esto se da simultáne y contextualmente en esa obra curiosa y original, abierta *ad infinitum*. En la cual, en síntesis, la forma en devenir, heterogénea y unitaria, empírica y programática, parenética y colonial a la vez, corresponde puntualmente al devenir efectivo del Nuevo Mundo que describe, y representa (presentándolo directamente) lo real, en el nivel poético, mediante sus mismas connotaciones vitales, históricas y pragmáticas. Podemos pues percibir su importancia, en las letras colombianas y continentales, no sólo por representar el primer eslabón en el mencionado tránsito de la épica personalística a la coral, sino también porque posiblemente radiquen en ella los orígenes primarios de la futura novela hispanoamericana, la cual justamente irá adquiriendo aquellos mismos caracteres.

Bien se sabe que el artista obra siempre por símbolos puesto que, de otra manera, no habría mensaje poético; pero el símbolo, en el caso de Castellanos, tiende a reducirse al mínimo, a no alejarse demasiado de las cosas palpipantes que representa, a ser lo menos abstracto y mediato posible, lo menos aséptico; lo más contundente y, de todas maneras, lo más agresivo y alusivo a la realidad existencial. Es por eso, justamente, por lo que el tiempo histórico, el cual es el menos histórico (el menos humano) de los tiempos, se convierte en tiempo psicológico (como en la vida, como en los sueños...). Realidad existencial... realidad psicológica... viaje *ad infinitum*...: son todos conceptos que, si bien miramos, nos llevan al viaje junguiano hacia una nueva Madre, representada en Castellanos (como en todos estos personajes de la conquista) por el Nuevo Mundo; en oposición a la vieja Madre-España hacia la cual casi no siente nostalgia, como si lo hubiese quemado todo detrás de sus hombros, no sólo en el nivel psicológico sino también en el nivel cultural, reinventando la cultura del nuevo útero americano, huérfano como se sentía en relación con un modelo maternal originario. Falto de penates, substancialmente impreparado para tamaña aventura del espíritu, hasta sin arquetipos maternos, da un salto hacia la nada... Improvisación total, corte umbilical con lo clásico (aunque parezca lo contrario), que suele quedar inorgánico y amorfo en su obra: son caracteres propios de la experimentación, de la empíria; tesoro de materia inorgánica, materiales para el futuro... Es la aventura del viaje sin retorno (al contrario de Ulises y Eneas), la *débacle* del clasicismo renacentista que se basaba en un soporte arquetípico (mundanizado y literarizado, por supuesto). Y además viaje sin recursos, sin iconos..., aventura pura. Es la grandeza de quien, no encontrando nada, halla el significado de lo que no ha encontrado... La misma (primera) impresión de escualidez, de desértico, dentro del entero poema, corresponde justamente al significado de lo negativo.

Es prodigioso para nosotros, que aquel *guacho* andaluz (y todos los guachos que le han seguido en la edificación del Nuevo Mundo) haya multiplicado y reinventado aquellos pobres instrumentos expresivos que llevaba a cuestas o los que encontró en el desierto... Baste pensar en los neologismos autóctonos con los que logra integrar y ampliar magistralmente el caudal léxico y los estilemas sonoros de la clasicidad europea.

213

BIBLIOGRAFÍA

ARIBAU, Buenaventura Carlos, *Prólogo* a Juan de Castellanos, *Elegías...*, Madrid, B. A. E., 1847.

CARO, Miguel Antonio, *Joan de Castellanos*: I, «Noticias sobre su vida y escritos»; II, «Castellanos como cronista. Parelelo con Oviedo», en *Repertorio Colombiano*, III, noviembre-diciembre (1879); ahora en Joan de Castellanos, *Obras de...*, Bogotá, 1955.

LIDA DE MALKIEL, María Rosa, «Huella de la tradición grecolatina en el poema de Juan de Castellanos», en *RFH*, 1-2 (1946).

MEO-ZILIO, Giovanni, *Las Elegías (Castellanos)*, en *Estudio sobre Hernando Domínguez Camaro...*, Mesina-Florencia, D'Annor, 1967, págs. 259 y ss.

— *Estudio sobre Juan de Castellanos*, I, Florencia, Valmartina, 1972.

MESANZA, Andrés, «Don Juan de Castellanos», en *Boletín de Historia y Antigüedades*, XIII, 152, Bogotá, 1920.

— «Juan de Castellanos, Cronología, en *Boletín de Historia y Antigüedades*, XXIX, núm. 327, Bogotá, 1942.

— «Nuevos datos sobre Juan de Castellanos», en *Boletín del Centro Vallecaucano de Historia*, núm. 16, Cali (Colombia), 1934.

OTERO D'COSTA, Enrique, *Comentos críticos sobre la fundación de Cartagena de Indias*, Bogotá, 1933 (ahora reeditado en Bogotá, Biblioteca Banco Popular, 1970, 2 tomos).

PARDO, Isaac J., *Juan de Castellanos, Elegías de varones ilustres de Indias*, Caracas, Academia Nacional de Historia, 1962.

— *Juan de Castellanos, Estudio de las Elegías de varones ilustres de Indias*, Caracas, Universidad Central de Venezuela, Facultad de Humanidades y Educación, Instituto de Filología «Andrés Bello», 1961.

PARRA DE LEÓN, Caracciolo, Prólogo a *Obras de Juan de Castellanos*, tomo I, Caracas, Editorial Suramérica, 1930.

ROJAS, Ulises, *El Beneficiado Don Juan de Castellanos, cronista de Colombia y Venezuela. Estudio crítico-biográfico a la luz de documentos hallados por el autor en el Archivo General de Indias de Sevilla y en el Histórico de la ciudad de Tunja*, Tunja, Biblioteca de Autores Boyacenses, 1958.

ROMERO, Mario Germán, «Joan de Castellanos, el cronista-poeta», en *Boletín de la Academia Colombiana*, XX, 85 (1970).

— *Joan de Castellanos, un examen de su vida y de su obra*, Bogotá, Banco de la República, Biblioteca Luis Ángel Arango, 1964.

SCHUMACHER, Herrman A., *Juan de Castellanos, ein Lebensbild aus der Conquista-zeit*, Hamburgische Festschrift zur Erinnerung aus die Entdeckung Amerika's..., Hamburg, L. Friederichsen & Co., 1892.

Bernardo de Balbuena

Alfredo A. Roggiano

VIDA

Nació en Valdepeñas (España) entre los años de 1561[1] y 1563, en circunstancias en que su padre, también llamado Bernardo, había ido a litigar a la Península[2]. De su madre apenas se conoce el nombre —Francisca de Velasco—, y existe la conjetura de que sea hijo ilegítimo. Asimismo se supone, con poca certeza, que, cuando el padre volvió de España a México, en 1564, traía a su hijo, de acaso uno o dos años de edad, para ser criado entre los suyos, en Nueva Galicia, donde ya había desempeñado un puesto en la Audiencia. El niño debió vivir entonces entre familiares de su padre, quienes tenían empleos y propiedades en Compostela, San Pedro Lagunillas y otras localidades del actual Estado de Jalisco. Su progenitor, viejo poblador de la próspera Guadalajara, con buena posición social y económica, le aseguró la mejor educación que se podía lograr por aquellos tiempos en los dominios de ultramar; y el joven Bernardo, ya revelado como poeta desde su adolescencia, pudo estudiar en Guadalajara hasta 1580, año en que pasó a la ciudad de México. Sus biógrafos hablan de estudios realizados en la Real y Pontificia Universidad de México (Teología, Cánones, Leyes o Artes) y hasta de un título de licenciado obtenido en ella, pero Francisco Monteverde no ha podido encontrar el nombre de Bernardo Balbuena en el minucioso examen que practicó de los registros de dicha Universidad que se conservan en el Archivo General de la Nación, en México[3]. Lo que importa

destacar aquí, con respecto a la formación cultural y poética de nuestro autor, es que la capital del virreinato de la Nueva España era, ya en la segunda mitad del siglo XVI, un movido y brillante centro de actividades literarias y de todo orden[4]. Balbuena fue distinguido participante en certámenes en los que competían, como en el de 1585, alrededor de trescientos poetas; entre esa fecha y 1590 fue ganador de tres premios y mencionado siempre por sus calidades de poeta. Pero estos méritos no eran del todo relevantes en un medio en el que debió pesar la dudosa legitimidad de su nacimiento. Y se ha especulado que, por esta razón más que por vocación religiosa, a los veinticuatro años de edad, Bernardo se decidió por el ingreso en la carrera eclesiástica, en la que tuvo éxitos que fueron parejos a los que fue logrando en el campo de su vocación más profunda: las letras.

Su carrera eclesiástica parece haber comenzado hacia 1586 con el cargo de capellán en la Audiencia de Guadalajara, en donde estuvo hasta 1593. Ese año, con motivo de la muerte de su padre, pasó a la de San Pedro Lagunillas, donde profesó por otros diez años, al par que compuso la mayor parte de *El Bernardo* y *Siglo de Oro...*, obra que responde a lecturas de procedencia bucólica y pastoril, pero que también se aviene a la paz provinciana de la región de Compostela. En 1602 viaja a la villa de San Miguel de Culiacán y allí conoce a Isabel de Tovar y Guzmán, quien se marchaba a México para encerrarse definitivamente en un convento. Balbuena también se trasladó a la capital azteca, y con anterioridad al viaje de su amiga, quien le había encargado una descripción de la ciudad. Así nació *La Grandeza Mexicana*, entre 1602-3, cuya publicación aprueban el virrey y el obispo el 10 de julio de ese año y se publica en el siguiente. La

[1] Nadie ha probado que la fecha de nacimiento de Bernardo de Balbuena sea el año 1561. Distintos biógrafos dan fechas diferentes, que van de 1561 a 1568, como aparece en las «Noticias del autor» que figuran al frente de *El Bernardo*, edición de la Imprenta de Gaspar y Roig, Madrid, 1852. Para la biografía de Balbuena véase José Rojas Garcidueñas, *Bernardo de Balbuena. La vida y la obra*, México, Universidad Nacional Autónoma de México, Instituto de Investigaciones Estéticas, 1958; y John van Horne, *Bernardo de Balbuena, biografía y crítica*, Guadalajara, México, Imprenta Font, 1940.
[2] Hoy ni los mismos mexicanos dudan de que Balbuena nació en Valdepeñas de la Mancha, provincia de Ciudad Real, España, y no en México, y así se asienta en la ya mencionada «Noticias del autor». Lo curioso es que en esas «Noticias...» se diga que fue hijo de Gregorio de Villanueva y Luisa de Balbuena, «hijosdalgo en aquel pueblo»
[3] En Bernardo de Balbuena, *Grandeza Mexicana y Fragmentos del Siglo de Oro y El Bernardo*, edición y prólogo de Francisco Monterde, México, Ediciones de la Universi-

dad Nacional Autónoma, 1941, pág. X. Del mismo autor: *Cultura mexicana. Aspectos literarios*, México, Editora Intercontinental, 1946, págs. 1-14.
[4] Sobre el particular véase Alfredo Roggiano, *En este aire de América*, México, Editorial Cultura, 1966, págs. 1-80; y la bibliografía que se da en las notas 3, 4, 5, 6, 7, 8, 9 y 10 de mi trabajo titulado «Instalación del barroco hispánico en América: Bernardo de Balbuena», en *Homage to Irving Leonard. Essays on Hispanic Art, History and Literature*, editado por Raquel Chang Rodríguez y Donald A. Yates, Michigan State University, Latin American Studies Center, 1977, págs. 61-74.

obra lleva una dedicatoria al nuevo obispo de México, y se sabe que el objeto era obtener «una dignidad o canonjía en las iglesias de México o Tlaxcala». Aun parece que con ese fin volvió a la universidad (si es que antes había estado en ella) y que logró el título de licenciado (hasta entonces sólo se titulaba bachiller). El obispo murió y Balbuena tuvo que dirigir la búsqueda para sus aspiraciones a las esferas superiores de la metrópoli. Salió para España a mediados de 1606 y permaneció en ella hasta 1610. Mientras se afanaba en las dilatadas gestiones del «pretender», Balbuena también se esfuerza por llevar a buen término dos de sus más caros objetivos, que logra en 1607: el título de doctor en Teología de la Universidad de Sigüenza y la publicación de la novela pastoril, en prosa y verso, titulada *Siglo de oro en las selvas de Erífile*. La novela salió de las prensas madrileñas de Alonso Martín en 1608 y está dedicada al conde de Lemos, don Pedro Fernández de Castro, gran protector de las letras (de él se beneficiaron Cervantes y Lope de Vega) y además presidente del Real Consejo de Indias. La dedicatoria rindió provechos: el 29 de abril de 1608 Balbuena fue electo Abad de Jamaica, y en 1610 llega a Jamaica, después de estar unos meses, de paso, en Santo Do-

mingo. En Jamaica permanece hasta 1623, con la interrupción de otro viaje a Santo Domingo para asistir a un concilio (1622-3). Por fin Balbuena obtiene lo que tanto ansía: ser obispo; lo fue de Puerto Rico hasta su muerte. En Jamaica y Puerto Rico pule y da la redacción definitiva de su *Bernardo*, que se publica en 1624. Al año siguiente los piratas holandeses atacan la isla, la incendian y todo perece en llamas: la abadía, la catedral, la casa, la biblioteca del obispo Bernardo de Balbuena, quien muere el 11 de octubre de 1627. Sus restos se guardan en la catedral de San Juan de Puerto Rico.

Obra

Balbuena publicó, en vida y por él vigiladas, tres obras poéticas, cuyo orden de aparición no se corresponde con el de la redacción. Así, *Siglo de oro en las selvas de Erífile*, publicada en Madrid por el impresor Alonso Martín en 1608, fue escrita con anterioridad a *Grandeza mexicana*, publicada por el impresor Melchior Ocharte en México, en 1604. La tercera obra de Balbuena, el largo poema épico *El Bernardo o Victoria de Roncesvalles* tuvo

Ciudad de Puerto Rico (1575)

una gestación de varias décadas, con correcciones y adiciones hasta posiblemente 1616, año en que se registra el primer intento de su publicación, intento que no se logró hasta 1624, en Madrid, por el impresor Diego Flamenco. Aparte de estas tres obras concebidas y escritas para ser publicadas en forma de libros, Balbuena ha dejado otras composiciones poéticas de menor importancia o que nada agregan a este *corpus* de su poética fundamental, como una *Canción* al conde de Lemos, una *Carta* al arcediano de la Nueva Galicia y una *Canción* al arzobispo de México. Son composiciones circunstanciales y más representativas de un tipo de personalidad o de modos de vida de la época colonial que de calidades o virtudes artísticas. Pero son de interés principal para una concepción de su poética el *Compendio apologético en alabanza de la poesía* con que el autor acompañó la *Grandeza mexicana* y el «Prólogo» al *Bernardo*.

En general, como se verá al estudiar las tres obras, Balbuena es un escritor muy de su tiempo, que absorbe en su temática y modos de composición el proceso que marca la transición del Renacimiento al Barroco, con predominio renacentista en su visión del hombre y de la vida, en su actitud humana y en su concepción del mundo. Lo barroco se da en él, más como necesidad estética y voluntad de ser por medio del acto poético, que como realidad humana que se problematiza en el dramático cambio de una época que es sustituida por otra. Voluntad de estilo, de ser en la escritura, que surge como necesidad de enaltecer al individuo incorporándolo al nuevo sentido de la universalidad del tiempo histórico como superación de la singular historia nacional. El «estilo es el hombre», el cual se asume como el hijo de sus obras y con las cualidades del *uomo universale*, signos de su validez y superación de lo vulgar. En toda la obra de Balbuena se destaca ese sentido de la selección y refinamiento logrados con *lungo studio e grande amore*, su privilegio de lo singular, único e intrasferible, que le hace decir en su dedicatoria «Al lector» de la *Grandeza mexicana*:

> si escribo para los sabios y discretos, la mayor parte del pueblo (que no entra en este número) quédase ayuna de mí. Si para el vulgo y no más, lo muy ordinario y común ni puede ser de gusto ni de provecho.

Que el poeta sea nada menos que el fundador del ser y las cosas por medio de la palabra elegida y diferenciadora, se ve claro a lo largo de todo el *Compendio apologético*... No sólo se exalta allí la poesía «en cuanto es una obra y parto de la imaginación», por lo que «es digna de grande cuenta, de grande estimación y precio», sino que «Los poetas deben ser honrados de las ciudades y puestos en lugares eminentes y dignidades nobles por ser partos dichosos y raros de la naturaleza». Se invoca a Patricio y a Platón, a Cicerón, a Horacio y a la más eminente tradición clásicolatina, para asegurar que «todo es de la jurisdicción del poeta, que tiene obligación de ser general y cursado en todo...» Y está claro que toda esa acumulación de autoridades tiene por fin justificar y potenciar su jerarquía individual como persona y poeta, porque «ni es justo que en ningún tiempo se desdeñe nadie de lo que en todos puede ser virtud». Así, el poeta, al cantar la alabanza del mundo en que vive —«De la famosa México el asiento»—, obra y gracia de una gran nación y original cultura él mismo, como revelador y evaluador de esas grandezas, será parte *sine qua non* de tan privilegiada realidad. Como complemento a ese espacio real y cultural, del que es parte el poeta que ha de inmortalizarlo en la poesía, Balbuena escribe el *Bernardo*, poema que encarna la vigencia histórica, la tradición gloriosa de un pasado que hace más firme y soberano el tiempo que se exalta, la obra que se celebra y conmemora. Historia, tradición sobresaliente, hombre y mundo constituyen el fondo real para la acción poética, que Balbuena cumple como un rito y una predestinación.

Grandeza mexicana, poema de nueve cantos en tercetos endecasílabos, es obra clave en los comienzos poéticos novohispanos, porque en ella se mezclan, actúan y definen elementos que han de constituirse en constantes de la poesía hispanoamericana.

Ante todo, la educación clásico-renacentista guía la estructura formal del poema, desde la octava y los tercetos endecasílabos hasta el orden lógico en las alabanzas descriptivas de la ciudad, en lo que ésta tiene de esplendoroso, rico y bello; en cierto modo, una serie de halagos, que encubren petitorios a un mecenas, sólo que ahora ese mecenas será toda la plana mayor de la corte de Nueva España, prueba de la grandeza de la madre España, y, en consecuencia, retribución a un rey y a un Dios benefactor;

> Oh España valerosa, coronada
> Por monarca del Viejo y Nuevo Mundo,
> De aquél temida, déste tributada.
> . . . .
> ¡Oh España altiva y fiel, siglos dorados
> Los que á tu Monarquía han dado priesa,
> Y á tu triunfo mil reyes destronados!
> . . . .

217

Ya el Imperio defiendes y eternizas,
O la Iglesia sustentas en su cumbre.
El mundo que gobiernas y autorizas
Te alabe, patria dulce, y á tus playas
Mi humilde cuerpo vuelva ó sus cenizas.

Poesía intencionada, pues, tanto en su contenido como en su proposición formal; pero también poesía que se busca a sí misma por medio de una integración de la visión renacentista con la elaboración barroca en un ámbito de pleno mestizaje, de surgimiento de algo nuevo. Menéndez y Pelayo fue el primero en reconocer: «Si de algún libro hubiéramos de hacer datar el nacimiento de la poesía americana propiamente dicha, en éste nos fijaríamos más bien que en el *Arauco domado* de Pedro de Oña, aunque éste fuera chileno y Balbuena español.» Para Menéndez y Pelayo el libro de Balbuena «es una especie de topografía poética», si bien se lamenta «que en la parte de botánica no llegue el autor a emanciparse de la tiranía de los recuerdos clásicos e italianos, y nos describa más bien las plantas de Virgilio o de Plinio que las que fueron reveladas al Viejo Mundo por Oviedo y por Francisco Hernández»[5]. Esta «topografía poética» tenía ya antecedentes varios en versificadores que habían venido de España[6] y en las crónicas de la conquista; pero en Balbuena es más un descubrimiento artístico que un muestrario fiel de cuanto estas tienen de nuevo para el mundo.

Francisco Monterde considera a Balbuena como «el primer escritor que acertó a dar el carácter propio de esta parte de América, a su obra descriptiva, sin emplear, como otros lo hicieron antes, voces indígenas»[7]. Para otros críticos, sin embargo, Balbuena forma parte de una corriente que sería mejor llamar literatura "indiana" que mericana, como sugiere Leonardo Acosta, quien puntualiza:

> Aquí, hablar de «barroco de Indias» es utilizar la expresión correcta, porque las posesiones americanas de España son aún «las Indias» en el espíritu del conquistador y aun del criollo. En su *Grandeza Mexicana*,

Balbuena se convierte en el primer cultivador estrictamente literario del exotismo americano. Alusiones, no sólo a lo exótico de las nuevas tierras, sino también a lugares remotos (Tidoro, Cambray, Quinsay, Siria, Arabia, Persia, Goa, Siam, Malabar, Egipto, China, etc.), todo mezclado con signos zodiacales y enumeraciones gastronómicas interminables... Balbuena es un barroco, indudablemente. Lo que sí es discutible es que se trate de un autor americano, y no por su nacimiento, sino porque no expresa nada que no sea típico del español venido a Indias en esa época, del «indiano»[8].

Acosta se apoya en la tesis de Octavio Paz, según la cual (siguiendo la teoría de nuestra tradición como desarraigo, de Jorge Cuesta): «La heterodoxia frente a la tradición castiza española es nuestra única tradición»[9]. Paz advierte que «la España que nos descubre no es la medieval sino la renacentista, y la poesía que los primeros poetas mexicanos reconocen como suya es la misma que en España se miraba como descastada y extranjera: la italiana». De ahí que —asegura Paz—

> Si algo distingue a la poesía novohispana de la española, es la ausencia o escasez de elementos medievales. Las raíces de nuestra poesía son universales, como sus ideales... A diferencia de todas las literaturas modernas, no ha ido de lo regional a lo nacional y de éste a lo universal, sino a la inversa. La infancia de nuestra poesía coincide con el mediodía de la española, a la que pertenece por el idioma y de la que durante siglos no difiere sino por la constante inclinación que la lleva a preferir lo universal a lo castizo, lo intelectual a lo racial.

Para Paz,

> La forma abstracta y límpida de los primeros poetas novohispanos no toleraba la intrusión de la realidad americana. Pero el barroco abre las puertas al paisaje, a la flora y a la fauna y aun al indio mismo. En casi todos los poetas barrocos se advierte una consciente utilización del mundo nativo. Mas esos elementos sólo tienden a acentuar, por su mismo exotismo, los valores de extrañeza que exigía el arte de la época...

---

[5] M. Menéndez y Pelayo, *Historia de la poesía hispanoamericana*, Madrid, Librería General de Victoriano Suárez, 1911, t. I, págs. 57-58. Raúl H. Castagnino titula el capítulo dedicado a Balbuena «Telurismo y anticipaciones en Bernardo de Balbuena», lo llama «barroquista moderado», registra formas y motivos anticipatorios del Modernismo y observa que su telurismo es más efectivo cuando «le inunda el encantamiento de la naturaleza exuberante». En *Escritores hispanoamericanos desde otros ángulos de simpatía*, Buenos Aires, Editorial Nova, 1917, págs. 47-55.

[6] Véase Alfredo Roggiano, «Escritores españoles en los comienzos poéticos de la Nueva España» y *En este aire de América, passim.*

[7] En *Bernardo de Balbuena, op. cit.*, pág. IX.

[8] Leonardo Acosta, «El "barroco americano" y la ideología colonialista», *Unión*, año XI, núms. 2-3, La Habana, Cuba, septiembre de 1972, pág. 43 (El artículo abarca las páginas 30-63).

[9] Octavio Paz, «Introducción a la historia de la poesía mexicana», en *Las peras del olmo*, México, Universidad Nacional Autónoma, 2.ª ed., 1965, págs. 11-12. Paz reitera ideas expuestas en *El laberinto de la soledad*, México, Fondo de Cultura Económica, 1950, Cito por la 4.ª ed., 1964, págs. 81-82.

Las alusiones al mundo nativo son el fruto de una doctrina estética y no de la consecuencia de una intuición personal.

Y con respecto al autor de la *Grandeza Mexicana* concretamente, Paz da esta solución:

En la obra de Bernardo de Balbuena se ha visto el nacimiento de una poesía de la naturaleza americana. Mas este docto y abundante poeta no expresa tanto el esplendor del nuevo paisaje como se recrea en el juego de su fantasía. Entre el mundo y sus ojos se interpone la estética de su tiempo. Sus largos poemas no poseen esqueleto porque no los sostiene la verdadera imaginación poética, que es siempre creadora de mitos; pero su inagotable fantasear, su amor a la palabra plena y resonante y el mismo rico exceso de su verbosidad tienen algo muy muy americano, que justifica la opinión de Pedro Henríquez Ureña: «Balbuena representa la porción de América en el momento central de la espléndida poesía barroca...»[10].

De ser acertada la tesis de Octavio Paz, «El crecimiento de nuestra lírica —que es por naturaleza diálogo entre el poeta y el mundo— y la relativa pobreza de nuestras formas épicas y dramáticas, reside acaso en este carácter ajeno, desprendido de la realidad, de nuestra tradición»[11]. Y, en consecuencia, «La ausencia de casticismo, tradicionalismo y españolismo —en el sentido medieval que se ha querido dar a la palabra: costra y cáscara de la casta Castilla— es un rasgo permanente de la cultura americana, abierta siempre al exterior y con voluntad de universalidad»[12]. Aceptar la tesis de Paz implica asumir que la «poesía nueva», tanto de España como de Hispanoamérica, procede de fuera del orbe cultural signado por Castilla. Y, en efecto, la poesía renacentista y la barroca se dan con pleno vigor en los centros más cosmopolitas y extranjerizados (sobre todo por la influencia árabe) de Andalucía[13]. Gutierre de Cetina[14] trajo personalmente a la

Bernardo de Balbuena

Nueva España las formas y temas de la poesía italo-renacentista, y Góngora alimentó lo esencial y más renovador del barroco. Las dos corrientes hunden sus raíces en una latinidad que se ha beneficiado de la tradición greco-humanística y que constituye, por sus logros, prestigio y difusión, una de las manifestaciones literarias más altas y más claramente definidas de todo el mundo conocido de su tiempo. España capitalizó, como heredera, productora y difusora del mundo románico, ese altísimo linaje poético. La Nueva España lo recogió y lo hizo suyo, con las transformaciones y añadiduras que eran de esperarse al ensancharse y enriquecerse el orbe material y cultural de la conquista. El novohispano Francisco de Terrazas compendia[15] todos los atributos de un renacimiento transmigrado del Viejo al Nuevo Mundo. Y Bernardo de Balbuena inserta en ese compendio todas las adquisiciones de las décadas posteriores. De modo que si Terrazas *quería ser* con lo europeo en una Nueva España que lo prohijaba, Balbuena *será* ahora desde lo

[10] *Ibíd*, págs. 12-14.
[11] Octavio Paz, *El laberinto de la soledad* (4.ª ed.), pág. 82.
[12] *Ídem, ibid.*
[13] Con respecto al barroco (culteranismo y conceptismo) las investigaciones de Andrés Collard parecen confirmar las anticipaciones del escritor mexicano. Véase al respecto el libro de Collard titulado *Nueva poesía. Conceptismo, culteranismo en la crítica española* (Branceis University and Editorial Castalia, 1967). Sobre la cuestión del Renacimiento en España es fundamental el estudio de Pedro Henríquez Ureña, «España en la cultura moderna», incluido en *Plenitud de España*, Buenos Aires, Losada, 1940. Para la Nueva España, José Rojas Garcidueñas, «Renacimiento en España y en Nueva España», en *Ábside*, vol. XXXIX, núm. 3, México, 1975, págs. 330-349.
[14] Alfredo Roggiano, *En este aire de América, op. cit.*, págs. 38 y ss.

[15] *Ibíd*, págs. 59-66.

europeo más universal e irradiante en un Nuevo Mundo a donde ha sido traído para crecer, crear y establecerse. Que Balbuena tenía conciencia de esa misión, que se funda en la necesidad de «nombrar las cosas» (intento básico del barroco, según Alejo Carpentier[16]), lo prueban su *Compendio apologético en alabanza de la poesía* (primer tratado de doctrina poética en la Nueva España) y aquel nombramiento en embellecida lengua de las varias regiones y productos de México en el Libro Décimoctavo del *Bernardo*:

> Miran el brazo de cristal que ataja
> de Chiapa los desiertos arenales,
> y de Oaxaca la florida faja
> de regalados temples y frutales;
> las dos ricas Mixtecas alta y baja,
> con sus frescas moreras y nogales,
> las nevadas alturas de Perote,
> y el mar que a vista dél sirve de azote.

(y sigue enumerando y valorando en estrofas sucesivas).

Sin duda alimenta el fondo vivencial del poeta el tema hispánico de *alabanza de corte y menosprecio de aldea*, que Guevara y Quevedo vertieron en páginas brillantes, pero ¿por qué no pensar en una natural capacidad de Balbuena para levantar lo externo mediante una continua transferencia de sensaciones plásticas y sonoras y de sentir el mundo como imagen, atributos múltiples de cosas y sucesos? Más que el tema del esplendor material, desarrollo de instituciones, tesoros artísticos y nobleza moral de la *grandeza mexicana*, la primera y más notable capital virreinal del Nuevo Mundo (aunque todo esto sea obvio y sustancia *sine que non* del poema), lo que resalta en cada verso es la decidida voluntad de *componer* una forma que sea válida como visión poética en sí. Esta visión tiene un fondo sobre el cual se asienta y un programa consciente que la elabora. Por eso importa que el verso sencillo y la adjetivación necesaria y comunicativa del legado hispanorrenacentista (el de la *Selva*..., por ejemplo) se conviertan en vehículo de un tumulto de impresiones donde lo inmediato y concreto, lo pintoresco e individualizante, lo vital geográfico y lo temporal histórico se convierten en

un verdadero espacio literario y en un tiempo poético definidor. Para Balbuena las influencias locales, por ser hondamente vividas, traspasan la *residencia* humana en conflicto a una serena, activa y variada diferenciación de establecimiento: la del barroco del siglo XVII. Así la narración se zambulle y hasta se ahoga en descripciones recargadamente enumerativas, pero cuyo dinamismo enriquecedor consiste en las cualidades que se atribuyen a las cosas: lo natural embellecido o embelleciéndose para que renazca en cada nombramiento, he ahí la técnica de Balbuena, poeta de amplia inspiración y artista de inagotables recursos. Poner un sentido o una significación poco menos que innombrable a todo cuanto la palabra toca es un principio poético— el fundamental— de Balbuena, y está en la base de toda una poética que refuerzan y consolidan poetas venideros, tanto de Europa como de América. El modo de hacer visible y viviente una planta o un animal que hoy vemos en Neruda, por ejemplo, es procedimiento artístico que ya esgrimía el poeta de la *Grandeza Mexicana* para hacer más misterioso y mágico el rostro de los seres naturales. Así, vemos esta descripción interpretativa de caballos:

> El remendado overo húmedo y frío,
> el valiente y galán rucio rodado,
> el rosillo cubierto de rocío;
>
> el blanco en negras moscas salpicado,
> el zaino ferocísimo y adusto,
> el galán ceniciento gateado;
>
> y otros innumerables que al regazo
> de sus cristales y a su juncia verde
> esquilman y la comen gran pedazo

O este revestimiento humanizante de árboles:

> el pino altivo reventando perlas
> de transparente goma,...
>
> el sangriento moral, triste acogida
> de conciertos de amor...
> el funesto ciprés...

O esta búsqueda de la imagen que sostiene puras estructuras poéticas:

> Las claras olas que en contorno alumbran
> como espejos quebrados alteradas,
> con templadores rayos nos deslumbran,
>
> y con la blanca espuma aljofaradas
> muestran por transparentes vidrieras
> las bellas ninfas de marfil labradas.

En la *Grandeza Mexicana* abundan, en avanzados procedimientos de escamoteos estilísticos,

16 Alejo Carpentier, *Tientos y diferencias* (México, Universidad Nacional Autónoma de México, 1964), pág. 43. Sobre el barroco de Carpentier convendría tener en cuenta lo que dice Sarduy en *Barroco* (ya citado) en *Escrito sobre un cuerpo*, Buenos Aires, Editorial Sudamericana, 1969. Véase también Vera N. Kuteischikova, «El concepto del barroco en Alejo Carpentier y la nueva visión artístico ideológica en la novela contemporánea de América Latina», en *Araisa*. Anuario 1975, Centro de Estudios «Rómulo Gallegos» (Caracas, Venezuela, 1975), págs. 121-128.

interpolaciones de los sentidos, sinestesias, inesperadas correspondencias, analogías de lo disímil y aun la imagen libre tan cara a los simbolistas del siglo XIX y a los creacionistas del siglo XX. Algunos ejemplos:

¡Oh inmenso mar, donde por más que crecen
las olas y avenidas de las cosas
ni las echan de ver ni se parecen!
(el tráfago de la ciudad)

tiembla la luz sobre el cristal sombrío
(sol y mar)
el caballo alazán hecho de fuego en la color y brío
el mar y sus «hombros de cristal y hielo»
el cisne que «al suave son de su cantar se pierde»

Pues ¿quién dirá del humo los distales
que envueltos suben en estruendo y brasas
sobre el ligero viento y sus embates?

La primavera, segura, goza de sus tesoros «entre
sierpes de cristal»

y el azahar nevado, que en rehenes
el verano nos da de su agridulce,
tibia esperanza de dudosos bienes;

A veces la captación intelectual convierte la apariencia de las cosas en una definición consagratoria:

La granada, vecina del invierno,
coronada por reina del verano,
símbolo del amor y su gobierno.

Se objetará que la retórica de este poeta abusa de la representación de lo obvio, que la atracción de lo disímil es más un juego de ingenio plástico y sonoro, que lo patente no deja margen a la sugerencia...; sí, todo esto es verdad, así como también es cierto que muchas imágenes caen «como espejos quebrados alteradas» y que no alumbran ni deslumbran; pero estamos en un momento crucial de la poesía hispánica: el del paso de lo que se nombra y comunica a lo que se desrealiza y sustituye por una transferencia posible. O sea, de la fundación del lenguaje como medio y subordinación, a la acción libre y creadora de la palabra. Balbuena logra esa trasformación con lícitas caídas y fracasos inevitables. En el *Bernardo* los procedimientos se intensifican, el desequilibrio es más evidente y también los triunfos y fracasos suelen ser más absolutos. Pero Balbuena inicia una ruta nueva para nuestra poesía: la del barroco americano, expresión de inestabilidad y contraste[17], de afirmación y

abandono, de superabundancia y pobreza, de rigor y licencia, de necesidades y padecimientos o de mero regodeo en el adorno y la fruición de lo inútil. Sobre el carácter de este barroquismo ha dictaminado, con su habitual acierto, Pedro Henríquez Ureña: Balbuena «representa en la literatura española una manera nueva e independiente de barroquismo». ¿En qué consiste? En que «no es complicación de concepto, como en los castellanos, ni complicación de imágenes como en los andaluces de Córdoba y Sevilla, sino profusión de adorno con estructura clara del concepto y la imagen como en los altares barrocos de las iglesias de México»[18].

Sobre la base de la estructura y el lenguaje poéticos de la *Grandeza mexicana* podemos asegurar que Balbuena tenía un nuevo sentido de la relación entre la realidad y el lenguaje: relación sin necesidad causal, sino de eficiencia lírica, que en nuestro autor se asienta en el privilegio de la distancia poética o desrealización según la nueva imagen poética que el barroco acuñó sobre la comparación de lo disímil y las correspondencias libres. En el *Compendio apologético...*, en la carta «Al Doctor Don Antonio de Ávila y Cadena» y en el «Prólogo» al *Bernardo...* Balbuena insiste en fijar teóricamente su concepto y función de la poesía. Frente a la poética convencional y didáctica del Renacimiento, Balbuena propone una «imitación de la acción humana, donde en la palabra *imitación* se excluye la historia verdadera, que no es sujeto de poesía, que ha de ser toda pura imitación y parto feliz de la imaginativa...» («Prólogo» al *Bernardo*); porque «la poesía ha de ser imitación de la verdad, pero no la verdad misma» o sea, que ha de «escribir» las cosas y los hechos (y aquí sigue a Aristóteles) «no como sucedieron, que esa ya no sería imitación, sino como pudieran suceder, dándoles toda la perfección que puede alcanzar la imaginación que

partir de la siguiente afirmación de Carlos Fuentes: «el barroco es una manera de buscar la verdad. Cuando hay verdades establecidas, aceptadas por todos, se puede ser clásico. Cuando no hay ninguna verdad estable, hay que ser barroco, hay que tirarse dentro de un río, hay que entrar en una maraña tupida con la esperanza de que hay un claro de luz o alguna pequeña revelación» (en Helmy Giacomán, *Homenaje a Carlos Fuentes*, Madrid-Nueva York, Anaya-Las Americas Publishing Co., 1971), págs. 303-304, nota 8 (es parte de una entrevista que se refiere a Faulkner, pero esta misma idea aparece en otros textos de Fuentes).

18 Pedro Henríquez Ureña, *La cultura y las letras coloniales en Santo Domingo*, Universidad de Buenos Aires, 1936, págs. 54-56. Reproducido en *Obra crítica*, México, Fondo de Cultura Económica, 1960, pág. 348. También de P. H. Ureña, «Barroco de América», *La Nación*, Buenos Aires, 23 de junio de 1940. Sobre las diferencias del barroco de América con el de España, véase Alfredo Roggiano, «Acerca de dos barrocos: el de España y el de América», Madrid, Actas del XVII Congreso del Instituto Internacional de Literatura Iberoamericana, 1975.

17 Me interesa destacar, aunque sólo sea de paso, las posibilidades críticas de una tesis que podría desarrollarse a

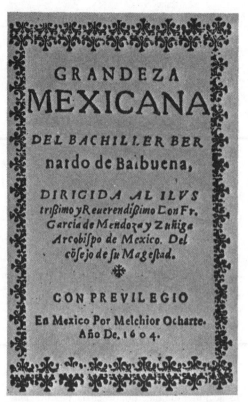

Grandeza mexicana, edición de 1604

de la naturaleza idílica al modo italiano se combinan con cierto realismo descriptivo y la composición barroca, y sobre todo, el *Bernardo*... En este largo poema épico-alegórico, de tradición histórico-imaginaria, es donde mejor se ha realizado el propósito de nuestro poeta de «contar las cosas con artificio» y de «engañar disimuladamente el receloso gusto del lector...», como dice en el muy consciente y lúcido prólogo, donde se expone una teoría del poema épico post-renacentista, que se distingue del de Ercilla, por ejemplo, en que no sujeta la invención poética a la necesidad de una verdad histórica. Por eso puede decir, para rematar el sentido creador y el arte combinatoria de su poética: «... para mi obra no hace al caso que las tradiciones que en ella sigo sean ciertas o fabulosas, que cuanto menos tuvieran de historia, y más de invención verísimil, tanto más se habrá llegado a la perfección que le deseo». Balbuena vivió en la misma época de Góngora (1561-1627), el más avanzado poeta de la Europa de su tiempo en lo que se refiere a esta «arte combinatoria» de la elocución poética. La contemporaneidad de Balbuena en la concepción del acto poético no puede ser más absoluta.

El Bernardo o la Victoria de Roscenvalles fue publicado en Madrid en 1624, un año después de un intento malogrado de Góngora por publicar un primer volumen de sus poesías, que, como sabemos, no vieron la luz hasta el mismo año de la muerte del creador de las *Soledades*. Pero la obra de Góngora circuló por España y América antes de su impresión en volumen, y Balbuena la conocía muy bien, junto a sus clásicos griegos y latinos y toda la tradición de la epopeya clásica y renacentista, como lo han probado eruditos estudios de Fucilla y van Horne (véase bibliografía), El *Bernardo*..., por tanto, puede ser considerado como la culminación de una poética: la de la afirmación de la visión humanística en el nuevo estilo y concepción del mundo del siglo barroco, el siglo XVI, que marca el momento cumbre del predominio hispánico y el comienzo de su descenso: Góngora, Quevedo, Cervantes, Calderón, Lope, San Juan de la Cruz..., y también, sor Juana, en los dominios de ultramar.

La crítica considera al *Bernardo*... como la obra capital de Balbuena. Este poema épico, caballeresco, fantástico, erudito, barroco, basado en las aventuras (históricas o no) de Bernardo del Carpio, héroe español que venció a los Doce Pares de Francia (comandados por Roldán) en Roscenvalles, consta de más de cinco mil octavas reales, cerca de cuarenta y

las finge...» (*Ídem*). En conclusión, para Balbuena, la poética se basa, no en el principio de relación natural de la palabra con la cosa (*phísei*), sino en una convención imaginaria o principio de relación artificial (*thései*), según la distinción que se hace en el *Cratylo*:

> ... porque así como el mundo consta de dos géneros de cosas, unas naturales y otras artificiales, así también hay dos modos de contar y hacer relación de esas mismas cosas, uno natural, que es el histórico y otro artificial, que es el poético... y así conviene que la narración poética no comience del principio de la acción que ha de seguir, sino del medio, para que así al contarla toda, se comience, se prosiga, y acabe artificiosamente, y traya con esto en su discurso aquel deleite que el artificio con su novedad, y la novedad con su admiración, suelen causar...

Estos principios poéticos (invención en la imitación y artificio en la combinación) rigen el *Siglo de Oro*, pastoral en verso narrativo (doce églogas, con intercalación de sonetos y otras composiciones independientes del texto), don-

cinco mil versos endecasílabos y veinticuatro cantos. En el «Prólogo» Balbuena abunda en explicaciones sobre la materia del poema, su sentido, sus fines, el método de composición, y aunque recalca que «lo que aquí yo escribo es un poema heroico...», debido a que en «la *imitación* se excluye la historia verdadera...», el resultado ha sido —como bien lo ha visto Frank Pierce— *a baroque fantasy* [19]. El Bernardo no conserva el carácter épico de la epopeya clásica, ni el carácter histórico de la epopeya moderna (*La Araucana*, por ejemplo), pero sí el material legendario como simbolización y el procedimiento alegórico como modo de relevar un explícito sentido moral, catártico y hasta ontológico. El autor es bien explícito en esto, cuando dice:

> ... más aún, con su encubierta moralidad y alegoría le deja [el poema] instruido en las virtudes y saboreado en ellas, dibujándole entre el deleite de la fábula, y sus colores retóricos, en la persona de Bernardo, que es la épica, un príncipe soberano, invencible, generoso, lleno de heróicas virtudes [no dice *hazañas*], de magnanimidad y fortaleza; en la del casto Alfonso, un rey prudente y católico; [etc.].

La maquinaria mitológica, las reminiscencias clásicas, los elementos de hechicería, de geografía histórica y fantástica, los ingredientes caballerescos, carolingios y hasta casi contemporáneos, con sueños, profecías y otros recursos de pura imaginería, están usados por Balbuena como estrictas funciones poéticas y ensamble integrador de la escritura. Como ha notado Frank Pierce,

> *la plupart de la matière «historique» du* Bernardo *est sujette à une interprétation tropologique ou symbolique, tandis que la vrai allégorie est employée pour expliquer le fantastique lorsque cet élément n'est pas déjà une allégorie délibérée à l'intérieur du texte* [20].

Balbuena no abandona totalmente la noción de la poesía como servicio a la humanidad, pero reduce su didactismo a la presentación de imprescindibles virtudes de la condición humana como modelo y acicate de cualidades inherentes al individuo que actúan como modelos de conducta para la sociedad. Así, la función poética es a la vez inmanente y trascendente. Balbuena parece tener plena conciencia de su situación y propósitos en este sentido cuando establece explícitamente que su poema quiere ser

> el cumplimiento, la última línea y la clave que de lleno en lleno cierra el artificio y máquina de sus fábulas, y aquellos portentos y asombros que... con tanta admiración ha celebrado lo mejor de Italia y Francia.

«Última línea» de un modo de concebir el hecho poético, pero también un *principio nuevo* en cuanto a la forma de su ejecución. Y he aquí el gran mérito de Balbuena.

El asunto del *Bernardo*..., si bien inmerso y diluido en la complejidad de la trama barroca y la profusa estructura que enhebra mitologías, coberturas alegóricas [21], sugerencias simbólicas y rica profusión de toda clase de imágenes y correspondencias, rige la narración y vertebra su sentido. La geografía histórica y lo que podríamos llamar la toponimia humana y figurada dan pautas para la gran diversidad de sus descripciones. La leyenda que sirve de base deriva de los textos del Tudense y del Toledano, al igual que de cantares de gesta en su mayor parte perdidos, pero el texto fundamental que Balbuena tuvo en cuenta es el que se registra en la *Crónica General*. En síntesis es el siguiente: Doña Jimena, hermana de Alfonso II *el Casto*, tuvo del conde de Saldaña a Bernardo. El rey apresó al conde y mandó criar a Bernardo muy esmeradamente, acaso porque el rey no tenía hijos. Como Carlomagno pidiera a Alfonso que se hiciera vasallo suyo, Bernardo se opone y ayuda a los moros de Zaragoza a derrotar a los franceses en Roncesvalles. Después Bernardo vence al conde Buero, quien había penetrado en tierras de España. Alfonso III *el Magno* reclamó la libertad de su padre y el rey se la negó. Por ello, Bernardo va a pelear contra el monarca y toma el castillo de Del Carpio. El rey, temeroso de su bravura, envió mensajeros que le anunciaran la libertad de su padre. Cuando Bernardo, cerca de Salamanca, salió al encuentro del conde, le besa la mano y lo halló muerto. Don Alfonso desterró a Bernardo, quien fue a París. Balbuena toma a su personaje ya mayor, pero rememora su historia desde la infancia en

---

[19] Véase Alfredo Roggiano, *En este aire de América*, citado; A. Méndez Plancarte, *Poetas novohispanos*, México, Imprenta Universitaria, 1942, t. II; Alfredo Roggiano, «Juan de Espinosa Medrano: Apertura hacia un espacio crítico en las letras de la América hispánica», en Raquel Chang-Rodríguez, ed., *Prosa hispanoamericana virreinal*, Madrid, 1978.

[20] Frank Pierce, «El *Bernardo* of Balbuena: a baroque fantasy», en *Hispanic Review*, vol. XIII (enero de 1945), págs. 1-23.

[21] Frank Pierce, «L'allégorie poétique au XVIe. siècle. Son évolution et son traitement par Bernardo de Balbuena», en *Bulletin Hispanique*, vol. LI, núm. 4,1948-1949, págs. 382-406 y vol. LII, núm. 3 (1950), págs. 191-228.

evocaciones restrospectivas y eruditas asociaciones que provienen de sus lecturas de epopeyas escritas desde Homero a sus contemporáneos. Y, lo que es más sugestivo, no olvida a la Nueva España donde inició el poema; y así, el héroe es llevado al Nuevo Mundo, donde unos adivinos de Tlaxcala le anuncian la futura conquista de ultramar. Balbuena ha logrado, con larga y paciente elaboración del asunto y de los recursos de estilo, el mejor poema clásico-moderno, épico-lírico-barroco de la lengua.

BIBLIOGRAFÍA

Obras de Balbuena

La Grandeza Mexicana del Bachiller Bernardo de Balbuena, México, Melchior Ocharte, 1604. La Real Academia Española hizo una reimpresión en 1821 junto con *El Siglo de Oro*; Miguel de Burgos hizo dos ediciones: 1829 y 1837; en 1828 se hizo una edición en Nueva York y en 1860 otra en México. En 1927 la Sociedad de Bibliófilos Mexicanos hizo una reproducción facsimilar de la edición príncipe: *Grandeza Mexicana*, México, Antigua Imprenta de Murguía, 1927; John Van Horne realizó la edición hasta ahora más completa y crítica: *La Grandeza Mexicana de Bernardo de Balbuena* (Urbana, The University of Illinois Press, 1930), y Francisco Monterde hizo una edición al alcance estudiantil que citamos en la nota 3.

El Bernardo o Victoria de Roscenvalles..., Madrid, Diego Flamenco, 1624; *El Bernardo*, Madrid, 2.ª ed., Imprenta de Sancha, 1808; *El Bernardo o Victoria de Roscenvalles*, en *Poemas épicos*, t. I, ed. de Cayetano Rosell, Biblioteca de Autores Españoles, vol. XVII, Colección M. Rivadeneyra, Madrid, 1851; *El Bernardo*, ed. Gaspar y Roy, Madrid, 1852; *El Bernardo*, ed. de Octavio Viader, Cataluña, Guixol, 1914.

Siglo de Oro en las Selvas de Erífile, Madrid, Alonso Pérez, 1608; hay otra edición de la Real Academia Española Madrid, Ibarra, Impresor de Cámara de S. M., 1821.

Sobre Balbuena

FUCILLA, Joseph G., «Bernardo de Balbuena's Siglo de Oro and its Sources», en *Hispanic Review*, vol. XV, núm. 1 (enero de 1947).

GARCIDUEÑAS, José Rojas, *Bernardo de Balbuena, la vida y la obra*, México, Instituto de Investigaciones Estéticas, 1958.

HORNE, John Van, *Bernardo de Balbuena, biografía y crítica*, Guadalajara (México), Imprenta Font, 1940.

— *El Bernardo de Bernardo de Balbuena. A Study with Particular Attention to its Relations to the Epics of Boiardo and Ariosto and to its Significance in the Spanish Renaissance*, Urbana, The University of Illinois Press, 1927.

PIERCE, Frank, «*El Bernardo* de Balbuena, a baroque fantasy», *Hispanic Review*, vol. XIII (1945).

— «L'allegoire poétique au XVIe. siècle. Son évolution et son traitement par Bernardo de Balbuena», *Bulletin Hispanique*, vol. LI, núm. 4 (1948-1949), págs. 381-406; y vol. LII, núm. 3 (1950), págs. 191-228.

SÁNCHEZ, Luis Alberto, «Bernardo de Balbuena», en *Escritores representativos de América*, Madrid, Gredos, 1957, t. I, págs. 41-51.

Diego de Hojeda

FRANK PIERCE

VIDA DE DIEGO DE HOJEDA.

Diego de Hojeda (1571?-1615) nació en Sevilla, por aquella época centro de gran importancia artística y literaria, y llegó a la madurez intelectual en un periodo en que las letras españolas se encontraban también adornadas por la plenitud de ingenios tales como Lope, Góngora, Cervantes y Quevedo. Fue a las Indias, y en Lima, en 1591, ingresó en la orden de los dominicos. Como religioso su vida fue bastante convencional: profesor de Teología y director de estudios religiosos en Lima y, en 1606, por haber fundado él allí mismo un nuevo convento, maestro de Teología; en 1609 ocupó el puesto de prior en Cuzco, y en 1610 regresó a Lima con el mismo cargo. Debido a una disputa eclesiástica fue reducido a simple fraile y exiliado, primero a Cuzco y más tarde a Huánuco, en donde murió, desconocedor de su rehabilitación como prior.

Hojeda, sin embargo, llegó a participar en la vida seglar de la colonia. En efecto, publicó versos en elogio de Pedro de Oña, con motivo de la aparición de su *Arauco Domado* (Lima, 1596) y también una *censura* favorable de la obra en prosa *Miscelánea austral* (Lima, 1602), de Diego Dávalos y Figueroa. También se le atribuye una historia (desaparecida en la actualidad) de la Inquisición en Lima. No obstante, es gracias a su poema épico *La Cristiada* (Sevilla, 1611) por lo que hoy se le tiene especial consideración como hombre de letras. Este poema, fruto de su educación y lecturas juveniles en España y a la vez de su vida religiosa en el Perú, lo dedicó al famoso mecenas de la cultura colonial, y también poeta, Juan Manuel de Mendoza y Luna, tercer marqués de Montesclaros, décimo virrey de México (1603-1607) y onceno del Perú (1607-1615).

CRÍTICA DE *La Cristiada*

La Cristiada, compuesta de doce cantos o *libros*, está escrita en octavas reales, y relata la historia de la pasión de Jesús desde la Última Cena hasta la Crucifixión, incorporando e intercalando al mismo tiempo muchos otros temas afines. Este poema fue víctima durante muchos años de un inexplicable olvido editorial, y aunque fue conocido durante los

Diego de Hojeda

siglos XVII y XVIII, su segunda edición, en versión parcial, no apareció hasta que Quintana la incluyó en su *Musa épica* de 1833, lo que es en extremo sorprendente si se tiene en cuenta que en esas dos centurias la épica religiosa estaba muy en boga. Seguramente la falta de interés por este poema épico, que se ha considerado siempre como uno de los más logrados en lengua española, fue debida a las especiales circunstancias de su primera publicación: Hojeda, en esa época fuera de España, no pudo revisar ni la primera ni las otras ediciones que hubiese (las mismas razones podemos aducir para explicarnos el espacio de tiempo transcurrido entre 1624 y 1808, año éste de la segunda edición de *El Bernardo*, si bien el gusto por los poemas de corte ariostesco parece ser que fue decayendo mucho antes que el gusto por las otras manifestaciones de la poesía épica, sobre todo la religiosa). El poema de Hojeda empezó a ganar admiración de forma cada vez más acentuada durante el siglo XIX, como se puede ver por los juicios críticos que le dedicaron hombres de letras como Quintana, Rosell (que preparó la segunda edición completa en 1851, publicada en la *B. A. E.*), Milá y Fontanals (que prologó la edición de 1869) y Menéndez Pelayo. En lo que va de siglo ha llamado la atención de todos los historiadores más importantes de la literatura española, y hasta incluso ha aparecido una edición crítica de *La Cristiada*, basada en el único manuscrito que se conserva, y varias monografías sobre su contenido, fuentes y estructura.

ANTECEDENTES DE HOJEDA

La Cristiada merece ser leída y estudiada teniendo presente que se trata de un modelo de poesía religiosa. Pero antes conviene situarla históricamente con objeto de explicar su forma y también los propósitos de su autor. En el siglo XVI el interés por la literatura clásica hizo que se estudiase profundamente y que sus principios fuesen adoptados por las literaturas vernáculas. De aquí el «descubrimiento» de *La Poética*, de Aristóteles, y el generalizado uso del *Arte poética*, de Horacio, las dos fuentes de más autoridad para la teoría y la práctica poética y, en especial, para la épica y la tragedia. La poesía narrativa empieza a caracterizar la producción literaria en lenguas vernáculas a partir de 1550, y sin duda el modelo más aceptado era *La Eneida*, de Virgilio (traducida en octavas reales al español por Hernández de Velasco, en 1555, se reimprimió con harta frecuencia). Virgilio había creado un nuevo tipo de poesía (la ahora llamada épica literaria) que armonizaba con los ideales políticos, religiosos y estéticos de la sociedad europea de comienzos de la edad moderna.

Torcuato Tasso, quien después de Ariosto fue el poeta italiano de mayor importancia del siglo XVI, compuso un poema que seguía las normas de Virgilio, *La Gerusalemme liberata* (1575-81), y que «cristianizaba» el esquema tradicional tanto en la elección del tema como en el sistema sobrenatural. Este poema llegó a ser una nueva *Eneida* y dio pie a numerosas imitaciones en España y en otros países. *La Gerusalemme liberata* pretendía ser también una solución a la enconada disputa entre los proponentes del modelo virgiliano y los defensores de los *romanzi* o las narraciones italianas que se servían del mismo tipo de temática y de plan que las novelas de caballerías.

Si bien Hojeda está de lleno en el periodo en que predomina la influencia de Tasso, *La Cristiada* recoge también otras tradiciones poéticas y, en particular, aquella que adapta el ejemplo de Virgilio a poemas sobre la vida de Cristo y otros temas religiosos. A comienzos del siglo XVI aparecieron dos poemas de tema religioso y en latín: uno, *De partu Virginis* (1526), de Sannazaro, y otro, la *Cristias* (1535), de Girolamo Vida, siendo los dos humanistas y habiendo contribuido el último a la concep-

ción de nuestra *Cristiada*. Al llegar al año 1611, España ya gozaba de una larga tradición de poemas épicos sobre temas religiosos, bíblicos y postbíblicos, algunos de los cuales demostraban la influencia de Tasso, aunque muchos de ellos se derivaban de la variedad española del «poema histórico», el cual refleja la práctica virgiliana en mayor o menor grado. Es la confluencia de estas diferentes tradiciones narrativas lo que explica la forma y el contenido de *La Cristiada*, aunque no su calidad ni su originalidad especiales. A medida que nos vamos adentrando en el siglo XVII vemos cómo la épica religiosa se va convirtiendo en la forma narrativa más común. En efecto, dos de las obras del Siglo de Oro que más se imprimieron son *La Universal Redención* (1584), de Hernández Blasco, y *La vida de San José* (1604), de Valdivielso. La primera de estas obras se considera con justicia como trabajo ampuloso y de poco mérito, aunque ejerció claro influjo sobre *La Cristiada*.

ORIGINALIDAD DEL POEMA

La Cristiada es una creación muy «literaria» y está inspirada en muchísimas fuentes, tanto religiosas como seglares. Tendremos que considerar algunas de ellas, pues todo estudio literario consistente tiene que contar también con el contexto de la obra en cuestión. Estas fuentes a que nos estamos refiriendo sirven al mismo tiempo para señalar el grado de originalidad de Hojeda, que vivió en una época en la que imitar a modelos constituía una de las condiciones más elementales de toda composición artística. Naturalmente, los cuatro Evangelios son la base de nuestro poema, y sobre estos textos relativamente sucintos, que no coinciden en todos sus detalles, Hojeda construye la compleja estructura de su obra. En otras palabras, estas prístinas y autorizadas fuentes justifican la sistemática elaboración del poema. En efecto, Hojeda interpreta cada incidente de la narración bíblica y adapta la vida de Cristo para convertirla en un poema épico. Al hacer esto se puede decir que Hojeda respeta los preceptos de Tasso y de otros en cuanto a que el género debe basarse en asuntos históricos. Además de servirse de los Evangelios, nuestro poeta hizo uso de muchas tradiciones y leyendas sacadas de textos apócrifos del Nuevo Testamento y de fuentes postbíblicas consagradas por los Padres de la Iglesia y a menudo repetidas por posteriores escritores apologéticos. Hojeda, en definitiva, refleja un enorme acopio de narraciones que pertenecen al patrimonio cristiano de Occidente.

De las antiguas influencias no bíblicas en *La Cristiada*, las que dan forma y profundidad a la poesía épica van a ser mencionadas a continuación. Así la visión poética que tiene Hojeda de la vida de Cristo está expresada a través de recursos retrospectivos y prospectivos, y por medio del abundante empleo del monólogo y el comentario, así como por medio de la frecuente repetición de la dimensión sobrenatural de la realidad total. Debido al éxito que tuvo con nuestro poeta, el recurso de la profecía (que por cierto sirve de vehículo para buena parte del material pietista a que nos hemos referido antes) tal vez merece atención primordial: de este modo se ocupa de los mártires que siguieron a Cristo (Libro IV, VIII y XII), de los Doctores de la Iglesia (V y VI) o de fundadores de órdenes religiosas (XI); Gabriel (en acción que recuerda a Tasso y Virgilio) visita a la Virgen para anunciarle el Descendimiento al Infierno y la Resurrección (VI); Cristo tiene una visión de herejes y de traidores, como Judas, que hasta incluye a los primeros protestantes (VII); se presagia la destrucción de Jerusalén por Tito (X); el arcángel Gabriel visita de nuevo a la Virgen para profetizarle la Ascensión, Pentecostés y su propia Asunción (X). Las visiones retrospectivas se detienen en otros acontecimientos:

los hechos y milagros del mismo Cristo (IV, V y IX); el juicio de Lázaro (V); las proezas de los héroes del Antiguo Testamento (III y VI). Hojeda hace uso eficaz, aunque parco, de otro recurso semejante, a saber, la llamada écfrasis, formada por un cuadro de escenas intercaladas en la trama principal del poema y que cuenta con antecedentes tan venerados como el escudo de Eneas (y con bastantes casos paralelos en la poesía narrativa del Siglo de Oro), así: el impresionante episodio de la Vestidura del Pecado, en Getsemaní, episodio que combina la profecía con la visión retrospectiva y recuerda compendios doctrinales medievales y de épocas anteriores (Libro I); y la descripción de las Puertas del Infierno, episodio que también nos da escenas hechas a base de recapitulación (IX).

Un rasgo estructural mucho más fundamental que utiliza parte del material y algunos de los ejemplos antes citados es la máquina sobrenatural, que procede también de Virgilio y fue imitado o adaptado por dos de las fuentes inmediatas de Hojeda: Vida y Tasso. Nuestro poeta sigue en este caso a estos dos poetas y, sobre todo, a Tasso, interpretando el relato histórico con arreglo a un plan puramente cristiano (la identificación que hace de los dioses paganos con el Diablo y sus esbirros, de

Crucifixión de Cristo, escuela primitiva; Lima

todos modos, es una adaptación original de una antigua creencia, y en esto Hojeda se anticipa a Milton). Desde el comienzo de *La Cristiada* la presencia divina en todos los acontecimientos es un hecho evidente: se describen la majestad de Dios y la Trinidad (Libro I); la Oración, en un famoso episodio, asciende al Cielo, el cual es descrito de nuevo, mientras se pormenorizan los designios de Dios (II); el arcángel Gabriel consuela a Jesús en el Huerto de los Olivos (II y III); se recuerda también el juicio de Lázaro en presencia de Dios (V); Gabriel visita a la Virgen (VI); los ángeles son testigos de la Flagelación y se reúne la Corte Celestial (VIII); los ángeles una vez más consuelan a Cristo y Miguel vaticina la historia de los mártires (VIII); Gabriel vuelve a visitar a la Virgen (X); Miguel y los ángeles son testigos de la Crucifixión y ellos arrojan a Satanás y a su hueste al Infierno (XII). Las fuerzas infernales juegan su papel correspondiente en cuanto intentan desbaratar el cumplimiento de la misión de Cristo con su venida al mundo: en el momento equivalente al elegido por Tasso (Libro IV), Satanás reúne su consejo, y más tarde Mercurio (mensajero aquí del Mal) visita a la mujer de Pilatos; la visita de Gabriel a la Virgen anuncia el Descendimiento de Jesús al Infierno (VI); el alma de Judas va al Infierno, que asimismo es descrito (VII); Satanás ordena a sus huestes que subleven a los judíos (VIII); luego él envía a la Impiedad para tentar a Jesús (IX); Pilatos también es puesto a prueba por el Miedo (X); y, como se ha dicho, Satanás y sus huestes son arrojados al Infierno (XII). Todo este sistema o máquina épica facilita a Hojeda la anatomía de su visión poética de la historia narrada en los Evangelios y le permite interpretarla de la manera que más conviene a su propósito, esto es, estimulando estéticamente a los lectores que también son creyentes. Su poema trata del Cielo, de la Tierra y del Infierno.

Sería del todo inútil intentar señalar minuciosamente todos los detalles de la práctica poética de Hojeda en cuanto ésta refleja sus fuentes y modelos, sobre todo porque su propio género fue quizá el que más conscientemente estaba basado en la imitación. En general, debe el esquema de su poema a Virgilio, cuyo modelo para la descripción, por ejemplo, de un consejo celestial, de las furias, la profecía y la écfrasis, así como de las visitaciones y los órdenes divinos, constituye la armadura de toda auténtica producción épica escrita después de *La Eneida*. Por otra parte, el recurso fundamental de empezar la narración *in medias res* (en las palabras de Horacio), que señala la diferencia entre el tratamiento histórico y el

poético del mismo tema, es empleado por Hojeda con un toque menos dramático que por Virgilio, y por consiguiente queda difuminado (por ejemplo, las referencias al pasado de Jesús en los Libros II y III), ya que nuestro poeta también pretende ir más allá de la vida misma de Cristo, refiriéndose a sus «predecesores» en el Antiguo Testamento. El uso algo limitado que hace Hojeda de este importante recurso se ve compensado por su preferencia más persistente por la profecía, también virgiliana, en este caso sublimada por la naturaleza del tema cristiano. La acción recíproca de los planos naturales y sobrenaturales en *La Cristiada* refleja inequívocamente las exigencias especiales de su tema. Como ya hemos dicho antes, el plan general de Hojeda también recuerda el modelo de Tasso: entre otros ejemplos, la personificación de la Oración y la Impiedad, la descripción del Infierno (con claras reminiscencias verbales), las visitas de los arcángeles y la retirada final de Satanás y sus huestes, aunque también estos elementos pueden considerarse como reelaboraciones de prototipos virgilianos.

HOJEDA Y SUS FUENTES MÁS INMEDIATAS

Merece especial atención lo que el poema de Hojeda debe a la *Christias* de Vida. Mientras Hojeda tiene en común con Vida una marcado gusto por los recursos de la profecía, la recapitulación y la écfrasis, Vida tiende a hacer más uso que el poeta español de material retrospectivo. Huellas claras de la *Christias* en *La Cristiada* pueden encontrarse en los siguientes episodios: la personificación del Miedo (Libro II y X); las Furias y la representación del Infierno (IV); la elaboración del sueño de Prócula, mujer de Pilatos (*ídem*); y la derrota final de Satanás por el arcángel San Miguel y los ángeles (XII). La *Christias*, de todos modos, revela diferencias igualmente claras tanto en la extensión del tema como en la manera en que éste está dispuesto. Es así que Vida abarca mucho más de la vida de Cristo (en efecto, llega en su relato hasta Pentecostés), y a mismo tiempo se introducen en el plan de poema muchos otros acontecimientos anteriores y copiosos elementos sacados del Antiguo Testamento. Por otra parte, la marcha del poema de Vida es bastante más lenta, a la manera virgiliana, más reflexiva y descriptiva y con menor predominio de la acción. Vida no ofrece descripciones detalladas y en consecuencia deja la impresión de un plan complejo más que de unos cuadros vivos y penetrantes. En cambio, Hojeda ataca nuestra sensibilidad y nos fuerza a que le acompañemos en sus arranques y visiones poéticas. Tasso tiene otro estilo de presentación y se puede mantener que se sitúa entre Vida y Hojeda, pero en *La Gerusalemme liberata* el poeta se identifica, por decirlo así, con el tema y sus altibajos narrativos, sus detalles descriptivos y sus personajes. En suma, Hojeda en general se acerca más a Tasso que a Vida. Si en conjunto el tema de Vida es mayor en extensión, el tratamiento que da Hojeda a un tema parecido, pero más restringido, resulta más detallado y desarrollado. Por eso *La Cristiada* viene a ser un poema más largo y de construcción más suelta, frente a la sobriedad de estilo típicamente clásica y a la mayor complejidad de plan y tema de la *Christias*. Finalmente, Hojeda tiene el atractivo más directo del vigoroso poeta que experimenta con su propia lengua vernácula rica, mientras que Vida se sirve de un estilo viejo y consagrado para tratar, es verdad, un tema nuevo, pero sin intentar recrear el lenguaje poético.

Dejando a un lado ciertas evidentes reminiscencias tassescas en *La Cristiada*, generalmente el lenguaje de Hojeda es bastante diferente: la majestuosa y mesurada marcha estilística de la *Liberata* da paso en *La Cristiada* a un nuevo tipo de énfasis lingüístico y un continuo movimiento fluido y declamatorio. Estas notables diferencias son índice también de la originalidad del poema de Hojeda y pueden comprobarse fácilmente si se comparan las figuras retóricas predilectas y la sintaxis estrófica de cada uno de estos dos poetas. Claro que la diferencia capital entre la *Liberata* y *La Cristiada* estriba en los temas escogidos y en las exigencias de tratamiento de estos temas.

La manera en que Hojeda se sirve de Hernández Blasco y de su *Universal redención* es de otro orden que el de las influencias que hasta ahora hemos venido considerando, puesto que este último poema se acerca más a *La Cristiada* que cualquier otra fuente poética suya. Hernández Blasco, a diferencia de Vida, por ejemplo, hace uso explícito de la forma épica con fines didácticos. Este enfoque estético de Hernández Blasco así como de Hojeda caracteriza sin duda, en gran medida, la narrativa española en verso de la época, es decir, la versión claramente apologética de la épica. La imaginación de Hojeda es de primera categoría, y, aun cuando se adhiera en líneas generales a los preceptos y la práctica de Hernández Blasco, en realidad aporta a su poema mucho del refinamiento de la poesía no religiosa del Siglo de Oro. Esto en parte explica el que Hojeda sea un gran poeta a pesar de lo que debe a un versificador sincero, pero pedestre.

La Universal redención posee un completo plan sobrenatural que de modo regular se entrelaza con la narración de la vida terrenal de Jesús. Hojeda, de todos modos, difiere en este particular por el mayor equilibrio que da al Cielo y al Infierno a lo largo de su poema, mientras que Hernández Blasco recuerda a Vida al conceder a Satanás un papel más destacado. Hernández Blasco tiene poco de la habilidad de Hojeda para introducir la variedad y la sorpresa (o *admiratio*, como en aquel entonces se llamaba) en su historia mediante las consabidas profecías y visiones. En otras palabras, no logra hermanar los elementos naturales y los sobrenaturales, ni lo histórico y lo abstracto (véanse, por ejemplo, sus tentativas de incluir el tema de los vicios y las virtudes al comienzo de los cantos). En cambio, Hojeda consigue dar profundidad a la trama central ilustrando continuamente su significado divino sin que estas elaboraciones nos aparten de la inevitable marcha de la Pasión (la cual también es narrada más detalladamente por él que por Hernández Blasco). Dejando a un lado estas censuras de *La Universal redención*, hay que reconocer que esta obra menor sirvió de ejemplo para Hojeda, debido al ambiente poético creado por su autor, que supo, a su manera y en la medida de su talento, crear distintas escenas emotivas, sean de júbilo, o de dolor, o de horror o de *lacrimosidad*. Aquí no podemos referirnos más que de pasada al lenguaje (es decir, a la clave de toda buena poesía) de Hernández Blasco. Baste decir que el empleo que hace del endecasílabo y de la octava es tan fastidioso y repetitivo como es trivial y pesado el esquema general de su poema. De todos modos, no es de extrañar que una obra de tercera categoría pueda haber contribuido a la creación de otra de gran calidad, ni el hecho de que en todo tiempo y lugar el arte inferior pueda gozar de inmensa popularidad. El gusto reinante a menudo suele producir sorprendentes resultados, hasta tal punto que la gran delicadeza y el apetito poco discerniente por determinados géneros pueden o convivir o existir, por decirlo así, en casillas inmediatas.

Digamos ahora unas pocas palabras acerca de las fuentes no poéticas de Hojeda. Es casi seguro que se sirvió asimismo de la obra religiosa en prosa de algunos de sus contemporáneos (también utilizadas por Hernández Blasco). Éstos con frecuencia deban versiones propias del material y de las tradiciones del Nuevo Testamento Apócrifo y de los primeros Padres de la Iglesia a que nos hemos referido anteriormente. En particular Hojeda parece haber conocido los escritos apologéticos sobre los Evangelios y sus interpretaciones hechas

Tortura alegórica de Cristo, Lima

por otros dos dominicos, a saber, Alonso de
Cabrera (1549?-1598) y Luis de Granada
(1504-1588). El primero coincide con Hojeda
en el tratamiento de ciertos episodios de la
Pasión: las lágrimas de San Pedro (Libro IV);
la flagelación de Cristo (VIII); los tres clavos
utilizados para sujetarle en la Cruz y la simbólica relación entre la herida que le causó
Longinos con su lanza y los siete sacramentos
de la Iglesia (XII). Granada debió de haberle
influido en la versión dada por Hojeda del
episodio del Descendimiento al Infierno (VI);
el encuentro del Cristo camino de Calvario, con
su Madre (XI), y el abrazamiento de su cadáver
por la Virgen antes del entierro, siendo esta
tradición la que se recuerda en «la piedad»
de la pintura europea (XII). Igualmente, dos
escritores hagiográficos que pudieran haber
dejado huella en Hojeda son el jesuita Pedro de
Ribadeneyra (1527-1611) y Alonso de Villegas
(1534-1615), a quienes debe seguramente detalles martirológicos y de las tradiciones relacionadas con la Virgen. Hay que subrayar
otra vez más que todos estos bien conocidos
contemporáneos de Hojeda divulgaron mucho

material pietista sacado del acopio común
cristiano, y que uno no debe concluir que
nuestro poeta desconocía las fuentes más antiguas e incluso algunas de las originales. Como
religioso residente en el Perú, Hojeda seguramente habría leído los escritos de los españoles
de su misma generación, aunque allí también
pudo haber estudiado muchos clásicos latino-
-cristianos, ya que se ha comprobado la llegada
frecuente de tales obras a las Indias.

De lo dicho hasta ahora acerca de las fuentes
y del empleo que de ellos hace Hojeda, podemos inferir una idea general de la estructura
y asimismo de la originalidad de su poema.

Sumario del poema

Libro   I: La Última Cena y la institución
             de la Eucaristía. El Huerto de
             Getsemaní, la vestidura del pe-
             cado y las visiones de la muerte
             (con una profecía de la Cruci-
             fixión), de Dios y de la Trinidad.
Libro   II: La Oración intercede por Cristo
             y sube al Cielo, que es descrito.

230

Dios decide que Cristo debe morir. San Gabriel desciende al Huerto a consolarle.

Libro III: Los sumos sacerdotes se reúnen para discutir la suerte de Cristo. San Gabriel le conforta en el Huerto. Cristo es prendido y traicionado por Judas

Libro IV: Satanás y sus huestes se reúnen en el Infierno para discutir sus planes. Cristo es motivo de escarnio. Los seguidores de Cristo están revelados por inspiración divina. Le negación de Pedro. Mercurio visita a la mujer de Pilatos y una samaritana le relata los milagros de Cristo.

Libro V: El Sanhedrín juzga y condena a Jesús a morir crucificado. Lázaro cuenta al Sanhedrín su juicio ante Dios. Cristo es presentado a Pilatos, a quien se le han narrado sus hechos. Herodes interroga a Cristo, que tiene la visión consoladora de los cuatro Evangelistas y de otros doctores de la Iglesia.

Libro VI: San Gabriel revela a la Virgen María el Descendimiento de Cristo al Infierno y su Resurrección. Pilatos intenta salvar a Cristo, y Barrabás es puesto en libertad. San Gabriel hace más revelaciones a la Virgen María.

Libro VII: Judas se arrepiente ante el Sanhedrín y se mata, yendo su alma al Infierno. Cristo ve a los espíritus de otros herejes. La flagelación de Cristo. El Coro Celestial, escandalizado, viene a consolar a Cristo.

Libro VIII: Satanás manda a sus huestes a agitar a los judíos. Cristo en la columna, donde los ángeles cantan para consolarle. Cristo se sienta en un rincón después de la Flagelación. El arcángel San Miguel cuenta la historia de los futuros mártires.

Libro IX: Satanás manda a la Impiedad a atacar a Cristo, y hace que los soldados se burlen de él llamándole rey. La coronación de espinas. Cristo es llevado a Pilatos. Ecce homo.

Libro X: Pilatos vacila, pero Satanás manda al Miedo, lo cual hace que los judíos le desafíen en nombre del César. Cristo es sentenciado. Contempla la destrucción de Jerusalén por Tito. Gabriel visita a la Virgen María, quien ve la Ascensión de Cristo, la venida del Espíritu Santo y su propia Asunción.

Libro XI: Vía Crucis. La Caridad ayuda a Cristo a llevar la cruz. Cristo ve el ejército de los mártires. María busca a su Hijo y lo encuentra de camino al Calvario. La Crucifixión.

Libro XII: La Cruz es levantada y Cristo sufre ignominias. San Miguel y los ángeles quieren destruir el mundo y Dios desbarata sus planes. San Miguel dispersa a su ejército. Se producen las tinieblas sobre la tierra; muerte de Cristo. San Miguel echa de nuevo a Satanás y a sus huestes al Infierno. Temblores de tierra, la aparición de los muertos, se rasga por medio el velo del Santuario. Longinos atraviesa el costado de Cristo. El descendimiento de la cruz. La 'piedad' de María. El entierro de Cristo.

Es evidente a lo largo de su poema, como hemos podido comprobar que Hojeda combina lo natural y lo sobrenatural, lo histórico y lo imaginado. Como se ha podido ver, nuestro poeta trata su tema desarrollándolo profundamente y manteniendo una vista continua y penetrante sobre todos los detalles de la Pasión. Por consiguiente, el material restante sirve para subrayar esta elaboración morosa de la historia evangélica.

Se puede decir que el desarrollo de la narración en sí es lento y deliberado en cuanto al progreso estructural. Así, por ejemplo, los dos primeros cantos dan una descripción de la agonía en el Huerto, mientras que los Cantos IV-VIII describen las escenas ante el Sanhedrín, ante Herodes y ante Pilatos, estando interpretados éstos y los otros episodios principales con repetidas visitaciones y visiones celestiales e infernales, a las que ya nos hemos referido en varias ocasiones. Por otra parte, todo el panorama es variado y cambia de modo tal que crea una impresión de movimiento.

Estilo de La Cristiada

Hojeda da a su obra, al menos en lo concerniente a su estilo, un ritmo rápido. Emplea las figuras que producen una repetición retórica, como se ve, por ejemplo, en su preferencia por la anáfora, el asíndeton y el polisíndeton, su gran dependencia de los versos encabalgados, de versos bimembres y de la correlación, y de la consiguiente profusión de adjetivos (en efecto, muy pocos son los sustantivos que no vayan acompañados de sus respectivos calificativos). La destreza que demuestra Hojeda

Ecce Homo, escuela de Quito (siglo XVIII)

en colocar palabras o frases que a menudo entrañan hipérbaton también va reforzada, en ocasiones, por la onomatopeya y la aliteración. Estos rasgos constituyen los elementos básicos del estilo de Hojeda y por lo general producen unos efectos admirables, en gran parte gracias a la soltura sintáctica, la cual de vez en cuando se hace aún más animada por el uso de conceptos. Se verá que Hojeda pertenece de lleno a la generación de Góngora por el empleo manifiesto de un estilo altamente amanerado. Nuestro poeta, sin embargo, desarrolló un estilo que difiere considerablemente del autor de *Las soledades*, puesto que las exigencias de la épica reclaman figuras que estimulan la narración, en tanto que Góngora se esforzaba por producir la descripción detallada subordinando así a tal propósito la trama de su poema. Estos rasgos del estilo de Hojeda,

unidos al corriente y generalizado empleo de preguntas y exclamaciones retóricas, no sólo caracterizan las tendencias poéticas de la época, sino que también recuerdan la manera de la oratoria sagrada. Hojeda debió hacerse eco de los escritos en prosa de, por lo menos, sus compañeros de orden religiosa, Cabrera y Granada. Éste, por ejemplo, en su *Retórica eclesiástica*, presta mucha atención a la figura por excelencia de los predicadores de la época, es decir, la antigua *amplificatio*.

De esta manera nuestro poeta atempera las larguras inherentes al género épico. Esto es, no deja que la complejidad de la trama de su poema renquee o pierda interés, sino que está constantemente azuzando la atención del lector y haciendo que éste aprese sus imágenes una a una. El vigor esencial de su estilo se apodera del lector y le exige una reacción. Hojeda como buen poeta sabe desembarazarse de las dificultades del tema, y como poeta barroco emplea el contraste y la sorpresa, tanto en los detalles del estilo como en la articulación del plan del poema. Incluso cuando abandona la narración histórica y nos conduce al Cielo o al Infierno, mantiene el mismo movimiento y paso. El texto está cuidadosamente tejido con ecos y resonancias: por ejemplo, se notan las semejanzas entre la asamblea del Sanhedrín y la reunión infernal, o entre los sufrimientos sucesivos de Cristo (mofa, azotes y crucifixión). Los «aditamentos» de Hojeda al relato evangélico no son de relleno, sino que forman parte integrante de su compleja visión de la Pasión: los hechos de Cristo y las victorias posteriores de los mártires y doctores de la Iglesia son igualmente aspectos de la historia central que estaba predestinada a ocurrir así y más tarde a producir las inevitables consecuencias. Una vez más, un poeta transforma la teología y la historia de la Iglesia en un conmovedor y vivído cuadro (Hojeda, al servirse de material sacado de la tradición pietista y apologética, continúa a su modo la difundida práctica de comentar la Pasión). El peso de la estructura de *La Cristiada* tiene por fin reflejar el sentido universalista del sacrificio de Cristo también ilustra, como decíamos, la originalidad de Hojeda como poeta épico.

En *La Cristiada* Cristo representa la dualidad Dios-hombre. Este hecho acaso es el central en la presentación que Hojeda hace del tema. Cristo puede aparecer en cierta medida como un nuevo Eneas, en cuanto el poema de manera general recuerda la estructura de *La Eneida*, y también por tratarse de un acontecimiento histórico interpretado poéticamente y presentado con el firme propósito de «actualizarlo». Igualmente Hojeda sigue el ejemplo de Virgilio en presentar un caso (aquí el más sobresaliente) del concepto del deber heroico y de cómo se debe llevar a cabo; al juzgarle bajo este punto de vista, hay que subrayar la gran significación del título de su poema. Pero Cristo no es tan sólo un héroe que vence las tentaciones y las pruebas a que es sometido superando su humanidad y siguiendo los planes divinos, como otro Eneas, sino que también es Dios y se somete a sí mismo a la prueba de desempeñar el papel de víctima porque tal es su propia voluntad. Él es quien lo puede todo y al mismo tiempo es humanamente un ser impotente. Es, en pocas palabras, víctima y héroe a la vez, vencido y vencedor. En definitiva, este es el sentido de la Pasión y evidentemente no podíamos esperar que Hojeda se apartarse de esta interpretación o la desvirtuase en ninguna de sus esencias. Aprovecha siempre la oportunidad para recordarnos la significación ineludible de la Pasión. Así toda la trama de la historia y las adiciones concomitantes se aúnan. Todo gira alrededor de la figura de Cristo. Al mismo tiempo Hojeda continuamente se esfuerza por ahondar en el carácter de Cristo descubriendo su humanidad y realzando su divinidad y a la vez llamándonos a aceptar y a maravillarnos de la naturaleza única de sus sufrimientos. A lo que hay que sumar, por ejemplo, el análisis de los sentimientos de la Virgen María y los tormentos de Judas. Este último, junto con la Magdalena, tienen trazos marcadamente humanos y dan una agudeza psicológica a la trama. Pero Cristo es el personaje central que lo domina todo, lo que explica en *La Cristiada* la ira, la ternura, el pasmo y el horror expresados por el poeta. Y ello también justifica su estilo impregnado de un tono predicador. Lo cual, en fin, hace que su poema sea de tipo religioso, diferenciándose así de las otras divisiones de la épica literaria.

Una ojeada a *La Cristiada* puede ilustrar las distintas situaciones y ambientes evocados por Hojeda por medio de estilos diferentes. De ahí que en las escenas de Getsemaní se sirva del simbolismo de la naturaleza; o en los episodios de la Vestidura del Pecado y el Concilio Infernal consiga eficaces efectos al combinar una imaginería colorista y detallista con el tono moralista del sermón; o en la subida de la Oración al Cielo junto con la visión que tiene la Virgen María de la Resurrección encontremos notables ejemplos de su vigoroso lirismo; o en el episodio de Judas muestre el poeta su calidad de declamador con un fuerte empleo de recursos épicos; o finalmente en las escenas de la Crucifixión y de la Muerte de Cristo veamos ejemplos memorables de un realismo acompañado de ternura lírica. Hojeda echa mano de una variada gama de interpretaciones y tonalidades que concuerdan con el ritmo cambiante de su narrativa; lo que en efecto es buen indicio de su acierto en vencer los peligros y dificultades de un género de tal extensión. La diversidad de tratamiento y de contenido está íntimamente relacionada con otro fenómeno, que puede encontrarse tanto en el estilo como en la presentación del tema en conjunto. Ello ha sido motivo para que en más de una ocasión se haya señalado la tendencia de Hojeda a servirse de la poesía para predicar, o, dicho de otro modo, su repetida preferencia por situarse en el mismo poema y habérselas con el lector. Esto desde luego no es típico del género heroico. Aristóteles había expresado su convicción de que el poeta debía evitar lo más posible hablar de sí mismo. De todos modos, se ha llamado la atención sobre la abierta tendencia al didacticismo que prevalece en la obra de Hernández Blasco, y que puede condiderarse, como decíamos antes, como un rasgo característico en ciertos poemas épicos de tema religioso. Por consiguiente, el éxito de Hojeda se debe en parte a la manera «parcial» del predicador y en parte a la adaptación de las riquezas poéticas contemporáneas que se ponen al servicio del fervor religioso y de la reafirmación de la fe. *La Cristiada* es una obra que respira veneración y dedicación. Claro que en ningún modo podemos condenar desde un punto de vista estético el uso de la imaginación creadora para la apología cristiana, ya que mucha buena poesía lírica y dramática da buen testimonio de esta combinación de fines, la cual, en todo caso, refleja directamente la conocida dualidad horaciana de placer e instrucción. Es verdad que Hojeda siempre supo armonizar el buen gusto literario y su fuerte didactismo de fraile dominico. En efecto, mucho de su fuerza interior se deriva de la acertada cooperación entre la inspiración y la convicción religiosa. Dicho esto, uno tiene que reconocer que la sensibilidad poética de Hojeda está estrechamente relacionada con una teología, para nosotros, rigurosa, y que utiliza un medio de expresión casi fanático para indicar el apego a las creencias cristianas y un menosprecio y censura de aquellos que desdeñan tales creencias. De ahí que Judas y los sumos sacerdotes sean figuras continuamente calumniadas y que todos los herejes sean merecedores siempre de eterno castigo. Contrariamente, presenciamos el fervoroso amor y la piedad del poeta por los sufrimientos de Cristo, así como por el dolor de la Virgen y su agradecimiento por el consolador arrepentimiento de San Pedro y la conversión de la Magdalena. Hojeda pertenecía a una época en que, según ha dicho un historiador moderno, la intolerancia se veía como una virtud. Si, por tanto, la cultura literaria europea de los siglos de las guerras de religión y de la iglesia militante ha de sobrevivir como un valioso legado nuestro, en tal caso el lector de hoy debe esforzarse por comprender las asperezas y los sentimientos violentos de los tiempos de Quevedo, Calderón, Lope, Tasso y Milton. Puede ocurrir que el lector de nuestros días encuentre dificultades en acomodar su gusto al sabor y al énfasis de presentación que da Hojeda a la

historia más significativa del cristianismo. Nosotros creemos que tal esfuerzo debe hacerse. El vigor persuasivo de este poeta está a la mano para actuar eficazmente sobre el amante de una poesía variada y de gran riqueza y para estimular su imaginación visual y emotiva. Lo que une sobre todo a Hojeda con sus coetáneos es su discerniente explotación de unos recursos lingüísticos que en aquel momento habían alcanzado su punto culminante de expresividad retórica. *La Cristiada* es sin duda alguna uno de los poemas religiosos más logrados en lengua española.

BIBLIOGRAFÍA

Ediciones completas de la Cristiada

Biblioteca de Autores Españoles (1851), vol. XVII, páginas 401-501, ed. por Cayetano Rosell.
Ed. de sor Mary Helen Patricia Corcoran, Washington, D. C., Catholic University of America, 1935.
Ed. de Rafael Aguayo Spencer, Lima, 1947.

Ediciones incompletas

Musa épica o colección de los trozos mejores de nuestros poemas heroicos, Madrid, 2 vols., 1833, de Manuel José Quintana. Las selecciones de *La Cristiada* van incluidas en el primer tomo, págs. 217-351.
Tesoro de los poemas españoles épicos sagrados y burlescos, París, 1840, ed. por Eugenio de Ochoa. Reproduce la antología de Quintana, la cual así se dio a conocer fuera de España.
The Heroic Poem of the Spanish Golden Age: Selections, chosen with introduction and notes, Oxford y Nueva York, 1947, de Frank Pierce. *La Cristiada* va incluida en las págs. 91-166.
Poesía épica de la Edad de Oro. Selección, estudio y notas, por Félix Merino, Zaragoza, Clásicos Ebro, 1955, págs. 111-140.

Estudios

QUINTANA, Manuel José, «Introducción» a la *Musa épica*, tomo I, págs. 1-91. Está reproducida, bajo el título «Sobre la poesía épica castellana», en la B. A. E., vol. XIX, págs. 158-173.
ROSELL, Cayetano, «Advertencia», B. A. E., vol. XVII, pág. V.
MENÉNDEZ Y PELAYO, Marcelino, *Historia de la poesía hispanoamericana*, Santander, vol. II, 1948, págs. 169-172.
CUERVO, Justo, «El maestro Fr. Diego de Ojeda y "La Cristiada"», Madrid, 1898. Este ensayo está

reproducido como el prólogo a la ed. del poema de Barcelona, 1902 (versión popular de la ed. monumental de 1896), págs. VII-XXXIX.
URBANO, Luis D., «La poesía de la fe», en *Ateneo*, Madrid, 1911, págs. 378-387.
CAYUELA, Arturo M., «Nuestro poema de la Redención», en *Razón y Fe*, CIII, 1933, págs. 99-127.
CORCORAN, Mary Helen Patricia, Introducción a su edición de *La Cristiada*, págs. XV-LXXXVII. Véase arriba.
PIERCE, Frank, «*La Christiada* of Diego de Hojeda: a poem of the literary Baroque», en *Bulletin of Spanish Studies*, XVII, 1940, págs. 1-16.
— «The Poetic Hell in Hojeda's "La Christiada": imitation and originality», *Estudios dedicados a Menéndez-Pidal*, IV, 1953, págs. 469-508.
— «Diego de Hojeda: religious poet», *Homenaje al Profesor William L. Fichter*, 1971, págs. 585-599.
— *La poesía épica del Siglo de Oro*, 2.ª ed., Madrid, 1968. Esta monografía da muchos detalles de la historia crítica y ofrece un estudio de *La Cristiada*.
MEYER, Sor Mary Edgar, *The Sources of Hojeda's La Cristiada*, Ann Arbor, 1953. Aquí se reúne mucha información que puede ser utilizada para un examen fundamental del poema.
ALBORG, Juan Luis, *Historia de la literatura española*, I, Madrid, 1966, págs. 541-544.
VALBUENA PRAT, A., *Historia de la literatura española*, II, 8.ª ed., Barcelona, 1968, págs. 319-321.

También debe consultarse:

CABRERA, Alonso DE, *Sermones*, B. A. E., vol. III.
GRANADA, Luis DE, *Obras*, B. A. E., vol. VIII, y XI, págs. 488-642.
CESARE, Mario A. di, *Vida's Christiad and Vergilian Epic*, Nueva York y Londres, Columbia University Press, 1964.
MIRÓ QUESADA, Aurelio, *El primer virrey-poeta en América (Don Juan de Mendoza y Luna, Marqués de Montesclaros)*, Madrid, 1962.

IV

Lírica hispanoamericana colonial

La lírica hispanoamericana colonial

EMILIO CARILLA

INTRODUCCIÓN

Este panorama de la lírica colonial en Hispanoamérica responde a un esquema que me parece elemental y, al mismo tiempo, fundado.

En primer término, y como marco, la postulación y defensa de los cinco «estilos de época» que hoy se aceptan, en general, para aquellos siglos: Renacimiento, Manierismo, Barroco, Rococó y Neoclasicismo.

Después de esas breves introducciones, dispongo las etapas o momentos de la lírica. Por último, como ejemplos respaldadores, el estudio algo más detallado de una serie de autores que, por su significación y carácter, ayudan a comprender mejor cada época. Por supuesto, los estudios particulares pueden ser más nutridos, pero, aparte de que no faltan los esenciales, prefiero, prudentemente, no abusar con nombres que tienen valor histórico y no valor poético. Además, no hay que olvidar que este panorama tiene también un límite que no puedo desbordar.

En fin, aquí termino la introducción. Y, como decía Marivaux, «J'aime mieux mille fois couper court, que d'ennuyer par trop de longueur. Passons à l'ouvrage».

1. LA LÍRICA RENACENTISTA

1.1. RENACIMIENTO Y AMÉRICA

Aunque sea en forma breve, es necesario destacar la importancia que tiene el descubrimiento de América en el Renacimiento. Lo que significa como ampliación del mundo el descubrimiento, y, al mismo tiempo, cómo el hecho trascendente confiere o contribuye con rasgos particularizadores al Renacimiento. En rigor, la proyección es doble. Por una parte, repito, América contribuye a su manera a dar el perfil de la época, a través de nuevas concepciones filosóficas, jurídicas, políticas, sociales, artísticas, económicas...[1]. Por otra

parte, América recibe luces renacentistas. Llegan al Nuevo Mundo, en cuanto las circunstancias lo permiten, muchas de las nuevas concepciones e ideales. No resulta, por lo tanto, exagerando decir que América se incorpora a la cultura europea. Y que las principales resonancias artísticas que llegan al Nuevo Mundo son las que se ligan a la literatura y, en general, a la historia de las ideas.

En otro nivel, hasta resulta fundada la concepción de algunos (como Francisco Romero)[2] que ve en el «conquistador» una figura renacentista. Sin olvidar, en fin, la importancia de las ciencias y los descubrimientos como rasgos renacentistas, tal como sostiene el historiador de la ciencia George Sarton[3]. Por supuesto, al defender su tesis, Sarton no ha pensado exclusivamente en América, si bien resulta redundante subrayar la dimensión que, dentro de los descubrimientos, tiene el hecho americano.

Verdad que si por un lado resulta difícil reunir los rasgos esenciales del Renacimiento, por otro, comparativamente, vemos bastante facilitada la tarea. Expliquémonos mejor. En el primer caso, la abundancia extraordinaria de enfoques da la impresión de confundir o despistar (aunque también reconocemos que esa abundancia se justifica por la riqueza de elementos que caracterizan esta época). En el segundo caso —y no sin cierta paradoja— lo que resalta es la coincidencia en una serie de particularidades que, en general, son aceptadas sin mayores oposiciones. No quiero decir, con todo, que haya una coincidencia abrumadora, sino que hay notorios puntos de vista cercanos. Dejemos, pues, la mención detallada, que corresponde ya a una bibliografía abundantísima[4], y vayamos, mejor, a una síntesis de este estilo de época.

Así, me parece válido postular estos rasgos como caracterizadores del Renacimiento artístico:

—Clasicismo.

---

[1] Cfr., Pedro Henríquez Ureña, «El Descubrimiento del Nuevo Mundo en la imaginación de Europa» (cap. I de sus *Corrientes literarias en la América Hispánica*, traducción de E. Díez-Canedo, México, 1949, págs. 9-34); Federico de Onís, «El Renacimiento en España» (conferencia pronunciada en Amigos del Libro, de Buenos Aires, el 27 de mayo de 1949); Gilbert Chinard, *L'exotisme dans la litérature française au XVIe. siècle*, París, 1911...

[2] Cfr., Francisco Romero, palabras en la Séptima Reunión de la Organización de Cooperación Intelectual de la Sociedad de las Naciones, celebrada en Buenos Aires, 1936 (ver *Europe-Amérique Latine*, París, 1937).

[3] Ver George Sarton, *Seis alas. Hombres de ciencia renacentistas*, traducción de José Babini, Buenos Aires, 1965.

[4] Para no abultar, destaco, entre otros, los estudios de Burckhardt, Mondolfo, Dilthey, Huizinga, Vossler, Sarton y Ortega y Gasset.

Indios y conquistador, de la *Historia de las Indias* de Diego Durán

—Objetividad.
—Equilibrio, armonía.
—Ideal heroico.
—Tendencia a la ejemplificación y al didactismo[5].

Sería exagerado decir que cabe, dentro de estas líneas, todo el Renacimiento. Lo que sí puedo afirmar es que nos da una serie de casilleros defendibles. Sobre todo, si pensamos en Europa, donde se conforma e impone más cabalmente esta época histórica.

En el caso de América, resulta presuntuoso aspirar a una validez equivalente. Pero no resulta descaminado concederle un papel inicial de prolongación. Prolongación que más de una vez se ramifica o desfigura, frente a las condiciones especiales que dan el perfil del siglo XVI americano. Es decir, a este siglo que, en una especial perspectiva, llamamos, por lo pronto, «de la conquista».

Es ya una especie de lugar común señalar que Colón no es sólo el descubridor del continente (no interesa aquí el problema de los que pudieron anticipársele), sino también el primer «escritor» del Nuevo Mundo (con el nombre marcamos igualmente la etapa). Este nombre, «Nuevo Mundo», subraya, claro, la especial perspectiva europea y la nueva época, al mismo tiempo que permite el reconocimiento, en lo que se conoce, de una literatura prehispánica.

Después de Colón se acumulan en número creciente diversos nombres que dan fe del desarrollo de las letras hispánicas en América. Primero, de españoles que llegan en las más tempranas expediciones conquistadoras. No muchos, claro está, pero los suficientes como para aventar la leyenda de que sólo llegaron

aventureros y analfabetos. (Y no entro aquí en el peligroso intento de justificar la «conquista».)

Después, los españoles que arribaron cuando comienza a estabilizarse aquella «sociedad nueva», y que van a coexistir, así, con los primeros escritores que nacen en estas tierras. Es decir, con los hijos de los conquistadores, hijos que, entre otras cosas, cultivan el quehacer literario.

Por supuesto, las condiciones iniciales de esa sociedad no permitían ni una producción abundante ni regular. Había otras labores y obligaciones más inmediatas. Pero tales prioridades no significaron olvido de la labor literaria. Además, entre los españoles que llegaban, unos traían ya desde la península una obra de escritor, por lo común incipiente o poco importante (sabido es que varios escritores importantes pidieron pasar a América, si bien no tuvieron éxito en el pedido). Otros, comenzaron en América, como si la riqueza y variedad de las nuevas tierras despertara en ellos la vocación literaria.

Por otro lado, tempranamente se manifiestan recelos y rivalidades entre los descendientes de los conquistadores y los recién venidos. Era también indudable que tanto unos como otros se consideraban con derecho de propiedad sobre aquel vasto mundo. Con mayor razón aún, cuando se trataba de reflejarlo en la prosa y en el verso.

Quizás hubiera resultado impropio que el siglo XVI, en forma paralela a la conquista y organización del extendido imperio de las Indias, hubiera también comenzado, literariamente, con una abundante producción lírica. Se dio, es evidente, la adecuación explicable a través del predominio que tienen, desde temprano, dos formas como las crónicas (o historias) y la épica (o epopeyas americanas) por sobre el más remansado correr de la lírica. Pero igualmente sabemos que ésta no tardaría en manifestarse como correspondía.

Volviendo a las crónicas y epopeyas, aparecen como consecuencia inmediata de los hechos de la conquista. Con sus diferencias (y también con sus puntos de contacto), crónicas y epopeyas procuraban a veces dejar testimonio, a veces justificar, a veces pedir, a veces ensalzar..., y siempre registrar. Hablaba en ellas la admiración, el orgullo, la ambición, el asombro; y se acumulan inventarios, novedades y bellezas naturales, buenas y malas acciones... Después se denunciarán abusos, rivalidades, rencores, y las guerras civiles sucederán a las guerras de conquista.

Por descontado, todo esto halla su campo propicio en crónicas y epopeyas. Pero, como

[5] En el caso especial de las artes plásticas me parece justo, también, mencionar los estudios de Georg Weise. De manera visible, su libro *Il Manierismo*, Florencia, 1971.

resulta inadmisible establecer una rotunda separación genérica, hay ya partes líricas en las crónicas y, sobre todo, en las epopeyas. Al mismo tiempo que nace, paralelamente, la producción esencialmente lírica. O, con más exactitud, la lírica y el teatro, en lugar más humilde. Eso sí, como el teatro sirvió, de manera especial, los intereses de la catequización y evangelización, recibió un apoyo oficial mucho más visible y permanente.

La lírica, en cambio, no encuentra todavía los soportes que significarán —no mucho después— certámenes y academias literarias. Con todo, y a manera de anticipo, algo hay ya en época temprana. A todo esto, es justo mencionar que es singularmente positivo, en la expansión de típicas formas literarias renacentistas, el ejemplo y labor de españoles, o autores españoles, que pasan el mar. Y cuya huella se percibe tempranamente en esta naciente lírica hispanoamericana.

Comienzan a surgir composiciones sobre temas religiosos y heroicos (sin olvidar incipientes manifestaciones sociales y descriptivas). Es decir, con afanes más directos y concretos, de acuerdo a los intereses de la época. Pero poco a poco van naciendo igualmente otras manifestaciones líricas menos «interesadas». Como el tema amoroso, el mitológico, la reflexión moral, el juego ingenioso. Es el momento, no muy avanzado, en que penetran en América formas que aceptamos como típicas del Renacimiento, a través de la significación que tienen raíces italianizantes y clásicas, temas, esquemas y formas inconfundibles: de manera especial, la construcción petrarquesca y el discurrir platonizante. En la métrica, sonetos, tercetos, liras, octavas reales..., y hasta versos bimembres.

En fin, y para ser fiel a los rasgos que identificamos con el auténtico renacimiento español (tan debatido por la crítica de nuestro siglo), la supervivencia, aun lejana, de formas medievales (o góticas), que, por otra parte, no alteran la existencia de lo que llamamos, precisamente, renacimiento español.

Por este camino entroncamos con el hecho singular que representan, como continuidad y enlace, la presencia americana de manifestaciones populares como el romancero y las canciones de tipo tradicional. El romancero (como forma épico-lírica, o lírica) y las canciones (como formas típicamente líricas) que los conquistadores traen primero a América, y que iluminan con frecuencia sus propios sueños de poder, aventuras y riquezas[6]. Romances y

Pizarro y Almagro reunidos en Panamá el año 1524

canciones que se prolongarían, igualmente, en los poemas populares nuevos que iban a nacer en tierras de América, como resonancias de hechos americanos. Y, no menos, como consecuencia de la dócil amplitud y fácil expansión de romances y coplas.

En romances y coplas nuevas se cantan episodios de las conquistas de México («En Tacuba está Cortés...») y el Perú, y en romances se explican sucesos de las inmediatas guerras civiles («Almagro pide la paz,/los Pizarros ¡Guerra! ¡Guerra!...»), así como las crueldades de Lope de Aguirre («Riberas del Marañón...»). En fin, en romances y coplas se trasladan al Nuevo Mundo pasiones, rencillas y burlas. Comenzaba una copla del Perú:

El uno jugar y el otro dormir
¡oh qué gentil!...[7]

---

[6] Como también los iluminan relatos caballerescos y mitos clásicos. Ver Irving A. Leonard, *Books of the Brave*...,

Cambridge, Mass., 1949 (hay traducción española, con el título de *Los libros del conquistador*, versión de M. Monteforte Toledo, México, 1953); R. Putnam y H. I. Priestley, «California: the Name» Berkeley, Cal., 1917, *UCPH*, IV, págs. 293-365; María Rosa Lida de Malkiel, «Para la toponimia argentina: Patagonia», *Hispanic Review*, XX, Pensilvania, 1952, pág. 321; íd., *La literatura artúrica en España y Portugal*, en *Estudios de literatura española y comparada*, Buenos Aires, 1966, págs. 147-148.

[7] Ver los estudios, tan conocidos, de Menéndez Pidal, «Los romances tradicionales en América» y «Las primeras noticias de romances tradicionales en América» (en *Los romances de América y otros estudios*, edición de Buenos Aires, 1945, págs. 1-52); íd., *Romancero hispánico*, II, Madrid, 1953, págs. 226-235. Ver, antes, Menéndez y Pelayo, *Antología de poetas hispanoamericanos*, I y III, edición de Madrid, 1927.

Ver también en este volumen el estudio de Mercedes Díaz Roig «El Romance en América». *(N. del C.)*

Centrándonos en la producción lírica «culta» lo concreto es que al avanzar el siglo, y dentro de una más perceptible estabilización social, esa producción aumenta considerablemente. Por supuesto, abundancia no significa, una vez más, calidad pareja, pero es indudable que no resultan exagerados diversos testimonios, en serio y en broma, que antes de 1700 procuran dar idea de esa expansión. Tal cosa vemos en pasajes de González de Eslava, Balbuena y otros. Precisamente, en una muy conocida cita, González de Eslava pone en boca de la «Murmuración» estas palabras: «Ya te haces coplero; poco ganarás a poeta, que hay más que estiércol: busca otro oficio...»[8].

Otra fundamentación aceptable es la de que los grandes centros hispánicos en América constituyen los asientos donde surge esa producción. Ya sea en relación a los españoles avecindados (Gutierre de Cetina, Juan de la Cueva, etc.), ya sea en relación a los nacidos en América (Francisco de Terrazas, Juan Pérez Ramírez...).

Así, pues, Santo Domingo (en este primer siglo), México y Lima son, sobre todo, las ciudades que ostentan tempranamente más nutridos grupos de versificadores (este vocablo me parece más adecuado que el de «poetas»). Naturalmente, tal reconocimiento no excluye la presencia —eso sí, más rara— en otras ciudades o lugares. En fin, no debemos olvidar la significación de fundaciones como universidades, imprentas, conventos, etc., como sustento del desarrollo intelectual.

Detengámonos en los centros importantes y, en primer término, en Santo Domingo. En relación con la importancia política de la isla durante el siglo inicial, allí viven —o, por lo menos, desfilan— personajes importantes vinculados, por diferentes motivos, a la historia grande de América (como el padre Las Casas, fray Ambrosio de Montesinos, Gonzalo Fernández de Oviedo)[9].

Dentro de los nombres que podemos ligar, en alguna medida, a la lírica, caben, entre los llegados de España, el erasmista Lázaro Bejarano, andaluz (más recordado como prosista que como lírico), el sevillano Juan Iranzo y el humanista y versificador Eugenio de Sa-

lazar y Alarcón. Entre los nacidos aquí, Luis de Angulo, Francisco Tostado de la Peña, Elvira de Mendoza y la monja Leonor de Ovando. Se sospechan algunos tributos líricos del padre Cristóbal de Llerena (¿1540?-¿1620?), aparte de su brevísima producción dramática conservada. Todos ellos, junto al mexicano Terrazas, deben, pues, mencionarse entre los primeros autores hispánicos nacidos en el Nuevo Mundo[10].

Sin embargo, era evidente que México (y, en casi igual proporción, el Perú) estaban señalados para sobrepasar esa importancia inicial de Santo Domingo. Por diversos motivos, entre los españoles avecindados o que estuvieron en México cito a Gutierre de Cetina (sevillano, ya famoso antes de pasar a México), Pedro de Trejo (de Plasencia, Extremadura), Juan Bautista Cervera (toledano, dramaturgo; que estuvo antes en el Perú), Eugenio de Salazar y Alarcón (madrileño), Juan de la Cueva (sevillano)[11]. Y, entre los nativos, a Francisco de Terrazas, Juan Pérez Ramírez. Carlos de Sámano y Martín Cortés[12].

Un primer e importante documento que recoge composiciones de este momento inicial en las letras de la Nueva España (aparte de la presencia de autores españoles que no cruzaron el mar) es la recopilación titulada *Flores de baria poesía. Recoxida [s] de barios poetas españoles...* (México, 1577, Manuscrito núm. 2.973 de la Biblioteca Nacional de Madrid). Los autores recogidos son los siguientes: Licenciado Dueñas, Maestro Azebedo, Juan de Herrera, Silvestre de Sancto Sacramento, Baltasar del Alzácar (*sic*), Vadillo, Cetina, Terrazas, Cuevas, Juan Gerónimo de Urrea, Camón, Pedro de Guzmán, Fernando de Acuña (*sic*), Duque de Gandía, Hernando de Herrera (*sic*), Juan Luis de Ribera, Iranço (Juan), Maestro Malara (*sic*), Juan de la Cueva, Figueroa, Diego de Mendoça, Hernán de Gonçález, Martín Cortés, Gerónimo de Herrera, Carlos de Sámano, Navarro, Ver-

---

[8] Cfr., Fernán González de Eslava, *Coloquio diez y seis del bosque divino*, edición de J. García Icazbalceta, México, 1877, pág. 229.

[9] Cfr., Pedro Henríquez Ureña, *La cultura y las letras coloniales en Santo Domingo*, 1.ª ed., Buenos Aires, 1936. Ver 2.ª ed., que mejora la impresión defentuosa de la 1.ª, en P. H. U., *Obra crítica*, edición de México, 1960, páginas 331-444.

[10] Ver Pedro Henríquez Ureña, ob. cit.

[11] Ver Francisco O. de Icaza, *Sucesos reales que parecen imaginados de Gutierre de Cetina, Juan de la Cueva y Mateo Alemán*, Madrid, 1919.

[12] Francisco A. de Icaza destacó a Pérez Ramírez tempranamente «Gutierre de Cetina y Juan de la Cueva», *Boletín de la Academia Española*, III, pág. 322.

Por su parte, Alfonso Reyes lo «retrataba» así:

Éste [Juan Pérez Ramírez] era mexicano por los cuatro costados, hijo de conquistador, hablaba el náhuatl y conocía el latín. Es el primer escritor teatral oriundo de América cuya personalidad sea ya discernible. De él sólo conocemos una obra... (*Letras de Nueva España*, México, 1948, pág. 66).

gara, Damacio, Lagasca (?) o Lagarco, Baltazar de León, Juan Farfán[13].

Tiene también valor, como destaca Blecua, el manuscrito número 516 de la Biblioteca Provincial de Toledo que incluye, entre otros, una serie de petrarquistas contemporáneos de Cetina que pasaron a América. Aparte de Cetina, Lázaro Bejarano, Juan Iranzo y Laso de la Vega. La recopilación corresponde a la década 1560-70[14].

En el Perú, se establecieron los ingenios peninsulares Juan Bautista Cervera (que después pasó a México y se distinguió como dramaturgo; natural de Toledo), Enrique Garcés (de Oporto, Portugal; traductor de Petrarca y Camoens)[15], Luis de Belmonte Bermúdez... Y nacen en el Perú diversos autores que aparecen citados en obras de España (sobre todo, en el registro cervantino de *La Galatea*): Diego Martínez de Ribera (o Rivera), Carlos de Maluenda, Diego de Aguilar y Córdoba, Alonso Picado, Miguel Cabello Balboa, Diego Vaca de la Vega, y otros. Si bien casi siempre los conocemos (es un decir) más por sus nombres que por sus obras. Más por motivos cronológicos que por sus méritos... En fin, podemos agregar, siguiendo el mapa, el nombre de Luis de Miranda[16]. Por supuesto, la lista precedente sólo pretende dar una idea de la presencia de «escritores» en una etapa inaugural. Concretamente de autores líricos, en un momento marcado por otros intereses y fines. Milagroso hubiera sido pretender más de lo que la etapa muestra.

En síntesis, la primera etapa hispánica en América ofrece esta trayectoria visible: la importancia temprana de México y el Perú, sin desconocer la inicial de Santo Domingo.

De manera especial, México, región a la cual corresponden, es evidente, la mayor parte de los autores destacados del siglo XVI (Renacimiento y Manierismo). Los otros siglos coloniales mostrarán mayor diversidad y mayor amplitud geográfica, si bien quedará para México y el Perú, igualmente el papel de centros principales.

En consonancia con las líneas, no muy nítidas, que caracterizan al Renacimiento español, los peninsulares que llegan a América llevan al Nuevo Mundo temas, géneros, formas métricas y construcciones poéticas difundidas en España. Con continuidad de lo medieval, y con novedades más típicamente italianizantes y renacentistas.

Así, es bien sabido que el poema más antiguo del Perú hispánico es una obra anónima que, por un lado, canta hechos de las guerras civiles y la muerte del Adelantado Diego de Almagro. Y, por otro, no está escrito en octavas reales (como pudieran sospecharse) sino en coplas de arte mayor, con el inconfundible «metro de doce»:

> Cathólica, Sacra, Real Majestad,
> César Augusto, muy alto Monarca...[17]

Igualmente, encontramos coplas de pie quebrado, como ocurre en el *Romance* (mal llamado —desde este perspectiva— «romance») de Luis de Miranda. En fin, romances y canciones de tipo tradicional, tal como hemos tenido ocasión de ver.

Por otra parte, penetran en América, y se reproducen aquí, versos endecasílabos «hechos al itálico modo», y composiciones y estrofas de inconfundible novedad en España: sonetos, tercetos, octavas reales... Y, mejor aún, temas y procedimientos de la lírica italianizante. Muy temprano llegan formas petrarquistas (tal como se ve a través de Gutierre de Cetina), y versos heroicos, recreaciones clasicistas, mitología ornamental, escarceos humanistas (y hasta destellos, de Erasmo).

Este rápido panorama quedaría incompleto sin la mención de un testimonio que permite reproducir en América, a la distancia y en adecuada proporción, la posible lucha española entre italizanizantes y tradicionalistas. Verdad es que, a pesar de lo mucho que se ha escrito, no conocemos bien el hecho español, sobre todo si encarnamos la reacción tradicionalista en Castillejo (cuyas obras se conocieron tardíamente en España). En todo caso, sospechamos más bien esa reacción como una consecuencia

---

13 Cfr., Amado Alonso, «Biografía de Fernán González de Eslava» *Revista de Filología Hispánica*, II, núm. 3, Buenos Aires, 1940, págs. 275-276; Renato Rosaldo, *Flores de baria poesía. Apuntes preliminares para el estudio de un cancionero manuscrito mexicano del siglo XVI*; íd., «Flores de baria poesía. Un cancionero inédito mexicano de 1577», en la revista *Ábside*, XV, México, 1951, págs. 373-396, 1952, XVI, págs. 91-122.

14 Ver José Manuel Blecua, *Sobre poesía de la Edad de Oro*, Madrid, 1970, págs. 63-64 y 82.

15 Enrique Garcés (?-1595?) nació en Oporto. Llegó a América en 1547, desde España. En el Nuevo Mundo estuvo alrededor de cuarenta años, sobre todo dedicado a las tareas mineras en Huamanga y Huancavélica. Volvió a España, donde publicó sus obras y donde murió, a fines del siglo. Ver Luis Monguió, *Sobre un escritor elogiado por Cervantes. Los versos del perulero Enrique Garcés y sus amigos*, Berkeley, California, 1960; Sebastián Salazar Bondy, «Del Petrarca en el Perú» en la revista *Turismo*, de Lima, junio de 1947.

16 Pedro Henríquez Ureña nos recuerda que hubo tres hombres de letras eminentes que quisieron pasar a América y no lo lograron: Diego Hurtado de Mendoza, Fray Luis de León y San Juan de la Cruz. (Ver *Corrientes literarias*, ed. cit., pág. 51.)

17 Cfr., Menéndez y Pelayo, *Antología de poetas hispanoamericanos*, III, ed. cit. pág. 152.

natural de corrientes encontradas, y, no menos, por testimonios posteriores.

Pues bien, a través de unos versos de Juan de Castellanos, en sus *Elegías de varones ilustres de Indias*, nos enteramos de las disputas que mantuvo con el conquistador de Nueva Granada, Jiménez de Quesada:

> Y él porfió conmigo muchas veces
> ser los metros antiguos castellanos
> los propios adaptados a su lengua,
> por ser hijos nacidos de su vientre,
> y estos advenedizos adoptivos,
> de diferente madre y extranjera...[18]

Por su parte, Juan de Castellanos procuró justificar su defensa de los «metros modernos». En fin, también nos dice que un versificador llamado Lorenzo Martín (al que concede, como era común en Castellanos, prolijo lugar en la obra) se mostraba de acuerdo con Jiménez de Quesada en el rechazo de las nuevas formas.

> Éste fue valentísimo soldado,
> y de grandes industrias en la guerra,
> el cual bebió también en Hipocrene
> aquel sacro licor que manar hizo
> la uña del alígero Pegaso
> con tan sonora y abundante vena
> que nunca yo vi cosa semejante,
> según antiguos modos de españoles;
> porque composición italiana,
> hurtada de los metros que se dicen
> endecasílabos, entre los latinos,
> aún no corrían por aquellas partes...[19]

Como digo, sin dar al dato una importancia excepcional, es reflejo, por lo menos, de situaciones adivinables, de defensa de posiciones y choque de tendencias, ya en este momento inicial de la lírica hispánica en América. Y, sobre todo, reitero, sirve también para mostrar cómo se reproducía aquí, tempranamente, el cuadro —no muy simple— de la literatura peninsular contemporánea.

---

[18] Juan de Castellanos, *Elegías de varones ilustres de Indias*, Cuarta parte, canto XIII.
Conviene precisar la irregular historia bibliográfica de las *Elegías* de Castellanos. Sólo la Primera parte (Madrid, 1589) se publicó en vida del autor. La Segunda y Tercera partes, conjuntamente con la Primera, se publicaron en la Biblioteca de Autores Españoles (tomo IV, Madrid, 1847). La Cuarta parte (y última) o *Historia del Nuevo Reino de Granada*, en dos volúmenes, fue publicada por Antonio Paz y Melia (Madrid, 1886). (Ver Manuel Alvar, *Juan de Castellanos. Tradición española y realidad americana*, Bogotá, 1972, págs. 21-24).
[19] Juan de Castellanos, Id., Cuarta parte, canto XIII.

1.2. Un triunvirato

Quizás no se justificara —fuera de esta época— la importancia y enlace americano que establecemos para tres autores españoles de cierto relieve que pasaron a América en el siglo XVI. Pero, es importante recalcarlo, las condiciones especiales en que se desarrolla este momento literario, con mucho de iniciación y trasplante, obligan a reparar en ellos. Me refiero a los sevillanos Gutierre de Cetina y Juan de la Cueva, y al madrileño Eugenio de Salazar y Alarcón.

No se trata —como sabemos— de casos simétricos, si bien se acercan en su residencia americana, en su carácter de poetas líricos (total o parcialmente) y, sobre todo, en la sospechada repercusión que aquí tuvieron. De manera especial, claro, en México. En fin, la inclusión conjunta permite un reconocimiento no excepcional, pero tampoco excluyente.

1.2.1. *Gutierre de Cetina (1520?-77?)*

El sevillano Gutierre de Cetina era ya autor famoso cuando pasó a México. Por otra parte, lo poco que se conoce de él elaborado en el Nuevo Mundo no alcanzó mayor trascendencia (no cuentan, por supuesto, obras que se consideran perdidas). Por eso, me parece, no se justifica la denominación de «poeta hispanomexicano» que le dio Amado Alonso[20].

Declaradas estas salvedades, es de rigor decir que Cetina estuvo dos veces en México: una, breve, en 1546, y una segunda, más larga y final residencia. Y subrayo lo de final, ya que murió en México, en Puebla, de muerte violenta, antes de mediados de 1577[21].

Por lo que se conoce, Gutierre de Cetina produjo casi toda su obra (por otra parte, breve) en España. En América, aparte de la *Paradoja en alabanza de los cuernos* (determinado por la ciudad de Cuernavaca), se le atribuye «un libro de comedias morales en prosa, y otro de comedias profanas en verso, con otras muchas cosas»[22]. Imaginamos que entre las «muchas cosas» había poesías líricas, acordes con las que le habían dado fama en la península. Pero claro está que no podemos hacer historia con este tipo de datos.

---

[20] Ver Amado Alonso, *Biografía de Fernán González de Eslava*, ed. cit., pág, 277. Y la reacción (amable, claro) de Alfonso Reyes (*Letras de Nueva España*, ed. cit., páginas 72-73).
[21] Cfr., Francisco A. de Icaza, *Sucesos reales que parecen imaginados...*, ed. cit.; y Joaquín Hazañas, prólogo a Gutierre de Cetina, *Obras*, Sevilla, 1895.
[22] Cfr., Alfonso Méndez Plancarte, *Poetas Novohispanos. Primer siglo (1521-1621)*, México, 1942, pág. XVII.

Apoyándonos, pues, en lo concreto, resulta justificado pensar que si Cetina tenía prestigio en España, con mayor razón lo mantuvo en la naciente sociedad americana, donde su obra y las «novedades» renacentistas que comportaba sirvió pronto de modelo y estímulo. No de otra manera debemos interpretar fundadas conexiones con los primeros autores mexicanos, así como su nítida presencia en las *Flores de baria poesía....*, de 1577.

Por lo tanto, conviene recordar la presencia de Gutierre de Cetina como de inmediata repercusión en la naciente lírica hispánica de México (su famoso *Madrigal*, en primer término), y como ejemplo vivo de temas, construcciones y versos italizanizantes que habían ganado visible terreno en la lírica de la metrópoli[23].

1.2.2. *Eugenio de Salazar y Alarcón (1530?-1605?)*

El madrileño Eugenio de Salazar y Alarcón no tuvo, ni con mucho, el prestigio póstumo que tuvo Cetina (aunque éste figure, sabemos, en el casillero de los autores famosos por *un* poema). Con todo, conviene recordar su nombre, entre otras cosas porque Salazar escribió en América y porque primicias del continente resaltan en muchos de sus versos. Y, para nuestro caso, porque su obra lírica tiene, igualmente, significación. Todos estos rasgos justifican, creo, el lugar que le concedemos.

La repercusión americana en Salazar y Alarcón no es casual, ya que éste pasó un tiempo prolongado en estas tierras y en variedad de lugares (fue oidor en Santo Domingo, fiscal en Guatemala, oidor en México...)[24]. La etapa mexicana se extiende desde 1581 hasta 1598.

Son realce principal de Salazar sus cartas en prosa, que suelen citarse como primer título de su bibliografía por el donaire y agudeza satírica que campea en ellas[25]. Pero no es des-

Gutierre de Cetina

preciable su obra en verso. Y como es precisamente México la región que aparece en sus versos, imaginamos que tal signo es consecuencia tanto de una identificación como de una paralela madurez literaria.

Lo que sorprende en los versos de Salazar son sus toques descriptivos vinculados al paisaje americano, toques en los que no rehuye —como otros— la cita de localismos y nombres indígenas (*milpas, chile, ají, tomate*). Nos da, además, una visión pujante, optimista de aquella sociedad naciente («sociedad nueva» la llamó Pedro Henríquez Ureña). Tal cosa ocurre, sobre todo, en su *Descripción de la Laguna de México*.

Y todo esto dentro de un particular enlace entre las cosas de España y América. Así se explica su *Epístola al insigne Hernando de Herrera*, versos donde se juntan el elogio a los conquistadores, la riqueza de la conquista, las alusiones clasicistas y el elogio a los poetas europeos (Herrera, en primer lugar, Garcilaso, Tasso).

En la métrica, los tercetos de la *Epístola* junto a las octavas reales de la *Descripción*. Y en las raíces, posiblemente más el ejemplo de Garcilaso que el del propio Herrera, aunque ligue los dos nombres de manera explicable:

23 Cfr., también, Bartolomé José Gallardo, *Ensayo de una biblioteca española de libros raros y curiosos*, II, Madrid, 1866, cols. 410-448; Joaquín Hazañas, prólogo ed. cit; Lucas de Torre, «Algunas notas para la biografía de Gutierre de Cetina», *Boletín de la Real Academia Española*, XI, Madrid, 1924, págs. 388 y ss; Rafael Lapesa, *Gutierre de Cetina: disquisiciones biográficas* (en *Estudios hispánicos*, Wellesley, 1952); José Manuel Blecua, *Sobre poesía de la Edad de Oro*, Madrid, 1970, págs. 44-73.

24 A mitad de camino entre España y América, fue, antes de Santo Domingo, gobernador de las Islas Canarias.

25 Cfr., Menéndez y Pelayo, *Antología de poetas hipanoamericanos*, I, ed. cit., pág. XXII.

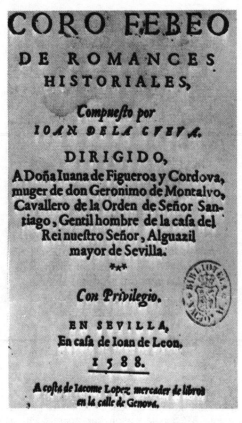

Coro Febeo, de Juan de la Cueva, edición de 1588

Bien mereció por cierto aquella rara
musa de nuestro ilustre Garcilaso
que tu fértil ingenio la ilustrara... [26]

Las alusiones son significativas: Herrera,
sí, pero sobre todo el Herrera comentador de
Garcilaso.

1.2.3. *Juan de la Cueva (1543-1610)*

Otro sevillano famoso del siglo XVI estuvo
en México, pero por breve tiempo: Juan de la
Cueva. La diferencia esencial que cabe establecer con el ya citado Gutierre de Cetina es
que —como hemos dicho— Cetina llegó a
América con un prestigio literario. En cambio,

la situación de Juan de la Cueva es distinta ya
que éste comenzó realmente su producción en
los pocos años que estuvo allí (1574-1577),
pero alcanzó la fama cuando volvió a España
y elaboró en la península las obras que le
dieron mayor prestigio: me refiero a sus piezas
dramáticas (las *Comedias y tragedias*, de
1588)[27], al poema *Conquista de la Bética*
(1603), al *Ejemplar poético* (1606)[28].

Lo curioso del caso está en el hecho de que
Juan de la Cueva reproduce, en parte, el testimonio no muy común de Salazar. En efecto,
entre las composiciones escritas en México
por Juan de la Cueva figura una *Epístola* dirigida al Licenciado Laurencio Sánchez de
Obregón, «Primer Corregidor de México»,
epístola en que se destaca, por un lado, el
desarrollo edilicio de la ciudad, y, por otro,
las riquezas naturales de la región, con acopio
de vocablos indígenas:

> Mirad aquellas frutas naturales,
> el *plátano*, *mamey*, *guayaba*, *anona*,
> si en gusto las de España son iguales

Con alguna rápida referencia «social»:

> Las comidas que no entiendo acusan
> los *cachopines* y aún los *vaquianos*...

> En sus cantos endechan el destino
> de Moctezuma, la prisión y muerte,
> maldiciendo a Malinche y su camino... [29]

Lo que conviene destacar en los textos de
Salazar y Juan de la Cueva es que sus testimonios sobre la naturaleza americana abren
un horizonte inusitado (poco después sería
lícito, por ejemplo, mencionar a Silvestre
de Balboa). Pero esta apertura —muy limitada— no va a ser seguida sino raramente.
Por el contrario, lo corriente será, con las salvedades apuntadas, la insistencia en un paisaje más aprendido en los libros que visto
en la cambiante e inédita realidad del Nuevo

---

[26] Cfr., Bartolomé José Gallardo, *Ensayo de una biblioteca española de libros raros y curiosos*, IV, Madrid, 1889,
col. 358. Ver, también, Alfonso Méndez Plancarte, *Poetas
Novohispanos*, ed. cit., págs. 53-62.

[27] Su obra *Muerte del Rey Don Sancho*, de 1579, es considerada «el primer drama histórico nacional», según decía
Pedro Henríquez Ureña.

[28] Ver Francisco A. de Icaza, *Sucesos reales que parecen
imaginados...*, ed. cit.; *íd.*, prólogo a Juan de la Cueva, *El
infamador...*, Madrid, 1941, págs. VII-L. El poeta pasó a
América junto con su hermano Claudio, Inquisidor. Gallardo publica un soneto de Juan de la Cueva dirigido a su
hermano (ob. cit., II, col. 641).

[29] Ver, igualmente, B. J. Gallardo, *Ensayo...*, II, ed.
cit., cols. 647-648; Menéndez y Pelayo, *Antología de poetas
hispanoamericanos*, I, ed. cit., págs. 25-28.
Otra coincidencia con Salazar (aunque —por lo visto—
no rara en la época) es que también Juan de la Cueva escribe
una *Epístola a Fernando de Herrera* (ver Gallardo, II, cols.
648-650).

Mundo. Tendencias literarias posteriores (y, de manera especial, la barroca) cantarán una naturaleza estilizada, «literaria», por encima de los atisbos realistas mencionados. En fin, será necesario esperar el Romanticismo (otros precedentes aparte) para que las obras artísticas sean cabal muestra, al amparo de nuevos ideales, del paisaje americano.

1.3. FRANCISCO DE TERRAZAS

Con Francisco de Terrazas, como es sabido, aparece ya el autor nacido en estas tierras. Hijo de conquistador (su padre, del mismo nombre, fue servidor de Cortés y alcalde ordinario de México). El poeta nació alrededor de 1525 (su padre murió en 1549).

Pocas noticias se conocen de su vida. Se sospecha que hizo un viaje a España, si bien no hay documentos que lo prueben o que den algún fundamento a la sospecha. De 1563 son unas décimas (antiguas) en que responde a otras de Fernán González de Eslava. A propósito de González de Eslava conviene reparar en la amistad que vinculó a estos dos importantes autores del siglo XVI americano. Amistad a través de un perfil que se presenta con mucho de símbolo: la que liga a un español europeo americanizado con un español de América. (Precisamente, las *Flores de baria poesía*, de 1577, muestra ya, en abundacia notoria, esta característica.) Y otra particularidad, quizás más rara: social y económicamente, Terrazas estaba por encima de González de Eslava...

En 1571 vivía Terrazas en Tulancingo, y en 1574 el arzobispo de México, Pedro Moya de Contreras, lo proclama «hombre de calidad...» y «gran poeta». El testimonio del arzobispo de México se encuentra en su defensa de Francisco de Terrazas cuando éste fue detenido (con motivo de los entredichos entre el virrey Enríquez y el arzobispo, en los que también fue detenido González de Eslava). A Terrazas se le acusó de haber escrito un libelo contra el virrey, que apareció en la puerta de la catedral (Terrazas estuvo preso unos pocos días).

Once años después de este episodio, el nombre de Terrazas figura entre los elogios que Cervantes prodiga en el *Canto de Calíope* (de *La Galatea*):

De la región antártica podría
eternizar ingenios soberanos
que si riquezas hoy ostenta y cría
también entendimientos sobrehumanos...

Francisco el uno de Terrazas tiene
el nombre acá y allá tan conocido
cuya vena caudal nueva Hipocrene
ha dado al patrio venturoso nido...

(Versos cordiales donde —sabemos— interesan menos los elogios que la simple mención).

De este lado del mar, me interesa decir que el del Terrazas es nombre importante en la *Sumaria relación de las cosas de la Nueva España*, de Baltasar Dorantes de Carranza, obra escrita entre 1602 y 1604 [30]. Y allí ya se presenta a Terrazas como muerto.

Pocas son las composiciones que se conservan de Francisco de Terrazas: cinco sonetos (incluidos en las *Flores de baria poesía*, de 1577) [31], una epístola y cuatro sonetos (de un cancionero toledano, descubierto por Pedro Henríquez Ureña) [32], y, aparte, las décimas dirigidas a Fernán González de Eslava [33]. Todo esto, como material lírico. Hay que agregar una epopeya sobre la conquista de México, titulada *Nuevo Mundo y Conquista*, de la cual conocemos varios fragmentos recogidos por Dorantes de Carranza, y publicados por éste en diferentes parte de su obra [34]. A su vez, Dorantes de Carranza lo proclama «Excelentísimo poeta toscano, latino y castellano».

Resulta difícil juzgar un poema como éste, a través de los fragmentos conservados (incluido fragmentos de los que no se tiene la certeza de que sean, efectivamente, de Terrazas). García Icazbalceta mostraba algunas dudas. Dejando a un lado este problema, resulta curiosa, sin embargo, la descripción de la caza de la ballena:

... el fiero pece de grandeza inmensa...

---

[30] La *Sumaria relación de las cosas de la Nueva España* se publicó a comienzos de nuestro siglo (ver edición de México, 1902).

[31] Desde el siglo pasado (García Icazbalceta, Menéndez y Pelayo, etc.) se ha reparado en la riqueza de las *Flores de baria poesía...*, de 1577, manuscrito conservado en la Biblioteca Nacional de Madrid. Hoy, sobre todo a través de la labor de Renato Rosaldo, ya mencionada, conocemos mejor este documento poético del siglo XVI.

[32] Pedro Henríquez Ureña, «Nuevas poesías atribuidas a Terrazas», *Revista de Filología Española*, V, Madrid, 1918, páginas 49-56.

[33] En el debate poético sostenido por González de Eslava, Terrazas y Pedro de Ledesma, el primero defendía la ley mosaica. Terrazas y Ledesma disentían. Se trata de «décimas», aunque no con la forma típica impuesta por Espinel a fines del siglo XVI (*Diversas rimas*, de 1591). Ver «Expediente del Archivo General de la Nación de México», publicado por Edmundo O'Gorman, *Boletín del Archivo General de la Nación*, XI, núm. 4, México, 1940. Y, también, Amado Alonso, ob. cit., págs. 284-285 y 286-288.

[34] Baltasar Dorantes de Carranza, *Sumaria relación de las cosas de la Nueva España*, ed. cit.

En otro orden más corriente, su exaltación de la conquista, y de Hernán Cortés, y los conquistadores, paralelamente al contraste que establece entre las penurias y pobreza de los descendientes de los conquistadores, la desigualdad en las recompensas, y las condiciones de la nueva sociedad, en la que los que más medran son los recién llegados... (Ver, también, el testimonio de Antonio de Saavedra Guzmán, en su *Peregrino Indiano*, canto XV.)

Como vemos, Terrazas aparece, aun dentro de tan escasas muestras, como un nombre firme en este momento de orígenes literarios hispánicos en América. Y con dos direcciones nítidas: una que enfila hacia lo esencialmente lírico (en conexión con temas y modelos de la época); y otra, hacia la épica, con trasuntos más directos del lugar. En las dos, con apreciable nivel (aun contra las muestras fagmentarias), y en las dos con claros reflejos renacentistas: clasicismo, armonía, ideal heroico, etc., por un lado; por otro, octavas reales, sonetos, tercetos, décimas... Lo de «poeta toscano, latino y castellano», subrayado por Dorantes de Carranza, sirve también para situarlo adecuadamente en las líneas de la época.

Dentro de su breve obra lírica sorprende que ya en aquella sociedad naciente se puedan escribir poesías como las de Terrazas. No tanto por su valor excepcional (que no lo tienen) como por el tema y carácter que muestran. Hay que tener en cuenta que Terrazas y otros versificadores de su tiempo son hijos de conquistadores, pertenecen sólo a una primera generación de criollos, y que todavía hay regiones donde la conquista continúa. Por supuesto, no conviene olvidar lo que ese grupo humano en formación ofrece como reflejo de España en América, así como el aporte de recientes fundaciones y traspasos culturales. Es mérito individual de Terrazas el hecho de que su obra lírica alcance a hacerse oír en momentos no muy propicios para tal canto[35].

2. LA LÍRICA MANIERISTA

2.1. CONCEPTO GENERAL DEL MANIERISMO

Contamos ya con perspectiva suficiente, dentro de la crítica, como para palpar la imposición del concepto de Manierismo. Primero, en la historia del arte, y posteriormente como nombre extendido a una particular época histórica, donde resulta lícito, hoy, hablar de literatura manierista, música manierista, y otras manifestaciones paralelas...

El proceso ha sido semejante al que, con anterioridad, mostró la imposición del concepto de lo Barroco, en relación al Renacimiento. Aparece, así, el Manierismo como una etapa intermedia entre Renacimiento y Barroco. Y las tres (Renacimiento, Manierismo y Barroco) cubren o abarcan dos siglos largos.

De inmediato conviene decir que el concepto de Manierismo dista de tener aceptación general, si bien no puede desconocerse el terreno ganado en los últimos treinta años. En todo caso, es de justicia establecer grados previsibles en la difusión. Limitada, primero, a las artes plásticas; extendida, después, a otras formas artísticas, y, especialmente, a la literatura.

En otro plano, es también justo señalar el caudal realmente apreciable de la crítica europea no española. Y aquí destaco en particular la labor de las críticas alemana e italiana. Frente a ellas, sitúo el más limitado aporte de la crítica hispánica. Y, ligado a ésta, como veremos, una actitud cautelosa (actitud que, en principio, no debemos considerar como un defecto).

En otro plano, igualmente, el estado, que aceptamos todavía como inicial, en los intentos de caracterizar al manierismo en el arte y la literatura hispánicas. Lugares donde —es fácil mostrarlo— faltan verdaderos cuadros de conjunto, aunque podamos mostrar intentos aislados sobre un escritor o un pequeño grupo de escritores. Y, aquí, aun con diferencias entre la aplicación a la literatura española y la más rara extensión a la literatura hispanoamericana, entonces literatura «colonial» (aunque esto pueda responder —claro— a razones de mayor o menor significación).

Como de estos aspectos y problemas me ocupo en otra obra[36], no creo conveniente insistir detalladamente sobre lo mismo. Por eso, prefiero estampar en este párrafo el dato y el resumen pertinente.

Volviendo a las consideraciones teóricas generales, lo palpable es que —hasta hoy— el concepto estilístico de Manierismo está lejos de alcanzar límites precisos, aunque sí podemos hablar de algunas coincidencias más o menos orientadoras.

---

[35] Una edición accesible aún de las *Poesías* de Terrazas es la que hizo Antonio Castro Leal, para la Biblioteca del Estudiante Universitario, México, 1941. Como aporte más reciente, ver J. M. Blecua, «Otras poesías inéditas de Gutierre de Cetina», en *Sobre poesía de la Edad de Oro*, ed. cit., pág. 62.

Aparte, siempre merece recordarse el viejo estudio de Joaquín García Icazbalceta, *Francisco de Terrazas y otros poetas del siglo XVI*, de 1884, reproducido hace pocos años como volumen especial (ver edición de Madrid, 1962).

[36] Se trata de la obra inédita titulada *Manierismo y barroco en las letras hispánicas* estudio que aspira a pasar revista, dentro de este sector particular, a dos debatidos (coincidentes, opuestos, contradictorios, etc.) «estilos de época»...

Entre las coincidencias elementales está la de su situación cronológica, intermedia entre Renacimiento y Barroco (aunque no faltan los que lo consideran un simple Renacimiento tardío, o los que piensan, igualmente, en un Barroco inicial).

Entre Renacimiento y Barroco, las fundamentaciones del Manierismo han conmovido más, en conjunto, las que servían o se aceptaban (dentro de límites no muy precisos) para caracterizar al Barroco. Y no hace falta mencionar aquí la conocida y especial situación de Ernest Robert Curtius (y seguidores, como Hocke), para quienes el problema de la distinción entre Manierismo y Barroco de hecho no existe. Es decir, que Curtius usa el vocablo *Manierismo* para lo que otros llaman *Barroco* (o bien para lo que otros escinden entre Manierismo y Barroco). Aparte, su extensión temporal[37]. Esta actitud guarda alguna semejanza con la de críticos que, por diversos motivos, usan o mantienen el nombre de Barroco, y excluyen el de Manierismo. Más rara aparece la actitud inversa.

En las diferentes situaciones que se presentan con respecto a las literaturas hispánicas, nos sorprenden, a veces, las incursiones de críticos extranjeros que deben arriesgarse a elegir autores españoles de aquella época para contruir los consabidos cuadros de conjunto. Con mayor o menor prolijidad, pero como inclusión «nacional» que no puede soslayarse. Y, la verdad, los intentos más ambiciosos que conocemos (de Hauser, Sypher, Weise, y algún otro)[38] están lejos de corresponder a periodizaciones convincentes. Si bien, por ejemplo, pueda parecernos más sensata la actitud (actitud, no hondura de conocimiento) de un Weise.

En el sector de la crítica hispánica (e incluyo aquí, por razones de justicia, la obra de españoles, hispanoamericanos e hispanistas extranjeros) ya he destacado la, en general, cautelosa actitud de esa crítica. Salvo, por supuesto, el entusiasmo y la abundancia bibliográfica, comparativa y clasificatoria de Helmut A. Hartzfeld[39]. Entusiasmo y abundancia a la que sería injusto negar algún mérito. (Pero quede este punto para dilucidarlo en otro lugar.)

Frente a la fecundidad (extendida en el tiempo) de Hatzfeld, puede, en cambio, sorprender la muy limitada ofrenda de un crítico como Dámaso Alonso, que prefiere hablar de procedimientos o recursos manieristas[40], más que de «estilo manierista» como estilo de época. Posiblemente, posición expectante, de estudio y aquilatamiento, y con menos inclinación a la «novedad» que al ahondamiento. Por supuesto, no podemos reprocharle esa actitud, sobre todo en el momento actual de las investigaciones, donde es preciso sedimentar mucho y entusiarmarse menos que algunos críticos afectos a llamativas teorías y clasificaciones.

Verdad también que lo logrado hasta ahora tanto en lo que se refiere al fundamento técnico como en la aplicación del concepto a las letras hispánicas no ofrece, reitero, grandes descubrimientos. Pero esto no anula la posibilidad de mejores logros, con nuevas líneas o coordenadas que pueden contribuir, en manos capaces, a ver con más nitidez en los grupos de autores y en los casilleros de una época artística. Eso sí, bueno será precaverse, desde un comienzo, de los entusiasmos excesivos y las manías clasificatorias que, en última instancia, se reducen únicamente a rótulos o nombres más o menos pedantes. Proclamar a un autor, a una obra, manierista o barroca (o con otro «estilo») es, en lo esencial, subrayar una inserción o una relación de época. Sería peligroso, y aun signo de extravío, pretender encerrar a ese autor, a esa obra, en esta limitada zona de referencias...

Creo que lo dicho en los párrafos precedentes se justifica ante la relativa «novedad» del concepto. Y tanto por la necesidad de avanzar breves trechos como por la conveniencia de establecer obligadas prevenciones o señales de peligro. En fin, no creo haber dado a estos preliminares una extensión excesiva: simplemente, los presento como un punto de apoyo para ulteriores afirmaciones o derivaciones.

Apoyándome en estudios ajenos y en consideraciones propias, me parece oportuno señalar ahora los caracteres que, a mi modo de ver, perfilan los rasgos del Manierismo. Son los siguientes:

[37] La cita de E. R. Curtius es ya una especie de obligado lugar común. Ver así, una vez más, su difundida obra *Literatura europea y Edad Media Latina*, traducción de Margit Frenk Alatorre y Antonio Alatorre, México, 1955, cap. XV.

[38] Cfr., Arnold Hauser, *Literatura y Manierismo*, traducción de Felipe González Vicén, Madrid, 1969; Wylie Sypher, *Four Stages of Renaissance Style*, Nueva York, 1955; Georg Weise, *Il Manierismo*, Florencia, 1971.

[39] Cfr., Helmut A. Hatzfeld, *Estudios sobre el Barroco*, 2.ª ed., Madrid, 1966.

[40] Cfr., Dámaso Alonso, *Poesía española* (Madrid, 1950), *Estudios y ensayos gongorinos* (Madrid, 1955), *Vida y obra de Medrano* (2 vols., Madrid, 1948-1958). El segundo, en colaboración con Stephen Reckert)....

Dámaso Alonso suele identificar al manierismo con ciertas formas petrarquistas, metáforas y metonimias reiteradas, la tendencia a la imagen suntuaria y colorista, a las plurimembraciones, etc. (Ver, también, «El Polifemo, poema barroco», *Atenea*, CXLIII, Concepción, 1961, núm. 393, pág. 71).

—Anticlasicismo.
—Subjetividad, intelectualismo.
—Aristocracia, refinamiento.
—Ornamentación (excesiva).
—Dinamismo (movimiento y torsión).
—Goticismo.
(Como complemento: experimentación, «arte por el arte», predominio de la fantasía)[41].

Fácilmente se advierte que, aun dentro de su sentido esquemático (y reducido), el cuadro anterior pretende o aspira a dar una impresión de época integral. Es decir que, en principio, la suma de sus rasgos parece convenir más a lo que entendemos constituye el punto de partida del estilo manierista: las artes plásticas.

La extensión de esos rasgos a la literatura, a la música, etc., constituye de por sí un problema arduo, cuyas dificultades están plenamente a la vista. Así, para señalar una aplicación puramente externa, no puede justificarse la extensión de las artes plásticas a la literatura sólo por razones cronológicas. Y, sin embargo, tal relación es la que vemos como principal sostén de ciertos enfoques ambiciosos.

Por supuesto, el respaldo cronológico puede acercarnos a la periodización, siempre que lo aceptemos como un dato elemental y provisorio que, por sí sólo, no alcanza para conferir rasgo de época. Éste debe sostenerse, más fundadamente, en los elementos internos, o más

exactamente, en la materia decisiva por excelencia, que no es otra que la obra literaria.

En España resalta el ejemplo típico de Antonio de Guevara, manierista temprano, frente a los otros, de aparición más tardía. En América, en cambio (sospechamos que como consecuencia de la especial conformación histórico social de este primer siglo hispánico) las posibles conexiones manieristas guardan, por lo menos, mayor proximidad cronológica: corresponden al período que marcamos en el final del siglo XVI y los comienzos del XVII.

2.2. LÍRICA MANIERISTA HISPANOAMERICANA

Fijados los límites cronológicos del período, conviene agregar que, en lo político social, este momento muestra, por un lado, ya terminada (o a punto de terminar) la época de la conquista. Y, por otro, el afianzamiento de lo que será la extendida época propiamente colonial, caracterizada por los virreinatos, la fuerte cohesión política, social y religiosa; las diferencias que determinan las clases dominantes, la rivalidad entre criollos y peninsulares, etc.

Nos interesa subrayar que dentro de las razas o niveles sociales que la conquista determinó (blancos, indios y negros, en sus nombres más externos), aparte de los problemas de organización y de gobierno de aquellas vastísimas regiones, surgen, paralelamente, problemas vinculados a los blancos. De manera especial, los que se producen entre los criollos o españoles americanos y los españoles europeos.

Los centros importantes serán, explicablemente, las capitales de virreinato, sedes generales de gobierno y alguna ciudad que, sin ser sede, gane relieve por su riqueza anexa (riqueza minera, por ejemplo; puertos de embarque para Europa, o de recibo...)

El arte sigue siendo, en lo fundamental, producto y consumo de blancos. Sin pretender, por esto, que sea un arte aristocrático exclusivamente. Como veremos, hay formas populares bien definidas, aunque con bastante frecuencia cuesta, en esta época, distinguir dónde acaba lo culto y comienza lo popular.

Lo que conviene destacar es que esta nueva época literaria muestra entre sus rasgos definidores un creciente aumento del tema social, dentro de convenciones permitidas o que no ponen en peligro las instituciones consagradas. Mejor dicho: la literatura refleja ya, de manera rotunda, choques y oposiciones entre españoles americanos y españoles europeos. Uno de los aspectos de la literatura manierista lo vemos en

---

[41] Estableciendo un enlace con la nota[3], y sin desdecirme de lo que antes digo, me parece justo señalar alguna deuda con ideas de Georg Weise, tal como tengo ocasión de desarrollar con mayor amplitud en otro estudio.

a importancia que gana el tema satírico, vinculado por lo común a mostrar esa rivalidad. Y los disparos son tanto de unos como de otros.

Otra particularidad que merece destacarse es la creciente abundancia de autores americanos, aunque —paradójicamente— los autores que se destacan en este momento son, en su mayoría, europeos.

La afirmación anterior subraya, al mismo tiempo, la creciente cantidad de escritores, tal como desprendemos de datos diversos: obras editadas e inéditas, certámenes, listas, junto a reveladores testimonios de elogio o censura. En esto último, no se trata, por supuesto, de tomarlos como reflejos de verdades inapelables, sino como noticias que contribuyen, a su manera, a un panorama de conjunto.

Son muy conocidos, en relación a esta época, versos de Balbuena, por un lado, y de González de Eslava y Rosas de Oquendo, por otro. Hemos anticipado el testimonio de González de Eslava, vinculado a los versificadores de la ciudad de México [42]. Por su parte, Rosas de Oquendo encontraba en Lima «Poetas mil de escaso entendimiento», a fines del primer siglo [43].

En nuestro caso, vale la pena insistir en que esas diversas noticias subrayan el nombre de «poetas», y no el de «escritores» en general. A propósito de «poetas», entendemos que, con mayor propiedad, corresponde traducirlos por «versificadores». Quizás tenga más importancia, comparativamente, la novedad que significa la presencia de mujeres escritoras. Casi imposible antes, por razones obvias. No muchas, claro, pero visibles.

> Y aun yo conozco en el Pirú tres damas
> que han dado en poesía heroicas muestras...

dice Diego Mexía en su *Parnaso Antártico*, que, como es sabido, incluye el *Discurso en loor de la poesía*, escrito por una mujer [44]. Aunque no resulte fácil dictaminar en todos los casos, creo que la presencia de mujeres «escritoras» refleja a su manera nuevas condiciones sociales en la organización colonial.

Volvamos al cuadro de conjunto. Dentro de las costumbres literarias, esa abundancia de autores aparece respaldada por el cada vez mayor número de certámenes preferentemente poéticos, así como por el nacimiento de academias y tertulias literarias. No cabe duda de que la afirmación de la regularidad en la vida colonial permitía esas manifestaciones, que, en el nivel de los certámenes, era para muchos versificadores la única posibilidad de «mostrarse».

A propósito de los torneos poéticos, Bernardo de Balbuena señala, a fines del siglo XVI (exactamente en 1585) un Certamen en homenaje a la festividad de Corpus Christi, con más de trescientos concurrentes. Por su parte, ya en nuestro siglo, el crítico Alfonso Méndez Plancarte enumera un nutrido grupo de celebraciones literarias: en 1578, en 1586 (en homenaje al Marqués de Villena), en 1590 (con motivo de la llegada de Luis de Velasco), en 1597, en 1610 (fecha posible, en homenaje a San Ignacio de Loyola), en 1620 (fecha posible) ... Aparte, un Certamen realizado en 1600, en la ciudad de Puebla [45]. Por supuesto, todos celebrados en la Nueva España.

En el caso del Perú, hay también certámenes, pero éstos se darán, con mayor frecuencia, en época posterior (vale decir, en la época del Barroco). En nuestra época, y en lo que se refiere a las academias, sabemos que Pedro de Oña elogia a Diego Mexía (en los preliminares del *Parnaso Antártico*) «en nombre de la Antártica Academia de la ciudad de Lima en el Perú». Esto nos lleva igualmente a decir que, en la etapa del Manierismo, el testimonio por excelencia es el que encontramos en la obras. Y, no menos, las composiciones preliminares de homenaje (no nos olvidemos que por ahora nos interesan nombres más que valores propiamente dichos). Así, incluimos ejemplos bien reveladores a través de títulos como la *Primera parte del Parnaso Antártico*..., de Diego Mexía de Fernangil, sevillano (única publicada, Sevilla, 1608; *Segunda parte*, inédita, en la Biblioteca Nacional de París) [46]. Y, sobre todo, la *Primera parte de la Miscelánea Austral*..., de Diego Dávalos y Figueroa, de Écija (Lima, 1602) [47]. En fin, el manuscrito de la

---

[42] Cito, de nuevo, el pasaje del *Coloquio diez y seis del del bosque divino*... (ver ed. de Joaquín García Icazbalceta, México, 1877, pág. 229).

[43] Ver Mateo Rosas de Oquendo, *Soneto a Lima del Perú* (en mi estudio «Rosas de Oquendo y el Tucumán», *Libro Jubilar de Alfonso Reyes*, México, 1956, págs. 116-117).

[44] Cfr., Diego Mexía de Fernangil, *Primera parte del Parnaso Antártico*, Sevilla, 1608.

[45] Ver Alfonso Méndez Plancarte, Introducción a los *Poetas Novohispanos. Primer siglo (1521-1621)*, México, 1942, págs. XLII-XLIII.

[46] La *Primera parte del Parnaso Antártico*, de Diego Mexía de Fernangil (Sevilla, 1698) trae diversos poesías laudatorias: de Pedro de Oña (Lima), de Pedro de Soto (México), de Luis Pérez Ángel (Arica)... Ver Luis Alberto Sánchez, *Los poetas de la Colonia y de la Revolución* (edición de Lima, 1947); Alberto Tauro, *Esquividad y gloria de la Academia Antártica* (Lima, 1948).

[47] La *Primera parte de la Miscelánea Austral*, de Diego Dávalos y Figueroa (Lima, 1602) consta de 44 diálogos (entre Delio y Cilena), en prosa y verso. Sus raíces son clásicas, italianas y españolas (italianizantes). Ver Luis Jaime Cisneros, «Castiglione en el Perú», en *El Comercio*, de Lima,

Biblioteca Nacional de Madrid que figura con el nombre de Mateo Rosas de Oquendo (y que publicaron en buena parte Paz y Melia y Alfonso Reyes)[48]. Es de rigor agregar que tanto Diego Mexía de Fernangil como Rosas de Oquendo estuvieron —los dos— en el Perú y México.

En Nueva Granada podemos también citar, a fines del siglo XVI, otros nombres en relación a preliminares de las obras. Si bien entramos ya en un momento en que no alcanza la simple mención de pobres versos de homenaje para dar idea de desarrollo poético. Sin embargo, sólo pretendo en esta visión de conjunto dar idea de mayor número de autores (es un decir) de más extendido ámbito geográfico: quede para después la selección valorativa correspondiente[49].

En lo que se refiere a los modelos e influencias, hay, indudablemente, nuevos nombres que destacar, con algún enlace anterior: Camoens, Tasso, Herrera, el Góngora inicial, Lope de Vega, etc. En el caso de Camoens, es justo decir que éste encontró temprano traductor al español en su compatriota Enrique Garcés, que estuvo en el Perú. De esta manera, Camoens encontró el merecido halago de su difusión plenamente hispánica, aparte de las obras que escribió originalmente en español, como otros destacados poetas portugueses de la época. (Digamos, de paso, que Enrique Garcés fue también conocido por su traducción de Petrarca.)[50], Herrera —ya lo hemos visto— llega a través de su obra a escritores renacentistas y manieristas, en consonancia con rasgos de su propia poesía. Los demás corresponden a un momento más avanzado.

Por otra parte, sin negar supervivencia a modelos famosos de la antigüedad (Platón, en algunos aspectos; Horacio y Virgilio, en otros, es importante destacar el creciente prestigio de Ovidio, poco elogiado o tenido en cuenta antes[51]. Precisamente, Las Heroidas de Ovidio encontraron traductor en el sevillano Diego Mexía de Fernangil, ya mencionado por su Parnaso Antártico. Por éste (y otros motivos) creo que entendemos la difusión de Ovidio en el Perú por aquellos años[52].

Otra influencia y actualización debemos verla en la literatura de emblemas, que gana entonces especial relieve porque, no cabe duda, se relacionaba con aspectos notorios del manierismo: La comprobación no es nueva, así, Menéndez y Pelayo nos dice que en 1577 se hizo en México una edición de los Emblemas de Alciato, edición para ser utilizada en los colegios de la Compañía de Jesús[53]: Al respecto, no podemos olvidar que la literatura de emblemas, de tan amplia difusión en el siglo XVII, es manifestación manierista-barroca, según puntualiza la renovada visión del crítico Mario Praz[54].

Volviendo a la edición de 1577, la cita se liga al problema que ese mismo año planteó el jesuita italiano Vicente Lanuchi, profesor de letras humanas en el Colegio de la Compañía de Jesús en México, que no aceptaba que se ejemplificara con poetas paganos. Así, el General de la Orden, en carta de 8 de abril de 1577, señala que «no se dejasen de leer los libros profanos, siendo de buenos Autores, como se leen en todas las otras partes de la Compañía...», y dejaba a criterio de los maestros la selección[55].

Sin dar al dato una excesiva importancia, revela, aun en su carácter aislado, un curioso precedente de lo que en el siglo XVII (o en la época barroca, para ser más preciso) ofrece mayor riqueza y variedad de ejemplos, dentro de lo que cabe llamar, con cierta amplitud

de agosto de 1953; íd., «Defensa de Damas, de Diego Dávalos y Figueroa», en la revista Fénix, núm. 9. Lima, 1953. La Miscelánea Austral trae composiciones laudatorias de Fernando de Córdoba y Figueroa, Diego de Carvajal, Lorenzo Fernández de Heredia, Francisco de Figueroa, Pedro de Oña, Francisco Núñez de Bonilla, Antonio Maldonado de Silva (y otros).

[48] Ver mis estudios «Rosas de Oquendo y el Tucumán», en el Libro Jubilar de Alfonso Reyes, México, 1956, páginas 107-139, y «Rosas de Oquendo» (en Literatura argentina. Palabra e imagen, I, ed. de Buenos Aires, 1969, págs. 25-33).

[49] En Nueva Granada, a fines del siglo XVI, nos sirve el ejemplo del infaltable Juan de Castellanos y sus Elegías de varones ilustres de Indias (Primera parte, Madrid, 1589), donde figuran, entre otros nombres y composiciones laudatorias, Miguel de Espejo, Lázaro Luis Iranzo y Sebastián García.

Agreguemos, en los preliminares de la Milicia y descripción de las Indias (Madrid, 1599), de Bernardo de Vargas Machuca, los nombres de Alonso de Carvajal (de Tunja) y de Francisco de la Torre Escobar (de Santa Fe de Bogotá). En Nueva Granada podemos citar otros títulos, a fines del siglo XVI, en relación a estos homenajes rimados. Claro que estas listas, si dan idea de entusiasmo, no la dan de desarrollo poético...

[50] Cfr., Luis Monguió, ob. cit.

[51] Ver, también, Ettore Paratore, «L' influencia della letteratura latina de Ovidio ad Apuleio nell' Etá del Manierismo e del Barocco», Accademia del Lincei, Manierismo, Barocco, Rococo, Roma, 1962, págs. 241-242.

[52] Cfr., Diego Mexía de Fernangil, Primera parte de Parnaso Antártico de obras amatorias: con las veintiuno Epístolas de Ovidio, el «In Ibim» en tercetos... (Sevilla, 1608). Como curiosidad, recordemos la traducción que, en momentos postreros de su vida, hizo de los Remedios de amor el poeta Mariano Melgar (Por supuesto, a comienzos del siglo XIX.)

[53] Ver Menéndez y Pelayo, Antología de poetas hispanoamericanos, I, edición de Madrid, 1927, pág. XIX.

[54] Cfr., Mario Praz, «Emblema, impresa, epigramma, concetto» (1933) y «La maniera italiana» (1946-1947) en Il Giardino dei sensi, Venecia, 1975, págs. 51 y 227-234.

[55] Ver Menéndez y Pelayo, Antología de poetas hispanoamericanos, I, ed. cit., pág. XIX.

«Querella española de los antiguos y los modernos» [56].

Como autores manieristas hispanoamericanos cito varios, sin negar la posibilidad de que algunos de ellos desborden una exclusiva calificación de manieristas. (Esta explicación me parece adecuada, sobre todo en épocas como la manierista y la recocó. Y a través de lo que la crítica más fundada ha mostrado hasta hoy.) Vayamos a los nombres: Fernán González de Eslava, Mateo Rosas de Oquendo, Bernardo de Balbuena, Silvestre de Balboa, Juan Rodríguez Freile, Francisco Bramón y los anónimos que revelan los sonetos recogidos por Baltasar Dorantes de Carranza, en México. No excluyo la posibilidad de incluir otros, pero prefiero no extremar las dificultades que supone —estamos viendo— la identificación del manierismo. Y más en las letras hispanoamericanas [57].

Lo que corresponde subrayar, de inmediato, es que la mayoría de los nombres que he mencionado en mi breve lista son poetas líricos. O, si preferimos, que la lírica ocupa en ellos un lugar importante, aunque no siempre exclusivo: González de Eslava, Rosas de Oquendo, Balbuena, Balboa...

Dentro de la lírica manierista hispanoamericana destaco como temas más visibles la perduración del tema religioso, la exacerbación del homenaje y el agudizamiento de la sátira (particularmente, de la sátira social). El predominio de tales temas significa también, en mucho, el debilitamiento del tema amoroso y del ideal heroico.

En lo que se refiere a elementos expresivos es perceptible, en medida que acrecentará la época barroca, la presencia de raíces conceptistas y cultistas. Posiblemente, más las primeras que las segundas (y sin olvidarme de las relaciones que pueden establecerse —o se establecen— entre cultismo y conceptismo). En fin, la acentuación ornamental, sobre todo a través de la acumulación metafórica, plástica, y del rasgo de ingenio o agudeza.

2.2.1. *Fernán González de Eslava (1533?-1601?)*

Uno de los autores «coloniales» que más interés ha despertado de la crítica reciente y que, en consonancia, más ha ganado en ahondamientos, es Fernán González de Eslava (o Fernán Gonçález, Hernán Gonçález, o Fernando González). De manera especial, pienso en los estudios de Amado Alonso y Frida Weber de Kurlat, y en la edición de José Rojas Garcidueñas [58].

Esto no quiere decir que olvidemos, por ejemplo, que García Icazbalceta y, sobre todo, Menéndez y Pelayo habían reparado ya en la apasionada personalidad de González de Eslava, y en su lugar destacado de dramaturgo prelopista, más allá del ámbito alejado en que transcurrió su vida literaria.

Esta puntualización pareciera, en principio, separar su nombre de nuestro recuento. En efecto, las bases de su prestigio siguen siendo sus *Coloquios*, entremeses y loas; es decir, una producción esencialmente dramática, donde es de rigor destacar su hábil construcción, dentro de una acción breve y poco complicada. También, el ingenio del autor y la riqueza indiscutible de escenas y tipos populares, a través de una lengua que logra captar, así, niveles y reflejos sociales muy variados [59]. No menos importantes son aquellas obras en que expone símbolos religiosos, alegorías y parábolas, aunque aquí encontraba más abundantes precedentes y compañía.

Fernán González de Eslava nació hacia 1533, en España, si bien hasta hoy no ha podido precisarse, a pesar de los desvelos de Amado Alonso, su lugar de nacimiento [60]. Pasó a América en 1558, a la Nueva España, donde desarrolló su vida literaria, no desprovista de

---

[56] Ver mis estudios *El Barroco literario hispánico* (Buenos Aires, 1969) y *La literatura barroca en Hispanoamérica* (Nueva York, 1972).

[57] Ver, por otra parte, la lista que incluye José Juan Arrom en su *Esquema generacional de las letras hispanoamericanas* (2.ª ed., Bogotá, 1977, págs. 53-64) en la que llama «Generación de 1594». Así, por ejemplo, la situación de Silvestre de Balboa (1563-1649), canario, y su *Espejo de paciencia* (escrito hacia 1605-1608). A la alternancia de mitología clásica y «naturaleza americana», defendidas como manifestaciones manieristas por Arrom, habría que agregar curiosas raíces «goticistas». (De la obra de Balboa, ver las ediciones de Felipe Pichardo Moya, La Habana, 1942, y de Cintio Vitier, Universidad de las Villas, 1960).

[58] Cfr. Amado Alonso, «Biografía de Fernán González de Eslava», *Revista de Filología Hispánica*, II, núm. 3, Buenos Aires, 1940, págs. 213-321; Frida Weber de Kurlat, *El teatro cómico de Fernán González de Eslava*, Buenos Aires, 1963; Fernán González de Eslava, *Coloquios espirituales y sacramentales*, ed. de J. Rojas Garcidueñas, 2 tomos, México, 1958.

[59] Ver, sobre todo, Frida Weber de Kurlat, obra citada. Y, también, Raúl H. Castagnino, «Reencuentro de González de Eslava», en *Escritores hispanoamericanos desde otros ángulos de simpatía*, ed. de Buenos Aires, 1971, páginas 25-38.

[60] García Icazbalceta señalaba su origen andaluz. Amado Alonso se inclinaba por un posible origen navarro o leonés, pero —concluye— «pudo nacer en otra parte cualquiera de España» (estudio citado, pág. 273). Por supuesto, cabe la posibilidad de que fuera andaluz (y sevillano), pero hay que probarlo mejor.. A todo esto, el vuelco en la tesis del «andalucismo dialectal en América», tesis que hoy gana nueva actualidad, reforzaría la sospecha (y fundamentos) de García Icazbalceta. Como sabemos, Amado Alonso seguía la tesis de Pedro Henríquez Ureña: es decir, negaba ese andalucismo...

episodios agitados, y donde fue amigo de Fráncisco de Terrazas. En México murió, hacia 1601 (o en el año 1602).

Fue albacea de su gloria el padre agustino Fray Fernando Vello de Bustamante, que, pocos años después de la muerte de González de Eslava, publicó sus obras con el título de *Coloquios espirituales y sacramentales y Canciones Divinas* (México, 1610). En total, 16 obras dramáticas y 157 poesías. El orden general de las obras responde, sin ninguna duda, a un orden de importancia reconocido.

Aceptada la preeminencia del autor dramático, conviene reparar, sin embargo, en su producción lírica. En primer lugar digamos que, como era corriente en autores teatrales de aquellos siglos, la obra dramática incluye la presencia de rasgos líricos. En el caso de González de Eslava, aun en la reducida extensión de sus *Coloquios*, advertimos esa presencia: como realce de temas religiosos, en primer término (oración de Jonás, en el *Coloquio XI*; Cantarcillos, en los *Coloquios XI* y *XVI*, etc.). Y, a veces, en los motivos burlescos y satíricos.

Por otra parte, sus *Canciones divinas* muestran, si no a un poeta excepcional, por lo menos a un buen autor que cultiva temas religiosos y formas poéticas muy difundidas en aquellos siglos. Otro grupo es el de las *Poesías profanas*, aunque éstas no alcanzaron a publicarse tempranamente a pesar de las promesas de Vello de Bustamante. Por último, el registro de sus poesías conocidas se completa con los dos sonetos y la glosa incluidos en las *Flores de baria poesía...* (de 1577), las décimas antiguas *Sobre si la Lei de Moisén es buena o no* (en el debate poético en que también intervienen Terrazas y Pedro de Ledesma) y, finalmente, otras composiciones —sonetos— incluidas en preliminares de libros.

Dentro de la más difundida lírica de González de Eslava se repara, sobre todo, en sus villancicos. Sin negar su importancia, destaco la igualmente lograda *Canción a Nuestra Señora* como ejemplo general de las «Canciones Divinas»:

> Sois hermosa, aunque morena,
> Virgen... [61]

Canción donde no sólo es de alabar su forma «graciosa» (en consonancia con el tema) y su intencionado final, popular pero con resabios cultos (en lengua de negros, apenas marcada), sino también su dominio de las redondillas... A propósito, ya que hablamos de una forma métrica en González de Eslava, es justo al mismo tiempo subrayar su habilidad (a menudo, maestría) en la décima antigua y la quintilla (o dos quintillas que forman una décima), e igualmente, en el soneto, la glosa y el villancico. De los sonetos, recuerdo los dos que traen las *Flores de baria poesía*, de manera especial el segundo, que comienza:

> Columna de cristal, dorado techo... [62]

Amado Alonso apuntaba relaciones entre este soneto y el famoso madrigal de Gutierre de Cetina (a quien ya hemos visto en México) y con el soneto de Garcilaso *¿Do'la columna que el dorado techo...?*[63]: Lo que cabe agregar es que la acumulación metafórica, las hipérboles y el continuado juego de conceptos (elipsis, antítesis...) entra ya en un ámbito que no es exagerado considerar típicamente manierista.

Fernán González de Eslava es una presencia

Coloquios de González de Eslava, edición de 1877

[61] Fernán González de Eslava, *Coloquios espirituales y sacramentales y poesías sagradas...* 2.ª ed., con introducción de J. García Icazbalceta, México, 1877, pág. 285.
[62] Cfr., *Flores de baria poesía...* 1577. (Manuscrito de la Biblioteca Nacional de Madrid.)
[63] Ver Amado Alonso, *Biografía de Fernán González de Eslava*, ed. cit., pág. 277.

irme en este primer siglo de las letras hispánicas en América. Valorado justamente como autor dramático, tal prioridad no borra el mérito de su obra lírica (sin olvidar lo que hay de lírico en sus *Coloquios*). Allí están sus composiciones religiosas, sus tributos petrarquistas (o garcilasistas), y aun sus poesías burlescas, sector que ni podemos dejar fuera de la lírica, ni es justo desdeñar por ese carácter como acostumbró a hacerlo cierta crítica). Las letras hispanoamericanas en general, y González de Eslava en particular, prueban que también en este sector suelen darse aportes originales y reveladores...

2.2.2. *Mateo Rosas de Oquendo (1559?-1612?)*

A principios de nuestro siglo, al publicar Antonio Paz y Melia diversas poesías del *Cartapacio*, conservado en la Biblioteca Nacional de Madrid, dio un primer apoyo importante al nombre de Mateo Rosas de Oquendo, un español pintoresco y andariego que vivió buena parte de su vida en América, a fines del siglo XVI y comienzos del XVII. Es cierto que el *Cartapacio* ofrece composiciones propias y ajenas, pero lo que aquí interesa es señalar su valor inagural en relación con Rosas de Oquendo. Con posterioridad, otros estudiosos (entre los cuales es justo citar a Alfonso Reyes, el padre Pablo Cabrera y el padre Rubén Vargas Ugarte) dieron perfil más nítido al personaje[64]. Hoy se le recuerda y cita a menudo, si bien más como testimonio histórico que como auténtico poeta.

A través de su no muy abultada producción, Rosas de Oquendo nos da algo así como la versión satírica o burlona de la Conquista. Frente a los consabidos testimonios de los conquistadores que, con frecuencia, solían exagerar penurias y proezas, nuestro autor se encarga de señalar que, por lo menos en un caso que narra, no existió tal hazañería y que, por el contrario, los indios eran mansos y nada belicosos. En fin, Rosas de Oquendo nos ha dejado otras noticias, vestidas más o menos líricamente, en que apunta hacia las debilidades y rasgos minúsculos de aquella sociedad,

niña en años, pero crecida ya en enconos y apetitos. Como que, en buena medida, eran los enconos y apetitos de España trasladados al Nuevo Mundo...

Rosas de Oquendo nació en Andalucía (posiblemente en Sevilla) hacia 1559. Muy joven ingresó en la milicia y estuvo en varias campañas europeas. Entre otras ciudades, sabemos que conoció Génova y Marsella. En 1585 pasó a América. Aquí, su primera etapa corresponde al Tucumán, donde gozó de la protección del gobernador Ramírez de Velasco. En 1593 ó 1594 pasó a Lima, donde encontró, por lo menos durante un tiempo, la protección del virrey, García Hurtado de Mendoza, marqués de Cañete. En 1598 pasó a México. Vivía aún en 1612 y es posible que haya muerto en la Nueva España. (Alfonso Reyes sospecha que murió en Sevilla, pero, la verdad, no poseemos ninguna noticia concreta sobre su muerte)[65].

Repitiendo un perfil entonces bastante común, Rosas de Oquendo se nos presenta como lírico (a través de las composiciones suyas que trae el *Cartapacio*), y como épico (a través de su poema *El Famatina*). La diferencia esencial está en el hecho de que, por lo menos, conocemos su obra lírica. En cambio, de *El Famatina* sólo sabemos que hizo trámites para su publicación, pero el poema se perdió y únicamente tenemos una vaga idea de su contenido, vinculado, claro, al Tucumán y sus andanzas. Hasta ahora, y a pesar de los intentos hechos, sobre todo por investigadores argentinos, el poema no ha aparecido[66].

En lo que consideramos su obra lírica, prevalecen las relacionadas con Lima y México, a las que hay que agregar algunas que identificamos con el Tucumán y los años pasados por Rosas de Oquendo en la región[67]. En general, cabe decir que el cambio de ambiente no significa mayores cambios en el carácter de sus versos, centrados —como he dicho— en la burla y la sátira. Particularmente, merecen recordarse sus comentarios a las supuestas «hazañas» de los conquistadores, a las apetencias nobiliarias de muchos de los que pasaban a América, a la confusión, apetitos y luchas de la naciente sociedad hispánica en el Nuevo Mundo.

---

[64] Cfr., Antonio Paz y Melia, «Cartapacio de diferentes versos a diversos asuntos compuestos o recogidos por Rosas de Oquendo», *Bulletin Hispanique*, IX, Burdeos-París, 1906, VIII, y 1907; Alfonso Reyes, *Rosas de Oquendo en América*, en *Capítulos de literatura española*, 1.ª serie, México, 1939, págs. 21-71; P. Pablo Cabrera, «El Famatina de Mateo Rosas de Oquendo *(un poema perdido)*», *Revista de la Universidad Nacional de Córdoba*, VIII, Córdoba, 1921, págs. 41-58; P. Rubén Vargas Ugarte S. I., Introducción a *Rosas de Oquendo y otros*, Lima, 1955, págs. VII-XIX.

[65] Ver, también, mis contribuciones al estudio de Mateo Rosas de Oquendo; en particular lo que se refiere a su paso por el Tucumán: «Rosas de Oquendo y el Tucumán» (en el *Libro Jubilar de Alfonso Reyes*, ya citado) y «Rosas de Oquendo» (en *Literatura argentina. Palabras e imagen*, I, ídem).

[66] Ver, particularmente, P. Pablo Cabrera, «El Famatina de Mateo Rosas de Oquendo...», ed. cit., y mi estudio «Rosas de Oquendo y el Tucumán».

[67] Cfr., «Rosas de Oquendo y el Tucumán», ed. cit., páginas 118-130.

Si es justo afirmar que Rosas de Oquendo tenía especiales condiciones para el género satírico, también es justo agregar que su sátira es continuada, sin resquicios para la belleza sutil o el optimismo, y que se refleja en una visión descarnada. Sobre todo, cuando se refiere a la sociedad limeña. Creo acertar si apunto que, salvo un primer momento amable, los limeños no correspondieron a lo que Rosas de Oquendo sospechaba que valía.

En síntesis, mientras no aparezca el poema titulado *El Famatina*, debemos considerar a Rosas de Oquendo como un esencial versificador satírico. Y, en este sector, como un autor estimable y digno de mención. En fin, me parece que Rosas de Oquendo entra, sin mayores contradicciones, en esta etapa literaria que enunciamos con el nombre de Manierismo.

2.2.3. *Bernardo de Balbuena (1562?-1627)*

Bernardo de Balbuena pertenece al reducido grupo de escritores que, a pesar de elaborar toda su obra en América, son incluidos con frecuencia en las historias literarias de la península. Por supuesto, no podemos olvidar que en la época la literatura hispanoamericana es, en mucho, prolongación de la española europea. Tampoco, que Balbuena nació en España y, en fin, que parte de su obra elude una identificación típicamente americana. Podríamos agregar razones de géneros literarios y, no menos, su importancia individual, para explicar esta especial situación de Bernardo de Balbuena.

Como he dicho, Balbuena nació en España, hacia 1562*. A temprana edad pasó a la Nueva España, y aquí estudió en la Universidad de México y ocupó diversos cargos religiosos. Volvió a España en 1606, y en 1610 regresó definitivamente a América. Su puesto más alto fue el de Obispo de Puerto Rico (1619). En Puerto Rico murió, en 1627. (Observemos, de paso, una casi total coincidencia con los datos extremos de Góngora: 1561-1627.)

Bernardo de Balbuena es, fundamentalmente, autor de tres obras: La *Grandeza Mexicana* (México, 1604), *Siglo de Oro en las selvas de Erífile* (Madrid, 1607), y *El Bernardo o Victoria de Roncesvalles* (Madrid, 1624). Alguna otra que puede agregarse tiene sólo valor muy circunstancial.

La *Grandeza Mexicana*, tal como su título lo anticipa, es el entusiasta homenaje al México hispánico, aunque no menos a la obra de España en América, al cerrarse prácticamente el siglo de la conquista. Tiene, en efecto, mucho de inaugural, notas locales y reconocibles méritos literarios. Lo suficiente como para explicar el juicio de Menéndez y Pelayo, cuando databa con este poema «el nacimiento de la poesía americana propiamente dicha»[68].

En el plano expresivo, sería exagerado considerar a La *Grandeza Mexicana* un típico poema manierista o barroco, aunque haya en sus versos, en los encendidos elogios que subrayan el homenaje, algún anticipo. En esta dirección (más exactamente, en lo que hoy identificamos como manierismo) nos sirven con más nitidez sus otras dos obras.

A esta altura, creo que vale la pena recalcar que la diversidad es una característica de la obra de Balbuena. De ahí que la diversidad se mantenga en esas obras: el *Siglo de Oro...* novela pastoril, y *El Bernardo*, epopeya, si bien —agrego— las diferencias se proyectan mucho más lejos. El *Siglo de Oro en las selvas de Erífile* entronca, es cierto, con la extendida tradición del siglo XVI, pero aportando modificaciones sustanciales[69]. Y, en la reconocible estructura general que forman prosa y verso, con la novedad de nuevas formas en el verso particularmente con aquellas que nos acercan a las gongorinas, tal como procuré mostrar hace tiempo[70]. Balbuena nos da la sensación, casi en el final del proceso de la novela pastoril de pretender un remozamiento del género a través de lo que el autor dominaba mejor: el lirismo, lo descriptivo, la ornamentación (Y aquí, aunque no nos extraña en Balbuena hasta nos da en una de sus *Églogas* —la VI— una nueva ofrenda de admiración hacia la ciudad de México.)

La obra que dio verdadero prestigio a nombre de Balbuena (prestigio no siempre exento de polémica) fue su poema *El Bernardo o Victoria de Roncesvalles*, epopeya en la cual trabajó durante muchos años: una primera forma data, posiblemente, de 1598; la aprobación es de 1609; y la edición definitiva, de 1624: Como vemos, esta obra recorre, paralelamente, un largo trecho de la vida del autor que alcanzó a verla impresa poco antes de su muerte.

---

[68] Cfr., Menéndez y Pelayo, *Antología de poetas hispanoamericanos*, I, ed. cit., págs. LII-LIII.

[69] Cfr., ahora, Juan Bautista Avalle Arce, *La novela pastoril española*, Madrid, 1959, págs. 179-185.

[70] Ver, en mi obra *El gongorismo en América*, Buenos Aires, 1946, págs. 32-34.

---

* Para más detalles véase, en este volumen, Alfredo A. Roggiano, «Bernardo de Balbuena». (N. del C.)

Los escuetos datos citados nos revelan algo —muy poco— con respecto a la elaboración. Especialmente, permiten comprender por qué la edición definitiva debe más de un rasgo a tendencias que entonces se expanden. De manera especial, a la lírica gongorina.

Llama la atención que Balbuena haya recurido, como héroe de su larga epopeya, a un héroe medieval como Bernardo del Carpio por otra parte, personaje fantástico, si bien entonces no se lo consideraba así). Por supuesto, Bernardo del Carpio vivía en crónicas y romances; Juan de la Cueva (a quien hemos visto ya en América) había escrito una *Comedia de la libertad de España por Bernardo del Carpio*, y se atribuye otra, dudosamente, a Lope.

No corresponde que me detenga en detalles sobre *El Bernardo*, salvo en lo que se refiere a sus conexiones líricas. Eso sí, me parece pertinente declarar que veo la epopeya, aparte de lo que significa como homenaje a su legendario tocayo, como intencionada ofrenda patriótica determinada por las luchas entre España y Francia, en la época en que Balbuena labora el poema. Por lo tanto, y atendiendo a tal meta, no creo que tenga sentido preguntarnos por qué resucita a este héroe medieval, y no acude, con más motivos, a personajes y escenarios del Nuevo Mundo (algo hay, pero muy poco).

Lo importante es que Balbuena elaboró un poema novedoso, una verdadera epopeya que hoy consideramos, sin desmedro, manierista. Allí, las líneas más o menos reconocibles del asunto (por otra parte, de sobra conocido) se ocultan o debilitan bajo la extraordinaria ornamentación (pedrerías, especies animales y vegetales; jardines, palacios, el mundo de la magia, viajes fantásticos... Además, la disposición especial del relato (*in medias res*), y multitud de rasgos inusitados, en especial los que vinculamos a la lengua poética, vale decir, al particular cultismo de Balbuena.

Recuerdo que Pedro Henríquez Ureña, entusiasta defensor de Balbuena y *El Bernardo*, intentó una caracterización de su «barroquismo», diferenciándolo de corrientes peninsulares castellanas y andaluzas[71]. Rindiendo tributo a sus desvelos, me parece que hoy podemos ubicar más limpiamente a Balbuena como manierista. Y, en esta dirección, una obra como *El Bernardo* aporta valores decisivos.

En resumen, creo que no pecan de excesivos estos párrafos dedicados a Bernardo de Balbuena. Y, con respecto a posibles reparos de que éste es un recuento de la lírica, y no de la novela y la epopeya, poco cuesta, me parece, destruir tales objeciones. Una vez más conviene recordar que difícilmente se da una separación nítida de los géneros (a menos que nos coloquemos en rígidos casilleros clasicistas), y, en fin, que lo que realmente importa es el hecho concreto de la materia literaria. Dentro de lo posible, pues, nuestro enfoque se ha centrado en los aspectos líricos de Balbuena[72].

3. LA LÍRICA BARROCA

3.1. EL MOMENTO DEL BARROCO

La época del Manierismo marca un comienzo de estabilización político social en Hispanoamérica. Tal situación, por supuesto, no significa la correspondencia de una organización «ideal». Simplemente, representa el comienzo de una larga etapa, a la que, con mayor fundamento, cabe llamar la verdadera época colonial. Época en la que el poder conquistador impone sus armas sobre los pueblos indígenas vencidos, determina una nueva sociedad y gobierna aquellas vastas regiones.

De esta manera, los siglos XVII y XVIII son no sólo la auténtica época colonial en Hispanoamérica, sino también de lo que corresponde llamar organización virreinal. Ya este nombre supone una serie de rasgos particulares bien definidos: el predominio de una sociedad aristocrática, las franquicias de las clases gobernantes, la fuerte cohesión política, social y religiosa. Y no entramos aquí a considerar hasta dónde, en esa cohesión, alcanzan el acatamiento y la sumisión. Paralelamente, y más allá de apariciones esporádicas en algunas regiones (de nuevo, México y el Perú) el arte es, sobre todo, arte de blancos.

España se proyecta nítidamente en sus colonias. Llegan, así, al Nuevo Mundo las manifestaciones artísticas europeas a través de los grandes autores españoles. Y por esa vía, también con frecuencia, los clásicos. Esto no niega la posibilidad de que, en ocasiones, la expresión artística americana tenga el sello propio del lugar, aunque es justo decir que el

[71] Cfr., Pedro Henríquez Ureña, *La cultura y las letras coloniales en Santo Domingo*, Buenos Aires, 1936, página 55; *id.*, *Plenitud de España*, 2.ª ed., Buenos Aires, 1945, página 191; *id.*, *Barroco de América*, en *La Nación*, Buenos Aires, 23 de junio de 1940.

[72] Sobre Balbuena, ver, también, John Van Horne, *Bernardo de Balbuena. Biografía y crítica*, Guadalajara, 1940; Francisco Monterde, prólogo a su edición de la *Grandeza mexicana*, México, 1941; Frank Pierce, *La poesía épica del Siglo de Oro*, Madrid, 1961, traducción de J. C. Cayol de Bethencourt; Ángel Valbuena Briones, *Literatura hispanoamericana*, Barcelona, 1967, págs. 79-85.

fenómeno literario fue menos propicio que el arte arquitectónico, por ejemplo, para mostrar esta singularidad.

En fin, es ocasión de afirmar que, como es sobradamente conocido, el siglo XVII en Hispanoamérica (siglo XVII y buena parte del XVIII) se presenta como una época literaria importante, y al mismo tiempo, como el momento del triunfo y expansión de lo barroco.

¿Hay relación entre el sello político social del virreinato (o sistema colonial) y la larga vida de la literatura barroca en Hispanoamérica? Yo creo que sí, en la medida en que particulares condiciones de esa organización político social encuentran ecos (para bien o para mal) en los rasgos íntimos que, a mi modo de ver, dan el perfil de la literatura barroca.

Sin embargo, prefiero decir que la explicación puede ser más amplia: América fue barroca, en primer lugar, como consecuencia de un proceso de asimilación que le hace recorrer el mismo itinerario de las letras europeas (y, particularmente, españolas). Fue barroca por el peso de importantes autores que sirvieron de modelo y estímulo. Aceptadas estas fundamentaciones, cabe decir ahora que las especiales resonancias de la vida virreinal favorecieron las manifestaciones barrocas. Y ese respaldo llega al extremo de mantener aún su vigencia cuando ya el barroco se debilita o desaparece en España. Esto es lo que vemos, sobre todo, al avanzar el siglo XVIII.

Entre los diversos aspectos que dan perfil a la vida virreinal, debemos mencionar, en primer lugar, la abundancia creciente de determinadas «costumbres» literarias. En efecto, para explicar los nutridos grupos de versificadores que encontramos en Hispanoamérica durante aquellos siglos no basta sólo con referirnos a la inclinación artística como algo innato o estimulado. Tanta fecundidad (y tanta hojarasca) puede únicamente explicarse por las facilidades del ocio o por un sentido de gratitud, que certámenes y academias favorecen, cada vez con mayor amplitud y largueza.

Por una lado, las academias permiten la reunión de autores más o menos consagrados, y alientan a los principiantes. Nueva señal de la época es el hecho de que las academias no surgen siempre en la capital del virreinato o en la ciudad importante. También suelen nacer en ciudades de menor categoría[73].

Lo más llamativo, con todo, se da en los frecuentes certámenes o concursos literarios que se multiplican a lo largo del continente. Reconocemos que, sobre todo, son las celebraciones religiosas las que determinan la mayor parte de esos concursos, pero también conviene agregar que cualquier hecho de alguna trascendencia, o al cual se atribuye trascendencia (un casamiento real, el nacimiento de un príncipe, la llegada de un nuevo virrey o de un alto prelado, etc.), era considerado digno de celebrarse con el correspondiente homenaje rimado.

Es cierto que las propias limitaciones de esos concursos (con frecuencia, torneos en que importaba mucho vencer dificultades métricas o versos ya dados), las propias limitaciones —repito— no solían favorecer altas expresiones poéticas.

Aceptada esta verdad evidente, es justo señalar de inmediato que, entre tanto lastre, la presencia del auténtico poeta (no ajeno, por lo que sabemos, a tales ceremonias) más de una vez realzó los certámenes con un importante poema. Por supuesto, tal excelencia no borra la increíble cantidad de tributos efímeros, y es la excepción, y no lo normal..., pero se da[74].

Si bien, una vez más, no resulta fácil postular los rasgos que perfilan un estilo de época (sobre todo, si esa época es la del arte barroco), no puedo rehuir el apuntar una serie de líneas personalizadoras. Por lo pronto, puedo decir que las apoyo en un reiterado estudio de este estilo. Así, propongo las siguientes características:

—Límite borroso entre clasicismo y anticlasicismo.

Conviene recordar que Salazar y Torres (gongorista y, más aún, calderoniano) pasó parte de su vida en América (Ver mi obra *El gongorismo en América*, edición de Buenos Aires, 1946, págs. 38 y 66-67.)

Otra cita, más reciente, de José Manuel Blecua:

Uno de los capítulos más interesantes y amenos de nuestra historia poética es, sin duda, el de las academias y tertulias de la Edad de Oro, y es lástima que todavía esté esperando una atención morosa... (*La Academia poética del Conde de Fuensalida*, en *Sobre poesía de la Edad de Oro*, Madrid, 1970, pág. 203.)

[74] Certámenes hubo —como digo— a lo largo de toda Hispanoamérica, en aquellos siglos. Esto no quita que podamos destacar, sobre todo, los certámenes mexicanos, tal como procuro subrayar en otro lugar. (Ver, por otra parte, Manuel Toussaint, *Compendio bibliográfico del «Triunfo Parténico»*, México, 1941; Francisco Pérez Salazar, «Los concursos literarios en la Nueva España y el "Triunfo Parténico"», *Revista de literatura mexicana*, I, México, 1940, págs. 290 y ss.; Pascual Buxó, *Arco y certamen de la poesía mexicana colonial siglo XVII*, Veracruz, 1959...

[73] Escribió José Ares Montes:

La poesía de Salazar y Torres es académica. Quiero decir, de academia literaria, como debió serlo, en su mayor parte, la poesía española del siglo XVII... «Del otoño del gongorismo: Agustín de Salazar y Torres», *Revista de Filología Española*, XLIV, Madrid, 1961, pág. 298.

—Predominio de valores religiosos, contrarreformistas.
—Dinamismo (menos forzado que en el Manierismo).
—Monumentalidad y pomposidad.
—Contención (determinada particularmente por vallas políticas y religiosas).
—Realismo (con inclinación a lo feo y lo grotesco).
—Popularismo (mayor captación popular que en el Manierismo).
—En fin, continuidad (o aprovechamiento) de ciertos caracteres manieristas[75].

Una vez más, también, los rasgos precedentes, como formativos de un «estilo de época», tienen amplitud notoria. Su punto de partida está, sin duda, en las artes plásticas, como ocurre generalmente en estas distinciones de etapas o épocas. La extensión a la literatura muestra que, si no todos los rasgos mantienen validez, pueden aplicarse en buena parte. Y, de nuevo, la literatura suele dar, en consonancia con la índole propia de su materia y la riqueza de su aporte, un núcleo importantísimo en la fijación del estilo de época.

3.2. LA LÍRICA BARROCA EN HISPANOAMÉRICA

Reitero una afirmación corriente aceptada al decir que la literatura barroca en Hispanoamérica alcanzó su mayor altura y difusión a través de la lírica.

A la lírica se vinculan las costumbres literarias más llamativas (certámenes, centones, academias literarias, etc.). Y en la lírica encuentran campo más propicio los caracteres que hemos señalado como reflejo de barroquismo. Por supuesto, en proporción adecuada.

En fin, lo que más importa: la mayor parte de los autores (de los muchos autores) que escriben en Hispanoamérica en aquellos siglos son autores líricos. La insistencia en el vocablo «autores» no es casual, ya que sería exagerado dar el nombre de poetas a muchos de ellos. Como culminación (ahora, sí) son poetas líricos los autores destacados de la época.

En otro nivel, pero en consonancia con lo que estamos mostrando, es perceptible que las influencias literarias más importantes tienen que ver, también, con la lírica. En primer tér-mino, aceptamos que son líricos, o que es la lírica de autores españoles, la influencia más notoria entre autores hispanoamericanos. En segundo lugar, la de autores clásicos.

Entre los españoles, Góngora (de extraordinaria difusión y aceptación en América)[76], Calderón (como lírico)[77], Quevedo[78], Lope de Vega[79]. (Como persistencia anterior, Garcilaso y Herrera.) Sin pretender agotar este sector, diré que el relieve de la lírica española del siglo XVII explica, igualmente, la aceptación que encuentran autores de no tan alto nivel. Cito algunos: Jacinto Polo de Medina, fray Félix de Paravicino y Arteaga, Anastasio Pantaleón de Ribera.

De los poetas clásicos, aparte del prestigio permanente de Horacio y Virgilio, es visible el crecimiento de Ovidio. De los autores modernos —no españoles— resalta el nombre de Torcuato Tasso. (En proporción menor, los de Marino y Chiabrera. Y, de lejos, la persistencia de Petrarca.)

Como temas más comunes dentro de la abundancia lírica que subraya la época del barroco en Hispanoamérica, señalo los siguientes motivos: la religión (religión y meditación; homenaje y canto); el sentimiento amoroso (por lo común, hiperbolizado; con persistencia, aún, de petrarquismo); el paisaje (estilizado, enriquecido; raramente con toques locales); el homenaje o composición de elogio (tributo cortesano, definido, con una particular retórica); el juego de ingenio, o rasgo burlesco; la sátira (de manera especial, la que refleja aspectos sociales). Sería pretensión ingenua afirmar que todos los temas del barroco (o, más concretamente, de la lírica barroca) están enumerados en la lista precedente. Con todo, me parece que en ella caben las manifestaciones más reiteradas.

Llegamos, así, a la obligada cita de autores hispanoamericanos que respaldan esta época. Naturalmente, corresponde establecer una selección dentro de los muchos nombres que pueden mencionarse. Me parece que da una idea de su importancia la siguiente nómina, por encima también de que puedan cuestionarse ciertos nombres como típicamente barrocos: Juan Ruiz de Alarcón, Luis de Tejeda y Guzmán, Hernando Domínguez Camargo,

---

[75] En mis libros *El barroco literario hispánico* (Buenos Aires, 1969) y *La literatura barroca en Hispanoamerica* (Nueva York, 1972) señalé algunos de estos rasgos. Procuro ahondar ahora tales caracteres con el reconocimiento de la inserción, no exagerada, del Manierismo (y tal como he pretendido justificar en párrafos anteriores).

[76] Cfr., con mi libro *El gongorismo en América*, ed. cit., y con mi estudio «Trayectoria del gongorismo en Hispanoamérica», en la revista *Atenea*, CXLIII, núm. 393, Concepción, 1961, págs. 110-122).
[77] *Íd.*
[78] Cfr., con mi estudio «Quevedo en América», en *Quevedo*, Tucumán, 1949, págs. 209-233.
[79] Cfr., con mi estudio «Lope de Vega en América», en el *Homenaje al Profesor William L. Fichter*, Madrid, 1971, págs. 107-113.

Conde de la Granja, Juan de Espinosa Medrano, Juan del Valle y Caviedes, Carlos de Sigüenza y Góngora, sor Juana Inés de la Cruz, Pedro Alejandrino de Peralta Barnuevo, la Madre Castillo. En sector especial (Barroco y Rococó) caben Francisco Ruiz de León y Juan Bautista Aguirre. (Notemos, por lo pronto, que la lista no es extensa, y que puede defenderse decorosamente)[80].

Examinando los nombres, vemos que, salvo Alarcón (esencial dramaturgo), Espinosa Medrano (aunque esté íntimamente ligado, como defensa, a la lírica), y quizás Ruiz de León (épico y lírico), los demás deben al género lírico su exclusivo o importante perfil.

Repito: creo que aquí estamos en condiciones de mostrar un relieve vivo, y no un simple recuento de nombres. Además, su importancia crece —comparativamente— al cotejar dicha lista con las de autores anteriores y posteriores que podemos establecer dentro de la época colonial.

Otra particularidad que se impone es la que tiene que ver con el número, cada vez más creciente, de autores nacidos en América. Efectivamente, es fácil comprobar que de los escritores que doy como barrocos sólo son españoles europeos el conde de la Granja y Caviedes. También esta proporción (paralela a la proporción que puede marcarse dentro de una estadística más amplia) es una consecuencia directa de una nueva época, y de la afirmación de los criollos. Es cierto que esa afirmación raras veces fue reconocida para cargos políticos importantes (es decir, aquellos que dependían de designaciones europeas). Pero tal situación no anula, por descontado, el especial relieve que los españoles americanos van logrando a partir del segundo siglo hispánico en el Nuevo Mundo. Sobre todo, a través de las letras y, en especial, de la lírica.

3.2.1. *Luis de Tejeda (1604-1680)*

Aun dentro de su carácter aislado, y sin concederle demasiada importancia, creo que puede figurar en nuestro recuento el cordobés (de la Córdoba del Tucumán) Luis de Tejeda y Guzmán. Además, le sirve de respaldo el hecho de que el perfil esencial de Tejeda tiene que ver con la poesía lírica.

Tejeda surge, en parte, como producto de lo que durante el siglo XVII se afirma como centro cultural del Tucumán y el Río de la Plata: la ciudad de Córdoba, asiento de una Universidad y núcleo social de cierta importancia (comparativamente) en la dilatada región que se extendía al sur del Virreinato del Perú. Por lo menos, para probar que no todo se centraba en la bulliciosa ciudad de Lima.

Luis de Tejeda y Guzmán nació en la ciudad de Córdoba, en 1604. Se educó entre los jesuitas y obtuvo los títulos de bachiller, licenciado y maestro en artes. Ingresó después a la milicia y estuvo en Buenos Aires. Volvió a Córdoba, donde desempeñó importantes cargos. En 1662, después de la muerte de su mujer, ingresó al convento de Santo Domingo de su ciudad natal. En él transcurrió la última etapa de su vida, dedicada a la religión y a la producción literaria. Murió en Córdoba en el año 1680[81].

Las obras de Tejeda están incluidas en el manuscrito autógrafo titulado *Libro de varios tratados y noticias*, fechado —por mano ajena— en 1663[82].

Las producciones literarias de Tejeda corresponden (creo que en su totalidad) a la última etapa de su vida, relacionada con sus años de convento. De ahí también que el tema religioso subraye el signo de la lírica de Tejeda. Si bien esto no es obstáculo para que el largo romance titulado *El Peregrino en Babilonia*, al mismo tiempo que cuenta los desengaños, las mudanzas y conversión del pecador, muestre también una animada relación autobiográfica de su vida profana. «Mea culpa» con episodios juveniles y predominio de amoríos y otras aventuras...

Aparte de *El Peregrino de Babilonia*, recordamos entre las poesías más valiosas de Tejeda, el *Soneto a Santa Rosa de Lima*, *A las Soledades de María Santísima*, *Los Soliloquios*, *El Arbol de Judá*, *El Fénix de Amor* y la *Canción Sáfica*. La obra en prosa de Tejeda (incluida, igualmente, en el *Libro de varios tratados*) comprende una serie de comentarios y relaciones, y tiene valor, más bien, como complemento de su obra lírica.

[81] La base de la biografía de Luis José de Tejeda y Guzmán es el *Ensayo sobre la genealogía de los Tejeda de Córdoba del Tucumán*..., reproducida, en parte, por Ángel Justiniano Carranza, *Revista de Buenos Aires*, XV, 1868, págs. 171 y ss. Una buena síntesis moderna de la biografía es la de Jorge M. Furt, *Nota biográfica*, en Tejeda, *Libro de varios tratados y noticias*, Buenos Aires, 1947.

[82] Las ediciones que se han hecho de las obras de Tejeda son las siguientes: *El Peregrino en Babilonia y otros poemas* (ed. de Ricardo Rojas, Buenos Aires, 1916; muy defectuosa); *Coronas líricas. Prosa y verso* (ed. de Enrique Martínez Paz, Córdoba, 1917) y *Libro de varios tratados y noticias* (ed. de Jorge M. Furt, Buenos Aires, 1947; la mejor).

Sobre el aspecto especial de la cronología de poemas de Tejeda, ver mi estudio «Los poemas de Tejeda y las fechas de elaboración», en *Estudios de literatura argentina. Siglos XVI-XVIII*, Tucumán, 1968, págs. 71-79.

[80] Cfr., con mi libro *La literatura barroca en Hispanoamérica*, ed. cit., págs. 53-97.

No cabe ninguna duda de que, dentro de la riqueza que ostenta la poesía religiosa española durante los siglos XVI y XVII, poco es lo que aporta Tejeda al lado de los grandes nombres (y, a veces, de los no tan grandes). Sin embargo, en el sector estrictamente americano su dimensión crece, aun colocándolo por debajo de una sòr Juana y de un Domínguez Camargo. Lo colocamos, si, más cerca del conde de la Granja, que también cantó a Santa Rosa de Lima. De más está decir que mucho más importa en el restringido ámbito de la poesía colonial rioplatense.

Los aciertos poéticos de Tejeda se diluyen en demasía cuando el poema adquiere cierta extensión. De ahí que brillen más en sus composiciones breves, como el *Soneto a Santa Rosa de Lima* y el *Soliloquio primero*, de estructura equilibrada. En el caso del soneto (como creo haber probado, aparte de proponer una corrección al texto) se trata de un esquema muy repetido en la época, si bien tal coincidencia, fuera de ser una característica barroca, no desmerece el mérito del poema. Con otras palabras: es una peculiaridad en la que el poeta encuentra tanto un punto de partida como un aliciente para buscar lo original dentro de lo muy repetido o usado. Cosa que por otro lado no debe extrañarnos en aquellos siglos pródigos en certámenes y torneos poéticos, y donde, a menudo, los más altos nó desdeñaron tales pruebas [83].

Los rasgos expresivos de Tejeda lo sitúan dentro de corrientes e influencias entonces extendidas. Particularmente, la influencia de Góngora, de tanta repercusión en América. De inmediato advertimos que Tejeda no es de los más atados al poeta español, aunque su huella sea indudable. A su vez, esto no quita que podamos reconocer otras presencias en la lírica de Tejeda (Lope, por ejemplo), aparte de las lecturas que declara o se trasuntan en su prosa [84].

Este detenernos en las posibles fuentes de Tejeda (como en general, en las de los autores coloniales) no responde a un machacón esquema crítico: es, simplemente, la exigencia que a menudo nos plantea el escritor, ya que éste parte, o se protege, a la sombra de esas influencias. Lo que también hace falta —si concedemos algún mérito al escritor hispanoamericano— es no reducirnos a la escueta mención de la fuente o fuentes.

En el caso especial de Tejada es justo agregar que alcanza, si no un alto nivel, por lo menos un lugar de algún relieve. Su sentimiento religioso corre por cauces de su tiempo y, es evidente, no puede mencionarse como ejemplo de un complejo barroquismo. Por eso, más exacto es decir que su sentimiento religioso corre por cauces poco complicados, aunque tome vocabulario, esquemas y formulas gongorinas. Sin duda, consideraba que era ese el medio adecuado para reflejar su homenaje sacro y su ya otoñal fervor. Logró, de esa manera, aciertos recordables, aunque, lamentablemente, no muy continuados [85].

3.2.2. *Hernando Domínguez Camargo (1606-1659)*

Hernando Domínguez Camargo es uno de los poetas hispanoamericanos de la época colonial que más ha ganado (eso sí, merecidamente) a través de la labor de la crítica reciente. Dos ediciones de sus *Obras completas* (una de ellas, fundamental) y diversos estudios que se han ido sucediendo ininterrumpidamente han aclarado bastante el perfil de este poeta del siglo XVII, y, al mismo tiempo, han puesto al alcance de un público más amplio textos difíciles de conseguir[86].

Concretamente, los estudios han aclarado algunos datos biográficos, no esenciales, pero sí útiles para comprender unos pocos aspectos de la obra. Y, de manera especial, los estudios han ahondado no sólo en el indudable gongorismo de Hernando Domínguez Camargo, sino en los caracteres de ese gongorismo, en su fisonomía poética total y, no menos, en la valoración del santafereño, fuera de sombras más o menos imponentes.

Las dificultades que se oponían al conocimiento de Domínguez Camargo provenían, por un lado, de la rareza de sus obras (por supuesto, no compensada por unos pocos textos

---

[83] Ver mi estudio sobre «El soneto a Santa Rosa de Lima», tal como lo publico en los *Estudios de literatura argentina. Siglos XVI-XVIII*, ed. cit., págs. 63-69.

[84] Cfr., Jorge M. Furt, *Nota biográfica* (en su edición, ya citada); Osvaldo H. Dondo, «Sobre la poesía de Luis Jesé de Tejeda», en *Ortodoxia*, núm. 7, Buenos Aires, 1944; Daniel Devoto, «Escolio sobre Tejeda», *Revista de Estudios Clásicos*, II, Mendoza, 1946, págs. 93-132.

[85] Ver, en fin, mis estudios: *El gongorismo en América*, ed. cit., págs. 144-153; *Estudios de literatura argentina. Siglos XVI-XVIII*, ed. cit., págs. 55-79; y en *Literatura argentina. Palabra e imagen*, I, Buenos Aires, 1969, págs. 65-74.

[86] Cfr., Hernando Domínguez Camargo, *San Ignacio de Loyola, fundador de la Compañía de Jesús: Poema heroico. Síguenle las poesías del Ramillete de varias flores poéticas y la Invectiva apologética*, con prólogo de Fernando Arbeláez, Bogotá, 1956; Hernando Domínguez Camargo, *Obras*, edición de Rafael Torres Quintero, con estudios de Alfonso Méndez Plancarte, Joaquín Antonio Peñalosa y Guillermo Hernández de Alba, Bogotá, 1960.

Como modesto anticipo debe considerarse mi *Hernando Domínguez Camargo. Estudio y selección*, Buenos Aires, 1948.

S. Ignacio de Loyola, edición de 1666

o fragmentos citados); y, por otro, de una serie de juicios negativos repetidos sin mayor análisis (producto de la condenación que pesaba sobre diversas corrientes literarias del siglo XVII).

Como datos biográficos más importantes, sabemos hoy que nació en Santa Fe de Bogotá, en 1606, que ingresó a la Compañía de Jesús y que renunció después a ella, que fue cura en diversos lugares (San Miguel de Guchetá Tocancipá, Turmequé y Tunja). En fin, que murió en 1659[87].

Su obra literaria fue conocida impresa después de su muerte. Lo fundamental aparece en dos libros : uno, el *Poema heroico de San Ignacio de Loyola* (poema inconcluso) dado a la estampa por el maestro Antonio Navarro Navarrete (en quien hoy se reconoce al padre Antonio Bastidas), Madrid, 1666; y el otro, en lo que, dentro del *Ramillete de varias flores poéticas* publicado por Jacinto de Evia (1676), corresponde a Domínguez Camargo: varias poesías breves y un texto en prosa.

En estas dos obras está el material básico que nos permite conocer la poesía del santa-

fereño. En el *Ramillete*, junto a otras composiciones del recopilador y del padre Antonio Bastidas, jesuita y guayaquileño. Domínguez Camargo brilla allí, indudablemente, sobre los otros dos, aunque —como digo— sus poesías son escasas. Sin embargo, en el *Ramillete* se encuentran los romances *A la muerte de Adonis*, *A un salto por donde se despeña el arroyo de Chillo* y *A la Pasión de Cristo*, el poema *Al agasajo con que Cartagena recibe a los que vienen de España* y un soneto (más pobre que las otras composiciones).

También el *Ramillete* incluye la obra titulada *Invectiva apologética*, en prosa alternada con versos. Mejor dicho: allí Domínguez Camargo reproduce y comenta, estrofa por estrofa, un romance anónimo sobre el mismo asunto que habían tratado Paravicino y Domínguez Camargo. (Es decir, el romance *A la Pasión de Cristo.)*

La prosa del santafareño muestra rasgos ingeniosos, pero no pasa de ser una cara subsidiaria. En cambio, las poesías, y, en especial, los tres romances, son buenas ofrendas líricas de nuestro poeta. El hecho de que, por lo común, parta de otros autores (germen que, por otra parte, declara) revela en él la intención —muy barroca— del alarde. Así, el romance *A la muerte de Adonis* no desmerece frente al que antes había escrito Francisco López de Zárate, y el romance *A la Pasión de Cristo* supera al que había escrito fray Hortensio Félix de Paravicino y Arteaga. Y si no lo declara, como ocurre en el romance *A un salto...*, su excelencia borra totalmente uno semejante de Bastidas, su maestro[88].

La obra más ambiciosa de Domínguez Camargo fue el *Poema heroico* dedicado a San Ignacio de Loyola. No lo terminó, si bien alcanzó a componer cinco «libros» con 1.200 octavas, versos que, dentro de la vida del santo, abarcan desde el nacimiento hasta el momento en que se dirige a Roma para fundar la Compañía de Jesús.

En este caso, y a pesar de las dimensiones que tiene lo que Domínguez Camargo escribió, se reproducen, una vez más, los problemas inherentes a una obra trunca. Con todo, en buena parte tal dificultad es superada por el hecho de que las excelencias del *Poema heroico* son más líricas que épicas. Y, también, por lo que ya sabemos: es decir, el peso que en toda la obra de Domínguez Camargo tiene el modelo de Góngora. En el *Poema heroico* sobre todo a través de las *Soledades*.

[87] La biografía de Domínguez Camargo más completa es la que escribió Guillermo Hernández de Alba, en la edición citada. Ver una síntesis en mi estudio «Las "Obras" de Domínguez Camargo», en *Thesaurus*, XXI, Bogotá, 1966.

[88] Ver mi estudio «Domínguez Camargo y su Romance al Arroyo de Chillo», en la revista *Filología*, IX, Buenos Aires, 1963, págs. 37-51.

Quizás convenga aclarar que hay otros modelos (algunos hemos visto al hablar de los romances), pero el decisivo es el poeta cordobés. Ahora bien, frente a la abundancia de gongoristas que nacieron a ambos lados del océano, Domínguez Camargo es ejemplo poco común de asimilación, fecundidad y altura[89].

En pocos, como en el poeta santafereño, experimentamos la sensación de estar frente a un «nuevo» Góngora: de tal manera aprovecha y no malbarata la rica herencia del cordobés. Vocabulario, sintaxis, metáforas, hipérboles y otras reconocibles particularidades estilísticas de la lengua poética de Góngora son utilizadas por Domínguez Camargo en una medida y firmeza tal que cuesta muchas veces distinguir al original de la descendencia. En fin, sólo cabe agregar que, dentro de la larga repercusión de Góngora en América hay muy pocos casos como el de Domínguez Camargo, auténtico poeta, y no simple eco o remedo[90].

En cuanto a su lugar dentro de las corrientes estéticas, reitero su situación «barroca», ya que podemos aplicar a él buena parte de los caracteres enunciados, y no sólo una muy externa razón cronológica. Con esto, también queda dicho que descarto otros posibles enlaces: manierismo gongorista (a la manera de Hauser y Sypher), «barroquismo» (a la manera de Hatzfeld), etc.

3.2.3. *Juan del Valle Caviedes (1651?-1697?)*

Juan del Valle Caviedes es otro de los escritores de aquellos siglos que, en consonancia con el valor de su obra, más ha ganado en las investigaciones críticas y estudios que se han realizado en los últimos treinta años. Por cierto que también ha contribuido a esta clarificación el descubrimiento de nuevos textos que perfilan mejor su personalidad literaria[91].

Se conoce a Caviedes con varios apelativos: «El poeta de la Ribera», «El Quevedo peruano», «El azote de los médicos», y algún otro. Aunque hoy está probado que nació en España (era andaluz), tal comprobación ni es rara en ingenios que escriben en América durante aquella época, ni, lo que más importa, anula notorias vinculaciones con el ámbito en que vivió gran parte de su vida y en el que su obra literaria lo sitúa. Ese ámbito no es otro que el de la ciudad de Lima.

En realidad, es poco lo que se conoce con exactitud de su vida. Prueba de ello es que desconocemos las fechas extremas de su nacimiento y de su muerte (¿1651?-¿1697?). Sólo se han precisado datos sobre su lugar posible de origen y noticias vagas sobre su vida en América, donde —como digo— pasó gran parte de sus años en Lima. (Es justo, con todo, señalar aquí algunos aportes de Guillermo Lohmann Villena)[92].

La tradición presenta a Caviedes en una covachuela o «cajón», destinado a la venta de baratijas, cerca del palacio de los virreyes, en la ciudad del Rimac. De ahí deriva el nombre de «El poeta de la Ribera», con que se le conoció. Por su parte, el nombre de «Quevedo peruano» (uno de los tantos «Quevedos» americanos que llevan, por extensión, el del famoso poeta español) se explica perfectamente atendiendo a la vena satírica que tanto caracteriza a Caviedes. Podríamos también aducir razones de paronimia (Quevedo-Caviedes), para concluir que nuestro autor es, sin duda, el que mejor lo merece...[93].

Aceptado el predominio satírico, conviene de inmediato decir que la obra de Caviedes, esencialmente lírica, comprende también poesías de diversos temas y carácter: amorosas, morales, descriptivas... Aparte, breves composiciones dramáticas (como los dos *Bayles* publicados por Luis Fabio Xammar).

Como creo haber mostrado, una de las composiciones más importantes que se atri-

[89] Sobre el gongorismo de Domínguez Camargo, ver, entre otros estudios, Gerardo Diego, «La poesía de Hernando Domínguez Camargo en nuevas vísperas», (en *Thesaurus*, XVI, núm. 2, Bogotá, 1961, págs. 283-310), y mis obras *El gongorismo en América*, ed. cit., págs. 110-134, y *Domínguez Camargo. Estudio y selección*, ed. cit., págs. 21-42.

[90] Ver Giovanni Meo-Zilio, *Estudio sobre Hernando Domínguez Camargo y su S. Ignacio de Loyola. Poema heroico*, Padua, 1967; Guillermo Hernández de Alba y Joaquín Antonio Peñalosa, estudios en la Introducción a Hernando Domínguez Camargo, *Obras*, ed. cit.

[91] En efecto, al material publicado por Ricardo Palma en su lejana edición del *Diente del Parnaso* (Lima, 1873), se han agregado nuevos textos de Caviedes. De manera especial, a través de los aportes de Luis Fabio Xammar «Dos bayles», en la revista *Fénix*, núm. 2, Lima, 1945, págs. 277-285; *Veintitrés sonetos inéditos*, íd., núm. 3, págs. 632-641), el P. Rubén Vargas Ugarte (Caviedes, *Obras*, edición de Lima, 1947) y Daniel R. Reedy (*The*

Poetic Art of Juan del Valle Caviedes, Illinois, Michigan, 1962).

Paradójicamente, en algunas ediciones aún se siguen atribuyendo a Caviedes poesías ajenas, tal como veremos después.

[92] Una síntesis documentada de la biografía de Caviedes aparece en el libro de Glen L. Kolb, *Juan del Valle Caviedes. A Study of the Life, Times and Poetry of a Spanish Colonial Satirist*, New London, Conn., 1959, págs. 6-12. El aporte fundamental de Guillermo Lohmann Villena corresponde a su artículo «Dos documentos inéditos sobre Juan del Valle Caviedes», *Revista Histórica*, XI, Lima, 1937, págs. 277-283. Aquí se prueba el origen peninsular de Caviedes.

[93] Cfr. con mi estudio *Quevedo en América: Sor Juana, Caviedes y el P. Aguirre*, en *Quevedo*, ed. cit., págs. 22-229. Ver, también, Giovanni Bellini, «Actualidad de Juan del Valle Caviedes», en la revista *Caravelle*, núm. 7, Toulouse, 1966, págs. 153-165).

buían a Caviedes, las *Lamentaciones sobre la vida en pecado*, es, en rigor, una *Canción* de Juan Martínez de Cuéllar[94]. ¡Lástima que todavía la veamos, en ediciones y antologías, como obra de Caviedes! En fin, tal comprobación no altera fundamentalmente una producción literaria cada vez mejor conocida y que hoy se acerca a las trescientas composiciones.

En Caviedes hay algunos ecos de Góngora, pero pocos. Con mayor fuerza, aparecen en él rastros calderonianos (influencia también muy notoria en América). Sin embargo, como ya anticipé, la influencia mayor, la más continuada en él, es la de Quevedo.

Caviedes es uno de los nombres destacados en una larga serie de versificadores satíricos que, desde el siglo XVI se ligan a la ciudad de Lima: Rosas de Oquendo, Caviedes, Francisco del Castillo, Terralla y Landa, entre otros (y eso que no sobrepaso los siglos coloniales).

Dentro de esta vena, es ineludible la mención de sus burlas a los médicos, en los que suele representar la ignorancia, la simulación, el engaño y otros males semejantes. En realidad, y sin quitarle la razón a Caviedes, sospechamos que sus ataques revelan, sobre todo, sus reacciones ante la incapacidad de los médicos para curarlo.

Aparte de los médicos (y de los abogados: hay una buena galería), otros personajes desfilan grotescamente por sus versos. Espejo —sospechamos igualmente— de un mundo variado y colorido, más visible en los vicios que en las virtudes, y que daba fisonomía característica a aquella Lima de los virreyes: aventureros, cortesanas (como la «Armada» que pinta), beatas, «caballeros chanflones», «doctos en chafalonía», «chauchillas»...

Todos estos personajes —y más— abundaban en la Lima del siglo XVII. Abundaban, si bien hacía falta un ingenio que supiera trasladar animadamente ese mundo desde la realidad concreta a las letras. Tal vacío fue llenado por Caviedes. Por eso, al aceptar hoy su testimonio, no tendría sentido achacarle explicables deformaciones y caricaturas, a los que se ve empujado por la propia materia que trata.

Era difícil rehuir entonces, dentro de la sátira, el ejemplo de Quevedo. Tan absorbente, y con tanto prestigio, aparece el modelo. Caviedes se apoya con frecuencia en él, y, por eso, no resulta difícil encontrar igualmente

en sus escritos la palabra de admiración o testimonio hacia el famoso autor de *El Parnaso español*. En lugar especial —reitero— el aprovechamiento de temas, esquemas y versos[95].

Pero, hecha esta comprobación, de ninguna manera se anula la personalidad del ingenio americano (que así lo consideramos). Caviedes era buen poeta: lo muestra también en algunas composiciones graves o serias, de índole moral, si bien no cabe duda de que su obra se empina notoriamente en la sátira, en la burla. Aquí es donde está su permanencia literaria.

Ingenio afilado, sátira mordaz, humor de colores oscuros, de sedimento amargo, son peculiaridades que se conjugan en la producción de Juan del Valle Caviedes y dan el toque más personal a sus versos. Obra, en fin, que puede leerse hoy con recompensa de descubrimiento y originalidad.

Es posible que, dentro de las vicisitudes que atraviesa el debatido concepto de Manierismo, más de un crítico lo sitúe sin mayor discusión en ese casillero. Por mi parte —y para ser fiel a consideraciones que he expuesto en las generalidades sobre el estilo barroco— lo situó claramente en este lugar[96].

3.2.4. *Sor Juana Inés de la Cruz (1651-1695)*

Ningún otro nombre de las letras coloniales hispanoamericanas (salvo el caso de Alarcón, con su situación especial) llegá hasta nosotros con tanta fuerza como el de sor Juana Inés de la Cruz. Reparando un viejo e injusto olvido de Menéndez y Pelayo, hoy totalmente superado, es de rigor afirmar que sor Juana, el Inca Garcilaso y Ruiz de Alarcón constituyen el magnífico grupo que Hispanoamérica ofrece a España y al mundo en los tres siglos largos de la colonia.

La obra de sor Juana, de predominancia lírica, nos prueba, además, que no tuvo equivalencia en la península, en aquel pobre final del siglo XVII: pobre ocaso de un señalado día. No es éste un realce fundamental, aunque algo dice para situarla en la época[97].

[94] Ver mi estudio «Restituciones a la lírica española» (*Revista de Filología Hispánica*, VIII, Buenos Aires, 1946), y *Pedro Henríquez Ureña y otros estudios* (Buenos Aires, 1949, págs. 159-162).

[95] Cfr., con Glen L. Kolb, *Juan del Valle Caviedes...* estudio citado; y Daniel R. Reedy, *The Poetic Art of Juan del Valle Caviedes, ídem.*

[96] Sobre Caviedes, ver también, en este volumen, el estudio de Daniel R. Reedy. (N. del C.)

[97] Una edición importante y accesible de Sor Juana Inés de la Cruz es la que dirigió Alfonso Méndez Plancarte (terminada por A. G. Salceda), con el título de *Obras completas* (4 vols., México, 1951-1957). No creo faltar a la alta estimación que tuve hacia mi buen amigo, Alfonso Méndez Plancarte, al decir que la riqueza de Sor Juana no ha encontrado todavía el editor que merece. Por supuesto, esa futura obra deberá tener muy en cuenta la edición citada.

Sor Juana (en el siglo, Juana de Asbaje) nació en San Miguel de Nepantla, en 1651. Tenía pocos años cuando paso al palacio del virrey de México, marqués de Mancera, como dama de honor de la virreina. Después de un fracasado intento anterior, profesó, a los diecisiete años, en el convento de San Jerónimo de la ciudad de México, en el que permaneció hasta el final de su vida. Allí se dedicó al estudio y a la poesía. Amistad importante de la monja fue Carlos de Sigüenza y Góngora.

Sus primeros versos impresos son los villancicos a San Pedro Nolasco y a San Pedro Apóstol (México, 1677). En 1689, apareció en Madrid un tomo de poesías de sor Juana con el título de *Inundación Castálida*, dedicado a la condesa de Paredes (y con poesías superiores al título de la recopilación). De 1690 es su audaz crítica a un Sermón del padre Antonio Vieira, famoso predicador portugués. Los últimos años de sor Juana fueron tristes y voluntariamente atormentados. Murió en México durante la epidemia de 1695[98].

Las obras de sor Juana se encuentran recogidas en las siguientes ediciones principales: *Inundación Castálida* (Madrid, 1689); segunda edición con el título de *Poemas de la única poetisa americana, Musa Décima, Soror Juana Inés de la Cruz* (Madrid, 1960); *Segundo volumen de las obras de Soror Juana Inés de la Cruz* (Sevilla, 1692); y *Fama y obras póstumas* (Madrid, 1700). Sus obras comprenden sonetos, romances, liras, décimas, redondillas, ovillejos, letras sagradas, villancicos en forma dramática y en forma lírica, un poema como el *Primero sueño;* autos sacramentales, como *El Divino Narciso* y *El cetro de José*; comedias como *Los empeños de una casa* y *Amor es más laberinto* (ésta, en colaboración con Juan de Guevara); obras en prosa como la *Carta Atenagórica* y la *Respuesta a sor Filotea de la Cruz*; y, en fin, otras producciones menos importantes.

Señalar, como se hace comúnmente, posibles modelos de Sor Juana (sobre todo, Calderón y Góngora), de ninguna manera disminuye su dimensión. Aparte de que no desmerece frente a tan altos poetas, más de una vez sor Juana nos convence de que su actitud no es de humilde resguardo, sino de desafiante alarde u ostentación.

Era casi imposible, en la segunda mitad del siglo XVII, rehuir el absorbente modelo dramático de Calderón (dramático, pero con fuerte proyección en lo lírico). Sor Juana se acoge a él, hasta en las especies teatrales que cultiva, si bien —como digo— persigue siempre algo más que una simple imitación. Un ejemplo típico lo vemos en el auto *El Divino Narciso*, sin duda la mejor pieza teatral escrita por sor Juana. Su posible fuente fue aquí la comedia mitológica de Calderón *Eco y Narciso*, con agregados de elementos bíblicos y ovidianos (según señala Julio Jiménez Rueda). La intención está lejos de pretender lustre sólo a través de estos defendibles apoyos. Por el contrario, aspira claramente a superarlos, a personalizar materiales diversos, sin que ese aprovechamiento inicial se considere debilidad o desmedro. Esta explicación general que tentamos es coherente —me parece— con el espíritu de sor Juana, ya que puede mostrarse a través de muy claros y abundantes ejemplos[99].

La obra más difundida de sor Juana (y no sólo como una consecuencia de su mayor brevedad y reiteración) es su obra lírica. Baste con citar sus notables sonetos («Éste que ves, engaño colorido» «Detente, sombra de mi bien esquivo»; «Esta tarde, mi bien, cuando te hablaba»; «Rosa divina, que en gentil cultura»...); sus liras («A estos peñascos rudos»; «Amado dueño mío»); sus redondillas («Este amoroso tormento»; «Hombres necios que acusáis»)... En fin, el *Primero sueño* en lugar aparte por extensión y carácter, para probar acabadamente lo que digo.

Estas composiciones (y otras que no cuesta encontrar en ella) se superponen a versos que también escribió con cierta frecuencia, como tributos a los certámenes literarios de la época. No olvidemos las costumbres del momento, más aún en América, ni olvidemos la «obligación» de quien, como sor Juana, no podía desoír pedidos e incitaciones. Quedan, así, sus ofrendas de circunstancia, donde no siempre el ingenio de la autora alcanza a levantar el más o menos minúsculo estímulo que las determina. Con todo, es justo agregar que, en ocasiones, una poesía recordada de sor Juana nació de tan delezables raíces.

En otro nivel, me parece apropiado llamar la atención, una vez más, sobre el *Primero sueño*, obra singular dentro de su producción, y aun dentro de la poesía universal. Por un lado, curiosidad y conocimientos científicos; por otro, poesía. A menudo, poesía y ciencia fundidas. Vagos precedentes literarios en el

---

[98] Los apoyos básicos de la biografía de Sor Juana siguen siendo los párrafos que escribió en la *Carta a sor Filotea de la Cruz*, de 1591 (en la *Fama y obras póstumas del Fénix de México*, Madrid, 1700, págs. 8-60), junto con la *Aprobación* del padre Diego Calleja al mismo volumen.

[99] Ver mi estudio «Sor Juana: ciencia y poesía», *Revista de Filología Española*, XXXVI, Madrid, 1952, págs. 287-307, y, en especial, mi artículo «Sor Juana Inés de la Cruz, ejemplo de *contradicción* y alarde», en el *Homenaje al Dr. Rudolf Grossmann*, Hamburgo, 1977.

tema, y aprovechamiento de la lengua poética gongorina, especialmente a través de las *Soledades.*

El camino abierto a la poesía de sor Juana era limitado: proceso vago, neblinoso, más «científico» que el que caracteriza a las *Soledades.* Además, el notorio predominio psicofisiológico en el poema, que se centra en la descripción del sueño. De ahí también —por asunto y lengua— ciertas dificultades en su lectura y comprensión; no tantas, sin embargo, como para ocultar las bellezas y la novedad inusitada del poema[100].

Para terminar, creo necesario decir algunas palabras acerca de sor Juana y de su más defendible lugar dentro de los estilos de época. Sobre todo, atendiendo a concepciones más novedosas o recientes.

En primer término, es bien sabido que, como consecuencia de la importancia que sor Juana tiene y, en general, se le reconoce, su nombre suele figurar (corrientemente, como único nombre americano) en las listas y recuentos universales (o, mejor, occidentales) que se han multiplicado en los últimos años. Me refiero en particular a los enfoques sobre Manierismo, Barroco, y Barroquismo (a la manera de Hatzfeld). Al respecto, señalo que no veo motivos valederos para apartar a la poetisa mexicana de su ubicación barroca, de acuerdo con la concepción que hemos defendido en párrafos anteriores. Por el contrario, me parece que pocos autores como sor Juana nos dan una sensación tan nítida de lo barroco, y, esencialmente, de sus aspectos positivos[101].

4. LA LÍRICA ROCOCÓ

4.1. EL ESTILO ROCOCÓ

De la misma manera que es perceptible en los últimos años el avance de la crítica sobre el concepto de Manierismo, no resulta exagerado defender una situación parecida para el concepto de Rococó. Aunque tanto en un caso como en otro las clarificaciones disten de guardar relación con la abundancia de la bibliografía[102].

Por otra parte, el proceso recorrido por la expansión del término *Rococó* es semejante, pienso, al que recorrieron, en su momento, los de Barroco y Manierismo. Es decir, correspondió primero a una categoría restringida (centrada, aquí, en la arquitectura y la decoración) para pasar después a designar todo un estilo de época.

En general, cabe decir que el estilo Rococó no tuvo la importancia que se le concede al Barroco y —hoy— al Manierismo. Se le considera más limitado en el espacio y en el tiempo, aunque, por supuesto, hay variantes apreciables en la crítica. Así, para citar dos ejemplos bien definidos, basta comparar la concepción de Walter Linni, por un lado[103], frente a la de Arno Schönberger y Haldor Söhner[104], o a la de Wylie Sypher[105], por otro. Para estos últimos, el Rococó es signo definidor de todo el siglo XVIII y le conceden —claro— trascendencia mucho mayor que la de un simple valor decorativo, o circunscrito a las artes menores. En el caso especial de Sypher, su apoyo está en una particular concepción del mundo y de la vida que caracteriza al siglo y que le da su sello. En cambio, para Walter Linni (que, a su vez, compendia coincidentemente la idea de muchos otros) el Rococó no puede considerarse como el único estilo epocal del siglo XVIII. Ni siquiera de gran parte de él. Después de pasar revista a las diversas limitaciones que ve, postula que sólo es lícito hablar de direcciones, de compo-

---

[100] En consonancia con la complejidad de la obra, se ha establecido algo así como un torneo de la crítica para penetrar en los «misterios» y singularidades del *Primero sueño.* Eso explica, me parece, las numerosas ediciones que en nuestro siglo se han hecho del poema, así como los estudios particulares que la obra ha merecido (de Ermilo Abreu Gómez, Karl Vossler, Alfonso Méndez Plancarte, Ezequiel A. Chávez, Gerardo Moldenhauer, y otros). Ver, también, en esta dirección, mi estudio «Sor Juana: ciencia y poesía (Sobre el "Primero sueño")», ya citado. El reciente artículo de Georgina Sabat de Rivers «Trillo de Figueroa y el "Sueño" de Sor Juana», *Actas del V Congreso Internacional de Hispanistas,* II, Burdeos, 1977, págs. 763-775 agrega una nueva fuente, si bien, en lo esencial, refuerza mi tesis acerca de la originalidad de la parte central del poema.

[101] Me parece justo citar estos otros estudios vinculados a Sor Juana Inés de la Cruz: Pedro Henríquez Ureña, «Clásicos de América, II. Sor Juana Inés de la Cruz» (en *Cursos y conferencias,* I, núm. 3, Buenos Aires, 1931, páginas 227-249); Karl Vossler, «Sor Juana Inés de la Cruz» (en *Escritores y poetas de España,* traducción de C. Clavería, Buenos Aires, 1947); Irving A. Leonard, *Baroque Times in Old Mexico* (Ann Arbor, 1966); Darío Puccini, *Sor Juana Inés de la Cruz* (Roma, 1967).
Ver también el artículo de Georgina Sabat de Rivers «Sor Juana Inés de la Cruz», en este volumen. (N. del C.)

[102] Cfr., Helmut A. Hatzfeld, «Problems of the Baroque in 1975», en *Thesaurus,* XXX, 2, Bogotá, 1975, págs. 209-224; Patrick Brady, «The present state of Studies on the Rococo», en *Comparative Literature,* núm. 27, 1975, págs. 21-33).

[103] Cfr., Walter Binni, «Il Rococó letterario», en Accademia dei Lincei, *Manierismo, Barocco, Rococó,* Roma, 1962, págs. 217-237.

[104] Cfr., Arno Schönberger y Haldor Söhner, *Die Welt des Rokoko,* Munich, 1959. Hay traducción española: *El Rococó y su época,* Madrid, 1971.

[105] Ver Wylie Sypher, *Rococo to Cubism in Art and Literature,* Nueva York, 1960. Ver, también, la reseña de esta obra escrita por H. A. Hatzfeld, «A new periodization of Literary History: a review article» (en *Romance Notes* II, núm. 1, 1960, págs. 1-6). De W. Sypher conocemos, como obra previa, su más difundida *Four Stages...*

nentes rococó, si bien reconoce, como su momento más visible, el período de la «Arcadia».

Quizás sea ocasión de decir, una vez más, «ni tanto, ni tan poco». Aunque —reitero— prevalece la coincidencia en que el Rococó es un estilo limitado en el espacio y en el tiempo. Que se afirma (dejemos a una lado precedentes) en la corte francesa de Luis XV, y se prolonga en la de su sucesor. De Francia se extendió a otras regiones, hacia mediados del siglo, pero no tuvo, a mi parecer, una vida prolongada.

En el caso especial de España, si, por un lado notamos su presencia, corresponde agregar que no se da con mucha firmeza (apartamos, igualmente, la mención de algunos anticipos, ya a fines del XVII). Eso sí, reconocemos una serie de condiciones que facilitaban su aceptación: dinastía francesa, prestigio de esta cultura en Europa, difusión de sus ideas en España... [106]. Pero —insisto— hay en la época otras fuerzas y estilos que nada tienen que ver (o que tienen que ver poco) con el Rococó. De ahí, igualmente, una sensación de dispersión, y aun rechazo.

Las diversas circunstancias que dan perfil al siglo XVIII americano no favorecen, por cierto, la expansión de un arte como el Rococó. Recordemos, por un lado, la persistencia, muy firme, de típicas formas barrocas, y, por otro, los ya visibles anuncios de ideas político sociales que apuntan, con más o menos justeza, a la Independencia (es decir, manifestaciones poco afines a lo esencial del Rococó). Ahora, sí, es justo decir que hay algunas señales de arte rococó en Hispanoamérica durante el siglo XVIII, con las comprensiones explicadas.

Con otras palabras, lo que ocurre en estas regiones —resumo— es la continuidad de lo Barroco (más allá de lo que el Rococó muestra como derivación de lo barroco), por una parte, y, por otra, particulares condiciones sociales que más bien rechazan la tendencia Rococó. En fin, el cuadro se completa con la irrupción neoclasicista (con alguna mayor afinidad al momento que se vive), y, por último, con los indicios —nada más que indicios— prerrománticos...

De esta manera, el florecimiento de la literatura rococó se ve en Hispanoamérica aún más constreñida que en la metrópoli. Todo esto, más allá de los elementos comunes y paralelos que encontramos en la época colonial: comunes y paralelos, dentro de un sentido muy amplio.

Es ocasión de puntualizar ya los rasgos definidores del arte Rococó. Anticipo, de nuevo, que el cuadro obedece a una impresión de conjunto (y de diversas artes). En ese cuadro nos importa, en primer lugar, su especial aplicación literaria, junto con el respaldo de fundamentaciones que ofrezcan alguna solidez.

El arte Rococó es, en mucho, una derivación y particularización de lo Barroco. Ya, separación. Coincide con el barroquismo en los límites imprecisos entre clasicismo y anticlasicismo. Veo por lo tanto, como líneas más definidoras, su sentido hedonista, su superficie de juego y coquetería. Es, notoriamente, un arte aristocrático, cortesano, ámbito apropiado donde puede triunfar la galantería y el refinamiento.

Frente a la monumentalidad barroca, el rococó destaca, sobre todo, su culto de lo pequeño, la miniatura, la filigrana. Y, no menos, su especial dedicación a la artesanía o artes menores (espejos, muebles, tejidos; jardinería). Se vuelve, en parte, al exceso ornamental del manierismo (después del adorno algo más contenido del barroco) [107]. En fin, la abundancia mitológica, la predilección por el arcadismo. Y, en otra dirección, contactos parciales con el Iluminismo.

En conclusión, creo que los rasgos señalados alcanzan a dar una noción de este estilo e —insisto— de su difusión más limitada (sobre todo, si tomamos como punto de referencia el Barroco) [108]. Y que, por los factores que apunté, lo fue aún más en tierras americanas.

4.2 La lírica rococó en Hispanoamérica

En el momento de dar nombres de autores, verdad es que no tenemos dificultades en establecer una lista, si no nutrida, por lo menos visible. Eso sí, no resulta, en conjunto, tan valiosa como la que hemos trazado para el Barroco. Pero, sobre todo, me parece que la

---

[106] Sobre el Rococó literario en España, ver José Caso González, *Los conceptos de Rococó, Neoclasicismo y Prerromanticismo en la literatura española del siglo XVII*, Oviedo, 1970; id., *La poética de Jovellanos*, Madrid 1972, págs. 15-42.

[107] El crítico francés Roger Laufel establece aún mayores coincidencias entre Manierismo y Marivaux. (Ver R. Laufel, *Style Rococo, Style des «Lumières»*, París, 1963, páginas 26-33.) Como sabemos, Marivaux es considerado por muchos críticos como un autor típico del Rococó.

[108] Aparte de los estudios citados, ver también, Helmut A. Hatzfeld, *The Rococo: Eroticism, Wit and Elegance in European Literature*, Nueva York, 1972; Friedrich Schürr, *Barocke, Klassizismus und Rokoko in der Französischen Literatur*, Leipzig-Berlín, 1928.

Sobre el Rococó en Hispanoamérica, ver también Rudolf Grossmann, *Historia y problemas de la literatura hispanoamericana*, traducción de Juan C. Probst, Madrid, 1972, págs. 147-175 y 194-196.

Púlpito rococó

nota distintiva es que una buena parte de los autores que citamos en la época rococó aparecen aquí sólo con contactos parciales, y no totalmente inmersos en la época. Tenemos, así, casos como los de Peralta Barnuevo[109] y el padre Aguirre[110], ya citados como barro-cos, por una lado; y, por otro, el caso de padr. Martínez de Navarrete, que veremos mejo como neoclasiçista. Y esto, para referime ún. camente a autores de cierta significación.

En un primer recuento, que incluye autor. de diversos géneros, valen, pues, estos nombr. (con las salvedades apuntadas): Pedro A. d Peralta Barnuevo (barroco y rococó), Eusebi Vela, Juan José de Arriola, Cayetano Cabrer y Quintero, Santiago Pita, Francisco Ruiz d León (barroco y rococó), fray Juan de la Anur ciación, Francisco Antonio Vélez Ladrón d Guevara, padre Juan Bautista Aguirre (barroc y rococó), Joaquín Velázquez de Cárdenas León. En otro plano, fray José Manuel Ma. tínez de Navarrete (rococó y neoclasicista.

Como era corriente en aquellos siglos, l mayor parte de los autores enumerados cu tivaron el género lírico. A veces, exclusiva mente. Y, con mayor o menor producció con mayor o menor importancia, configura este no muy preciso esquema de la poesi rococó en Hispanoamérica. De la lista sepa ramos a Peralta Barnuevo, Arriola[111], C brera y Quintero[112], Vélez Ladrón de Gu vara[113], Ruiz de León, el padre Aguirre, V lázquez de Cárdenas y León[114], fray Juan d la Anunciación[115], y Martínez de Navarret

En la lengua poética del calderonismo habí ya muchos elementos válidos que al transfo marse rápidamente en fórmulas repetidas da sensación de prededentes del rococó. Y es sensación se confirma en los dramaturgos d su escuela o ciclo (Moreto, Rojas Zorrill. Bances Candamo). Además, no olvidemos qu el calderonismo, como forma lírica, sigu siendo elemento vital en el siglo XVIII, sobr todo a través de las reiteradas imitaciones d monólogos famosos, de desarrollo conceptist cultista, o, mejor, de conceptismo cultista.

También encontramos en Hispanoaméric. el renovado acento y escenografía del arca dismo. Lo que ocurre es que en América s agudiza posiblemente la paradoja, frente a l

[109] Sin olvidar que ya en Calderón, Moreto, Bances Candamo y otros autores españoles del siglo XVII hay anticipos del Rococó, podemos aceptar que en Peralta Barnuevo los rasgos que identificamos con el Rococó se deben a influencia francesa. Particularmente, me refiero a Peralta como autor dramático, a través de su lírica «musical» y al despliegue escenográfico. Ver, sobre todo, las comedias *Afectos vencen finezas* (Loa y Final de fiesta) y *Triunfos de amor y poder* (Baile y Fin de fiesta). (Cfr., Pedro de Peralta Barnuevo, *Obras dramáticas*, ed. de Irving A. Leonard, Santiago de Chile, 1937; Guillermo Lohmann Villena, *El arte dramático en Lima durante el Virreynato*, Madrid, 1945.)

[110] Sobre el padre Aguirre, ver mi edición de sus poesías (*Un olvidado poeta colonial*, Buenos Aires, 1943, págs. 77-78); y *El gongorismo en América*, Buenos Aires, 1946, págs. 197-206.

[111] Ver Juan José de Arriola, *Décimas de Santa Rosalí* Selección y notas de Alfonso Méndez Placarte, México, 195
[112] Cfr., Gabriel Méndez Plancarte, *Horacio en Méxic* México, 1939, pág. 31.
[113] Ver Antonio Gómez Restrepo, *Historia de la literatur colombiana*, I, 3.ª ed., Bogotá, 1953, págs. 203-284.
[114] Ver mi libro *El gongorismo en América*, ed. cit., pág nas 164-165 y 170.
[115] Sobre fray Juan de la Anunciación ver Alfonso Mé dez Placarte, *Poetas Novohispanos. Segundo siglo (162. 1721)*. Segunda parte, ed. cit., págs. 211-217. Por su part Alfonso Reyes lo destaca en breve, pero llamativo párraf

Último fruto del Siglo de Oro novohispánico, s lo tomaría por directo e inmediato precursor d Modernismo y del primer Rubén Darío... (A. Reye *Letras de la Nueva España*, México, 1948, pág. 117

diversidad social que caracteriza al Nuevo Mundo, tan distinta, como resonancia, a la que el género podía encontrar aún en Europa. Y la paradoja crece al considerar la riqueza prácticamente inédita del paisaje americano.

Agreguemos, en otro plano, el regusto por la miniatura poética y el epigrama, por el poema «visual» y el juego ingenioso..: Algo menos frecuente, una lírica musical inspirada en formas nuevas y en ejemplos famosos del siglo XVIII (en primer lugar, Metastasio). Y menos todavía, reflejos de pensamientos galantes, aún más incomprensibles en estas regiones que en las refinadas cortes europeas. En fin, la mitología conserva su estricto valor ornamental y su lustre erudito, o es sentida como simple juego o diversión. Y la anacreóntica tiene, si no muchos cultores, ejemplos muy claros.

Como es explicable, no desaparecen ni el tema del homenaje cortesano, ni el tema religioso, ni el tema amoroso. Aunque podemos vincular directamente al segundo con el rococó, notamos que también algo se tiñe de los colores que dan las luces de la época. Y en el tema amoroso, los poemas americanos muestran, junto a su contenida sensualidad, el cauce que le prestan arcadismo y anacreóntica.

Por último, en el sector especial de la métrica, aparte del uso asiduo de sonetos, romances, octavas reales, redondillas, liras y otras formas aceptadas, destacamos el creciente apego a la décima (tal como vemos en Ruiz de León, Arriola, Vélez Ladrón de Guevara, el padre Aguirre y otros).

4.2.1. *Juan Bautista Aguirre (1725-86)*

El padre Juan Bautista Aguirre, jesuita ecuatoriano, es no sólo uno de los poetas líricos más importantes del siglo XVIII, sino también un testimonio valioso en relación a la larga vida de la corriente barroca en Hispanoamérica. En efecto, el padre Aguirre nos acerca ya a los últimos años de este siglo y es muestra acabada de una continuidad que aún se mantiene en plena lozanía. Por lo menos, a través de su obra. Además, como no podía ser menos, su producción nos permite establecer contactos con el estilo rococó, no totalmente desasido del barroquismo, si bien ya como manifestación de un nuevo estilo de época.

Además, el padre Aguirre fue —como sabemos— jesuita y, como tal, uno de los comprendidos en la expulsión de Carlos III (de acuerdo a la noticia más aceptada). Esta situación nos enfrenta con un hecho nuevo y de trascendencia, aunque, como veremos, no aparece reflejada en la no muy abundante producción literaria del padre Aguirre.

Juan Bautista Aguirre nació en la villa de Daule, provincia del Guayas, en 1725. Ingresó a la Compañía de Jesús y estudió en Quito, donde residió alrededor de treinta años. En Quito fue profesor de filosofía y llegó a alcanzar fama como orador sagrado. Aceptamos que fue uno de los jesuitas incluidos en la orden de expulsión de 1767. Se radicó, como muchos otros, en Italia, donde ocupó —Ferrara, Tívoli— distintos cargos docentes. Murió en Tívoli, en 1786.

El prestigio literario de nuestro autor se apoya en su obra poética. Y esa producción se conoce hoy gracias a una copia de Juan María Gutiérrez que se encuentra en su *Archivo*. Dos ediciones casi simultáneas de la copia de Gutiérrez permiten hoy conocer el cuerpo principal de la obra del padre Aguirre[116].

La producción del jesuita ecuatoriano no es muy extensa. Poemas importantes son: el *Rasgo épico a la Concepción de Nestra Señora*, el *Canto a la rebelión y caída de Luzbel y sus secuaces*, la *Descripción del Mar de Venus* (brillante y gongorina), la *Carta a Lizardo*, el *Llanto de la naturaleza humana después de su caída por Adán* (calderoniana), los cinco sonetos... Tenía, por otra parte, habilidad para la sátira, tal como lo muestran las décimas en que elogia a Guayaquil y se burla de Quito. Aunque a veces se extravía por este camino[117].

El padre Aguirre, a través de las poesías mencionadas, nos retrotrae mucho a temas, recursos expresivos e influencias visibles de la lírica del siglo XVII. Y más aún, a lo que esa lírica representa en los mejores ejemplos hispanoamericanos. Es decir, pues, que no se trata de simples ecos o remedos, sino de meritorios tributos de recreación, aunque se guarezcan en nombres, imponentes: de manera especial, Góngora, Calderón, Quevedo, Rioja, Polo de Medina.

Por otra parte, una composición como la titulada *Afectos de un amante perseguido*, si no figura entre las composiciones recordables del padre Aguirre, sirve para mostrarlo más en «su» tiempo, como reflejo inequívoco del

---

116 Cfr., Juan María Gutiérrez, *Colección de poesías americanas antiguas y modernas; impresas, manuscritas y autógrafas*, I, Biblioteca de Juan María Gutiérrez en el Congreso de la Nación, R. Argentina; mi edición (*Un olvidado poeta colonial*, ed. cit.), y la edición de Gonzalo Zaldumbide (*Poesías y obras oratorias*, del padre Aguirre, Quito, 1944; antedatada en la portada, 1943).
117 Sirvan de ejemplo las cuartetas al Doctor Vidales. (Ver, en mi edición, págs. 91-92.)

Rococó, tanto por su tema como por su especial contextura musical. Aunque encontremos igualmente en esos versos paronomasias y otros juegos de palabras, como enlace con otros sectores de su obra. Sospechamos que el padre Aguirre escribió más poesías de este tipo, si bien no podemos mostrarlas y, menos, deducir consecuencias de lo que no conocemos[118].

Por el lugar donde Juan María Gutiérrez copió las poesías del padre Aguirre (del manuscrito titulado *Versos castellanos, obras juveniles, miscelánea*) poco cuesta adivinar que las composiciones corresponden a una época anterior a la expulsión. En otro plano, podría reforzar esa idea la referencia del título —«obras juveniles»—, si bien no conviene dar valor decisivo a tales testimonios. Así, pues, nos ceñimos al primer dato y, no menos, al carácter de las composiciones para atribuirles una cronología no muy avanzada en la vida del autor. No tenemos noticia de poesías posteriores a 1767, y, más bien, hay que pensar que no las escribió. No deja de ser algo lamentable, atendiendo al nivel que revelan las poesías escritas por el padre Aguirre en América[119].

En resumen, el jesuita ecuatoriano Juan Bautista Aguirre nos sirve, especialmente, para mostrar la larga vida del barroquismo en tierras americanas, puesto que nos acerca, en continuidad aún viva, hasta casi los lindes de las revoluciones de independencia. Y, por otra parte, nos permite contactos con un estilo más de su siglo, como es el Rococó. En fin, su condición de jesuita lo liga, con las vicisitudes de la expulsión, al drama que vivieron los miembros de la orden[120].

4.2.2. *Fray José Manuel Martínez de Navarrete (1768-1809)*

El mexicano fray José Manuel Martínez de Navarrete tiene un sector de su lírica que lo asemeja a Olavide (claro está, el de tema religioso), pero su vida fue una vida retirada que transcurrió enteramente en México y dentro de la orden religiosa que abrazó a temprana edad. Y ya que mencionamos a Olavide, reparemos en que Navarrete, de vida mucho más oscura, nos dejó, sin embargo, una obra algo más variada (simplemente, marco una diferencia).

Nació Martínez de Navarrete en Zamora, Michoacán, en 1768. Estudió en la ciudad de México y a los diecinueve años tomó los hábitos franciscanos en el convento de San Pedro y San Pablo de la ciudad de Querétaro. De Querétaro se trasladó a Celaya, y se sospecha que allí dio comienzo a su obra literaria.

Más adelante, hacia 1807, fue cura párroco en San Antonio de Tula y, finalmente, guardián del convento de Tlalpujahua. Como digo, su vivir no tuvo mayores sobresaltos y se repartió entre las obligaciones de la orden y su no muy abundante producción literaria. Esta última tuvo sobre todo ocasión de difundirla como miembro de la *Arcadia Mexicana* (de la cual fue «Mayoral»), y en las páginas del *Diario de México*, a partir de 1805 ó 1806 (donde sus obras aparecen con las iniciales N y F. M. N.). Ocupaba el citado cargo de guardián cuando murió a mediados del año 1809. Sus obras poéticas aparecieron —como obras póstumas— en 1823[121].

Podemos seguir, sin considerarlo una paradoja, el elemental paralelo entre Olavide y Navarrete. El primero, registra sólo líricamente el momento final (de religiosidad), dentro de una vida tan cambiante y con tantas peripecias. En cambio, el segundo, que prácticamente pasó casi toda su existencia en religión y con una biografía poco llamativa, nos dejó un repertorio de temas algo más variado que el que puede esperarse de un religioso. Temas entre los que no faltan tributos anacreónticos, poesías amorosas, «filosóficas», descriptivas... Aparte, claro, de sus poesías esencialmente religiosas. Es cierto que las letras hispánicas de aquellos siglos presentan numerosos autores de igual o mayor variedad, y que, por lo tanto, no es éste rasgo que sorprende. En el caso especial de Navarrete podemos sospechar que éste, a través de la imaginación, procuró ganar nuevos mundos y vivencias... O sobreponerse, con tal diversidad de vuelo, al ámbito humilde donde transcurrió la mayor parte de su vida.

Como he dicho, la obra de fray José Manuel

---

[118] Podemos comparar, igualmente, el «minuet» del padre Aguirre con el de fray Juan de la Anunciación, en «endecasílabos de gaita gallega».

[119] Por lo pronto, no figuran composiciones del padre Aguirre en la obra de Juan de Velasco, *Colección de poesías varias, hechas por un ocioso de la ciudad de Faenza*, cinco volúmenes manuscritos, conservados en la Biblioteca de la ciudad de Quito.

[120] Sobre el padre Aguirre, ver mis estudios incluidos en *El gongorismo en América*, ed. cit., págs. 197-209, y *Un olvidado poeta colonial*, ed. cit., págs. 5-32; Gonzalo Zaldumbide y Aurelio Espinosa Pólit, prólogo y bibliografía, respectivamente, en la ed. de J. B. Aguirre, *Poesías y obras oratorias*, ed. cit.; Juan María Gutiérrez, *Estudios biográficos y críticos sobre algunos poetas sudamericanos anteriores al siglo XIX*, I, Buenos Aires, 1865.

---

[121] Cfr., fray José Manuel Martínez de Navarrete, *Entretenimientos poéticos*, I y II, México, 1823 (2.ª ed., París, 1835); *Obras completas*, México, 1904; *Poesías profanas*, ed. de Francisco Monterde, México, 1937.

Martínez de Navarrete fue reunida años después de su muerte. Exactamente, en 1823, y se titula *Entretenimientos poéticos*[122].

No con afán de establecer una ceñida dependencia, sino, más bien, como enlace bastante común en la época, es justo decir que la poesía de Navarrete entronca particularmente, en temas, con dos direcciones que llegaban con nitidez desde España: la anacreóntica de Meléndez Valdés y la lírica religiosa de fray Diego González, más importante de lo que hoy nos parece[123].

En general, Navarrete se presenta también como testimonio de dos o tres tendencias o «estilos» de los cuatro que encontramos sobre todo en la lírica hispanoamericana de la segunda mitad del siglo XVIII: rococó y neoclasicismo, en primer lugar, pero sin cortar la posibilidad de algunos despuntes prerrománticos (especialmente, en su visión del paisaje). En cambio, no lo podemos ligar, con peso, al final del barroco, que tan larga vida y continuidad tuvo en estas regiones.

Lo vinculamos al Rococó sobre todo por el arcadismo de sus anacreónticas y por el contenido adorno de algunos sonetos amorosos. El neoclasicismo se destaca, en cambio, en sus poesías sagradas y, no menos, en sus composiciones morales y «filosóficas» (muy siglo XVIII, como *La inmortalidad*). En fin, el prerromanticismo, a través de anticipos sentimentales (como ocurre con sus *Ratos tristes*) y de los versos descriptivos que, si no de manera muy llamativa, apuntan ya hacia la naturaleza mexicana (ejemplo, *La mañana*).

Esta diversidad de enlaces no es casual. Navarrete vive en un momento de acumulados cambios, y su obra (ni muy empinada, ni muy nutrida) refleja la variedad de tendencias que entonces pujan por imponerse.

Es obligatorio concluir que la época a que pertenece Martínez de Navarrete no se caracterizó, en España y América, por la excelencia de su lírica. En el sector de nuestro continente, es de rigor agregar que la época inmediata posterior (mejor dicho, la que corresponde a las revoluciones de independencia) iba a ofrecer, si no una diferencia fundamental, por lo menos presencias más altas y personales.

Concretamente, Martínez de Navarrete es de los que mejor sirve para representar este mo-mento (en realidad, no encuentro otro nombre más apropiado) que entendemos como primera fase del tardío neoclasicismo hispanoamericano. Con la aclaración de que su obra total pertenece, sí, al género lírico.

Francisco Monterde lo consideró «el heraldo del romanticismo mexicano»[124]. (El elogio —acepto que es tal— debe medirse en relación, también, al carácter no muy innovador del romanticismo en México.) Por su parte. Pedro Henríquez Ureña lo retrató como «delicado poeta provinciano»[125], sobre todo a través de las notas de la naturaleza americana que aparecen en sus versos. En cambio, Menéndez y Pelayo concedía la mayor altura a sus poesías «morales y sagradas», al mismo tiempo que se sorprendía, negativamente, por la publicación de las odas eróticas y las anacreónticas de Navarrete. (De paso, señalemos que los párrafos que le dedica no son de los más felices que escribió)[126]. Por mi parte, destaco, una vez más, que Navarrete, de modesto nivel, llega a adquirir algún relieve en un momento que, lamentamos, no se distinguió por el brillo de la lírica.

5. LA LÍRICA NEOCLASICA

5.1. CONCEPTO GENERAL

No creo que pueda ponerse en duda la noticia, tantas veces repetida, de la llegada tardía del Neoclasicismo a tierras de la América española. Prácticamente, a fines del siglo XVIII, y casi en las lindes de las revoluciones de independencia.

Sin embargo, conviene advertir de inmediato que no vemos hoy, como se veía hace años, un cuerpo macizo para el siglo XVIII europeo. Y sí, en cambio, una serie de estilos más o menos encadenados: aparte del neoclasicismo, la continuidad de lo Barroco, la presencia del Rococó, los anuncios prerrománticos, y aun otras formas o corrientes menos importantes. Igualmente, los puntos de contacto, entre Iluminismo y literatura.

Hecha esta breve salvedad, es justo decir, sí, que en Hispanoamérica la demora en la lle-

[122] Según su primer biógrafo (el anónimo que escribió la *Memoria sucinta* que acompaña las primeras ediciones de Navarrete) éste destruyó parte de sus poesías profanas, poco antes de morir. (Ver Luis G. Urbina, *La vida literaria en México*, Madrid, 1917, págs. 94-95.)
[123] Menéndez y Pelayo señaló estos dos nombres. (Ver *Antología de poetas hispanoamericanos*, I, ed. de Madrid, 1927, págs. LXXXVIII-XCI.)

[124] Francisco Monterde, prólogo a Navarrete, *Poesías profanas*, ed: cit.
[125] Lo de «poeta privinciano» es clara alusión a la vida que llevó Navarrete, en diversos y retirados conventos de su Orden. (Ver Pedro Henríquez Ureña, *Las corrientes literarias en la América Hispánica*, traducción de E. Díez-Canedo, México, 1949, pág. 111.)
[126] Ver Menéndez y Pelayo, *Antología de poetas hispanoamericanos*, I, ed. cit., pág. LXCIII. Ver, a su vez, la defensa que ensaya Luis G. Urbina, en *La vida literaria en México*, ed. cit., págs. 95-96.

gada del Neoclasicismo obedeció, sobre todo, a la continuidad y vigor del barroquismo, que desborda mucho más allá del siglo XVII y que permanece, con bastante lozanía, hasta bien avanzado el siglo XVIII. (Eso sí, resulta exagerado afirmar, sobre la base de algunas noticias equivocadas, que esa lozanía se mantiene todavía a comienzos del siglo XIX, a través de las páginas del *Diario de México*)[127].

Por lo que estamos viendo, conviene agregar, aparte del barroquismo (y no muy alejado de algunos de sus rasgos), manifestaciones del estilo rococó, en la forma no siempre precisa o excluyente que sería de desear. Con todo, es justo reconocer su presencia en el siglo XVIII hispanoamericano.

Evidentemente, y aunque ciertas doctrinas o teorías nos digan lo contrario, no siempre las épocas históricas (o histórico políticas) coinciden con las épocas artísticas. O, más exactamente, literarias. Aquí tenemos un ejemplo rotundo. Lo que llamamos época de la literatura neoclasicista en Hispanoamérica corresponde al final de la colonia y, sumamos, a ese momento crucial de la vida política que llamamos «Época de las revoluciones de independencia».

Sobre esta base, hasta resulta aceptable reconocer dos generaciones neoclasicistas, como comúnmente se hace: una primera, de penetración[128]; la otra, de afirmación y, al mismo tiempo, de diversificación. En esta última, aparte de su significación mucho mayor, resulta también incuestionable el mayor peso del Prerromanticismo anunciador.

Eso sí, englobando las dos generaciones o etapas en una época amplia, es evidente que ya el neoclasicismo inagural formaba adecuado cauce —o establecía contactos fecundos— con ideas de la Ilustración. Particularmente, con ideas políticas y sociales que germinan en el siglo XVIII, y que encuentran en América, sobre todo, ecos muy directos.

En relación a esas ideas políticas y sociales, las diferencias mayores que subrayamos en las dos etapas con las que tienen que ver, por un lado, con el momento anticipador, de expansión y propaganda; y, por otro, con la prédica activa, militante, vinculada a la lucha revolucionaria en pleno desarrollo.

Corresponde, por razones obvias, que nos ocupemos del primer momento. Aunque la escisión responda sólo a un intencionado corte, no puede menos que reconocerse una continuidad que se prolonga más allá de determinadas convenciones y particiones...

Pasemos ahora a trazar una serie de líneas que configuran el estilo de época que denominamos Neoclasicismo. (No tiene hoy fundamento referirse a él con el nombre, retaceador o negativo, de «Seudoclasicismo».) Defiendo los siguientes rasgos:
—Clasicismo (racionalismo, universalismo, *Poéticas*, etc.).
—Objetividad (o impersonalidad, por lo menos, como ideal artístico).
—Equilibrio, armonía.
—Tendencia a la ejemplificación.
—Progresismo, filantropía.
(Como vemos, a los elementos típicamente clasicistas se agregan, sobre todo, repercusiones iluministas.) Y como, por otra parte, algo pesa el ámbito americano, destacamos estos otros aspectos:
—Importancia del acento político social.
—«Americanismo» incipiente.
—Creciente significación de la sátira (política y literaria, en particular).

5.2. La lírica neoclasicista en Hispanoamérica

Como era explicable, dentro de la tradición que el clasicismo marcaba a través de los siglos (clasicismo, con alternancias no clasicistas o, simplemente, anticlasicistas) era el verso el que daba el cauce de mayor prestigio a la obra literaria. El Neoclasicismo, sin negar esta especie de «ley», muestra la especial relevancia que concede a la prosa: la prosa como vehículo del ensayo, del alegato, del discurso, del «tratado».

Las letras hispanoamericanas no son infieles a esta modalidad. Ofrecen, es evidente, una abundancia llamativa de obras en prosa. Sin embargo, es el verso (y el verso como reflejo de la obra lírica) el principal exponente de esta literatura. O, si preferimos, la forma que nos ha dejado el mejor testimonio de la escuela[129].

Con respecto a los temas, no debemos olvidar las circunstancias que determinan al-

---

[127] Ver mi estudio «Restituciones a la lírica española», en *Pedro Henríquez Ureña y otros estudios*, Buenos Aires, 1949, págs. 162-163.
[128] Pedro Henríquez Ureña decía que los mejores poetas neoclasicistas del siglo XVIII son los que escriben en latín: los jesuitas mexicanos Diego José Abad y Francisco Javier Alegre, y el guatemalteco Rafael Landívar. (*Corrientes literarias en la América Hispánica*, traducción de E. Díez-Canedo, ed. de México, 1949, págs. 87-88.) De ellos, el que tuvo mayor repercusión fue Landívar.

[129] Ver mi libro *La literatura de la Independencia hispanoamericanas (Neoclasicismo y Prerromanticismo)*, 2.ª ed., Buenos Aires, 1968; y el estudio *Cronología de la literatura hispanoamericana: La literatura de la Independencia*, Bogotá, 1973.

gunos cambios (o intensificaciones) entre el primer y el segundo momento. Haciendo, pues, hincapié, por razones cronológicas, en el primero, destaco los siguientes: el tema religioso, el amoroso, el homenaje cortesano, el filantropismo, el canto al progreso, el poema didáctico, el paisaje local (asomos y afirmación)[130].

Odas elegías, fábulas, madrigales, epigramas..., por un lado; sonetos, octavas reales, liras, tercetos (menos, romances), por otro, figuran entre las especies y las formas métricas que identifican a la lírica. (Los himnos y cantos patrióticos, el alegato político, van a corresponder, explicablemente, a la época de las revoluciones de independencia.)

En fin, manifestaciones que hemos considederado de resonancia rococó (como el arcadismo, la anacreóntica, y el poema «musical», a la manera de Metastasio) se prolongan, o encuentran bastante aceptación aún, en la lírica neoclasicista[131]. Algo así como derivaciones declinantes, pero visibles en este momento. Su corte posterior es, explicablemente, abrupto.

Pasamos ahora a los autores que ejemplifican este periodo Cito, con relieve más nítido, a Esteban de Terralla y Landa (barroco y neoclasicista), Alonso Carrió de la Vandera (barroco y neoclasicista), Pablo de Olavide, Manuel de Lacunza, Francisco Eugenio Santa Cruz y Espejo, Manuel José de Lavardén, fray José Manuel Martínez de Navarrete (recocó y neoclasicista), Manuel Justo de Rubalcaba[132].

Pablo de Olavide

Conviene aclarar de inmediato que autores como Manuel de Zequeira y Arango, Antonio Nariño y Rafael García Goyena se proyectan, con mayor firmeza, en la etapa o generación siguiente. Aunque igualmente podríamos decir que la vida les permite ese desborde, y que sirven de enlace entre las dos etapas neoclasicistas.

En fin, de todos ellos, son líricos, o tienen importancia en la lírica de fines del siglo XVIII, Terralla y Landa, Olavide, Lavarden, Martínez de Navarrete y Rubalcaba.

5.2.1. *Pablo de Olavide (1725-1803)*

Reconocemos que la obra lírica del peruano Pablo de Olavide da una idea incompleta de su vida trajinante, recortada, sobre todo, en un final de siglo singular. De igual manera, que la variedad de facetas que dan el perfil del hombre, no se ve bien representado en este sector genérico[133]. Con todo, tenemos que

---

130 Por descontado, hay una mayor relación, como «coloniales», que la que podemos señalar en el segundo momento. En éste, sin embargo, el sincronismo se mantiene, tanto en lo que tiene que ver con el fenómeno político, como el que se vincula a lo literario (aquí, con predominio neoclasicista, pero con creciente desarrollo prerromántico.)

131 Sobre la repercusión de la anacreóntica, por ejemplo, veo yo algunas derivaciones poco comunes: así, me parece que hay ecos de ella en los *Yaravíes* de Melgar, más allá de las conexiones musicales indígenas. (Ver mi estudio *Tres escritores hispanoamericanos. Lizardi, Bartolome Hidalgo y Melgar*, Buenos Aires, 1963, págs. 115-116.)

Sobre Metastasio y su repercusión lírico musical en el siglo XVIII, ver mi estudio «El verso esdrújulo en América», en la revista *Filología*, I, núm 2, Buenos Aires, 1949, págs. 171-175. La semejanza estaría en la forma estrófica, más que en los temas, a través —pienso— del verso esdrújulo impuesto por Metastasio.

132 Razones, fundamentales, de lengua obligan a dejar a un lado las obras latinas de los jesuitas Abad, Alegre y, sobre todo, la importante *Rusticatio Mexicana* del guatelmalteco Rafael Landívar (1731-1793). Eso no obsta para que subrayemos, una vez más, su valor. Una de las tantas pruebas de ello la vemos en los traductores al español que pronto encuentra el poema latino de Landívar. Traducciones en verso y en prosa, totales y parciales. Alfonso Reyes apuntaba, en 1948, las siguientes versiones: En verso, parciales: J. M. Heredia, J. H. Pagaza, Dávalos y Mora; total: P. F. Escobedo. En prosa: I. Loureda, Octaviano Valdés. (Ver

En prosa: I. Loureda, Octaviano Valdés. (Ver A. Reyes, *Letras de la Nueva España*, México, 1948, pág. 123.)

Naturalmente, ni Abad ni Alegre gozaron de un favor equivalente.

133 Hoy es lícito decir que contamos con una biografía de Olavide acorde con la riqueza íntima del personaje. Se trata del libro de Marcelin Defourneaux, *Pablo de Olavide ou L'Afrancesado*, París, 1959.

admitir, finalmente, que aunque su obra en verso no nos da lo mejor de él, es parte que queda ligada a lo significativo de su obra.

Olavide pertenece al grupo de criollos —no muy numerosos— que tentaron suerte en Europa. Estudió en Lima, su ciudad natal, donde obtuvo su título de doctor en leyes, y fue después magistrado. En realidad, el viaje a España estuvo determinado por unas acusaciones, de las que Olavide se defendió con brillo. No sólo eso; también logró importantes protecciones en la corte de Carlos III, particularmente, la del conde de Aranda. Su mayor fama la alcanzó en España por su proyecto de colonización y repoblación de Sierra Morena.

En 1776, después de la caída de Aranda, la Inquisición acusó a Olavide de hereje, y fue condenado en 1778. Huyó a Francia en 1780, donde vivió con el nombre supuesto de conde de Pilos. Aquí encontró, igualmente, importantes protecciones y estimación. Después de la Revolución Francesa, la Convención le nombró «ciudadano adoptivo». Sin embargo, su prosperidad duró poco. En 1794 fue detenido y encarcelado. Se arrepintió entonces de su heterodoxia [134].

Volvió a España en 1798 y los últimos años de su vida los pasó en Baeza, donde no sólo no fue molestado, sino que se le recompensó por las pasadas persecuciones. A estos años corresponde la mayor parte de su obra literaria. En Baeza murió, en 1803 [135].

Como vemos, la vida de Olavide ofrece atractivos especiales. Su obra lírica (que es la que aquí nos interesa) sólo corresponde, en realidad, a una parte de esa vida: la de su conversión y final. No dudo de la sinceridad de su conversión. Simplemente señalo que otros momentos importantes de su existencia no alcanzaron a espejarse en versos.

Por otro lado, los poemas cristianos de Olavide encuentran precedentes y compañía muy nutrida en las letras españolas. En esa compañía, los méritos de nuestro autor no sobrepasan el nivel de lo «correcto» (que, tratándose de poesía, no es ciertamente un elogio).

«Poemas cristianos en que se expone con sencillez las verdades más importantes de la religión», reza el subtítulo de su primer libro de versos. La declaración es cierta, ya que no cabe dudar del carácter cristiano de las composiciones, ni de la sencillez de la ejecución. Faltaría agregar sólo que es un alma arrepentida la que canta, y que, es fácil notarlo, se prepara a morir...

La lírica neoclasicista hispánica no luce, en general, a gran altura. Claro que por esto, no podemos, por comparación, realzar la obra de Olavide. Sirve, sí, para que lo recordemos entre diversos autores semejantes. En otro plano, no creo que, con motivo de su alejamiento de América (continente al que no volvió después) pueda cuestionarse su inclusión en las letras de estas regiones. Ni siquiera, tampoco, por el carácter de su obra. No conviene extremar demasiado —y más en los siglos coloniales— rasgos muy estrictos de nacionalismo o «continentalismo» literarios.

Hoy conocemos, mejor que en el pasado, la personalidad del inquieto peruano. En la parte biográfica (que en él tiene importancia notoria), a través, sobre todo, de las investigaciones de Defourneaux. En la parte bibliográfica, especialmente, a través de los desvelos y publicaciones de Estuardo Núñez. A este último le debemos también el conocimiento de la obra novelesca de Olavide (producto, sin duda, de sus últimos años; publicada, póstumamente, en 1828, en Nueva York), y precisiones en lo que respecta a la traducción de obras dramáticas francesas, hechas por Olavide [136].

La conclusión a que llegamos, después de conocer estos aportes, no difiere mucho de la que sacábamos antes de conocerlos. Es decir, que la obra literaria de Olavide, aun con esos agregados, no alcanza a reflejar la riqueza biográfica, las inquietudes de su autor. Por supuesto, valoramos mejor su formación literaria, sus lecturas (preferentemente, francesas y enciclopédicas); ahora también, sus deudas a la novela inglesa del siglo XVIII... [137]. Precisamos mejor su conversión final, y su producción acumulada de los últimos años.

En fin, si decimos esto de su obra total (por lo visto, de cierta variedad), sin olvidar, por otra parte, la difusión que tuvo durante muchos años El Evangelio en Triunfo, con mayor razón caben las limitaciones para su estricta obra lírica. Lo que conviene subrayar es que ésta ilustra sobre un episodio importante de su biografía, como es el de la conversión final, después de muchas pruebas y azares, y de ideas muy distintas a las que defenderá en sus años

---

[134] El propio Olavide ha contado estos episodios de su vida en la obra El Evangelio en Triunfo..., I, Valencia, 1798, pág. VIII.

[135] Cfr., Marcelin Defourneaux, Pablo de Olavide ou L'Afrancesado, ed. cit. (Hay traducción española, México, 1965.) Ver, también, Estuardo Núñez, El nuevo Olavide, Lima, 1970; y Cayetano Alcázar Molina, Los hombres del reinado de Carlos III. Pablo de Olavide, Madrid, 1928. (Como complemento, los trabajos de J. A. de Lavalle y Menéndez y Pelayo.)

[136] Cfr., Estuardo Núñez, El nuevo Olavide, ed. cit.; id., prólogo a Olavide, Obras narrativas desconocidas, Lima, 1971.; id., prólogo a Olavide, Obras dramáticas desconocidas, Lima, 1971.

[137] «El novelista ainglesado», lo llama Estuardo Núñez (Olavide, Obras narrativas desconocidas, ed. cit., pág. 79).

postreros. Una última noticia: los versos de Olavide no sólo corresponden o son poco posteriores a la época en que escribe *El Evangelio en Triunfo*. Son, también, versiones líricas de ideas que había expuesto en la prosa discursiva de las «cartas literarias» incluidas en la primera parte de *El Evangelio...*[138]. Pero, insisto, el aceptar la sinceridad de su conversión no alcanza, lamentablemente, para levantar de manera apreciable el valor de sus versos.

5.2.2. *Manuel José de Lavardén (1754-1809?)*

El autor rioplatense Manuel José de Lavardén es uno de los autores que representa de manera más fiel la literatura hispanoamericana de fines del siglo XVIII. Es decir, rasgos de la literatura neoclasicista de estas regiones. Por otra parte, su breve obra no sobrepasa la época que consideramos, políticamente, como el final de la colonia. Y, en la serie de encadenamientos, también Lavardén tiene significación porque ligamos su nombre y su obra (aspectos de su obra) al naciente Virreinato del Río de la Plata. De esta manera, pues, Lavardén ayuda, si no con abundancia con precisión, a conocer este especial momento de postrimerías dentro de la extendida etapa que llamamos época colonial.

En otro plano, que nos interesa muy particularmente, es justo destacar que Lavardén aparece, en dos de sus tres testimonios principales, como esencial poeta lírico (y no mencionamos su producción menos valiosa).

Manuel José de Lavardén nació en Buenos Aires en 1754. Era hijo de un funcionario español (Juan Manuel de Lavardén), y estudió leyes en la Universidad de Chuquisaca y en universidades de España. Con su título volvió a Buenos Aires, y se destacó aquí en empresas mercantiles y literarias[139]. Es necesario agregar

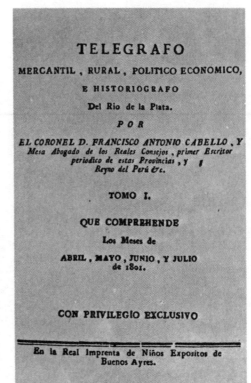

Portada del *Telégrafo* (1801)

que contó con la amistad y protección de hombres como Juan Baltasar Maziel y el virrey Vértiz.

Estuvo ligado, posteriormente, al naciente periodismo porteño (el del *Telégrafo Mercantil*, sobre todo). No se ha precisado su intervención en el rechazo de las Invasiones Inglesas (ni siquiera como poeta)[140]. En cambio, hay coincidencia en el dato de su residencia, hacia el final de su vida, en la Colonia del Sacramento. Se sospecha su muerte en época muy cercana y anterior a la Revolución de Mayo[141].

Sorprende en principio que el relieve lite-

---

[138] *El Evangelio en Triunfo* (1.ª ed., Valencia, 1797; 2.ª ed., Valencia, 1797-1798; otras ediciones posteriores) es, como sabemos, la obra más difundida de Olavide. Abarca, en forma de cartas, dos partes esenciales. En la primera, se hallan expuestos los fundamentos del Cristianismo. La segunda parte expone los antecedentes y vaivenes de la Revolución en Francia, con especial detención en sus excesos y horrores. Es, así, en mucho, un cuadro contrapuesto y, no menos, espejo de los cambios en las ideas del autor, así como de su arrepentimiento y conversión.

Las obras líricas de Olavide son las contenidas en estos dos títulos:

—*Poemas Christianos* (1.ª ed., Madrid, 1797).

—*Salterio español o versión parafrástica de los Salmos de David, de los Cánticos de Moisés, de otros cánticos y algunas oraciones de la Iglesia en versos castellanos a fin de que se puedan cantar. Para uso de los que saben latín* (1.ª ed., Madrid, 1800; 2.ª ed., 2 tomos, Lima, 1803; otras ediciones...).

[139] Cfr., Juan María Gutiérrez, *Estudios biográficos y críticos sobre algunos poetas sudamericanos anteriores al*

siglo XIX, I, Buenos Aires, 1865; Mariano G. Bosch, *Manuel de Lavardén. Poeta y filósofo*, Buenos Aires, 1944; Enrique Wedovoy, prólogo a Lavardén, *Nuevos aspectos del comercio en el Río de la Plata*, Buenos Aires, 1955.

[140] La noticia la transmite Vicente Fidel López en su *Manual de historia argentina* (1.ª ed, de Buenos Aires, 1896, pág. 339). Puede ser cierta, pero no tenemos otro punto de referencia.

[141] Aunque no se ha podido precisar de manera inequívoca el año de su muerte, se piensa, con fundamento, que ocurrió en 1809 ó 1810 (en este último caso, en los primeros meses del año). Es decir, siempre con anterioridad al Mayo revolucionario. Por mi parte, me inclino por el año 1809.

273

rario de Lavardén se apoye en una producción escasa. Pero, de inmediato, conviene decir que el fenómeno suele darse con bastante frecuencia en aquellos años. Y más en un ámbito como el de Buenos Aires, de tradición cultural no muy brillante hasta este momento. Precisamente, Lavardén será, en mucho, el heraldo de un más visible desarrollo literario posterior.

Me referí concretamente a una producción literaria escasa. En efecto, su prestigio se basa en tres obras. En orden cronológico: la *Sátira* (de 1786), el *Siripo* (¿de 1787?), y la *Oda al Paraná* (de 1801). En otro nivel, inferior, incluimos dos sonetos, un poema a Prego de Oliver, unos versos acrósticos...

Destacamos, en primer lugar, la variedad que, dentro de su breve número, representan las tres obras principales: una sátira, una oda y una tragedia. Las tres, por supuesto, respondiendo a típicos cánones clasicistas. Ahora bien, después de mostrar este transparente cuadro surge la pregunta obligada: ¿Conocemos, en realidad, el *Siripo* auténtico de Lavardén? ¿Lo que Juan María Gutiérrez presentó como fragmentos pertenecen a la obra primitiva? Es difícil responder con exactitud, si bien yo me coloco en una actitud negativa (y que escapa a los límites de estos párrafos).

En resumen, lo que sabemos fehacientemente es que el *Siripo* de Lavardén se estrenó en el Teatro de la Ranchería el domingo de carnaval de 1789. Igualmente, que se trata de una «tragedia americana», de desarrollo clasicista. Es decir, poco o nada, aunque estos vagos datos apoyen otros más precisos, vinculados a Lavardén [142].

Quedan, así, como testimonios fidedignos la *Sátira* y la *Oda al Paraná*. La primera, buen ejemplo de las posibilidades poéticas de Lavardén y de sus condiciones para el género. Por otra parte, es necesario subrayar, más allá de su clasificación de «sátira literaria», el

valor de registro social como contraposición indirecta, entre Lima y Buenos Aires: señal de nuevos tiempos y una nueva mentalidad, en consonancia con cambios políticos recientes [143].

Por otro lado, la *Oda*, no casualmente vinculada al incipiente periodismo de Buenos Aires (y a lo que ese periodismo permite mostrar en forma auguradora). Sin embargo, la *Oda al Paraná* no es un manifiesto prerrevolucionario, sino un producto clasicista y cortesano:

Augusto Paraná, Sagrado Río...

Curiosamente, la *Oda* se ha reproducido después, con frecuencia, con su parte final suprimida... (Es fácil adivinar a qué obedece el hecho, pero mucho más importante es ser fiel al autor, aunque ese final no lo favorezca.)

En la *Oda* se destaca la relación entre naturaleza (aun con sus enlaces poéticos exóticos) y utilitarismo, centrado en nuestro río. Paralelamente, aun dentro de su valor subsidiario, forman parte del poema las notas escritas por Lavardén (y que también, inexplicablemente, algunas ediciones suprimen) [144].

No cabe duda de que Lavardén, tal como anticipaba, refleja con bastante fidelidad el momento literario final de la colonia. Y con un nivel de cierta calidad. Sin embargo, no hay en sus versos indicios claramente revolucionarios, si bien pueden defenderse en él hilos sutiles en relación a anuncios y cambios. Eso sí, enmarcados en nítidos casilleros clasicistas [145].

---

[142] El manuscrito atribuido a Lavardén se encuentra en la Biblioteca y Archivo de Juan María Gutiérrez, en el Congreso de la Nación Argentina. Ver su reproducción en Juan de la C. Puig, *Antología de poetas argentinos*, II, Buenos Aires, 1910, págs. 5-45. Cfr., Arturo Berenguer Carisomo, *Las ideas estéticas en el teatro argentino*, Buenos Aires, 1947.

[143] Ver Juan María Gutiérrez, *Estudios biográficos y críticos...* ed. cit. El manuscrito no se encuentra entre los papeles de Gutiérrez, conservados en el Congreso de la Nación Argentina. En la Biblioteca Nacional de Buenos Aires hay, sí, una copia muy defectuosa. (Ver mi estudio y edición *La «Sátira» de Lavardén*, 2.ª ed., Buenos Aires, 1949.)

[144] Manuel José de Lavardén, *Al Paraná* (en el *Telégrafo Mercantil*, de Buenos Aires, núm. 1, miércoles 1 de abril de 1801, págs. 4-7.)

[145] Ver mis estudios *La «Sátira» de Lavardén*, ed. cit.; «Lavarden» (en *Literatura argentina. Palabra e imagen*, ed. de Buenos Aires, 1969, págs. 125-147; y *La literatura de la Independencia hispanoamericana*, 2.ª ed. Buenos Aires, 1968.

Sor Juana Inés de la Cruz

GEORGINA SABAT DE RIVERS

INTRODUCCIÓN BIOGRÁFICA

LA NIÑA CAMPESINA Y PRECOZ

Los datos básicos para elaborar la biografía de sor Juana Inés de la Cruz se hallan en la *Respuesta*, el conocido documento autobiográfico de la poetisa, y en la *Aprobación* aparecida en el tercer tomo de sus obras *Fama y Obras póstumas* (Madrid, 1700) escrita por su amigo jesuita Diego Calleja. Otros documentos provenientes del convento y de archivos y bibliotecas ayudan a perfilar, pero nunca a dilucidar, la vida enigmática de esta extraordinaria mujer del siglo XVII español y mexicano[1].

La fecha del nacimiento de Juana Ramírez de Asbaje no está del todo clara, así como no lo están los acontecimientos que precedieron a su muerte. Según Calleja, Juana nació el 12 de noviembre de 1651[2] en una pequeña alquería que dirigía su criolla madre, doña Isabel Ramírez de Santillana en San Miguel de Nepantla. Esta finca estaba situada cerca de Amecameca, entre los volcanes Popocatepetl e Iztlacíhuatl, al sureste de la capital. El padre de Juana fue un militar español: Pedro Manuel de Asbaje y Vargas Machuca, cuya familia era

probablemente de origen vascongado[3]. Contrariamente a lo que se ha dicho, seguramente la madre de Juana tuvo gran influencia en formar el espíritu independiente de sus hijos. Aunque no era extraño en tierras americanas el hecho de que una mujer tuviera hijos sin estar casada, no puede negarse que para ello era necesario estar dotada de un carácter fuerte y voluntarioso capaz de mantenerse firme ante la sociedad de su tiempo[4]. Doña Isabel no sólo tuvo relaciones de este tipo con el padre de Juana (y de sus dos hermanas) sino que también fue madre de otros tres hijos habidos con otro capitán español. Con todo no es sino al final de su vida cuando doña Isabel se declara en su testamento «mujer de estado soltera»[5]. Por esta razón muy bien podemos creer que Juana ignoró (o quiso ignorar) durante algún tiempo la ilegitimidad de su nacimiento, ya que en documentos del convento donde profesó y vivió, siempre dice se «hija legítima» de sus padres. Fue, sin embargo, la Décima Musa una mujer demasiado sobresaliente para no provocar envidias y celos; sus

---

[1] La *Respuesta a sor Filotea de la Cruz* se publicó por primera vez en el tomo III: *Fama y Obras póstumas...*, Madrid, 1700. Puede leerse, modernizada, en nuestra edición *Sor Juana Inés de la Cruz, Obras selectas* de Editorial Noguer. La *Aprobación* se ha publicado, modernamente, en la edición de Juan Carlos Merlo en el «Apéndice». El padre Diego Calleja era hombre de letras (aunque su nombre no aparece entre los jesuitas ilustres del libro de la Compañía de Jesús). Publicó el *Phenix de España, San Francisco de Borja...*, Sevilla, s. a.; *Comedia Famosa: El Fenix de España*, Valencia, 1762; *Comedia Famosa: Hacer Fineza el Desayre*, Madrid, 1743. En la Biblioteca Nacional de Madrid hay un manuscrito suyo de «Obras de Poesía» con fecha de «mayo 4 de 1720» donde habla de sus ochenta y cinco años. Los otros documentos a que nos referimos son los que provienen de E. A. Cervantes, Ramírez España, Schons, Abreu Gómez.

[2] Conservo la fecha de 1651 por razones que he explicado con más detalle en mi edición de *Inundación castálida* que publica Editorial Castalia. Resumiendo: el hecho de haberse encontrado un acta bautismal de 1648 de una niña, «hija de la Iglesia», a quien se le puso por nombre Inés y cuyos padrinos eran dos hermanos de la madre de sor Juana, no es suficiente para cambiar la fecha que la misma sor Juana le daría al padre Calleja. No sabemos si sor Juana adoptaría el nombre de Inés al hacerse monja o si lo tenía de segundo al bautizarse. Lo cierto es que no lo usó, ni ella ni su madre (al referirse a ella), antes de entrar en el convento según puede verse en los documentos mencionados.

[3] Se conoce poco el artículo de A. L. López González y S. Lacambre que estudia el supuesto origen vasco del padre de sor Juana, quien, según los autores, habría nacido en Sevilla.

[4] Por los documentos mencionados en nota 1, se infiere, además, que la madre de sor Juana era una mujer emprendedora. Era ella quien se ocupaba de la alquería que tenía en arriendo su padre de los dominicos donde, necesariamente, tendría que hacerle frente a problemas de tipo comercial y económico. El hecho de haber tenido hijos fuera de un himeneo tradicional presupone cierta independencia económica además de la de carácter. En Cervantes se halla el documento en que ella le cede a sor Juana una esclava. Ahí mismo aparecen varios documentos de compra y venta relacionados con la hermana mayor de sor Juana, Josefa María de Asbaje y Vargas (de esposo siempre «ausente» en las actas) quien, al parecer, seguía las huellas de su madre en cuanto a ser mujer de negocios. La misma sor Juana, años más tarde, vendió esa misma esclava cedida por su madre, a la dicha hermana. Es curioso, aunque la cuestión de los apellidos no estaba reglamentada en aquella época, que sor Juana se llamara Juana Ramírez de Asbaje, usando el apellido de su madre antes que el de su padre. Igualmente aparece Josefa con el apellido Ramírez en su acta matrimonial (1565) pero más tarde sus hermanas utilizaban sólo los de su padre (Josefa y María de Asbaje y Vargas).

[5] En Cervantes aparece como viuda legítima (año de 1669): «viuda de don Pedro de Asbaje y Vargas, mi esposo... de darle a doña Juana Ramírez de Asbaje, mi hija legítima y del dicho mi esposo...» (pág. 18). En junio de 1684, sor Juana habla de nuevo con motivo de la venta de la mencionada esclava a su hermana Josefa María diciendo: «doña Isabel Ramírez, nuestra madre, vecina de la jurisdicción de Chalco, viuda de don Pedro de Asbaje y Vargas».

El Popocatepétl

contemporáneos no tendrían que hurgar demasiado en su pasado para echarle en cara, *sotto voce* o abiertamente, el estigma que representaría ser «hija de la Iglesia». Por los versos en uno de sus epigramas que «dan el colirio a un soberbio»:

> El no ser de padre honrado,
> fuera defecto a mi ver,
> si como recibí el ser
> de él, se lo hubiera yo dado.
> Más piadosa fue tu madre,
> que hizo que a muchos sucedas
> para que, entre tantos, puedas
> tomar el que más te cuadre

vemos que, aceptando altaneramente la verdad de la impugnación, ni se arredra ni se achica,

En la *Respuesta* nos da sor Juana detalles de la precocidad de su vida infantil, explicándonos su incontrovertible vocación de mujer intelectual y erudita y su extraña combinación de sometimiento e independencia. A los tres años Juana aprendió a leer, valiéndose de subterfugios raros para su tierna edad, al engañar a la maestra de una hermana a quien acompañaba a la Amiga, escuela del pueblo vecino. Dos años después añadió a sus conocimientos la escritura y labores que se consideraban en aquella edad como propias de su sexo. Su «inclinación a las letras» y su obsesión por saber eran tan innatos que desde muy joven se impusieron sobre otros rasgos considerados auténticamente infantiles o femeninos: así se abstenía de comer queso, aunque lo prefiriera a muchos otros alimentos, porque le habían dicho que hacía «rudos»; se cortaba el pelo como castigo si, cumplido el plazo que se había impuesto a sí misma, no había aprendido lo que se había propuesto, ya que su cabeza no podía estar vestida de cabellos «si estaba desnuda de noticias». Un poco más tarde oyó hablar de la existencia, en la capital, de una universidad donde se podía seguir estudios superiores y empezó a «matar» a su madre con «instantes e importunos ruegos sobre que, mudándome el traje, me enviara a Méjico, a casa de unos deudos que tenía, para estudiar y cursar en la Universidad». Como esto era inaudito e imposible, Juana tuvo que conformarse con «leer y más leer», «estudiar y más estudiar» agostando así los libros de la biblioteca de su abuelo materno en la cercana Hacienda de Panoayán, por muchos castigos y represiones que recibiera. La niña tuvo que seguir siendo autodidacta durante toda su vida, por muy árido que esto le pareciera, y descifrar «los mismos libros... en aquellos caracteres sin alma, careciendo de la voz viva y explicación del maestro... sin condiscípulos con quienes conferir y ejercitar lo estudiado». A los ocho años ya su incontrolable afición a los versos, «que en mí es tan natural», había producido una loa a la Eucaristía, según nos dice su biógrafo Calleja, obra que se considera hoy perdida. Sería para estas fechas cuando Juana consiguió, al fin, que su madre la enviase a la capital a casa de unos parientes. No llegaron a veinte las lecciones que tomó para «deprender gramática»; ésta fue la base de su conocimiento firme de latín del que luego hará gala en muchos de sus versos.

LA JOVEN HERMOSA Y ERUDITA: EN PALACIO

La rareza del caso de la niña sabia hizo que los rumores llegaran a la corte virreinal de los marqueses de Mancera. Él, don Antonio Sebastián de Toledo Molina y Salazar era hombre inclinado a las letras[6]; no es de extrañar, pues, que su curiosidad lo llevara, conjuntamente con su mujer, doña Leonor Carreto, la Laura de la poesía de sor Juana, a invitar a la muchacha a pasar a la corte, donde muy pronto se captó la estimación de cuantos la rodeaban. Juana era no sólo hermosa, sino que su carácter era de «un natural tan blando y tan afable... que me aman mucho por él... y con esto gustan mucho de mi compañía», observaciones ratificadas por su madre al hacerle donación de una joven esclava que tenía a su servicio cuando entró Juana de religiosa «por haber sido y ser la dicha mi hija humilde, virtuosa y muy obediente»[7]. Esa misma curiosidad del virrey lo llevaría, al comentar el extraordinario talento y sabiduría de la joven damita con sus amigos ilustrados, a someterla, orgullosos de su descubrimiento y para realce de su corte, al examen de cuarenta personajes conocidos por su erudición en distintos campos. Se puede apuntar este hecho como la «graduación» de Juana, como su reconocimiento de fenómeno raro de mujer intelectual en el mundo de aquella época.

En la corte, Juana era continuamente requerida a escribir versos para celebrar acontecimientos sociales o históricos conectados con la corte o con el clero: sonetos, silvas, redondillas, décimas, glosas, villancicos...; loas, comedias, autos sacramentales: música, pintura, matemáticas, lógica, teología, física... A todo y a todos decía Juana que sí, todo lo probaba la joven con una destreza paralela a la grandeza ya moribunda de los reconocidos maestros de la lejana metrópolis.

LA MONJA, MUJER ILUSTRE Y BATALLADORA: EN EL CONVENTO

Quizás por esta vida, a pesar suyo, tan poco serena y propicia a sus estudios, decidiría nuestra cortesana entrar en el aristocrático convento de las Carmelitas. La niña campesina no se ha dejado deslumbrar por el oropel de la corte y sigue firme en su vocación intelectual. Durante sus años en palacio Juana ha madurado, ha tomado conciencia de su caso «raro» y, después de considerar la posibilidad inaudita de vivir sola, decide que lo «menos desproporcionado y lo más decente» será entrar en el convento. A su alrededor ve a su hermana casada y abandonada por su marido; amigas, compañeras, más o menos sometidas a padres, hermanos, esposos... sin otra ocupación permitida ni reconocido imperio que la devoción a los maridos y la crianza de los hijos.

Se ha dicho que sor Juana no pudo soportar el rigor de la orden carmelita. Sería, además, el ambiente desdeñoso hacia la sobresaliente criolla no rica lo que precipitó su salida al cabo sólo de tres meses[8]. A pesar de esta primera tentativa fallida, Juana se mantuvo firme en su vocación de retiro y estudio. Después de un año y algunos meses, durante los cuales probablemente volvió a la corte, Juana Ramírez profesa, a los diecisiete años en el convento de San Jerónimo con el nombre de sor Juana Inés de la Cruz.

A pesar de quejarse alguna vez de no tener suficiente quietud ni tiempo para dedicarse a sus estudios, sor Juana parece haberse adaptado pronto a la vida conventual. Como se sabe, los conventos de clausura de la época permitían ciertos atractivos y distracciones. Así podía ella seguir sus diálogos y discusiones con los hombres ilustres de su tiempo, que se acercaban a los salones de su retiro para intercambiar ideas con la monja estudiosa. Carlos de Sigüenza y Góngora, familiar del

---

6 Hay en la Biblioteca Nacional un manuscrito (4133): «La Filis. Poema trágico en diez cantos» que creemos sea del marqués de Mancera. Era hombre enérgico, orgulloso y honesto según se desprende de otros manuscritos suyos: «Exposición de las causas que le movieron a pretender su separación del servicio de la reina doña Mariana de Austria», Madrid, 1679; «Copia del papel que se supone ser del señor... y manifestando los daños que España había recibido de los franceses», Madrid, 1709; «Informe que.. hace al excelentísimo señor duque de Veragua su sucesor en el virreinato de la Nueva España», México, 1673.
7 Véase nota 5. Se halla en el documento mencionado de cesión de la esclava.

8 El «Informe...» que se menciona en la nota 6 es un documento muy interesante y curioso, repleto de datos relacionados con su gobierno de virrey en la Nueva España. Hay un apartado donde habla de «Encuentros en la religión de Carmelitas Descalzos» donde los opone a otras órdenes por haber «seguido diferente rumbo recibiendo poquísimos criollos...». Abreu Gómez en su *Ruta...* habla del convento de san José, llamado también de Santa Teresa la Antigua, de Carmelitas Descalzas. El arzobispo de México y luego virrey, fray Payo Enríquez de Ribera a quien sor Juana dedicó algunas de sus poesías, puso la primera piedra. El día que se recibió allí a Juana, domingo 14 de agosto de 1667, asistieron a la ceremonia los virreyes, marqueses de Mancera, quienes apadrinarían la entrada allí de su dama.

gran cordobés, sería uno de ellos. En el convento, las cortes virreinales seguían reclamándole, más o menos voluntariamente, contribuciones de versos y prosa para las celebraciones de palacio, así como las catedrales y el Cabildo. Después de los marqueses de Mancera se sucedieron otros virreyes. De entre éstos destacan los marqueses de la Laguna. La poetisa dedicó a la marquesa, condesa de Paredes por título propio (Fili, Lisi o Lisida en su poesí), a su esposo e hijo, infinitos versos; a ella se debe, a su retorno a Madrid, la publicación de *Inundación castálida* (1689), primera edición de parte de sus obras.

La fama de sor Juana crecía en la Nueva España y en la Península a la par que sus problemas. En un mundo donde la ciencia y el estudio no se concebían si no estaban representados por un ser masculino, ¿cómo sufrir que se enfatizara en el último verso:

> ... quedando a luz más cierta
> el mundo iluminado, y yo despierta

que era, no un hombre, sino una mujer pensante la que había discurrido tan brillantemente sobre cuestiones reservadas a los varones? Pero, una y otra vez, sor Juana, terca y apasionadamente fiel a la vocación de mujer intelectual que explicaba su vida, luchó contra prioras, confesores, obispos y envidiosos, Segura, por convicción propia, de la igualdad de los sexos, explicó, desarrolló, agudizó su talento en discurrir «agudezas», inventó «finezas», utilizó razones propias y ajenas, como las usadas antes por Calderón y Góngora, para justificar sus versos dramáticos y profanos. Así se entendió que era «feminista» desde los primeros años posteriores a su muerte, cuando leemos en alguno de sus retratos lo de «vindicación de su sexo». Si hay algo en lo que sor Juana fue realmente revolucionaria fue en eso. Podemos verla ortodoxa y sumisa en casi todo lo demás mientras no chocara de frente con el derecho que, como ser humano, tenía al desarrollo de su mente. Es esta actitud lo que la aísla, lo que la hace destacarse como ser único en el ambiente de su época. Por eso se privó de niña de comer queso, se cortó el pelo de jovencita y, más tarde, renunció al matrimonio y a la maternidad. No sólo su vida misma es alto exponente de feminismo, por ser ella mujer, sino que la defensa, sea propia o de su sexo, la llevó de modo explícito a sus escritos y esto lo hallamos en todos los géneros literarios a los que se dedicó. Los ejemplos son innumerables.

A pesar de que sabemos que se intensificaba el cerco alrededor de Sor Juana durante los últimos años de su vida, no creemos que estas razones externas, solamente, cambiaran el rumbo de la vida de la monja en cuanto a su decisión de retirarse totalmente del mundo. Una mujer que luchó tan incansablemente durante tantos años para defender sus derechos no se hubiera doblegado si a ello no la hubiera inclinado un convencimiento íntimo. No hay que olvidar las bases en que estaba sentado «su universo histórico» como lo llama Octavio Paz. Sor Juana no podía, ni quería, negarse a sí misma [9].

Los acontecimientos históricos sangrientos que se desarrollaban a su alrededor, además, no harían sino contribuir a esta desazón interna. Hay en la obra de la Décima Musa suficientes rasgos de desengaño creciente. Hay desengaño en el *Sueño* donde fracasa su alma en su intento de captar la comprensión del universo. La esperanza (sin reparar sor Juana en su carácter eminentemente cristiano), es sólo un modo de darnos «más dilatada muerte»; no se puede creer más que en lo que se puede tocar además de ver, pues los sentidos nos traicionan. Así nos lo dice, no solamente en su lírica, sino también en la *Respuesta* cuando nos habla de líneas geométricas que a distancia parecen unirse o separarse formando figuras diferentes de lo que en realidad son. Sor Juana se desengaña, duda, y en la lucha entablada entre Razón y Fe la última sale al fin vencedora. La poetisa se deshace de sus instrumentos y sus libros, los que habían sido sus tan amados «amigos» como los llama Calleja, y se desprende de todas sus pertenencias. Esta fe, intensificada, la lleva a la penitencia y a ratificar sus votos de religiosa con protestas de fe «rubricadas con su sangre». Sor Juana era una apasionada, y una vez caída la balanza del lado de la fe, la misma energía que mostró antes en defenderse y justificarse mostró ahora en perfeccionarse en la virtud. La compasión inherente al carácter de Juana vino a ocupar el lugar de la antigua pasión de sus escritos. Esta bondad natural que, según aprendimos en la *Respuesta*, la acercaba a todos, la llevó a la muerte un día de comienzos de la primavera, en abril de 1695. Según Diego Calleja entró en el convento de San Jerónimo una plaga de peste muy contagiosa; sor Juana se dedicó con ahínco al cuidado de sus hermanas religiosas. Nuestra hermosa, inteligente y aún joven monja contrajo la enfermedad sin remedio y, reclamando los auxilios de la Iglesia, «con serena conformidad» y «sin la turbación más leve en el entendimiento» se entregó en los brazos de su renovada fe.

---

9 Véase su «Homenaje...» (cfr. Bibliografía).

OBRA DE SOR JUANA INÉS DE LA CRUZ

En vida de la Décima Musa no había otras corrientes literarias que no fueran las que llegaban del otro lado del mar, de la Península. Es por ello por lo que con orgullo puede decirse que esta mexicana ilustre cierra, doradamente, el periodo Barroco de la literatura española.

Sor Juana cultivó todos los géneros, todos los metros, mostrándose especialmente diestra en ellos. Se ha señalado en su obra la influencia de maestros de primer rango: Lope de Vega, Quevedo, Góngora, Gracián...; así como de segundo: Trillo y Figueroa, Salazar y Torres, Jacinto Polo...; todos parecen haber impreso en la poetisa un perfil más o menos acusado. Lo cierto es que los juegos lingüísticos y mentales, culteranos y conceptistas, parecen haber estado en la base de su personalidad. Pero esto no basta para explicar las rimas y giros nuevos, el rigor y el entusiasmo de sus versos, amén de vocablos desconocidos para la metrópoli, que se advierten en la poesía de la Fénix Americana. Hay en la obra de sor Juana una frescura que vanamente se busca en sus maestros anteriores. Nos atrae el hecho de que, siendo su poesía eminentemente intelectual, está, al mismo tiempo, como ya observó Vossler, permeada de una ingenuidad avasalladora ante el mundo. No es extraño, pues, que aunque su fama haya seguido los altibajos del culteranismo, su llamativa personalidad haya interesado a tantos.

Alfonso Méndez Plancarte fue quien se encargó, para celebrar el tercer centenario del nacimiento de la poetisa, en 1951, de la enorme tarea de dar a la luz la edición moderna digna de la Décima Musa. Fue el suyo un paso importante para la comprensión de su obra y el reconocimiento de sor Juana como figura de primera magnitud en el mundo de las letras hispánicas.

Las antiguas ediciones de la obra de sor Juana, las cuales contienen la totalidad de su obra, excepto algunas composiciones sueltas, se publicaron en España durante su vida o pocos años después de su muerte. Son tres tomos, el primero de los cuales lleva el barroco y sugerente título de *Inundación castálida* (Madrid, 1689)[10]. Las ediciones que repitieron este primer tomo de sus publicaciones antiguas cambiaron al incoloro título de *Poemas*. En total este primer tomo se editó nueve veces en distintos lugares de la península. El tomo dos,

Plano de Ciudad de México, siglo XVII

bajo el título *Segundo Volumen* (Sevilla, 1692), cambiado luego al de *Segundo Tomo* y más tarde al de *Obras poéticas*, se publicó seis veces. El tercer tomo, siempre con el título de *Fama y Obras póstumas* (Madrid, 1700), se publicó un total de cinco. Todas estas publicaciones antiguas nos darán una idea de la enorme fama de sor Juana en aquel tiempo.

En otra parte (véase nota 10) hemos intentado una clasificación temática de las composiciones de la poetisa en cuanto a su poesía de tipo personal:

I. Lírica personal, subdividida en cuatro apartados principales (a más de otros menores que no consignamos), *a*) Poemas de circunstancias; *b*) Poemas filosóficos; *c*) De tema religioso; y *d*) De tema amoroso. Añadamos II. Villancicos; III. Teatro: Loas, Autos sacramentales y Comedias; IV. Escritos discursivos.

I. LÍRICA PERSONAL

La lírica personal de sor Juana es la parte de su obra que más ha hecho por la fama de la musa. Vamos a ver que su poesía parece haber sido pasada por el tamiz de lo mental; todo ha sido pensado, reflexionado, madurado; todo lo razona, arguye, lo somete a lógica. Prevalece la inteligencia, el carácter de *écriture* barroca.

a) Entre los poemas de circunstancias que, para celebrar ocasiones insulsas, se la obligaba a escribir, se hallan las felicitaciones de cumplea-

---

[10] Véase mi edición de *Inundación castálida*. En esa edición propongo una clasificación más pormenorizada de la lírica personal de sor Juana que la que aquí se ofrece.

ños. Sin poder evitar las expresiones de cortesanía, sor Juana aprovecha la oportunidad para hacer gala de su saber astrológico y científico, para hablarnos de mitología, de historia, para filosofar:

> Vuestra edad, gran señor, en tanto exceda
> a la capacidad que abraza el cero,
> que la combinatoria de Kirkero
> multiplicar su cuantidad no pueda.

> Quien vive por vivir sólo,
> sin buscar más altos fines,
> de lo viviente se precia,
> de lo racional se exime,
> y aun de la vida no goza.

Los poemas de «retratos» de sor Juana continúan la tradición peninsular. Se han señalado las influencias de Góngora, en sus romances de Tisbe, y de Jacinto Polo, en el retrato «jocoso» que la poetisa hizo de Lisarda. Trillo y Figueroa prestó, aquí también, a la monja, algunas ideas, así como Salazar y Torres, en cuanto al uso quintaesenciado de esdrújulos, sugerentes de la «rara» hermosura:

> Lámina sirva el cielo al retrato
> Lísida, de tu angélica forma:
> cálamos forme el sol de sus luces;
> sílabas las estrellas compongan.

El «retrato» es una relación más o menos elaborada de una estructura fija que va enumerando los rasgos de una hermosa desde el pelo a los pies, pero puede servir, al mismo tiempo, para otros fines. En ellos sor Juana se burla o satiriza a los malos poetas o a sus críticos, nos transmite conocimientos musicales, expresa sentimientos amorosos o le sirven de excusa para digresiones de todo tipo.

Los muchos versos de homenaje que la monja escribió cubren gran variedad de ocasiones y de metros. Las alabanzas, ya que había que hacerlas, van aquí también, plagadas de esa erudición tan típica en ella. Quizá, de los más interesantes, sea uno donde descubre su orgullo de ser americana:

> Que yo, señora, nací
> en la América abundante,
> compatriota del oro,
> paisana de los metales,
> adonde el común sustento
> se da casi tan de balde,
> que en ninguna parte más
> se ostenta la tierra, madre.

Los seis poemas funerales de sor Juana son todos sonetos y se dedican, la mitad a la muerte de la marquesa de Mancera (Laura), mientras la otra mitad la forman los que compuso para el duque de Veragua, aquel viejo virrey que murió casi al llegar a la Nueva España para ocupar su cargo. La concisión del soneto venía como anillo al dedo al juego formal, conceptuoso y logístico de la formación escolástica de nuestra monja. Se advierte su preocupación en cuanto a la oposición entre lo espiritual y lo material, resolviéndose en la sublimación, basada lo mismo en ideas cristianas que paganas. En los sonetos a Laura se identifica su carne, por lo hermosa, con lo celestial, y se explica que es por ello por lo que ha vuelto a su centro, a la gloria.

b) Los poemas filosóficos de sor Juana se cuentan entre los más conocidos. Predominan los sonetos, pero la variedad es evidente: décimas, redondillas, glosa. Entre los temas: defensa, quejas, consejos, desengaño... Uno de los más famosos, por su delicada elaboración y hermosura, es el que habla de un retrato de la poetisa:

> Este, que ves, engaño colorido,
> que del arte ostentando los primores,
> con falsos silogismos de colores
> es cauteloso engaño del sentido;

> éste, en quien la lisonja ha pretendido
> excusar de los años los horrores,
> y venciendo del tiempo los rigores
> triunfar de la vejez y del olvido,

> es un vano artificio del cuidado,
> es una flor al viento delicada,
> es un resguardo inútil para el hado:

> es una necia diligencia errada,
> es un afán caduco y, bien mirado,
> es cadáver, es polvo, es sombra, es nada.

El retrato mismo, ese «engaño colorido» con sus colores mentirosos («silogismos»), nos presenta un triple engaño: primero, por medio del sentido de la vista, a través de los ojos, porque lo que vemos es la «copia» hecha de la persona, pero no la persona misma. Segundo, hay, además, engaño en un nivel más profundo porque ese retrato nos presenta la reproducción de un cuerpo que, por ser mortal, se convertirá en cadáver, en nada. Es decir esencialmente es polvo. (El último verso es recuerdo de un conocido soneto de Góngora.) Hay, todavía, engaño en un tercer plano: la tela misma donde se ha hecho el retrato, desaparecerá algún día.

Es muy larga la tradición presente en las redondillas «Hombres necios...» de sor Juana. Arranca de la Edad Media y pasa por la prosa y el verso del Renacimiento, pero, sobre todo, se ancla en el «Canto de Florisia», que aparece en la *Diana Enamorada* de Gil Polo, donde se ataca la soberbia de los arrogantes varones de todos los tiempos. Sus primeros versos son archiconocidos:

Hombres necios que acusáis
a la mujer sin razón,
sin ver que sois la ocasión
de lo mismo que culpáis...

c) Sin contar los villancicos que se agrupan aparte, las poesías de tipo religioso[11], romances y sonetos, no son muchas. Los temas se basan principalmente en pasajes del Nuevo Testamento, en amores «a lo divino» o en misterios de dogmas de la Iglesia católica que retarían a la mente conceptuosa de la ingeniosa monja. Así con el misterio de la Encarnación:

Que hoy bajó Dios a la tierra
es cierto; pero más cierto
es, que bajando a María,
bajó Dios a mejor cielo.

En los versos que compuso sobre los emblemas de «rosa» y «abeja» (representando a María y Jesús) exigidos en uno de los certámenes a que acudió, hallamos torcida complicación no precisamente del mejor gusto. Mas en otros nos prueba que también puede fingirse popularista de tipo apologético, si así se lo propone. Del dogma de la virginidad de María, hablándonos de José:

Escuchen qué cosa y cosa
tan maravillosa aquésta:
un marido sin mujer,
y una casada doncella.

d) Las composiciones de tema amoroso de sor Juana utilizan distintos metros y tocan asuntos muy variados. Es evidente que no estamos ante la experiencia hecha poesía de un Lope. Lo vivido, si lo hubo, se hace vivencia cuestionada, analizada. Lo amoroso puede ser asunto polémico, coyuntura para maravillar, exceder a otros, asombrar. El amor se lleva al plano de investigación donde el apasionamiento se une con lo intelectivo, sirve para demostrar teorías o se halla atado a consonantes pre-requeridos. El más «mentalmente» hermoso y original dice así:

Detente, sombra de mi bien esquivo,
imagen del hechizo que más quiero,
bella ilusión por quien alegre muero,
dulce ficción por quien penosa vivo.

Si al imán de tus gracias, atractivo,
sirve mi pecho de obediente acero,
¿para qué me enamoras lisonjero
si has de burlarme luego fugitivo?

Mas blasonar no puedes, satisfecho,
de que triunfa de mí tu tiranía:
que aunque dejas burlado el lazo estrecho

que tu forma fantástica ceñía,
poco importa burlar brazos y pecho
si te labra prisión mi fantasía.

Se trata de un amor no correspondido. Méndez Plancarte anota en su edición varios ejemplos (Martín de la Plaza, Quevedo, Calderón) como base léxica para este soneto.

Pero el tratamiento de sor Juana es radicalmente original. La mente es capaz de lograrlo todo; incluso puede aprisionar al amado que nos rechaza. Si éste no corresponde a la atracción que ejerce el «imán» de sus gracias sobre el pecho enamorado convertido en «obediente acero», si el amado ha logrado fugarse del «lazo estrecho» tendido para aprisionarlo, aún nos queda el recurso mental de la fantasía. En la realidad la materia puede faltarnos, pero la imaginación tiene el poder de suplirlo todo. (Nótese que al decir «poco importa burlar brazos y pecho» se nos presenta, además de la sugerente imagen plástica de los brazos, al corazón, dentro del pecho, no como el tradicional depositario en cuestiones de amor, sino a la mente.)

Dentro de las composiciones amorosas de la monja han llamado siempre la atención los de «encontradas correspondencias», así llamados por el epígrafe que llevan desde *Inundación castálida*. Estos poemas, basados en situaciones antitéticas circulares, tiene una tradición que arranca de los epigramas de Ausonio sobre «encontrados amores» (no hablamos aquí del odio y amor en la misma persona, de Catulo) y, aunque se hallan en Lope de Vega, por ejemplo, sor Juana parece haberse aficionado, particularmente, a ellos. Es, puesta en poesía, la complicación y fuga de amores de la comedia de enredo, de lo cual la misma poetisa nos da un ejemplo en *Los empeños de una casa*. Si hay poemas amorosos de la poetisa donde se puede hablar de una situación totalmente imaginada, de pura fantasía, es ésta de los amores encontrados donde el complicado triángulo amoroso parece elevarse al cubo. Son tres los sonetos principales dedicados a este refinamiento poético; se advierte en ellos una progresión analítica que va del:

Feliciano me adora, y le aborrezco;
Lisardo me aborrece, y yo le adoro,

---

[11] Para comentarios sobre lo que de místico pueda haber en sor Juana, véanse Méndez Plancarte (tomo I), Flynn, Xirau.

Sor Juana Inés de la Cruz

gitud y escrito en romances, los razonamientos que la llevan a concluir que los celos son la prueba irrevocable del amor:

> Sólo los celos ignoran
> fábricas de fingimientos:
> que, como son locos tienen
> propiedad de verdaderos

se basaron en el juego polémico de debates poéticos ya que un poeta de aquel tiempo defendía lo contrario. A la monja, que hubiera preferido defender que los celos *no* eran prueba de amor, no le quedó más remedio que inventar razones para defender ese aspecto por el simple hecho de que ya otro poeta, adelantándose, había escogido el tema que ella hubiera querido desarrollar. Vemos así hasta qué punto estas digresiones dialécticas puestas en poesía nada tenían que ver con los sentimientos. Mucho más hermoso es aquél donde se defiende de celos mal fundados por parte de la persona amada. Nótese la lógica del razonamiento:

> Porque te han informado,
> dices, de que mi pecho te ha ofendido,
> me has, fiero, condenado.
> ¿Y pueden, en tu pecho endurecido,
> más la noticia incierta, que no es ciencia,
> que de tantas verdades la experiencia?

Veamos este último, donde la retórica del llanto adquiere ecos nuevos:

> Esta tarde, mi bien, cuando te hablaba,
> como en tu rostro y tus acciones vía
> que con palabras no te persuadía,
> que el corazón me vieses deseaba;
>
> y Amor, que mis intentos ayudaba,
> venció lo que imposible parecía:
> pues entre el llanto, que el dolor vertía,
> el corazón deshecho destilaba.
>
> Baste ya de rigores, mi bien, baste;
> no te atormenten más celos tiranos,
> ni el vil recelo tu quietud contraste
>
> con sombras necias, con indicios vanos,
> pues ya en líquido humor viste y tocaste
> mi corazón deshecho entre tus manos.

Hay, hacia el final, una simbiosis lingüística de «corazón» a «lágrimas» y viceversa. Las lágrimas, dolor del corazón, que corren por el rostro de la persona acusada, deben servir para contrarrestar los celos: ver y tocar, como antes se señaló es para la poetisa una prueba inequívoca de la verdad (sor Juana interpreta «ciencia» como verdad, certeza, según se infiere de los versos anteriores).

a la solución basada en la lógica, y original, de la poetisa:

> Pero yo, por mejor partido, escojo
> de quien no quiero, ser violento empleo,
> que, de quien no me quiere, vil despojo.

En los bellísimos sonetos amorosos dedicados a la fidelidad, cualidad que sor Juana adjudica siempre al sexo femenino, utiliza la poetisa ejemplos del pasado histórico o clásico. Las antítesis abundan en el plano mental así como en el formal. Véanse los tercetos del dedicado a Porcia:

> Deja las brasas, Porcia, que mortales
> impaciente tu amor elegir quiere:
> no al fuego de tu amor el fuego iguales;
>
> porque si bien de tu pasión se infiere,
> mal morirá a las brasas materiales
> quien a las llamas del amor no muere.

Uno de los temas preferidos por la musa entre sus composiciones de tema amoroso, es el de los celos. En uno de ellos el mayor en lon-

La ausencia es otro de los aspectos del amor tratados por la poetisa y uno de aquellos donde el tono íntimo, aunque sofisticado, traspuesto, se hace más evidente. Hay una correlación entre la ausencia, vacío, con los mencionados sonidos de la voz, de los enojos, de los gemidos y de las quejas que no existen, pues son sólo escritura muda:

> Óyeme con los ojos,
> ya que están tan distantes los oídos,
> y de ausentes enojos
> en ecos, de mi pluma mis gemidos;
> y ya que a ti no llega mi voz ruda,
> óyeme sordo, pues me quejo muda.

Los poemas que hemos llamado «cortesanos» responden a los dos significados principales que se le da a la palabra: por lo que tienen de relación con la marquesa de la Laguna y por presentar aspectos «corteses» de la poesía de amor provenzal. Es evidente el carácter intelectual que presentan, la distancia que sugieren entre los sentimientos amorosos y la poetisa. Lo abstracto y paradójico de esa literatura, y lo sublimado, se prestaría perfectamente al juego mental de ficción amorosa: la marquesa se convierte en deidad y la poetisa canta sus perfecciones dentro de un cuadro de imposibilidad amorosa total ya que como dijo en un poema de este tipo:

> Ser mujer, ni estar ausente
> no es de amarte impedimento;
> pues sabes tú que las almas
> distancia ignoran y sexo.

El *Sueño*

Dentro de la lírica personal de sor Juana merece renglón aparte. Es la composición más importante, no ya de su poesía, sino quizá de toda su obra. Junto a la *Respuesta* constituye la base para la comprensión de sor Juana como persona y como poeta.

El *Sueño* es un largo poema escrito en silvas (975 versos) donde la Décima Musa nos presenta una intrincada gama de sus conocimientos de todo tipo: mitología, teología, patrística, ciencia antigua y contemporánea suya, fisiología, filosofía; todo ello como base de la aventura vital en búsqueda de la verdad y de su lucha por conocer la realidad material del mundo. Es un poema espléndido como lo supieron ver, no sólo su delicioso primer biógrafo, Calleja, sino (al salir del «colapso antibarroco» como lo llama Méndez Plancarte) Amado Nervo y, más tarde, muchos otros: Vossler, Ezequiel Chávez, Abreu Gómez, Méndez Plancarte, Octavio Paz, José Gaos, Emilio Carilla, R. Xirau... Hasta la publicación del tomo II de sor Juana, en Sevilla, en 1692, no apareció el poema por primera vez.

Exagera sor Juana, seguramente, en cuanto a lo de no escribir por su gusto, cuando nos dice en la *Respuesta* que «no me acuerdo haber escrito por mi gusto, si no es un papelillo que llaman el *Sueño*». Al separarlo así del resto de su obra, la monja misma nos ha dejado constancia de su preferencia y lo ha señalado como expresión personal. No sabemos con seguridad cuándo sor Juana escribió el *Sueño*, pero por su contenido epistemológico y su carga anímica no pudo ser obra temprana. Este título, única constancia de cómo lo llamaba la poetisa, es el que hemos venido utilizando en vez de «Primero Sueño» que aparece en el epígrafe inmediatamente antes de comenzar el poema, pues, aunque se presuma que fue así como lo «intituló y compuso la Madre Juana Inés de la Cruz, imitando a Góngora», no nos convence su autenticidad. Es obvio que no fue la Décima Musa quien escribió ese título y sí lo es que quien lo añadió (¿el editor?) estaba bajo la influencia de otros tantos cientos de silvas de las *Soledades* y de su tono auténticamente gongorino [12] que, sin embargo, no basta para explicar el poema ni siquiera en su aspecto formal total. En la mencionada biografía de la poetisa escrita por Diego Calleja, además, se utiliza siempre así: «... y en verso, el *Sueño*, obra que dice ella misma que a sola contemplación suya escribió... En este *Sueño*, se suponen sabidas cuantas materias...»

Las tradiciones literarias [13] que están en la base del *Sueño*, arrancan de los clásicos latinos con el *Somnium Scipionis* de Cicerón y su explicación del universo y de la vida humana atisbada en el sueño; la tragedia de Séneca *Hercules furens* donde aparece la lucha dramática entre las tinieblas y la luz personificadas por el sol y la noche, el Oriente y el Occidente, y también el tópico del sueño como cura de males y fatigas, pero engañador; y el poema *Somnus* de Estacio que nos presenta la noción del «sueño universal» donde cielo, mar y tierra sucumben al reposo, excepto el enamorado que vela. En el *Sueño* del siglo XVII, encontraremos: la montaña, la mirada desde lo alto y la bajada precipitada hacia el mar, el águila, la torre sobre el agua, las bestias: el

———————
[12] Para el aspecto gongorino en la poesía de sor Juana, véanse la «Introducción» de Méndez Plancarte (tomo I) págs. XVII-XXVI, Alicia Sarre, Carilla «El gongorismo...», Gates.
[13] Véase mi libro *El «Sueño» de sor Juana Inés de la Cruz...* (cfr. Bibliografía).

ciervo y el león, sombrías aves de la noche como acompañantes del silencio...

El concepto «sueño» parte de la ambigüedad etimológica que, según Corominas, combina las palabras latinas *somnium* y *somnus*, respectivamente el sueño y el dormir y que, en «soñar», se unen haciendo difícil la delimitación. Como tema poético el Renacimiento, con su imitación de *locus classicus*, desarrolló el del sueño como uno de sus favoritos. Desde Boscán y Garcilaso hasta Calderón, grandes y menores van introduciéndole variaciones y diferencias o insisten en aspectos ya conocidos. Así el «sueño» puede ser materia de amor engañoso pero dulce (porque soñamos lo que no podemos conseguir despiertos), premonitorio, reparador de fatigas cotidianas o de males de amor, es maestro (porque nos enseña a vivir bien para alcanzar la gloria), es muerte (el conocido *somnium imago mortis*). Y va complicándose hasta atraparnos en el círculo vida-sueño-muerte donde, como en el caso de *La Vida es sueño*, ya no sabemos cuál sea la realidad, la verdadera vida consciente, si los acontecimientos del vivir despiertos o los del vivir dormidos. En su *Sueño*, sor Juana aparece como sabia conocedora de toda esta tradición; todas estas modalidades parecen haber sido digeridas, adaptadas y aprovechadas del mejor modo para los fines que se proponía.

En todas estas composiciones donde aparece el sueño se advierte una estructura fija que responde a tres etapas naturales: armonía exterior que invita al sueño, sueño y despertar. Y esta estructura básica es la misma que hallamos en el *Sueño* según puede constatarse en la corta relación que, sugerida como de la «Madre Juana», nos da Diego Calleja: «Siendo de noche, me dormí. Soñé que de una vez quería comprender todas las cosas de que el universo se compone. No pude, ni aun divisas por sus categorías, ni aun un solo individuo. Desengañada, amaneció y desperté.»

Se ha señalado en el *Sueño* la influencia de Descartes, reparando, seguramente en las raíces de duda que aparecen en el poema. Pero, si bien pudo existir, no tiene ello que explicarse, necesariamente, por la doctrina cartesiana. El profundo conocimiento escolástico de sor Juana en este caso de Aristóteles particularmente, sería suficiente para explicarla; lo que hay en el fondo es la misma tradición. Más interesante es la combinación neoplatónica típicamente renacentista, de ciencia y poesía, que sor Juana heredaría del hermetismo. Véase este pasaje:

las pirámides fueron...
... señales exteriores

de las que, dimensiones interiores,
especies son del alma intencionales:
así la humana mente
su figura trasunta,
y a la Causa Primera siempre aspira
—céntrico punto donde recta tira
la línea, si ya no circunferencia,
que contiene, infinita, toda esencia—.

Desconocemos, como se ha señalado, si la monja tuvo acceso a la obra de Descartes, quien era rosacruciano, a la de Pico della Mirandola o a la del astrónomo Kepler. Pudiera ser posible que leyera a Marsilio Ficino y la obra ocultista del marqués de Villena; lo que sí es seguro es que conocía bien los libros de Atanasio Kircher y que utilizaba los emblemas de Alciato. Fue Vossler el primero en señalar la incorporación al *Sueño* de ideas provenientes de la obra egiptológica de Kircher: *Oedipus Aegyptiacus* (Roma, 1653) como, por ejemplo, la «linterna mágica», aparato nuevo que proyectaba imágenes luminosas:

Así linterna mágica,
representa fingidas, pintadas
en la blanca pared varias figuras,
de la sombra no menos ayudadas
que de la luz...

así como, también, de la *Ars combinatoria* para cuya teoría de método matemático inventa sor Juana el verbo «kirkerizar». Las letras hispánicas se salvan del vacío casi total en el renglón de poesía científica, por sor Juana. Fue una suerte que la monja llevara al verso su enorme entusiasmo por la ciencia. Porque las ideas científicas en sí no importan, ya que se realizan nuevas conquistas que van desplazando a las anteriores; lo que sí perdura es, como en el *De rerum natura* de Lucrecio, la poesía de la ciencia.

La estructura mencionada antes y los tópicos de la noche y el sueño, que se encuentran en otros poemas del Siglo de Oro, estarían en la base de sus conocimientos asimilados en cuanto se hallan en la apertura de la descripción del anochecer, invadiendo el mundo circundante: tierra, mar y aire, en el «sueño universal» que anotamos antes:

Piramidal, funesta, de la tierra
nacida sombra, al cielo encaminaba
de vanos obeliscos punta altiva,
escalar pretendiendo las estrellas...

Luego el sueño se vuelve al mundo interior de la monja; el cuerpo se duerme y en su quietud de «cadáver con alma, muerto a la vida y a la muerte vivo», sólo el Alma se desgaja. Ésta, protagonista de la aventura ontológica que sor Juana nos va a relatar, no se presenta tanto como ente espiritual, sino como facultad mental, ya que se le atribuyen características aristotélicas identificadas con la Fantasía (en relación con su propiedad de convertir imágenes en conceptos). El Alma se eleva más allá de las estrellas teniendo, incluso, la facultad de contemplarse a sí misma en la lejanía. Desde esa «elevación inmensa» intenta comprender, intuitivamente, el conjunto todo de la creación:

cúmulo incomprehensible,
aunque a la vista quiso manifiesto
dar señas de posible,
a la comprehensión no,...

e inmediatamente retrocede, acobardada por su fracaso. Se recupera, e intenta ahora el método dialéctico (o discursivo) de Aristóteles:

más juzgó conveniente
a singular asunto reducirse,
o separadamente
una por una discurrir las cosas
que vienen a ceñirse
en las que artificiosas
dos veces cinco son categorías

yendo, poco a poco, separando, formando categorías, analizando de lo más sencillo a lo más complicado. De momento parece convencerse de que, por medio del «aprovechamiento», de «doctos alimentos», «de la disciplina», es posible llegar a la «honrosa cumbre», es decir, a la verdad, a la ciencia, y «con planta valiente» la cima pisar «de su altiva frente». Se abre entonces un periodo que va del pesimismo:

Pues si a un objeto solo...
huye el conocimiento
...
¿cómo en tan espantosa
máquina inmensa discurrir pudiera...?,

al optimismo:

Otras —más esforzado—
demasiada acusaba cobardía
el lauro antes ceder, que en la lid dura
haber siquiera entrado...

El alma-intelecto de sor Juana, se desazona, no sabe qué hacer:

Estos, pues, grados discurrir quería
unas veces. Pero otras disentía...

Mas mientras en escollos zozobraba
confusa la elección, sirtes tocando
de imposibles, en cuantos intentaba
rumbos seguir...

y se desanima, al fin, totalmente desengañada:

excesivo juzgando atrevimiento
el discurrirlo todo
quien aun la más pequeña,
aun la mas fácil parte no entendía
de los mas manüales
efectos naturales...

El saber es imposible: nuestro entendimiento es limitadísimo; la comprensión del universo es un sueño. Pero, como en esta aventura le iba a la monja el sentido mismo de su vida, busca un escape, algo para explicarse a sí misma:

y al ejemplar osado
del claro joven la atención volvía
—auriga altivo del ardiente carro—,
y el, si infeliz, bizarro
alto impulso, el espíritu encendía...
tipo es, antes, modelo...
que alas engendra a repetido vuelo
del ánimo ambicioso...
que al valor lisonjea...

Faetón, el hijo de Febo, es escogido y propuesto como modelo. No importa fracasar, ya que hemos de aceptar el fracaso como parte de la esencia de nuestro ser. Mas el esfuerzo intelectual, valiente y osado por lo mismo que está condenado al fracaso, es suficiente para darle valor a nuestra vida. De aquí el carácter faustiano que se le ha dado a la obra. Como dice Octavio Paz: «El acto de conocer, no el conocimiento mismo, es el premio del combate.» Y toda esta problemática del ser, de tipo genérico e individual, se borda, en el Sueño, con las brillantes gemas conceptuosas y formales de una larga tradición hispánica. Todo lo que representaba lo más granado de la riqueza cultural europea de la época, se dio cita en una humilde celdita del Nuevo Mundo americano.

II. VILLANCICOS

El origen de los villancicos remonta al zéjel de la España árabe, desde donde se propagó a toda Europa. Originalmente el villancico se destinaba a ser cantado por el coro, a dos o tres voces, y es a esta denominación a la que pertenecen los que sor Juana escribió, a los que prestaría, con toda seguridad, su gran conocimiento de música. Eran cantados en los maitines que tenían lugar para celebrar fiestas religiosas.

El número total de juegos completos de villancicos que escribió sor Juana son doce, a los cuales hay que agregar otros que se le atribuyen

Santa Catalina de Alejandría discutiendo con los
filósofos (siglo XV)

y algunas letras sueltas que quizá pertenecieron
a otros juegos completos, hoy perdidos. Los
escribió en el período que va del año 1676 a
1691 a petición de las catedrales de México,
Puebla y Oaxaca.

Cada juego de villancicos obedece a un formato fijo compuesto por nueve composiciones
(ocho alguna vez ya que la última podía sus-
tituirse por el «Te Deum»): tres nocturnos
formados, cada uno de ellos, por tres villancicos compuestos a su vez por coplas, estribillos, jácaras, glosas o ensaladas. Los doce juegos de villancicos de sor Juana se dedican: a la
Asunción (cuatro de ellos, años 1676, 1679,
1685, 1690): a la Concepción (dos, 1676,
1689); a San Pedro Nolasco (1677); a San Pedro Apóstol (1677, 1683); a la Navidad (1689);
a San José (1690) y a Santa Catalina (1691).
Reaparecen en ellos los tópicos que venían
usándose desde antiguo: el castellano mal hablado (para producir efectos cómicos) de diferentes grupos o individuos de clase baja; el
latín macarrónico de sacristanes o estudiantes... Hallamos a la Virgen de zagala, a los santos de aventureros... También utiliza sor Juana
temas relacionados con su ambiente clerical:

Los seises de la capilla
en docena con su canto
una docena ajustaron...

y añade preocupaciones e intereses de tipo
personal y de mujer erudita, privando como en
el resto de su obra, lo intelectual. Así tenemos
mexicanos hablando en náhuatl:

Solo Dios Piltzintli
del cielo bajó
y nuestro tlatlacol
nos lo perdonó...

a la Virgen de sabia:

La soberana doctora
de las escuelas divinas,
de que los ángeles todos
deprenden sabiduría...

los versos feministas del villancico de santa
Catalina:

De una mujer se convencen
todos los sabios de Egipto,
para prueba de que el sexo
no es esencia en lo entendido.

Cada uno de los juegos de villancicos escoge,
desde el principio, un tema central y luego nos
ofrece, a través de los tres nocturnos y sus
distintas composiciones, diferentes variantes
y desarrollo del mismo. Así tenemos que, en
uno de San Pedro Apóstol, el tema básico es la
negación de Jesús y arrepentimiento del apóstol, tópico que nos lo presenta con razonamientos de lógica en el siguiente pasaje:

Cual sumulista pretendo
iros, Pedro, replicando;
y pues vos, a lo que entiendo,
hicisteis juicio negando,
yo haré discurso infiriendo.

En los de la Asunción se escoge, como era de
esperarse, el tema de la subida al cielo de María
y se elabora de mil formas diferentes: lucha entre el cuerpo, que quiere que María se quede en
la tierra, y el alma, cuando ésta quiere subir a
la gloria; lucha entre las flores y las estrellas,
representando, respectivamente, la tierra y el
cielo; María como astrónoma; como caballera
andante en subida al firmamento; como maestra del orfeón celestial...:

De María la asunción
con gusto ha de celebrarse,
pues gustosa a colocarse
pasa a la eterna mansión:
y así, cantar el blasón
de tan venturoso día,
sólo toca a la alegría.

San Pedro Nolasco, de origen galo (fue el creador de la orden de la Merced, cuyo fin era redimir cautivos) es presentado como imagen de Cristo porque a imitación del «redentor del género humano,» lo fue, el santo, de los cautivos:

¡Vengan a ver un lucero
en el redentor segundo,
que ha ejercitado en el mundo
el oficio del primero!

Véase la saludable falta de ñoñería de sor Juana que ni aun hablando de un santo ni en la Iglesia se excusa de hacer comentarios como el siguiente:

Los enfermos visitaba
con tanto desinterés,
y su remedio buscaba,
que, como era buen francés,
del mal francés los curaba.

Tampoco aquí faltan ejemplos de su erudición en campos muy variados. Así de derecho político:

A la aclamación festiva
de la jura de su reina,
se juntó la plebe humana
con la angélica nobleza...

de economía:

Que pues ni fió ni tuvo
delito, no hay ley que mande
que como principal muera
ni como fiadora pague...

librescos:

La celebrada de hermosa
y temida por sañuda,
Bradamante en valentía,
Angélica en hermosura;
la que si desprende al aire
la siempre madeja rubia,
tantos Roldanes la cercan
cuantos cabellos la inundan.

y de ingeniosos conceptos dualistas:

muy fecunda para virgen,
muy pura para casada...
muy humilde para reina,
muy exenta para esclava...
muy morena para hermosa,
para negra muy sin mancha.

Su total dominio poético puede calibrarse en los siguientes versos, donde aparecen los elementos:

Y haciendo dulce armonía
el agua a la tierra enlaza,
el aire a la mar abraza
y el fuego circunda el viento.
¡Ay, qué contento,
que sube al cielo María!

A los aprendices
que tiene en su escuela,
la regla de tres
en un credo enseña;
pudiera del cielo
sumar las estrellas,
del suelo las flores,
del mar las arenas...

Méndez Plancarte le confirió, con razón el título de «la villanciquera mayor del mundo hispánico.» Lo mejor de su poesía religiosa lo hallamos en ellos. Por un camino muy diferente del *Sueño*, la Décima Musa nos prueba la ductilidad de su genio para la fusión de lo popular el candor y la gracia, con la superioriрad de su pensamiento.

III. TEATRO: LOAS, AUTOS SACRAMENTALES Y COMEDIAS

Las loas, aspecto de la obra de la poetisa que ·no ha podido aún captar la apreciación de la crítica, son la primera muestra de su teatro. La obra dramática de sor Juana que se publicó en el tomo I (*Inundación castálida*, Madrid, 1689) consiste únicamente en loas. Efectivamente, en ese primer tomo se hallan nueve de las doce que ella escribió. Las restantes aparecieron, acompañando a sus respectivos autos y comedias, en el tomo II (Sevilla, 1692).

En la loas de sor Juana priva, una vez más, lo intelectual. Nuestra docta monja aprovechaba, igualmente, estas composiciones «de encargo» para sentar cátedra sobre sus muy variados conocimientos, especialmente, alegóricos y de mitología, que eran los temas que se venían usando desde Calderón: Ciencia, Discurso, Entendimiento; Naturaleza, Tiempo; Faetón, Flora, Pan... eran los protagonistas.

En el tomo II vemos que sor Juana dividió su obra poética basándose en dos clasificaciones, primero por tema (religioso / profano) y luego por género literario (lírico / cómico) resultando en dos apartados diferentes: «Poesías cómico-sacras» (tres autos sacramentales con sus loas) y lo que llamó «Poesías cómicas» (dos comedias profanas con sus loas y sarao). Vemos así que sor Juana seguía la tradición española del Siglo de Oro aplicando el genérico «cómico» a cualquier tipo de pieza dramática o teatral, aunque tratara temas serios.

El dios serpiente devorando un hombre, códice mexicano del siglo XVI

Como aporte personal típico de sor Juana a la loa tenemos que, por medio de ella, nuestra poetisa podía dirigirse particularmente al público mexicano o a ciertos individuos presentes en el estreno de la obra principal. Así vemos que la loa del auto del *Divino Narciso*, auto perfectamente español, es un prólogo muy mexicano: en ella sor Juana se aprovecha de un rito canibalístico de los aztecas para «prefigurar» la eucaristía cristiana. En la loa de una comedia profana la monja podía dirigirse personalmente a los virreyes que la presenciaban, haciendo alusiones sólo comprensibles para los residentes en la Nueva España.

Los tres autos sacramentales se titulan: *El cetro de José*, basado en una historia bíblica, *El mártir del Sacramento, San Hermenegildo*, basado en una historia hagiográfica; y *El Divino Narciso*, basado en un mito clásico. En ellos vemos cómo sor Juana había asimilado perfectamente la tradición calderoniana, utilizando temas históricos o mitológicos como metáforas del misterio central del cristianismo. Así, por ejemplo, Narciso representa a Jesucristo, rechazando los amores de Eco (Satanás), y dejándose amar por la Naturaleza Humana, quien le ve reflejado (encarnado) en el agua de la Gracia. La muerte de Narciso, ahogado en su propio reflejo corporal, representa, por supuesto, la crucifixión del Dios humano. Vemos aquí cómo, dentro de los esquemas calderonianos, sor Juana logra una ingeniosa originalidad sacramental.

Las dos comedias profanas de sor Juana se titulan *Los empeños de una casa* y *Amor es más laberinto*. De esta última escribió la musa solamente los actos I y III encargando a un colaborador, Juan de Guevara, el acto II. La posibilidad de tal colaboración nos indica hasta qué punto la comedia española del siglo XVII se había convertido en una serie de fórmulas fijas y previsibles, marca, siempre, del arte popular y colectivo, esencialmente anónimo. Así es que las dos comedias de sor Juana son típicas comedias de capa y espada, aventuras amorosas de enredo que, después de mil complicaciones y equivocaciones, llevan la felicidad matrimonial a las distintas parejas, con sus «graciosos» criados correspondientes. La fábula del laberinto de Creta se utiliza como metáfora de tales intrigas y malentendidos en *Amor es más laberinto*. Toda la acción de *Los empeños de una casa* tiene lugar en una casa particular de Toledo, ciudad geográfica nunca vista por sor Juana, mero topónimo en la geometría ideal de la comedia española.

El personaje más original de *Los empeños de una casa* es, sin duda el «gracioso» Castaño, criado mestizo traído a España desde México. Sor Juana se aprovecha de este personaje de un modo muy personal, arremetiendo contra los prejuicios sexistas de la época. Es, que sepamos, el único caso de un hombre vestido de mujer dentro de una larga tradición donde lo corriente, por no considerarse injurioso, era vestir a una mujer de hombre. En cierta escena vemos a Castaño vistiéndose de dama con coqueterías exageradamente afeminadas. Las equivocaciones típicas de la comedia española se llevan en este caso a un extremo de picardía sexual a la vez ingenua e ingeniosa. El galán, creyendo que Castaño es mujer, pretende enamorarle; la motivación amorosa de toda la pieza se pone en cuestión con este encuentro irónico entre hombre y mujer fingida. Como dice el mismo Castaño, al acabar de vestirse con prendas femeninas:

> Ya estoy armado, y ¿quién duda
> que en el punto que me vean
> me sigan cuatro mil lindos
> de aquestos que galantean
> a «salga lo que saliere»
> y que a bulto se amartelan,
> no de la belleza que es,
> sino de la que ellos piensan?

En suma el arte teatral de sor Juana lleva a sus últimas consecuencias los presupuestos genéricos de la comedia del Siglo de Oro español.

IV. Escritos discursivos

El Neptuno alegórico[14]

Era costumbre en México, desde el año 1528, levantar arcos triunfales para recibir a personalidades ilustres, siguiendo la tradición que se originó en la antigua Roma.

El *Neptuno* es la obra que la catedral encargó a sor Juana para celebrar la entrada en la capital en noviembre del año 1680, de los nuevos virreyes, marqueses de la Laguna. Su amigo, don Luis de Sigüenza y Góngora, fue el encargado de hacerlo por parte del Cabildo. Sor Juana siguió en él, a diferencia de don Luis (quien prefirió como ejemplo a los antiguos emperadores aztecas), la costumbre establecida y propuso, como paralelo del nuevo gobernante, la figura de Neptuno. Sor Juana da una relación muy minuciosa de la construcción del arco, dejándonos constancia, así, de sus conocimientos arquitectónicos y artísticos. El *Neptuno alegórico* consta de tres partes principales: «Dedicatoria,» donde discurre sobre los motivos que la llevaron a escoger a Neptuno como representante del virrey; «Razón de la fábrica», donde se explica la costumbre de la utilización de los símbolos o «jeroglíficos» por parte de los Antiguos; y la «Explicación del Arco» donde describe en verso, las pinturas y figuras de pasajes mitológicos que se veían en él.

La «Explicación» se distribuiría en volantes a la entrada del virrey para ser leída el mismo día de la fiesta. Pocos días más tarde, cuando estaba fresco aún el festejo en su memoria, se sentaría sor Juana a escribir las otras partes del *Neptuno* para los virreyes, como recuerdo del homenaje. Luego el volante de la «Explicación» se añadiría, al final, para conservarla.

El *Neptuno* es una obra que no ha tenido buena acogida ni aun entre los defensores más entusiastas de la obra de la monja. Las constantes citas latinas la hacen pesada y difícil de leer, pero, por lo mismo, nos informa mejor que ninguna de los gustos eruditos de sor Juana, ya que no es sino un reflejo de lo que tenía la monja en su biblioteca.

La *Carta Atenagórica* y la *Respuesta a Sor Filotea*

Según Vossler, la obra de sor Juana donde demuestra mayor seguridad en sí misma es, por el reto que constituye haberla escrito, en la *Crisis sobre un sermón* (según el título que lleva la *Carta Atenagórica* en el tomo II publicado en Sevilla en 1692)[15]. Este sermón se refiere al que pronunció un Jueves Santo en la capilla real de Lisboa, y un año antes del nacimiento de Juana, el famoso predicador lusitano e incansable reformista y evangelizador, P. Antonio de Vieira.

Muchos años más tarde, la monja comentó y criticó las bases sobre las que se asentaban las digresiones del jesuita. Este sermón revelaba la opinión del padre sobre el sentido de las palabras de Cristo del Jueves Santo al lavarles los pies a sus apóstoles: «y vosotros, también, debéis lavaros los pies uno a otro». Al discurrir sobre cuál pudiera ser la mayor «fineza» de Jesús durante la Semana Santa, empieza por refutar, una tras otra, las explicaciones patrísticas anteriores, a saber, que fue el acto mismo de lavarles los pies a sus discípulos (San Juan Crisóstomo), que fue el acto de morir por todos los hombres (San Agustín), que fue el quedarse en la tierra en forma de sacramento (Santo Tomás de Aquino). Y elabora entonces su propia contestación: «Digo que la mayor fineza de Cristo hoy fue querer que el amor con que nos amó fuese deuda de amarnos unos a otros»; es decir que, según Vieira, el mayor favor que hizo Jesús al género fue el «amar sin correspondencia». Después de leer esta lección clara de evangelización, es difícil penetrar en las razones que se daría sor Juana para criticar precisamente este sermón, como no se tenga en cuenta el espíritu de réplica creciente que se habría ido desarrollando en ella, junto al deseo de defender a los Padres de la Iglesia. La razón explícita que da, se basa en lo siguiente: «Si hay un Tulio (Cicerón) moderno que se atreva a adelantar a un Augustino, a un Tomás y a un Crisóstomo, ¿qué mucho que haya quien ose responder a este Tulio?» Y pasa a defender las opiniones canónicas, atacando en el mismo orden, lo propuesto por Vieira y elaborando su propia argumentación, diciendo que el amor de Dios es esencialmente desinteresado y que, por lo tanto, si Dios nos mandó amarle, esa correspondencia demuestra «fineza» delicada. La

---

14 Véase el título completo en la Bibliografía. Puede leerse, modernizado en el tomo IV de *Obras Completas* de la poetisa que publicó en México el Fondo de Cultura Económica. Recuérdese que Salceda es quien se ocupó de este tomo a la muerte de Méndez Plancarte. El *Neptuno* se publicó en edición aislada mexicana, sin fecha. Luego apareció en el tomo I de las obras antiguas de la poetisa, comenzando con *Inundación castálida* (Madrid, 1689).

15 La *Crisis* (o *Carta*) y la *Respuesta* pueden leerse, modernizadas, en nuestra edición de *Sor Juana Inés de la Cruz. Obras selectas* de Editorial Noguer. El sermón del padre Vieira puede leerse en la edición mencionada en la nota anterior (tomo IV).

mente de sor Juana, acostumbrada a rebuscar conceptos sigue explicando, ahora en postdata, diciendo que si Dios no nos exige esa correspondencia, es para no obligarnos a ser desagradecidos y no aumentar la carga de nuestros pecados. Es decir, el Amor de Dios quiere hacernos beneficios (porque su amor es infinito) y, al suspenderlos, nos hace un favor para que no caigamos en el pecado de la ingratitud. Así que el suspendernos beneficios es el mayor beneficio, la mejor «fineza». Estas ideas de la monja, consideradas por ella, seguramente con fingida modestia, meras «bachillerías», empezarían a discutirse y comentarse dentro del círculo intelectual de la sociedad en que vivía. Es obvio, pues había materia para ello, que encontrarían defensores y detractores. Por fin, el obispo de Puebla, Manuel Fernández de Santa Cruz, después de pedir a sor Juana que le enviase su ensayo por escrito, lo publicó en 1690, bajo el halagador título de *Carta atenagórica de Sor Juana Inés de la Cruz, religiosa profesa de velo y coro en el muy religioso convento de San Jerónimo de la ciudad de Méjico cabeza de la Nueva España, que imprime, y dedica a la misma, Sor Filotea de la Cruz, su estudiosa aficionada en el convento de la Santísima Trinidad de la Puebla de los Ángeles.* El seudónimo, evidentemente, encubría al mismo obispo, el cual añadía como apéndice una carta suya así firmada (sor Filotea de la Cruz). La publicación del documento y carta donde, a pesar de exhortar a sor Juana a dedicarse con más ahínco a las cosas divinas, sugiere su gran admiración, fue lo que dio pie a sor Juana para su *Respuesta a la muy ilustre Sor Filotea de la Cruz,* la apología de la monja *pro vita sua.*

Cossío fue el primero en señalar la posibilidad de considerar al obispo de Puebla no, como se ha dicho, gran detractor de sor Juana, sino, por el contrario, como buen amigo suyo. Si nos detenemos a analizar algunos puntos relacionados con este hecho, llegaremos a la conclusión de que, efectivamente, la intervención del obispo fue un modo de ayudar a la poetisa-monja en un momento de crisis. Aunque ella diga que su escrito era para que sólo él lo leyera, esto no debe considerarse sino como un rasgo de modestia de la época, más o menos fingida. Véanse, si no estos pasajes que se hallan hacia el final de su ensayo sobre Vieira:

> A vista del elevado ingenio del autor, aún los muy gigantes parecen enanos. ¿Pues qué hará una pobre mujer? Aunque ya se vio que una quitó la clava de las manos de Alcides, siendo uno de los tres imposibles que veneró la antigüedad... Que cuando yo no haya

conseguido más que el atreverme a hacerlo, fuera bastante mortificación para un varón tan de todos modos insigne... ver que se atreve una mujer ignorante, en quien es tan ajeno este género de estudio, y tan distante de su sexo; pero también lo era de Judit el manejo de las armas y de Débora la judicatura.

Nótese la ironía de sus protestas, inmediatamente seguidas de un ejemplo contrario donde se deshace la validez de lo que se ha dicho antes. Sor Juana no podía sino sentirse halagada de que el obispo hubiera tomado la iniciativa para la publicación de su ensayo. Sacar a luz la *Crisis* del sermón de Vieira, una de las reconocidas inteligencias de la época, era un modo de aplaudir y propagar la fama de la monja y, al mismo tiempo, darle la oportunidad de defenderse contra sus enemigos reales (¿el obispo Seijas, el confesor Núñez?) y los que la acosaban. El mismo título que el obispo puso al trabajo de Sor Juana, refutador de las ideas del orador, es significativo: por «Atenagórica» sor Juana es elevada públicamente al nivel de la inteligencia y el saber otorgados a Minerva, la diosa ateniense. Hay un hecho más significativo todavía y es el de encubrir el obispo su nombre bajo un seudónimo de mujer, monja por añadidura. Es un modo muy sutil, quizá inconsciente, de identificación con la monja atacada; colocarse así en su mismo nivel es reconocer, tácitamente, que la superioridad espiritual no tiene sexo. Ciertamente, el mejor modo de unirse a la confabulación en contra de sor Juana hubiera sido callarse, no decir nada. Por otro lado, a sor Juana no le podía chocar que el obispo le aconsejara dedicar más tiempo a sus estudios religiosos puesto que ella, al mismo tiempo que defendió su derecho a escribir poesía y teatro profanos, demostró creer sinceramente que la teología era la más alta de las disciplinas a las que se podía dedicar, y de la cual todas las demás eran sólo *ancillas.*

En cuanto a la *Respuesta,* sor Juana tardó unos tres meses en contestar al obispo de Puebla, lo cual podría ser una prueba más de que la carta no la preocupaba, de que no había ocasionado una reacción violenta o inesperada.

Sólo podemos dar un breve esquema de la elocuente contestación de sor Juana, provocando en el lector el acicate de leerla en su totalidad: es un documento rebosante de calor humano en combinación con erudición de alto grado, y todo ello utilizado para demostrar el tema central, que es la defensa del derecho intelectual inmanente de sor Juana y de todas las mujeres.

Dentro de un marco de cortesías, empieza

la monja por disculparse del retraso de su contestación. Explica que nunca se ha atrevido a tratar con letras divinas por temor de caer en herejía, cosa que no sucede con las humanas, a las cuales el Santo Oficio (Inquisición) no presta atención. Reafirma, además, que si ha escrito, ha sido por cumplir con pedidos y favores ajenos, pues a lo que ella ha aspirado siempre ha sido al estudio: «natural impulso que Dios puso en mí: Su Majestad sabe por qué y para qué». Explica ahora su vocación religiosa usando una proposición negativa, ya que lo que sí había «era una negación total para el matrimonio». Se remonta a su niñez: aprendió a leer a los tres años, quería ir a la universidad vestida de hombre si era preciso, leyó los libros de la biblioteca de su abuelo, se esforzó siempre por aprender imponiéndose castigos a sí misma, aprendió latín en menos de veinte lecciones. Por fin, entró en el convento por determinar que era lo más conveniente y menos extraño para las circunstancias de su vida. Todos los estudios los dirigía a la teología, reina de las ciencias, que la llevaría a la comprensión de la Creación y del Libro de Dios.

Subraya luego la dificultad de sus estudios solitarios muchas veces interrumpidos, con la mejor o peor voluntad, por compañeras monjas o amigos. Señala que la habilidad poética ha sido espontánea en ella, causa de envidia ajena; y a esto sigue una exégesis bíblica donde demuestra que todos los que se señalan, en cualquier aspecto, sufren a causa de críticas y prohibiciones, a tal punto, a veces, que llevan a la muerte, como en el caso de Jesucristo. Sin embargo, su deseo de saber es tan fuerte que una vez que una priora «muy cándida» le prohibió estudiar, a ella no le quedó más remedio que hacerlo «en todas las cosas que Dios crió, sirviéndome ellas de letras, y de libro esta máquina universal», observando todo lo que veía alrededor: figuras geométricas, juegos infantiles, fenómenos de la cocina e incluso lucubrando sobre los sueños. Termina esta sección diciendo que, como su inclinación al estudio es imposible de evitar, no se merece ni que la alaben ni que la critiquen.

La última sección es de tipo apologético y discursivo. Da un catálogo de mujeres ejemplares de la Biblia, lo mismo gentiles que judías y cristianas. Luego, refiriéndose al mexicano doctor Juan Díaz de Arce, hace una exégesis de la conocida frase de San Pablo, *mulieres in ecclesiis taceant*, la cual interpreta en sentido literal: prohibe la predicación en las iglesias y manda que se callen, no sólo las mujeres, sino los hombres también, pero no quiere decir que se prohiba el estudio ni las lecciones particulares, añadiendo que, efectivamente, hacen falta más mujeres doctas en la comunidad cristiana, en particular para ser maestras de las jóvenes, las cuales pueden caer en pecado si aprenden de los hombres, ya que han sido los hombres los inclinados a la herejía. La comprensión de las Escrituras, pues, no consiste en el sexo, sino en el entendimiento, es decir, hay hombres tontos lo mismo que hay mujeres tontas. Desde luego, toda esta dialéctica se relaciona con la *Carta Atenagórica*. Define el derecho que tiene a disentir de la opinión de Vieira, lo mismo que lo tiene cualquier pensador: «Mi entendimiento tal cual, ¿no es tan libre como el suyo, pues viene de un solar?» Sus censores no tiene razón, pues si la Iglesia no le prohibe expresar sus opiniones teológicas, nadie tiene derecho a hacerlo (y con motivo de esto recuerda la carta que envió Calderón al Patriarca de las Indias sobre las críticas que recibió por escribir sobre el teatro). Tampoco la poesía es pecaminosa, pues en la Biblia se encuentran versos. Termina diciendo que sus censores la han mortificado a veces pero que, en definitiva, «estas cosas creo que aprovechan más que dañan». Las últimas líneas son de cortesía epistolar. Lo que sigue es el silencio, el callar que ha comentado Octavio Paz y que no sabemos si fuera o no determinación propia.

BIBLIOGRAFÍA

TEXTOS

Las obras completas de la poetisa se publicaron antiguamente en tres tomos, reeditados cada uno varias veces:

I. *Inundación castálida...*, Madrid, 1689 (con el título de *Poemas*, Madrid, 1690; Barcelona, 1691; Zaragoza, 1692; Valencia, 1709 [2 ediciones]; Madrid, 1714 y 1725 [2 ediciones]).

II. *Segundo volumen...*, Sevilla, 1692 (con el título de *Segundo Tomo* en Barcelona, 1693 [3 ediciones]; con el de *Obras poéticas* en Madrid, 1715 y 1725). (Sobre la edición de Barcelona 1693 véase mi artículo en *NRFH*.)

III. *Fama y obras póstumas...*, Madrid, 1700 (Barcelona, 1701; Lisboa, 1701; Madrid, 1714 y 1725).

La única edición moderna completa es la de A. Méndez Plancarte en cuatro tomos, México, 1951-1957:

I. Lírica personal.
II. Villancicos y letras sacras.

III. Autos y loas.
IV. Teatro profano y prosa. (Editado por Alberto G. Salceda a la muerte de Méndez Plancarte.)

ALGUNOS ESTUDIOS MODERNOS
(POR ORDEN CRONOLÓGICO):

MENÉNDEZ Y PELAYO, Marcelino, *Antología de poetas hispano-americanos* (vol. 2 de *Obras Completas*), Madrid, 1911. Se publicó anteriormente en *Antología de poetas hispanoamericanos*, vol. 1, Madrid, 1893.

NERVO, Amado, *Juana de Asbaje*, Madrid, 1910.

HENRÍQUEZ UREÑA, P., «Bibliografía de Sor Juana Inés de la Cruz», *Revue Hispanique*, XL (1917), págs. 161-214.

SCHONS, Dorothy, *Some Bibliographical Notes*, Austin, 1925.
Bibliografía de Sor Juana Inés de la Cruz, México, 1927.

TOUSSAINT, Manuel, *Sor Juana Inés de la Cruz*, México, 1927.

CHÁVEZ, Ezquiel, *Ensayo de psicología de Sor Juana Inés de la Cruz*, Barcelona, 1931.

VOSSLER, Karl, *Die zehnte Muse von Mexico*, Munich, 1934. (Traducción castellana en sus *Escritores y poetas de España*. Véase más abajo.)

ABREU GÓMEZ, Ermilo, *Sor Juana Inés de la Cruz: Bibliografía y Biblioteca*, México, 1934.
— *La ruta de Sor Juana*, México, 1938.

GATES, E. J., «Reminiscences of Góngora in the works of Sor Juana Inés de la Cruz», *PMLA*, LIV (1939), págs. 1041-1058.

SALINAS, Pedro, «En busca de Juana de Asbaje», *Memoria del Segundo Congreso Internacional de Catedráticos de Literatura Iberoamericana*, Los Ángeles de California, 1940.

CARILLA, Emilio, *El gongorismo en América*, Buenos Aires, 1946.

VOSSLER, Karl, *Die Welt im Traum*, Heidelberg, 1946.
— *Escritores y poetas de España*, «La "Décima Musa" de México; Sor Juana Inés de la Cruz», Buenos Aires-México, Espasa-Calpe Argentina, 1947.

RAMÍREZ ESPAÑA, G., *La familia de Sor Juana, XXXI documentos inéditos*, México, 1947.

REYES, Alfonso, «Virreinato de filigrana», en su *Letras de la Nueva España*, México, 1948, páginas 87-118.

CERVANTES, Enrique, A., *Testamento de Sor Juana Inés de la Cruz y otros documentos*, México, 1949.

LÓPEZ CÁMARA, F., «El cartesianismo en Sor Juana y Sigüenza y Góngora», *Filosofía y Letras*, XX, núm. 39, julio-septiembre (1950), págs. 107-131.

PAZ, Octavio, «Homenaje a Sor Juana Inés de la Cruz», *Sur*, núm. 206, Buenos Aires, diciembre de 1951, págs. 29-40.

CARILLA, Emilio, «Sor Juana: ciencia y poesía», *Revista de Filología Española*, 36 (1952), páginas 287-307.

ARROYO, Anita, *Razón y pasión de Sor Juana*, México, 1952.

SALAZAR MALLÉN, Rubén, *Apuntes para una biografía de Sor Juana Inés de la Cruz*, México, 1952.

CARILLA, Emilio, «Sor Juana: ciencia y poesía. (Sobre el *Primero sueño*)», *Revista de Filología Española*, XXXVI (1952), págs. 50-62.

LASCARIS, Comneno C., «Fundamentación ideológica de Sor Juana Inés de la Cruz», *Cuadernos Hispanoamericanos*, IX, núm. 25, enero (1952), págs. 287-307.

COSSÍO, José María de, *et al.*, «Homenaje a Sor Juana Inés de la Cruz», *Boletín de la Real Academia Española*, XXXII (1952), págs. 27-72.

NAVARRO, Tomás, «Los versos de Sor Juana», *Romance Philology*, VII (1953), págs. 44-50.

MOLDENHAUER, G., «Observaciones críticas para una edición definitiva del *Sueño* de Sor Juana Inés de la Cuz», *Boletín del Instituto de Filología*, Chile, VIII (1953), págs. 44-50.

BELLINI, Giuseppe, *Il primo sogno*, Milán, 1954.

RICARD, Robert, *Une poétesse mexicaine du XVIIIᵉ siècle*, París, 1954.

PATCH, H. R., *El otro mundo en la literatura medieval (The Other World Acoording to Descriptions in Medieval Literature)*, seguido de un apéndice *La visión de trasmundo en las literaturas hispánicas* por *María Rosa Lida de Malkiel*, México, 1956.

LEONARD, Irving A., *Baroque Times in Old Mexico*, Ann Arbor, 1959.

GAOS, José, «El sueño de un sueño», *Historia Mexicana*, 10 (1960-61), págs. 54-71.

BLANCO AGUINAGA, Carlos, «Dos sonetos del siglo XVII: Amor-Locura en Quevedo y Sor Juana», *Modern Language Notes*, 77, núm. 2 (1962).

PFANDL, Ludwig, *Die zehnte Muse von Mexico*, Munich 1946. (En la traducción de F. de la Maza, Méjico, 1963, se amplía notablemente la bibliografía moderna.)

DURÁN, Manuel, «El drama intelectual de Sor Juana y el antiintelectualismo hispánico», *Cuadernos Americanos*, 22 (1963), págs. 238-253.

CASTRO LEAL, Antonio, *Sor Juana Inés de la Cruz: Poesía, teatro y prosa* (Antología y estudio), Buenos Aires, 1967.

RIVERS, E. L., «El ambiguo Sueño de Sor Juana», *Cuadernos Hispanoamericanos*, vol. LXIII, 189, septiembre (1965), págs. 271-282.

XIRAU, Ramón, *Genio y figura de Sor Juana Inés de la Cruz* (Antología y estudio), Buenos Aires, 1967.

PUCCINI, Dario, *Sor Juana Inés de la Cruz: Studio d'una personalità del Barocco messicano*, Roma, 1967.

MERLO, Juan Carlos, *Sor Juana Inés de la Cruz: Obras escogidas* (Antología y estudio), Buenos Aires, 1968.

PARKER, A. A., «The Calderonian Sources of *El Divino Narciso* by Sor Juana Inés de la Cruz», *Romanistisches Jahrbuch*, 19 (1968), págs. 257-274.

SABAT MERCADÉ, Georgina, «A propósito de Sor Juana Inés de la Cruz: tradición poética del tema "sueño" en España», *Modern Language Notes*, 84 (1969), págs. 171-195.

FERNÁNDEZ, Sergio, *Autos sacramentales de Sor Juana Inés de la Cruz (El Divino Narciso - San Hermenegildo)*, México, 1970.

FLYNN, G. C., *Sor Juana Inés de la Cruz*, Twayne Publisher Inc., Nueva York, 1971.

RIVERS, Elias L., «Indecencias de una monjita meji-cana», *Homenaje al Profesor William L. Fichter*, Madrid, Castalia, 1971, págs. 633-637.

FERNÁNDEZ, Sergio, *Homenajes a Sor Juana, a López Velarde, a José Gorostiza*, México, 1972.

LÓPEZ GONZÁLEZ, Ángel Luis, Y S. LACAMBRE, «Sobre el origen vasco de Sor Juana Inés de la Cruz», *Cartela Heráldica*, Madrid, noviembre-diciembre, 1972.

TERRY, Arthur, «Human and divine love in the poetry of Sor Juana Inés de la Cruz», en *Studies in Spanish Literature of the Golden Age*. Presented to Edward M. Wilson, ed. R. O. Jones, Londres, Tamesis, 1973.

SABAT DE RIVERS, Georgina, «Nota bibliográfica sobre sor Juana Inés de la Cruz: son tres las ediciones de Barcelona, 1693», *Nueva Revista de Filología Hispánica*, XXIII, México, 1974, págs. 391-401.

AGUIRRE, Mirta, *Del encausto a la sangre: Sor Juana Inés de la Cruz*, La Habana, Casa de las Américas, 1975.

PÉREZ, María E., *Lo americano en el teatro de Sor Juana Inés de la Cruz*, Nueva York, 1975.

SABAT DE RIVERS, Georgina, Y Elias L. RIVERS, *Sor Juana Inés de la Cruz, Obras selectas*, Barcelona, Noguer, junio 1976.

SABAT DE RIVERS, Georgina, «Sor Juana y su *Sueño*: Antecedentes científicos en la poesía española del Siglo de Oro», *Cuadernos Hispanoamericanos*, 310, Madrid, abril de 1976, págs. 186-204.

— «Francisco de Trillo y Figueroa y Sor Juana Inés de la Cruz», *Actas del Quinto Congreso Internacional de Hispanistas*, Burdeos, 1977, páginas 763-775.

— *El Sueño de Sor Juana Inés de la Cruz: Tradiciones literarias y originalidad*, Londres, Támesis, 1977.

— «Apuntes a tres versos del *Sueño* de Sor Juana», *Actas del Quinto Congreso de la ALFAL* (Asociación de Lingüística y Filología de la América Latina), que se celebró en Caracas, Venezuela, en enero de 1978.

— ed., *Inundación castálida*, Madrid, Editorial Castalia, 1979.

Juan del Valle Caviedes

Daniel R. Reedy

Al lado de otros poetas barrocos de Hispanoamérica como sor Juana Inés de la Cruz,
Carlos de Sigüenza y Góngora o Hernando
Domínguez Camargo, representantes de la
corriente culterana a la manera de Góngora,
Juan del Valle Caviedes es el que más sigue
las huellas conceptistas de Quevedo. A través
de los versos satíricos de Caviedes, en los
cuales aparecen las raíces de una literatura
nacional, se presenta una visión crítica de la
sociedad del siglo XVII en el Virreinato del
Perú.

EL POETA

Hace ya más de un siglo que Ricardo Palma
publicó unos detalles biográficos sobre Juan
del Valle Caviedes, encontrados por el tra-
dicionista en una hoja suelta de un manuscrito
del poeta. Según Palma, Caviedes era natural
de Lima, hijo de rico comerciante. Las notas
revelaban, además, la mala fortuna del poeta,
su génesis poética alrededor de 1681, el haberse
quedado viudo, y su muerte de alcohólico
el año 1692. Pero hoy, con el descubrimiento
de documentos auténticos sobre Caviedes,
se ha puesto en duda la veracidad de los comentarios de Palma. En 1937 se publicaron en Lima
la partida de matrimonio y un testamento del
poeta. La partida sacramental informa que
contrajo matrimonio en Lima con doña Beatriz de Godoy Ponce de León el año de 1671,
y revela por primera vez que Caviedes no era
peruano, sino natural de la villa de Porcuna,
en Andalucía, de donde pasó al Virreinato del
Perú, siendo muy joven. En el testamento que
dictara por el año 1683 el poeta lamenta su
pobreza y habla de su mujer, sus cinco hijos,
y de don Tomás Berjón de Caviedes, fiscal en
la Audiencia de Lima y oidor, quien era primo
suyo.

Otros datos biográficos sobre Caviedes
provienen de un romance que escribió a la
Monja de México (sor Juana Inés de la Cruz),
contestando al pedido de ella de algunos de
sus versos. En el poema, Caviedes le explica
que pasó de España al Perú, siendo tan pequeño, que «la infancia / no sabiendo mis musas,
/ ignoraba mi desgracia». Su explicación de que
se crió «entre peñas de minas» ha sugerido la
interpretación que el poeta trabajara, como
otros españoles emigrados, en las minas del

Perú durante su juventud. Además, confiesa
en sus versos haber tenido poca instrucción
formal en ciencias o en lengua latina. Según
él, era autodidacta, habiéndose instruido en
la vida misma, porque jamás entró en aulas
universitarias:

> En cada hombre tengo un libro
> en quien reparo enseñanza,
> estudiando la hoja buena
> que en el más malo señalan.
> En el ignorante aprendo
> aguda y docta ignorancia,
> que hay cosas donde es más ciencia
> que saberlas, ignorarlas.

Tales declaraciones aclaran la actitud artística
del poeta que retrata muchos aspectos de la
vida virreinal de su tiempo.

No se sabe cuándo murió Caviedes. Sus
últimos poemas que describen hechos que se
pueden fechar son de 1697, pero su nombre
no aparece en el censo de 1700. Así, es posible
que muriera durante los últimos años del
siglo.

OBRAS

Los apelativos de «Villon criollo» y «Quevedo peruano» con que bautizaron a Caviedes
en una u otra ocasión, si bien le quitan algo
de su propia identidad individual, por lo
menos dan idea de su ingenio, de su espíritu
independiente, y de su rebeldía. Estéticamente
hay poco en común entre Caviedes y Góngora,
salvo algún eco gongorino en varios de sus
poemas; más bien lo vemos como poeta de lo
popular y lo criollo, un Quevedo lego cuya
vena poética se nutría de la vida limeña. No
es mero imitador de Quevedo, pero tampoco
podemos negar que algunos poemas suyos se
inspiraron en la prosa y verso quevedescos.

La mayor parte de su obra, que consta de
unos trescientos poemas y tres obritas dramáticas, se caracteriza por la sátira mordaz, el
humorismo escatológico, el gusto por la imagen conceptista, las antítesis, los contrastres
y retruécanos. El núcleo de la producción
poética de Caviedes consiste en unos setenta
poemas, conocidos como el *Diente del Parnaso,*
que trata diversas materias contra médicos,
de amores, a lo divino, pinturas y retratos,
título que aparece en dos de los manuscritos

de su obra, y que lleva como fecha de composición el año de 1689. En otros manuscritos reza el frontispicio «Guerra física, proezas medicales, hazañas de la ignorancia».

El estudio de la obra poética de Caviedes ha sido difícil por falta de buenas ediciones. Durante la vida del poeta se publicaron sólo tres de sus poemas, quedando el resto en forma manuscrita, guardado en archivos y colecciones particulares. No sorprende que el poeta no fuera editado durante su vida, ya que criticó acerbamente a contemporáneos suyos, muchos de los cuales ejercían altos cargos en el gobierno virreinal, y también a causa del lenguaje escatológico de algunos poemas. A principios del siglo XVIII, los contertulios de la corte del virrey, marqués de Castell-dos-Rius, seguían imitando los versos de Caviedes y en 1791 se publicaron dos poemas en el famoso *Mercurio Peruano*.

La primera edición global de Caviedes no apareció hasta 1873, cuando Ricardo Palma y Manuel de Odriozola editaron un manuscrito de unos ciento cuarenta poemas (*Documentos literarios del Perú*, V). Acusaba la edición graves efectos por las enmiendas hechas por los editores, las cuales se repitieron en ediciones posteriores (Palma, *Flor de Academias y Diente del Parnaso*, 1890; Sánchez y Ruzo, *Diente del Parnaso*, 1925). Tras el descubrimiento de nuevos manuscritos más completos en archivos peruanos y del extranjero, fray Rubén Vargas Ugarte preparó la más completa edición de Caviedes publicada hasta la fecha. Aparecida el año 1947, se incluyen las tres obritas dramáticas y unos doscientos cincuenta poemas. Aunque es la más extensa, esta edición también acusa serios defectos de criterio de selección, habiendo el editor excluido trozos poco delicados de algunos poemas.

Diente del Parnaso

Hay dos propósitos centrales que saltan a la vista en la mayoría de los poemas del *Diente del Parnaso*, uno, divertir al lector con humorismo burlesco y sátira; y el otro, instruir con mensajes de índole social. El poeta criticaba todos los aspectos de la sociedad que lo rodeaba, sobre todo a los médicos, pero no excluía a otros profesionales como abogados y sastres, y su diente mordaz se clavaba tanto en los clérigos avaros como en las alcahuetas y mujeres de mala vida. Pero es contra los

Médico practicando una sangría (siglo XVII)

médicos y la práctica de la medicina en el Perú contra quienes dirigió sus ataques verbales más virulentos. No son creaciones ficticias los médicos que nombra sino hombres de carne y hueso de las altas capas de la sociedad virreinal: el doctor Francisco Bermejo y Roldán, médico del virrey, protomédico y rector de la Real Universidad, y el doctor Francisco Vargas Machuca, catedrático en San Marcos y médico del Tribunal del Santo Oficio. Otros, como los doctores Rivilla, Vásquez, del Barco y Avendaño, figuran en las listas de titulares en medicina egresados de la misma Universidad.

Para mantenerse uno sano y libre de la nefasta influencia de los médicos, Caviedes explica que la única contra-receta es el reírse de ellos. Afirma que el propósito de su tratado, es decir, el conjunto de los poemas del *Diente del Parnaso*, es el hacer reír, y de tal manera curarse del mal de médicos. El poeta avisa que

> No son caprichos mis versos
> como los médicos piensan
> y publican que es manía
> de agudo ingenioso tema.

¿Por qué escogió Caviedes a los médicos como objeto principal de sus dardos satíricos? Siempre se ha creído que empezó a atacarlos durante una época de mala salud, quizá por el año de 1683, cuando, encontrándose gravemente enfermo, dictó su testamento.

En el romance titulado «Fe de erratas» Caviedes explica que hay dos maneras de leer su libro, porque al leer algunas palabras el lector ha de entender otras: por «doctor» ha de entender «verdugo», «estoque» por «receta»; «degüello» por «sangría»; y «cuchillo» por «medicamento». Sustituyendo así una palabra por otra, sabrá el lector el peligro que representan los médicos.

Para Caviedes todos los médicos son mentecatos y asesinos de enfermos confiados, quienes los llaman para curarse sin saber que su propósito es nefasto. Así se entiende por qué el poeta dedicó su obra a la Muerte, «Emperatriz de médicos, a cuyo augusto pálido cetro le feudan vidas y tributan saludes en el tesoro de muertos y enfermos». Para el poeta los médicos son «verdugos en latín», «matalotes, graduados en calaveras», «doctores de la sepultura», y «sangrientos ministros de la Muerte». Todos son soldados en el ejército de la Muerte a quien sirven, guerreando contra la salud de los inocentes con trabucos de jeringas y recetas tiradas como físicas pelotas.

Siendo los doctores soldados de la Muerte abundan imágenes belicosas. Las armas con que birlan a los enfermos son purgas, emplastos, jeringas y recetas. A veces los médicos se convierten en armada naval: el doctor del Barco es un bajel cargado de vidas; Vargas Machuca, una fragata; Ramírez, buque armado de mil toneladas de ignorantes matasanos; y la curandera, doña Elvira, es una capitana con cien cañones de jeringa por cada banda. En otro poema compara a los médicos con frutas y legumbres: Ramírez es un zapallo; Avendaño, un camote; don Lorenzo, médico indio, es una yuca; Pedro de Utrilla, una berenjena; todos, según el poeta, son «físicas frutas que matan / con venenos y diagridios».

En otros poemas como el romance «A un abogado que dejó de serlo y se hizo médico» la serie de imágenes se basa en los conceptos duales de abogado / médico. Y el poema «A un curador de cataratas» contiene conceptos parecidos, comparando al doctor Melchor Vásquez con un sastre. Dice Caviedes que como curador de cataratas Vásquez es más sastre que médico:

> Médico Aquilón, ¿presumes
> deshacer nubes obscuras
> cuando en mayores borrascas
> las vistas claras enturbias?
> A pespunte andas cosiendo
> los ojos con una aguja,
> hecho sastre de remedios,
> médico de zurciduras.

Otra característica de los poemas del *Diente del Parnaso* es el atractivo que tiene para Caviedes lo feo y lo grotesco, rasgo común entre otros escritores y artistas de la estética barroca. Los poemas que dirige al doctor Liseras, por ejemplo, siempre señalan la deformación física de este médico. En un poema lo describe como «quirquincho de médicos», «licenciado galápago» y le declara que su «concepción fue incógnita» a base de «heces de algún amor ético». Con la repetición de voces esdrújulas el poeta copia en el plano fónico la imagen visual de la figura jorobada del médico. Otro ejemplo parecido tenemos en el romance «A un corcobado hojalatero que se casó con una mujer muy alta...» donde describe a un tal Mejía como «melón de capa y espada», «sapo introducido a hombre», «galápago de maridos» y «bragado novio camote».

A otros los ataca por diferente razones, pero siempre señala alguna característica física que los distingue. Por ser tuerto el doctor Vásquez, lo acusa Caviedes de ser «el rey / en la medical ceguera; / si todos a ciegas curan / tú no, que curas a tuertas». A Pedro de Utrilla, médico zambo, lo satiriza con una serie de alusiones a su negritud, llamándolo «licenciado Morcilla», «bachiller Chimenea», «catedrático de Hollín», «doctor de Cámara obscura» y «graduado en la Guinea». Y su descripción de la nariz enorme de un tal don Antonio («A un narigón disforme») contiene tanto imágenes hiperbólicas como alusiones antisemíticas. Don Antonio, de la «tribu de Benjamín», tiene una nariz tan larga que parece colmillo de marfil de elefante, tan alta como timón de fragata o bergantín, y tan grande como el Cerro de Potosí. Termina el poeta su invectiva, declarándole que

Ni las doce tribus juntas,
desde Adán hasta Leví,
han narigado tan largo,
si eres narigón sinfín.

No sólo la deformación física atraía a Caviedes sino también el deterioro moral. Varios poemas describen a mujeres frívolas y promiscuas, de las cuales no hay ninguna más notoria que la «bella Anarda». No se sabe si es ficticia o no, pero está descrita en términos escabrosos. Protagoniza ella el romance «A una dama que, yendo a Miraflores, cayó de la mula en que iba» que consiste en una descripción metafórica de sus partes, que quedaron descubiertas cuando dio la vuelta de campana rodando por el camino. Sobresalen imágenes chocantes a la sensibilidad también en el romance «A una dama que se paró en el Hospital de la Caridad». La misma Anarda se encuentra en dicho hospital «por su mucha caridad, / si a ningún amor mendigo / negó limosna jamás». En el hospital está «purgando sus culpas», o sea está tratando de curarse de una enfermedad venérea. A pesar de que el poema contiene muchas bromas y chistes verdes, hay también una nota trágica en las descripciones realistas de los efectos degenerativos de su enfermedad.

En el lenguaje poético de Caviedes en el *Diente del Parnaso* se evidencia el empleo de muchos vocablos comunes, tanto como gran cantidad de americanismos referentes a plantas y animales del Nuevo Mundo. A veces también escribe con gran verosimilitud, reproduciendo el habla de un médico indio analfabeto («Remedio para ser lo que quisieras»):

qui conoce a otro y uno,
que son moy siñores míos,
il toirto y il siñor Vázquez,
hijo de la doña Elvira;
y qui sabe qui il dotor
porqui el toirto traiba on nicro
in so mola, con pirdón
di osti, assi como digo.

Rafael Lapesa ha notado que Caviedes es el primer autor americano en cuya obra tenemos

ejemplos del yeísmo. En los retratos a una «beldad limense» el poeta escribe,

Un retrato a mi Inesiya
quiero bosquejar; mas hayo
imposible el bosquejayo
por singular maraviya.

POESÍA AMOROSA

Dentro del grupo de poemas de tema amoroso se encuentran unos diez y ocho «Romances amorosos». No falta en ellos la nota conceptista, pero hay notables contrastes entre éstos y los poemas principales del *Diente del Parnaso*. Reemplazando las groseras imágenes de corcobados, prostitutas y médicosmatones se encuentran imágenes bucólicas, lamentaciones amorosas de desdichados pastores, alusiones mitológicas y clásicas, lamentos dulces de ruiseñores, etc. Gran parte de estos romances están dirigidos a mujeres con nombres como Lisi, Filis, Catalina. Escritos casi todos desde el punto de vista de un narrador lírico, se dirigen a la amada, una ingrata, quien no corresponde al amado con demostraciones amorosas. Típica es la situación del desventurado Aurelio, «sentado en la verde márgen / de un cristalino arroyuelo» conversando con el Amor a quien cuenta sus infortunios amorosos con Lisi en los siguientes retruécanos:

Yo no quisiera querer
y, cuando en no querer pienso,
el no querer quiero tanto
por querer lo que no quiero.

Sobresalen las antítesis que intensifican la situación del pastor / narrador, porque en el mismo Amor encuentra el «Dios de los cariños» y «deidad de los desprecios».

El amor como tema se presenta de modo más teórico y filosófico en el soneto que «Da catorce definiciones al amor». En frases que hacen pensar en el soneto «A su retrato» de sor Juana, Caviedes define el amor como «una fantasma», «un asombro de hermosura», «un delirio», pero en suma dice que amor es «enigma y laberinto».

POESÍA RELIGIOSA

Los poemas religiosos forman, quizá, la parte menos original e interesante de Caviedes. Es notable el contraste del tono sombrío y actitud seria en los poemas religiosos con los poemas satíricos. Algunos tratan la Crucifixión, la Concepción Inmaculada, la Ascensión, la Encarnación, la expulsión de Lucifer del Cielo; otros son poemas de adoración a Cristo, Dios y la Virgen. En muchos se repite el mismo cuadro de un «yo penitente», rogando a Dios que lo salve de su vida de pecador.

En los «Consejos por los Mandamientos de la Ley de Dios», Caviedes explica que Dios es Amor y Justicia cuando observa:

> Mira que en todas tus obras,
> en todo lugar y tiempo,
> te mira Dios y es tu juez,
> teme su poder inmenso.
> Amor y temor de Dios
> sobre todo te encomiendo,
> que son de la buena vida
> los precisos fundamentos.

Se repiten en otros poemas moralejas y conceptos teológicos o doctrinales: que Dios perdonará al pecador, que el temor de Dios le da a uno sabiduría, y que el creer en Dios se basa en la fe y no en otras pruebas. También abundan metáforas religiosas muy comunes: Dios es el Sumo Saber, el Poderoso, el Sabio, el Dueño del Alma, el Pelícano Divino; Cristo es el Crucificado Cordero, el Monarca, el Redentor del Universo, el Hijo Sagrado; y María es Abogada Nuestra, Cándida Esposa, Aurora fúlgida, Hija electísima.

Vale mencionar como excepción el soneto «Al conocimiento de Dios y la criatura» que interesa por la serie de contrastes entre la visión de Dios y el pecador. Se yuxtaponen en los dos cuartetos los atributos opuestos de Dios y el pecador: Poderoso / asqueroso, Grande / inmundo, el Bien / el incapaz, el Sabio / el injusto. Viendo el narrador que compite con Dios en extremos —Dios en lo bueno y él en lo malo— la pregunta en el verso final, «pues ¿qué dirán de Vos, si me condeno?» La pregunta es tan inesperada que el lector se queda algo asombrado por el atrevimiento del poeta. Pero, ¿a quién sorprende tal atrevimiento en un poeta, que solía enfrentarse con cualesquiera en sus versos satíricos?

POESÍA VARIA

Como era costumbre entre los poetas de su época, Caviedes escribió muchos poemas sobre hechos de interés ocurridos en el virreinato: el

Puerto del Callao, del álbum del virrey Amat

famoso cometa del año 1681 lo provocó a escribir un «Juicio del cometa»; en varios poemas describe como fiel testigo el terror y los horrores del terremoto del 20 de octubre de 1687; alude a los ataques frecuentes de piratas por las costas del Pacífico; menciona la construcción de una muralla alrededor de la Ciudad de los Reyes entre 1684 y 1687; dos sonetos cuentan la muerte del virrey, duque de la Palata, en Portovelo el año 1691; y celebra Caviedes la construcción de un muelle en el Callao el año 1696 durante el virreinato del conde de la Monclova.

OBRA DRAMÁTICA

Las tres piezas dramáticas de Caviedes no se descubrieron hasta el siglo XX y quedaron sin publicarse hasta 1947. Se ha notado que las tres obritas son casi idénticas en su temática, estructura y movimiento escénico. Son breves juguetes titulados *Baile del amor tahur*, *Baile cantado del amor médico* y el entremés *El amor alcalde*. En los tres el Amor, que aparece como Cupido o vestido de médico, aparece de personaje central con cinco presos o cinco enfermos. Son obritas graciosas y frívolas cuyos juegos verbales hacen recordar muchos de los poemas del *Diente del Parnaso*.

BIBLIOGRAFÍA

Textos

Valle Caviedes, Juan del, *Diente del Parnaso*, Luis Alberto Sánchez y Daniel Ruzo, eds., Lima, 1925.
— *Diente del Parnaso. Poesías serias y jocosas* (*Documentos literarios del Perú*, V), ed. Manuel de Odriozola, Lima, 1873.
— *Obras de Don Juan del Valle y Caviedes*, Rubén Vargas Ugarte, ed., Lima, 1947.
Valle Caviedes, Juan del, *et al.*, *Flor de Academias y Diente del Parnaso*, Ricardo Palma, ed., Lima, 1899.

Estudios selectos

Bellini, Giuseppe, «Actualidad de Juan del Valle y Caviedes», *Cahiers du Monde Hispanique et Luso-Brésilien (Caravelle)*, 7 (1966), págs. 153-165.
Bueno Chávez, Raúl, «Algunas formas del lenguaje satírico de Juan del Valle Caviedes», en *Literatura de la Emancipación hispanoamerican y otros en-* *sayos*, ed. Instituto Iberoamericano, Lima, 1973, págs. 349-355.
Cáceres, María Leticia, *La personalidad y obra de D. Juan del Valle y Caviedes*, Arequipa, 1975.
— *Voces y giros del habla colonial peruana registrados en los códices de la obra de D. Juan del Valle y Caviedes (s. XVII)*, Arequipa, 1974.
Kolb, Glen L., *Juan del Valle y Caviedes. A Study of Life, Times and Poetry of a Spanish Colonial Satirist*, New London, Conn., 1959.
Lohmann Villena, Guillermo, «Dos documentos inéditos sobre don Juan del Valle y Caviedes», *Revista Histórica*, 9 (1937), págs. 277-283.
Reedy, Daniel R., «Poesías inéditas de Juan del Valle Caviedes», *Revista Iberoamericana*, 29 (1963), págs. 157-190.
— *The Poetic Art of Juan del Valle Caviedes*, Chapel Hill, N. C., 1964.
— «Signs and Symbols of Doctors in the *Diente del Parnaso*», *Hispania*, 47:4 (1964), páginas 705-710.
Sánchez, Luis Alberto, «Un Villón criollo», *Revista Iberoamericana*, 2 (1940), págs. 79-86.

El romance en América

MERCEDES DÍAZ ROIG

INTRODUCCIÓN

El Romancero ocupa un lugar importante entre las manifestaciones de la poesía popular por su calidad poética y por su difusión espacial y temporal.

El género nace en la Edad Media (finales del siglo XIII o principios del XIV) y combina características de la canción de gesta y de la balada europea. De la épica hereda la forma: tirada monorrima de versos largos (16 sílabas) asonantados[1], así como una buena parte de su temática. De la balada, su esencia de canción breve, una dosis importante de elementos lírico-dramáticos y muchos temas y motivos. Del acervo popular poético toma el Romancero una serie de esquemas, tópicos, fórmulas y procedimientos comunes a toda la poesía folklórica. Todos estos préstamos constituyen una parte importante de su ser, pero también desarrolla elementos propios y originales en cuanto a estructuras, estilo y temática[2].

La característica fundamental del Romancero, que comparte con otros géneros folklóricos, es su tradicionalidad, que implica una transmisión dinámica. Esta transmisión tiene dos rasgos esenciales: la conservación y la variación; ello permite que el romance, sin cambiar fundamentalmente, sufra una serie de variaciones de mayor o menor impotancia en su paso por el tiempo y por el espacio. Cada romance se plasma, pues, en un gran número de textos parecidos y diferentes; cada uno de ellos recibe el nombre de *versión*.

El pueblo (en sentido amplio) es el conservador y renovador de los romances, es quien los mantiene vivos y en constante modificación, es el creador de cada versión, y esta acción popular es la causa fundamental de la larga y dilatada vida del Romancero.

Todos los pueblos de habla española y portuguesa conservan hasta hoy este patrimonio folklórico de origen medieval. El Romancero se canta tanto en la península como en Filipinas, en las comunidades sefardíes de todo el mundo y, naturalmente, en América.

1. LLEGADA Y ARRAIGO DEL ROMANCERO

El romance llegó a América con los conquistadores y colonizadores. Tenemos de ello testimonios fehacientes en las crónicas y relaciones de la época. Bernal Díaz del Castillo nos proporciona los más antiguos: cuando en 1519 Cortés, desde el barco, miraba las costas mexicanas, Alonso Hernández Portocarrero díjole estos versos:

> Cata Francia, Montesinos, cata París la ciudad,
> cata las aguas de Duero do van a dar a la mar.

y Cortés, entendiendo la intención, le respondió:

> Denos Dios ventura en armas como al paladín Roldán.

Posteriormente, en 1520, durante la Noche Triste, Cortés suspiró al ver la ciudad que acababa de perder y un soldado le dijo: «No esté vuestra merced tan triste, que en las guerras estas cosas suelen acaecer, y no se dirá por vuestra merced: «Mira Nero de Tarpeya a Roma cómo se ardía.»

Otro testimonio de la presencia del Romancero entre los conquistadores es el que cita Fernández de Oviedo a propósito de Alonso Zuazo. Zuazo había naufragado en 1524 y pasado penalidades en un isla desierta, hasta que una nave lo rescató, junto con algunos compañeros, y lo llevó a Veracruz. Al ir a desembarcar le piden nuevas unas personas que están en la playa y él contesta: «Buenas las traemos, señor, pues que venimos acá.»

Pedro Cieza de León relata que, en 1537, Gonzalo Pizarro había tramado un ataque durante una entrevista entre su hermano y Almagro, y que uno de sus caballeros, indignado por tal acto, cantó bajo las ventanas del cuarto donde se conferenciaba: «Tiempo es, el caballero, tiempo es de andar de aquí.»

---

[1] Sigo aquí la opinión de Menéndez Pidal (*Romancero hispánico*, I, cáp. IV).

[2] Para esto último, cfr. mi Libro *El romancero y la lírica popular Moderna*, México, El Colegio de México, 1976.

Hernán Cortés y Doña Marina, lienzo de Tlascala

Almagro, al oírlo, escapó y evadió así la celada.

Cuenta Diego Fernández Palencia que cuando el rebelde Girón, en Perú, venció a las tropas reales en 1554, al ver huir a sus enemigos cantaba: «No van a pie los romeros que en buenos caballos van.»

Noticias del primer romance compuesto en América nos las da también Bernal Díaz al reproducir parte de un poema que compusieron los soldados de Cortés al ver a su capitán postrado por la derrota:

En Tacuba está Cortés   con su escuadrón esforzado;
triste estaba y muy penoso,   triste y con muy gran cuidado,
la una mano en la mejilla   y la otra en el costado.

romance de ocasión hecho sobre el modelo de los romances viejos [3].

Estos testimonios son suficientes para demostrar hasta qué punto el Romancero formaba parte inseparable del acervo cultural de los conquistadores.

Recordemos que los siglos XV y XVI son la época en la que el Romancero tiene mayor esplendor y difusión entre todas las clases sociales. Los miles de pliegos sueltos para el consumo de las clases populares que se editaron desde fines del XV hasta finales del XVI, y los muchos Cancioneros y Romanceros del XVI, para personas de mayores recursos, son señal del éxito y la acogida de todo el público a los romances tradicionales. Este florecimiento coincidió con la conquista de América, y capitanes y soldados llevaron consigo, a las nuevas tierras, este patrimonio.

Por otra parte, la transmisión del Romancero desde España no se interrumpió nunca. Las sucesivas oleadas de colonizadores lo siguieron trayendo y, cuando en España el Romancero se refugió entre las clases humildes, desplazado por nuevas modas, los emigrantes, miembros casi todos de las clases bajas, lo trajeron con ellos.

Es importante resaltar también que en América tuvo bastante importancia la transmisión escrita y que el comercio de libros fue muy activo desde el siglo XVI. Aunque se han perdido numerosas partidas de embarque y no hay especificación de los títulos de los libros

antes de mediados de siglo, tenemos documentos suficientes para poder probar lo anterior. Las rutas de los navíos tocaban las islas del Caribe, de allí unos barcos se dirigían a La Española y luego a México, mientras otros iban a Portobelo, en Panamá; los embarques se transportaban después a América del Sur (la mayor parte a Lima).

Entre los muchos libros que llegaban había Romanceros, pliegos sueltos, resmas de coplas, Cancioneros y libros de música (que solían contener romances) e Historias como las de Pérez de Hita y Argote de Molina que incluían romances fronterizos. Por los datos que tenemos (y que sólo representan una parte muy pequeña de los muchos envíos de libros) podemos decir, por ejemplo, que a México llegaron entre 1576 y 1586: doce *Cancioneros generales* de Hernando del Castillo, ocho romances de *El conde Dirlos*, ocho de *Don Manuel y el moro*, ocho «romances viejos», dos Romanceros y dos libros de música de Fuenllana. Más tarde llegaron doce Romanceros y un Romancero del Cid, el tratado de música de Narváez y la *Nobleza de Andalucía* de Argote de Molina. A Lima llegaron en 1583 romances de *El marqués de Mantua*, de *El conde Dirlos*, de *La doncella de Francia* y veinticinco Romanceros carolingios; dieciocho Romanceros fueron a Potosí en 1598, parte, seguramente, de los ochenta y cuatro que se recibieron en Portobelo.

La Colonia, pues, refrescaba su memoria con los romances que se editaban al otro lado del mar, y los envíos de romances viejos siguieron llegando hasta bien entrado el siglo

---

[3] Para todo lo anterior, cfr. Menéndez Pidal, ob. cit., II, págs. 226-236.

XVII, acompañados, a partir de finales del XVI por colecciones de romances nuevos y eruditos[4].

Es una falacia, como lo han demostrado muchos historiadores, la afirmación de que las autoridades españolas prohibieran de hecho la entrada de obras de ficción a América. Los registros de las naves y los recibos expedidos por los comerciantes en América prueban que cientos de novelas de toda clase, poemas y romances y obras de teatro entraron al continente sin la menor traba, y que la ley era letra muerta. América no quedó de ninguna manera desconectada de Europa y a la merced de la poca o mucha cultura personal de sus colonizadores; el comercio de libros es una de las actividades más constantes durante toda la época colonial[5].

No hay que olvidar tampoco que las cortes virreinales importaban frecuentemente, y desde el siglo XVI, músicos y cantantes profesionales que interpretaban las composiciones de moda en la península, entre ellas, romances. Estos artistas solían recorrer varios países.

El romance tradicional arraigó pues en América y se afirmó por los constantes aportes orales o escritos. Los españoles lo transmitieron a criollos, mestizos e indios, y éstos lo acogieron porque el placer de cantar o de oír cantar historias es universal. Contribuyó también a esta aceptación por parte de indios y mestizos el hecho de que el género no era en ningún modo extraño para ellos, ya que casi todas las culturas americanas poseían cantos narrativos que relataban hazañas o sucesos notables.

Escasos son, en verdad, los testimonios de los siglos XVI a XIX que tenemos del arraigo del romance en tierras americanas, puesto que nadie se preocupaba por recoger textos populares. Podemos citar en Argentina un romance vulgar[6] del cual existen versiones judías: *La mujer del gobernador*; Ricardo Rojas lo encontró en el Archivo Capitular de Jujuy y cree que es del siglo XVII, aunque Menéndez Pidal opina que es del XVIII. En la tradición oral actual se han encontrado algunos romances históricos que pudieran ser contem-

poráneos de los hechos: en Chuquisaca (Perú), uno sobre el alzamiento de Gonzalo Pizarro; en Argentina un romancillo hexasílabo sobre Nuño de Chaves, que en 1560 fundó la ciudad de Santa Cruz e introdujo las primeras ovejas; ambos son de factura semi-popular. Ciro Bayo recogió un romance semi-culto sobre Atahualpa, que parece muy posterior a la conquista. En México, en un manuscrito del siglo XVIII, hay un romance artificioso sobre el cerco de Zamora. También se encuentran ocasionalmente alusiones a romances e incluso citas textuales de algún verso en composiciones cultas.

1.1. *El romance colonial y el moderno*

Es conveniente decir unas palabras a propósito del romance creado en América. Si exceptuamos los ya citados, el resto son composiciones cultas hechas con intención de loa, sátira o simplemente romances de ocasión. De Perú conservamos algunos del siglo XVI sobre acontecimientos históricos, como *La muerte de Diego de Almagro*, de alrededor de 1550, que «se ha de cantar al tono de *Buen conde Hernán González*» como reza una aclaración de su autor (probablemente Alonso Henríquez de Guzmán). Por la misma época Gonzalo de Zúñiga escribió un romance sobre la muerte del gobernador Pedro Dorsúa y su gente a manos del sublevado Lope de Aguirre. También conservamos dos romances anónimos sobre la rebelión de Hernández Girón y sobre las desventuras de su esposa doña Mencía. Durante los siglos XVII y XVIII, hubo en muchos países americanos composiciones a menudo anónimas, de factura semi-culta y de intención popularizante, sobre hechos de actualidad. La mayoría usan la décima, pero se encuentran algunos romances, sobre todo en México, Perú y Colombia. Estas composiciones se prolongan durante la independencia, pero no han quedado en la memoria de la gente por tratarse de poemas de ocasión, sin otro interés que el momentáneo.

Por otra parte, la forma romance siempre ha sido utilizada por poetas cultos para creaciones artísticas. Esto se acrecentó en el siglo XIX, como consecuencia del movimiento romántico, y se escribieron romances históricos en un intento por crear una épica nacional. En el siglo XX se continúan esta clase de romances cultos[7].

Ninguna de las composiciones arriba ci-

---

4 Se llaman *romances nuevos* los creados a finales del siglo XVI y durante el XVII por poetas cultos como Lope, Góngora, etc. Suelen ser de tema amoroso, aunque hay algunos históricos. Su estilo es diferente del de los romances viejos, y muy propio de cada autor. Los romances *eruditos* son también creaciones de la misma época. Sus autores buscaban difundir la verdad histórica que los romances viejos deformaba. Su valor literario es muchas veces escaso, en especial el de aquellos que se limitaban a versificar las crónicas.

5 Cfr. I. Leonard, *Los libros del conquistador*.

6 Ver nota 13.

7 Para todo este apartado, cfr. E. Romero, G. Beutler y V.T. Mendoza.

Ramón Menéndez Pidal en 1959

tadas es un verdadero romance popular, porque las canciones narrativas tradicionales creadas en América se hicieron de preferencia en otros moldes, como el corrido, la glosa y la payada, formalmente diferentes al romance, aunque con su mismo espíritu. El romance tradicional heredado de España vivió hasta el siglo xx una existencia limitada a la memoria del pueblo, quien lo conservó pese al éxito y la difusión de las nuevas formas. Quizás con menos vigor que en su tierra natal, los romances se hallan, bajo diferentes nombres (canto, historia, corrido, versos, canción), en todo el territorio americano y son patrimonio de los pueblos que los acogieron, los conservaron y los integraron a su cultura.

1.2. *Reaparición del romance tradicional*

El final del siglo xix trajo consigo un interés de los estudiosos hacia las manifestaciones folklóricas en los países americanos (por ejemplo en Argentina, Colombia y Chile), pero fue el viaje de Menéndez Pidal a América del Sur el que dio el empujón inicial para la recolección del Romancero.

Pese a las noticias de algunos historiadores y flokloristas de que no persistía el romance en tierras americanas, Menéndez Pidal emprendió en 1905 su viaje en busca de textos, ya que pensaba que el romance llevado por conquistadores, colonizadores y emigrantes no podía haberse olvidado. Si en Ecuador sufrió una desilusión al no hallar vestigio de ello, una versión peruana de *Las señas del esposo* renovó su entusiasmo. En Chile, gracias a la ayuda inapreciable de Julio Vicuña Cifuentes, encontró una gran tradición romancesca. También en Argentina halló varios textos, así como

en Uruguay. Su entusiasmo acrecentó el de los investigadores americanos y tuvo como resultado las primeras recolecciones de romances[8]. Entre 1912 y 1920 se publicaron colecciones de Chile (Vicuña Cifuentes, R. Laval), Cuba (J. M. Chacón, C. Poncet y Cárdenas), Argentina y Bolivia (C. Bayo) y Puerto Rico (A. E. Espinosa). Poco después siguieron las publicaciones de J. A. Carrizo (Argentina), de Henríquez Ureña y B. M. Wolfe (México), de A. E. Espinosa (California, Estados Unidos). Los folkloristas editaron también folletos instructivos para la recolección de textos. Como ejemplos podemos citar el de Vicuña Cifuentes (Chile, 1905), Chacón y Calvo (Cuba, 1924). En Argentina, y a iniciativa de Juan P. Ramos, que editó el correspondiente instructivo, el gobierno impulsó la recolección entre los maestros de escuela, quienes consiguieron, en los años 20, un gran material. Mucho más tarde, en Nicaragua, se hizo un llamado al pueblo, a través de la prensa, que tuvo respuestas inmediatas.

Por otra parte, los investigadores siguieron recogiendo personalmente de la tradición oral, y en los años siguientes las publicaciones de Vicente T. Mendoza y Celedonio Serrano en México, las de A. E. Espinosa y A. L. Campa en Nuevo México, las de Ismael Moya y J. Aramburu en Argentina, Isaac Pardo en Venezuela, J. Pereda Valdés en Uruguay, Oreste Plath en Chile, J. D. Arias y Gisela Beutler en Colombia, Emma Gamboa en Costa Rica, Edna Garrido y Flérida de Nolasco en la República Dominicana, Cadilla de Martínez y N. Deliz en Puerto Rico, Mejía Sánchez en Nicaragua, Carlos Navarrete en Guatemala, María de Baratta en El Salvador y E. Romero sobre Perú, para no citar más que unas cuantas, contribuyeron a probar sin lugar a dudas que el Romancero tradicional vive en toda América.

Las investigaciones continúan hasta la fecha, si bien con menos ímpetu que en años pasados; de 1975 es la publicación de P. Almoina en Venezuela, de 1977 la de Américo Paredes en Texas, de 1978 las de versiones mexicanas por Andrés Henestrosa. A todo esto debemos añadir el *Romancero tradicional* que está publicando desde 1957 el Seminario Menéndez Pidal de Madrid, y que contiene también versiones americanas que figuran en el riquísimo archivo del ilustre investigador[9].

---

[8] Para los autores citados a continuación véase la bibliografía.
[9] En la Universidad Nacional Autónoma de México se realiza actualmente una investigación, dirigida por la autora de este artículo, que recopila la tradición oral del país y está en vías de publicación. (*N. del C.*).

1.3. *Bibliografías y estudios*

Las bibliografías sobre el romance en América se han multiplicado. La más completa, y que abarca todo el continente, es la de Merle E. Simmons (1963). Ejemplo de bibliografías parciales son las de Pereira Salas (Chile, 1952) y la del folklore peruano editada, en 1962, por J. M. Arguedas y otros autores.

La mayor parte de los investigadores que han publicado colecciones de romances, incluyen también en sus libros estudios sobre la tradición de sus respectivos países. Entre los más amplios podemos citar los de J. A. Carrizo, el de Ismael Moya y el de Vicente T. Mendoza. Inés Dölz dedicó en 1976 un libro al romance chileno; varios autores, entre ellos J. K. Leslie, analizan las muchas apariciones del tema del entierro fuera de sagrado en los diversos países americanos. No hay que olvidar a Menéndez Pidal, quien en *Romances de América* y en el *Romancero hispánico* nos da noticias inapreciables sobre los textos americanos[10].

2. LOS TEXTOS

2.1. *Difusión del Romancero*

El resultado de la recolección americana es más pobre que el obtenido en la península. Para dar una cifra aproximada, diremos que el número de textos encontrados es de alrededor de dos mil, que representan las versiones de unos cincuenta y tantos romances[11]. Sin embargo esto no se debe tanto a pobreza en la tradición, sino a otros factores: Por un lado el territorio es inmenso, y abundan los lugares de difícil acceso y, pese al entusiasmo de los investigadores, ha sido imposible, hasta ahora, hacer una recolección exhaustiva y sistemática; por otro lado, el número de personas que se han dedicado a recoger las manifestaciones floklóricas es mucho menor que el de España, en relación con la población y extensión de ambos lugares.

De todas formas, se puede decir que lo recogido hasta hoy es lo suficientemente representativo para que se puedan sacar conclu-

siones válidas respecto a la tradición romancística americana.

Los romances épicos, que tanta difusión tuvieron en el siglo XVI, escasean hoy en la tradición oral tanto de América como de España, y los asuntos de interés humano, tema de los romances novelescos, predominan de manera notable en el gusto de la gente.

Naturalmente, se pueden encontrar rastros del Romancero épico en tierras americanas. Son testimonios de la fuerza de conservación que actúa sobre la memoria tradicional de los pueblos. Así, tenemos en México unos versos de *La conquista de Sevilla* y otros de *Bernardo del Carpio*; de este último romance existen también versiones en Chile y Colombia. Del Cid sobreviven textos en Nicaragua y Chile, y en Argentina se ha encontrado un romance sobre Felipe II. Todos estos textos parecen ser de factura original artificiosa. Lo anterior nos indica que en América es común la tradicionalidad del romancero nuevo, ya que, además de los romances épicos citados, se han hallado también romances moriscos como los de *Gazul* y *Muza*. Menéndez Pidal opina que esto se debe a la popularidad de los pliegos de cordel en los siglos XVIII y XIX. Como ya se dijo, la transmisión escrita tiene en América una gran importancia. Romances históricos de factura moderna pero tradicional se hallan en varios países del continente. Muy difundido es el de *Alfonso XII* y algo menos el romancillo de *La muerte de Prim*.

Los romances de tema religioso, aunque no abundan en lo que se refiere a variedad, sí viven en la tradición americana con vigor y amplia difusión. Se han encontrado prácticamente en todos los países. Los más populares son *La Pasión*, *Camino del Calvario*, *El Niño perdido*, *La fe del ciego* y *La buenaventura de Cristo* (versión a lo divino de un romance novelesco). También se encuentran muchos textos de *La Navidad*, pero muchas veces no son sino un conjunto de villancicos, sin más unidad que el tema del Nacimiento[12].

Las versiones no difieren mucho de las peninsulares; incluso faltan a menudo las variantes léxicas regionales. Quizás el impulso que la gente siente de repetir los textos sacros lo más exactamente posible (resto sin duda de la magia que se asocia con la oración desde épocas remotas) ha influido, refrenando la natural tendencia a la variación y a la adaptación geográfica. Caso aparte es el romance de

---

[10] Debemos recordar que, además de la tradición española contamos en América con la tradición sefardí. Las versiones judías, con características propias, han debido de influir de distintas maneras la tradición americana. Un estudio al respecto está aún por hacerse.

[11] Solamente el Romancero de las Islas Canarias contiene más de seiscientos textos de 86 romances (Diego Catalán, *La flor de la marañuela. Romancero General de las Islas Canarias*, Madrid, Gredos, 1969 2 ts,).

[12] A este propósito, hay que hacer notar que muchos folkloristas incluyen bajo el nombre de «romance» textos que pertenecen a otros géneros (canciones seriales, canciones líricas, serie de coplas sueltas, etc.).

Santa Catalina, ya que pertenece a la tradición infantil y sigue diferentes rutas de tradicionalización.

Los romances de tema novelesco son los que forman el grueso del *corpus* de la tradición americana. En estos romances novelescos hay que distinguir dos grandes clases: los textos propiamente tradicionales, y aquellos romances de origen vulgar que se hallan ya medianamente tradicionalizados[13]. Hacer la distinción entre estos últimos y los romances plenamente vulgares es tarea difícil, y muchos especialistas rechazan de plano todo romance no avalado por la prosapia de la tradición medieval. Sin embargo otros[14], acogen en sus Romanceros ciertos romances vulgares «en vías de tradicionalización», que presentan en su estilo marcas más o menos numerosas del llamado estilo tradicional (procedimientos, formulismo, tópicos, etc.), y con un aliento poético que está ausente de los típicos romances de ciego.

Desgraciadamente, el prejuicio en contra de los romances vulgares ha influido en los recopiladores, y son pocos los que los han recogido y publicado, pero, por los datos que tenemos, no hay ninguna duda de que el Romancero vulgar vive en América, y también de que un buen número de estos romances alcanza la categoría de tradicionales. Las dos colecciones más importantes en este aspecto son las de Vicuña Cifuentes de Chile y la de Aurelio E. Espinosa de Nuevo México.

En cuanto a los romances novelescos tradicionales, se puede decir que la mayoría de los que comúnmente se encuentran en España circulan con mayor o menor fortuna por tierras americanas.

Muy importante es, para las recolecciones americanas, la tradición infantil, pues no solamente nos proporciona un buen número de textos, sino que dicha tradición se halla en todos los países, siendo a veces la única que se ha podido recoger. Está de más insistir en lo que esto representa en cuanto a la formación poética del niño y en cuanto a la absorción de estructuras, estilo y cultura populares. Desafortunadamente existe también un aspecto negativo: en las bocas infantiles los romances se deforman con facilidad, ya porque el niño no

entienda las palabras y las reemplace por otras más conocidas, pero sin relación con el texto, ya porque estas canciones son muchas veces usadas para acompañar a los juegos; la acción predomina y el niño no presta demasiada atención a lo que canta. Las versiones suelen ser más cortas que las «adultas» y además se aumentan con toda clase de estribillos, rimas, etc. Si bien esto refleja la gran creatividad del niño, redunda en la deformación y pérdida de partes enteras, con lo que la tradición va debilitándose.

Para dar una idea general de la difusión de los romances novelescos, diremos que, de acuerdo con los datos que poseemos, el romance de *Las señas del esposo* es el más conocido en toda América. *Hilitos de oro*, *Delgadina* y *Mambrú* están muy difundidos y, algo menos, *Don Gato*. Otro romance difundidísimo territorialmente es el de *Alfonso XII*, muchas veces con restos de *La aparición*, del cual procede; también se encuentran versiones puras de este último romance. *La adúltera* se halla en todo el territorio americano, sin embargo, parece que en Colombia sólo se han encontrado versiones prosificadas con versos intercalados. En Estados Unidos abundan las versiones de *La dama y el pastor* (el cual se encuentra también en Suramérica), de *Gerineldo* y de *Bernal Francés*. En México y Nicaragua escasean los dos primeros, pero abunda el último. En América del Sur se han encontrado muchas versiones de *Blancaflor y Filomena* (desconocido en México y en Estados Unidos), de *El conde Olinos* (escaso en Norteamérica y en el Caribe) y de *Santa Catalina* y *El marinero*, muy a menudo unidos; estos últimos romances son populares en el Caribe. De *Las tres cautivas* tenemos versiones sudamericanas y puertorriqueñas. Escasas son las versiones de *Monja a la fuerza*, pero existen en varios países, aunque muy maltratadas en general. Hay un cierto número de romances de los cuales sólo se han recogido muestras en algunos países: *Isabel* en Cuba, *La muerte ocultada* y *El quintado* en la República Dominicana, *La mala yerba* en Puerto Rico y Chile, *La muerte de Elena* en Uruguay y Cuba, *La Infantina*, sólo en Venezuela, *El conde Alarcos* en Chile y *El duque de Alba* sólo en Nuevo México.

Un tema muy difundido por todo el Continente es el de «no me entierren en sagrado»; Diego Catalán lo llama «comodín romancístico» porque se puede integrar a cualquier texto que tenga el motivo de la muerte[15]. For-

---

[13] Se llama *vulgar* al romance de ciego, es decir, a composiciones que se limitan a versificar un suceso notorio de una manera elemental y con un escaso valor literario. Hay textos que se clasifican como vulgares y que sin embargo tienen valor literario, por lo que es menester hacer un estudio serio sobre las varias clases de romances englobados comúnmente bajo el nombre de «vulgares».

[14] Como por ejemplo, Diego Catalán en *La flor de la marañuela*, ob. cit.

[15] *Por campos del romancero*, Madrid, Gredos, 1970, pág. 144.

ma parte de varias canciones y romances tan dispares como *Don Gato*, el corrido de *El hijo desobediente*, *Mambrú*, el romance moderno de *Polonia*, la canción de *El toro pinto*, un poema en redondillas sobre Mina, la canción infantil *El casamiento de huitlacoche*, el romance vulgar *La cantada de Isabel*, y muchos más; también existe como copla suelta en Argentina, Nuevo México y otros lugares.

3. CARACTERÍSTICAS DE LA TRADICIÓN AMERICANA

Hablar de características continentales, o peculiares a un país, es siempre arriesgado. Durante mucho tiempo se quiso ver en la literatura popular «la expresión del alma del pueblo», pero ya decía Menéndez Pelayo que no hay nada menos nacional que la literatura folklórica. La poesía tradicional bebe agua de muchos ríos que llegan de cerca o de lejos; los temas y motivos del Romancero proceden de sitios diversos y han ido entrando en épocas distintas, mezclándose, entreverándose en cientos de combinaciones desde su origen. Desentrañar lo nacional y lo heredado es tarea casi imposible, y más que imposible, inútil, porque temas y motivos no responden por lo general a una determinada idiosincrasia territorial, sino a un ámbito cultural amplio y, muchas veces, a la base misma del pensamiento humano. Temas como el incesto, la injusticia, la venganza, el premio, el amor y la muerte, el sufrimiento y el placer, no tienen nacionalidad, ni raza, ni credo; son patrimonio de todos. Es cierto que algunos temas pueden inscribirse en determinadas culturas y no en otras, por ejemplo en un sitio no católico no prosperarán las historias de santos, pero, salvo en casos tan extremos, las variantes que se introducen en los textos no responden a un gusto nacional, sino al gusto de un cierto número de personas; estos gustos personales están, por supuesto, limitados e influidos por el ámbito cultural en el que están inmersos los recreadores, pero este ámbito cultural es tan grande que ofrece, dentro de límites muy dilatados, posibilidad de elección entre muchas opciones. Estas opciones no tienen que ver con el espíritu nacional, sino con el de grupo, y cada grupo puede responder a diversos estímulos sociales, históricos, poéticos, religiosos, morales, etc., y hay que tomar en cuenta que varios grupos conviven en un mismo territorio, por lo que las deducciones que se saquen del estudio de las variantes no tienen un valor nacional. No hay que olvidar, además, que la existencia de tal o cual tradición en tal o cual territorio depende, muy a menudo, de factores tales como medios de difusión, modas, tipos de versiones que han llegado, acervo poético-musical, etc.

Una vez aclarado este punto de primordial importancia, sí podemos resaltar la unidad fundamental de la tradición americana. Carrizo expone seis razones que la explican[16]: simultaneidad de la conquista, unidad de fe, de lengua, de leyes (hasta la independencia), difusión de los mismos libros y unidad de comercio en la época colonial. A esto hay que añadir la emigración, que, aunque ha sido más importante en unos países que en otros, no ha dejado de llegar a tierras americanas. Si tomamos en cuenta que España comparte hasta hoy una parte fundamental de estos factores de unidad (fe, lengua, lecturas), vemos cómo se puede hablar de una tradición común a España y a Hispanoamérica. No hay más que echar una ojeada a las colecciones de literatura folklórica para darse cuenta de que una buena parte de las coplas, romances, cuentos, leyendas, adivinanzas y oraciones que existen en España se cantan, se cuentan y se dicen en América.

Por supuesto, hay manifestaciones populares propias de cada país o región. Las creaciones son numerosas en todos los géneros y tienen características temáticas y léxicas propias, y a veces, diferencias formales respecto a lo heredado. También aquí hay que anotar que el intercambio entre los diferentes países americanos es común y que las creaciones viajan de un lugar a otro y arraigan en diferentes sitios, sin importar su procedencia, por las mismas razones ya expuestas anteriormente.

Volviendo al romance en América, pasaremos a hablar de ciertas variantes de gran difusión que presentan rasgos peculiares, aunque no siempre exclusivos, así como de algunos cambios de alcance más restringido.

Algunas versiones cubanas, peruanas y colombianas han eliminado el tema del incesto en *Delgadina* y lo han reemplazado por motivos como desobediencia o enamoramiento:

Cuando su madre iba a misa, su padre la regañaba
porque no quería hacer lo que su padre mandaba.
Cuba (Poncet, pág.123)[17].

---

[16] J. A. Carrizo, *Antecedentes hispano-medievales de la poesía tradicional argentina*.

[17] Citaré de ahora en adelante entre paréntesis el apellido del autor de la colección de la que he tomado el texto.

Un día, sentada en la mesa,   y su padre la miraba.
—No me mires, padre mío,   que yo estoy enamorada.

Colombia (Beutler, núm. 124).

Sin embargo, al lado de estas versiones «purificadas» se encuentran también (y más a menudo) las versiones con el incesto explícito.

Del mismo tipo moralizante es la modificación hecha al romance de *Blancaflor y Filomena* en América del Sur, modificación que alcanza la gran mayoría de las versiones:

Estaba la Santa Juana   al labor de su candela
con sus dos hijas preciosas: Blancaflor y Filomena.
A eso pasó un pastor,   se enamoró de una de ellas.
—Me caso con Blancaflor   y muero por Filomena.
A los dos meses y medio   se fue el pastor pa su tierra,
a los tres meses y medio   volvió a casa de su suegra.
—¿Cómo quedó Blancaflor?   —De parto quedó, señora,
y le manda suplicar   que le preste a Filomena.
—Filomena no la presto   porque está niña y doncella.
—Yo la llevo con cuidado,   como, al fin, cuñado de ella.
Al otro día de mañana   por delante la llevó.
En la mitad del camino   su pecho le declaró.
En eso pasó un pastor,   y de señita le habló
que le escribiese una carta   a su hermana Blancaflor.
Blancaflor cogió la carta   y de ese susto malparió.
—¡Qué lo apresen a su marido,   por ser pícaro y traidor!

Colombia (Beutler, núm. 136).

Se ha suprimido todo el pasaje que cuenta la terrible venganza de Blancaflor; solamente aparece el malparto, pero no así la horrible cena que le sirve a su marido; en esta versión particular (y en algunas más) se ha eliminado también la descripción de la mutilación de Filomena.

Tan frecuentes como las supresiones (de las cuales sólo hemos dado unos pocos ejemplos)

son las adiciones; a menudo son producto de cruces, aunque no hay que descartar en muchos casos una creación. La más notable es la del romance de *Bernal Francés*, que quizás es originaria de México (aunque también se halla en versiones de Nicaragua y de Estados Unidos). La adición suele tener entre seis y veintidós versos. He aquí una versión que ejemplifica los nuevos motivos:

Entrando al plan de Barranco,   sin saber cómo ni cuándo
se encontraron dos contrarios,   don Benito y don Fernando.
Luego metió mano al sable   y al rifle del dieciséis
pa darle cinco balazos   a don Fernando el francés.
Luego se subió pa arriba,   luego se bajó otra vez,
luego se puso el vestido   de don Fernando el francés.
—Ábreme la puerta, Elena,   sin ninguna desconfianza;
yo soy Fernando el francés   que vengo desde la Francia.
Al abrir la media puerta   se les apagó el candil,
se tomaron de la mano   y se fueron al jardín.
—Óigame usted, don Fernando,   ¿porqué no me habla usté a mí?
qué, ¿tiene amores en Francia   o quiere a otra más que a mí?
—No tengo amores en Francia   ni quiero a otra más que a ti,
no más temo a tu marido   que se halla al lado de ti.
—Perdóname, esposo mío,   perdóname esta aventura,
ya no lo hagas por mí,   sino por mis dos criaturas.
—No puedo yo perdonarte   toditas tus maldituras,
mas ahí viene don Fernando   toditas tus hermosuras [sic].
La pobrecita de Elena   con qué lástima murió,
con tiros de su pistola,   que apenas tres aguantó.
Luego la vistió de blanco,   que parecía un serafín,
la puso cama de flores   y le quitó el primer botín.

México (Mendoza-1939, págs. 66-67).

El episodio preliminar se amplía muchas veces con detalles; otras veces se añade otro episodio en el cual el marido casi sorprende a los amantes. En la parte final se amplía a menudo el motivo de los hijos, y éstos son encargados por la madre a la criada, o por el padre a su suegra. La adición del episodio inicial es importante desde el punto de vista estructural, ya que anula la sorpresa del lector en el momento crítico y lo hace cómplice, desde el comienzo, de la trampa que el protagonista pone a su mujer.

Algunas versiones chilenas, venezolanas, peruanas y dominicanas de *La adúltera* añaden un pequeño episodio final que relata el duelo entre marido y amante:

De aquí pasó al aposento   con don Carlos se vio.
—¿Qué hace aquí, señor don Carlos,   qué hace aquí, señor traidor?
—Yo busco una garza blanca   que por aquí se metió.
—Esa garza que tú buscas   por muerta la dejé yo.
Ahí cogieron los aceros y a reñir fueron los dos.
El uno murió a las cuatro,   el otro al salir el sol.

Venezuela (Almoina, IV).

La muerte del amante (que no suele estar en las versiones comunes) satisface el deseo de que el culpable sea castigado. La muerte del marido refuerza el tema moralizante del romance: «las desgracias que causa la mujer traidora». Es curioso que en muchas versiones mexicanas la alusión al destino del amante sea radicalmente diferente:

El amigo del caballo   ni por la silla volvió.

México (Archivo UNAM)[18].

nota irónica inesperada en un romance trágico.

Muy interesante es la adición final al romance de *La dama y el pastor* en todas las versiones mexicanas y en la gran mayoría de las de Estados Unidos. El romance consiste, como se recordará, en las ofertas de la dama y las repulsas del pastor; en estas versiones se ha añadido un final que no deja tan malparada a la mujer:

—Zagala, cuando me hablates,   tus palabras no entendí;
perdóname, gran señora,   si en algo yo te ofendí.
—Cuando quise no quisistes,   ahora que quieres, no quiero,
pues llora tu soledad,   que yo la lloré primero.

Nuevo México (Campa, núm. 22).

En esta versión, la más difundida, el recreador ha añadido dos versos de su cosecha (o quizás provengan de una canción con tema similar) y ha insertado una conocida copla («Cuando quise, no quisiste...»). Con ello logra el efecto deseado que es hacer más digno el papel de la dama. Hay otro tipo de versiones nuevomexicanas en donde existe obviamente una recreación (no una transposición); en éstas, el pastor ofrece en la misma forma que ella lo ha hecho, y el rechazo de la mujer se corresponde con los del pastor; todo calcando la forma original:

[ella]   —*Te pago* una pila de oro   y tres cañas de marfil
            —*tan sólo porque* te quedes   esta noche aquí a dormir.
[él]   —*No quiero* tu pila de oro   ni tus cañas de marfil
            . . . .
[él]   —Zagala, cuando me hablates,   tus palabras no entendí
            y ahora dime, gran señora,   si en algo yo te ofendí.
            Te pago mi ganadito   con ti [todo y] perros y pastores
            tan sólo porque me dejes   arrimarme a tus amores.
[ella]   —*No quiero* tu ganadito   ni tus perros ni pastores,
            ni quiero que te me arrimes   ya por mis alrededores.
            Cuando quise, no quisistes ... etc.

Ibíd. (Campa, núm. 21).

Las creaciones originales no están ausentes en otros textos; en Colombia hay versiones que aplican la muerte de la reina Mercedes a la de la propia madre:

---

[18] Bajo «Archivo UNAM» me refiero a versiones inéditas recogidas por investigadores de la Universidad Nacional Autónoma de México con vistas a la publicación del *Romancero tradicional de México*.

Se acabó la flor de mayo,   se acabó la flor de abril,
se acabó mi madrecita,   para siempre la perdí.
El atúd era de oro   la tapa de marfil
y el manto que la cubría   era hojas de jazmín.
Al entrar al cementerio una campana sonó.
¡Se acabó mi madrecita,   para siempre la perdí!

                    Colombia (Beutler, núm. 185).

De carácter burlesco son ciertas adiciones al romance de *La adúltera* de las que resulta que la mujer logra engañar al marido, cambiando así el espíritu del romance:

—Ese caballo es muy tuyo,   mi papá te lo mandó
pa que vayas a la boda   de tu hermana que hoy casó.
—Buenos días, señor suegro,   ¿qué usté me ha mandado traer?
—¡Qué Dios le haga un santo, yerno,   será plan de su mujer!

                    México (Mendoza 1939, pág. 330).

—¿Quién es ese caballero   que de mi patio salió?
—No te asustes, bien de mi alma,   que es mi hermana la mayor
que fue a avisarle a mis padres   que su hermano se enceló.
—¡Válgame Dios de los cielos!   Hora sí ¿cómo haré yo?
yo se lo decía jugando   y tu hermana lo creyó.
—No te asustes, bien de mi alma,   tu abogada seré yo,
anda, conforma a mis padres;   satisfecha quedo yo.
En un buque de la mar   una joven se embarcó,
fue a platicarle al sujeto   lo bien que se disculpó.

                    Nuevo México (Espinosa, núm. 53).

En el Romancero infantil hay un gran despliegue de creatividad. Veamos una versión común de *Monja a la fuerza*:

Una tarde de verano   me sacaron a paseo;
al pasar por una esquina   estaba un convento abierto.
Salieron todas las monjas,   vestidas todas de negro;
me cogieron de la mano   y me llevaron adentro,
me sentaron en una silla   y me cortaron el pelo;
me empezaron a quitar   los adornos de mi cuerpo:
pendientes de mis orejas, anillitos de mis dedos,
pulserita de mi brazo   y jubón de terciopelo.
Lo que más sentía yo   era mi mata de pelo.

                    Colombia (Beutler, núm. 174).

y he aquí una versión peruana:

Una tarde de verano
me llevaron a paseo;
a la vuelta de una esquina
salieron cuatro niñitas
todas vestidas de blanco;
me tomaron de la mano
y me dieron chocolate.
Bete que bate chocolate,
muele que muele el tomate.

                    Perú (Romero, pág. 106).

No sólo se ha cambiado formalmente el texto (octosílabos pareados en su mayoría), sino que se ha convertido un romance que solía aterrorizar a las niñas (rapto, monjas enlutadas que despojan a la pequeña de todo adorno y hasta una especie de mutilación en el corte del pelo) en una canción alegre y reconfortante.

Hilitos de oro es el romance infantil que ha adquirido más adiciones (no siempre en verso) porque es el más utilizado para el juego y se ha ido enriqueciendo en este aspecto. Una de las versiones comunes dice:

310

```
     —Hebritas, hebritas de oro,    se me viene quebrando un pie,
     que en el camino me han dicho:    lindas hijas tiene el rey.
     —Téngalas o no las tenga    nada le importa a usted.
     —Ya me voy muy enojado    de los palacios del rey
     que las hijas del rey moro    no me las dan por mujer.
     —Vuelva, vuelva caballero,    no sea tan descortés
     y de las hijas que tengo    escoja la más mujer.
     —Ésta escojo por mi esposa    y por mi mujer también,
     que parece una rosita    acabada de nacer.
                                México (Yáñez, págs. 152-153).
```

A menudo se añade al final:

```
     —No me la siente en el suelo,    siéntemela en un sillón;
     ya la ve, tan pobrecita,    es hija de un gran señor.
     No me la siente en el suelo,    siéntemela en una mesa;
     ya la ve, tan pobrecita,    es hija de una princesa.
                                  Honduras (Archivo UNAM).
```

o bien:

```
     —No me la siente en el suelo,    siéntemela en un cojín,
     que aunque la ve trigueñita,    es hija de un gachupín.
     —No me la siente en el suelo,    siéntemela en un petate;
     que aunque la ve trigueñita,    es hija de un pinacate[19].
                                   México (Archivo UNAM).
```

En Cuba y en la República Dominicana el «embajador» regresa varias veces y dice: «Que le manden a la niña» y le contestan: «Que se está bañando», peinando, vistiéndose, perfumando, etc. hasta que se acaba la inventiva y el «embajador» se lleva a la niña.

En Perú, el añadido es diferente:

```
     —Ésta llevo y ésta traigo    para que sea costurera del rey.
     Ésta llevo y ésta traigo    para que sea cocinera del rey...
```

y se siguen enumerando oficios.

En Colombia, la ampliación se hace en el romance mismo, siguiendo la pauta de un verso ya existente en muchas versiones: «que del pan que yo comiera, comerán ellas también»:

```
     El vestido que me pongo,    se podrán ellas también
     El calzado que yo calzo,    calzarán ellas también.
     El anillo que me pongo ... etc.
                             Colombia (Beutler, núm. 209).
```

La mayor parte de las variantes mayores del Romancero tienen su origen en cruces con otro romance o canción. Las versiones americanas no son una excepción. El cruce más notable y difundido es el de *Silvana* y *Delgadina*, propiciado por el tema de ambos (incesto), que se da en buena parte de América, sobre todo en Venezuela y Colombia. El nuevo romance comienza con *Silvana* y al llegar al rechazo de la niña, se continúa con el encierro y martirio de *Delgadina*. La protagonista conserva durante todo el texto el nombre de Silvana (o sus variantes) para lograr la cohesión necesaria.

Otra fusión, no tan difundida, es la de *El marinero* con el romance religioso *El barco santo*:

```
     Entre San Pedro y San Juan    hicieron un barco nuevo;
     el barco era de oro,    sus remos eran de acero,
     el piloto era San Pedro,    San Juan era el marinero
     y el capitán general    era Jesús Nazareno.
     Una noche muy oscura    cayó un marinero al agua
     y se presenta el demonio    diciéndole estas palabras:
```

---

[19] *Gachupín*: español (suele ser despectivo); *petate*: estera de paja tejida que se usa para dormir; *pinacate*: insecto.

—Marinero general,   si quieres salir del agua
te pido tan solamente   que a mí me entregues el alma.
—El alma la entrego a Dios,   el cuerpo a la mar salada
y el corazón se lo entrego   a la Virgen soberana.

Argentina (Carrizo 1926, pág. 33).

fusión mucho más coherente que la habitual entre *El marinero* y *Santa Catalina*, romances que en verdad no tienen mucho que ver.

Las señas del esposo se cruza a menudo en México y otros países con la canción de *La viuda abandonada*:

—Yo soy una pobre viuda   que nadie me gozará
me abandonó mi marido   por amar la libertad.
Pués, óigame usted, señor,   ¿no me ha visto a mi marido?
—Señora, no lo conozco,   deme las señas que pido.
—Mi marido es rojo y blanco   y algo tiene de cortés
y en el puño de su daga   tiene un letrero francés.
—Por las señas que usted da   su marido muerto ya es
y en ese sitio de Puebla   lo mató un traidor francés.
Señora, si usted quisiera, nos casaríamos los dos,
su personita y la mía   con la voluntad de Dios.
—Tres años que lo he esperado   y cuatro lo esperaré
y si a los siete no viene, ¿qué he de hacer?, me casaré.
Con mi túnico negro   y mi tápalo café
en un espejo me vide   ¡qué buena viuda quedé!

México (Castro Leal, núm. 3).

Romancero General, primera edición

ROMANCERO GE-
NERAL, EN QVE SE CON-
tienen todos los Romances que andan
impreſſos en las nueue partes
de Romanceros.
AORA NVEVAMENTE
impreſſo, añadido, y emendado.

Año   1600

Con licencia, *En Madrid*, Por Luis Sanchez.
A coſta de Miguel Martinez.

El cruce cambia en buena medida la imagen de la esposa de las versiones originales, convirtiendo a la mujer fiel y resignada en una alegre viudita.

Hemos ejemplificado algunas de las muchas innovaciones hechas al Romancero; unas son originales de América, otras quizás no, pero por lo general son distintas de las también abundantes variaciones españolas. Ahora hablaremos del carácter conservador de algunas versiones americanas, que reproducen más fielmente el tipo original, ya variado en la península.

Menéndez Pidal (*ob. cit.*, pág. 353) ya se refirió a la conservación en *Las señas del esposo* de un motivo que posee el original francés del siglo XV y que ya no se encuentra casi en las versiones españolas: el soldado informador parte (no llega) y ella le envía con él recuerdos a su marido:

—Catalina, Catalina,   la del paño limonés,
¿Qué se te ofrece pa Francia?   Dime, niña, ¿qué queréis?
—Estas cartas que aquí tengo   a mi marido las dé.

Nuevo México (Espinosa, núm. 12).

312

—Catalina, Catalina,   blanca flor de cremaré,
mañana me voy a España,   señora, ¿qué manda usted?
—Mi señor, no mando nada,   le agradezco su mérced;
si me viere a mi marido   mil memorias me le dé.

Puerto Rico (Espinosa, núm. 16).

—Catalina, lindo nombre,   rico pelo aragonés,
mañana me voy a España,   ¿qué encargáis o qué queréis?
—Ay, caballero de mi alma,   un encarguito le haré:
si lo viese a mi marido   dos mil abrazos le dé.

Perú (Romero, pág. 69).

Otro testimonio del carácter arcaico de la tradición es la escasez de versiones que unen a *Gerineldo* con *La condesita*, unión de factura moderna.

No es desde luego una característica solamente americana la pérdida de la historicidad; sin embargo anotaremos que en el romance de *El duque de Alba* no se olvida en España (que yo sepa) el nombre del protagonista y sí sucede esto en la versión que publica Campa. Algunas versiones colombianas de *Alfonso XII* hablan de «Alfonso López». El romance de *La muerte del príncipe don Juan* se ha vuelto irreconocible en las versiones dominicanas porque ha sufrido una reelaboración, y el príncipe (o «el hijo del rey» de las versiones españolas) se ha convertido en «el niño» y además, en vez de las donaciones a la esposa, aparece el motivo de «no me entierren en sagrado». He aquí una versión:

El niño está malito,   malito está en su cama,
cuatro médicos lo asisten   de los mejores de España.
Unos dicen que se muere,   otros dicen que no es nada,
los más entendidos dicen   que la comunión no alcanza.
—Madre mía, si me muero,   no me entierren en sagrado,
entiérrenme en campo libre   donde transita el ganado.
En mi cabecera pongan   cuatro ladrillos dorados
y un letrero que diga: «Aquí ha muerto un desgraciado;
no ha muerto de calentura,   ni de dolor de costado,
ha muerto de mal de amores,   de un dolor desesperado».

República Dominicana (Garrido, pág. 81).

El romance se ha convertido en algo diferente; se ha eliminado toda anécdota externa para centrarse en la muerte del protagonista. El suceso histórico se ha borrado por completo y se ha convertido en el relato de la muerte «del mal de amores» de un jovencito. La reelaboración ha seguido aquí caminos diferentes a los de la peninsula [20].

Un ejemplo de recreación total de un romance histórico es el texto de Nuevo México publicado por Espinosa (núm. 132) con el título de *La venganza*, y que parece una reelaboración del romance del Cid que cuenta la afrenta de don Diego y la venganza de Rodrigo (*Primavera*, núm. 28) [21]. Todos los motivos principales están: ancianidad del padre, bofetada, mordisco (con intención diferente), desprecio del ofensor por la juventud del retador, y muerte del agresor; ciertos detalles varían (el padre muere de dolor ante la ofensa y señala al hijo para que éste lo vengue). Los dos últimos versos pertenecen a otro romance del Cid (*Primavera*, núm. 29) y también están variados. No consta que esta composición sea originaria de América, pero bien podría serlo. Y ya que estamos hablando de posibles romances creados en tierras americanas, hay que consignar el de *Román Castillo*, que posiblemente sea mexicano:

—¿Dónde vas, Román Castillo,   dónde vas, pobre de ti?
Ya no busques más querellas   por nuestras damas de aquí.
Ya está herido tu caballo,   ya está roto tu espadín,
tus hazañas son extrañas   y tu amor no tiene fin.
Anteanoche me dijeron   que pasaste por aquí,
que tocaste siete veces,   que el cancel querías abrir,

---

[20] Hay que anotar que en Santander existe una versión con el motivo del entierro, pero, salvo en esto, no se parece en nada a las versiones dominicanas.
[21] F. Wolf y C. Hofmann, *Primavera y flor de romances*, en M. Menéndez Pelayo, *Antología de poetas líricos castellanos*, Buenos Aires, Espasa-Calpe, 1952, t. VI. *Primavera* es la más importante colección de romances viejos.

que mis criados, espantados,   por nada querían abrir
y que entonces tú gritaste: «Abran, o van a morir».
Ten piedad, Román Castillo, ten piedad, pobre de mí,
si persistes en tu vida,   de dolor voy a morir.
Tú eres noble, tú eres bravo, hombre de gran corazón,
pero que tu amor no manche   nunca mi reputación.

México (Henestrosa, págs. 40-41).

Es evidente su relación, en los versos iniciales, con el romance de *La aparición* (o de *Alfonso XII*), pero el tema del romance no tiene nada que ver con el de los textos antes citados y se puede considerar como una creación original [22].

Otra característica del Romancero en América, tampoco exclusiva, pero sí notable, es la prosificación parcial de ciertos romances, sobre todo en Puerto Rico, Colombia y Venezuela. La frecuencia de la aparición de los versos dentro del relato en prosa oscila mucho: desde ocho en la versión puertorriqueña de *Silvana* (Espinosa, pág. 323) hasta treinta en la colombiana de *La adúltera* (Beutler, núm. 145). En este último romance, así como en el de *Delgadina*, la parte que de preferencia se conserva versificada es la enumeración central (señales de la presencia del amante con las justificaciones de la mujer, y petición de agua a los familiares).

También en América, como sucede en España, el éxito y la difusión de la antología publicada por Menéndez Pidal, *Flor nueva de romances viejos* [23], ha sido tal que ha influido sobre la tradición. Así encontramos varios textos donde se mezclan en mayor o menor medida versiones tradicionales y versiones pidalianas; otras veces se recogen textos casi idénticos a los de *Flor nueva...*; esto sucede sobre todo con *El conde Olinos*. En México la versión pidaliana de *El enamorado y la Muerte* produjo una versión publicada por Vicente T. Mendoza como *Versos de la Parca*; Diego Catalán pone en claro su origen en un bien documento artículo [24].

En su paso por la tradición oral americana, los romances han adquirido algunas veces rasgos de otros géneros. Hay varios textos, notablemente los que hablan de adulterio, que han incorporado coplas moralizantes, herencia del pliego de cordel, bien dirigidas al público masculino:

La sangre de los difuntos
la asentaron en papel
para que ningún casado
haya confianza en mujer.

La adúltera, Venezuela (Almoina, pág. 29).

o al femenino (más abundantes):

Pongan cuidado, muchachas,
esas que se están casando,
cuidado con resbalones,
miren lo que está pasando.

La adúltera, Nicaragua (Mejía Sánchez, pág. 42).

Todas las que sean casadas
vivan bien con sus maridos
que no les suceda el caso
que a Elena le ha sucedido.

Bernal Francés, Colombia (Beutler, núm. 142).

La moraleja se une a veces a la presentación, y sobre todo a la despedida, propia del corrido y otros géneros afines:

Voy a cantar un corrido
a toditas las honradas;
no den su brazo a torcer
cuando se encuentran casadas;
no les vaya a suceder
lo que a la pobre de Elena:
quiso escribir en latín
teniendo su letra buena.

Bernal Francés, México (Serrano, pág. 36).

Ya con ésta me despido,
amigo del corazón;
eso les sucede a todas
las que pagan con traición.

La adúltera, Nuevo México (Espinosa, pág. 64).

También existe la copla netamente de despedida:

Ya con ésta me despido
con copitas de Jerez;
aquí se acaba el corrido
de don Fernando el francés.

Bernal Francés, México (Henestrosa, pág. 32).

Ya con ésta me despido
por los azahares de lima;
aquí se acaban cantando
versos de la Delgadina.

Delgadina, México (Arhivo UNAM).

Donde más notablemente se encuentran características locales es en las variaciones de índole geográfica, histórica y léxica. Podemos citar del primer tipo: «la ciudad de Morelia» o «el estado de Durango» donde sitúan a veces,

---

[22] También la melodía de *Román Castillo* es muy parecida a la de *Alfonso XII*, por lo que no parece haber duda en cuanto a la influencia de este último romance.
[23] Buenos Aires, Espasa-Calpe, 1939.
[24] *Por campos del romancero*, op. cit., págs. 51-54.

en México y parte de Estados Unidos, la misa a la que asiste Delgadina. En «da playa de Cartagena» coloca una versión colombiana de *Las señas del esposo* la muerte del marido. Este mismo romance adquiere en versiones mexicanas variantes de tipo histórico como «en ese sitio de Puebla lo mató un traidor francés» (Puebla fue efectivamente sitiada por los franceses y su defensa se conmemora aún).

Ejemplos de variantes léxicas pueden ser el «sarape» que lleva el marido de la malcasada (México), el «guaico» colombiano donde Turquino deja a Filomena, «pipita», en Nicaragua, de Blancaflor, los «chinos» que peina Delgadina y los «gachupines» que aparecen en *Don Gato* (Nuevo México)[25]. La adúltera en Argentina le sirve un «matecito» a su amante; en Venezuela se califica a la mujer de *Las señas del esposo* de «linda flor de araguaney» y de «turpial»[26]; allí su marido es «zambito» y en México es «güero»[27]. En Cuba, Puerto Rico y México la protagonista de algunos romances «se para en la ventana»[28]. Muy abundantes son también formas como «papacito» y «má-

ma» en Norteamérica y las terminaciones en *ico* en Colombia (gatico). Hay giros como «pase no más» y hasta dichos: «A mí no me dentra el peine cuando ando enmarañado» (Nicaragua). Innumerables son los fenómenos del tipo: *vestite, durmás, andá, querés* en Sudamérica y Nicaragua, *ansí, mesmos, hablates, vide, suidad* en México, Nuevo México y Texas.

Finalmente, no podemos dejar de mencionar la influencia que tuvo el romance español en la creación de géneros similares americanos, en particular del corrido, que, con diferentes nombres, se halla por todo el Continente y que consiste en la simbiosis de la lírica y la canción narrativa, aunando así los dos géneros poéticos populares heredados, para crear uno con características propias: narración con forma estrófica y rima varia. A su vez, estos géneros americanos han transformado en muchos casos, de manera parcial, pero abundante, la forma de los romances heredados, y, si no siempre los textos pueden dividirse conceptualmente en cuartetas octosilábicas, sí sufren a menudo la pérdida parcial de la monorrimia. Esto es muy notable en México (cfr. por ejemplo el texto citado en la pág. 308).

El Romancero, arraigando con firmeza en América, no sólo es parte vital de su tradición y patrimonio, sino que también es materia prima para nuevos diseños populares.

---

[25] Respectivamente, 'manta de campo', 'valle apartado', 'hermanita', 'rizos', 'españoles'.
[26] Respectivamente, árbol y pájaro propios de la región venezolana.
[27] *Zambo*: hijo de negro e india; *güero*: rubio.
[28] 'Está en pie ante la ventana.'

BIBLIOGRAFÍA

LLEGADA

BAYO, Ciro, *Romancerillo del Plata*, Madrid, V. Suárez, 1913.
LEONARD, Irving A., *Los libros del conquistador*, México, Fondo de Cultura Económica, 1953.
MENÉNDEZ PIDAL, Ramón, *Los romances de América y otros estudios*, Buenos Aires, Espasa Calpe, 1939, Colección Austral, 55.
—*Romancero hispánico. Teoría e historia*, 2 ts. Madrid, Espasa-Calpe, 1953.
ROMERO, Emilia, *El romance tradicional en el Perú*, México, El Colegio de México, 1952.
SANTULLANO, Luis, *Romances y canciones de España y América*, Buenos Aires, Hachette, [1955].

EL ROMANCE COLONIAL Y EL MODERNO

BEUTLER, Gisela, *Studien zum spanischen Romanmancero in Kolumbien in seiner schriftlichen und mündlichen Uberlieferung von der Zeit der Eroberung bis zur Gegenwart*, Heidelberg, C. Winter Universitätsverlag, 1969.
MENDOZA, Vicente T., *El romance español y el corrido mexicano*, México, Universidad Nacional Autónoma, 1939.
ROMERO, Emilia, *ob.cit.*

RODRÍGUEZ DEMORIZI, E., *Del romancero dominicano*, Santiago (República Dominicana), El Diario, 1943.
VARGAS UGARTE, Rubén, *Nuestro romancero*, Lima, 1951.

REAPARICIÓN DEL ROMANCE TRADICIONAL

ALMOINA DE CARRERA, Pilar, *Diez romances hispanos en la tradición oral venezolana*, Caracas, Universidad Central de Venezuela, 1975.
ALZOLA, Concepción Teresa, *Folklore del niño cubano*, Santa Clara (Cuba), Universidad Central de las Villas, 1961.
ARAMBURU, Julio, *El folklore de los niños; juegos, corros, rondas, canciones, romances, cuentos y leyendas* Buenos Aires, El Ateneo, 1940.
ARIAS, J. de D., «El romance en la tradición santandereana», *Bolívar*, 16, enero-febrero, 1953, Bogotá, págs. 137-165.
BARATTA, María, *Cuzcatlán típico; ensayo sobre etnofonía de El Salvador; folklore, folkwisa y folkway*, San Salvador, Ministerio de Cultura, 1951.
BAYO, Ciro, *ob.cit.*
BEUTLER, Gisela, *ob.cit.*
CADILLA DE MARTÍNEZ, María, *La poesía popular*

en *Puerto Rico*, Madrid, Universidad de Madrid, 1933, 2.ª ed., San Juan de Puerto Rico, 1953.

CAMPA, Arthur L., *Spanish Folk-Poetry in New Mexico*, Albuquerque, University of New Mexico Press, 1946.

CARRIZO, Juan Alfonso, *Antiguos cantos populares argentinos*, Buenos Aires, Silla Hnos., 1926.

—*Cancionero popular de Tucumán*, Buenos Aires, 1937.

—*Cancionero popular de La Rioja*, 3 ts, Buenos Aires, A. Baiocco, 1942.

CASTRO LEAL, Antonio, «Dos romances tradicionales», *Cuba Contemporánea*, 6, noviembre, 1914.

CHACÓN y CALVO, José María, *Literatura cubana. Ensayos críticos*, Madrid, 1922.

DELIZ, Montserrate, *Renadío del cantar folklórico de Puerto Rico*, Madrid, Hispania, 1951.

ESPINOSA, Aurelio M., «Los romances tradicionales en California», en *Homenaje ofrecido a Menéndez Pidal*, Madrid, Hernando, 1925, vol. I.

—*Romancero de Nuevo Méjico*, Madrid, Consejo Sup. de Investig. Científicas, 1953.

—«Romances de Puerto Rico», *Revue Hispanique*, 43 (1918), págs. 309-364.

GAMBOA, Emma, *Canciones populares para niños*, San José de Costa Rica, Lehemann, 1941.

GARRIDO, Edna, *Versiones dominicanas de romances españoles*, Ciudad Trujillo, 1946.

HENESTROSA, Andrés, *Espuma y flor de corridos mexicanos*, México, Porrúa, 1978.

HENRÍQUEZ UREÑA, P. y WOLFE, B.D., «Romances tradicionales en México», en *Homenaje ofrecido a Menéndez Pidal*, ob. cit., vol. II.

LAVAL, Ramón, *Contribución al folklore de Carahue (Chile)*, 2 ts, Madrid, V. Súarez, 1916-1920.

MEJÍA SÁNCHEZ, Ernesto, *Romances y corridos nicaragüenses*, México, Imprenta Universitaria, 1946.

MENDOZA, Vicente T., *Lírica infantil de México*, México, El Colegio de México, 1951.

—*El romance español y el corrido mexicano*, ob. cit.

MENÉNDEZ PIDAL, Ramón, *Romancero tradicional*, Madrid, Seminario Menéndez Pidal y Gredos, XI tomos, 1957-1977.

—*Romancero hispánico*, ob. cit.

—*Los romances de América*, ob. cit.

MOYA, Ismael, *Romancero*, Buenos Aires, Imprenta de la Universidad de Buenos Aires, 1941.

NAVARRETE, Carlos, «Notas para un estudio del corrido en Guatemala», *Tlatoani*, México, 8-9, nov., 1954, págs. 19-23.

NOLASCO, Flérida de, *La poesía folklórica en Santo Domingo*, Santiago (República Dominicana), El Diario, 1946.

PARDO, Isaac J., «Viejos romances españoles en la tradición popular venezolana», en *Archivos Venezolanos de Folklore*, 4-5 (1955), págs. 177-211.

PAREDES, Américo, *A Texas-american cancionero*, Austin, 1977.

PEREDA Valdés, J., *Cancionero popular uruguayo*, Montevideo, 1947.

PLATH, Orestes, *Folklore chileno: aspectos populares infantiles*, Universidad de Chile, Santiago, 1946.

PONCET Y DE CÁRDENAS, Carolina, *El romance en Cuba*, La Habana, Instituto cubano del Libro, 2.ª ed. 1972. (1.ª ed. 1914).

ROMERO, Emilia, ob. cit.

SERRANO MARTÍNEZ, Celedonio, «Romances tradicionales en Guerrero», *Anuario de la Sociedad Folklórica de México*, 7 (1951), págs. 7-72.

VICUÑA CIFUENTES, Julio, *Romances populares y vulgares recogidos de la tradición chilena*, Santiago de Chile, Impr. Barcelona, 1912.

YÁÑEZ, Agustín, *Flor de juegos antiguos*, Guadalajara (México), Universidad de Guadalajara, 1941.

BIBLIOGRAFÍAS

Bibliografía del folklore peruano, ed. J. M. Arguedas y otros, México-Lima, Boldó, 1960.

PEREIRA SALAS, Eugenio, *Guía bibliográfica para el estudio del folklore chileno*, Santiago de Chile, 1952.

SIMMONS, Merle, E., *A bibliography of the romance and related forms in Spanish América*, Bloomington, Indiana University Press, 1963.

ESTUDIOS

CARRIZO, J. A., *Antecedentes hispano-medievales de la poesía tradicional argentina*, Buenos Aires, 1945.

CASTELLANO, Carlos, «El tema de *Delgadina* en el folklore de Santiago de Cuba», *Journal of American Folklore*, 33 (1920), págs. 43-45.

CHÁVEZ OROZCO, Luis, «El romance en México», *Contemporáneos*, 7 (1930) págs. 253-267.

DÍAZ ROIG, Mercedes, «Influencias del corrido en el romancero tradicional mexicano», *Revista de Filosofía y Letras* (México). De próxima aparición.

DÓLZ HENRY, Inés, *Los romances tradicionales chilenos. Temática y técnica*, Nascimento, Santiago de Chile, 1976.

LESLIE, John K., «Un romance español en México y dos canciones de vaqueros norteamericanos: la influencia del tema: "No me entierren en sagrado"», *Revista de Dialectología y Tradiciones Populares*, 13 (1957), págs. 286-298.

MENDOZA, Vicente T., «El romance tradicional de Delgadina en México», *Universidad de México*, 6, (1952), pág. 17.

OREA, Basilio, «El romance tradicional de Bernal Francés en México», *Anuario de la Sociedad Folklórica de México*, 9 (1955), págs. 98-104.

V

Teatro hispanoamericano colonial

El teatro hispanoamericano colonial

KATHLEEN SHELLY Y GRÍNOR ROJO

I

EL TEATRO HISPANOAMERICANO EN EL SIGLO XVI

1.

El primer problema que encuentra el investigador de la historia del teatro hispanoamericano durante el siglo XVI es el de la clasificación de las representaciones que entonces se hacían. Por lo general, los críticos las separan en tres grupos: las de teatro misionero, las de teatro escolar y las de teatro criollo. Esta tipología puede resultar engañosa, ya que produce la impresión de que sólo el teatro misionero se interesó en los asuntos de carácter religioso. Pero la verdad es que casi toda la creación dramática del siglo XVI gira alrededor de tales asuntos: los que se vinculan, de una u otra manera, a la difusión y realce de la doctrina católica. Difusión entre los indígenas, a los que se ansía aliviar de sus costumbres paganas; realce entre los ya convencidos, los españoles, y algo más tarde los criollos, a los que se trata de garantizarles la justeza (y justicia) de sus convicciones.

Así, puede que sea más adecuado trazar la línea demarcatoria en este punto. Hablar no de un teatro indígena, lo que sin duda sería excesivo (las viejas formas del histrionismo precolombino han sido casi desintegradas; las que subsisten lo hacen poco menos que secretamente y sólo verán la luz pública más adelante en los albores de la formación de un teatro popular), sino que de un teatro en contacto con la población indígena, que se destina a la difusión entre ella de la nueva doctrina, de un lado; y de otro, de un teatro que se localiza en el seno de la población española o criolla, que no deja por eso de ser religioso, pero que lo es de una manera diferente —más depurada, si se quiere— al anterior.

Las representaciones dramáticas mismas se generaban bajo el patrocinio de los dos instrumentos del control imperial: la Iglesia y la administración política de las colonias. Tanto en el caso del teatro misionero como en el del teatro «civil», español y criollo, las oportunidades para esas representaciones las proporcionaban las fiestas de la Iglesia: Navidad, Epifanía, la Pasión de Cristo, los días dedicados a un cierto número de santos. La fiesta del Corpus Christi era la que despertaba un mayor entusiasmo. Las piezas teatrales que se representaban entonces eran los autos en torno al sacramento de la Eucaristía.

Además de estas fiestas eclesiásticas, otros acontecimientos tenían también la potencialidad para suscitar representaciones dramáticas: la llegada de un nuevo virrey, la instalación de un arzobispo, la canonización de un santo, etc. Hay que señalar, como quiera que sea, que las piezas que se daban en tales ocasiones seguían siendo religiosas.

La supremacía del teatro religioso tradicional, ya en decadencia en la metrópoli, se debe por cierto a la enorme gravitación de la Iglesia en la vida cultural lo mismo de los indígenas que de los colonos. La gran importancia que la Iglesia posee es consecuencia de las funciones particulares que cumple como elemento cohesionador del mundo colonial. Es la herramienta ideológica perfecta que sirve a los propósitos imperiales de controlar estas lejanas y extensas tierras eficazmente.

Quienes las habitan son dos grupos humanos separados por un abismo. Conviven en ellas los indígenas, vencidos y desposeídos, con los españoles —luego con los criollos—, vencedores y poseedores. Ahora bien, el trato que el segundo de estos grupos dio al primero varió según los espacios y las circunstancias. Sabido es que la población indígena desapareció en las Antillas. En otros sitios, ese mismo peligro no tardó también en hacerse presente. El caso es que la corona entendió que había en ello un problema económico serio, de despilfarro de la mano de obra, y su manera de intervenir fue a través de la Iglesia. Esta última, que ya había llamado la atención acerca de los abusos contra los indios, se hizo cargo entonces de su defensa con mucha más autoridad.

En México se inició de este modo una campaña de educación que ha conocido el aplauso de generaciones de humanistas. Hoy debemos hacernos cargo de los límites de dicha campaña. El esfuerzo educativo que los misioneros van a desplegar no tenía como fin la, para ellos todavía inconcebible, transforma-

Entrada del virrey Morcillo en Potosí (detalle), escuela altoperuana del siglo XVIII, obra de Melchor Pérez de Holguín

ción de los indígenas en individuos iguales a los de origen o ascendencia europeos; a los indígenas se les debía enseñar lo estrictamente necesario para que se trocaran en buenos cristianos y en dóciles trabajadores. No se trataba de modificar su condición subordinada. El escándalo de un Las Casas consiste justamente en haberse salido de las reglas del juego. O sea que el tipo de conciencia con que los misioneros operaron su empresa fue, en el mejor de los casos, paternalista. Para ellos, los indios eran niños eternos, cuando no genuinos retrasados, y eso mismo fijaba las rígidas fronteras del esfuerzo educacional. El teatro misionero revela esta característica con suma nitidez.

Otros son los propósitos del teatro que se dirige a un público español y criollo. Interesante es anotar que, en pleno proceso de conquista, se dieron entre los españoles algunas tentativas de «representar». Guillermo Lohmann Villena describe con prolijidad los torneos dialogados que, a base de su magro conocimiento de algunos libros de caballerías, efectuaban los secuaces de Pizarro en el Perú[1]. Poco después,

el teatro religioso tradicional europeo aparece en las iglesias, sin muchas alteraciones.

En la primera mitad del siglo XVI, casi toda la población blanca es española. «... segundones sin peculio, despojados en la península de las buenas familias por la institución del mayorazgo, aventureros de cualquier origen social, mucho más poseídos de fiebre bélica que de preocupación colonizadora...»[2]. Entre ellos, los más osados lograrán consolidar sus imperios particulares.

Hacia mediados del siglo, sin embargo, la autoridad metropolitana empieza a ejercer un mayor control sobre la organización económica y política. Es esta una suerte de «segunda conquista», que ocasiona, en la segunda mitad del siglo XVI, un desplazamiento general de los señores de la tierra en dirección a las ciudades.

Este movimiento centralizador coincide con el auge del teatro eclesiástico. Los asuntos religiosos no sólo continúan en vigor, sino que se renueva además el repertorio; se crean nuevas piezas, se desarrolla una mayor pre-

[1] Guillermo Lohmann Villena, *El arte dramático en Lima durante el Virreinato*, Madrid, Escuela de Estudios Hispano-Americanos de la Universidad de Sevilla, 1945, págs. 3-14.

[2] Sergio Bagú, *Economía de la sociedad colonial*, Buenos Aires, El Ateneo, 1949, pág. 64.

ocupación por el estilo y se introducen algunos elementos seculares.

Parte de este cambio en el teatro religioso se debe a las repercusiones que tiene de este lado del mundo la producción de los dramaturgos renacentistas españoles, aquellos que dominan el teatro de la metrópoli a lo largo del siglo XVI: Juan del Encina y Lucas Fernández, con su teatro de pastores y rústicos; Gil Vicente; Torres Naharro; y, especialmente, Lope de Rueda y Juan de la Cueva. No se vea sin embargo en la influencia que estos dramaturgos proyectaron la raíz de un viraje absoluto. También en esta época, y acaso en esta época más que en otras, la asunción de «modelos» estaba condicionada a las necesidades internas. El teatro que producen los dramaturgos de las colonias continúa siendo de inspiración eclesiástica hasta muy avanzado el siglo XVII. Incluso entonces serán los grandes del Siglo de Oro español los que suplan la demanda de un teatro secular.

De finales del siglo XVI es la aparición en la América española de compañías teatrales ambulantes. Se construyen además por esas fechas las primeras casas de comedias (México, 1597; Lima, 1598). Con todo, las fiestas de la Iglesia y los acontecimientos notables siguen siendo la mejor oportunidad para el desarrollo dramático local hasta el siglo XVIII.

2.

Desde el siglo pasado, el estudio del teatro misionero se reduce esencialmente a la acumulación de datos: fechas de representaciones, títulos de piezas, la descripción pormenorizada de las fiestas religiosas en las que las piezas se representaron. Cuando se intenta analizar las piezas existentes de una manera más profunda o cuando se desea arriesgar una caracterización general sobre esas manifestaciones del celo misionero, lo que se destaca sobre todo es el carácter presuntamente «mestizo» de la producción.

Aun cuando los aportes documentales son obviamente indispensables para comprender el alcance y la importancia del teatro misionero en el siglo XVI, lo cierto es que ellos por lo común sólo confirman el hecho de que hubo representaciones y de que éstas eran muy concurridas y muy elaboradas[3]. Menos frecuente y de mayor relevancia es el estudio de los mé-

todos que los misioneros emplearon para resolver los enormes problemas que se les presentaban al tratar de catequizar a los indios con la ayuda del teatro. Se ponen de manifiesto en esos casos recursos tales como el uso de las lenguas indígenas, las costumbres, las imágenes poéticas y los hábitos de pensamiento autóctono[4]. Para nosotros, todo esto es sintomático de un fenómeno más significativo y que esperamos dejar en claro al final de este apartado. Nos referimos a la explicación de los contenidos y formas de este teatro en conexión con las funciones ideológicas que la Iglesia le asigna en lo que toca a un sector específico del mundo colonial.

En primer lugar, casi todo lo que se sabe del teatro misionero se refiere a la Nueva España, zona en la que se originó y en la que logró su mayor extensión. Lo que más fácilmente podemos colegir de las fuentes documentales, de las crónicas militares y eclesiásticas y de los papeles en los archivos de los cabildos, es el tipo de piezas que se montaban y algunas de las alternativas que rodeaban esos «montajes». Las piezas mismas eran breves y las quebraban intervalos de música y baile. Los temas diferían, pero la mayor parte eran sacados de la Biblia y de la hagiografía. Las piezas se representaban al llegar una larga y elaborada procesión a la iglesia misionera o a la parroquia indígena. Al darse cuenta los clérigos de que la gran multitud no cabía en las iglesias, comenzaron a construir las «capillas abiertas», una nave central que daba al patio y en la que el público podía ver el espectáculo. En ocasiones, como cuenta fray Toribio de Benavente, las piezas podían representarse en el transcurso mismo de la procesión[5]. Música, baile, efectos especiales (los fuegos artificiales, símbolos macabros del fuego infernal), voces desde fuera del escenario, la presencia de elementos sobrenaturales y de una escenografía complicada añadían atractivo al espectáculo. Los actores, así como también quienes construían el decorado, eran miembros de las cofradías indígenas adjuntas a las iglesias.

Aunque el teatro religioso tradicional del Medioevo es la base desde la que parte este teatro misionero, hay que indicar que las piezas muy pocas veces se traducían fielmente

[3] Véase Fernando Horcasitas, El teatro náhuatl: Epocas novohispana y moderna, México, Universidad Nacional Autónoma de México, Instituto de Investigaciones Históricas, 1974, I, págs. 71-172.

[4] Marilyn Ekdahl Ravicz, en su Early Colonial Religious Drama in Mexico: From Tzompantli to Golgotha, Washington, D. C., Catholic University of America, 1970, hace un estudio de estos métodos. Véanse págs. 27-82 y las notas a los textos, págs. 237-53.

[5] Fray Toribio de Benavente (Motolinía), Historia de los Indios de Nueva España, Tratado I, Capítulo 15, Madrid, Atlas, Biblioteca de autores españoles, vol. 240, 1970, págs. 245-46.

del español al náhuatl. Lo que se hacía era re-crearlas en náhuatl, hablando así directamente a la mentalidad del indígena. Se destacaban normas de comportamiento arraigadas en la cultura autóctona y se utilizaba el lenguaje poético ya establecido, poniéndose gran énfasis en el mundo natural y en el significado que a éste daba el indígena. Imágenes y símbolos poéticos y las fórmulas de repetición, remanentes de la literatura precolombiana, eran recursos comunes. Los decorados figuraban paisajes del campo americano con sus aves, plantas y animales.

La evidencia publicada sobre este tipo de teatro se limita, como he dicho, al territorio de la Nueva España. Parece sin embargo indudable que los misioneros de otras partes del imperio americano hicieron uso también de estos métodos de educación cristianizante, aun cuando sin el interés o el éxito que ellos alcanzaron en México. Sabemos que en las misiones jesuitas, en lo que hoy día es el Paraguay y en el norte de la Argentina, existió también este tipo de teatro, pero carecemos de datos concretos sobre sus contenidos[6]. En el otro gran centro de colonización, en el Alto y el Bajo Perú, las noticias que poseemos no hablan de la existencia de una gran actividad dramática estimulada por los sacerdotes. Rubén Vargas Ugarte no hace ninguna mención de un teatro misionero en esta zona y Guillermo Lohmann Villena se limita a reproducir lo que asegura el Inca Garcilaso de la Vega (Comentarios Reales, Parte primera, Libro segundo, Capítulo XXVIII)[7]. Este mismo investigador añade en una nota que el teatro didáctico «... se difundió y fue muy popular aun en las más apartadas poblaciones de la serranía...»[8]. José Juan Arrom reproduce la cita en su totalidad[9]. De ser efectivo el testimonio del humanista mestizo, los temas de las piezas habrían sido idénticos a los de aquéllas que se conocen en la Nueva España.

Todo lo cual quiere decir que, si el teatro misionero se utilizó con fines educativos en el entero territorio de la América Española, su desarrollo fue más constante y de mayor importancia en la región de Nueva España. No obstante, incluso en lo que toca a esta región, pocos de los manuscritos que poseemos son

del siglo XVI. Los textos que se consultan para tener una idea del contenido de estas obras son de momentos posteriores, lo que parece indicar (contra la opinión de algunos eruditos; véase el apartado 3 del capítulo II de este mismo trabajo) que el teatro misionero se siguió aún más allá del impulso inicial.

Ahora bien, son muchos los investigadores que han tratado de fechar las piezas existentes. Ángel María Garibay, por ejemplo, determina la época de escritura de una pieza mediante el nivel de desarrollo del lenguaje[10]. Marilyn Ekdahl Ravicz, en su Early Colonial Religious Drama in Mexico, sospecha que los manuscritos que se han encontrado son probablemente refundiciones o copias de piezas que fueron compuestas durante el siglo XVI y que, por lo tanto, es legítimo analizar el contenido de esos manuscritos en relación con el primer siglo de la conquista[11]. Uno de los primeros en estudiar los manuscritos del teatro náhuatl fue Francisco del Paso y Troncoso, a fines del siglo pasado. Publicó las obras que encontró en su idioma original, acompañándolas de sus respectivas traducciones al español. Los títulos de las piezas misioneras que publicó son los siguientes:

> Del nasimiento de Izac y del sacrificio que habrahan su padre quiso por mandato de Dios hazer, ms. de 1760, copia de un manuscrito perdido de 1678, publicado en Florencia, 1899.
> Colloquio yn quenin iquimaxili yn tlazoma-huizquauhnepanollo Sancta Cruz intla ce-mic nopilhuiani S. Elena (Invención de la Santa Cruz por Santa Elena), ms. de 1714. México, 1890.
> La adoración de los Reyes, ms. de 1760, Florencia, 1900.
> La comedia de los Reyes, ms. de 1707, Florencia, 1907.
> Nican motecpana in inemiliztzin in Señor Sanctiago Apostol (Destrucción de Jerusalén), ms. de finales del siglo XVII o comienzos del siglo XVIII, Florencia, 1907.

En las décadas de los años 20 y de los 30 de este siglo, los investigadores Byron McAfee y John H. Cornyn tradujeron varias piezas del náhuatl al inglés. También se ocuparon de la supervivencia de las obras haciendo copias ortográficas, paleográficas y fotográficas. Estas piezas son:

---

[6] Josefina Plá, «Teatro religioso medieval. Su brote en el Paraguay», Cuadernos Hispanoamericanos, 291 (1974), págs. 666-80.

[7] Rubén Vargas Ugarte, en su introducción a De nuestro antiguo teatro, Lima, Editorial Milla Batres, 1974, págs. 7-47.

[8] Lohmann Villena, El arte dramático en Lima, páginas 23-24, nota 14.

[9] José Juan Arrom, Historia del teatro hispanoamericano (Época colonial), México, Andrea, 1967, pág. 30.

[10] Ángel María Garibay, «El teatro catequístico», en su Historia de la Literatura náhuatl, México, Porrúa, 1954, II, págs. 121-59.

[11] Ekdahl Ravicz, Early Colonial Religious Drama in Mexico, pág. 81.

Nexcuitlilmachiotl motenhua juicio final (Auto del juicio final), atribuido a fray Andrés de Olmos, misionero de la primera mitad del siglo XVI, ms. de 1678.
In pochtecatl (El mercader), ms. de 1687.
In animastin ihuan alvaceasme (Las almas y los albaceas), ms. de 1760.
Tlacahuapahualitzli (Educación de los hijos), ms. de ?[12].

Si estas piezas son en efecto del siglo XVI, lo que ellas revelan es que el propósito educativo no sólo fue el de inculcar ciertas ideas religiosas a los indios. Se les enseñaba también la necesidad de obedecer, de servir y de respetar a la autoridad legítima (el poder real y la Iglesia), el grave pecado que consistía en acumular más bienes materiales de los rigurosamente necesarios y la poca importancia de la vida terrenal, como no fuera para ganar la salvación. Se insistía en que la dependencia del individuo con respecto a la Iglesia era absolutamente esencial para salvar el alma, así como en el castigo que espera a aquel que no sigue sus instrucciones. Las lecciones que se difunden se hacen más eficaces mediante el uso de elementos tomados de la propia cultura de los indios.

En definitiva, no sabemos si es válido asignar a este teatro un carácter «mestizo». Se trata sin duda de dos culturas en contacto, pero no en un pie de igualdad ni mucho menos. Lo cierto es que una de esas culturas usa de la otra para imponérsele. Pensamos que esto es lo verdaderamente esencial al ocuparnos del contenido y las formas del teatro misionero; el cómo uno y otras dependen de una función ideológica clara y la que tiene que ver con el sometimiento de los indios. El mestizaje, si es que así se le puede llamar, es artificial. No hay aquí una cultura «intermedia». Hay sólo dos culturas y una de ellas avasalla, «desde adentro», a la otra.

3.

Cuando se estudia el teatro dirigido al público español y criollo se ponen comúnmente en primer plano los elementos seculares que las obras utilizan. El cultivo del entremés, la aparición de algunas. palabras de origen americano, las referencias a costumbres regionales,

unido todo ello a la alternancia de unos cuantos momentos cómicos en las piezas religiosas, son características que se privilegian de ordinario. Como totalidades de sentido, las piezas mayores han generado hasta ahora escasa atención.

Los autores que se conocen son tres: Juan Pérez Ramírez (México, 1545-?), Cristóbal de Llerena (Santo Domingo, c. 1540-1610) y Férnan González de Eslava (España, residente en México, 1534-1601?). Contamos, además, con los textos de dos piezas de autoría dudosa: el *Triunfo de los santos* y el *Coloquio de la nueva conversión y bautismo de los cuatro reyes de Tlaxcala en la Nueva España*.

Las obras de Juan Pérez Ramírez y de Fernán González de Eslava parten del teatro religioso medieval con intención alegórica. No impide eso la mezcla en dichas obras de elementos sacros y cómicos, mezcla que al lector de hoy le puede parecer contradictoria, y más aún considerando que las representaciones se efectuaban en las fiestas eclesiásticas, en las procesiones o en las ceremonias en el interior mismo de las iglesias. Pero este procedimiento no es ajeno a la historia del teatro europeo. La recurrencia de pequeños intervalos cómicos en el teatro religioso se remonta a la Edad Media, si bien no con iguales fines. Dice Frida Weber de Kurlat que se hacían entonces «... altos en el camino para dar al auditorio la posibilidad de escapar del exceso de tensión que la explicación o la enseñanza cristiana había dejado en ellos...»[13].

Es difícil creer que el teatro religioso que comienza a perfilarse a mediados del siglo XVI en Hispanoamérica haya sido una fuente de tensiones. Sin embargo, no sólo se continúa en él con la práctica de introducir pasajes cómicos independientes, sino que además de vez en cuando se hace un esfuerzo por integrar tales pasajes en la acción de la pieza.

Otros elementos del antiguo teatro también se modifican. Los personajes alegóricos no siempre expresan consistentemente los vicios y virtudes que se supone que encarnan. El siguiente trozo de un diálogo animado más parece una escena de entremés que un intercambio alegórico típico:

CONCIERTO: ¿Por qué dejastes al Gusto
llegar a la colación?
PUREZA: No sé tal.
CONCIERTO: Buena razón:
cada uno está muy justo,
y ambos dieron la ocasión.
PUREZA: Hoy no he visto aquel grosero.

---

[12] La mayoría de estas piezas se pueden encontrar, con sus traducciones al español, en Fernando Horcasitas, *El teatro náhuatl*, págs. 171-593. *El mercader* y *Las almas y los albaceas* se hallan traducidas al inglés en Ekdahl Raviez, *Early Colonial Religious in Mexico*. *Tlacahuapahualiztli* fue publicado por Byron McAfee y John H. Cornyn en *Tlalocan* 1, núm. 2 (1943), págs. 31-53.

[13] Frida Weber de Kurlat, «Estructuras cómicas en los coloquios de Fernán González de Eslava,» *Revista Iberoamericana*, 21 (1956), pág. 393.

RECTITUD: Por aquesta cruz bendita
yo sólo sentí la grita.
CONCIERTO: ¡Oh! mal haya quien el cuero
con azotes no les quita.
PUREZA: ¿Por aquél me da sin culpa?
Ofrézcolo a Satanás:
váyase y tendremos paz[14].

En los dominios de este teatro alegórico, la tarea del dramaturgo consiste en seleccionar un acontecimiento cotidiano y dotarlo de significado religioso. Es este el procedimiento que siguen casi todos los coloquios de Fernán González de Eslava. En el *Coloquio I*, por ejemplo, Dios es el dueño de un gran obraje de telas (industria recién iniciada en México a instancias del virrey Antonio de Mendoza), obraje que va produciendo la tela (la gracia) para beneficio de los hombres. Los siete fuertes de los sacramentos que aparecen en el *Coloquio V* son «... los siete fuertes que el virrey D. Martín Enríquez mandó hacer...» y los que protegen al Ser Humano de los chichimecas (Mundo, Carne y Diablo). En el *Coloquio VIII*, la Ley Vieja (el judaísmo) ha sido desheredada y envía a un representante a que haga el reclamo del caso. Con ello la alegoría se expande. Dios administra las dos religiones y la Ley Vieja fue sólo un «comendador de espera» al que se le han quitado ahora sus antiguos privilegios.

La explicación del nexo entre los datos cotidianos y su proyección alegórico-religiosa se da siempre mediante un diálogo entre un ignorante y alguien que es un iniciado en los secretos de la religión. Este tipo de diálogo, que a primera vista sugiere una especie de técnica educativa, es en realidad sólo un pretexto para demostrar la perfección de la alegoría. Un ejemplo se halla en el *Coloquio VIII*:

BUEN DESEO: ¿Y en qué es la paga real?
EVANGELIO: Es en plata muy refina.
BUEN DESEO: ¿Y sacólo de qué mina?
EVANGELIO: De la mina virginal,
de las dignas la más digna.
JUDÍO: ¿Plata dan? Nuevo debate,
Eso no lo entiendo yo.
EVANGELIO: La mina Virgen nos dio
esta plata, del rescate
con que Dios nos rescató.
(Pág. 111.)

En las escenas en las que aparecen los vicios el juego alegórico del lenguaje se abandona y los personajes ilustran más «humanamente» aquellas características que se asocian a sus nombres, a veces con el auxilio de afectos cómicos.

En las obras extensas, como el *Coloquio III* y el *Coloquio XVI*, las escenas de las virtudes alternan con las de los vicios hasta llegar al desenlace. En ese momento, se juntan los dos grupos de personajes. La alternancia constituye así, en estas obras, un rudimentario principio de estructuración. Las series pareadas configuran en contrapunto cada una de las siete jornadas de la pieza. Las virtudes se expresan en quintillas; los vicios, en prosa.

Sobre la comicidad en la dramaturgia de González de Eslava puede decirse lo que sigue. Primeramente, su humor es de sesgo primitivo: González de Eslava no es un dramaturgo refinado y mal podía serlo en esas circunstancias. De otro lado, lo cómico puede surgir en sus piezas en intervalos independientes (el *Entremés de los rufianes*, después del *Coloquio IX*) o semiindependientes (el *Entremés de Diego y Teresa*, al comienzo del *Coloquio VII*, y el *Entremés de los fulleros* en el *Coloquio VI*). De paso notemos que los entremeses podían ser del autor o de mano ajena[15].

Como se ve, existen momentos de comicidad que pugnan por integrarse en la acción de la pieza. La mayoría de esos momentos echan mano del gracioso, el «simple», como las acotaciones lo designan. Este simple no es, por supuesto, el amable gracioso lopesco; es, más bien, una fuente de vituperios soeces que dirige sus insultos chocarreros contra los personajes-vicios lo mismo que contra las virtudes. Otro personaje cómico es, en estos casos, el extranjero: el turco o el vizcaíno, cuyos acentos se remedan. Con el propósito de hacerle al gracioso un lugar en la acción de la obra, el dramaturgo puede hacerlo pasar de la condición de simple (violento) a la de preguntón (ignorante), en aquellas oportunidades en las que es necesario incluir una exposición alegórica (*Coloquio IV*, págs. 54-55; *Coloquio XII*, pág. 158). Esta es la transformación que experimentan los fulleros en el *Coloquio VI*, al encontrarse con un Doctor, que les hace una exposición sobre un juego de cartas (pág. 78).

Quizás no fue González el más prolífico de los dramaturgos hispanoamericanos del siglo

[14] Fernán González de Eslava, *Coloquio III, Coloquios espirituales y poesías sagradas*, ed. Joaquín García Icazbalceta, México, Imprenta de Francisco Díaz de León, 1877, pág. 38. Todas las referencias siguientes a la obra de González de Eslava son de esta edición, aunque hemos modernizado la ortografía de Icazbalceta.

[15] Tal es el *Entremés de las alcabalas*, una pieza española antigua, que se incluyó en la representación de uno de los coloquios de Eslava y que provocó el encarcelamiento del dramaturgo y de los actores y organizadores de la fiesta. En Weber de Kurlat, «Estructuras cómicas,» págs. 400-01.

XVI. Pero de sus obras se conserva un mayor número y por eso ellas pueden darnos una cierta idea sobre las corrientes más típicas de este teatro que se dirige a un público español y criollo. Desde el punto de vista de los modelos que le sirven de marco de referencia, habría que decir que son dos con un claro predominio del primero sobre el segundo: el teatro religioso-alegórico, de procedencia medieval, y el teatro secular español del siglo XVI.

El *Desposorio espiritual entre el Pastor Pedro y la Iglesia Mexicana*, de Juan Pérez Ramírez, fue compuesta y estrenada en 1574, a propósito de la llegada a México del arzobispo Moya de Contreras[16]. Recurrir al género pastoril ha de haberle resultado a Pérez Ramírez más o menos inevitable. Para celebrar ese mismo acontecimiento, el *Coloquio III* de González de Eslava apela a idéntico género, aunque con menos uniformidad en cuanto a la observancia de sus reglas —los vicios y el gracioso se atraviesan constantemente... En el *Desposorio*, por el contrario, hasta el bobo es bien educado. Con todo, ambas piezas tienen rasgos en común: el prurito alegórico y un lenguaje que trata de ponerse a la altura de la ocasión.

Cristóbal de Llerena parece haber escrito bastante, pero el *Entremés* que lleva su nombre es la única pieza salida de su pluma que se ha conservado[17]. Interesa a causa de la crítica, apenas encubierta, a las autoridades venales que dejaban pasar los desembarcos de piratas en la costa de Santo Domingo. Consecuencia del estreno de esta pieza fue un proceso legal contra Llerena que quizás hizo de él el primer exilado (desterrado, en realidad) en la historia de la literatura hispanoamericana. No hay que engañarse, sin embargo. Las críticas que el *Entremés* hace al *status quo* constituyen la excepción que confirma la regla. La sátira política, que tuviese por blanco la administración colonial, no se toleraba. Aunque hay sátira en las obras de González de Eslava, se trata de una sátira convencional e inofensiva, contra la ostentación, la lascivia, el lenguaje pomposo, etc.

Pese a su brevedad, el *Entremés de Llerena* es una obra asaz heterogénea. Hay en ella elementos populares, personajes y lenguaje del teatro de colegio (de hecho, los actores fueron estudiantes de la Universidad de Gorjón), además de la emblemática propia de la alegoría. El otro dato que vale la pena registar atañe al público: el *Entremés* se representó en la Iglesia Mayor de Santo Domingo, en las fiestas del Corpus Christi, ante toda la población de la ciudad.

Si bien el *Triunfo de los santos* se suele considerar al margen del teatro alegórico-religioso que ya hemos examinado, a nosotros nos parece pertinente tratarla aquí por dos razones: primero, a causa del público al que esta obra se dirige, que no difiere esencialmente del público al que apuntan las obras anteriores; y segundo, porque tampoco la alegoría le es ajena[18]. En rigor, la alegoría se combina en esta pieza con varios otros elementos, todos extraños al concepto de teatro escolar humanista. La obra fue representada en 1577, cuando llegó una colección de reliquias al Colegio de San Pedro y San Pablo en la ciudad de México. Según se dice, es la manifestación de teatro de colegio que más éxito tuvo y a ello se debe el que no se haya perdido. Johnson dictamina que esta pieza es «típica» del género, por su combinación de elementos bíblicos, alegóricos, clásicos e históricos. El mismo agrega que esa heterogeneidad es propia de estas piezas en su vertiente española, durante la misma época. Al instituirse las representaciones escolares en América, con la llegada de los jesuitas, se entendía que las piezas iban a ser escritas en latín con el fin de enseñar las reglas de la retórica clásica. La verdad es que aun en España son muy pocas las obras de esta naturaleza escritas en latín enteramente. No estando el concepto de teatro escolar humanista cabalmente arraigado en España, menos podía estarlo en América.

Lo que de ese concepto queda en el *Triunfo* es la estructura en cinco jornadas, el uso de un coro (que no comenta la acción sino que canta himnos en latín), el lenguaje sumamente retórico y los despliegues sanguinarios que son característicos de Séneca. La versificación es variadísima y eclipsa las elementales quintillas de Gónzalez de Eslava. Se hace uso de la octava, de la lira, del terceto, de la canción, del verso suelto y de la quintilla.

En cuanto al argumento, la pieza trata, sin mayor apego histórico, de las persecuciones

16 Juan Pérez Ramírez, *Desposorio espiritual entre el Pastor Pedro y la Iglesia Mexicana*, en *Autos y coloquios del siglo XVI*, ed. José Rojas Garcidueñas, México, Ediciones de la Universidad Nacional Autónoma de México, 1939, págs. 41-111.

17 Francisco A. de Icaza, «Cristóbal de Llerena y los orígenes del teatro en la América Española,» *Revista de Filología Española*, 8 (1921), págs. 121-30. Texto en páginas 125-28.

18 Harvey L. Johnson, *An Edition of Triunfo de los Santos with a Consideration of Jesuit in Mexico Before 1650*, Filadelfia, University of Pennsylvania, 1941, prólogo en páginas 7-60, texto de la obra en páginas 61-151.

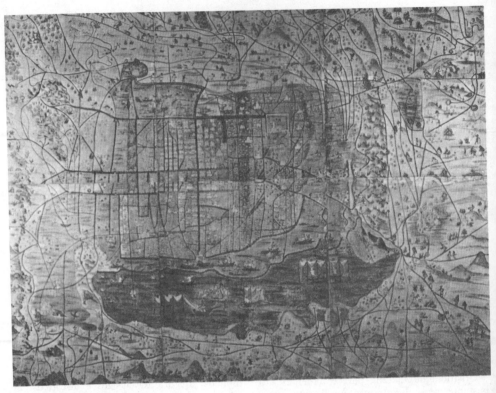

Ciudad de México, plano de 1555

de los cristianos por el emperador Diocleciano y de la posterior intervención del emperador Constantino. Cada jornada consiste en una escena alegórica, en la que dialogan la Iglesia, la Fe, la Esperanza, la Idolatría, la Gentilidad y la Crueldad, y una o más escenas que adelantan la acción principal. Es esta una técnica que nos retrotrae a la estructuración de las piezas mayores de González de Eslava.

La última obra que nos concierne es el *Coloquio de la nueva conversión y bautismo de los cuatro reyes de Tlaxcala en la Nueva España*[19]. Es, tal vez, la obra más extraña de toda la producción dramática hispanoamericana del siglo XVI, si es que realmente data de ese siglo. Rojas Garcidueñas, en una excelente introducción a esta pieza, hace un repaso de toda la crítica que existe en torno a ella. Carlos E. Castañeda, que la dio a conocer, trató de atribuírsela a Motolinía, pero Angel

María Garibay comprueba que en la pieza hay un desconocimiento total de la mentalidad indígena, lo que hace controvertible su atribución a fray Toribio de Benavente. Aun cuando Rojas Garcidueñas inserta esta obra dentro de las corrientes del teatro religioso en el siglo XVI, José Juan Arrom cree que es de un período posterior[20].

Como indica su título, se cuenta en ella la conversión de los cuatro reyes de Tlaxcala ante las palabras amorosas de Cortés y de un clérigo. Se desarrolla así un conflicto en la conciencia de los cuatro protagonistas. Temen la venganza de su dios Ongol y al mismo tiempo se sienten fuertemente atraídos hacia la nueva fe. Advirtamos que el conflicto psicológico no es un elemento habitual en el teatro religioso del siglo XVI. Por otra parte, el diálogo de preguntas y respuestas, que están en las formas cultivadas por González de Eslava y Pérez Ramírez, no aparece. Siendo esto así, lo más probable es que la pieza no sea del siglo XVI.

En definitiva: en el siglo XVI, contamos con

19 *Coloquio de la nueva conversión y bautismo de los cuatro reyes de Tlaxcala en la Nueva España*, en *Tres piezas teatrales del Virreinato*, José Rojas Garcidueñas y José Juan Arrom, eds., México, Universidad Nacional Autónoma de México, 1976; prólogo de Rojas Garcidueñas en págs. 149-81, texto en págs. 183-219.

20 José Juan Arrom, *Historia del teatro hispanoamericano (Epoca colonial)*, pág. 42.

dos clases principales de teatro. Esas dos clases son el teatro misionero y el teatro que se dirige a la población española y criolla. Aunque se ha insistido en el carácter «mestizo» del primero y en el carácter «criollo» del segundo, en realidad ninguno de los dos revela —como no sea en unas cuantas superficialidades ampliamente prescindibles— una «conciencia americana». Ambos responden, sin embargo, a ciertas necesidades internas. Esas necesidades internas obligan a la adecuación de los contenidos y formas del teatro europeo, en particular metropolitano, a condiciones históricas especí-

ficas, las del mundo americano en el siglo XVI. Así, lo que distingue al teatro misionero es la imposición de nuevos valores ideológicos sobre el sustrato cultural indígena, un «mestizaje» aparente que decaerá no bien los propósitos de cristianización y subordinación se lleven a cabo. En lo que se refiere al teatro religioso tradicional, éste se ve desprovisto de sus objetivos exclusivamente pedagógicos para integrar algunos factores de esparcimiento. En parte, esto se debe al influjo del teatro renacentista español. También en parte, a las expectativas de un público sin otras vías de diversión.

II

EL TEATRO HISPANOAMERICANO DESDE 1600 HASTA MEDIADOS DEL SIGLO XVIII

1.

El período llamado del «Barroco de Indias» es el que atrae más la atención de los críticos de la literatura colonial hispanoamericana. Además de cubrir casi la mitad de la época de la dominación española, incluye algunas figuras del más alto relieve. Dos de esas figuras caen entre los límites de este trabajo. Me refiero a Juan Ruiz de Alarcón y sor Juana Inés de la Cruz. Anticipemos que los problemas que uno y otra presentan suelen despertar tales preocupaciones en los investigadores que las tendencias teatrales típicas de la época (y en las que Alarcón y sor Juana participan de una manera parcial) pasan poco menos que desapercibidas. Sólo José Juan Arrom intenta adentrarse en el magma de las piezas existentes para tratar de ordenarlas y de establecer cierta jerarquía entre ellas.

Aunque no pretendemos ocuparnos aquí en detalle de la historia general del periodo, creemos que algunas someras indicaciones sobre las condiciones sociales entonces en vigencia son indispensable como paso previo al tratamiento del asunto de este apartado.

Sabido es que el «grupo criollo» constituía una proporción insignificante dentro de la población total de las colonias y que, además, era un grupo que estaba muy lejos de encarnar ese ideal «mestizo» que propusieron Henríquez Ureña y sus discípulos. En primer lugar, no hay ninguna noticia que pruebe que el criollo sintiese el menor interés por la cultura de esa gran masa de siervos y esclavos de cuyo trabajo directa o indirectamente se beneficiaba. Es dudoso que, por algún extraño proceso de ósmosis, se le contagiaran los rencores y la tristeza del pueblo vencido. Por otra parte,

el criollo se encontraba controlado política y económicamente por una capa superior, la de los funcionarios españoles, quienes llegaban y se iban en un flujo continuo. El cabildo municipal, única vía de expresión política abierta a los residentes, era más bien un centro de celebraciones públicas.

Criollos y españoles emigrados formaban lo que ha sido a veces descrito como «la nobleza media» y «la aristocracia propietaria». Para la nobleza media el problema principal es encontrar los modos de hacerse valer en el seno de una sociedad que realmente no le ofrece muchas alternativas. Le está vedada la participación en la alta burocracia y sus medios no le alcanzan para la compra de los mismos privilegios de que gozan los grandes terratenientes. Sin embargo, la acosa la ambición de ascender a un nivel económico y social superior.

Esto significa que las posibilidades tanto del criollo como del español educado y de recursos modestos son asaz exiguas: aceptar el abrazo, siempre cordial, de la Iglesia; competir con sus iguales o con los funcionarios españoles por un puesto menor en el gobierno; tratar de conseguir alguna de las escasas cátedras universitarias; entrenarse en la medicina; abrir una pequeña botica o una tienda; y, por fin, como lo hizo Alarcón y como lo hicieron también muchos otros, viajar a Madrid en calidad de pretendiente en cortes para reclamar allí personalmente el logro de ese *status* que siente merecer.

Ahora bien, este es el grupo del que proceden los dramaturgos y, en general, los escritores del barroco. Contraria a la situación en España, el hacer comedias para ganar dinero no parece haber sido una posibilidad real en

Escena del Corpus Christi de la serie de Santa Ana,
Cuzco

hacer frente a los costos de la producción[21].

Puede que haya habido otros motivos que impidieran un más amplio desarrollo de la producción americana, como por ejemplo, un posible desprecio del oficio dramático, pero no cabe duda que escribir para los corrales no era una alternativa de enriquecimiento ni de ascenso social.

Pero había otras opciones y es comprensible que el aspirante a dramaturgo echara mano a ellas con entusiasmo. Las fiestas especiales, a propósito de la coronación de un rey, de la canonización de un santo, de un nacimiento principesco, etc., eran eventos que continuaron produciéndose y aun con más fanfarria que en el siglo XVI. También las fiestas del Corpus Christi eran oportunidades propicias para la representación de una obra salida de la pluma de un escritor de la nobleza media. No queremos decir con esto que los dramaturgos criollos monopolizaran las representaciones dramáticas en tales ocasiones, puesto que las compañías teatrales, encargadas de montar las piezas, preferían las de procedencia española. Con todo, algún hueco existía y al menos aquí el escritor colonial no estaba obligado a financiar la producción de su obra. Dicho financiamiento era de responsabilidad del cabildo, el que creaba las condiciones para que ese dramaturgo insertara una loa de alabanza desaforada al virrey o a cualquier otro de los funcionarios civiles y eclesiásticos presentes en el acto.

Tardíamente se desarrolló también en Hispanoamérica un teatro de palacio. Hacia fines del siglo XVII, el virrey solía invitar a los oidores de la audiencia a ver junto a él una pieza recién estrenada por alguna de las compañías teatrales que se hallaban de paso. Después, el establecimiento de pequeñas «academias», en torno a la corte virreinal, abrió las puertas al montaje de piezas escritas por letrados criollos, aunque condicionado esto, es claro, a las pretensiones intelectuales del virrey. Para el escritor, la remoción de su «mecenas» solía generar graves contratiempos. En 1691, Lorenzo de las Llamosas llegó al extremo de dejar la corte limeña para seguir a su favorecedor, a quien llamaban de regreso a España. Para desgracia de Llamosas, el ex-virrey murió en el camino con lo que las posibilidades de medrar del dramaturgo se vieron rudamente cercenadas[22].

Recursos últimos del dramaturgo criollo eran el teatro de convento y el teatro escolar.

las colonias. Es cierto que hubo corrales públicos, pero la mayoría de las piezas que en ellos se representaban eran españolas y lo mismo se puede afirmar con respecto al origen de los actores y «autores» (directores, casi empresarios) de las compañías. Estos últimos, en cuyas decisiones influían los hospitales que se beneficiaban con los ingresos del corral, apostaban sobre seguro; su selección consultaba sólo aquellas piezas cuyo éxito se sabía infalible. El público gozaba con las invenciones de los grandes del Siglo de Oro español y eso era lo que los «autores» estaban dispuestos a darle. Por lo común, las compañías entrenaban tres o cuatro comedias cada mes, las más recientes de España si así era posible. El río de pliegos provenientes de las casas de los libreros españoles parecía no tener fin. En Lima, y probablemente también en México, el dramaturgo americano que quería ver una obra suya sobre las tablas estaba obligado a

21 Lohmann Villena, *El arte dramático en Lima*, páginas 165, 246.

22 Lohmann Villena, págs. 297-305.

Limitado obviamente a los residentes del monasterio del caso, el primero se hacía con piezas breves sobre asuntos de interés para la comunidad religiosa. El segundo, en cambio, contaba a veces con un público más diversificado, compuesto por la clase alta española y criolla. En cuanto al contenido de las piezas del teatro escolar, versaban habitualmente sobre las vidas de los santos predilectos de la Compañía de Jesús.

Digamos que, si la crítica lamenta la escasez de las piezas salidas de pluma criolla, tanto o más lamenta la baja calidad de las pocas que existen. El cotejo más socorrido es con la producción coetánea proveniente de la metrópoli. Lo que a las colonias se importa es objetivamente superior a lo que en las colonias se produce y no faltan razonamientos que pretenden explicarlo. José Juan Arrom se queja de la represión política, que para él impidió el desarrollo de expresiones propias. En el mismo sentido, deplora el uso forzoso de modelos españoles [23]. Por nuestra parte, reconocemos que esos modelos eran abrumadoramente prestigiosos (y los únicos disponibles), de un lado, y de otro, estimamos que no es razonable esperar innovaciones de un grupo de dramaturgos que no eran profesionales de la escena y cuyo acercamiento a la misma era más bien un medio de asegurarse ciertas posiciones en la estructura de clases.

Por lo demás, sin un público apropiado y estrenando sus piezas con las dificultades que ya señalamos, se entiende que no haya habido una práctica teatral sólida y que aun las imitaciones que se hicieron fueran pobres. Finalmente, la elección de los modelos no es caprichosa. El examen de las piezas que se conservan demuestra que existieron, consciente o inconscientemente, algunas normas selectivas, que no tienen por qué coincidir con lo que hoy favorecemos o valoramos.

José Juan Arrom divide el periodo en dos etapas: una etapa de «alborada» del teatro barroco, que se extiende desde 1600 hasta 1681, fecha esta última de la muerte de Calderón, y otra a la que designa de «apogeo y ocaso» y que abarcaría los setenta años restantes hasta la mitad del siglo XVIII. El problema que esta división presenta para nosotros es que, debido a los criterios estéticos con los que Arrom se maneja, la única figura destacable en la etapa de apogeo es la de sor Juana Inés de la Cruz. Creemos que es posible sortear esta dificultad si se hace el bosquejo del periodo en términos del proceso de su desarrollo, lo

que irá revelando, esperamos, las características de la producción de acuerdo con el ritmo de su advenimiento histórico efectivo.

Durante los primeros cuarenta años del siglo XVII, los letrados criollos producen poco. De las cuatro piezas a las que el investigador tiene acceso, dos no fueron escritas para ser representadas, una tercera lo fue para hacer uso de ella en una pequeña representación conventual y la cuarta es una pieza religiosa sin mayor importancia, que se representó en Potosí, en 1601.

La primera pieza propiamente «barroca» es la *Comedia de San Francisco de Borja*, del padre mexicano Matías de Bocanegra, que aparece en 1641. Esta pieza, construida con no desdeñable pericia técnica, nos remite a un antecedente esencial que no es otro que la publicación cinco años antes, en 1636, de la *Primera parte* del teatro de Calderón. Las obras de este último, a las que se suele considerar como la culminación del desarrollo dramático español del Siglo de Oro, constituyen, de este lado del Atlántico, el punto de referencia consuetudinario del teatro barroco colonial.

Se habrá advertido ya la despreocupación que los letrados de la colonia sienten hacia las comedias de moda en los comienzos del Siglo de Oro español. Es esta una muestra clara de esa «selección de modelos» a la que hace poco aludíamos. No es cuestión de atraso cultural. Lope se representó en América. Las primeras representaciones de las obras del Fénix coinciden con la importación de compañías profesionales de España a finales del siglo XVI. Se representó, pero no se imitó. Concluimos que su teatro, al contrario del de Calderón, no llenaba las particulares expectativas de los dramaturgos coloniales. Ni sus obras, ni las de quienes siguieron en la dirección por él establecida, se retoman o imitan en suelo americano. El periodo del barroco teatral se abre en Hispanoamérica con una pieza de hagiografía semificticia, que marca los comienzos de una trayectoria que alcanzará hasta mediados del siglo XVIII.

Durante esta época se hará uso indiscriminado y copioso de cualquier género que se preste a la pirotecnia verbal, a la frase declamatoria y rimbombante, al argumento enrevesado, a la erudición hueca y, sobre todo, al distanciamiento espacial y temporal de los sucesos presentados. Éstos se disparan, cuanto más lejos mejor, de la vida real de las colonias. En la segunda mitad del XVII, los géneros que predominan son la alegoría religiosa mezclada con elementos paganos, la pieza hagiográfica con abundantes adiciones ficticias, el auto sa-

[23] Arrom, *Historia del teatro hispanoamericano (Epoca colonial)*, págs. 49-114.

cramental calderoniano y la comedia o auto de tema bíblico.

El carácter distintamente religioso de este teatro tiende a diluirse en el siglo XVII, debido en parte al auge del teatro palaciego, cuando aparecen un teatro histórico y un teatro mitológico (en estado puro o en combinación) y cuando aparece además la zarzuela de tema mitológico o legendario. Las grandes innovaciones técnicas de Calderón —el aumento del papel de la música y el desarrollo de la tramoya escénica— llegan entonces a niveles vertiginosos. Por otro lado, cada obra posee su gracioso, así como también uno o más enredos de amores y celos.

Las fechas que hemos escogido para dividir el periodo son 1683 y 1689. Ambas corresponden a estrenos de sor Juana. De 1683 es el estreno de *Los empeños de una casa*, la primera pieza palaciega; y de 1689 el de *Amor es más laberinto*, primera de tema mitológico sin contaminaciones religiosas.

Por lo tanto, puede decirse que la línea gruesa del despliegue que estamos bosquejando marcha en la dirección de un crecimiento progresivo de la complejidad estructural y técnica, a lo que se añade el cultivo de un lenguaje culterano implacablemente trabajado. Los dramaturgos favorecen aquellos géneros que les permiten hacer gala de erudición y de ingenio verbal. Paralelamente, rechazan cualquier «modelo» de teatro que les imponga la necesidad de echar una mirada, por superficial que ella sea, sobre su propia sociedad.

Las piezas menores, esto es, la loa, el sainete y el sarao o fin de fiesta parecerían ser (o así se las ha considerado con frecuencia) aquéllas que abren los ojos hacia las manifestaciones del medio ambiente. Por lo mismo, configuran el sector de esta materia que más ha llamado la atención de los críticos en busca de «lo criollo». Discrepamos de esta segunda suposición porque también discrepamos de la primera. Por ejemplo, al considerar el caso específico del sainete, al que algunos críticos consideran el género de mayor interés dentro de toda la producción teatral del barroco. El sainete experimenta la siguiente evolución: hasta fines del XVII, es una pieza breve, generalmente cómica y que se intercala entre los actos de la obra principal. De ahí en adelante, ya a fines del XVII o comienzos del XVIII, el sainete empieza a adquirir mayor relieve: su construcción llega a ser más compleja y sus personajes más enteros o «realistas». Con todo, poco o nada en el sainete «refleja» la vida criolla, ni al principio ni después. Su comicidad no basta para hacer del sainete una representación del modo de ser o de la mentalidad del criollo[24].

Más dudosa aún es la conexión del sarao con el «tocotín». El que sean expresiones coetáneas y que tengan un carácter mas o menos similar, de baile final cantado, no justifica, creemos, la fácil postulación de una simbiosis[25].

En lo que concierne a la loa, lo primero que hay que notar es su número y el hecho de que hoy es el género más despreciado de todos cuantos componen la producción teatral de la colonia. Se juzga que todas las loas «son iguales» sin advertir que su misma abundancia las convierte en un fenómeno digno de cierta reflexión. En realidad, la loa es la pieza más característica del teatro hispanoamericano. Nos guste o no nos guste, en las loas se definen muchos rasgos de ese teatro mejor que en cualquier otro género: las relaciones del dramaturgo con su público, sus motivaciones, su capacidad (o incapacidad) técnica y sus obsesiones lingüísticas[26].

La audiencia que el dramaturgo criollo busca está compuesta de la aristocracia, los funcionarios españoles y los eclesiásticos poderosos. Ninguno de estos grupos tiene interés en ver sobre las tablas referencias, ni siquiera mitigadas, a la sociedad de la que forma parte. Tampoco le preocupa demasiado a esa gente la enteresa de los personajes o la perfección estructural. Lo que quieren es divertirse, disfrutar del espectáculo y de la poesía, poniéndose al margen de una situación vital que en el fondo no era satisfactoria para nadie. Para los funcionarios españoles, es mejor que los letrados se ocupen de la fabricación de loas que de cavilaciones impertinentes. Cosa parecida se puede decir de la Iglesia. En lo que atañe a la aristocracia, asentada su vida sobre el trabajo de las masas enormes de «no poseedores», no tiene nada de raro que no haya querido ver el reflejo sobre las tablas de tales circunstancias.

2.

En la imposibilidad de practicar una descripción acabada de la producción teatral del

[24] Véase, sin embargo, José Juan Arrom, «Sainetes y sainetistas coloniales,» *Memorias del Cuarto Congreso de Instituto Internacional de Literatura Iberoamericana*, La Habana, 1949, págs. 225-67. El autor dice que las piezas mayores no son valiosas porque omiten el «criollismo» que se ve en las obras menores. Además, no son tan divertidas.
[25] Sobre el tocotín como expresión de un «mestizaje» cultural, véase Thomas Hanranhan, «El tocotín, expresión de identidad», *Revista Iberoamericana*, 36 (1970), páginas 51-60.
[26] Véase Anthony M. Pasquariello, «The Evolution of the *Loa* in Spanish America», *Latin American Theatre Review*, 3, ii (1970), págs. 5-19.

barroco, en lo que sigue ofrecemos una distribución de autores y obras en el espacio y en el tiempo, observando la división en dos etapas previamente insinuada. Añadimos a esa distribución, algunos comentarios que nos parecen imprescindibles y que por lo general no consultan las relaciones de argumentos, que pueden hallarse con facilidad en otros estudios.

PRIMERA ETAPA BARROCA
(1600-83/1689)

Nueva España

JUAN RUIZ DE ALARCÓN (MÉXICO, 1581?-1639)
ABOGADO

La mayor parte de la producción teatral de Ruiz de Alarcón fue recogida en dos volúmenes que aparecieron en vida del autor. La *Parte primera*, que contiene ocho comedias, fue publicada en Madrid, en 1628. La *Segunda parte*, publicada en Barcelona, en 1634, está compuesta de 12 obras. Hay, además, algunas piezas sueltas que se le atribuyen. El número romano indica el volumen al que pertenece la pieza. La clasificación es nuestra:

Comedias de enredo amoroso

Los favores del mundo (I)
La industria y la suerte (I)
Las paredes oyen (I)
El semejante a sí mismo (I)
Mudarse por mejorarse (I)
Todo es ventura (I)
El desdichado en fingir (I)
Los empeños de un engaño (II)
La verdad sospechosa (II)
Examen de maridos (II)

Comedias semihistóricas

El dueño de las estrellas (II)
La amistad castigada (II)
La manganilla de Melilla (II)

a) Dramas heroico-nacionales

Ganar amigos (II)
El tejedor de Segovia (II)
Los pechos privilegiados (II)
La crueldad por el honor (II)

Comedias de magia

La cueva de Salamanca (I)
La prueba de las promesas (II)

Comedia religiosa

El Antichristo (II)

Comedias que se han atribuido a Alarcón

La culpa busca la pena y el castigo la venganza
No hay mal que por bien no venga (Don Domingo de Don Blas)
Quien mal anda en mal acaba
Siempre ayuda la verdad
Cautela contra cautela
El tejedor de Segovia (Parte primera)
(Casi nadie duda que *No hay mal que por bien no venga* es obra de Alarcón. El dramaturgo colaboró también en el segundo acto de las *Hazañas del Marqués de Cañete*, primera edición de 1622)[27].

Alarcón compuso y estrenó la mayor parte de sus obras entre 1613 y 1625, el año en que el rey respondió por fin a sus súplicas nombrándolo relator del Consejo de Indias. Precisar las fechas exactas de composición y representación de sus comedias es una tarea casi imposible, aunque varios críticos sugieren como método prestar atención a las costumbres y al desarrollo del estilo y de los conceptos morales[28].

Alarcón no fue un «aficionado». Durante los doce años de su «espera» en Madrid, ingresó en el gremio dramático de Lope y sus seguidores, quienes escribían sobre todo para ganar dinero. En esa época, escribir para el teatro era uno de los pocos oficios literarios remunerativos. Un dramaturgo de prestigio podía cobrar entre quinientos y seiscientos reales por pieza[29].

Las obras de Alarcón se han estudiado teniendo en cuenta su biografía o aceptándolas sencillamente como entidades autónomas. Esta segunda alternativa limita las posibilidades del crítico, ya que en la biografía de Alarcón hay datos que son esenciales para la comprensión más profunda de esas piezas. No nos referimos tanto al nacimiento del autor en México, origen de la ociosa disputa sobre su «nacionalidad», como a su condición social de indiano en España y de pretendiente en cortes. Los vínculos habría que establecerlos así entre los problemas relativos al ascenso social del individuo Alarcón y la presencia en sus comedias de esa peculiar «moralidad» que le hizo acreedor al título de «Terencio de España».

En general, un pretendiente en cortes era un individuo que buscaba un puesto en el gobierno, si era pobre, u honores que recompen-

    27 Juan Ruiz de Alarcón, *Obras Completas*, prólogo y notas de Agustín Millares Carlo, México, Fondo de Cultura Económica, 1957-59, 3 vols.
    28 Para un resumen de estas sugerencias, véase Jiménez Rueda, *Juan Ruiz de Alarcón y su tiempo*, México, Porrúa, 1939, págs. 151-58.
    29 Sturgis E. Leavitt, «Juan Ruiz de Alarcón en el mundo del teatro de España», *Hispanófila*, 60 (1977), págs. 2-3.

Juan Ruiz de Alarcón

saran sus servicios, si poseía dinero y sus anhelos eran más bien de carácter social. Alarcón, el pretendiente, no tiene dinero y carece de influencias. Reivindica, por lo tanto, la nobleza y servicios de sus antepasados maternos (sus abuelos estuvieron entre los primeros pobladores de las minas de Taxco) y sus méritos personales. En la dedicatoria al duque de Medina y Flores, en la *Primera parte* de sus comedias, dice Alarcón lo siguiente:

> Pues si la recomendación mayor, según Séneca, para con los buenos es serlo: yo, que cuando no lo sea, debo al menos trabajar por parecerlo... [30]

Moralidad, mesura y cortesía no parecen ser, pues, productos de la «mexicanidad» del autor ni menos aún de una actitud didáctica *ex nihilo*. Sabido es que Alarcón no se esforzó demasiado por comprender los gustos del público. En la segunda dedicatoria, «Al vulgo», de la *Parte primera*, Alarcón maldice violentamente a ese vulgo a cuyo juicio ya no está sometido. Doce años frente a los «mosqueteros» han sido para él más que suficientes. El conflicto era claro: mantener un difícil equi-

<hr>

[30] Juan Ruiz de Alarcón, *Primera parte de las obras completas*, Madrid, Castalia, 1966, pág. 4.

librio, que suponía combinar el entretenimiento del público con la creación de una obra digna, capaz de competir con la de sus rivales peninsulares, pero salvaguardando al mismo tiempo sus alegatos de hidalguía.

Alarcón cree que el noble puede ser pobre, feo e inclusive excéntrico, como ocurre con don Domingo de don Blas, pero que la virtud, la fidelidad y la valentía son atributos que no pueden jamás faltarle. Su crítica es de los disvalores o valores falsos, el dinero, la hipocresía, la murmuración y la lisonja, que en la corte madrileña reemplazan a los valores verdaderos, aquéllos que son para él el cimiento de la nobleza auténtica. Así, según el género al que pertenece, cada obra suya destaca dos o tres (a veces, sólo uno) valores-tipo. En las comedias de enredo amoroso, el galán ha de mostrar virtud y valentía. Tales atributos exteriorizan su nobleza fundamental y le hacen merecedor de la dama. Las deficiencias en su comportamiento, la sustitución de los valores verdaderos por disvalores —la murmuración, la mentira, la trampa maliciosa—, las pagará el galán con la pérdida de su premio, la dama. En varias comedias, muy notablemente en *La industria y la suerte* y en *Las paredes oyen*, el protagonista triunfa precisamente a través del ejercicio de sus cualidades en tanto que su rival termina derrotado en el laberinto de sus propios engaños.

Ahora bien, en los dramas semihistóricos es frecuente que la lealtad al rey sea lo que pasa al primer plano. Es habitual en ellos que el protagonista sufra injustamente antes de comprobar su fidelidad inamovible. El desenlace contendrá la advertencia que el soberano hace de su error y la restauración del protagonista al favor inicial (*Los pechos privilegiados*).

Es decir, que la nobleza y sus atributos fueron las obsesiones de Alarcón. De ahí que nada menos que la primera pieza de la *Parte primera*, *Los favores del mundo*, haga del protagonista un extranjero que encarna todos o casi todos los atributos posibles en el código alarconiano: es valiente, virtuoso y leal. Previsiblemente, su nombre es Garci Ruiz de Alarcón.

Para cerrar este brevísimo comentario, es cierto que la producción de Alarcón no se inscribe fácilmente en la trayectoria del teatro hispanoamericano colonial durante el siglo XVII y la primera mitad del XVIII. Alarcón escribió en España y para un público español. ¿Pero no pasa eso mismo con el Inca Garcilaso de la Vega? Acaso por su madre indígena, a nadie se le ocurre negar la pertenencia del Inca a la historia de las letras coloniales. Por lo que toca a Alarcón, sin haber tenido una madre india y habiendo escrito y representado en España y para españoles, de todos modos tanto su vida como su obra evidencian la incómoda posición del literato criollo durante el periodo barroco. Ignorar este hecho y estudiar sus piezas como manifestaciones aisladas del contexto social de la Colonia es cometer un error. Es, para decirlo claramente, excluir una clave básica que habilita la comprensión y explicación de los fundamentos ideológicos más hondos que regulan su obra *.

FRANCISCO BRAMÓN (México, no se saben las fechas de su nacimiento y muerte). Presbítero, conciliario de la Real Universidad en 1654

Auto del triunfo de la Virgen y gozo mexicano (publicada en 1620)[31]
No es probable que este auto bíblico-alegórico haya llegado a representarse. Se encuentra intercalado en *Los Sirgueros de la Virgen*, la obra más conocida de Bramón y que es una «novela» pastoril a lo divino. Los pastores, personajes de *Los Sirgueros* asisten a la representación de la pieza dentro del relato novelesco. Se describen prolijamente los decorados y el baile final (un tocotín mexicano). El estilo, la acción, las alusiones mexicanas y los personajes reales y alegóricos son reminiscentes del teatro de González de Eslava. Cuando consideramos que las piezas religiosas de moda en la época eran las de Lope y su escuela, es significativo que el autor no los imitara a ellos sino a un dramaturgo colonial anterior.

MATÍAS DE BOCANEGRA (México, 1612-88). Jesuita del Colegio de San Pedro y San Pablo

Comedia de San Francisco de Borja (publicada en 1641)[32].
Esta comedia hagiográfica es el primer ejemplo en las colonias de un género popular en España. La vida de un santo se elabora en tales casos de manera episódica y recurriendo a una estructura que es cercana a la de la comedia de enredo. Esta obra en particular traza la vida del Duque de Gandía, virrey de Cataluña, desde su primer «desengaño» ante el cadáver de la emperatriz, esposa de Carlos V, hasta

* Sobre Juan Ruiz de Alarcón, ver en este mismo volumen el estudio de Jaime Concha.
[31] Francisco Bramón, *Los sirgueros de la Virgen*, edición y prólogo de Agustín Yáñez, México, Ediciones de la Universidad Nacional Autónoma de México, 1944, texto del auto en págs. 62-110.
[32] Matías de Bocanegra, *Comedia de San Francisco de Borja, a la feliz venida del excellentíssimo señor Marqués de Villena, Virrei desta Nueva España*, en *Tres piezas teatrales del Virreinato*, prólogo de José Juan Arrom en páginas 223-36, texto en págs. 237-379.

Auto general de la Fe, de Matías de Bocanegra, edición de 1649

su ingreso en la orden jesuita. Fue representada, parece, en 1640, durante la visita del virrey Marqués de Villena al Colegio de San Pedro y San Pablo. Sus propósitos son enaltecer la orden jesuita y alabar al virrey. Los méritos del Santo se comparan sagazmente con los del funcionario del rey:

Con un grande he querido,
hoy, grande, celebraros,
y que un virrey a otro
ofrezca mis aplausos. (Pág. 376.)

Aunque la idea de alternar acontecimientos históricos con lances imaginarios en el teatro hagiográfico se originó con Lope, en este pieza los ideales y el estilo tienen más en común con el teatro de Calderón. Notables son los monólogos introspectivos y filosóficos del protagonista, especialmente el que comienza «Imperios, en que estribáis...» (págs. 287-88).
En la segunda edición de su *Viage por tierra y mar...*, de 1641, Bocanegra reprodujo la pieza, junto con el tocotín último, y también describió la fiesta en la que fue representada.
Se le ha atribuido además a Bocanegra la pieza *Sufrir para merecer*, una de las dos co-

333

PRIMERA PARTE
DEL PARNASO
ANTÁRTICO,
DE OBRAS
AMATORIAS.

Con las. 21. Epistolas de Ovidio, i el in Ibin, en tercetos.

Dirigidas a dó Iuán de Villelá, Oydor en la Chácilleria de los Reyes.
Por Diego Mexía, natural de la ciudad de Sevilla; i residente
en la de los Reyes, en los riquíssimos Reinos del Pirú.

Año   1608

Con Privilegio, En Sevilla.
Por Alonso Rodriguez Gamarra.

Parnaso Antártico, edición de 1608

medias puras de enredo amoroso de las que se
tiene noticia durante el barroco (la otra es
Los empeños de una casa de sor Juana). La
crítica moderna, con razón, rechaza este juicio.
La verdad es que ni el origen ni la fecha de esta
comedia se conocen. Para José Juan Arrom, se
trata de una obra «superficial y desaliñada»[33].
Pero *Sufrir para merecer*, a pesar de sus defectos, tiene interés por ser ejemplo de una clase
de teatro que no se imitaba en las colonias[34].

Perú

DIEGO DE OCAÑA (México, ?-1608). Fraile

*Comedia de Nuestra Señora de Guadalupe y
sus milagros* (reproducida en 1601)[35].

La Virgen es, desde luego, la española. La
acción de esta pieza semihistórica comienza
alrededor del año 750 y termina siete siglos
después con los milagros de la Virgen en varias
regiones de España. Se representó en Potosí,
en 1601. José Juan Arrom la califica de «piedra

angular del teatro boliviano en lengua castellana», pero no parece haber tenido resonancia
en Bolivia ni en ninguna parte[36].

DIEGO MEJÍA DE FERNANGIL (España, no se
saben las fechas de nacimiento y muerte).
Poeta

El Dios Pan (escrita entre 1608 y 1620, años
de la residencia del autor en Potosí)[37]

En realidad, esta obra no pertenece al género dramático. A primera vista parece tratarse de un auto sacramental, pero la lectura
cuidadosa revela que es una égloga «a lo
divino» que además, por varios motivos,
es irrepresentable. El diálogo entre Melibeo (cristiano) y Damón (gentil) está lleno de descripciones pormenorizadas del escenario y de los
demás personajes, los cuales no participan
en la acción. Para nosotros, *El Dios Pan* es una
especie de «meta-teatro», que dibuja una fiesta
religiosa ideal, capaz de servir de ejemplo en
un momento en que sus contrapartidas históricas se criticaban bastante por su falta de
ejemplaridad y decoro.

JUAN DE ESPINOSA MEDRANO (Perú, 1639?-88).
Fraile indígena, catedrático del Seminario
de San Antonio y arcediano de la catedral
del Cuzco, entre otros títulos

Amar su propia muerte[38].

Comedia bíblica, en la que se reproduce la
historia de Jael y Sísara del capítulo IV del
Libro de los Jueces. El lenguaje es culterano
y hay frases que recuerdan al *Polifemo* de
Góngora. La sencillez del relato bíblico se
enturbia a causa de la inclusión de una serie
de lances amorosos y de escenas de celos.
También hay, por supuesto, un gracioso. En
definitiva, es una pieza más construida a la
manera de Calderón y para demostrar el
virtuosismo técnico de Espinosa Medrano.
No se sabe si *Amar su propia muerte* llegó
a representarse alguna vez. A juzgar por los
versos finales, el autor la compuso durante sus
años de estudiante. También de Espinosa
Medrano es una pieza en quechua que se
comentará más adelante. Otras le han sido
atribuidas, pero estas dos son las únicas cuya
paternidad no admite dudas. El mismo autor
escribió la famosa *Apologética en favor de don
Luis de Góngora* (publicada en 1662).

[33] Arrom, *Historia del teatro hispanoamericano* (*Época
colonial*), pág. 64.
[34] *Sufrir para merecer*, publicada en *Boletín del Archivo
General de la Nación*, 20, núm. 3, México (1949), páginas 379-459.
[35] Diego de Ocaña, *Comedia de Nuestra Señora de Guadalupe y sus milagros*, prólogo y notas de Teresa Gisbert,
La Paz, Biblioteca Paceña, 1957.

[36] Arrom, *Historia del teatro hispanoamericano* (*Época
colonial*), pág. 57.
[37] Diego Mejía de Fernangil, *El Dios Pan*, en *De nuestro
antiguo teatro*, ed. Rubén Vargas Ugarte, págs. 48-70.
[38] Juan de Espinosa Medrano, *Amar su propia muerte*,
en *De nuestro antiguo* teatro, págs. 80-126, 241-267.

FERNANDO FERNÁNDEZ DE VALENZUELA (Nueva Granada, 1616-77?). Fraile cartujo

Láurea crítica (escrita en 1629)[39].

Coloquio (para algunos, entremés) que es una muestra temprana en Hispanoamérica de un tipo de obra que reaparecerá, cada vez con más elaboración y frecuencia, en lo que resta del período. Tiene la forma típica de una «disputa» y consiste en un desfile de personajes que relatan sus méritos ante un juez para así ganar cierto premio. La sátira literaria, crítica del lenguaje culterano, personificado por don Velialís, es interesante. Fernández de Valenzuela reacciona contra la moda que empieza entonces a imperar. Ridiculiza la poesía gongorina y se constituye en portavoz de una estética renacentista que dentro de poco desaparecerá completamente.

La *Láurea crítica* fue hallada entre otros trabajos de Fernández de Valenzuela, que incluyen su gramática latina *Thesaurus lingua latinae*. Parece que la pieza la escribió siendo todavía seminarista para que tuviese una difusión limitada a sus compañeros y maestros.

JUAN DE CUETO Y MENA (España, 1604-99). Licenciado en España y boticario en Cartagena de Indias

Competencia en los nobles y discordia concordada. Lleva también el subtítulo de *Coloquio de la Assumpción de María Nuestra Señora* (Escrita probablemente en 1659, publicada en España, en 1662)[40]

En este coloquio alegórico, Pireo (Fuego), Aeolo (Aire), Doris (Agua) y Telus (Tierra) disputan los méritos de sus respectivas condiciones. Se entreteje la trama con enredos amorosos y celos entre los cuatro elementos. Hay, además, un par de criados graciosos. Al final, los personajes compiten entre sí por el honor de acompañar a la Virgen al cielo. Un ángel aparece y resuelve el conflicto.

Culterana en extremo, la Competencia fue estrenada en la fiesta de la Asunción, el 15 de agosto de 1659. Fue precedida por un *Discurso del amor y la muerte*, en el que se explican los

Á APOLOGÉTICO.
EN FAVOR DE
D. LUIS DE GÓNGORA
PRINCIPE DE LOS POETAS LYRICOS
DE ESPAÑA:
CONTRA
MANUEL DE FARIA Y SOUSA,
Cavallero Portugues.
QUE DEDICA
*AL EXC*ᴹᴼ*. SEÑOR*
D. LUIS MENDEZ DE HARO
Duque Conde de Olivares, &c.
SU AUTOR
EL DOCT. JUAN DE ESPINOSA
MEDRANO , COLEGIAL REAL
en el insigne Seminario de San Antonio
el Magno , Catedratico de Artes, y
sagrada Theologia en el : Cura Rector
de la santa Iglesia Catedral de la Ciudad
del Cuzco , cabeça de los Reynos del
Peru en el nuevo Mundo.
CON LICENCIA.
EN LIMA. En la Imprenta de Juan de Quevedo
y Zarate, Año de 1694.

Apologético en favor de D. Luis de Góngora, edición de 1694

conceptos aristotélicos presentes en la pieza principal. El *Discurso* se dedicó a la madre del Inquisidor de Cartagena. La *Competencia* interesa porque es la primera entre una serie de piezas que mezclan conceptos paganos con elementos cristianos.

Paráphrasis panagírica (escrita en 1660, publicada en 1662)[41]

Coloquio hagiográfico, que consiste en el relato de la vida de Santo Tomás de Villanueva. Los interlocutores son el Tiempo y las ciudades de Villanueva, Alcalá, Salamanca y Valencia, todas ellas lugares que se conectan con la vida del Santo. Debido a su carácter narrativo, el lenguaje es más sencillo que el de la *Competencia*. Se representó en Cartagena, en las fiestas para la canonización de Santo Tomás.

Ambas piezas de Cueto y Mena fueron publicadas en España, en un volumen que incluía también otras obras del boticario erudito. Archer Woodfor, que reeditó el libro en 1952,

---

[39] Fernando Fernández de Valenzuela, *Láurea crítica*, en José Juan Arrom y José Manuel Rivas Sacconi, «La *Láurea crítica* de Fernando Fernández de Valenzuela, primera obra teatral colombiana», *Thesaurus*, 14 (1961), prólogo en págs. 161-69, texto en 170-85.

[40] Juan de Cueto y Mena, *Competencia en los nobles y discordia concordada*, en *Obras de Juan de Cueto y Mena*, ed. Archer Woodford, Bogotá, Publicaciones del Instituto Caro y Cuervo, 1952, págs. 113-89.

[41] Juan de Cueto y Mena, *Paráphrasis panegírica*, en *Obras*, págs. 255-85.

indica que la *Competencia* se dio con exceso de tramoya y que ambas piezas incluyeron música como parte de la producción.

SEGUNDA ETAPA BARROCA
(1683/89-1750)

Nueva España

FRANCISCO DE ACEVEDO (no se saben las fechas de nacimiento y muerte, tampoco el lugar de su nacimiento)

El pregonero de Dios y patriarca de los pobres (reproducida en 1684)[42]

Comedia hagiográfica, que representa la vida de San Francisco de Asís y en la que se incorporan los elementos de la comedia de enredo que notamos en casi todas las piezas religiosas de la época. Fue precisamente a causa de esta contaminación por lo que *El pregonero de Dios* fue retirada de escena poco después de su estreno. Éste ocurrió en el Coliseo de Comedias de la Ciudad de México, el 4 de octubre de 1684.

SOR JUANA INÉS DE LA CRUZ (México, 1649 ó 1651-95). Monja jerónima

Teatro secular[43]:

> *Los empeños de una casa* (comedia representada probablemente el 4 de octubre de 1683, en un festejo para el virrey conde de Paredes).
> *Amor es más laberinto* (comedia mitológica; el segundo acto es del licenciado Juan de Guevara; representada probablemente el 11 de enero de 1689, en el palacio virreinal, a propósito del cumpleaños del virrey conde de Galve).
> Loa para *Los empeños de una casa* (disputa entre la Dicha, la Fortuna, la Diligencia, el Mérito y el Acaso).
> Dos sainetes para *Los empeños de una casa* (primer sainete, el *Sainete de Palacio*: concurso entre el Amor, el Respeto, el Obsequio, la Fineza y la Esperanza; segundo sainete, cómico: se satiriza la pieza principal).
> Sarao para *Los empeños de una casa* (varios coros representando a los Españoles, los Negros, los Italianos y los Mexicanos cantan al virrey).
> Loa para *Amor es más laberinto* (coloquio entre la Edad y las cuatro estaciones).

Teatro religioso[44]:

> *El Divino Narciso* (auto sacramental alegórico, que combina el mito de Narciso con el amor que siente Cristo al verse reflejado en la Naturaleza Humana; edición suelta de 1690; estrenado probablemente en Madrid, en 1689).
> *El mártir del Sacramento, San Hermenegildo* (auto hagiográfico).
> *El cetro de José* (auto bíblico).
> Loa para *El Divino Narciso* (su asunto es la conquista religiosa de México).
> Loa para *San Hermenegildo* (conversación entre tres estudiantes sobre la mayor fineza de Cristo).
> Loa para *El cetro de José* (coloquio entre la Fe, la Ley de Gracia, la Ley Natural, la Naturaleza y la Idolatría).

Sor Juana escribió además trece loas sueltas, generalmente dirigidas a la familia real o a personajes de la corte virreinal.

La obra teatral de sor Juana se inscribe sólo parcialmente dentro de las tendencias que dominan en la historia dramática del período barroco. Por un lado, hay una serie de características que la aíslan; por otro, ciertas obras y en general el estilo del conjunto de sus piezas anuncian una nueva época para el teatro barroco en las colonias. En primer lugar, sor Juana pertenece a un sector de la sociedad que no tiene un papel claramente definido en el sistema colonial. Ese problema se complica, además porque sor Juana es mujer y es hija bastarda. Como tantos otros literatos, sor Juana opta en estas condiciones por la vida de convento. Retirada, esta primera, que no significa un aislamiento absoluto con respecto al mundo de la aristocracia y la corte. Al contrario, sor Juana se empeña en mantener ese contacto mediante su obra. Sigue hasta aquí la trayectoria típica del escritor colonial. Asegurarse un espacio en el sistema, que le confiere una identidad aceptable, y buscar luego el reconocimiento haciendo uso de su talento. Pero hay algo que hará que sor Juana sobresalga entre los dramaturgos y poetas del barroco. Su talento es superior al de cualquiera de ellos, y ese talento es prontamente reconocido y la convierte en uno de los escritores más famosos de la colonia, durante su vida y después, en España y en México.

También el modo en que asume su prestigio es indicio de su peculiaridad. Sus reacciones ante el mundo oscilan entre la repulsión y la atracción. Protesta contra el renombre efí-

---

[42] Francisco de Acevedo, *El pregonero de Dios y patriarca de los pobres*, ed., Julio Jiménez Rueda, México, Imprenta Universitaria, 1945.

[43] Sor Juana Inés de la Cruz, *Obras Completas*, vol. IV, edición de Alberto G. Salceda, 1957; reimpr. México, Fondo de Cultura Económica, 1976, págs. 1-352.

[44] Sor Juana Inés de la Cruz, *Obras Completas*, vol. III, edición de Alfonso Méndez Plancarte, 1955; reimpr. México, Fondo de Cultura Económica, 1976.

mero que ese mundo le ha dado, pero no por eso deja de cultivarlo mostrando su superioridad una y otra vez.

Creemos que es aquí donde arraiga el juego (contradicción) constante, perceptible en su obra, entre ilusión y realidad, engaño y desengaño. No se trata sólo de un tópico barroco, sino de la sustancia misma de la que están hechos su vida y su trabajo. Será la segunda retirada, la definitiva, en 1693, la que resuelva la contradicción. Sor Juana abandona entonces su vida literaria. Logra así expulsar de su conciencia lo que para ella es ilusión, engaño.

Ahora bien, hemos visto que escribir teatro era quizás la manera más común de buscar reconocimiento público por parte de los letrados del periodo. Todo lo que sor Juana hace en teatro está dirigido a la corte real o virreinal. Ciertamente, las piezas que escribió fueron «de encargo» y la poetisa nunca les asignó un gran valor. Sin embargo, su ingenio está entero en la composición de estas obras y así no parece que el ejercicio del género le haya disgustado verdaderamente.

En sus piezas mayores —las dos comedias y los tres autos— se descubre una variedad de formas sorprendente para una producción tan exigua. Los empeños de una casa es una perfecta comedia de enredo amoroso. En Amor es más laberinto se entretejen las características de la comedia de enredo con una leyenda sacada de la mitología clásica. Pero Los empeños de una casa, que sin duda es una de las obras maestras de sor Juana, se excluye forzosamente de la evolución del teatro colonial en la época barroca. Si descontamos esa tentativa asaz imperfecta que es Sufrir para merecer (ver más arriba), ni antes ni después de Los empeños se cultivó en América la comedia de enredo pura. Amor es más laberinto, en cambio, a pesar de su calidad inferior y del hecho de que sor Juana compusiera sólo una parte de ella, es, como veremos, precursora de todo un movimiento posterior, el de la comedia mitológica.

En el momento en que sor Juana escribe, el teatro religioso ya está siendo reemplazado por el teatro secular. Señal de este cambio es la separación rigurosa, en la obra de sor Juana, entre teatro profano y teatro religioso. En ninguna de sus piezas encontramos ni la «figura de donaire» ni los celos y amores que son tan frecuentes como perturbadores en el teatro religioso anterior. También la variedad de las piezas religiosas es interesante. El Divino Narciso es un auto alegórico, en el que logra adecuar el mito pagano a la doctrina oficial de la Iglesia. San Hermenegildo es una pieza hagiográfica. El cetro de José, un auto bíblico.

Son muchos los elementos de la producción teatral de sor Juana que seguirán en vigencia en el teatro posterior. La música y el verso cantado, que se convierten en parte de la acción; la loa, que se complejiza más, incorporando varios personajes y distanciándose de las loas unipersonales de la tradición previa. Además, sor Juana inagura en el teatro hispanoamericano el uso de versos acrósticos (en los que la última palabra de cada verso se retoma hasta que todas las repeticiones forman al final una estrofa completa) y de la «disputa» filosófica entre dos o más personajes. Pero, más importante que todo eso es lo que ocurre con el lenguaje, que alcanza con ella niveles de excelencia excepcionales.

Curioso es que sean estos aspectos de la producción de la poetisa mexicana los que le han valido la censura de la crítica. Se tiende en los dominios de esa crítica a analizar y valorar sólo las piezas de atracción fácil, como los sainetes, o bien los momentos cómicos y líricos en las piezas mayores; a veces, la invención más o menos fortuita de un personaje «real». Desdéñanse, en cambio, los factores que más mérito poseían para ella y para su público. El ingenio, la habilidad de deslumbrar al espectador mediante la magia del espectáculo y el poder de la palabra, eso que el público buscaba en su teatro, ya no llama la atención [45]*.

MANUEL ZUMAYA (México, no se saben las fechas de nacimiento y muerte)

El Rodrigo (zarzuela representada en el palacio virreinal, en 1708; su asunto es la leyenda de Rodrigo y la Cava)

Parténope (zarzuela mitológica representada en el palacio virreinal, en 1711)[46]

A comienzos del siglo XVIII, la zarzuela comienza a adquirir popularidad considerable. Combina ya varias características: el uso de la música, ya demandado para su propio teatro por Calderón, la ópera italiana y algunas formas del teatro tradicional. Las zarzuelas de Zumaya se han extraviado, pero se sabe que sus asuntos, elaboraciones fantásticas de leyendas y mitos, con los enredos inevitables, eran los típicos del género.

[45] Para más detalles sobre la vida y obra de sor Juana, véase Ludwig Pfandl, Sor Juana Inés de la Cruz, la Décima Musa de México: Su vida, su poesía, su psique, traducción Juan Antonio Ortega y Medina, prólogo de Francisco de Maza (México, Universidad Nacional Autónoma de México, Instituto de Investigaciones Estéticas, 1963).
* Véase también sobre Sor Juana, el estudio de Georgina Sabat de Rivers, en este mismo volumen.
[46] Arrom, Historia del teatro hispanoamericano (Época colonial), pág. 99.

EUSEBIO VELA (España, 1688-1737). Comediante

Si el amor excede al arte, ni amor ni arte la prudencia (comedia mitológica: Telémaco en la isla de Calipso)

La pérdida de ·España (comedia legendaria: Rodrigo, el último rey godo)

Apostolado en las Indias y martirio de un cacique (comedia histórico-mitológica sobre la conquista de México)[47].

Aunque parece que Vela llegó bastante joven a México, no hay evidencia para afirmar, como lo hace Magaña-Esquivel, que «aquí se formó»[48]. Miembro de una familia de comediantes, Vela ingresó en la compañía del Coliseo de México en 1713. Se distingue de los demás dramaturgos de comienzos del XVIII, dramaturgos palaciegos en su mayor parte, porque, al contrario de ellos, escribe para el teatro público. Es, pues, un profesional. De ahí la abundancia de su producción (escribió unas catorce comedias) y su gran popularidad.

Aunque Vela escribió para el teatro público, los temas y estilo de las tres piezas que se conservan comparten las características del teatro de palacio: el uso de la mitología y la leyenda, amores, celos y graciosos, típico todo ello de la comedia tradicional. El lenguaje es culterano. En el plano técnico, la tramoya se exagera, cuanto más, mejor. Una de las piezas, el *Apostolado en las Indias y martirio de un cacique*, interesa a causa de su elección de un asunto americano: la conquista de México. Sin embargo, el argumento de la pieza está lejos de reproducir la realidad histórica de la conquista. La pieza es más bien la dramatización de una leyenda política e ideológicamente inocua. Se sabe que las conquistas del Perú y de Colombia también se representaban durante esta época de una manera casi idéntica. Sería interesante explicarse el porqué de la inclusión de estos asuntos americanos en el repertorio vigente, pero en todo caso es difícil que se deba al súbito estallido de una conciencia americanista en el público. Se trata de hablar a una audiencia bastante iletrada, sobre materias que ella conoce, pero sin dejar de distanciarlas y legendarizarlas conforme las pautas del teatro de moda.

Perú

JUAN DEL VALLE Y CAVIEDES (España, 1645-97?). Tendero *

Entremés del amor alcalde.
Baile del amor médico.
Baile del amor tahur[49].

El famoso satírico escribió estas tres piezas, del tipo que ya mencionamos, en las que incluye varios interlocutores y un figura central que contesta preguntas. Muy parecidas en sus propósitos y estructura, las tres comparan el amor a la prisión, a la enfermedad y al juego. La sátira es mordaz, aunque revela un decoro que no siempre se mantiene en las demás obras de Caviedes. No hay noticia de que estas piezas se presentaran ante el público.

LORENZO DE LAS LLAMOSAS (Perú, 1665?-1705). Cortesano

También se vengan los dioses (comedia-zarzuela, representada en 1689, con motivo del nacimiento del hijo del virrey conde de la Monclova).
Amor, industria y poder (perdida; se representó en el palacio real, Madrid, 1695).
Destinos vencen finezas (comedia escrita y representada en el cumpleaños del rey Carlos II, en 1698, en Madrid; su asunto es la leyenda de Dido y Eneas).
Loa para *También se vengan los dioses* (hablan la Veneración, la Razón, México, la Fortuna, la Fama, el Día Natalicio, Apolo, Marte, Júpiter y Palas).
Sainete para *También se vengan los dioses* titulado *El astrólogo fingido* (algunos pastores piden su horóscopo a un astrólogo).
Baile para *Destinos vencen finezas* titulado *Baile del Bureo* (trata de la vida del cortesano).
Loa para *Destinos vencen finezas* (loa en honor al rey)[50].

· Con sor Juana, Llamosas despliega modalidades teatrales que seguirán manifestándose hasta mediados del XVIII en Hispanoamérica: la comedia mitológica, unida al uso excesivo de la música y la tramoya escénica. Como Alarcón, Llamosas viajó a España para conseguir alguna gracia del rey. Dos de sus tres piezas fueron representadas en la corte madri-

[47] Eusebio Vela, *Tres comedias*, edición, introducción y notas de Jefferson Rea Spell y Francisco Monterde, México, 1948.
[48] Antonio Magaña-Esquivel, *El teatro, contrapunto*, México, Fondo de Cultura Económica, 1970, pág. 39.

[49] Juan del Valle y Caviedes, *Obras de don Juan del Valle y Caviedes*, introducción y notas de Rubén Vargas Ugarte, Lima, 1947.
* Sobre Caviedes, ver este mismo volumen el estudio de Daniel Reedy. (Nota del coordinador.)
[50] Lorenzo de las Llamosas. Sólo existe una edición antigua de estas piezas, que se encuentra en la Biblioteca Nacional de Madrid (núm. 14.842).

leña, pero su intento de congraciarse con el monarca no pasó de allí.

PEDRO DE PERALTA Y BARNUEVO (Perú, 1664-1743). Catedrático de matemáticas, rector de la Universidad de San Marcos.

> *Triunfos de amor y poder* (zarzuela mitológica representada para celebrar la batalla de Villaviciosa en el palacio virreinal, en 1711; su asunto es la leyenda de Hipómenes y Atlanta).
> *Afectos vencen finezas* (comedia de enredo amoroso con personajes legendarios; representada en 1720, en el cumpleaños del virrey-arzobispo fray Diego Morcillo Rubio de Auñón).
> *Rodoguna* (comedia basada en la *Rodogune* de Corneille; no se sabe la fecha de su representación, pero parece probable que la pieza haya sido escrita alrededor de 1720 para el cumpleaños de Felipe V).
> La representación de *Triunfos de amor y poder* incluyó una loa mitológica, un baile sobre el amor y un fin de fiesta satírico contra los médicos.
> *Afectos vencen finezas* también tuvo su loa alegórico-mitológica, un baile sobre el amor y un fin de fiesta satírico contra el lenguaje culterano.

Pedro de Peralta y Barnuevo

Amor, industria y poder, edición de 1692

La *Rodoguna* fue acompañada por una loa mitológica y un entremés costumbrista. Peralta y Barnuevo también escribió una loa para *Amar es saber vencer*, de Antonio de Zamora, representada en 1725 en el primer aniversario del reinado de Luis I[51].

La mayoría de las obras dramáticas del famoso polígrafo peruano siguen el patrón establecido de la comedia mitológica, con música, escenografía complicada y personajes que expresan sus problemas amorosos en versos culteranos. La *Rodoguna* es la pieza que ha despertado más interés en la crítica. Se trata de una paráfrasis de la *Rodogune*, de Corneille, que altera la tragedia francesa para conformarla al teatro barroco español. Se le añaden así un gracioso y los consabidos amo-

---

[51] Pedro de Peralta y Barnuevo, *Obras dramáticas y un apéndice de poesías inéditas*, introducción y notas de Irving A. Leonard, Santiago de Chile, Imprenta Universitaria, 1937.

Júbilos de Lima, edición de 1723

jocoso o satírico de la comedia, como en lo funesto de la tragedia. Entre los modernos la Italiana inventora de la ópera se ha intentado formar una gloria a los sentidos, sin darle parte a la razón; imítala la Francia y, aunque en las demás especies en que retiene el carácter antiguo de la cómico y trágico es sublime a su gusto, lo poco sonoro de la prosa, y la libertad de la sátira en las unas, y la falta de enredo y de conclusión feliz en las otras las hace extrañas aun al genio severo de nuestra nación. Sólo ella parece que ha sabido usar con perfección inimitable todas las especies de poemas de teatro, a quienes sin diferencia da el nombre de comedias, excusando como funesta la tragedia en todo su rigor. La sátira apenas se conoce en las jocosas; el enredo es admirable en las cortesanas, la política es grande en las heroicas, y la hermosura es insigne en las de fábula; y en todas la invención es ingeniosa, la gracia singular, la conclusión feliz, y el verso sublime. En las fabulosas, que son asunto de las de ópera, no reina en todas sus partes la música, como en Italia y Francia porque, correspondiendo ésta a las expresiones de afectos, desdice de las demás que son relaciones, o simples coloquios. En ellas compitiendo el deleite de los sentidos con la complacencia del ánimo, igualmente harmoniosas que poéticas, se sigue con maravillosa invención la historia fabulosa acomodada a las leyes del teatro sembrado de agudos pensamientos y elocuentes afectos, y tal vez entretejida de proporcionados episodios [53].

res y celos. Las modificaciones que Peralta hizo en su imitación de Corneille no son, en general, del gusto de la crítica. Arrom dice que la *Rodoguna* es un intento valiente, pero fracasado, de transformar el teatro de la época:

> Pero el rector de San Marcos no puede erguirse en su empresa. Encorvado bajo el peso de las convenciones teatrales de su tiempo, su esfuerzo es baldío [52].

Por nuestra parte, queremos hacer dos observaciones. La primera: que la sustitución o no sustitución de unas imitaciones por otras, las del teatro barroco español por las del teatro clásico francés, no es una cuestión de coraje; la segunda: que Peralta y Barnuevo cree que la estética del barroco español es la más valiosa del panorama dramático europeo de ese tiempo. Las consideraciones siguientes lo prueban sin duda:

> De consentimiento de todas las naciones son los españoles los príncipes del teatro. Los antiguos, que no conocieron más que dos especies de poemas dramáticos, carecían de invención y hermosura de escena, así en lo

Queda claro que ni los dramaturgos ni el público hispanoamericano estaban preparados para abandonar la estética teatral calderoniana. Ella respondía a sus intereses e inclusive a sus necesidades. Así, no se puede esperar que a Peralta y Barnuevo, miembro estimado de la corte y favorito de virreyes, se le hubiera ocurrido intentar la reforma del teatro en boga. Su contribución, si es que así se la puede llamar, fue el ensanche parcial de los modelos disponibles.

JERÓNIMO DE MONFORTE Y VELA (España, no se saben las fechas de nacimiento y muerte). Oficial del rey

El amor duende (sainete escrito para acompañar la representación de *Amar es saber vencer*, de Antonio de Zamora, en 1725, con ocasión del primer aniversario del reinado de Luis I)[54]

Este sainete, que Lohmann Villena considera una «limeñísima composición», es una

[52] Arrom, *Historia del teatro hispanoamericano* (*Epoca colonial*), pág. 93.

[53] Pedro de Peralta Barnuevo, citado por Irving Leonard en su prólogo a las *Obras dramáticas*, págs. 20-21.

[54] Jerónimo de Monforte y Vela, *El amor duende*, en Lohmann Villena, *El arte dramático en Lima*, págs. 540-53.

de las primeras piezas costumbristas del teatro hispanoamericano. Quizás sea el entremés de Peralta y Barnuevo para la *Rodoguna* la primera. Con todo, se conoce más *El amor duende* a causa del ingenio cómico de su lenguaje.

JERÓNIMO FERNÁNDEZ DE CASTRO Y BOCÁNGEL (España, 1689-1737). Caballerizo mayor del virrey marqués de Castelfuerte

Sarao de los planetas (representado en 1725, en el primer aniversario del reinado de Luis I)[55]

JOSEFA DE AZAÑA Y LLANO (Perú, 1696-1748). Monja capuchina

Coloquio a la Natividad del Señor[56]
Josefa de Azaña y Llano escribió cinco coloquios, pero este es el único publicado. Aunque José Juan Arrom lo califica de encantador anacronismo, es obvio que el coloquio se atiene a las reglas de un tipo de pieza ya tradicional para la Navidad: la pastorela. En 1805, Fernández de Lizardi escribió una pieza similar y que utiliza algunos personajes con los mismos nombres. El *Coloquio* es una de las pocas pastorelas a las que tenemos acceso y es probable que se hayan escrito muchas más que han desaparecido.

FÉLIX DE ALARCÓN (Perú, ?-1760). Licenciado

Loa para *Ni amor se libra de amor*, de Calderón, representada a propósito de la coronación de Fernando VI, en 1748. Loa que es típica del género. Incluye música y varios juegos acrósticos con el nombre de Fernando[57].

FRAY FRANCISCO DE CASTILLO (Perú, 1716-70). Fraile mercedario. Conocido también como *El Ciego de la Merced*

> *Mitrídates, rey del Ponto* (comedia histórico-legendaria, ms. sin fecha).
> *El redentor no nacido, mártir, confesor y virgen, San Ramón* (comedia hagiográfica, en un manuscrito de 1749).
> *Guerra es la vida del hombre* (auto sacramental, ms. de 1749).
> *Todo el ingenio lo allana* (comedia mitológica, ms. de 1749).
> *La conquista del Perú* (comedia histórico-legendaria, ms. de 1749).

> *Entremés del justicia y litigantes* (ms. sin fecha).
> Introducción a *El redentor no nacido* (ms. de 1749).
> *Entremés del viejo niño* para *El redentor no nacido* (ms. de 1749).
> Sainete para *El redentor no nacido* (ms. de 1749).
> Fin de fiesta para *El redentor no nacido* (ms. de 1749).
> Dos loas (ms. de 1749)[58].

Fray Francisco de Castillo fue una de esas figuras pintorescas de la Lima colonial cuyas andanzas recogió Ricardo Palma en las *Tradiciones peruanas*. Por desgracia, sus obras reflejan harto poco de ese humor callejero que lo hizo famoso. Sus comedias siguen la moda del periodo, a excepción de los entremeses *Justicia y litigantes* y *El viejo niño*, que orillean una suerte de costumbrismo popular. Se notará que fray de Castillo contribuyó al caudal de piezas sobre la conquista, con su *Conquista del Perú*, obra típica del género. No existen noticias sobre la representación de la obra dramática de este peruano.

FERNANDO DE ORBEA (nada se sabe sobre este dramaturgo)

La conquista de Santa Fe de Bogotá (otra comedia de tema americano, pero con un tratamiento legendario y fabuloso. Probablemente se estrenó en Lima)[59].

Río de la Plata

ANTONIO FUENTES DEL ARCO (Río de la Plata, no se saben las fechas de nacimiento y muerte)

Loa para celebrar la supresión de un impuesto a la yerba mate en 1717, en Santa Fe[60]
Esta pieza es importante por varios motivos. En primer lugar, es la primera muestra de un interés por el teatro en una región que en ese momento comienza a cobrar más relieve en la economía y en la política coloniales. Además,

---

[55] Jerónimo Fernández de Castro y Bocángel, *Sarao de los planetas*, en Lohmann Villena, *El arte dramático en Lima*, págs. 553-60.

[56] Josefa de Azaña y Llano, *Coloquio a la Natividad del Señor*, en Vargas Ugarte, *De nuestro antiguo teatro*, páginas 215-41.

[57] Félix de Alarcón, loa para *Ni amor se libre de amor*, en Lohmann Villena, *El arte dramático en Lima*, págs. 560-91.

[58] Fray Francisco de Castillo, *Obras*, introducción y notas de Rubén Vargas Ugarte, Lima, 1948, cuatro piezas se reproducen en págs. 195-299. El *Entremés del justicia y litigantes* está en Vargas Ugarte, *De nuestro antiguo teatro*, págs. 273-85.

[59] Fernando de Orbea, *Comedia nueva la conquista de Santa Fe de Bogotá*, prólogo de Javier Arango Ferrer, Bogotá, publicaciones del Ministerio de Educación de Colombia, Biblioteca Popular de Cultura Colombiana, 1950.

[60] Antonio Fuentes del Arco, *Loa para celebrar la supresión de un impuesto a la yerba mate en 1717, en Santa Fe*, en J. Luis Trenti Rocamora, «La primera pieza teatral argentina», *Boletín de Estudios de Teatro*, 4, núm. 15 (1946), págs. 224-34, texto en págs. 228-34.

el carácter prosaico del asunto indica una aspiración que se sale de los marcos habituales de una loa. Por supuesto, se alaba también al monarca y al virrey, por haber efectuado el cambio. Pero los quiebros existen, inclusive en el nivel del lenguaje: si el lenguaje que se usa para agradecer es culterano, mucho más sencillo es el que se emplea para hablar del impuesto.

Cuba

SANTIAGO DE PITA (Cuba, ?-1755). Capitán de barco

El príncipe jardinero y fingido Cloridano (impreso por primera vez entre 1730 y 1733)[61]
Esta comedia, que no se sabe con seguridad si pertenece a de Pita, logró ser tan popular que se representó en España y en toda Hispanoamérica durante muchos años. El asunto, príncipes y princesas en una lejana y legendaria Tracia, cuadra muy bien con el patrón calderoniano. El estilo proviene también de Calderón, con sus apartes y soliloquios, pero en un ambiente agradable y alegre. A ello debe la obra su gran difusión. Aún hoy resulta fácil de leer, al contrario de tantas piezas de entonces.

3.

La consideración del teatro en lenguas indígenas de este periodo es difícil debido sobre todo a ciertas confusiones en cuanto a los datos concretos. Si en el caso del teatro en lengua española hay problemas en lo que se refiere a la identificación de autores y fechas, mucho peor es el panorama al instalarnos en este otro costado. Aunque se cuenta con un número apreciable de manuscritos, las circunstancias en que fueron compuestas las piezas que tales manuscritos recogen son, por lo general, desconocidas.
En Nueva España, por ejemplo, casi todos los manuscritos del teatro misionero que se conservan son de los siglos XVII y XVIII. Ahora bien, los eruditos en literatura náhuatl afirman una y otra vez que la mayor parte de las obras son de épocas más lejanas. Esto quiere decir que los manuscritos que las contienen son tardíos, pero a nadie le interesa cuestionar seriamente este asunto. En otras palabras, ¿Por qué reproducir obras que en el momento

de esa reproducción eran, según se afirma, anacrónicas? Fernando Horcasitas alega que hacia fines del siglo XVI el teatro misionero había muerto. Más aún, sostiene que las piezas de ese teatro no pasaron al floklore indígena mexicano que se prolonga hasta nuestros tiempos. Su tesis descansa en un dato positivo. Ese dato asegura que a fines del siglo XVI la Iglesia inició una campaña para destruir todos los manuscritos de piezas misioneras que se conservaban en los pueblos indígenas[62].
Pero eso no resuelve el problema de fondo. ¿Qué razones hubo para hacer, con posterioridad a esa campaña, nuevas versiones o copias de las piezas misioneras? Me parece poco probable que los desconocidos copistas del *Sacrificio de Isaac* (manuscritos de 1678 y 1760) se sintieran motivados por el impulso erudito de salvar un tesoro literario en peligro de perderse.
No somos expertos en literaturas indígenas, pero nos parece importante señalar que este problema carece de una solución satisfactoria. Por lo tanto, permítasenos arriesgar una hipótesis basada en la observación de algunos hechos. Como indica Horcasitas, las relaciones entre los indígenas y los misioneros se debilitaron en el curso del siglo XVI. Cita a dos misioneros de ese siglo, el franciscano fray Pablo Beaumont y el dominico fray Francisco de Burgos, cuyos testimonios denuncian la tendencia en los indígenas a trastornar las piezas y a representarlas a su manera[63]. En estas condiciones, ¿por qué no podrían ser las copias y refundiciones intentos de rectificar los «errores» de los comediantes indígenas, quienes, al ponerse a representar, estarían dependiendo más bien de sus propias tradiciones orales? Si esto es así, la aparición de los manuscritos «correctos» en los siglos XVII y XVIII sería un indicio de la pervivencia, entre los indígenas, de versiones «incorrectas» de las obras.
Todo esto nos lleva a sospechar que el teatro misionero no desapareció totalmente a fines del siglo XVI. Nuestra opinión es que sobrevivió, aunque mucho más limitado en su difusión y sujeto a las deformaciones que son inevitables en el proceso de la transmisión oral.
Como quiera que sea, de ser comprobable la hipótesis de su supervivencia, esos vestigios del antiguo teatro misionero constituirían solamente una línea dentro de las varias que informan el desarrollo del teatro en lenguas indígenas durante los siglos XVII y XVIII. La

---

[61] Santiago de Pita, *El príncipe jardinero y fingido Cloridano*, edición y notas de José Juan Arrom, La Habana, Consejo Nacional de Cultura, 1963.

[62] Fernando Horcasitas, *El teatro náhuatl: Epocas novohispana y moderna*, págs. 157-65.
[63] Horcasitas, *El teatro náhuatl*, págs. 164-65.

tradición de las «danzas de la conquista», entre moros y cristianos, seguía asimismo vigente y se sabe que en el siglo XVIII se practicaron las representaciones de la Pasión de Cristo[64]. Otra corriente perceptible revela claras influencias del teatro español del Siglo de Oro.

En lo que a esta última tendencia se refiere, en el siglo XVIII comienzan a aparecer las piezas dedicadas a la Virgen de Guadalupe. De principios de este siglo es *El portento mexicano*, de José Pérez Fuente. Armando de María y Campos menciona esta pieza calificándola de «comedia» e indica además que su autor compuso veinte loas en náhuatl[65]. También habría que anotar aquí dos entremeses de fecha desconocida: *La viejita y el niñito*, del manuscrito de Bartolomé de Alva Ixtlilxóchitl (c. 1641), y *La abuela y el nieto*, de la colección de Federico Gómez Orozco[66].

De paso, observemos que el manuscrito de Alva Ixtlilxóchitl contiene tres comedias españolas en traducción al náhuatl: *La madre de la mejor* y *El animal profeta y dichoso patricida*, de Lope de Vega, y *El gran teatro del mundo*, de Calderón[67].

En Centroamérica, en cambio, se registra la existencia de una pieza popular desprovista de alusiones religiosas. Me refiero al *Güegüence*, que fue publicada por primera vez en 1874, por C. H. Berendt. Berendt recogió dos de los varios manuscritos que circulaban en Nicaragua en el siglo XIX. Se desconocen el autor y fecha de la composición original del *Güegüence*. Berendt fechó la composición en los primeros siglos del dominio español, pero Daniel G. Brinton, que hizo la segunda edición en 1883, cree que muy probablemente la obra sería de comienzos del siglo XVIII, sin que por ello deje de admitir que hay elementos que sugieren la posibilidad de un origen anterior. Tales elementos son la estructura en general de la pieza, el silencio de los personajes femeninos, la falta de monólogos, la técnica poética de la repetición y particularmente el uso de lo obsceno como resorte cómico, características todas que apuntan hacia el teatro prehispánico. Por otro lado, el lenguaje del *Güegüence* mezcla el náhuatl de Nicaragua (el pipil) y el español. Hay, además, referencias a costumbres e instituciones españolas[68].

El personaje principal del *Güegüence* es un viejo pícaro que se finge sordo con el propósito de burlarse de las autoridades, del Alguacil Mayor y del gobernador Tastuanes. En la acción intervienen además los dos hijos del Güegüence, don Forsico y don Ambrosio.

Desde su descubrimiento, el *Güegüence* ha despertado un extraordinario interés. Antropólogos, lingüistas y literatos se han acercado a la pieza desde sus puntos de vista respectivos. Como no podía faltar, ha habido también quien busque en ella un temprano vislumbre de la nacionalidad nicaragüense. Sólo un crítico, Alejandro Dávila Bolaños, se ha atrevido a sugerir que la pieza evidencia las actitudes de un sector oprimido de la sociedad colonial. Carlos Mántica Abaunza le responde acusando su interpretación de «desacertada, marxistoide o seudomarxista»[69].

Por nuestra parte, no podemos sino reconocer que el tema principal de la obra es la resistencia pasiva a las autoridades. La conexión de la obra con las condiciones de vida del indígena centroamericano es así inevitable. El *Güegüence* es un producto del mundo indígena, tal como ese mundo se daba en la época de su composición, y el nexo es no sólo útil sino necesario. Por lo pronto, el contraste entre esta pieza y el teatro religioso «culto», que le es coetáneo, es revelador. Con el *Rabinal Achí* guatemalteco, que se publicó en 1862, el *Güegüence* testimonia la supervivencia de formas teatrales que se negaron a extinguirse ante la imposición de otras formas dramáticas venidas desde afuera y que servían a los intereses del conquistador y opresor. Por igual motivo, creo que el *Güegüence* es incluso más importante que el *Rabinal Achí*. El enfrentamiento con la sociedad y la cultura españolas, ausente en esta última, es el dato esencial del *Güegüence*. La sátira de los opresores no debe ser ignorada.

En el virreinato del Perú no existen restos de una tradición misionera. Tampoco encontramos allí, desafortunadamente, tentativas de forja de un teatro popular, como es el caso del *Güegüence*. Sólo dos obras en quechua han

[64] José Pérez y Dolores Martí del Cid, *Teatro indoamericano colonial*, Madrid, Aguilar, 1970, págs. 48-53.

[65] Armando de María y Campos, *La Virgen frente a las candilejas o el teatro guadalupano*, México, Cía. de Ediciones Populares, sin fecha, pág. 13.

[66] Cid Pérez, *Teatro indoamericano colonial*, pág. 33.

[67] Armando de María y Campos, *Guía de representaciones teatrales en la Nueva España*, México, B. Costa-Amic, Editor, 1959, págs. 150-51.

[68] *The Güegüence: A Comedy Ballet in the Nahuatl-Spanish Dialect of Nicaragua* (Philadelphia: Brinton's Library of Aboriginal American Literature, 1883), texto en náhuatl e inglés en págs. 3-73. Hay una nueva edición ampliada de Carlos Mántica Abaunza (Managua, El Pez y la Serpiente, 1969), texto en náhuatl y español en páginas 61-121. Se conserva la introducción de Brinton.

[69] Alejandro Dávila Bolaños, «Teatro popular colonial revolucionario. Ensayo crítico social del sesule güegüence», Estelí, 1966. Folleto mimeografiado, citado por Carlos Mántica Abaunza en su edición del *Güegüence*, pág. 132.

perdurado hasta llegar a nuestros días. Estas Son el *Auto del hijo pródigo*, de Juan de Espinosa Medrano, y *Yauri Titu Inca: El pobre más rico*, de Gabriel Centeno de Osma. Ambas fueron escritas en el Cuzco, pero no se sabe con certeza cuándo. El manuscrito de *El pobre más rico* es de 1707.

El hijo pródigo es una reelaboración del relato bíblico. Hurin Saya (Cristiano) deja la casa de su padre (Dios) para conocer el mundo. Después de varias experiencias desagradables, vuelve a la casa del padre en la que éste lo recibe con la alegría que es de suponer[70]. Parecido es el argumento de *El pobre más rico*: Yauri Titu Inca vende su alma al diablo a cambio de las riquezas del mundo, pero al final se salva cuando retorna a la casi olvidada fe cristiana[71].

Quedan así en claro los objetivos de esta dramaturgia. De otra parte, como no podía dejar de ser, la influencia del teatro español es notoria. Por ejemplo, en la disposición en tres actos y en la presencia del gracioso. Pero hay también elementos indígenas. No sólo en lo relativo al lenguaje, sino que también en la referencia a costumbres antiguas, mitos y leyendas y en la imaginería poética. Con todo, lo hispánico es aquí sustancial y lo indígena, accesorio. El didactismo cristianizante sobrevive y supera todo contagio «pagano».

El pobre más rico es, en este sentido, un paradigma. El noble Yauri Titu Inca siente profundamente la pérdida del poder de sus antepasados. El diablo le ofrece la oportunidad de recobrar ese poder, pero al final el protagonista se da cuenta de que sólo mediante la religión nueva puede lograr la falicidad que le faltaba cuando era rico y poderoso. Centeno de Osma, y en esto no difiere de Espinosa Medrano, advierte el resentimiento, percibe el dolor, pero lo atribuye a la pérdida del imperio incaico, procurando reemplazar esa pérdida con la promesa de la salvación espiritual.

Por consiguiente, pensamos que la única muestra verdadera de teatro indígena en este periodo es el *Güegüence*. Todas las otras obras disponibles, aunque estén escritas en lenguas indígenas y aunque contengan elementos que indudablemente pertenecen a ese mundo, forman parte de una literatura sometida, ajena o casi ajena a las circunstancias reales de su (presunto) público. *El hijo pródigo* parece estar escrito en muy buen quechua, pero es teatro en lengua indígena y no teatro indígena. El *Güegüence*, escrito en su mezcla de español y de náhuatl nicaragüense, quizás tampoco sea teatro indígena. Es, sin embargo, en este periodo, el anticipo auspicioso de un teatro popular: un teatro escrito no para el pueblo, sino por el pueblo.

III

EL TEATRO HISPANOAMERICANO EN LA SEGUNDA MITAD DEL SIGLO XVIII

1.

Como se sabe, la segunda mitad del siglo XVIII es un periodo de grandes innovaciones en las colonias hispanoamericanas. No es nuestra intención aquí indagar sobre las causas últimas de estas innovaciones, pero no se puede negar que entre ellas las reformas borbónicas constituyen un dato de suma importancia. La abolición de la flota (1748), la apertura del comercio entre todos los puertos españoles y las colonias (1764, 1778), la eliminación de muchas de las trabas que limitaban el comercio interior (1768, 1778) y la autorización a naciones neutrales para comerciar directamente con ciertas regiones (1797)

son disposiciones en realidad trascendentales para el mundo colonial.

En los viejos centros urbanos, no menos que en núcleos de población hasta allí marginales, se empieza entonces a sentir el soplo de tiempos más prósperos. La elevación de nuevos edificios y el dinero que se destina a la construcción de obras públicas —estas últimas un ítem poco menos que inexistente en épocas anteriores— son consecuencias visibles de la prosperidad, así como del afán urbanizador que ella genera. Por eso mismo será también en esta época cuando se vean surgir los grandes teatros. México contempla su nuevo Coliseo en 1753, renovado después en 1790, y Puebla inagura el suyo en 1791. Les sigue la instalación de teatros estables en todos los antiguos y nuevos centros comerciales: La Habana (1776), Buenos Aires (1783, teatro de la Ranchería, que se incendia diez años más tarde), Caracas (1784), Lima (1789, reconstrucción del antiguo

---

[70] Juan de Espinosa Medrano, *El hijo pródigo*, en José Cid Pérez y Dolores Martí de Cid, *Teatro indoamericano colonial*, págs. 127-77.

[71] Gabriel Centeno de Osma, *El pobre más rico*, en Cid Pérez, *Teatro indoamericano colonial*, págs. 205-311.

teatro), Montevideo (1793), Bogotá (1793), Guatemala (1794), La Paz, (1796), Santiago de Chile (1802). Al investigador de la historia teatral del periodo, la gran sorpresa le sobreviene, no obstante, cuando comprueba que la proliferación de esos grandes coliseos no va unida a una proliferación comparable en el trabajo de los dramaturgos locales. En el espíritu del siglo precedente, los teatros públicos siguen estando nutridos, con exclusividad casi absoluta, por la producción española [72].

Pero antes de tratar este problema, o de abocarnos a la consideración de los escasos dramaturgos y obras disponibles, creo conveniente echar una mirada a lo acontecido con ese sector del que los letrados provenían en el siglo anterior. Me refiero a la «nobleza media», arraigada en las ciudades y tan a mal traer unos pocos decenios atrás.

En primer lugar, se diría que los efectos de la ampliación del comercio conciernen a este sector directamente. Ellos generan posibilidades de enriquecimiento y de ascenso social desconocidas hasta ese punto. Del seno de esa antigua nobleza media, que además comparte sus destinos con nuevos grupos de individuos asociados a las profesiones y oficios, abogados, médicos, maestros, artesanos, etc., empieza a emerger una suerte de «élite criolla urbana» o lo que otras veces ha sido descrito también como una «protoburguesía» [73]. Se trata, como quiera que sea, de un sector de transición. Su conciencia de sí está «a caballo en diferentes dominios» —entre lo que ha sido y lo que será, entre aquello de lo cual viene y aquello a lo cual se dirige.

Política e ideológicamente, el fenómeno no puede ser más claro. No hay que decir que éste será el sector social que perciba y haga suyas las tendencias liberales en uno y otro campo, pero eso a lo largo de un proceso difícil y que se extenderá por varias décadas. En último término, serán los movimientos de independencia, que en ocasiones impulsan a pesar de ellos mismos, los que definan su posición más concretamente. Lo que hay, entre tanto, es un compás de espera. El liberalismo económico, las ideas políticas y culturales de la Ilustración están, cada vez más, en el ambiente. No hay, sin embargo, un proyecto formal de cambio o en todo caso no hay proposiciones precisas con vistas a una transformación radical. Hay deseos vagos, solicitudes de reformas, peticiones de «ajuste» del sistema, pero que no tocan sus fundamentos. Es notorio que este sector, que más tarde va a gestar y encabezar los movimientos independentistas, no tiene aún un concepto claro de su misión histórica futura. El mundo en torno suyo está cambiando, su propia situación en ese mundo está también siendo alterada, pero las respuestas tardan en aparecer [74].

Esta demora afecta también, como es lógico, al teatro. Hemos dicho ya que la producción de los dramaturgos locales es escasa. Agreguemos ahora que esa producción es posterior a 1789, lo que significa que hay un interregno de alrededor de cuarenta años en los que nada o casi nada se escribe localmente para las tablas. Las líneas de producción del barroco se hallan exhaustas. Nadie, casi nadie —ya veremos las pobres razones de este casi— insiste en ellas. Pero, y esto es lo más significativo, nadie tampoco, al menos en los cuarenta años que van desde mediados del siglo hasta 1789, procura reemplazarlas. Las vías tradicionales de representación son, por otra parte, abandonadas. Las fiestas de la Iglesia, como oportunidades para el cultivo del teatro, y en el mismo sentido las reuniones en los palacios Virreinales desaparecen. Sólo queda el teatro público, ocupado, como se ha visto, por la dramaturgia (y no siempre la mejor) de procedencia española.

Es decir que el dramaturgo criollo de este periodo se verá desconectado de una literatura dramática, la del barroco, por una parte, y por otra, desprovisto de los canales que daban salida a ese tipo de piezas. La crisis del «mecenazgo», que empieza aquí, que Lizardi nota perspicazmente a comienzos del XIX y que se prolonga a lo largo de todo ese siglo hasta el advenimiento modernista, se despliega mano a mano con la crisis del tipo de literatura que floreciera al amparo de ese mecenazgo. Los literatos de la segunda mitad del XVIII, y entre ellos los dramaturgos, potenciales y efectivos —estamos tentados de decir especialmente los dramaturgos—, son los primeros en experimentar los efectos de una y otra.

Por lo tanto, con respecto a la ausencia de una literatura teatral hispanoamericana suficiente entre 1750 y 1789, no basta culpar a la censura, esa *bête noire* de la historia del teatro. De tener importancia, la de la censura es sólo parcial. En el mejor de los casos, permite dar cuenta de la falta de un género, la sátira subversiva, pero no explica, ni con mucho, la

[72] Arrom, *Historia del teatro hispanoamericano (Época colonial)*, págs. 115-19.
[73] Término que emplea Noël Salomon, «La crítica del sistema colonial de la Nueva España,» *Cuadernos Americanos*, 24, cxxviii (1965), pág. 174.

[74] Marcos Kaplan, *Formación del Estado Nacional en América Latina*, Santiago de Chile, Editorial Universitaria, 1969, págs. 102-04.

ausencia de otras formas de producción dramática. Tampoco cabe echarle la culpa al «atraso cultural», otro recurso siempre a mano cuando se trata de encarar presuntas «anomalías» de la historia intelectual y literaria de Hispanoamérica (¿habrá que mencionar el ejemplo de la novela?). En rigor, la élite criolla lee en esta época mucho más que sus predecesoras en épocas anteriores. Hay más lectores y hay más libros disponibles. Por último, la hipótesis de un desplazamiento de intereses, aunque es correcta en la medida en que efectivamente existen más oportunidades de enriquecimiento y de ascenso social, es también, si se busca darle una supremacía absoluta, insatisfactoria. Iguales condiciones se pueden detectar en otros periodos en los que, no obstante, hay literatura y hay teatro.

El concepto clave que define el periodo es, pues, el de transición. Transición que es abandono total o parcial de unas ciertas formas de convivencia y de cultura, pero sin que se hayan llegado a consolidar aún formas nuevas que hagan posible un auténtico relevo. Esto es lo que pasa también con la historia del teatro hispanoamericano, no sólo entre 1750 y 1789, sino inclusive más allá. A los primeros cuarenta años, en los que lo único que se escribe son unas cuantas loas y una comedia histórica de cuarta categoría (*El gran español Teodosio rendido a amor generoso*, 1766), el fin de siglo responde con una tragedia neoclásica, una loa de tema social, cuatro sainetes costumbristas y varios bailes pantomímicos. No es mucho, por cierto[75].

Pero es algo. Ese algo revela, una vez más, una cierta selección de modelos. Preferencias no muy seguras aún, aunque condicionadas (y, por lo tanto, referibles) a la coyuntura que se vive.

El origen de los modelos es doble. La primera de sus fuentes es el teatro público. En la última década del siglo XVIII, desfila, por los escenarios de los coliseos y ante los ojos del espectador criollo, un repertorio ecléctico hecho de Calderón y Moreto, cuando no de Comella y Cañizares. De vez en cuando, alguna de las piezas del todavía embrionario neoclasicismo español. También es posible toparse con una comedia francesa o italiana en traducción. Los sainetes de don Ramón de la Cruz son, como era de esperar, grandes favoritos[76].

La otra es que las comedias extranjeras y los discursos sobre la poesía dramática formaban parte, desde hacía ya tiempo, del acervo de lecturas del criollo ilustrado. La controversia entre neoclásicos y conservadores, que se desarrolló en España a partir de la publicación de la *Poética* de Luzán, en 1737, no ha de habérsele pasado por alto enteramente. En realidad, ni modelos ni preceptos le faltan al dramaturgo criollo. Sus dificultades son, como creemos haber demostrado, de otro orden.

2.

Proseguimos ahora con la revisión del material.

El *Siripo*, de Manuel José de Lavardén (Río de la Plata, 1754-1810?), es la primera, a la vez que la más importante expresión teatral de la última década del siglo XVIII. Es una tragedia de tema nacional y la única obra dramática de entonces que recibe su inspiración del teatro neoclásico español.

Aunque el *Siripo* se representó en el Teatro de la Ranchería de Buenos Aires, en 1789, la pieza fue compuesta años antes. Su autor no se había atrevido a exponerla ante el público, según declara, «... de puro miedo». Cuáles hayan sido sus verdaderas razones es algo que sólo podemos presumir. Por lo demás, el manuscrito del *Siripo* se perdió después de su estreno y, aparte de su orientación neoclásica y de su asunto —la leyenda de Lucía Miranda, que data de la época de la conquista del virreinato del Río de la Plata—, no es mucho más lo que sabemos de la pieza. Contamos, empero, con algunas cartas de Lavardén y entre ellas una sobre la loa que antecedió al *Siripo* en el estreno. En esa carta, a nuestro juicio un valioso documento sobre el teatro hispanoamericano en la última fase colonial, Lavardén habla del *Siripo* y cuenta cómo tuvo que someterse a las correcciones innumerables que el censor, el oidor José Márquez de la Plata, le exigió. Lo curioso es que las correcciones no parecen haber tenido que ver con la presencia de ideas subversivas en la obra, sino con su falta de respeto para con las normas del teatro español tradicional. La ironía de esta carta nos parece tan ostensible, que sorprende que el erudito Mariano G. Bosch, que la descubrió, la tome en serio. Dice Lavardén a propósito del *Siripo*:

> Por aquí conocerá el Sr. Censor mi docilidad. Y, ¿cómo no la tendría hallando uno que sabe juzgar sin desidia, alabar con moderación, y reprender con dulzura? Toda la vida para acercárseme ha venido con zuecos y ahora los larga para escabullírseme. Pero tengo liada la mecha a la muñeca y más fácil

---

[75] Una lista parcial de las loas se encuentra en Arrom, *Historia del teatro hispanoamericano (Época colonial)*. La comedia se describe en Lohmann Villena, *El arte dramático en Lima*, pág. 433.

[76] Irving A. Leonard, «The Theater Season of 1791-1792 in Mexico City», *Hispanic American Historical Review*, 31 (1951), págs. 349-57.

le será estrellarme que escabullírseme. El Sr. Plata tenga paciencia: se habrá de distraer en mi favor aunque al fisco le pese. Y cuando el Sr. Censor esperimente [sic] mi sujeción, conocerá de cerca que no es la opinión de mí mismo la que me dictó la elección del argumento de *Siripo*. Me fue importante hacer prueba de mi invención en un argumento destituido de recursos, en donde no tienen cabida los auxilios de la pompa palaciega, ni los razgos [sic] históricos, ni mitológicos, y sobre ellos me cargué con las observaciones metafísicas del reconocimiento y la peripecia, con las estrecheces que hacen brillar el *Edipo* sobre todas las tragedias de segundo orden en que triunfa la virtud y no se mueve la compasión, desamparando voluntariamente las muletas de los apartes, soliloquios y entreactos, para que probado así mi ingenio, pudiese ya desahogarse en un argumento más brillante, como la muerte de Filipo de Macedonia, o la pérdida de Jerusalén por la traición de Tancredo, que saldrán del astillero si el *Siripo* navega con próspero viento, acreditando que tomé buenas medidas para su construcción[77].

Pensamos que en esta carta Lavardén se sintió obligado a defender el *Siripo* de las correcciones del censor. Su defensa de lo que en otra parte de la misma carta llama la «extrañeza» de la obra puede haber sido necesaria y es harto falsa su «docilidad». Lo insólito de la obra consiste en haberla depurado de los elementos más característicos del teatro tradicional barroco, precisamente el fin que los dramaturgos de la tragedia neoclásica persiguen. No se trataba de probar sus capacidades de «invención» con «un argumento destituido de recursos». Bosch se toma en serio esas excusas, así como el propósito que Lavardén expresa de componer obras más ambiciosas basadas en «la muerte de Filipo de Macedonia» o en «la pérdida de Jerusalén por la traición de Tancredo». Después de su ensayo con el *Siripo*, es difícil que Lavardén se haya propuesto producir engendros tales. Esos y otros parecidos eran los temas predilectos de las tragicomedias históricas de Comella y Zavala y Zamora. Lavardén está saliendo de todo eso, apuntando en otra dirección. Detrás del tono burlón y de la aparente mansedumbre de la carta ¿No es manifiesta su actitud disconforme?

El *Siripo* es así un intento aislado, pero significativo, de crear una tragedia de líneas neoclásicas siguiendo los preceptos habituales. Además, como muchos de sus contemporáneos en la península, Lavardén escoge para ello un tema nacional: el conflicto entre el indígena y el español.

Dijimos que el motivo de la carta de Lavardén es pronunciarse sobre el argumento y el estilo de la loa que precedió en el estreno a la obra central. También perdida, esa loa tenía por título *La inclusa* y atacaba el problema de los «niños expósitos», abandonados después de su nacimiento por familias que no podían mantenerlos. Dos cosas diremos sobre esta loa: la primera es que se trata de una obra «de ocasión», casi «de encargo», visto que el funcionamiento de la sala estaba conectado al Asilo de Niños Expósitos (la sala se alquilaba a un concesionario y el dinero del alquiler pasaba a formar parte de los fondos del asilo); la segunda es que, no obstante su contingencia, la loa es un claro indicio de las transformaciones experimentadas por un género originalmente provisto de muy diversos propósitos. A fines del siglo XVIII, Lavardén puede decir que «... En punto a Loas, no se han dado todavía modelos que imitar [sic], y cada uno se abandona a su entusiasmo...» En su caso, ese entusiasmo lo llevará a dotar *La inclusa* de contenidos sociales, los que se vinculan a la educación de los niños y las responsabilidades de los padres, cuestiones ambas del mayor interés para los ilustrados de las dos orillas del Atlántico.

Las demás piezas de este periodo no tienen mucho que ver con la dramaturgia neoclásica, según las pautas que establecieron los modelos europeos. Sin embargo, son también sintomáticas del cambio de rumbo que entonces se empezaba a gestar entre los dramaturgos hispanoamericanos.

No pocas de estas piezas son ejemplos tempranos de costumbrismo más o menos popular, modalidad dramática que se convertirá en una de las más frecuentadas en el siglo siguiente. Nos referimos a piezas que aspiran a recoger las costumbres y el habla del pueblo campesino, pero que son indefectiblemente obra de dramaturgos urbanos. Se nos hace difícil conceder a estas piezas el atributo de ser fieles reflejos de la tipicidad argentina o mexicana. Su realismo es pintoresquista, de cartón y acuarela, y su referente más inmediato las opiniones y la práctica de Ramón de la Cruz. El *dictum* de este último, en el sentido de que «no hay ni hubo más invención en la dramática que copiar lo que se ve, esto es, retratar los hombres, sus palabras, sus acciones y sus costumbres...», es lo que tratan de aplicar[78]. El resultado que obtienen es similar al del

[77] Mariano G. Bosch, «Lavardén y el teatro», *Boletín de Estudios de Teatro*, l, i (1943), págs. 15-20, cita en pág. 19.

[78] Francisco Ruiz Ramón, *Historia del teatro español*, Madrid, Alianza Editorial, 1971, págs. 361-62.

El amor de la estanciera

sainetero español. Son obras que divierten a un público urbano, que se autoconsidera culto, mediante la ridiculización de tipos ineducados y a menudo (no siempre) de las clases inferiores.

El amor de la estanciera es la primera pieza hispanoamericana que hace suyas las características de esta clase de sainete[79]. Se ha querido atribuir al argentino Juan Bautista Maciel y la fecha de su composición caería entre 1787 y 1792. Su asunto son los amores entre Pancha, hija del estanciero Cancho, y Juancho Perucho, un estanciero joven. En medio de estos amores se atraviesa Marcos Figueira, un mercader portugués cuyas pretensiones de nobleza y lenguje absurdo son los principales resortes cómicos de la obra. Más de uno ha dicho que *El amor de la estanciera* es la manifestación inaugural de la literatura gauchesca, o al menos una de ellas. No creemos que esta afirmación sea defendible, entre otras cosas porque en la obra no aparece gaucho

alguno, si hemos de dar crédito a la conocida caracterización de Sarmiento. En la historia de la lteratura hispanoamericana, el gauchesco es un género sobremanera problemático y no parece que el trazado de un linaje fácil contribuya mayormente a su clarificación. En rigor, *El amor de la estanciera* no es ni más ni menos que un cuadro de costumbres gracioso que, si algo inaugura, es la dramaturgia de ese signo que seguirá desarrollándose durante la mayor parte del siglo XIX.

Del mismo género son *El charro* (1797) y *Los remendones* (1801)[80], piezas estas de las que es autor el mexicano Agustín de Castro (1730-1814), quien fue «... notario mayor y público del Tribunal de Justicia y de la Vicaría General del Obispado de Puebla...». Sabemos que de Castro compuso además varias loas religiosas y dos autos sacramentales. En cuanto a *El charro*, se trata de un monólogo, o sea, de una pieza breve escrita para ser recitada por un actor solitario. El personaje ma-

[79] *El amor de la estanciera*, en *El sainete criollo: Antología*, selección, estudio preliminar y notas de Tulio Carella, Buenos Aires, Hachette, 1957, págs. 47-71.

[80] José Agustín de Castro, *Miscelánea de poesías sagradas y humanas*, 2 tomos, Puebla, 1797.

nifiesta en voz alta las reacciones inocentonas que le produce la contemplación, por primera vez, de un convento de monjas. Según José Juan Arrom, «... la música, el vestuario, las risueñas confusiones del charro y los equívocos que salpican su rústico lenguaje tiene ya el inconfundible sello de lo típico mexicano...»[81]. No cabe duda que a los asistentes al Coliseo de Puebla ha de haberles gustado muchísimo esta caricatura de un campesino ignorante.

También cómica, pero algo más compleja, es *Los remendones*. Como en los sainetes de Ramón de la Cruz, los personajes en esta obra son tipos urbanos, de la clase baja y recortados contra un fondo de verdadera miseria. De Castro no se burla de ellos; hasta les tiene simpatía. No obstante, en el caso de Gervasio, la crítica de las pretensiones nobiliarias en la clase baja no admite atenuantes.

Aunque no nos parece justo hacer de estas piezas obras típicas en términos nacionales (nacionalismo harto oneroso, como quiera que sea), no negamos que con respecto a la producción del periodo anterior, a las escapadas y excesos del barroco, constituyen una bocanada de aire fresco. Hasta ahora, rara vez los dramaturgos hispanoamericanos buscaron el material para su obras en su propia sociedad. En estas piezas lo están haciendo, y ello es saludable. Con todo, a cada quien lo suyo. El cuadro de costumbres muestra casi tanto como oculta. Revela superficies. Mira de soslayo y lo que más afanosamente anhela es la risa del público, a cualquier costo.

Las otras piezas de este periodo son el sainete *La mujer impertinente, el marido más paciente y el cortejo subteniente*, atribuida a Buenaventura Pascual Ferrer (1772-1851), y varios bailes pantomímicos. La primera pieza fue representada en Cuba, en 1790, y de ella sólo existe un manuscrito incompleto e inédito, que no hemos podido consultar. Asegura José Juan Arrom que la acción se localiza en Cádiz y que la pieza termina indicando que los personajes van a embarcarse en dirección a La Habana. Para Arrom, «... lo novedoso en este sainete es el estilo, transparente y ágil, el fácil manejo del enredo, la naturalidad de los versos octasílabos y, sobre todo, el tono inconfundiblemente novedoso del ambiente. No puede dudarse que su autor vivía ya de cara al siglo XIX»[82].

Con respecto a los bailes pantomímicos, esbozos de ellos existen en México y en el Perú.

De México son *Los juegos de Eglea*, representado en 1796 en el santo de la virreina, marquesa de Branciforte, y la *Muerte trágica de Muley Eliacid, Emperador de Marruecos* e *Ircana en Yulfa*, de Juan de Medina, comediante del Coliseo[83]. En Lima fue representado *El convidado de piedra*, del maestro de bailes italiano Vicente de Zamora, en 1790[84].

Concluyendo y precisando algunos conceptos: al contrario de lo que ocurre en la Península, en las colonias no hay en este periodo un teatro nacional que reformar. Sólo existe una tradición inservible, consistente en escribir piezas de ocasión para un público escogido, y un teatro comercial atento casi exclusivamente a la producción de la metrópoli. Los dramaturgos hispanoamericanos se ven privados de la primera vía de expresión. La segunda no ha sido considerada aún por ellos como una posibilidad efectiva, actitud a la que contribuye la indiferencia de los «autores», quienes nunca demostraron interés en incluir piezas de pluma criolla en sus repertorios. Para el literato criollo, con arrestos de dramaturgo, el corral público jamás fue el mejor escenario para la representación de sus obras. Para el «autor», antes el corral y ahora el coliseo, era/es una empresa comercial, cuyo éxito monetario es la primerísima, por no decir la única, de sus preocupaciones. Todavía a fines del siglo XVIII, la posición de los dramaturgos criollos en este cuadro no ha cambiado fundamentalmente. Igual que los virreyes, que impulsaban activamente el teatro público (Vértiz, en el Río de la Plata y Revillagigedo, en México), los intelectuales lo alaban. Es esta la idea del teatro como «escuela de costumbres». Se quejan, quizás por lo mismo, de que se mantengan en cartelera las piezas del Siglo de Oro español. Piden piezas «a la moderna», pero se muestran poco dispuestos a escribirlas ellos mismos[85]. Hasta la primera mitad del siglo XIX no se reconocerán claramente las oportunidades del teatro comercial. Es en ese momento cuando el dramaturgo hispanoamericano comienza a enderezar sus talentos en la dirección del teatro público. Las piezas escritas y representadas en el teatro comercial a fines del siglo XVIII son un antecedente precoz de esta tendencia. No son el fin del teatro de la colonia, sino el comienzo de un nuevo periodo.

---

[81] Arrom, *Historia del teatro hispanoamericano (Epoca colonial)*, pág. 134.
[82] Arrom, pág. 132.
[83] Arrom, pág. 132.
[84] Lohmann Villena, *El arte dramático en Lima*, pág. 507.
[85] Lohman Villena, pág. 508.

Ollantay

3.

En este periodo, contamos con tres piezas en lengua indígena todas peruanas y en quechua. Ellas son *Ollantay*, *Usca Páucar* y la *Tragedia de Atahuallpa*. La más importante es el famoso *Ollantay*[86]. El manuscrito que la contiene no se descubrió hasta en 1937. Sin embargo, la pieza fue representada por primera vez en 1780, en Tinta, un villorrio cerca del Cuzco, ante el líder rebelde Túpac Amaru. Muchas son las investigaciones e interpretaciones que el *Ollantay* ha provocado desde su descubrimiento. Para empezar, de la leyenda incaica que le sirve de base se han recogido varias versiones a través de la tradición oral. Se cree que esa leyenda aprovecha, a su vez, un material de carácter histórico.

Las investigaciones realizadas prueban, por otra parte, que el autor del *Ollantay* no desconocía los procedimientos más comunes de la comedia española. En este sentido, la disposición en tres actos, la construcción de diversas escenas, el empleo de acotaciones, los cambios de escenario, las funciones de los personajes (que se atienen al elenco típico del Siglo de Oro: dama, galán, etc.), algunos anacronismos de lenguaje poético y la actitud rebelde hacia la autoridad (inconcebible en el teatro incaico, según la descripción del Inca Garcilaso), son algunos de los aspectos que más a menudo se mencionan cuando se trata de establecer los vínculos entre el *Ollantay* y la tradición dramática hispánica.

El argumento desarrolla la rebelión de Ollantay contra el Inca Pachacutec. El inca se niega a honrar a Ollantay elevándolo a un estado superior y casándolo con su hija, Cusi Coyllur. El resultado es la guerra, que continúa hasta el momento en que Ollantay es vencido a traición. Pero el nuevo Inca Túpac Yupanqui perdona su deslealtad, lo acepta como hermano y le restituye su antiguo poder.

Dijimos más arriba que el *Ollantay* se representó por primera vez en 1780, ante Túpac Amaru. Este dato es significativo porque precisamente en ese año es cuando Túpac Amaru inicia la que quizás es la más famosa de las rebeliones indígenas del siglo XVIII. No la única, sin embargo. Fueron varias las sublevaciones que se produjeron en la época —y no sólo de indios. En realidad, la de Túpac Amaru es la más famosa por haber sido la más extensa y la que mayor riesgo entrañó para el poder constituido. Túpac Amaru cae en 1781; es capturado y ejecutado. Paralelamente, se prohiben las representacionrs de obras dramáticas en quechua y, en particular, la del *Ollantay*[87].

No se crea, sin embargo, que el *Ollantay* es una protesta directa contra la corona o la administración colonial. Interpretar la obra como un comentario de la rebelión sería ir demasiado lejos. Con todo, en la pieza están tanto la nostalgia de la grandeza perdida como la creencia en el valor de ese pasado. Teniendo en cuenta sentimientos como esos fue como Túpac Amaru organizó y realizó la sublevación. Si la obra no alude a ella directamente, de otra manera, acaso más profunda, tampoco le es extraña.

[86] *Ollantay*, traducido al español por Jesús Lara, texto en quechua y español, La Paz, Librería Editorial Juventud, 1971.

[87] Arrom, pág. 126.

Usca Páucar comparte el sentimiento de nostalgia presente en el *Ollantay* hasta cierto punto[88]. Expliquémosnos. Esta obra reitera ciertas formas de conciencia cuya significación discutimos al tratar *El hijo pródigo*, de Espinosa Medrano, y *El pobre más rico*, de Centeno de Osma (III, 3). Inclusive la anécdota es aquí similar a la de aquellas piezas: Usca Páucar vende su alma al diablo para recuperar su antiguo poder de noble incaico. Como también ocurriera en los otros casos, a esa acción la sucederá el desengaño. El desenlace nos ofrece al protagonista convencido de que en la religión de Cristo está su única esperanza. Esto pone a *Usca Páucar* en contacto con una trayectoria conocida, la del teatro religioso en lenguas indígenas, y simultáneamente la aleja del *Ollantay*. Lo que no quiere decir que *Usca Páucar* no haya sido popular entre el público indígena. A juzgar por el número de versiones que se han recogido, la obra, a pesar de su visión simplista o precisamente a causa de ella, depende de cómo se entienda el efecto en el público, logró gran aceptación.

La *Tragedia del fin de Atahuallpa* es una pieza que ataca con vehemencia a los primeros conquistadores del Perú[89]. El odio hacia los conquistadores, con una actitud muy común en la segunda mitad del siglo XVI, se contrapesa con la lealtad hacia España. Al final de la pieza, Pizarro, después de haber dado muerte a innumerables indígenas («vasallos»), es fulminado, junto con toda su descendencia, por una España indignada. El manuscrito que constituye la base de las interpretaciones modernas lo encontró Jesús Lara y lleva por fecha el 25 de marzo de 1871. Se dice, sin embargo, que la obra consta en la tradición oral, en múltiples versiones, desde 1555. La existencia de manuscritos parciales, anteriores al de 1871, confirmaría esa tesis.

Las tres obras examinadas dan cuenta, cada una a su manera, de la condición del indígena peruano en la segunda mitad del siglo XVIII. No obstante, consideramos ilegítimo ver en ellas el presagio de las revoluciones por venir, como lo han hecho algunos críticos. Los movimientos revolucionarios no surgieron desde los pueblos indígenas, sino de tensiones más complejas, con un espectro circunscrito al orden colonial, a la vez que vinculadas a circunstancias históricas que precipitaron los hechos a veces antes de que madurase por entero una mentalidad independentista.

BIBLIOGRAFÍA

ARROM, José Juan, «Entremeses coloniales», *Estudios de literatura hispanoamericana*, La Habana, Ucar García y Cía, 1950, págs. 71-91.
— *Historia del teatro hispanoamericano (Epoca colonial)*, México, Andrea, 1967. (Segunda edición de *El teatro de Hispanoamérica en la época colonial*, La Habana, Anuario Bibliográfico Cubano, 1956.)
— «Sainetes y sainetistas coloniales», *Memoria del Cuarto Congreso del Instituto Internacional de Literatura Iberoamericana*, La Habana, 1949, págs. 255-67.
CID PÉREZ, José y MARTÍ DE CID, Dolores, *Teatro indoamericano colonial*, Madrid, Aguilar, 1973.
HENRÍQUEZ UREÑA, Pedro, «El teatro de la América española en la América colonial», *Boletín de Estudios de Teatro*, 7 (1949), págs. 161-181.
JONES, Willis Knapp, *Behind Spanish American Footlights*, Austin, University of Texas Press, 1966.
— *Breve historia del teatro latinoamericano*, México, Andrea, Manuales Stadium, vol. 5, 1956.
LOHMANN VILLENA, Gillermo, *El arte dramático en Lima durante el Virreinato*, Madrid, Escuela de Estudios Hispano-Americanos de la Universidad de Sevilla, 1945.
LYDAY, Leon F. «The Colombian Theater Before 1800» *Latin American Theater, Review*, 4, i (1970), págs. 35-50.
MAGAÑA-ESQUIVEL, Antonio y LAMB, Ruth S., *Breve historia del teatro mexicano*, México, Andrea, Manuales Stadium, vol. 8, 1958.
MAGAÑA-ESQUIVEL, Antonio, *El teatro, contrapunto*, México, Fondo de Cultura Económica, 1970.
— «Los teatros en México hasta el siglo XIX», *Revista Iberoamericana*, 22 (1972), págs. 242-256.
MARÍA Y CAMPOS, Armando de, *Guía de representaciones teatrales en la Nueva España (Siglos XVI al XVIII)*, México, B. Costa-Amic, Editor, 1959.
ORTIZ, Sergio E., «Notas sobre el teatro en el Nuevo Reino de Granada», *Boletín Cultural y Bibliográfico*, 13, ii (1973), págs. 125-36.
PASQUARIELLO, Anthony M., «The *entremés, sainete* and *loa* in the Colonial Theater of Spanish America», Dis. University of Michigan, 1951.
— «The Evolution of the *loa* in Spanish America», *Latin American Theater Review*, 3, ii (1970), págs. 5-19.
QUACKENBUSH, Louis H., «The Latin American *Auto*: Themes and Forms», Dis. University of Illinois, 1971.
REYES, Alfonso, «Los autos sacramentales en España y América», *Obras Completas*, vol. VI, México, Fondo de Cultura Económica, 1955.

---

[88] *Usca Páucar*, traducido al español, en Vid Pérez, *Teatro indoamericano colonial*, págs. 341-409.
[89] *Tragedia del fin de Atahuallpa*, traducido al español, en Cid Pérez, *Teatro indoamericano colonial*, págs. 139-88.
* Esta bibliografía incluye sólo la mención de textos básicos para el estudio de la materia.

Saz, Agustín del, *Teatro hispanoamericano*, vol I, Barcelona, Editorial Vergara, 1963.

Schilling, Hildburg, *Teatro profano en la Nueva España: Fines del siglo XVI a mediados del XVIII*, México, Centro de Estudios Literarios, Imprenta Universidad, 1958.

Spell, Jefferson Rea, «El teatro en la ciudad de México», *El libro y el Pueblo*, 12 (1935), págs. 442-454.

Torre Revello, José, «Orígenes del teatro en His-panoamérica», *Cuadernos de Cultura Teatral* (1937), págs, 33-64.

— «El teatro en la Colonia», *Humanidades*, 23 (1933), págs. 145-65.

Trenti Rocamora, José Luis, «El repertorio de la dramática colonial hispanoamericana», *Boletín de Estudios de Teatro*, 7, núm. 26 (1949), págs. 104-25.

— *El teatro en la América colonial*, Buenos Aires, Editorial Huarpes, 1947.

Juan Ruíz de Alarcón

Jaime Concha

I

Al final de su *Velázquez*, Ortega incluye una «Tabla de generaciones». En ella aparecen los hombres más ilustres nacidos en el tiempo del pintor. Hay políticos, hay artistas, que ahora no nos interesan. Y están también los hombres de letras, los más altos ingenios españoles del siglo XVII. Entre estos últimos figuran sin duda todos. O casi. Fijémonos en los dramaturgos: Lope, Tirso, Calderón... Muy bien. He aquí otros menores: Rojas Zorrilla, Moreto. Alguien falta, sin embargo: nada menos que Juan Ruíz de Alarcón.

La omisión de Ortega no puede deberse a que haya adherido a la idea, promovida por Henríquez Ureña y aceptada por Alfonso Reyes, de un Alarcón mexicano. Esa ausencia habla más bien de las valoraciones imperantes en relación con los autores de la época llamada, con razón o sin ella, barroca. Según aquéllas, el panteón superior sigue ocupado por una trinidad inconmovible, la de los tres «grandes»; a los demás escritores teatrales sólo cabe un puesto marginal, a la sombra de esos soles centrales.

Nacido en México, de padres españoles, Alarcón es un indiano que pasa a Salamanca a estudiar en 1600 y a Sevilla, años después, tratando de triunfar en las funciones públicas. Aunque vuelve transitoriamente a Nueva España (1608-1613), retorna definitivamente a la metrópoli, donde luego de obtener un ansiado cargo en el Consejo de Indias (1626), cesa de escribir comedias para siempre. De hecho, la Primera y Segunda Partes de sus piezas dramáticas (Madrid, Juan González, 1628; Barcelona, Sebastián de Cormellas, 1634) constituyen, al publicarse, una especie de obras póstumas de su actividad teatral.

Esa sencilla evidencia, la de su condición de indiano, pudo ahorrar a los críticos literarios tantas penosas discusiones en que se llegó a los peores extremos del nacionalismo. Es demasiado grueso el despropósito de Henríquez Ureña cuando hace de Alarcón un mexicano *avant la lettre*. Y este eco suyo: «Alarcón... es la primera voz mexicana que se oye en el mundo», ni aun avalado por el prestigio de Alfonso Reyes puede resultar verosímil. Contra estos «mexicanizadores» de Alarcón y con nacionalismo inverso, J. Casalduero quiere hacer de él un perfecto peninsular del Siglo de Oro. Pero la verdad de Ruíz de Alarcón no pertenece a un México que aún no existía ni tampoco a una España en la que siempre se sintió forastero y en la que buscó tenazmente integrarse. Ella reside en su situación de hombre colonial que hacía gala de sus antecedentes genealógicos en Cuenca, precisamente porque había nacido en suelo americano.

La crítica se ha referido a menudo a Alarcón desde un punto de vista biográfico. Siempre se alude a su deformidad física, que tanto concitó en su tiempo las burlas de poetas y comediógrafos rivales. También se suele señalar su afán por ostentar títulos y blasones nobiliarios. En realidad, ambas cosas son lo mismo O mejor: la deformidad corporal se transforma, mediante la alquimia dolorosa de su obra, en esa monstruosidad cultural y social que supone haber nacido en ultramar. Toda su producción —esas veinte y tantas comedias que están ahí, constituyendo un terso y profundo universo dramático todavía no explorado— dan testimonio de lo que decimos.

Por el momento, importa empezar destacando lo que su teatro no contiene. Estas exclusiones delimitan su proyecto dramático, trazando los contornos de un programa que deja fuera, en gran medida, variedades principales del teatro español. Enumeremos estos vacíos. Primero: Alarcón no escribió nunca autos sacramentales. Este género de propaganda religiosa y política está por entero ausente del repertorio de nuestro autor. Lo que Lope, Tirso y Calderón harán hasta el cansancio, en esa suerte de teología *ad extra* y masiva que son los autos, Alarcón lo omite rigurosamente. Segundo: tampoco hay en su teatro comedias devotas o hagiográficas. Una sola comedia existe que, por su título y en su tema, se muestra justamente excepcional. Se trata de *El Anticristo*, cuyo alto héroe negativo subraya, como en relieve y por oposición, la ausencia casi total de comedia religiosa, subgénero dramático muy apreciado en la España post-tridentina. Tercero: las comedias de Alarcón no tocan el tema campesino y rural, de tanta vigencia en tiempos de Lope de Vega, según expuso admirablemente N. Salomon. En su gran libro el estudioso francés escribe:

Ruiz de Alarcón (1581?-1639), qui place la grande majorité de ses intrigues dans un

353

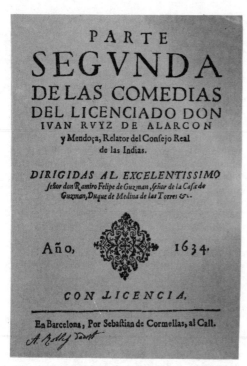

Comedias de Juan Ruiz de Alarcón, primera edición

cadre urbain, ne nous offre guère d'exemple de 'comedia' faisant intervenir un motif paysan: à peine peut-on citer, et seulement pour quelques effets mineurs, El dueño de las estrellas *et* Los pechos privilegiados. *Tout se passe comme si le Méxicain avait ignoré la campagne espagnole* [1*].

Indiferente a las cúpulas sagradas que en la literatura erigía la ideología eclesiástica-imperial, hasta el punto de crear un espejismo de autor prematuramente laico para la crítica liberal del siglo XIX; de espaldas a la inmensa *terra incognita* que resulta, para él, el campo español, donde fermentaba una burguesía rural que era la clase social más pujante de la época, el teatro de Alarcón es el de un forastero que contempla a distancia a una España castiza y cortesana que lo atrae y lo rechaza por mucho tiempo. Su mirada es la mirada de un hombre colonial que intenta plantear su abolengo en la época de la Reconquista, antes de la partición original, cuando todavía no existían ni la Corte ni el Océano. Es bueno, por

por lo tanto, definir en este punto el lugar que le corresponde a nuestro autor en la estructura social de su época.

II

Deforme, segundón, letrado, noble empobrecido, indiano: éstas son las determinaciones que, desde el nacimiento hasta su muerte, operan sobre la personalidad y la obra de Juan Ruiz de Alarcón. Signos, diríamos, de su mostruosidad. En su cuerpo, en su familia, en su grupo profesional, en el estamento a que pertenece, en el puesto que ocupa dentro del conjunto de la sociedad. Alarcón experimenta una anomalía de la cual nada sabemos en verdad, sino por el testimonio irrecusable de sus comedias. En éstas habita su drama. Es decir: en los pueblos, en los corrales, en los conventos, en el teatro de palacio, el público que se entretenía con sus intrigas quizás no adivinaba al personaje invisible y ubicuo que se expresaba a través de ellas. Al leerlas ahora, comprendemos que el escritor desarrolla una intensa conciencia de haber nacido mal, de haber nacido tarde, de estar situado abajo, muy abajo en la escala social de la nobleza, y de haber nacido lejos, en las márgenes de su patria verdadera, la metrópoli imperial. Mal, tarde, abajo, lejos: adverbios y circunstancias de la oración que pronunciará a lo largo de su existencia —la suma incomparable de sus textos dramáticos. En ellos yace su más patética confusión. A lo cual hay que agregar su condición de letrado, una de las más confusas y menos decantadas desde el punto de vista ideológico en la España del siglo XVII, plagada, por doquiera, de letrados.

Es éste el terreno que da fundamento real a la obra alarconiana. En la serie sociológica que va del individuo al contexto social más abarcador, Alarcón actúa intensificando una singularidad que resultará, a la postre, definitoria de su teatro. Éste puede concebirse como el conjunto de avatares de un sujeto singular en pos de universalización. Y eso llega a ser, en el panorama de la comedia española del Siglo de Oro, Alarcón: singularidad universalizada, en completa oposición al carácter representativo y hasta paradigmático de Lope y Calderón.

Los hitos de ese proceso pueden ser someramente bosquejados desde ya.

En su cuerpo. De pequeña estatura, barbitaheño, jorobado (doblemente, al parecer, si las sátiras no exageran el escarnio), con toda probabilidad estevado: su figura entera se le

---

* *Advertencia*: Por razones de espacio hemos reducido al mínimo el aparato de referencias y de notas, bastante extenso, contenido en la versión original de este capítulo.
[1] Noël Salomon, *Recherches sur le thème paysan das la «comedia» au temps de Lope de Vega*, Burdeos, 1965, pág. XVI.

hace a Alarcón afrentosamente perceptible, en la medida en que *contra-hace* la presencia natural de la persona. Esta situación de asombro, de desprecio y de horror —para la cual, cosa importantísima, no posee él instrumentos intelectuales de explicación— determina que su cuerpo sea siempre e inevitablemente cuerpo en trance público. Alarcón integra la mirada de los otros, que fija y le devuelve su imagen de monstruo. Esto es su teatro: la relación monstruosa con un público que, por una inversión muy comprensible y mediante la profundización personal de un *locus* clásico, se le convierte en «bestia fiera». Vale la pena sentir por un instante lo que subdicen algunos pasajes de sus *Proemios*:

> Contigo hablo, bestia fiera... Allá van esas Comedias; trátalas como sueles, no como es justo, sino como es gusto, *que ellas te miran con desprecio y sin temor*, como las que pasaron ya el peligro de tus silbos, y ahora pueden sólo pasar *el de tus rincones*[2].

> Loa sea la que les negocia tan gran Mecenas [el duque de Medina de las Torres]. que no sólo en el puerto de la emprenta, pero en el golfo del teatro les asegurara [a las comedias], si acaso no alabanzas, a lo menos lisonjas, *que si ocultan diferentes corazones, descubren todas una misma cara*, y para mí esto basta[3].

¿Cómo vivía Alarcón la sombra insoportable de su cuerpo? No lo sabemos y nunca sin duda lo sabremos. El grado y la naturaleza de su sufrimiento, las contorsiones de su mente para escapar a la obsesión de sí mismo nos estarán por siempre vedados. Sólo los textos hablan aquí con densidad. Y, sin embargo, contamos con una anécdota que tiene visos completos de legitimidad. En 1606, recién trasladado a Sevilla, Alarcón participa en una especie de justa poética, durante una fiesta en San Juan de Alfarache, disfrazado con el nombre de «Don Floripando Talludo, Príncipe de la Chunga». Tras la burla del disfraz, todo el drama de Alarcón se presenta ya concentrado, en la estupenda síntesis de un seudónimo dolorosamente suyo. El *Don* principesco que flota inaccesible, muy por encima de su posición efectiva en la sociedad; esa *Flor* quebrada y rota, que imita el perfil de sus corcovas, llegando a ser una condensación de su propio cuerpo; este *Talludo* enfático y peyorativo a la vez, que más que al buen talle de la época parece remitirnos al tallo deficiente de la

flor; y finalmente su *Chunga* natal, país o territorio que busca únicamente suscitar la irrisión: es esto lo que nos revela Alarcón en un mote que, bufonesco y todo, se inscribe como un prematuro epitafio de sí mismo.

Cualquiera haya sido el timbre íntimo de esa risa de 1606, Alarcón experimentará más tarde, en su vida práctica, los límites que le imponen sus defectos físicos. Como se sabe, éstos le impiden por mucho tiempo obtener los cargos públicos a que aspira: el puesto de catedrático en la Universidad Real y Pontificia de México, hacia 1613, y los oficios continuamente denegados por la corte, entre ese año y 1626. En virtud de esos rechazos sabrá, ya sin lugar a equívocos, que sus defectos físicos son mucho más que eso, pues representan, en el fondo, una deficiencia social.

Ya en *La cueva de Salamanca*, temprana comedia de sus años de Sevilla, el autor deposita una clave de su deformidad. Empieza allí a comprenderse en la única forma que le permitía la cultura de su tiempo, época todavía sin embriología y distante del desarrollo de la psicología moderna, con sus énfasis en el reconocimiento de las diferencias individuales: a través del mito. En el interior de la habitación mágica de Enrico, por una superposición de leyendas, se delinean el laberinto de Creta y la sombre formidable del Minotauro. He aquí la primera versión del monstruo, que aparecerá después en innumerables detalles y rincones de la obra alarconiana. El mito del Minotauro —que probablemente ha meditado Alarcón en el *Teseo*, de Plutarco, y en las *Metamorfosis*, de Ovidio— es un mito situado en el fondo y en las márgenes de su mundo poético. Lo irriga, lo impregna, lo canaliza, como si actuará desde secretos meandros. Hay que detectarlo; hay que detectarlo, hasta que aflora de modo amplio y casi coral en *El Anticristo*, si no estrictamente la última, con seguridad una de las comedias terminales del escritor. La Bestia de diez cuernos, el animal apocalíptico es, así, la suprema concreción de una mostruosidad corporal que, al proyectarse ahora sobre el trasfondo del Libro de la Revelación, se alza al rango de mensaje de providencialismo histórico.

Y lugo, toda esta intensa meditación analítica del cuerpo, fragmentación sin término, ese moroso recorrido que Alarcón lleva a cabo por los miembros del hombre. La cabeza: cabeza cortada de un delincuente, en la broma mágica de *La cueva de Salamanca*; cabeza trágicamente truncada, en *El tejedor de Segovia*; e, increíble trasposición, cabeza extirpada de los mártires, en el desenlace de *El Anticristo*. El pecho: desde el ambiguo y revelador título

---

[2] «El autor al vulgo», preliminar de la Parte Primera de las *Comedias* (ed. Millares Carlo, t. I, pág. 4).
[3] «Proemio» a la Parte Segunda (ed. cit., t. I, pág. 5).

de *Los pechos privilegiados* hasta el intenso agravio que emerge en *Los favores del mundo*, esta zona del cuerpo será la sede del mostruo noble, con sus jorobas por fuera y, por dentro, la íntima verdad de su palabra. El talle: existente por todas partes en el teatro de Alarcón y casi medida de caracterización de sus personajes, el «buen talle» se asocia a veces, por ironía, con la apostura de potros y caballos, creando así un emblema teratológico de la caballería. Y, para concluir, esa interminable enumeración de defectos físicos y morales, reales o fingidos, secretos o visibles, actuando como filtro en la dilección y antipatías que despiertan las figuras de sus comedias.

En su familia. Juan Ruiz de Alarcón es el tercer hijo de padres establecidos en México y vinculados a las minas de plata de Tasco, en las cercanías de la capital. El primogénito, don Pedro, será catedrático en la misma institución, la Universidad virreinal, que le niega entrada a don Juan. Hay, además de éstos y en número total de cinco hermanos, un tal don Gaspar, seguramente mayor que nuestro dramaturgo y el cual, sin la fama literaria de éste, se hundió para siempre en el olvido a que lo condenaba su lugar secundario en la casa de Alarcón.

El puesto que ocupa don Juan en là línea de descendencia lo priva de patrimonio. Sin hacienda propia, deberá buscar por sí mismo subsistencia; y subsistencia significa en la época no sólo la material del sustento, sino sobre todo satisfacer ese imponderable gravosísimo del decoro nobiliario. Será, primero, estudiante gracias al patronato de un pariente de Sevilla y tendrá que buscar después, constantemente, un mecenas de turno. Con lo cual su condición de segundón determina no sólo su destino profesional, sino que le asigna permanentemente un papel subordinado en la sociedad española. El régimen de mecenazgo, característico y fundamental para entender la obra y la vida de los ingenios más destacados del Siglo de Oro, explica muchas rivalidades personales entre, éstos, que, más que eso, eran producto de las tensiones entre las grandes casas nobles, polarizadas y fraccionadas de acuerdo a las coyunturas de la política interna y exterior de la corona. Hay una décima de Alarcón, de 1611, que muestra, sin necesidad de comentario, la cadena de vasallajes que implicaba el mecenazgo, institución y práctica que eran prolongación de los valores de una sociedad todavía eminentemente feudal. Es una décima de circunstancias, dedicada por nuestro autor al «Doctor don Gutierre Marqués de Careaga, natural de la ciudad de Almería costa del Reyno de Granada, tiniente de corregidor de Madrid corte de su Magestad por el Rey nuestro Señor», con ocasión de haber publicado éste el *Desengaño de Fortuna* (Barcelona, Imprenta de Francisco Dótil, 1611). El libro en cuestión está, a su vez, dirigido «a don Rodrigo Calderón», el famoso privado de Felipe III. Se ve, bien claramente, cómo se encadenan los eslabones del vasallaje y del mecenazgo: Ruiz de Alarcón, Marqués de Careaga, Rodrigo Calderón, Felipe III; es decir, un autor desconocido, un funcionario de la villa, el privado, el rey, en un tropismo que va de la periferia al centro, en una espiral ascendente que postula la obra literaria, no como mercancía ni objetivación estética, sino cual ofrenda de servicio, como tributo para una prebenda señorial.

La aparición del tema del mayorazgo será bien temprana en la obra de Alarcón. Desde el ataque abierto lanzado contra la institución en *La cueva de Salamanca* —también representativa en este aspecto, en cuanto núcleo concentradísimo que es del universo alarconiano— hasta la tematización fantasmal, grávidamente sombría, que ocurre en *La verdad sospechosa* primogénitos y desheredados coexisten tensamente, en ardua «contradicción», en el ámbito de sus comedias.

Ganar amigos resulta ser, en este respecto, un drama ejemplar. Creando desde la partida un complejo claroscuro en torno a dos hermanos, uno recientemente asesinado y otro que es el protagonista (hasta el punto de que, sin una lectura atentísima, cuesta advertir quién es el mayorazgo y quién el segundón), forja una fábula en que se concibe la amistad como dolorosa sustitución de la relación fraternal. *Ganar amigos* significa en lo profundo perder hermanos, y perderlos en un proceso de extremo despojamiento que lleva hasta el crítico umbral de la muerte. En la figura admirable del marqués don Fadrique, héroe que reaparecerá en otras obras suyas, Alarcón nos presenta una progresiva expoliación, desde el hermano muerto, pasando por las damas que don Fadrique requiere de amores, hasta la usurpación de su propia identidad. Es una admirable visión de la amistad la que Alarcón nos ofrece, en la que por esta parece conquistarse en el límite de la franca desposesión del sujeto. Es el nivel más rico y ramificado, junto al mayorazgo fallecido frecuentemente recordado por el padre del mentiroso en *La verdad sospechosa*, que adquiere el tema del segundón en el teatro alarconiano. Ello indica hasta qué grado pesaba en la época el privilegio injusto de la primogenitura.

Pero así como la deformidad se abre a una comprensión universal del destino humano, más allá de la angustia de la persona singular, su puesto de segundón le permite igualmente al comediógrafo semiestatuir una nueva visión de la amistad. Ésta es entendida, por una parte, como superación dialéctica de los primitivos lazos parentales de la nobleza de sangre y, por otra, como medio de constitución de nuevos vínculos de grupo, solidaridad horizontal que se superpone parcialmente y complementa las relaciones verticales entre señor y vasallo, entre amo y criado. Este lugar intermedio de la amistad la hace gozne histórico de una sutil transición en las relaciones intranobiliarias, al par que refuerza la conciencia de sí en las generaciones de jóvenes nobles desposeídos por el derecho de mayorazgo.

En el grupo. Licenciado por Salamanca, abogado en Sevilla, frustrado universitario en México, Alarcón se convertirá, a partir de 1613 aproximadamente, en un perpetuo candidato a los oficios de la burocracia imperial. «Pretenderá», pues, como se decía en ese entonces, con pretensiones que, dado el sistema riguroso de imposibilidades que era la administración española, pasarán a ser sinónimo de vanas ilusiones. De ahí la persistencia del letrado en sus múltiples comedias, las metamorfosis que reviste este tipo humano en la totalidad de su teatro. Nuevamente aquí *La cueva de Salamanca* nos presenta su primera manifestación, en la imagen del sabio Enrico. La figura adquirirá máximo relieve en el pórtico de *La verdad sospechosa*, donde un letrado sin nombre da cuenta a su señor de la educación del joven noble. Aquí, como en otras comedias de Alarcón, se establece un preciso itinerario de las posibilidades de ascenso social de los letrados. Primero, como ayos o encargados de la crianza de los vástagos de las casas nobles; luego, gracias a la intercesión de estos mismos señores, medrando al calor de la corte; finalmente, si todo va bien, recibiendo un puesto público de la corona, un oficio casi siempre relacionado con el gobierno de villas y ciudades (corregidores, tenientes de corregidor, etc.). Se delinea, pues, en la producción alarconiana, un diagrama muy exacto del peregrinaje social del letrado para incorporarse a la complicada red de prebendas en que consistía el aparato estatal.

Con todo, ya esa figura casi gemela que aparece también en *La cueva de Salamanca*, la del marqués de Villena, debe hacer pensar en las aporías existentes en la época para la concepción y la práctica profesional de tan extenso

sector de funcionarios. Tales dificultades no eran tanto materiales (por supuesto, también las había, pues pese a la enorme ampliación en las necesidades burocráticas de un imperio de radio mundial, los postulantes seguían sobrando, en virtud de la escasez endémica del erario español), sino principalmente de orden mental —ideológicas, diríamos hoy. Ya muy entrado el siglo XVII el letrado seguía siendo un ser indefinible, es decir, huérfano de una clara definición social. Ser noble, ser sacerdote, ser ganapán, eran cosas muy nítidas, aristotélica y escolásticamente nítidas en la conciencia colectiva del periodo. No así el letrado, cuya práctica social no encajaba plenamente dentro de la mentalidad excluyentemente nobiliaria de los estamentos dominantes. ¿Se puede ser letrado sin ser noble? ¿Constituye la actividad de las letras, sobre todo de las letras profanas relacionadas directamente con el derecho y la jurisprudencia, una sabiduría autónoma que se justifique a sí misma? En el tiempo, las reacciones a estas preguntas oscilan en un abanico de posibilidades que va desde la básica postulación del letrado-noble hasta un débil conato ideológico de reconocer la especificidad técnica de tal praxis intelectual. Y es que los intelectuales orgánicos de la España del Siglo de Oro siguen siendo los eclesiásticos; entre los intelectuales de nuevo cuño no se desarrolla ni se promueve una conciencia definida de grupo. De este modo, a pesar de la gran cantidad de rasgos chinos del imperio de los Austrias, no hay vislumbres de algo medianamente parecido a la institución del mandarinato, de tanto peso en ese otro imperio del Extremo Oriente, también burocrático-feudal. La tendencia hacia el reconocimiento colectivo de una nobleza burocrática queda siempre cegada debido a las constricciones ideológicas del periodo. También en esto, la posición de Alarcón es mantener la coexistencia de los contrarios, que aquí corresponden a fases efectivas en el desenvolvimiento histórico. Por un lado, postula la supremacía de la más antigua nobleza guerrera y de la tierra, ligada a la gesta de la Reconquista (en *Los favores del mundo*, donde retrata a sus antepasados de la villa de Alarcón); por otro, pone de relieve el valor inherente a la sabiduría intelectual, al estudio de las letras y al ejercicio experto del consejo. Tal coexistencia adquiere una prodigiosa plasmación en *La prueba de las promesas*, con el mudo vaivén del protagonista entre dos elementos contiguos: el Hijo del Fuego, potro mágico que es un poderoso símbolo estamental, y el estudio lleno de libros de Illán, el sabio de Toledo. El movimiento pendular entre el caba-

Conde-Duque de Olivares

llo y la biblioteca se alza, en esta comedia, como índice de una tensión no resuelta, antes bien mantenida por Alarcón en un equilibrio perpetuo. Del mismo modo Sancho, en la ínsula Barataria, hace gala de un grotesco vestido, en que caballero y letrado se mezclan en aberrante simbiosis.

Idéntica actitud, aunque ahora con fuerza trágica, es posible observar en *El dueño de las estrellas*, obra según algunos relacionada con el ascenso inicial del Conde-Duque de Olivares como privado de Felipe IV. En ella, el caso del consejero Licurgo, que se suicida en la cámara del rey, potencia con un desenlace poco usual en la época un conflicto que vitaliza subterráneamente toda la obra de Alarcón. En oposición al proyecto feudal-paternalista del rey y elaborando un programa de gobierno que atiende a ciertos problemas reales de la moderna sociedad civil (el problema de los pobres, sobre todo), el privado Licurgo hace culminar con su muerte —en la isla de Creta— la derrota inicial sufrida por Enrico en *La cueva de Salamanca*. Lo que en esta comedia primeriza era una simple derrota en el marco de una disputa académica, se convierte acá en un fracaso total, de plan y de existencia, para encarar técnica y expertamente las tareas de gobierno.

Otra pieza, *La amistad castigada*, de filiación platónica y también de ambiente insular (ahora, la Sicilia helénica), renueva el tratamiento de los conflictos políticos con pareja profundidad.

En su estamento. Perteneciente, por su origen familiar, a la nobleza media; situado, sin embargo, en virtud de su condición de segundón y de su precaria existencia material, en la franja inferior del estamento señorial; buscando constantemente enlazar con parientes lejanos, de la alta nobleza; oscilando, de este modo, entre su lugar natural como noble y una amenazante pauperización, Alarcón tematizará con crueldad la siniestra descomposición de la clase hegemónica de su tiempo. *Todo es ventura* nos ofrece un cuadro vivaz, picaresco y patético a la vez, de las condiciones miserables en que viven ciertos hidalgos urbanos. Y, paralelamente, la comedia nos diseña un espejismo de ascenso social, sueño dorado y solar que nos permite entrever el fenómeno de la movilidad social en la España de los Felipes.

Por de pronto, es bueno despejar un posible error. La llamada «movilidad social» de la época no tiene nada de democrático y ni siquiera es un antecedente en la apertura de posibilidades reales para los componentes del cuerpo social. Es más bien su exacto contrario, pues el flujo social —ascenso y caída, triunfo o empobrecimiento— se produce en el marco inconmovible de la nobleza; es una movilidad social *intra-nobiliaria*.

Entre los menesterosos escuderos y criados, arrinconados en los servicios más bajos del estamento, pasando por los caballeros de la nobleza media y por los títulos de la nobleza superior (duques, marqueses, condes), hasta llegar al grupúsculo de los grandes, hay todo un movimiento de la fortuna que da a la posición social de los nobles un revuelto color, en que caos y rigidez, hieratismo y torbellino se mezclan continuamente. Es una agitación en medio de la inmovilidad, como lo prueba el cambio en los equipos gobernantes producido cuando la sucesión de los Felipes. La muerte de Felipe II, en 1598, trae un notable desplazamiento de los antiguos funcionarios y su sustitución por los parientes y amigos del nuevo favorito, el duque de Lerma. Pero será, sobre todo, la transición de Felipe III a Felipe IV, esos días inquietantes que historia Quevedo en sus *Grandes Anales*, los que se grabarán en el espíritu de los contemporáneos. La caída vertiginosa del privado, Rodrigo Calderón, y, más tarde, de los miembros del *entourage* del rey (el conde de Villamediana), dará una concreción ejemplar a los azares de la fortuna.

Como es obvio, no se trata de una coyuntura de cambio social, sino de un recambio en las fracciones dominantes, en el cual guardan mucho peso los intereses regionales de la nobleza de la tierra y la política internacional de la corona. Este panorama de superficie caótica está casi siempre presente en las obras de Alarcón, donde la figura del privado y del consejero real se yergue cual criatura arquetípica en que se concentra la magia social de la época.

El *pathos* de ennoblecimiento es capital para entender la sociedad de los Austrias y es indispensable para inteligir la relación del artista con su obra —que nada tiene que ver con el proyecto romántico o existencial del período capitalista. Dos ejemplos ilustres, de distinta clase, lo muestran fehacientemente. Gregorio Marañón nos ha descrito al padre del Conde-Duque, el embajador del monarca católico ante el Papa, como guiado por el deseo y la ambición de llegar a ser un grande de España. Ese apetito social condiciona sus más profundos humores, su ánimo, instándolo a extremos a menudo infantiles. Por otra parte, Ortega nos ha hecho ver, gracias a una estupenda paradoja, que el pintor más importante del siglo XVII pintó poco en verdad, pintaba lentamente, como con desgano. Y es que, en la conciencia de Velázquez, no era el arte lo que le interesaba realmente, sino que todo su esfuerzo tendía a obtener un hábito de caballero. Lo obtiene, ya muy tarde en su vida, en 1658, un poco antes de acompañar al rey a firmar el Tratado de los Pirineos. La parábola de Velázquez es, por antonomasia, la parábola de los artistas en medio de esa sociedad nobiliaria: ser escritor, ser pintor es un camino parabólico para ennoblecerse o para subir en la jerarquía social de la nobleza.

Abundando todavía en este punto, los casos de los mejores dramaturgos contemporáneos revelan lo mismo. Ya me he referido a Alarcón, que fija su abolengo en la antigua villa de la frontera del Júcar. Si Ruth Kennedy no se equivoca en su brillante intuición, es muy probable que el seudónimo de Tirso se deba a su admiración por las dotes como gobernante de la regenta doña María de Molina, personaje de su comedia *La prudencia en la mujer*. El nombre con que conocemos al literato mercedario procedería, según esto, de elevadísima alcurnia. Y es sabido con qué fuerza Félix Lope de Vega y Carpio recalca este último apellido como índice de su procedencia montañesa y de la participación de sus antepasados en la defensa de la más vieja españolidad. Calderón igualmente recibe un hábito de Santiago por la representación de un dudoso juguete mitológico. En otras palabras: la ecuación entre nobleza y dramaturgos, por los menos en el plano de las postulaciones desiderativas, no puede ser más transparente; es la coerción sin fisuras de la ideología dominante, a la cual ningún escritor de la época puede escapar. Sólo muy posteriormente, en 1650, con las *Paradoxas racionales* de Antonio López de Vega, surgirá una crítica decidida y frontal a las instituciones y a la mentalidad nobiliaria.

Tal es la situación en el interior del estamento. Lo más cargado de consecuencias será, sin embargo, la nobilización de los otros sectores sociales, los del llamado pueblo en general: banqueros, comerciantes, artesanos, villanos ricos. Es lo que Braudel ha denominado la «traición de la burguesía», fenómeno extensivo a toda la Europa mediterránea, pero que en España tuvo sus efectos más fulminantes y desastrosos[4]. Las incipientes fuerzas burguesas, que ya habían sufrido una derrota durísima en las Comunidades, comienzan a invertir en la tierra desde el último tercio del siglo XVI y a adoptar la mentalidad señorial (atesoramiento improductivo, hábitos de ostentación, lujo, derroche, etc.). Naturalmente, el instrumento coercitivo más poderoso para esta dominación ideológica será la Inquisición, arma estatal que esgrimen la corona y la nobleza contra los sectores urbanos más dinámicos, aquéllos que podrían amenazar con una efectiva transformación de las bases de su hegemonía. El *Diálogo de los pajes* (1573), del arcediano Diego de Hermosilla, informa acerca de cómo los prestamistas de las grandes casas nobles llevan sus propios hijos a palacio, para que se eduquen como pajes, adquiriendo así la cultura señorial de que sus padres carecían. A su vez, H. Lapeyre nos ha descrito la involución práctica e ideológica de los Ruiz, esa gran familia de banqueros del área de Valladolid[5]. Todos los elementos alguna vez dinámicos y pujantes se movilizan, pues, hacia el estancamiento.

Se trata de fenómenos que Alarcón capta con sin par hondura, en la medida que afectan su frágil y vulnerable ser de clase. La antítesis entre el mercader y el caballero, con el prejuicio xenófobo frente al primero y la visión positiva del último, no es primitiva de su teatro, aunque encuentra en él tonos particulares, especialmente en el ambiente cosmopolita de Sevilla. En otro sentido y paralelamente al espejismo

---

[4] Ferdinand Braudel, *La Méditerranée et le monde méditerranéen à l'époque de Philippe II*, París, A. Colin, 1949, págs. 619 y ss.

[5] Henry Lapeyre, *Une famille des marchands: Les Ruiz*, París, A. Colin, 1955, pág. 103.

Ícaro en un óleo de J. P. Gowy

social diseñado en *Todo es ventura*, en que de la más degradada desnudez material se podían alcanzar los rayos del sol regio, *La prueba de las promesas* nos entrega la lección de un ascenso en verdad engañoso que pone a la vista la perspectiva reivindicativa con que Alarcón enfoca los cambios de posición social en el marco de la nobleza. Es el punto de vista de los deberes y compromisos del señor para con sus criados, del superior para con el inferior. El cumplimiento de la palabra y de las promesas se liga aquí a un vínculo esencialmente feudal, reactualizado de acuerdo con las nuevas condiciones sociales del siglo XVII. El poderoso no debe olvidar atender las necesidades de quienes son sus servidores. Punto de vista éste que atraviesa, con voz quejumbrosa o deprecatoria, toda una literatura de libelos, panfletos y proemios desde el tercio final del siglo XVI hasta la plenitud de la decadencia española. Es la voz de los débiles, de los desprotegidos que sólo pueden enfatizar un vínculo feudal de protección ante las crecientes condiciones de pauperización en que se ven inmersos y que los reducen al estado de plebe nobiliaria. Dilema histórico-social que enfrentan las capas más bajas de la nobleza en esta España que se hunde por doquier, implacablemente. Es la crisis de un imperio que, con fórmula admirable, Pierre Vilar caracterizó como «etapa suprema» del feudalismo[6].

_____
[6] Pierre Vilar, «Le temps du "Quichotte"», *Europe*, París, Jan.-Fér., 1956, pág. 10.

El acervo mitológico le permite una vez más a Alarcón expresar de un modo poético el péndulo de la Fortuna. Ícaro en su vuelo impulsivo hacia lo alto, Faetón como náufrago de una fallida aventura solar, son el anverso y el reverso de una misma visión que acentúa los ritmos contrapuestos en el campo de la movilidad nobiliaria. *El tejedor de Segovia* incorpora este mismo contraste en su estructura dramática, como alternancia de altura y caída en la sucesión de los tres actos de la comedia. Y quizá el lector ya habrá sospechado la coherencia de este aparato mitológico manejado por Alarcón, en que la figura de Ícaro sucede a la de su padre Dédalo, el constructor del laberinto. El mostruo con sus jorobas se prolonga en estos ángeles paganos (Ícaro, Faetón), de espaldas aladas, trazando una misma ilusión, en que las desgracias individuales se conciben a imagen y semejanza de las desgracias sociales de la nobleza inferior. La aventura social prolonga la del cuerpo, parece querer decirnos Alarcón. El mostruo en su cueva, aunque pueda volar como un ángel, estará siempre distante —en su claustro o despeñado, prisionero o atmosférico— de los poderes del Sol.

Como indiano. Del mismo modo que Alarcón carece de elementos conceptuales para comprender su deformidad física, tampoco puede interpretar racionalmente la situación a que lo condena su origen en la Nueva España. Es cierto que el Imperio es un todo, no sólo por su base material, en cuanto tejido mundial de relaciones precapitalistas, sino también en la esfera espiritual, pues la acción de la monarquía en el orbe se concibe como inscrita en un proyecto ecuménico. Pero ni la economía mundial ni el ecumenismo ideológico hacen de las extensiones imperiales un todo homogéneo. En el interior hay jerarquías, hay desigualdades que no se reconocen en el plano teórico, aunque se evidencian con brutalidad en la práctica. Las Indias, antes de toda articulación racional como colonia de explotación, es uno y quizá el más importante de estos territorios inferiores. La literatura del Siglo de Oro nos habla a cada paso de la visión negativa con que se miraba al indiano, al hombre nacido o que había tenido contacto con las posesiones ultramarinas.

El prejuicio se refuerza con la distancia y, en la larga perspectiva transoceánica, los contornos del hombre americano coinciden, de nuevo, con los de los monstruos. En efecto: ya los historiadores del arte han mostrado la impresionante emigración de las leyendas sobre monstruos del este al oeste, de Asia a América.

Cronistas como Benzoni, Pigafetta y De Bry concretan, por la palabra y en el grabado, la visión de América como tierra de monstruos, el continente de «la mujer de los senos colgantes». Y lo que es peor, como demuestra toda la historia cultural del periodo colonial latinoamericano, el criollo o el indiano interiorizan esta imagen despectiva que la metrópoli, el espejo ideal, les devuelve sin atenuación. Alarcón verifica en su propio cuerpo esta mácula del suelo americano. Lleva a cuestas el perfil de las Indias, la imagen asombrosa y grotesca que reproducen los libros de viajes de la época. Monstruo de Indias, es casi una figura escapada de las páginas de De Bry. De ahí que el conflicto atraviese todos los intersticios de su obra y sea posible entreverlo en varias de sus manifestaciones.

Lo primero es la multiplicidad que reviste en su teatro el tipo del forastero. En numerosas comedias, a menudo en el arranque de ellas, vemos la presencia de un visitante, de un extranjero o de un recién llegado a la corte, a Sevilla o a otras ciudades de la península. No es sólo el tópico del advenedizo o del intruso en palacio, que se asombra ante las increíbles transformaciones de Madrid o ante el mundo laberíntico de la corte. No; más allá de ese *locus* teatral del Siglo de Oro contemplamos una mirada ultramarina, la de alguien con una fuerte conciencia de marginalidad cultural.

El complemento correlativo al tema del forastero es la fuerza con que las piezas de Alarcón tratan de insertarse en la realidad peninsular. Desde *La cueva de Salamanca*, en que Enrico es extranjero y don Enrique natural de la tierra, encontraremos esta constante dualidad operando en vivo en el teatro de Alarcón. Varias de sus comedias buscan incrustarse en la tradición hispánica, ya recurriendo a leyendas antiguas o prestigiosas, ya bañándose en la atmósfera de festividades populares de la península (la noche de San Juan, en *Las paredes oyen*) o seleccionando incluso fuentes literarias que marquen la ligazón entre quien escribe y un noble y preclaro ingenio del pasado. Es el caso de *La prueba de las promesas*, tomada de un «enxiemplo» de *El conde Lucanor*; su autor, don Juan Manuel, fue en su tiempo —lo mismo que el marqués de Villena— señor de la villa de Alarcón.

En la expresión del conflicto ayuda a Alarcón la geografía de sus comedias. Tal geografía es cifrada, pues implica desplazamientos y sustituciones: Lima, por ejemplo, en *El semejante a sí mismo*, es un modo de aludir a las Indias sin mencionar directamente a México. El mapa de sus comedias es, así, un palimpsesto, cuyo estrato soterrado remite, en último término, al corte profundo del Océano. Hay varios sectores territoriales que operan en esta geometría, áreas que reconstruyen en el texto de Alarcón una nueva legalidad. El área de las Indias, que no está sólo representada por México o Lima (así, no vale el argumento de quienes dicen que Alarcón menciona muy poco a México para ser mexicano), sino también por China, Japón y otros rincones del globo; el área de las posesiones europeas extra-peninsulares (Flandes, Milán, Bohemia), intuida como una especie de engañosas e ilusorias anti-Indias; y el área, finalmente, de las islas mediterráneas (Creta y Sicilia), que son como una síntesis utópica de Europa y las Indias, de la Península y de esos territorios largo tiempo considerados «islas del mar Océano». Por ello, la fractura que establece el Atlántico se carga a veces de un sentido opuesto. Las aguas marinas llegarán a ser entonces especio de resurrección frente a las constantes *débâcles* solares de los héroes alarconianos.

Otra manifestación de la constelación indiana presente en Alarcón es esa primera y gran mentira que lanza don García, el embustero de *La verdad sospechosa*, cuando finge proceder de las Indias. La mentira del personaje consuela allí, por un momento, la situación inmodificable del autor. Falsamente indiano, pero llegado de Salamanca, don García sintetiza en su mentira la verdad profunda de Alarcón, su deseo de tener raíces en tierras metropolitanas.

Con todo, la elaboración más compleja de esta situación la lleva a cabo el dramaturgo, organizando un espacio poético y simbólico asombrosamente excepcional. Bajo el ámbito oficial de la Iglesia y de las catedrales, cava él un mundo subterráneo que será otra variedad y metamorfosis de su cueva monstruosa. Laberinto, infierno, cripta en *El tejedor de Segovia*, sacristía diabólica en *Quien mal anda en mal acaba*, esta «cueva indiana» de Alarcón alcanza su más extrema concreción en *El Anticristo*, como catacumbas que son ahora espacio de salvación, expectante martirio en el umbral de la redención.

Una ramificación menor de este espacio opresivo y promisorio a la vez serán las cárceles, tan frecuentes en sus intrigas dramáticas. Experimentadas en su quehacer de abogado en Sevilla, las prisiones se cargan en su obra con enorme agresividad, con una gran energía de liberación de grilletes, cadenas, barrotes y calabozos. Tal ocurre, por lo menos, en *La cueva...*, *El desdichado en fingir* y en *El tejedor de Segovia*.

Así, la articulación metrópoli-Indias no

aparece en forma explícita en Alarcón (ello era imposible en su tiempo, porque esa relación era conceptualmente irrepresentable), sino mediante un arte elíptico y, sobre todo, gracias a la configuración de un espacio alegórico que es la arquitectura más sólida y artísticamente perdurable de su teatro.

III

La magia es el hilo sutil y poderoso que unifica estas facetas de Alarcón. Más que un sector cuantitativamente significativo en su producción, lo mágico es una tónica que confiere una vibración singularísima a su mundo teatral. La personalidad de los hechiceros, los efectos de los encantamientos y la misma reflexión sobre el saber mágico no sólo delimitan un sub-conjunto muy homogéneo entre sus comedias, sino que propagan a la totalidad de ellas una pátina espiritual, que es atmósfera coherente y unidad sensible de sus ficciones dramáticas.

Al recibir esta orientación, el arte de Alarcón se incluye en un marco más amplio, el de un orden cultural y de un sistema del mundo que ha sido bien descrito por Michel Foucault. Refiriéndose a la «episteme» del Renacimiento, esto es, al conjunto de reglas constitutivas del saber de la época, escribe el autor de *Les mots et les choses*:

> *Le projet des «Magies naturelles», qui occupe une large place à la fin du XVIe siècle et s'avance tard encore en plein milieu du XVIIe, n'est pas un effet résiduel dans la conscience européenne; il a été ressuscité —comme le dit expressément Campanella— et pour des raisons contemporaines: parce que la configuration fondamentale du savoir renvoyait les unes aux autres les marques et les similitudes. La forme magique était inhérente à la manière de connaître*[7].

Casi estrictamente contemporáneo a la aparición del *Quijote*, como veremos, el arranque del teatro alarconiano es un intento de proyectar en el escenario, para delicia del público, el juego de las transformaciones, el espectáculo cambiante de las apariencias. En la primera década del siglo XVII los lectores empezaban a conocer las figuraciones delirantes de un caballero manchego, a la vez que, en el volumen espacial del tablado, esta otra magia sin letras, sin páginas impresas, se desplegaba como ilusión visible y palpable. Una vieja

fulguración ideológica se apagaba ante el paso inevitable de las nuevas condiciones de vida social y, por ende, ante el surgimiento de una mentalidad diferente. Pero mientras en la genial novela cervantina se apagaba como locura pertinaz frente a un mundo nuevo que nacía, en Ruiz de Alarcón el remanente mágico parece someterse al imperio de los doctores, de las disputas universitarias y del viejo orden escolástico; de la Iglesia, en suma. Elemento de una lucha histórica de gran envergadura, en el nivel superestructural, en el *Quijote*, la magia escenifica en Alarcón una antigua contradicción medieval, la del pensamiento dominante con las pululaciones heterodoxas que tratan de carcomer su poder sin contrapeso. No obstante, a partir de esta constelación que ya se borra, el autor puede ligar esa perspectiva a sus propias determinaciones, condensándolas eficazmente allí delante, en el escenario.

La magia comienza siendo, para él, lectura y sentido del cuerpo. Cuando el médico de *Quien mal anda en mal acaba* observa las manos y el rostro de su paciente, convierte un cuerpo en libro, gracias a las artes de la quiromancia y de la fisiognómica. Los rasgos individuales se transforman, así, en una serie de caracteres cuyo sentido le es posible leer al mágico experto. Y esto conducirá también a otra inversión, aún más reveladora en el *corpus* alarconiano: el que su escritura misma se conciba como envoltura corporal, en la túnica ardiente de Deyanira. En efecto, el mito de Hércules, meditado en Séneca, en los *Doze trabajos...* del marqués de Villena y participando de la temprana cristianización del héroe en tiempos del Imperio Romano, circula profusamente por su teatro. No es sólo Hércules una figura legendaria nacional, situada en la intersección del Mediterráneo con el Océano (las Columnas, el Atlas), sino criatura flagrante como Ícaro o Faetón, ya que como éstos muere abrasado por las llamas a que lo condena un lienzo envenenado. En esto reside su muerte y su apoteosis:

> Llevad...
> estos papeles, que el lienzo
> de Deyanira los hizo...
> anagrama
> en que pintaron los griegos,
> en Hércules abrasado,
> tan claro y glorioso ejemplo.

Se ve: papeles, lienzo, túnica mortal convierten todo el cuerpo en un «anagrama», ese orden secreto en que las letras, justamente distribuidas, devuelven un nombre, es decir,

---

[7] Michel Foucault, *Les mots et les choses*, París, Gallimard, 1966, pág. 48.

la identidad del sujeto que en ellas se encarna. Es lo que *Las paredes oyen* —y el lector de hoy debe actuar como una de estas «paredes» sensibles y receptivas— dicen con toda precisión por boca de don Juan que, feo y defectuoso, se presenta así:

> ... oye, señora: no leas,
> que la carta viva soy

He aquí el cuerpo convertido en papel íntimo y público a la vez; y este es el drama de Alarcón: el anagrama de su propio ser.

La magia es igualmente, en relación con el cuerpo, posibilidad permanente de disfraz, de metamorfosis, que elimina la deformidad y anula fugazmente los defectos. De este modo, lectura de la naturaleza o alquimia trasmutadora de la presencia, la magia crea una de las más impresionantes auto-conciencias del cuerpo existentes en el teatro del Siglo de Oro, algo absolutamente excepcional para la sensibilidad de la época. Es el magro fulgor que un contrahecho extrae de su propia tragedia.

En cuanto al letrado —Enrico o Illán— comienza imaginando su saber como un poder mágico. Saber-poder, la magia se revela entonces como un intento para dar perfil técnico a un conjunto de conocimientos cuyo estatuto es todavía muy borroso. Este *compositum* irreconocible atraviesa todas las regiones del mapa gnoseológico: es *Ersatz* de una tecnología en lo esencial ausente en una España sin pleno desarrollo manufacturero, capacidad de ordenación política en medio de la creciente decadencia, discusión acerca del milagro falso o verdadero en el plano teológico. Mientras en otros países de Europa Galileo, Descartes y Bacon construyen los sistemas filosóficos y científico-técnicos del desarrollo capitalista en su etapa manufacturera, en el interior de la Península asistimos a la vivencia mágica de ese gran vacío, a una oquedad histórica percibida, por Cervantes, en molinos-gigantes, batanes misteriosos, Clavileños que vuelan o, en el caso de nuestro dramaturgo, en el motivo de las cabezas parlantes —fósil teológico que enfatiza grotescamente la distancia frente a esos otros autómatas tan interrogados por Descartes más allá de los Pirineos.

Para el segundón y el noble pobre que es Alarcón, la magia no es menos un reino de espejismo y de consuelo. Esas herencias que llegan de improviso y por golpes desconocidos de la suerte; esos títulos que se adquieren de repente, indican la misma perspectiva mágica proyectada ahora sobre el campo de la movilidad social. «Todo es ventura», al parecer, en medio de las crudas realidades en que vive la nobleza más desamparada. Sin embargo, en Alarcón se contrarresta el rol excesivamente propagandístico de la visión mediante dos elementos: la acentuación correlativa de los méritos personales, según la cual el ascenso de los inferiores no es sólo gracia y óbolo de los señores, sino producto del valer individual; y la admirable destrucción de los castillos ficticios que emprende en el interior de su teatro, gracias a un juego sorprendente cervantino instaurado entre sus personajes. Por ejemplo, en *La cueva de Salamanca* hay un don Diego de Guzmán que recibe al final de la comedia el título de marqués de Ayamonte, una de las grandes fortunas de la época; en *Quien mal anda en mal acaba* ese mismo nombre es la invención de un modesto morisco que, como falso don Diego de Guzmán, engaña a la mujer que desea poseer. Es como si lo que existía allá no existiera acá, pues el efecto propangandístico de *La cueva...* se deshace en *Quien mal anda...* en la forma de una treta y de un ardid. Tal es la estupenda utilización de la perspectiva mágica por parte de Alarcón, una magia que se sabe a sí misma y que no duda en retirarse y disolverse cuando se descubre impotente ante el peso y las constricciones de la realidad.

IV

Concluyo con tres o cuatro observaciones, algunas de las cuales son de orden metodológico; otra tiene que ver con el problema de la cronología de las piezas de Alarcón.

No me parece adecuado buscar en Alarcón psicología. Años atrás Salomón observaba con justeza que el teatro del Siglo de Oro «no es esencialmente psicológico». De hecho, los tipos psicológicos en sentido moderno son escasísimos en nuestro dramaturgo, y apenas esbozados, más como embriones que como criaturas cumplidas. El mentiroso de *La verdad sospechosa* y el «acomodado» de *Don Domingo de don Blas* me parecen, en este punto, sus mejores encarnaciones. El teatro de Alarcón, como todo el del Siglo de Oro español, no es un teatro de pasiones, a la manera de Racine, ni nos suministra esa prodigiosa galería de caracteres que contemplamos en Shakespeare. Orientarse por ahí es errar la dirección y, desde el punto de vista de las consecuencias prácticas, emprender análisis de personajes que más empobrecen la creación que la hacen inteligible. Creo que la grandeza de Alarcón no pasa por la de sus tipos, casi siempre convencionales, sino que reside en la estructura poética de su mundo dramático. El elemento

La verdad sospechosa

psicológico es en él secundario, subordinado siempre a una captación de índole histórico-social que es imaginativamente rica, dotada de amplitud y soberana densidad.

Esto se relaciona igualmente con otra materia, que puede utilizarse aquí, casi como regla de análisis y herramienta heurística: la cuestión de los desenlaces. Peraltar o enfatizar excesivamente los finales en las comedias del Siglo de Oro es reproducir la monótona evidencia de que son siempre confirmación institucional de la ideología vigente. Los remates de las comedias, con su pobre y mecánica repetición de situaciones (casamientos de señores y criados, intervención del rey o de los grandes), son la necesaria reverencia que los dramaturgos hacen al sistema y funcionan, por lo tanto, como vía de institucionalización del espectáculo y la representación. Esto es lo que conduce a tantos callejones sin salida y a discusiones estériles acerca del carácter progresista o conservador de ciertas comedias representativas. *Fuenteovejuna* es, en este respecto, un experimento crucial nunca resuelto. Desde el punto de vista de la conclusión, la alternativa constituye siem-

pre un falso problema y tiene razón José Antonio Maravall cuando afirma que no hay nunca, en ninguna comedia del Siglo de Oro, verdadera crítica, es decir, crítica substancial a la sociedad.

Sin embargo, una aseveración como ésta debe de ser necesariamente matizada si se confrontan los desenlaces con el interior, con el cuerpo dramático en su movimiento mismo. Es aquí donde las obras nos revelan la pluralidad de sus sentidos. En el conjunto de vicisitudes, caminos truncos, coartadas que la intriga dramática insinúa, promueve o convoca, vislumbramos un mensaje que no coincide con el resultado explícito de los finales; antes bien, a menudo los supera. La cúpula institucional no debe impedir ver, en consecuencia, el laberinto interior que es, las más de las veces, una comedia del Siglo de Oro, en cuanto busca tenazmente romper los límites rigurosos de la ideología. Hay que fijarse, entonces, y observar con extremo cuidado las figuras de esta búsqueda, describir sus avatares y sus reflejos ciegos, los repliegues y tensa convolución. Todos ellos, en su impotente operación, nos hablan de un apetito de liberación que, fallido y todo, hace dramática y artísticamente significativo el teatro de Alarcón.

En cuanto a la cronología de sus piezas dramáticas, nos seguimos moviendo en un terreno nada firme. Griswold Morley, que ha estudiado la métrica de Alarcón desde un punto de vista estadístico, reconoce que no hay base sólida para establecer una posible sucesión de sus obras. El enfoque más tradicional, positivista, que toma en cuenta las referencias a hechos o acontecimientos externos, tampoco garantiza las dataciones. Hay otro procedimiento, que sería largo tal vez desarrollar, pero que controlado· con los índices anteriores podría echar luz sobre algunos aspectos de la cronología: me refiero al estudio de la evolución de motivos o escenas típicos, como el de la cripta, por ejemplo, que me ha rendido verificaciones parciales para un grupo pequeño de comedias (el trío constituido por *La cueva...*, *El tejedor...* y *Quien mal anda en mal acaba*). En todo caso, para evitar errores de bulto, prefiero considerar el conjunto de la producción alarconiana como un todo sincrónico, cuya historicidad opera en bloque, no interiormente diversificada. Esta nota sincrónica general puede relativizarse, a pesar de todo, en virtud de las siguientes constataciones cronológicas:

1) La génesis y la redacción de las comedias alarconianas va desde 1606 hasta 1626; esto es, desde el traslado a Sevilla hasta el nombramiento como relator interino del Consejo de Indias. Todo ello, es claro, con un margen relativo de aproximación.

2) Dentro de este marco de veinte años, es posible fijar ciertos grupos extremos de comedias, algunas francamente tempranas (*La cueva de Salamanca* y *El semejante a sí mismo*) y otras pertenecientes a los últimos años de su producción: *El dueño de las estrellas* y *El Anticristo*.

3) La atribución de arreglos y revisiones pertenece al reino de las conjeturas, de las presunciones infundadas, y muy poco se puede sacar de allí. Creo, sí, altamente probable que *La cueva de Salamanca*, comedia inicial, haya sido refundida, aunque en partes no significativas, con ocasión de su representación en palacio en 1623 (sobre todo, en los pasajes alusivos al rey).

4) Y, finalmente, ya se ve que las fechas de representación, lo mismo que las de aprobación para la impresión de las *Partes* (1622, para la primera; 1628, para la segunda), pueden servir como legítimos términos *ad quem* de datación.

BIBLIOGRAFÍA

I. *Ediciones*

a) Edición original, en dos partes: *Parte Primera de las Comedias de Don Juan Ruiz de Alarcón y Mendoza*, Madrid, por Juan González, 1628; *Parte Segunda de las Comedias del Licenciado Don Juan Ruiz de Alarcón y Mendoza*, Barcelona, por Sebastián de Cormellas, 1634.
b) Edición Hartzenbusch: *Comedias escogidas de don Juan Ruiz de Alarcón*, BAE, de Rivadeneyra, vol. XX, Madrid, 1852.
c) Edición Millares Carlo: *Obras Completas*, de Juan Ruiz de Alarcón, México, FCE, 3 ts.: t. I, 1957; t. II, 1959; t. III, 1968.
d) Edición Ebersole: Reproducción no facsimilar de las impresiones originales, Estudios de Hispanófila, Madrid, Castalia, 1966.

II. *Biografías*

a) FERNÁNDEZ-GUERRA Y ORBE, Luis, *Don Juan Ruiz de Alarcón y Mendoza*, Madrid, 1871, 1 vol.; México, 1872, 2 vols. Sigue siendo, con todas sus inexactitudes, el libro no superado sobre Alarcón.
b) KING, Willard, «Los ascendientes paternos de Juan Ruiz de Alarcón», *NRFH*, XIX, (1970), págs. 49-86. Importantísimo estudio de archivos.

III. *Estudios*

a) CASTRO LEAL, Antonio, *Juan Ruiz de Alarcón. Su vida y su obra*, México, Ediciones Cuadernos Americanos, 1943.
b) EBERSOLE, Alva V., *El ambiente español visto por Juan Ruiz de Alarcón*, Madrid, Castalia, 1959.
c) CLAYDON, Ellen, *Juan Ruiz de Alarcón, Baroque Dramatist*, Madrid, Castalia, 1970.
d) ESPANTOSO FOLEY, Augusta, *Occult Arts and Doctrine in the Theater of Juan Ruiz de Alarcón*, Génève, Droz, 1972.

IV. *Artículos*

a) HENRÍQUEZ UREÑA, Pedro, «Don Juan Ruiz de Alarcón». Conferencia pronunciada el 6 de diciembre de 1913 en la Librería General de México.
b) REYES, Alfonso, «Prólogo» al *Teatro* (*La verdad sospechosa* y *Las paredes oyen*) de Juan Ruiz de Alarcón, Madrid, Clásicos Castellanos, 1918.
c) ALATORRE, Antonio, «Para la historia de un problema: la mexicanidad de Ruiz de Alarcón», *Anuario de Letras*, México, 1964, págs. 161-202.
d) CASALDUERO, Joaquín, «Ruiz de Alarcón: Sobre la nacionalidad del escritor», *Estudios sobre el teatro español*, Madrid, Gredos, 1967, páginas 156-68.
e) GREEN, Otis H., «Juan Ruiz de Alarcón and the *topos* "Homo deformis et pravus"», *Bulletin of Hispanic Studies* (abril 1956), págs. 99-103.

VI

Novela hispanoamericana colonial

La novela hispanoamericana colonial

CEDOMIL GOIČ

INTRODUCCIÓN

En la literatura hispanoamericana, el estudio de la novela de los siglos XVI, XVII y XVIII ha sido un capítulo controvertido cuando no inexistente [1]. Una serie de variadas posiciones jalona la problemática historia de las consideraciones sobre este género: su existencia, su definición genérica, su valoración, su determinación literaria, ideológica o cultural. La primera visión del asunto parece ser la inferencia positivista de la inexistencia del género en las letras hispanoamericanas a partir de la inexistencia de obras en las bibliotecas investigadas [2]. Luego vino la prueba positiva de esa inexistencia: una legislación prohibicionista, renovada varias veces, impedía la lectura de «libros de romances de materias profanas y fabulosas ansi como son libros de *Amadís* y otros desta calidad de mentirosas ystorias» [3]. Nuevas investigaciones documentales permitieron corregir esta primitiva visión con el hallazgo de registros y listas de embarques de partidas de libros que comprueban al menos que libros de caballerías y de pastores, novelas picarescas y el *Quijote* llegaron a las Indias en los galeones de España para su distribución y consumo en México, Perú y otros lugares. La legislación prohibicionista no había sido enteramente efectiva o su alcance no había sido bien comprendido [4]. Al fin de cuen-

Amadis de Gaula, edición de 1519

tas, resulta que sí hay algunas novelas propiamente tales, aunque pocas, publicadas en España y no en el Nuevo Mundo y cuando se publican en este continente entonces tienen como limitación el ser obras de contenido religioso. Si no es así, entonces su contenido profano parece ser causa suficiente de su carácter inédito [5]. La obra más estimable es menospreciada por ser una imitación declarada [6], o incomprendida por anunciarse como una

---

[1] *Vid.* Bibliografía.
[2] Esta es la primera conjetura, inducción falsa, de la crítica y la historiografía positivista.
[3] *Vid.* José María Vergara y Vergara, *Historia de la literatura en Nueva Granada*. Parte primera: desde la conquista hasta la independencia (1538-1820). Bogotá, Imprenta de Echevarría Hermanos, 1867; Miguel Luis Amunátegui, *Los precursores de la independencia de Chile*, 3 vols., Santiago, 1870, Amunátegui hace una pormenorizada exposición de la *Novísima Recopilación de las Leyes de Indias*, Libro 8, título 16, leyes 1 a 41, que recoge la legislación prohibicionista desde los Reyes Católicos hasta Carlos IV; José Toribio Medina, *Historia de la literatura colonial de Chile*, Santiago, 1878. «Introducción», tomo 1, xxvi; Vicente Gaspar Quesada, *La vida intelectual en la América española durante los siglos XVI, XVII y XVIII*, Buenos Aires, 1910; Francisco A. de Icaza, *El «Quijote» durante tres siglos*, Madrid, 1918, págs. 112-114; y, finalmente, Pedro Henríquez Ureña, «Apuntaciones sobre la novela en América», *Obra crítica*, México, Fondo de Cultura Económica, Biblioteca Americana, 37, 1960, págs. 618-626.
[4] *Vid.* Ricardo Palma, «Sobre el Quijote en América», *Mis últimas tradiciones peruanas*, Barcelona, 1906; Francisco Rodríguez Marín, *El «Quijote» y don Quijote en Indias*, Madrid, 1911; Irving A. Leonard, *Romances of Chivalry*

in the Spanish Indies with some registros of shipments of books to the Spanish Colonies, Berkeley, 1933 y *Los libros del conquistador*, México, Fondo de Cultura Económica, 1953. Traducida al español por Mario Monteforte Toledo de *Books of the Brave*, Cambridge, Harvard University Press, 1949; José Torres Revello, *El libro, la imprenta y el periodismo en América durante la dominación española*, Buenos Aires, 1940.
[5] Cfr. Pedro Henríquez Ureña, *loc. cit.*
[6] Cfr. Pedro Henríquez Ureña, *loc. cit.*

traducción[7]. Implícitamente surge el deseo de compensar esta ausencia del género recurriendo a expedientes diversos. El más banal consiste en abrir un apartado sobre los novelistas viajeros —Mateo Alemán, Tirso de Molina— que vivieron en Indias, sin escribir novelas ni tratar de temas americanos en obras de este género vez alguna[8]. Otro, con más sentido del que parece otorgársele, es el de las traducciones de novelas inglesas o francesas del siglo XVIII, que reviste interés para la historia del género en Hispanoamérica[9]. Pero el expediente de consecuencias más serias es el que pretende sustituir la pobreza y escasez del género novelístico por la riqueza y abundancia de la crónica hispanoamericana, en la idea de que son más valiosas novelas escritas con sangre que novelas escritas con tinta[10]. Aunque repetida, esta valoración comparativa entre términos incomparables, es absurda y revela juntamente desprecio por la literatura, no distingue lo que hay que distinguir: los géneros históricos o historiográficos tienen determinaciones genéricas propias, así como la novela tiene las suyas; y, por otra parte, no es sino una valoración emotiva que para en figura retórica. En otro plano, que favorece la confusión por la intuitiva comprobación de semejanzas no analizadas y por un generalmente declarado menosprecio por las distinciones genéricas, se ha intentado llenar el supuesto vacío con lo que se ha dado en llamar «conatos de novela»[11] o «protonovelas»[12]. Se trata por lo general de obras que utilizan parcialmente con fines retóricos procedimientos que tienen su lugar natural en la novela. La mezcla de géneros no es un fenómeno infrecuente, en particular en el siglo XVII, corresponde sin embargo a la experiencia primaria de lectura el percibir la intención genérica de la obra. Aunque estamos ante un caso de ambigüedad característica, la unidad de sentido de una obra no se define por los elementos esporádicos o parciales, sino por los domi-

nantes y de conjunto. Como dice el historiador del arte: un atrio no es una catedral.

Para completar el estado de la cuestión, finalmente, una serie de publicaciones, «descubrimientos» y estudios de obras individuales ha venido en los años más recientes a cambiar considerablemente, si no por completo, el cuadro descrito. Bajo las nuevas condiciones es posible organizar con mayor homogeneidad y pertinencia el *corpus* de la novela hispanoamericana de los siglos iniciales, y hacer más explícitos los determinantes contemplados para definirlo o definir sus límites.

Contra el criterio universalmente practicado, preferiremos el criterio de los viejos bibliógrafos del siglo pasado que afirmaban, algo contradictoriamente, la unidad histórico-cultural del mundo hispánico, incluyendo españoles y españoles americanos en sus catálogos: los primeros si escribían de asuntos americanos, los segundos por lo que escribieran. En nuestro caso acogeremos por igual al novelista americano, español o criollo que escribe en Indias y aparece vinculado a ellas, como al español o al gentilhombre gascón que escribe en español una novela de asunto americano. Nuestro determinante histórico-geográfico es entonces más amplio; nuestro determinante filológico es exigente.

Contra la indeterminación genérica practicada en los principales estudios sobre la novela que consideramos, intentamos una variada serie de determinaciones en la línea de nuestros trabajos publicados anteriormente. Aunque la voz *novela* designa equívocamente el conjunto de las obras que vamos a considerar, no nos detendremos en una cuestión de palabras, sino en la cualidad genérica del objeto mismo, en sus determinantes poéticos[13]. Libros de caballerías, libros de pastores, novelas picarescas, historias tragicómicas, novelas propiamente tales y los géneros fronterizos de los libros de visiones o alegorías, las fantasías satíricas, serán el objeto de nuestro estudio.

Novelas son las narraciones imaginarias que presentan un narrador ficticio, integran un lector ficticio y se refieren a un mundo; narraciones que adquieren una forma cerrada cuando acontecimiento, personaje o espacio se constituyen en el plano configurante[14]. La

[7] Cfr. Edmundo O'Gorman, «Prólogo» a Gonzalo Fernández de Oviedo, *Sucesos y diálogos de la Nueva España*, México, Universidad Nacional Autónoma de México, Biblioteca del Estudiante, 1946, viii-xlix.

[8] Cfr. Pedro Henríquez Ureña, *loc. cit.*

[9] Cfr. Pedro Henríquez Ureña, *loc. cit.*

[10] Cfr. Luis Alberto Sánchez, *Proceso y contenido de la novela hispanoamericana*. Madrid, Gredos, 1953, pág. 79.

[11] Expresión de Pedro Henríquez Ureña, *loc. cit.*

[12] Expresión de Luis Alberto Sánchez, *op. cit.*, páginas 11 y ss. Bajo el nombre de «Protonovela costumbrista» Sánchez encierra a un verdadero novelista, José Joaquín Fernández de Lizardi, con el *Lazarillo de ciegos caminantes*, un libro de viajes, y el *Siripo* de Manuel José de Labardén, una obra dramática de la cual se conserva sólo el segundo acto.

[13] Sobre la voz *novela* y el género renacentista *vid.* Karl Vossler, *Formas poéticas de los pueblos románicos*, Buenos Aires, 1960, págs. 309-338.

[14] Cfr. Wolfgang Kayser, «Origen y crisis de la novela moderna», *Cultura Universitaria*, Caracas, 47, 1955, páginas 5-50. Para la comprensión teórica de la situación narrativa imaginaria *vid.* Félix Martínez Bonati, *Estructura de la obra literaria*, 2.ª ed., Barcelona, Seix Barral, 1972.

situación narrativa así comprendida tiene tono privado y se destina al lector individual, lo cual la diferencia de la situación narrativa épica que es de tono elevado y se endereza a la comunidad. La noción de mundo, fundamental en los géneros mayores, epopeya tanto como novela, comprende las notas de complejidad estructurada, de abigarramiento, de representación prolija, que no admiten los géneros menores, cuento, novela corta, sometidos a la simplicidad y al desarrollo breve y lineal.

Dentro de estos términos generales, la novela hispanoamericana de los siglos XVI, XVII y XVIII ofrece cuatro variantes fundamentales, que pasamos a caracterizar brevemente. La primera está representada por el *libro de caballerías* renacentista; éste es una narración imaginaria presentada por un narrador ficticio y se refiere a un mundo arcaico de aventuras caballerescas. Este mundo adquiere su forma cerrada cuando el acontecimiento, la aventura, se convierte en el plano estructurante. El carácter impersonal del narrador ficticio proviene de la absoluta congruencia que existe entre los medios directos e indirectos de la narración. La complejidad de niveles que presenta la disposición narrativa no altera sino secundariamente la congruencia característica de esta clase de novelas. Una sola obra de esta clase existe en la novelística hispanoamericana, el *Claribalte*, de Gonzalo Fernández de Oviedo. Se trata de la primera novela de América. Fue escrita en las Indias y publicada en Valencia, en 1519, cuando, por cierto, no había imprenta en el Nuevo Mundo. Se publica en el momento de auge de los libros de caballería. Como obra de Oviedo, la novela no necesita ser justificada como hispanoamericana más que su obra cronística, a pesar de su total extrañeza al mundo americano. La obra fue escrita en la primera estancia de Oviedo en las Indias, en un tiempo, por demás, en que la maravilla americana no desplazaba el fervor por lo maravilloso de la fantasía renacentista. Y en un momento en que el escritor parecía lejos del rechazo crítico y moral del género que caracteriza su obra ulterior [15].

La segunda, es en realidad una subclase de la variante anterior, a la que llamaremos *novela manierista*, esta es una narración imaginaria presentada por un narrador ficticio impersonal, pero ambiguo, que integra implícitamente un lector ficticio (o más según las alteraciones que ponga la ambigüedad en la situación narrativa) y se refiere a un mundo (o serie de mundos mezclados) arcaico marcado de ambigüedad. El acontecer proporciona forma cerrada a la narración mezclando perspectivas o dominios genéricos diversos. A este orden pertenece el libro de pastores *Siglo de Oro en las selvas de Erífile* (Madrid, 1608) de Bernardo de Balbuena, que ocupa un lugar destacado y muy singular en la novela pastoril española. Valiéndose de los antecedentes del género en el Siglo de Oro se presenta una visión fantástica de la «grandeza mexicana», anticipo de la obra famosa del obispo de Puerto Rico. Pero no es esta mezcla de lo arcaico e ideal con lo contemporáneo real lo que engendra la ambigüedad central de la obra, sino el inadvertido salto de una perspectiva de idealidad pastoril clásica-pagana a la visión ascético cristiana. También pertenece a este orden, en grado de mayor confusión o mezcla de géneros, la obra del gentilhombre gascón Francisco Loubayssin de la Marca, *Historia tragicómica de don Henrique de Castro* (París, 1617). La ambigüedad es el método de esta novela, la primera novela histórica e indianista, que saca partido de casi todos los géneros novelísticos existentes, desde la novela bizantina y el frenesí del acontecer hasta la parálisis eglógica de la novela pastoril; desde la visión ascética hasta el nudismo provocativo.

La tercera es la *novela barroca* que define una variante novedosa por lo que Alfonso Reyes llamaría un empréstito semántico total que la novela recibe de la doctrina religiosa [16]. Esta variante anticipa las posibilidades del cuarto tipo. La novela barroca es una narración imaginaria presentada por un narrador personal que integra implícitamente un lector ficticio y se refiere a un mundo de comportamiento religioso moral, que adquiere carácter cerrado cuando el acontecimiento o el espacio configuran el plano estructurante. Una incongruencia fundamental se establece entre los medios directos e indirectos por la escisión tajante entre los ámbitos temporal y eterno, humano y divino, con absoluta decisión por el segundo término, mientras la crítica y el menosprecio se vuelcan sobre el plano mundano. La incongruencia fundamental de este tipo de narrar se afirma en la visión de un

Como antecedente de lo que sigue *vid.* mi libro *Historia de la novela hispanoamericana*, Ediciones Universitarias del Valparaíso, 1972.

[15] Cfr. Juan Bautista Avalle Arce, «El novelista Gonzalo Fernández de Oviedo y Valdés, alias de Sobrepeña», *Anales de literatura Hispanoamericana* 1, Madrid, 1972, págs. 143-154.

[16] Cfr. Alfonso Reyes, *El Deslinde*. Prolegómenos a la teoría literaria. México, El Colegio de México, 1944. «La función ancilar», págs. 30-56.

mundo degradado de apariencias, fingimiento, irrealidad y representación teatral o histriónica que separa al detentador de la verdad frente al mundano engañado por las apariencias. La novela pastoril a lo divino, *Los sirgueros de la Virgen* (México, 1620), del bachiller Francisco Bramón, viene a ser la primera novela publicada en América. Su novedosa estructura altera el género pastoril por la concentración de la alabanza amorosa en la Virgen y el desplazamiento o postergación del amor mundano. En la línea de la dicción elegante, la novela despliega extensas empresas, arcos e inscripciones religiosas en el plan de la alabanza, y hace converger los tópicos pastoriles en el mismo plan con la composición de un auto religioso que ocupa la tercera y última parte de la novela. La *fantasía satírica* es otro género de esta variante, de significación algo menor y representada por una obra breve, que no alcanza la complejidad de la novela, en *La endiablada* (1626?) de Juan de Mogrovejo de la Cerda [17]. Las mejores posibilidades del género se desarrollarán dentro de las formas de la cuarta variante.

La cuarta variante nos pone ya ante las formas innovadoras de la novela moderna: una narración presentada por un narrador personal que integra un lector ficticio y se refiere a un mundo de experiencias personales y cotidianas. El mundo narrativo adquiere su forma cerrada cuando el personaje o, esencialmente, el espacio se convierten en planos estructurantes. En esta variante el tipo de narrar se caracteriza por su fundamental incongruencia. Una contraposición sistemática se extiende entre medios directos e indirectos de la narración. El narrador porta un punto de vista crítico y reformista que fustiga el estado de cosas desviado o irracional. Su punto de vista constituye un *parti pris* ideológico que

desenvuelve con pasión edificante su crítica social e ilustrada. La riqueza y extensión de la perspectiva interpretativa del narrador le confiere su rasgo personal más distintivo y el carácter más permanente de la novela moderna. La referencia imaginaria a un mundo que imita las formas de la vida y de los hombres ordinarios y comunes, en los ámbitos frecuentes y familiares. Esta variante altera la herencia barroca de la fantasía satírica en el *Sueño de sueños* del mexicano José Mariano Acosta Enríquez y de la novela picaresca en la *Genealogía del Gil Blas de Santillana* (Madrid, 1792) del teniente coronel Bernardo María de Calzada, y otorga significación especial a la representación de la sociedad mexicana imitada en sus aspectos públicos y privados. En un plano de más franca originalidad, todavía sin embargo dentro de una esfera de resonancias ideológicas cercanas pero modificadas, está el *Evangelio en triunfo* (Madrid, 1797) del peruano Pablo de Olavide. Es éste otro caso del tipo intencional de empréstito semántico total proveniente de la apologética religiosa, pero esta vez con el ascendiente de la religión «esclarecida», o ilustrada, y no ya en el contexto de la espiritualidad barroca, sino en la forma de un debate o disputa apologética. La más decidida asunción de la novela moderna la dará el mismo Olavide en la serie de sus novelas ejemplares, de un mismo impresor y de una misma fecha, pero, compuestas antes de 1803, año de la muerte de su autor, entre las que destaca *El incógnito o el fruto de la ambición* (Nueva York, 1828). Estas son las primeras novelas hispanoamericanas modernas originales, veinte años anteriores a la obra de Fernández de Lizardi.

Las tensiones de naturaleza y artificiosidad, de razón y sensualidad que caracterizan la perspectiva del narrador, definen en buena medida la primera variedad dentro de la novela moderna, en la que podemos llamar *novela rococó*, con la que el nuevo género se inicia. La segunda variedad corresponde a la *novela neoclásica* en la que la perspectiva narrativa se carga de componentes ideológicos más agresivos y optimistas en la fe en la razón y en el poder de la educación. Las tensiones envuelven los términos de razón y sinrazón, virtud y vicio, saber e ignorancia. En la zona limítrofe de los siglos que estudiamos, traducciones de obras europeas y novelas originales se orientan hacia las mismas formas genéricas. Las obras destacadas incluyen el anónimo de *Xicontencal* (Filadelfia, 1826)[18], no-

---

[17] Juan Mogrovejo de la Cerda (Fl. *c.*1626). Obra: la Endiablada/Al Dotor Juan de Solorçano Pereira del/gobierno del Rey nuestro señor i su/oydor en esta Real audiencia/de Lima. Ms.; «La Endiablada al Doctor Juan de Solorçano Pereira del gobierno del Rey nuestro i su oydor en esta Real audiencia de Lima» *Revista Iberoamericana*, 91 (1975), págs. 277-285. Transcripción de Raquel Chang-Rodríguez, precedida de un estudio. Estudios: Raquel Chang-Rodríguez, «*La Endiablada*, Relato peruano inédito del siglo XVII», *Revista Iberoamericana*, 91 (1975), págs. 273-276; estudio que precede la publicación del inédito Stasys Gostautas, «Un escritor picaresco del Perú virreinal: Juan Mogrovejo de la Cerda», *ápud*, El Barroco en América. Memorias del XVII Congreso del Instituto Internacional de Literatura Iberoamericana, Madrid, Ediciones Cultura Hispánica, 1978, I, págs. 327-341. Raúl Porras Barrenechea, *Fuentes históricas peruanas*, Lima, Instituto Raúl Porras Barrenechea, 1963, pág. 250. Antonio Rodríguez Moñino, «Manuscritos literarios peruanos en la biblioteca de Solórzano Pereira», *Caravelle*, 7 (1966), págs. 93-125. Antonio Rodríguez Moñino, «Sobre poetas hispanoamericanos de la época virreinal», *Papeles de Son Armandans*, 14 (1968).

[18] Anónimo, *Jicoténcal*, 2 vols., Philadelphia, 1826. Hay una 2.ª ed. *Xicontencatl*, *ápud* Antonio Castro Leal, com., *La novela del México colonial*, México, Aguilar, 1964,

Juan de Palafox y Mendoza

El Pastor de Nochebuena (1660)[21] del obispo Juan de Palafox y Mendoza y *La portentosa vida de la muerte* (1792) de Joaquín Bolaños[22]. Ambas constituyen casos del tipo intencional, con propósitos de amenidad y popularización, de préstamos poéticos totales de la novela a la doctrina religiosa. Ambas se desarrollan como ficciones alegóricas, es decir, como ficciones en las cuales cada momento, acontecer, personaje o escenario, es biunívocamente reductible a un plano verdadero. La alegoría es así una extendida imagen continua, que, esencialmente, consiste en la personificación de elementos no personales, en la concreción de elementos abstractos. Los «libros de visiones» y las «alegorías» son formas o géneros literarios largamente institucionalizados, que el lector comprende sin dificultad en su juego característico, como obras de edificación espiritual y no meras ficciones[23].

Otro grupo de obras da lugar a los préstamos poéticos esporádicos o parciales de tipo intencional, cuando una obra del género histórico o un tratado de carácter no literario —político, religioso, moral— utiliza retóricamente a modo de *exempla* narraciones verdaderas, como hacen el *Cautiverio feliz* (1663)[24]

vela histórica indiana que envuelve tensiones fuertemente ideológicas, y la obra de José Joaquín Fernández de Lizardi, *El Periquillo Sarmiento* (1816), *Don Catrín de la Fachenda* (1832) y otras obras, en las que convergen la novela picaresca española modificada y las nuevas formas de la novela europea[19]. Para redondear esta variedad llevándola hasta su momento crítico podemos incluir aquí *El cristiano errante* (1847) que nos señala la extensión del momento neoclásico y el fin de una variedad novelística[20].

Debemos dedicar un breve apartado a cierto tipo de obras que muestran diversos grados de relación con la novela. Primero, obras como

---

tomo I, págs. 73-177. Estudios: Enrique Anderson Imbert, «Notas sobre la novela histórica en el siglo XIX», *Estudios sobre escritores representativos de América*, Buenos Aires, Editorial Raigal, 1954, págs. 26-30. William Cullen Bryan, *The United States Review and Literary Gazette*, 1, 5, Boston, 5 de febrero de 1827, págs. 336-346. Antonio Castro Leal, «Prólogo» a *Xicoténcatl*, págs. 75-78. Luis Leal, «Jicoténcal, primera novela histórica en castellano», *Revista Iberoamericana*, 25, 49 (1960), págs. 9-13. J. Lloyd Read, *The Mexican Historical Novel, 1826-1910*, Nueva York, Instituto de las Españas, 1939, págs. 80-97.

[19] *Vid.* nuestra *Historia de la novela hispanoamericana*, págs. 28-38.

[20] *Vid. Historia de la novela hispanoamericana*, páginas 39-46.

[21] Juan de Palafox y Mendoza, «El Pastor de Nochebuena», *Tratados Mejicanos*, Madrid, 1968 (BAE, 218), II, págs. 179-227. La primera edición: *El Pastor de Nochebuena*, Bernardo Gilberto León, 1660. *Vid.* Francisco Sánchez Castañer, «La obra literaria de Juan de Palafox y Mendoza, escritor hispanoamericano», *Actas del Tercer Congreso Internacional de Hispanistas*, México, El Colegio de México, 1970, págs. 787-793.

[22] Joaquín Bolaños, *La portentosa vida/de la muerte,/Emperatriz/ de los sepulcros,/vengadora de los agrios/del Altísimo,/y muy señora/de la humana naturaleza,/cuya célebre Historia escribe/los Hombres/de buen gusto/ Fray Joaquín Bolaños,/Predicador Apostólico del Colegio Seminario de Propa-/ganda Fide de María Santísima de Guadalupe extra-/muros de la muy Noble y Leal ciudad de Zacatecas/en la Nueva Galicia, Examinador Sinodal del/ Obispado del Nuevo Reyno de León./Impresa en México/ en la Oficina de los Herederos del Lic. D. Joseph de Jáuregui,/ Calle de San Bernardo. Año de 1792. Hay una segunda edición considerablemente abreviada: ...Joaquín Bolaños, *La portentosa vida de la muerte*. Prólogo y selección de Agustín Yáñez. México, Ediciones de la Universidad Nacional Autónoma de México, 1944, (Biblioteca del Estudiante, 45), *vid.* «Prólogo» de Agustín Yáñez, xix-xxvi.

[23] Sobre «libros de visiones» y «alegorías» véase: H. R. Patch, *El otro mundo en la literatura medieval*, México, Fondo de Cultura Económica, 1956. (Lengua y estudios literarios.) Traducción de Jorge Hernández Campos de la obra *The Other World According to Descriptions in Medieval Literature*, Cambridge, Harvard University Press, 1950. La edición en español trae un Apéndice de María Rosa Lida: «La visión de trasmundo en las literaturas hispánicas», págs. 371-449.

[24] Francisco Núñez de Pineda y Bascuñán, *Cautiverio Feliz y razón individual de las guerras dilatadas del reino de Chile*. Ms (1663). Editada por primera vez por Diego Barros Arana, Santiago, 1863 (Colección de Historiadores de Chile, III). Hay varias versiones modernas abreviadas: Ángel C. González, Santiago, Zig-Zag, 1967, Álvaro Jara,

o *El Carnero* (1636)[25] de Francisco Núñez de Pineda y Bascuñán y Juan Rodríguez Freyle, respectivamente. La narración autobiográfica del cautiverio en un caso, y una serie abundante de casos contemporáneos en el otro, sirven en estas obras como argumentos de consolidación e ilustración de un estado de cosas o de una experiencia de lo verdadero que contribuya al convencimiento con el testimonio personal o con la *evidentia* de la malignidad para la correción del príncipe o de la comuni-

dad. El empleo de estas modalidades experimenta un cambio cuando los *exempla* utilizados son, en obras de géneros no literarios, de orden ficticio. La función retórica puede ser exactamente la misma o agregarse el propósito de amenidad y popularización. Las historias de Quilacol y Curicuillor de la *Miscelánea antártica*[26] de Miguel Cabello Balboa y de Carilab y Rocamila, de la *Restauración de la Imperial* de fray Juan de Barrenechea y Albis[27], ejemplifican estas modalidades. Con casos verdaderos o ficticios, tratados históricos, religiosos o morales, reciben estos préstamos dictados por normas tradicionales y conveniencias retóricas, sin que por tal razón sean comprendidas o leídas como novelas.

Un último grupo lo constituyen obras de carácter histórico, que incurren en el tipo intencional de préstamos poéticos esporádicos cuando, con propósitos de amenidad esencialmente, alteran la situación narrativa real o de escritura, creando una situación narrativa de ficción variadamente elaborada, o bien para mantener una cercanía con el relato oral y extremo, imitan su situación fingiendo una narración autobiográfica. El *Lazarillo de ciegos caminantes* (1773)[28], un libro

Santiago, Universitaria. Estudios: José Anadón, *Pineda y Bascuñán, defensor del araucano*, Santiago, Universitaria, 1977. Vicente Aguirre Vargas, «El cautiverio Feliz de Bascuñán», *La Estrella de Chile*, vi, 297, Santiago, 1873, págs. 561-564, 581-585, 597-601. Miguel Luis Amunátegui, *Ensayos biográficos*, Santiago, Imprenta Nacional, 1896, págs. 307-332. Sergio Correa Bello, *El «Cautiverio Feliz» en la vida política chilena del siglo XVII*, Santiago, Editorial Andrés Bello, 1965. Raquel Chang-Rodríguez, «El propósito del Cautiverio Feliz y la crítica», *Cuadernos Hispanoamericanos*, 297, Madrid, 1975, págs. 657-663. Álvaro Jara, «Pineda y Bascuñán, hombre de su tiempo (Tres documentos)», *Boletín de la Academia de la Historia*, 51, Santiago, 1954, págs. 77-85. Maxwell Lancaster, «The Happy Captivity of Francisco Nuñez de Pineda y Bascuñan», *Vanderbilt Studies in the Humanities*, I, Nasville, Tennessee, 1951, págs. 161-173. Ricardo A. Latcham, «Francisco Núñez de Pineda y Bascuñán», *Boletín del Instituto de Literatura Chilena*, 4: 9, Santiago, 1965, págs. 2-4. Mariano Latorre, *La literatura de Chile*, Buenos Aires, 1941. José Toribio Medina, *Historia de la literatura colonial de Chile*, Santiago, 1878, II. Marcelino Menéndez y Pelayo, *Historia de la poesía hispanoamericana*, Santander, 1958 (Obras Completas, XXVIII), II, págs. 261-264. Concha Meléndez, *La novela indianista en Hispanoamérica*, 2.ª ed., Universidad de Puerto Rico, 1961 (1.ª ed., Madrid, 1934). Gerardo Seguel, *Francisco Núñez de Pineda y Bascuñán, la vida, la poesía y las opiniones de un chileno en la colonia*, Santiago, Ediciones Ercilla, 1940. Eduardo Solar Correa, *Semblanzas literarias de la colonia*, Santiago, Editorial Difusión, 1945. Alejandro Vicuña, *Bascuñán, el cautivo*, Santiago, Nascimento, 1948.

[25] Juan Rodríguez Freyle, *Conquista y descubrimiento del Nuevo Reino de Granada* (1636), *Conquista y descubrimiento del Nuevo Reino de Granada*, Bogotá, Imprenta de Pizano i Pérez, 1859. Edición de Felipe Pérez. Otras ediciones: Bogotá, Tipografía de Borda, 1884; Bogotá, Imprenta Samper Matiz, 1890. Con el título de *El Carnero*, Bogotá, Librería Colombiana, Camacho Roldán, 1935; Bogotá, Talleres de Ediciones Colombia, 1926; Bogotá, Biblioteca de Cultura Colombiana, 1942; *Conquista y descubrimiento del Nuevo Reino de Granada que comprende hasta el año de 1638*, Bogotá, Ediciones Revista Bolívar, 1955 (Biblioteca de Autores Colombianos); *El Carnero*, Bogotá, Ministerio de Educación Nacional, 1963; Medellín, Editorial Bedout, 1973; *Ficciones del Carnero*, Bogotá, Ediciones La Candelaria, 1974 (Biblioteca Colombia Literaria). Estudios: Benso, Sylvia, «La técnica narrativa de Juan Rodríguez Freyle», *Thesaurus*, XXXII (1977), págs. 95-165. Camacho Guizado, Eduardo, «Juan Rodríguez Freyle», *Estudios sobre literatura colombiana: siglos XVI-XVII*, Bogotá, Universidad de los Andes, 1965, págs. 39-56. María Casas de Faunce, *op. cit.*, págs. 18-19. Antonio Curcio Altamar, «El elemento novelesco en la obra de Rodríguez Freyle», *Evolución de la novela en Colombia*, págs. 33-43. Ricardo A. Latcham, «Una crónica del barroco hispanoamericano: *El Carnero*, de Juan Rodríguez Freyle», *Mapocho*, III (1965), págs. 5-10. Alessandro Martinengo, «La cultura literaria de Juan Rodríguez Freyle», *Thesaurus*, XIX (1964), págs. 274-299. Sobre Rodríguez Freyle, ver en este mismo volumen el estudio de Eduardo Camacho Guizado.

[26] Miguel Cabello Balboa, *Miscelánea Antártica*. Una historia del Perú antiguo. Lima, Universidad Nacional Mayor de San Marcos, 1951. El manuscrito de 1586 es editado por primera vez como *Histoire du Perou inédite*, París, A. Bertrand, 1840. Estudios: José Juan Arrom, «Precursores coloniales del cuento hispanoamericano: Fray Martín de Murúa y el idilio indianista», Enrique Pupo-Walker, ed. *El cuento hispanoamericano ante la crítica*, Madrid, 1973, págs. 24-36. León Pinelo, *Epítome de la Biblioteca Oriental y Occidental, Náutica y Geográfica*, Madrid, 1629. Raúl Porras Barrenechea, «Miguel Cabello Balboa», *Tierra Firme*, 3, Madrid, 1941. Alberto Tauro, «Miguel Cabello de Balboa», *San Marcos*, II, 5, Lima, 1948, págs. 110-132.

[27] Fray Juan de Barrenechea y Albis, *Restauración de la Imperial y conversión de almas infieles*, Archivo Nacional, Colección Fondo Antiguo, vol. xxxix, Santiago de Chile. Estudios: José Anadón, «La *Restauración de la Imperial* de Barrenechea y Albis», *Anuario de Letras*, XIII, México, 1975, págs. 277-286. Antonio Arbea, «Tradición latina en la primera novela chilena», *Boletín de Filología*. Policarpo Gazulla, *Los primeros mercedarios en Chile, 1535-1600*, Santiago, 1918. Mariano Latorre, *La literatura de Chile*, Buenos Aires, 1941. Concha Meléndez, *La novela indianista en Hispanoamérica*. José Toribio Medina, *La literatura colonial de Chile*, I, págs. 336-349; *Biblioteca Hispano-Chilena* (1523-1817), Santiago, 1897, I, págs. 586-590.

[28] *El Lazarillo de Ciegos Caminantes desde Buenos Aires, hasta Lima* con sus Itinerarios según la más puntual observación, con algunas noticias útiles a los Nuevos Comerciantes que tratan en Mulas; y otras Históricas. Sacado de las Memorias que hizo Don Alonso Carrió de la Vandera en este dilatado Viage, y Comisión que tubo por la Corte para el arreglo de Correos, y Estafetas. Situación y ajuste de Postas, desde Montevideo. Por Don Calixto Bustamante Carlo Inca, alias Concolorcorvo, Natural del Cuzco, que acompañó al referido Comisionado en dicho Viage, y escribió sus Extractos. Con Licencia. En Gijón, en la Imprenta de la Rovada. Año de 1773. Falso pie de imprenta y falsa data. Hay ocho ediciones modernas incluida la

374

de viajes, y los *Infortunios de Alonso Ramírez* (1690)[29], una biografía, representan este grupo. El estudio detenido de estos grupos y de los tipos de préstamos poéticos quedará fuera de este capítulo, en espera de oportunidad más propicia.

I. CLARIBALTE

Disminuidos por los críticos e historiadores de la literatura, fustigados por los moralistas e ignorados por las poéticas, los libros de caballerías son todavía, a pesar de todo, la forma narrativa más desarrollada del Renacimiento. El eco negativo que despiertan es inferior, aunque fundado sin duda en el hecho, al monto de la producción de este género, a su difusión en número desusado de ediciones y a la extensión de su recepción social, que los convierten en una forma de excepcional acogida que no tiene comparación con otro género[30]. Este fenómeno abarca todo el siglo XVI con una concentración de la producción y el interés en la primera mitad bajo las nuevas condiciones sociales y literarias. Las razones que explican el auge y la acogida de los libros de caballería, si hemos de creer a Maxime Chevalier, se debe menos a la complacencia de la clase aristocrática en una imagen depurada de sí misma, que a la nostalgia de la libre aventura, cada vez más limitada o inconcebible para una nobleza que iba inexorablemente hacia una existencia cortesana. La aristocracia se complace en la contemplación de las hazañas de caballeros andantes, con nostalgia de un mundo cada vez más distante de la libre aventura,

símbolo de la independencia nobiliaria, que le representaba una grandeza pasada y una libertad perdida[31]. La disminución de su interés a la vuelta del siglo XVII, obedecería a la actitud de una sociedad noble y cortesana que se resignaría a su destino, percibiendo al mismo tiempo las ventajas que va sacando de él[32].

La crítica humanista y moralista fustigó estas obras por razones muy distintas[33]. No es el arcaísmo nostálgico, como fuente y destino de este género, lo que se percibe en la recepción humanista y eclesiástica, sino el carácter ficticio, ajeno a la realidad e infiel a ella; esto es, el no ser una imitación[34], y a su inverosimilitud, es decir, al hecho de representarse acciones inconsecuentes con las dimensiones o las posibilidades de la acción humana[35]. La falta de verdad en estos dos sentidos aniquila el valor de este género para esta acerada crítica. Desde el punto de vista

edición de Emilio Carilla. Barcelona, Editorial Labor, 1973. (Textos hispánicos modernos, 24.) *Vid.* en ella Bibliografía, págs. 87-91. Sobre el *Lazarillo de Ciegos Caminantes,* ver en este mismo volumen el artículo de Rodolfo Borello

[29] Carlos de Sigüenza y Góngora, *Infortunios de Alonso Ramírez, natural de la ciudad de San Juan de Puerto Rico padecido así en poder de piratas ingleses que lo apresaron en las Islas Filipinas como navegando por sí solo y sin derrota hasta parar en la costa de Yucatán, consiguiendo por este medio dar vuelta al mundo,* México, Herederos de la Viuda de Bernardo Calderón, 1690. Estudios: Willebaldo Bazarte Cerdón, «La primera novela mexicana». *Humanismo* 7, México, julio-octubre, 1958, págs. 3-22. Antonio Castro Leal, *El Heraldo Cultural,* 12, México, págs. 4-5. R. H. Castagnino, «Carlos de Sigüenza y Góngora, o la picaresca a la inversa», *Razón y Fábula,* 25, México, mayo-junio, 1971, págs. 27-34. Irving A. Leonard, *Don Carlos de Sigüenza y Góngora, a Mexican Savant of the Seventeenth Century,* Berkeley, University of California Press. José Rojas Garcidueñas, *Don Carlos de Sigüenza y Góngora, erudito barroco,* México, Ed. Xoxhitl, 1945. Saúl Sibirsky, «Carlos de Sigüenza y Góngora (1645-1700)», *Revista Iberoamericana,* 31, 60 (1965), págs. 195-207.

[30] *Vid.* Menéndez Pelayo, *Orígenes de la novela,* Madrid, C.S.I.C., 1961 *(Obras Completas,* XIII), tomo I, págs. 293-466. Maxime Chevalier, *Lectura y lectores en la España de los siglos XVI y XVII.*

[31] *Vid.* Maxime Chevalier, *op. cit.,* 102: «Al leer con pasión estos pesados infolios, los caballeros contemporáneos de Carlos V y Felipe II experimentaban sentimientos nostálgicos. Nostalgia, acaso, de una caballería desaparecida, muerta en el otoño de la Edad Media. Pero nostalgia, indudablemente, de la antigua independencia nobiliaria, que cada día más retrocedía frente al empuje del absolutismo real.» ¿Indudablemente? Cfr. Menéndez Pelayo, *op. cit.,* pág. 356: «Nada de esto ha pasado al *Amadis,* escrito en tierra castellana o portuguesa, donde el feudalismo en su puro concepto no arraigó nunca. Es un libro lleno de espíritu monárquico, en que la institución real aparece rodeada de todo poder y majestad, sirviendo de clave al edificio social, y en que los deberes del buen vasallo se inculcan con especial predilección.»

[32] *Vid.* Maxime Chevalier, *op. cit.* Toda la interpretación de la significación social del género es en Chevalier conjetural en contraste con el severo rigor de sus consideraciones sobre el tipo de lector documentado de los libros de caballería.

[33] Sobre la crítica humanista y moralista del género *vid.* Menéndez Pelayo, *op. cit.,* págs. 440-447. Henry Thomas, *Las novelas de caballerías españolas y portuguesas,* Madrid, 1952, 118-136.

[34] Cfr. López Pinciano, *Philosophia Antigua poética* (1596), Edición de Carballo Picazo, Madrid, 1953, 3 vols., III, págs. 177-178: «las /fabulas/ milesias o libros de cauallerias, los quales aunque son graues en quanto a las personas, no lo son en las demás cosas requisitas; no hablo en vn Amadis de Gaula, ni aun del de Grecia y otros pocos, los quales tienen mucho de bueno, sino de los demás, que ni tienen verisimilitud, ni doctrina, ni aun estilo graue, y, por esto, las dezía vn amigo mío almas sin cuerpo (porque tienen la fábula, que es el ánima de la Poética y carecen del metro) y a los lectores y autores dellas, cuerpo sin alma».

[35] Cfr. Juan Luis Vives, *De institutione foeminae Christianae* (1524). Cit. Henry Thomas, *Las novelas de caballería españolas y portuguesas,* pág. 125: «Y ya que se pusieron a contar, ¿qué placer puede hallarse en la narración de unas aventuras que tan neciamente fingen y donde mienten tan descaradamente? El uno mató el solo veinte hombres; el otro mató treinta; el otro, traspasado por seiscientas heridas y ya dejado por muerto, el día siguiente se incorpora de súbito, y, restituido a su salud y a sus fuerzas, en combate singular derriba a dos gigantes, y del peligroso trance sale cargado de oro, de plata, de sedas y de joyas que apenas las llevaría un galeón.»

moral, estos libros eran condenados por las poco edificantes situaciones de la narración, especialmente aquellas ligadas al amor, que se miraban como corruptoras de las doncellas. La crítica se extiende a lo largo de todo el siglo y envuelve a figuras como Luis Vives, fray Antonio de Guevara, Malón de Chaide, López Pinciano[36]. Entre los censores hay que contar a dos hispanoamericanos: Francisco Cervantes de Salazar, quien, en su traducción y edición de las obras de Vives, amplía de su mano los juicios contra los libros de caballerías[37], y el propio Gonzalo Fernández de Oviedo, nuestro primer novelista, quien se convierte a la posición crítica, ya para definir el carácter genérico de su *Historia General de las Indias*[38], ya para censurar moralmente el género en sus *Quincuagenas de la nobleza de España*[39].

Las poéticas españolas del Renacimiento ignoran fundamentalmente el género o, muy incidental y brevemente, lo castigan con el menosprecio hacia las formas más novedosas, que apenas adivinan en sus determinaciones más originales, como un registro poco manejable de formas nuevas de las que no llegan efectivamente a ocuparse. Quedan así estas formas sin un lugar en la poética, limitación que habrá de padecer la novela hasta la poética de Hegel, para mezquino consuelo de los siglos precedentes. Sólo los *Orígenes de la novela* de Menéndez y Pelayo nos pone en la huella de formas o géneros que se ven como antecedentes del género moderno, desarrollado en los siglos XVIII y XIX con una perspectiva nada prejuiciada, que no degrada los géneros en favor de un progresismo excluyente[40]. Sólo en fecha reciente, el acercamiento de la nueva novela a los libros de caballería parece haberle devuelto algo de su originali-

dad, plenitud y frescura al género renacentista que algunos reclaman como su antepasado ilustre[41]. Todavía pesa sin embargo la visión del *Quijote* como la obra que liquida el género caballeresco. Ha quedado en claro, sin embargo, como señala Chevalier, que los libros de caballería estaban ya en derrota cuando se publica el Quijote[42].

La crítica contribuye a crear, mediante su negativismo, el espacio del género como el hueco que es necesario colmar positivamente con los rasgos que le son propios. El libro de caballerías está característicamente enmarcado por una situación narrativa en la cual el narrador básico presenta la traducción de un manuscrito de una lengua extraña después de un hallazgo fortuito. La versión directa o reelaborada no trae regularmente cambios significativos en la perspectiva del narrador sino, al contrario, una sostenida adscripción al punto de vista arcaico del manuscrito nuevamente hallado. Esto implica asunción crédula del punto de vista original e indeterminación posicional, que sigue a la omnisciencia del narrador. Desde el punto de vista ético, no hay distinción de planos sino indiferencia, comparable a la indiferencia épica que surge del arcaísmo esencial del mundo narrativo. Un plan providencial se actualiza en cada portento o triunfo caballeresco; la fortuna se somete regularmente a ese plan; el héroe viene a cumplir un destino excepcional que está escrito secretamente para actualizarse y cumplirse en el mundo. No hay perspectiva alguna que suspenda, dude o ironice la plenitud de este mundo ideal. Puede jugarse por la vía de la glosa o del comentario de la historia, con las distinciones entre la situación actual y el arcaísmo del relato; pero sólo la ironización o la parodia del género, su destrucción, puede proponer tensiones que envuelvan la suspensión de la credulidad o la contraposición de lo ideal y de lo real, como hace el *Quijote*, trabajando otra vez sobre el espacio propio del género, que incluye la estrategia narrativa que le sirve de marco distintivo. La congruencia del tipo de narrar, esto es, la esencial identidad entre el punto de vista interpretativo del narrador y el de los personajes, entre medios indirectos y directos de la narración, es una condición definidora del género.

El mundo narrativo tiene la idealidad de la historia, fermentada por el mito que comunica

[36] *Vid.* Henry Thomas, *op. cit.*

[37] *Vid.* Henry Thomas, *op. cit.*, pág. 126.

[38] Gonzalo Fernández de Oviedo, *Historia general de las Indias*, Libro VI, cap. VIII, fol. lxiii, de la edición original: «Mas los hombres sabios e naturales atenderan a esta lecion, no con otra mayor cobdicia e deseo que por saber e oyr las obras de natura: e assi con mas desocupacion del entendimiento auran por bien de oyrme (pues no cuento los disparates destos libros mentirosos de amadis ni los que dellos dependen).»

[39] Gonzalo Fernández de Oviedo, *Quincuagenas de la nobleza de España*, Madrid, Real Academia de la Historia, 1880, pág. 481: «Razón muy grande es, sancto y prouechoso, de mucha vtilidad, y nescesario seria dexar de leer esos libros de Amadís: y que essos e otros semejantes no se vendiessen, ni los ouiese, porque es una de las cosas con quel diablo enbauca, e enbelesa y entretiene a los necios, y los aparta de las leciones honestas y de buen exemplo... Gran culpa, gran error, gran ceguedad e desatino es leer cosas sin prouecho, e mentiras de que ningún bien se puede seguir, y mucho mal puede proceder.»

[40] *Vid.* Menéndez Pelayo, *Orígenes de la novela*, I, cap. V.

[41] *Vid.* Mario Vargas Llosa, *La novela*, Vte. López, América Nueva, 1974. Más allá de sus inexáctitudes interesa la percepción de que en cuanto a la novela «es una misma concepción desde el momento en que surgen las novelas de caballería hasta nuestros días».

[42] M. Chevalier, *op. cit.*, págs. 88-89, n. 71.

al género esencialmente la llamada «materia de Bretaña», con su cuerpo de mitos celtas, de búsquedas y viajes, de islas desconocidas, de votos e iniciaciones ascéticas y misterios. La «materia de Francia» comunica buena parte del contenido específicamente histórico al mundo caballeresco, con los ideales de lealtad al rey, la defensa de los débiles, de la mujer y de la cristiandad en que se compromete el característico altruismo del caballero. Los torneos hacen converger elementos eróticos en el mundo caballeresco, como uno de sus aspectos más atractivos, que se prolongan como manifestaciones renacentistas en la habilidad universal del caballero para danzar, responder enigmas, cazar, vestir, escribir o mostrar otras aptitudes que las de las armas. Viajes y torneos, navegaciones o encuentros fortuitos, ocasionales encantamientos o desencantamientos maravillosos, que vienen a poner las diferencias subgenéricas en los libros de caballería, que Martín de Riquer llama «novelas de caballerías»[43], para oponerlas a aquellas que prescinden de lo mágico o sobrenatural, constituyen los motivos fundamentales de este mundo. Reyes y reinas, príncipes y princesas, nobles caballeros, leales escuderos o mayordomos, cortesanos, pueblan un mundo de política regia y de noble cortesanía en el que excepcionalmente resuenan los indicios de la vida cotidiana. El movimiento del héroe no admite regularmente la estancia medianamente prolongada en la corte ni, por tanto, su cumplida representación. El espacio caballeresco es un campo de acción y de desplazamiento, que comprende extensiones vinculadas al prestigio del antiguo Imperio romano y que no da acceso a regiones novedosas. Inglaterra, Francia, Roma, Constantinopla, el Oriente, son los hitos básicos de la geografía caballeresca. En el mundo de la aventura, el acontecimiento es estructuralmente decisivo, personajes y espacio se someten al dinamismo fundamental que los hace vehículos del viaje y camino viable para la aventura. Como ideal de vida encierra los estímulos de la libertad de movimiento y de la plenitud de la acción, el amor que juega con el secreto y la libertad que las formas sociales no permiten[44]. Un ideal de virtud, que nostálgicamente se percibe desde la moral seria de la vida cotidiana, engendra el goce de lo fantástico y de su moral ingenua. La percepción de la irrealidad de ese mundo o, si se quiere, de su carácter ficticio o fantástico, su esencial arcaísmo, su tiempo absoluto, desligado de la experiencia histórica y personal, se muestra como los atributos propios del género. Gonzalo Fernández de Oviedo y Valdés, alias de Sobrepeña (Madrid, agosto, 1478-1557, 26 de junio, Valladolid) es no solamente uno de los más grandes cronistas de Indias y una figura de la historiografía hispánica, sino también el primer novelista de América. Su primera publicación fue una novela y la escribió en América, en el lapso de su primera estancia en el Nuevo Mundo, entre 1514 y 1515, según señala en el prólogo de su libro[45]. De espaldas a la circunstancia hispánica y europea desde el punto de vista ideológico. La obra se titula *Libro del muy esforçado e invencible Cauallero de la Fortuna propiamente llamado don Claribalte que según su verdadera interpretación quiere dezir don Félix o bienauenturado. Nueuamente imprimido e venido a esta lengua castellana, el qual procede por nueuo e galan estilo de hablar.* En el colofón se lee «Fenece el presente libro del inuencible e muy esforçado cauallero don Claribalte ottramente llamado don Félix: el qual se acabó en Valencia a XXX de Mayo por Juan Viñao. M. D. XIX»[46]. La novela alcanzó todavía una segunda edición (Sevilla, Andrés de Burgos, 1545)[47], de seguro que a espaldas del autor, que pasa a ser, a partir de los años 20, un crítico moral y uno más entre los numerosos vituperadores de los libros de caballerías. La crítica estará enderezada al carácter degradado que la ficción, mentirosa, tiene frente al conocimiento: «pues no cuento los disparates de los libros mentirosos del amadis ni los que dellos dependen», dice en la *Historia general e natural de las Indias* (Lib. VI, cap. viii, edición original, f. LXIII v.). Y en su libro *Las Quincuagenas de la nobleza de España*, dice:

> Razón muy grandes es, sancto y prouechoso, de mucha vtilidad, y nescesario sería dexar de leer esos libros de Amadís: y que essos e ni otros semejantes no se vendiesen, ni los ouiese, porque es vna de las cosas con quel diablo enbauca, e enbelesa y entretiene a los necios, y los aparta de las leciones honestas y de buen exenplo... Gran culpa, grande error, gran ceguedad e desatino es leer cosas sin prouecho, e mentiras de que ningun bien se puede seguir, y mucho mal puede proceder.

---

[43] *Vid.* Martín de Riquer, «Cervantes y la caballeresca», *apud* Juan Bautista Avalle Arce y E. C. Riley, *Suma Cervantina.*

[44] Cfr. Johan Huizinga, «Historical ideals of life», *Men & Ideas*, Nueva York, Meridian Books, 1959, págs. 77-96.

[45] Sobre el reconocimiento de Oviedo como el primer novelista de América, *vid.* en la bibliografía los artículos de Gerbi, 1949; Amezúa, 1956; Turner, 1964, y Avalle Arce, 1972.

[46] *Vid.* Bibliografía.

[47] *Vid.* Antonello Gerbi, «El Claribalte de Oviedo», *Fénix*, 2, 5-6, Lima, 1959, pág. 380.

Coh Pꝛeuilegio.

ibꝛo del
muy effoꝛçado ⁊ inuencible Cauallero dela foꝛtuna pꝛopia/
mẽte llamado don claribalte ꝗ ſegũ ſu verdadera interpꝛetaciõ
quiere dezir don felíſ o bienauenturado. Nueuamẽte impꝛimi
do ⁊ venido aeſta lengua caſtellana: el qual pꝛocede poꝛ nueuo
⁊ galan eſtilo de hablar.

Claribalte, edición de 1519

Es el carácter utilitario de su concepción de las letras lo que le lleva a censurar obras cuyo atractivo aparta a los más expuestos por su ignorancia de las lecturas más honestas y ejemplares, en lugar de orientarlos al conocimiento de lo verdadero para la salvación de su alma. Hay en todo ello el exclusivismo salvacionista del agustinismo erasmiano. Esto pone la novela de Oviedo en un lugar temprano y sin continuidad en su obra posterior. No por ello tiene menos significación ni interés hacerse cargo de la visión que acompaña la presentación del *Claribalte* en el proemio de su libro. Los que Oviedo llama «tractados vanos e fabulosos, llenos de mentiras, e fundados en amores de luxuria y fanfarronerías, en que se cuentan tantos e tan grandes disparate», tienen en el *Claribalte* un libro que no pertenece a las formas más aberrantes del género. Como acontece además con parte de los paradigmas del género, la obra de Oviedo es propuesta como obra de buen aviso y no de mero entretenimiento[48].

El proemio «nuncupatorios» se endereza al duque de Calabria, don Fernardo de Aragón[49], encerrado por entonces en su castillo de Játiva por el Rey Católico, a quien ofrece la obra como recreación o pasatiempo y como acto de simpatía de uno de los suyos, frente a su aflictiva situación. Más allá de esta situación externa y mezclando ambiguamente los términos, el proemio presenta la situación ficticia desde la cual surge la narración misma. Con un artilugio característico del género se finge un narrador viajero impenitente que encuentra en el reino de Epiro un libro escrito en lengua extraña que por su carácter agradable, y para recrear a su señor, decidió traducir al romance castellano[50]. El duque, conocido lector de libros de caballería, apreciaría sin duda el envío[51].

> E digo que despues que vuestra Señoria esta en esse castillo de Jatiua anduve mucha parte del mundo y discurriendo por el tope en el reyno de Phirolt que es muy estraño de aquesta region y lengua el presente tratado: el qual por ser tan agradable escritura en la ora que la vi la dessee para vuestra recreacion e con todos mis trabajos e inquietud puse por obra de la sacar de aquel barbaro y ap[ar]tado lenguaje en que la halle por medio de un interprete tartaro: porque en aquella prouincia de Tartaria es el dicho señorio Phirolt sumariamente como mejor pude sin me desviar de la sentencia y sentido de la ystoria e lo reduci al romance castellano.

Al pasar luego a Indias, mantiene su propósito ampliando en su versión el texto primitivo de la traducción:

> Aunque despues [he] estado yo en la India e postrera parte ocidental que el presente se sabe donde fui por veedor de las fundiciones del oro por mandado oficial del catholico rey don Fernando el quinto de gloriosa memoria: sin partir mi desseo de la vuestra: escrivia mas largamente aquesta cronica sin olvidar ninguna cosa de lo sustancial della continuando la sentencia ystorial en este estilo o manera de dezir que no es tan breue como primero estava.

[48] *Vid.* al respecto las observaciones de Menéndez Pelayo sobre los libros de caballería indígenas.

[49] Sobre el personaje histórico, véase Antonello Gerbi, *loc. cit.*

[50] Edmundo O'Gorman cae en el error de considerar el libro como efectiva traducción ignorando este lugar común del libro de caballerías.

[51] Sobre el duque de Calabria, lector de libros de caballería, Henry Thomas, *op. cit.*, pág. 110; Maxime Chevalier, *op. cit.*, pág. 77; y, por de pronto, Vicente Vignau, «Inventario de los libros del duque de Calabria», *Revista de Archivos, Bibliotecas y Museos*, IV (1874), 115-116. Había en la biblioteca del duque más de veinte libros de caballería.

Lo señalado, que describe la situación narrativa de la obra, hace explícita la separación entre la traducción del libro original y la versión ampliada que entrega. Esta separación dará lugar a explícitas distinciones entre los dos textos.

Dos órdenes de finalidades se propone con su obra: una, obedece a la generalidad de los libros de caballería que, como el *Amadís*, es lectura destinada a los caballeros para su aviso en aspectos bien determinados de la vida caballeresca:

> pues el romance es del tiempo y la orden con que procede de algun arteficio e conforme a las lecciones que deven tener los caualleros e aun para aviso de muchos trances de honrra en que tropieçan los que della se precian como por los rieptos e hechos de armas e amorosos exercicios que aqui se mantienen se puede notar yo no he querido ocuparme en escrevir consuelos para el estado en que estays pues la verdadera felicidad en el fin de las cosas consiste y no en el principio dellas.

La otra, sirve a una original finalidad de alegoría moral y política:

> Porque consolar a vuestra grandeza no ha sydo mi intención por no ser llamado atreuido; sino traer a vuestra memoria con la vida del cauallero de la Fortuna cuya es la presente crónica algunas de las cosas que han acaescido en el mundo: y que cada día se ven por el semejante, para que considerando los reveses por donde passan los hombres veays las adversidades deste cauallero en quanta felicidad acabaron, que con esta podra ocurriros algun espacio de olvido en las cosas que os dieren pesadumbre.

Por último, el narrador intenta atraer el contenido de su historia extraña y distante al plano de lo «verissimile»[52] para autorizar la obra con el valor de verdad de lo narrado, consolándose si no llega a lograrlo con una narración bella y limpiamente fingida, o, como dice con latinismo propio de su tiempo, «pulcherrimaficta»:

> E puede ser verissimile que aquesto acaesciese tantos tiempos ha que estoviesse olui-

dado, a lo menos por nosotros que tan lejos biuimos de Tartaria e que agora pareciesse y viniesse a mis manos no es inconuiniente porque, o mucho viviendo, o largamente leyendo o mucho andando hallan los hombres y alcançan con que pueden dar aviso a las otras partes y por virtud destos tres maneras son los hombres sabios e salen delas ignorancias comunes del vulgo, y quando algun murmurador quisiere dubdar dela presente historia no podra a lo menos quitarle el nombre de pulcherrimaficta.

La crítica no se ha visto muy dispuesta a conceder esto último a Oviedo, y su novela ha sido considerada en general una obra floja. Gayangos señala que la obra se recomienda más por la gallardía de su estilo que por el argumento, que es pobre[53]. Novela muy pobre la considera también Antonello Gerbi[54]. Daymond Turner no le concede mérito narrativo alguno[55]. Avalle Arce, el crítico más autorizado de esta obra, coincide en que es una mala novela, pero sostiene que «es un excelente documento ideológico»[56]. Sobre esta aserción de Avalle volveremos más adelante, no sin subrayar desde ahora que el prólogo del libro expone las posibilidades de esta comprensión para operar como símbolo de situaciones externas determinadas, como se acaba de ver. Existe el propósito de hacer resonar los acontecimientos contemporáneos en el mundo ficticio del libro. Esto constituye una originalidad y una sugestiva innovación del género.

La obra se presenta como el primer libro de la historia y crónica del emperador don Félix. El segundo libro debió narrar la fortuna de su hijo Lipareto e iniciar así un nuevo ciclo[57]. No llegó a ocurrir así, a pesar del auge de los libros de caballerías, por la evolución ideológica del autor[58]. El libro está

---

[52] «Verissimile» se refiere, en este caso, a uno de los sentidos que da la poética a la palabra; es decir, como referencia pragmática que señala la representación o imitación fiel y adecuada a la idea general del mundo. El otro sentido, con el que se concluye, apunta al carácter consecuente de la imitación, a su coherencia interior, y esto es lo que se reclama finalmente si no se da crédito al primer sentido. De la última noción se espera también el beneficio catártico que depure la pasión del duque.

[53] *Vid.* Pascual de Gayangos, *op. cit.*, xlvii: [Claribalte] «se recomienda más por la gallardía de su estilo que por el argumento, que es pobre y trivial».
[54] *Vid.* Antonello Gerbi, *op. cit.*, pág. 378: «La novela caballeresca de don Claribalte es una de aquellas obras irritantes que plantean más problemas, provocan más expectativas y dejan a uno con más dudas de lo que estaría justificado por su valor intrínseco. Renegada formalmente por su propio autor, don Gonzalo Hernández de Oviedo, el *Claribalte* es de veras algo muy pobre.»
[55] *Vid.* Daymond Turner, *op. cit.*, pág. 67: «The modern reader is disturbed not only by the naïveté and lack of cohesion in the plot but by the credulity of many of the principle characters.»
[56] *Vid.* Juan Bautista Avalle Arce, *op. cit.*, pág. 154, n. 21.
[57] Cfr. *Claribalte*, cap. LXXXII, folio lxxi vuelto: «e hallo a su hijo Lipareto de tan bonica disposicion según la tierna edad queltenia que ya desde aquella le mostravaque auia de ser gran persona en el mundo como lo fue e dira en su lugar e con aquella haza fin el primero libro o parte de la historia e cronica del emperador don Felix».
[58] Cfr. Juan Bautista Avalle Arce, *op. cit.*

379

dividido en ochenta y dos capítulos, encabezados por un breve resumen argumental. La disposición se sujeta a las formas de una narración enmarcada por el hallazgo de un manuscrito con la historia del emperador y las funciones de abreviación, ampliación y comentario del narrador. Este narrador externo y ajeno por completo a la historia de Claribalte y al tiempo arcaico de la misma, indica constantemente la distancia y la extrañeza que guarda con el mundo narrado. Un procedimiento es dejar vestigios del relato enmarcado y de la voz del narrador secundario cuyo nombre menciona ocasionalmente. Así «dize Listario cronista» o «dize la ystoria», o «e aun dize el ystorial», se emplean con frecuencia. La elipsis explícita de lo secundario para favorecer el progreso de los acontecimientos se emplea en otros momentos: «y dexando de contar en este passo todo lo superfluo por venir a dezir lo que haze a la historia». También se marca la distancia entre los dos planos destacando la toponimia arcaica y glosando su correspondencia moderna: «Pero por que los letores mejor entiendan el discurso de la ystoria se han puesto los nombres que agora tienen los reynos e pueblos de quien se ha hecho mencion» (folio lxxi). Por ejemplo: «Constantinopla que a la sazon se llamaba Bizancio», o «e en fin de este tiempo se partio por tierra fue hasta Venecia. La qual no en el agua como agora está, mas junto a la costa de la mar era fundada e no menos poderosa e de grande pueblo que agora tiene. Pero con otro nombre estava e deziasse Lapola», o «Se embarco en aquella costa de Albania en el mar Arquinio, alias Jonico, que agora llaman Adriático». Otros indicadores tienden a exaltar la fama. «cosas marauillosas passaron en este segundo dia y tan grandes que dize el coronista que le paresce ofensa grande a la memoria del cauallero de la Rosa no aver mill escriptores de sus hechos porque no parescia que ante el ninguno tuviesse manos para se defender de sus golpes» (folio xliii, *verso*).

La narración juega con dos voces de las cuales una incluye los ecos de la otra. El procedimiento es una manera de hacer visible el arcaísmo de la historia, marcar la distancia que existe entre el pasado ideal que se narra en el tratado y la actualidad del traductor. Una primera ambigüedad se desliza en la tentativa del traductor de establecer a la vez cierta continuidad entre el mundo arcaico y el presente mediante la verificación de la toponimia [59]. Lo que desrealizaría el mundo sería

su carácter de pasado remoto, no su carácter de pasado absoluto, lo que viene a hacerlo verosímil en el sentido deseado por el autor, para quien la cercanía de orden general que la representación pueda tener con el mundo actual, parece condición necesaria para la efectividad del buen aviso o del alivio. Otra ambigüedad se desliza al mezclar el ámbito de lo caballeresco, provisto de la necesidad providencial y de la determinación fáctica, cuya efectividad se extiende a toda la novela y constituye su característica genérica dominante como «libro de caballerías», con los elementos mágicos y maravillosos que se desarrollan ulterior y parcialmente, entre los capítulos xlvii y lvii, que corresponden —en la distinción de Martín de Riquer [60]— a la «novela de caballerías». El libro de caballerías incluye, entonces, la novela de caballerías. Su inclusión no parece encerrar otro principio que el de la contraposición de dos estilos de acción política. El Oriente incluye el ámbito de lo mágico y el caballero debe enfrentarse a él con los instrumentos adecuados. Notas de misterio y de malignidad aparecen marcadas en las referencias a Constantinopla. La perfección del caballero, la actualización constante de su virtud en obras es el principio caballeresco de la unidad e integración de estos dos géneros. Lo es también de la inclusión de un tercer género, el de «documento ideológico» según Avalle Arce [61]. En este caso, la distancia temporal que se indica es ambigua en un nuevo sentido, pues esta vez se emplea para neutralizar la referencia directa a tendencias contemporáneas. Ahora conviene hacer patente que se trata de un remotísimo pasado, en donde una insólita solución política se asocia a tensiones vivas de la política europea y española, aunque no desprovista de sentido ni de prestigio clásico. El género de estas consideraciones se aproxima al orden de conocimientos y experiencia, de modos de enfoque y de tópicos propios de tratados *De regimine principum*. El ejemplo crucial es el que se refiere a la elección del Emperador como Pontífice romano:

> E de consenso de todo el sacerdocio e gente militar de todos los estados fue elegido el mismo Emperador por Pontífice. Assi que se puede colegir de aqui cosa nueva Julio Cesar quando fue pontifice e recogio en su persona todos los magistrados e dignidades de Roma. Assi espirituales como

[59] Antonello Gerbi, *op. cit.*, págs. 383-385, hace un amplio registro de estas referencias geográficas.

[60] *Vid.* Martín de Riquer, «Cervantes y la caballeresca», *apud* Juan Bautista Avalle Arce y E. C. Riley, *Suma Cervantina.*
[61] *Vid.* nota 56.

temporales. El qual dicho Cesar e Otaviano e Tiberio e otros emperadores que despues destos vinieron assi se intitularon e juntamente se llamaron Pontifices Maximos e Emperadores. Quanto mas que segun lo que se ha podido comprehender desta historia lo que en ella se contiene fue en tiempos de Laumedonte, rey de Troya, e algunos quieren dezir que antes. Assi que es cosa muy antigua porque la destruyción ultima de Troya en tiempo de Priamo fue cuatrocientos años según afirma Christoforo Landino. Pero dexando aparte estas cosas que aunque son antiguas en respecto de la presente historia del caballero de la Fortuna, son modernas. (Folio lxx, *verso*.)

Lejanía espacial y temporal se unen para autorizar por la vía ficticia el castigo del príncipe injusto. En diversos momentos resuenan los ecos recientes o las anticipaciones proféticas de sucesos europeos y españoles:

E sobre aquesta cisma vinieron las cosas divinas a término que olvidando la oración y santimonia toda la Religiosa gente se convirtio en armas e ejercitos populares. (Folio lxx.)

O en el alzamiento de las comunidades del imperio de Constantinopla:

Si juntamente con esto dieredes orden como vuestros subditos e naturales sean mejor tratados que hasta aqui: pues solamente dios vos los dio para que seais usufrutario e no destirpador. (Folio liii.)

Las referencias históricas más específicas envuelven diversos sectores, señalados por Avalle Arce, en relación a la política de Inglaterra y la mención de la rosa blanca como emblema real de la casa reinante; a las guerras de Inglaterra y Francia y, en el contexto anteriormente señalado, al desarrollo de la idea imperial que en la novela se desenvuelve en el plan de la *universitas christiana*, frente a las tensiones políticas y religiosas contemporáneas[62].

Estas modificaciones en el registro del discurso se incluyen en la narración básica, y configuran un curioso diálogo de discursos dentro del discurso básico que los incluye y subordina[63]. Aunque el libro tiene la verosimilitud consecuente de *Tirant lo Blanch*, y la mezcla de lo caballeresco y maravilloso del

Amadís, y no poco de su utopismo, su complejidad político ideológica convierte al *Claribalte* en una obra distinta en su género[64].

Las funciones organizativas que de modo explícito adopta el narrador contemplando el tratado que traduce, amplía, comenta, aproxima y aleja alternativamente de su conocimiento y experiencia, son los determinantes de unidad e integración más importantes de la situación narrativa básica. La semejanza y desemejanza del 'entonces' y el 'agora' engendran un doble campo de las indicaciones narrativas que separa y confunde al mismo tiempo. La disposición es aquí actividad y producto del narrador.

Definida su posición temporal y espacial y dados los avatares de redacción y modificación del tratado original, resulta paradójico que la triple perspectiva interpretativa del narrador desarrolle una estricta y crédula coherencia entre visión del mundo del narrador y mundo narrado, entre perspectiva del narrador y perspectiva del protagonista, o entre aquélla y la perspectiva con que los personajes ven al protagonista: su perfección, su voluntad absoluta, su designio providencial:

Las cosas que de Dios vienen no tienen necessidad las gentes de ninguna diligencia para que se cumplan: mas a lo menos para no quedar quejosos.

La Providencia y la profecía que anticipa ingenuamente el destino del caballero, confirman la visión caballeresca del mundo que actualiza en el héroe la virtud absoluta de su perfección:

y profundamente lo entendió el rey porque sabia por relacion e aviso de muchos sabios de Grecia que avia de aver el año siguiente en su corte muchas justas e torneos: y que de su casa y sangre avia de ser el vencedor y triumphador e para quien estava guardada la espada de la ventura como adelante dira la hystoria. (Folio vi, verso.)

Así será: Claribalte removerá de la piedra donde estaba empotrada, sin que nadie pudiera sacarla, la espada Venturosa. Saldrá de Albania para Inglaterra para retornar y vencer. Revelará su identidad a su tío, el rey, y a sus padres. Conquistará Constantinopla, será elegido emperador, finalmente, pontífice en Setorma. Su perfección se proyectará sobre el mundo donde todo será, a fin de cuentas,

62 Cfr. Juan Bautista Avalle Arce, *op. cit.*, págs. 151-154.
63 Sobre la inclusión de variados tipos de discurso y la mezcla de géneros *vid.* Rosalie L. Colie, *The Resources of Kind*, Genre theory in the Renaissance, Berkeley, University of California Press, 1973.

64 Esto, en general confirma la caracterización del género hecha por Menéndez Pelayo, *Orígenes de la novela*, págs. 346-347.

perfeccionado, tanto en el plano público como en el privado. Con la fraseología caballeresca se dice de Claribalte:

> no teniades necessidad de venir a Inglaterra pues doquiera que vos estuvieredes esta toda la cavalleria del mundo. (Folio xxi.)

De Dorendaina se dirá, por su parte, que es «la más hermosa del mundo y la más sabia donzella». El mundo no es sólo afirmado positivamente sino que tiene los rasgos de excelencia en el grado extremo de sobrepujamiento. La fama que se narra aspira a guardar la memoria de un caballero perfecto, inicialmente por la destreza de las armas y el valor que adquieren sentido por el deseo aspirante del amor a Dorendaina. Logrado el amor y tras las bodas secretas, el relato gira hacia nuevas justas, las anticipadas justas y torneos de Albania, para dar cumplimiento a la profecía. En ese punto se cierra un ciclo completo de ida y regreso[65].

Lo que viene a continuación altera la perspectiva del mundo con la admisión de lo maravilloso envuelto en las malignas intrigas del emperador de Constantinopla. El encantamiento es conjurado con la ayuda de una carabela sin piloto que conduce al caballero, y de cuatro nigromantes, de los cuales el menor tenía más de doscientos años, que le proveerán de dos sortijas y un espejo, instrumentos que serán suficientes para derrotar al gigante de la isla Prieta o soltarse de la cárcel de Mecina. El mundo de la magia, que se encarna en fuerzas malignas y benignas, culmina en la final derrota del emperador de Constantinopla y de su hijo Balderón. El problema de la sucesión lo resuelven las cortes del reino eligiendo a Claribalte como sucesor del Imperio[66].

La parte final corresponde a la perspectiva político ideológica que se ha señalado. La guerra de Inglaterra y Francia, con el triunfo de los ingleses y la instalación en el trono del Delfín; la elección del Sumo Sacerdote de Inglaterra como pontífice y su muerte sospechosa, que conducen a la unión del poder temporal y espiritual en Claribalte, constituyen la suprema actualización y perfección última de las virtudes del caballero de la Fortuna[67].

II. Siglo de Oro

La segunda obra de importancia pertenece al género de los libros de pastores que desplazaron el interés de los libros de caballerías. Entre las obras representativas y notables del género en la literatura de lengua española está el *Siglo de Oro en las selvas de Erífile*, que se publicó en Madrid, en 1608[68], cuyo autor fue el obispo de Puerto Rico, Bernardo de Balbuena (Valdepeñas, La Mancha, 22 de noviembre, 1568-1627, 11 de octubre, Puerto Rico). La obra mereció los elogios de Cervantes, en el *Viaje al Parnaso*[69] y de Lope en su *Laurel de Apolo*[70]. Un juicio extremado viene de Manuel Joseph Quintana, en el siglo XVIII, quien recoge todas las églogas y poemas del libro de Balbuena en sus *Poesías selectas castellanas*[71]. Una valoración y estudio más extenso y cuidadoso que el de los estudiosos del siglo pasado ha venido en nuestros días con los trabajos de Avalle Arce y de Francisco López Estrada, en particular[72].

---

[67] Durante los capítulos lxi-lxx, Claribalte está ausente del relato. La acción retorna a Inglaterra para mostrar a Dorendaina expuesta a acusaciones malignas y defendida por un caballero desconocido, que no es otro que Laterio, ayo de Claribalte, quien lleva a Inglaterra las nuevas del caballero. El ciclo iniciado con la partida de Claribalte, casado secretamente con Dorendaina se cierra, ahora, con su regreso y con las bodas públicas, y nuevas bodas, que comprende hasta el capítulo lxiv. La parte política, que comprende la guerra de Francia, el viaje a Albania y segundo retorno a las exequias de su padre, Ponorio, permite, a su regreso, introducir la cuestión de la sucesión papal y de la unión de los dos poderes y, finalmente, solucionar la cuestión francesa con la instalación del Delfín en el trono.
[68] Véase Bibliografía de este apartado.
[69] *Vid.* Cervantes, *Viaje del Parnaso*, II:

> Este es aquel poeta memorando
> Que mostró de su ingenio la agudeza
> En las Selvas de Erífile cantando.

[70] *Vid.* Lope de Vega, *Laurel de Apolo*, Silva II:

> Generoso prelado,
> doctísimo Bernardo de Balbuena
> Tenías tú el cayado
> de Puerto Rico, cuando el fiero Enrique
> holandés rebelado,
> robó tu librería;
> pero tu ingenio no, que no podía,
> aunque las fuerzas del olvido aplique.
> ¡Qué bien cantaste al español Bernardo!
> ¡Qué bien el Siglo de Oro!
> Tú fuiste su prelado y su tesoro,
> y su tesoro tan rico en Puerto Rico
> que nunca Puerto Rico fue tan rico.

[71] *Vid.* Manuel J. Quintana, *Poesías selectas castellanas.*
[72] *Vid.* Bibliografía.

---

[65] Este ciclo comienza en el capítulo I cuando Claribalte parte de Albania («ques en Croacia») para Inglaterra, enamorado anticipadamente de Dorendaina, con una estación en Francia donde conoce a Lucrata. El caballero de la Fortuna deshace este camino, con las mismas estaciones, para participar en las justas de Albania, anunciadas antes de su partida. Las justas se inician en el capítulo xxxvii y se prolongan hasta su ida secreta en el capítulo xlvii.
[66] Comprende los capítulos xlvii-lix.

En su *Compendio Apologético en Alabança de la Poesía*[73], Balbuena expone su concepto del arte poética en términos tales que se corresponden con ciertos momentos de su novela y con aspectos fundamentales del mundo de los pastores en ella. Tal vez lo principal dice relación con la alteza de la dicción y su novedad que tienen ecos significativos en diversos momentos de la novela. Otro aspecto de esta correspondencia es lo que se refiere a la honestidad de la imitación. Pero en un sentido abarcador, el asunto central de la novela de Balbuena parece ser efectivamente la poesía, una visión órfica y pitagórica, mezclada con elementos bíblicos y estética cristiana. Este interés estético y poético desplaza el relieve que en la novela pastoril presenta regularmente el amor. No porque el amor no oriente buena parte del contenido eglógico, sino porque esencialmente no hay situaciones amorosas representadas en el relato, sino solamente cantadas: alabanzas de pastoras, lamentaciones amorosas y otras canciones no encuentran nunca a la destinataria ocasional. Incluso, una general imprecisión nominal domina la mención de pastoras, que nunca aparecen y cuyos nombres se confunden en el deseo o la admiración de distintos pastores. Son así demasiadas las ausentes Amarantas, Belisas, Cintias, Filenas, Filidas, Filis, Galateas, Mengas y Tirrenas, para una variada lista de cerca de sesenta pastores. Presentes o mentados, aparecen: Alceo, Alcinio, Alemón, Alfeo, Alfesibeo, Anfimedonte, Anfriso, Arcisio, Aristeo, Aristófanes, Beraldo, Clandro, Clarenio, Claudio, Clavelio, Cleantro, Clónico, Clonio, Cloris, Crisaldo, Cristalio, Damón, Delicio, Delio, Eupites, Filadelfo, Fileno, Felicio, Florenio, Galicio, Gracildo, Gracino, Graciolo, Leranio, Leucipo, Licias, Licio, Liranio, Melancio, Leibeo, Meliso, Montano, Narciso, Opico, Plonio, Polibio, Polibo, Polinestro, Rosanio, Selvagio, Serrano, Silvano, Sincero, Tileno, Tirseo, Tirsis, Toribio, Ursanio, Ursonio, Vandalio[74]. Estos son, principalmente, serranos, ciudadores de cabras y de vacas. Todos son poetas o Apolos, que cantan al son del rabel o la zampoña, y suelen confeccionar sus instrumentos y tallar admirablemente variados útiles de madera con historiados adornos. En

Jacopo Sannazaro

sus horas de ocio, a la siesta, al amanecer, al anochecher, antes de emprender su actividad cotidiana o al acogerse al reposo, alternan cantando y contando historias, buscando y hallando un cabritillo perdido, o sorprendiendo un extraño ardid, o padeciendo una burla, o ejecutando los ritos de costumbre en sacrificios antiguos de animales, o bien llevando a cabo juegos agonales que incluyen la carrera, el salto y la lucha. El mundo pastoril presenta en el *Siglo de Oro* una coherencia definida y variada, que amplía con la tradición los motivos, caracteres y escenario del mundo pastoril, acrecentándolo con verosimilitud apoyada en la tradición literaria y en la rustiquez real del oficio.

Las fuentes principales de Balbuena se encuentran en las *Églogas*, las *Geórgicas* y la *Eneida*, de Virgilio, en Petrarca, en Sannazaro (cuya *Arcadia* es la fuente directa de su imitación declarada), Garcilaso, Boscán, Luis Gálvez de Montalvo. La parte fabulosa del descenso al «otro mundo» proviene de la *Eneida*, VI, y ya se encuentra elaborada en la *Arcadia* de Sannazaro. Los juegos funerales tienen sus antecedentes en Sannazaro y se encuentran también en Gálvez de Montalvo[75]. Estas fuentes son reconocibles y afectan a aspectos te-

[73] *Compendio Apologético en Alabança de la Poesía*, en la edición de John Van Horne de Bernardo de Balbuena, *La grandeza mexicana*, Urbana, The University of Illinois, 1930, págs. 143-166.

[74] De estos nombres, vienen de Sannazaro: Amaranta, Tirrena, entre las pastoras; Carino, Clónico, Galicio, Montano, Opico, Selvagio, Sincero, Serrano. *Vid.* Francisco López Estrada, *Los libros de pastores en la literatura española*, I, La órbita previa. Madrid, Gredos, 1974 (BRH, II, Estudios y ensayos, 213), págs. 142-143.

[75] *Vid.* Francisco López Estrada, *loc. cit.*

383

máticos, como los señalados. En ocasiones se trata de aspectos textuales o puramente ornamentales de las églogas en verso.

La imitación de otros autores, clásicos y contemporáneos, se concibe en el marco de comprensión renacentista, acompañada de la emulación que conduzca la obra más allá de los términos marcados para crear algo que supere al modelo imitado. La emulación de paradigmas preexistentes del género es entonces un propósito deliberado, y responde a una de las nociones de la imitación, justamente aquella que por los méritos del modelo o de los modelos gana la aceptación del poeta y prolonga su forma general en la obra.

Sannazaro presta las fuentes básicas y más extensas para el cuerpo de la novela. Balbuena sigue de cerca el plan de la *Arcadia*. Parte de su originalidad consiste en apartarse de los modelos españoles, que a su vez habían recreado el género italiano. Como ha observado Fucilla:

> Balbuena es el primero y el único entre los escritores españoles que rompe audazmente con la tradición nacional introduciendo en su país un casi puro e inalterado modelo italiano. Solamente la inserción de un pequeño número de rimas nacionales parecidas a las usadas por Montemayor, Gil Polo y Montalvo puede ser considerado como su única concesión a la novela pastoril española y, aun así, el valor de esta concesión es extrínseco más que intrínseco. Y, además, el nivel artístico de los versos que pertenecen a esta categoría es, por lo general, inferior a aquel de los versos de sus églogas[76].

El mayor realismo de Balbuena, que parece provenir de la imitación de Teócrito, declarada en los titulares de la edición de 1608, lo ve Fucilla como otro ejemplo del influjo de Sannazaro y su refuerzo como consecuencia de la propensión juvenil que debió prevalecer en el poeta. Si hemos de atender a Menéndez Pelayo estos rasgos provendrían de los imitadores de Teócrito y Virgilio, Tito Calpurnio y Nemesiano, imitados por todos los poetas del siglo XVI, y no directamente del poeta bucólico griego[77].

Las églogas en verso de Balbuena gozan de la más alta estimación. El elogio de Quintana encontró ecos en la crítica posterior. El poeta dieciochesco encuentra las églogas segundas sólo de Garcilaso. Observa sin embargo, el contraste entre la rudeza de los pastores y la elegancia de su dicción y la belleza de los incidentes. Lo cual toca, sin advertirlo, una cuestión explícita de la novela y central en la poética del siglo XVII. La observación de Quintana, que se refiere a la falta de variedad de la versificación, que considera enteramente reducida a tercetos, es inexacta e ignora otra cuestión central del género tradido. Desde el *Ameto*, de Bocaccio, el terceto es la forma misma de la versificación de las églogas, perceptible en los modelos italiano hasta la *Arcadia* de Sannazaro[78]. Sobre este punto debe señalarse que, en relación a la monotonía del uso del terceto, de un total de treinta y ocho composiciones en verso, sólo trece son composiciones escritas en tercetos. De éstos pueden distinguirse como especialmente diferenciados al menos dos tercetos amebeos, con que concluyen las églogas IV y XI; un ejemplo de tercetos de rima esdrújula, Égloga X, en que con humor se trata de la afectación poética. Los tercetos restantes dan lugar a rimas de combinaciones variadas. En algunos casos, los tercetos se combinan con silvas y canciones. Aparte de estas formas tenemos: dos octavas reales, cuatro silvas, cuatro canciones, once sonetos, un ejemplo de endecasílabos blancos con rima interna, y además, un romance y dos redondillas. De manera que la tradición italiana y la nacional tienen su lugar en un conjunto variado. Si miramos a otras particularidades pueden señalarse composiciones que emplean tácticas diseminativo recolectivas, acrósticos, encadenados. Otras despliegan tópicos, como *Collige virgo rosas*, o emblemas, como *Vis amoris*[79].

Las canciones y églogas de pastores sirven para desplegar la variedad de comportamientos amorosos y forman parte importante del contenido pastoril. Son canciones de ausencia, lamentaciones y quejas ante el desdén de la pastora amada, o alabanza de sus ojos o de sus cabellos o su rostro. Otras, no poco significativas, se ocupan de poética pastoril, en las cuales la adecuación o *decorum* del lenguaje es la cuestión central. Otras en una línea de énfasis diverso remiten al contenido elegíaco de *de contemptu mundi*.

Salvo los reparos al «mal gusto» provenientes de la crítica dieciochesca, vale la pena servirse de la cita de Quintana para ponderar el valor de las églogas de Balbuena:

> En cuanto a la invención, la disposición y el diálogo, no pueden comparárseles nin-

[76] *Vid.* Joseph G. Fucilla, *Relaciones hispano-italianas*, Madrid, C.S.I.C., 1953, pág. 97.

[77] Cfr. Menéndez Pelayo, *op. cit.*, II, pág. 191.

[78] *Vid.* Jorge Siles Artés, *El arte de la novela pastoril*, Valencia, Albatros Ediciones, 1972.

[79] J. B. Avalle Arce, *La novela pastoril española*, 2.ª ed., Madrid, Ediciones Istmo, 1974, es el primero en advertir el acróstico, pág. 214.

gunas otras en castellano; y en esta parte Balbuena se acerca más que ninguno a los escritores antiguos. La primera y la sexta églogas son un modelo de todas esas cualidades, y si nuestro autor hubiera sabido animar sus composiciones con una ternura más viva y con rasgos de sentimiento más apasionado, Garcilaso mismo tendría que cederle la primacía[80].

Cada égloga termina con un diálogo de pastores que sólo en dos ocasiones da lugar a auténticos versos amebeos, es decir, a tercetos de disputa o debate poético. En otras dos églogas, la VI y la XII, canta un solo pastor, Proteo y Selvagio en cada caso, haciendo sendas profecías.

Las otras composiciones alternan en el texto con la prosa y corresponden a canciones o alabanzas sorprendidas al pasar o cantadas por los pastores en medio de la jornada.

En la prosa de las églogas, se advierte la elaboración artística propia del género, que deriva de su modelo italiano y que toda la tradición española adoptó a partir de la *Diana* de Montemayor. Ésta, a su vez, imitada por Sidney y por D'Urfé, prolonga en la novela pastoril inglesa y francesa esta característica afectada. El editor de la edición académica lo atribuye a una imitación italianizante de la prosa, pero el fenómeno tiene un carácter genérico específicamente distintivo, como han señalado Menéndez Pelayo, Vossler y otros[81]. Esta peculiaridad envuelve una vez más la noción del *decorum* que conviene a una obra de asunto pastoril y que exigiría un lenguaje más humilde en correspondencia con el plano social representado. Tal cuestión, como hemos advertido, puede ser en este caso respondida por el contexto de la novela, puesto que constituye parte importante de su código metapoético. Éste contempla varios aspectos diversos y complementarios. Entre ellos cabe destacar: *a)* el que atribuye a las letras y a la dicción poética las mudanzas del tiempo humano, lo que constituye por demás el tema central de la obra que aplica esta visión a la experiencia amorosa; *b)* el traslado del énfasis sobre la dignidad de la dicción poética, persiguiendo su altura en una nueva noción del *decorum*.

La situación narrativa básica propone un narrador representado, el pastor Serrano, narrador, personaje y testigo en la novela de los hechos, que evoca desde la introducción de

Diana, edición de 1574

la Égloga I. Refiere un pasado de rara perfección del cual aparece ahora distante y retirado[82]:

En aquellos antiguos campos, que en la celebrada España las tendidas riberas de Guadiana con saludables ondas fertilizan, entre otros un hermoso valle se conoce, que, aunque de policía desnudo, vestido de silvestres árboles, de vacas, de ovejas y cabras cubierto, y habitado de rústicos pastores, si yo ahora sintiera en mí palabras suficientes para como él lo merece encarecer su frescura, ninguno hubiera que codicioso no le buscara. Porque demás de su benigno cielo, su saludable aire, sus fértiles y floridos prados, lo que a toda estimación excede, si aquella simplicidad y pureza de los primeros siglos del mundo es de creer que no del todo ha desamparado nuestras regiones, en solas aquellas selvas vive, cuyo trato y conversación, aunque grosera, más que humano sabor deja en el gusto. Entre las cosas, que allí dignas me parecieron de celebrar, una sobre todas es la extraordinaria hermosura de una limpia y clara fontezuela, que con sus dulcísimas aguas lo mejor de aquel

[80] Manuel Quintana, *Poesías selectas castellanas.*
[81] Sobre el carácter artístico de la prosa en la novela pastoril *vid.* Menéndez Pelayo, *op. cit.*, II, págs. 276-281. K. Vossler, *op. cit.*

[82] Balbuena, *Siglo de Oro*, I, págs. 1-4.

valle riega; y no sólo de nuestros pastores, vaqueros y cabrerizos, mas hasta de los serranos y estremeños debajo el amado nombre de Erífile es conocida; cuyo agradable sitio, porque a mis ojos así en algún tiempo fue alegre, que rara sería la florecilla que en él no supiese mi nombre, yo de esta manera pienso pintarlo. Primeramente en medio de estos floridos campos, que como el espacioso mar largos y tendidos se muestran, una selva se levanta de altura descompasada, mas de tan agradable arboleda, que, si decirse puede, allí más que en otra parte la naturaleza hace reseña de sus maravillas. Porque dejado que los árboles casi todo el año están vestidos de una inmortal verdura y de yerba, que no menos que a esmeraldas se puede comparar, los lirios, las azucenas, las rosas, los jazmines, el azahar, las mosquetas, alhelíes y clavellinas y las demás olorosas flores, llenando de olores el campo, no otra cosa parecen que un pedazo de estrellado cielo que allí se halla caído. Y esto, aunque en cualquier tiempo del año gustosa y regalada vista sea, en las floridas mañanas de abril tanto su hermosura resplandece, que no sé yo cual otra beldad tenga el mundo tan digna de ser celebrada. Pues en medio de todo este ameno sitio, si ahora mal no recuerdo, entre sauces y álamos queda hecho un pequeño llano, cubierto de tanta diversidad de flores, que toda la hermosura que en las demás partes resplandece, allí junta, y con aventajadas perfecciones se muestra, haciéndola sobre todo acabada la cristalina Erífile, que de una peñascosa cueva hecha de ásperos y helados riscos sale, llevando primero sus hielos, cubiertos de verde y fresca yedra, hasta ocho o diez pasos de su primer nacimiento, que deseosa de enamorar las vecinas selvas segunda vez muestra su beldad al mundo, haciendo en lo mejor del florido llano, entre olorosos tomillos, claveles y amapolas, un claro y profundo estanque digno de toda la alabanza que a su hermosura se diese. Lugar verdaderamente sagrado y merecedor de humana reverencia, donde, si lícito es a los mortales ojos, ya muchas veces nuestros serranos han visto bajar de los cercanos montes los silvestres sátiros y la demás copia de rústicos dioses, y allí en compañía de las amadas ninfas hacer sus placenteros bailes. Y lo que sobre todo temerosamente es digno de contar, a la misma Erífile, de verdes ovas coronada, no menos transparente y limpia que los puros cristales, se ha visto guiar las concertadas danzas; con que el religioso lugar es en tanta reverencia tenido que no sólo permanece su frescura de antiquísimos siglos inviolable, sin que las golosas cabras ni del rústico ganado hayan sido con descomedimiento tocada, más aún las industriosas abejas para la tierna fábrica de sus panales jamás han cogido de aquellas flores el primer rocío de la mañana. A solos nuestros pastores es permitido regocijarse con los placeres de la sagrada ninfa, y haciendo de nueva leche y rosas al renovar del año sus sacrificios, colgar por los más vecinos árboles hermosas guirnaldas y arcos de tempranas flores; y no en otros ejercicios, según yo pienso, estábamos ocupados una mañana del florido abril, en que los primeros rayos del sol así de las aljofaradas yerbas varias lumbrecillas levantaban, como si las estrellas que en el cielo se escondieron allí se hubieran bajado, cuando uno de nosotros, que Florenio se había puesto por nombre, corrido de que todos con tanta rusticidad pasásemos el tiempo, sacando del seno una zampoña de siete cañas, tan curiosa y nueva que pocas veces se había tocado, vuelto a Beraldo amigablemente dijo: (Égloga I, 1-4.)

Como se puede ver la situación narrativa es exterior al mundo del relato por ulterioridad del mismo: el narrador evoca, con inseguridad, con nostalgia, un pasado y un mundo de los que está ausente. Este hecho afecta a la narración, pues duplica inevitablemente la perspectiva al desdoblar al narrador distanciado del personaje evocado en un mundo de perfección pastoril. Servirá para explicar en parte, si no para justificar, las incoherencias cometidas en la perspectiva ideológica al mezclar a la visión antigua y pagana la perspectiva cristiana de la muerte y de la trasvida. Por otra parte, la ordenación del relato se ve afectada por las condiciones de la vida pastoril. El relato se conduce erráticamente de acuerdo al desplazamiento de los pastores y de su ganado o siguiendo el sonido de una zampoña o la voz de un pastor que canta. Dentro del mundo narrado, el personaje enmarca los diálogos y canciones y églogas de otros pastores y, subjetivamente, encuadra su propio canto y su propio sueño. Su visión del mundo pastoril está regida por la admiración y la alabanza, por la compasión y la piedad, en íntima simpatía con el mundo que describe. La selección de sus datos pastoriles aparece dominada por ciertas líneas principales: a) relato de pastoreos o narración de desplazamientos, sorpresas, visiones extrañas o maravillosas; b) descripción de lugares y objetos famosos; c) diálogos de pastores, églogas y canciones; d) comentarios del narrador. Como un pastor entre otros, su posición no es sólo cercana, sino que aparece integrada al grupo, con una insistente mención en la primera persona del plural de pronombres personales y posesivos. Serrano es un testigo y oyente del canto como miembro de un grupo y así también aparece envuelto en el juego o la disputa con cercanía total. No sostiene, sin embargo, una sola cuerda grave o lamentosa en la comprensión del mundo, sino que da ocasión al humor y a la burla. Esto marca todavía más, acentuando la familiaridad, un conocimiento directamente condicionado por la experiencia pastoril inmediata. Por otra parte tiene acceso a un conocimiento excepcional y maravilloso, mediante el legitimado medio del sueño que le lleva a la contemplación de la grandeza mexicana. Esta ampliación y ruptura geográfica, del paisaje ideal al paisaje real y urbano, tiene su antecedente en la visión de Nápoles de la *Arcadia* de Sannazaro. La perspectiva ética del narrador es de completa simpatía e identificación con el mundo excepcional de los pastores y de la poesía.

Si retornamos al trozo citado podemos observar ahora que el escenario pastoril corresponde a la visión retórica del *locus amoenus* (agradable sitio, ameno sitio) y a la visión más específica del «bosque mixto»[83]. El lugar ameno está en la vecindad de un bosque y de un risco. Los rasgos amplificatorios de este tópico provienen de la duplicación del espacio, en el cual un lugar ameno incluye otro más perfecto. Este último tiene los rasgos paradisíacos o de la edad dorada en el que anima religiosamente la vida mítica. Esta relación doble lleva inevitablemente por la vía comparativa a lo indecible y al sobrepujamiento, tópicos característicos de la alabanza. Los catálogos de flores, árboles y frutos; los catálogos de aves o aromas, son igualmente tópicos que sirven al fin encomiástico. En lo más específico, los catálogos de animales y de pastores, indica que el mundo pastoril está integrado en todas sus dimensiones. Lugar ameno y lugar sagrado se diferencian en el carácter exclusivo que adquiere para los pastores el acceso a este último, al cual los seres naturales no tienen entrada. El lugar escondido permanece invariable, y todavía puede verse en él a ninfas y sátiros y dioses rústicos. Los pastores cumplen en el sitio sus sacrificios y sus homenajes sagrados.

A partir de la mitad de la novela se hace perceptible un cambio significativo. Cada vez se va haciendo más marcado el elemento cultural que se agrega al paisaje natural. Se trata de inscripciones en la corteza de los árboles, de monumentos, de templos, de sepulcros o pirámides, de altares, que constituyen hitos visitados por los pastores en una marcha progresiva, que se remata en los ritos fúnebres y aniversarios en la cercanía del sepulcro de la pastora Augusta.

Esta confusión de esferas naturales y cultivadas, así como la mencionada introducción, mediante el sueño, de la visión desde el fondo de la laguna de la ciudad de México y las marcas de realidad que ponen los pastores que en el mundo narrado se comunican con la ciudad o dependen de patrones ricos y poderosos, confirman el tópico de que «en el mundo de los pastores se enlazan todos los mundos»[84].

Rupturas o contradicciones autorizadas por el mundo pastoril quedarán colmadas en las églogas finales, cuando sobre la creencia mitológica se superponga la visión cristiana. La consecuencia que esto tiene no es pequeña. Importa sostener, en el fondo, que la forma profunda de la novela pastoril no se desenvuelve esencialmente en la contraposición de los términos de mudanza y precariedad de la vida pastoril actual, en oposición al Siglo de Oro, sino que, además de estos términos que implican ámbitos interpretativos coherentes, se establece una contraposición inesperada, tocante al tema de la muerte (y consiguientemente, de la vida) que superpone al esquema anterior uno de heterogeneidad e inconsecuencia que rompe la perspectiva adecuada. Éste nos parece ser el rasgo más saliente del *Siglo de Oro* de Balbuena: su incoherencia ideológica. La legitimación de esta incoherencia parece surgir de la señalada distancia y de la memoria incierta que el narrador guarda con su experiencia primitiva. En el fondo, otro modo insensible de hacer notar las mudanzas del tiempo. La visión del mundo pastoril, en su primitiva perfección, es, por su parte, completa en la variedad de aspectos como hemos señalado. La cercanía a la vida natural sigue siendo concebida como la máxima perfección y el alejamiento de ella como la inevitable caída: «porque verdaderamente todo lo que desta primera simplicidad se desvía más a su dañosa muerte se llega» (pág. 65). La visión del mundo pastoril es perfecta recreación poética. Donde Balbuena se separa es en el agregado de rupturas, mediante las cuales el mundo representado guarda su opacidad artísticamente elaborada y, por instantes y a pesar de lo señalado, se abre en indicaciones a lo real que remiten a una clave específicamente religiosa, que pudiera extenderse a la interpretación de la novela entera. No tenemos sin embargo más que un par de indicaciones de este orden.

[83] *Vid.* E. R. Curtius, *Literatura europea y Edad Media latina*, México, Fondo de Cultura Económica, 1955, 2 vols., I, págs. 279 y ss.

[84] *Vid.* E. R. Curtius, *op. cit.*, I, 270.

Una es el soneto acróstico que canta el pastor Clarenio, que revela el nombre de doña Isabel de Tobar. El personaje mentado es el mismo a quien Balbuena dedica la *Grandeza mexicana*: «Doña Isabel de Tobar y Guzmán, una señora de tan raras partes, singular entendimiento, grados de honestidad y aventajada hermosura, que por cualquiera dellas puede muy bien entrar en número de las famosas mugeres del mundo, y ser con justo título celebrada de los buenos ingenios del» [85]. Es sabido que por la época, después de muerto su marido y entrado su hijo a la Compañía de Jesús, doña Isabel entró al convento de San Lorenzo. Otra indicación proviene del sueño visionario del pastor Serrano al describir los palacios de la ciudad de México. Así en el elogio de lo que parece ser el monasterio de San Lorenzo en clave pastoril: «y otros [palacios] aunque de más breve y moderada hechura, merecedores por el valor que encierran de más que el segundo lugar, los cuales consagrados a la castísima Diana, y con un abrasado Fénix de Amor por empresa, llenos de soberanas ninfas de lo mejor de aquellas lagunas en tantas maravillas resplandecen que allí de nuevo me convidó amor a regalar la vista y a no desear más deleite del que gozaba» (133).

III. LOS SIRGUEROS DE LA VIRGEN

> En el más alegre y bien matizado lienzo, que el pincel valiente de la ingeniosa naturaleza adornó con las transformaciones fabulosas que en heroico metro celebra Ovidio en sus Metamorfoseos del tierno Adonis, a quien himnos de Fenicia se cantaban, por ser de su Rey natural Príncipe heredero; de Acanto convertido, de real mancebo, en florida planta; de Narciso enamorado de su propia belleza, en los cristales de la clara fuente, donde tiernamente se miraba; de Jacinto, a quien Apolo quitó la vida, y en flor de su nombre convirtió; y de otras alegres y fragantes flores que guarnecen, bordan, esmaltan y matizan el precioso manto, con la gallarda Flora, a quien deidad bien diferente de su costumbre se atribuye, enamorando deleita los delicados sirgueros, dulces ruiseñores y calandrias agradables, y requebrando cautiva los desatados cristales de Cyane, ninfa de Sicilia, cara compañera de la robada Proserpina, de Aretusa, de Alfeo perseguida, y de Diana, transformada en fuente; y recogiendo en las hojas de los blancos jazmines y encarnadas rosas, las perlas

que la hermosa Aurora, fiel mensajera del vecino día (que pintando el oriente de rojos resplandores, remonta de la confusa noche la imagen y el retrato del ya vencido Caos), ensarta en las rubias trenzas del padre de Faetonte; en este, pues, milagroso sitio de hermosuras y transformaciones tantas guarnecido, apacentaba un rebaño tierno de ovejas que guardaba, y recogía el pensamiento animoso de conseguir la más heroica empresa que alcanzar pudiera, Marcilda, pimpollo de hermosura, pastora de edad perfecta; en sus razones dulces, sabia y elocuente; en su grave y recogida vista, apacible; en sus palabras, amorosa; y en ellas muy medida; grave en su presencia; y en cualquier inclinación y arte, tan avisada y sagaz, que la celebraban por oráculo de aquel ameno y rico prado [86].

El trozo citado pertenece al comienzo de *Los Sirgueros de la Virgen sin original pecado* (México, 1620) [87], del mexicano Francisco Bramón (activo, 1620-1654). Esta es la primera novela publicada en América y la primera de un autor posiblemente criollo. Su aparición corresponde al momento final del desarrollo de los libros de pastores cuando el género deriva hacia las formas a lo divino [88]. Si en el *Siglo de Oro* de Balbuena era adivinable un simbolismo religioso, en la obra de Bramón estamos en el reino mismo de la alegoría, del emblema y de las empresas de significación religiosa. Todavía más en el caso, toda la dicción elegante que recurre al aparato retórico señalado, se endereza restrictivamente a la alabanza de la Virgen. Si los pastores son cantores enamorados y poetas naturales de alabanzas y lamentaciones rituales de las pastoras que aman, los «sirgueros» [89] de la obra de Bramón, son cantores de la alabanza, de los nombres y de la Inmaculada Concepción de María con exclusividad que posterga o subordina toda otra posibilidad. Las nuevas formas del barroco literario hacen todavía más extrema la parálisis del acontecer, especialmente por la extensión de las partes descriptivas de inscripciones, emblemas y empresas y sus comentarios o explicaciones y las partes en verso: sonetos, romances, redondillas. De modo compensatorio, podríamos decir, se incluye un «Auto del Triunfo de la Virgen», de que es autor el pastor Anfriso, que comunica dinamismo dramático y colo-

---
[85] Cfr. Balbuena, «Introducción», a *Grandeza mexicana*, Madrid, 1821, pág. 16.

---
[86] Bramón, *Los sirgueros de la virgen*, Lib. I.
[87] *Vid.* Bibliografía.
[88] *Vid.* J. B. Avalle Arce, *La novela pastoril española*, ed. cit.
[89] *Vid.* José M. Beristáin de Souza, *op. cit.*, de él provienen las repetidas glosas de la voz 'sirgueros'.

rido especial a la novela[90]. Otro factor perceptible en el fragmento arriba citado es la elaboración del lenguaje, la prosa poética de la descripción y narración, en la cual modalidades poliarticuladas de coordinación, conjuntos bimembres, trimembres y cuatrimembres y paralelismos, sirven a la representación de la naturaleza o del paisaje como obra de arte.

En comparación con la obra de Balbuena, subsiste en Bramón la contradictoria vecindad de la mitología clásica con las figuras sagradas, pero esta vez el desplazamiento de la visión clásica por la visión del mundo religiosa y cristiana y, aún más, por el especial culto a la Virgen, pone un signo definitivamente caracterizador de la transformación del género por la normatividad barroca. La transformación se realiza de modo que podríamos llamar natural, es decir, poniendo sentido específicamente religioso a aspectos constitutivos del mundo pastoril. El prado ameno o el bosque mixto, que tienen los signos prestigiosos que los vinculan, por semejanza, a la perfección del Siglo de Oro, es sólo un simulacro: el de un mundo superior al de la corte, pero de todos modos el prestigioso vestigio de otro mundo irremisiblemente perdido desde el pecado original. Si la vida transcurre en él con la pureza posible a la perfección humana, es con todo la existencia en un mundo caído. Ya no se trata de la simple contraposición ventajosa con la vida cortesana, todavía válida y puesta en juego en la novela, con énfasis en la vida académica y literaria de la ciudad y con aparentes claves además de su generalidad significativa; se trata de contraponer el género humano caído y la pureza sin mancha, que sólo en la Inmaculada Concepción de la Virgen se actualiza. A este componente básico de la innovación del género se suma la conciencia persistente de la fuga del tiempo, de la brevedad de la vida humana, de lo transitorio de la felicidad. En el marco de referencia religioso el contenido elegíaco sigue siendo un ingrediente significativo de la dimensión eglógica y un aspecto constitutivo que sostiene la tradición y hace reconocible el género junto con el elemento idílico. Estos componentes del contenido del mundo y su forma profunda de innovadora tensión contrastiva, permiten reconocer la estructura dinámica del género, como proceso de destrucción del ideal mítico de la edad dorada. Con todo, reluce la continuidad del género en la permanencia de la mimesis fundamental: la precariedad del

Inmaculada de escuela quiteña del siglo XVIII, obra de Bernardo Legarda

mundo y del amor humano, su temporalidad y su condición caída.

La novela de Bramón ha llenado el mundo pastoril «a lo divino», poniendo los términos óptimos de la perfección anhelada en la postulación de la Virgen como la pastora objeto del deseo, porque sólo ella es término *ad quem* de todo amor verdadero y verdaderamente perfecto. Ella es el objeto del amor del pastor Anfriso, que fija la perspectiva del personaje y la somete a una línea de desarrollo, en la cual no cabe sino la constante y variada manifestación de la alabanza. Las partes versificadas, con sus sonetos, redondillas y romances; los muchos diálogos explanatorios; las extensas descripciones de arcos, inscripciones, emblemas y empresas de orden religioso; son continuas proclamaciones de la perfección virginal. Se distribuyen en los tres libros de la novela y culminan en el tercero con la representación incluida del «Auto del triunfo de la Virgen y gozo mexicano», con nuevos elementos dialécticos y escenográficos (nuevas empresas e inscripciones). Los elementos que entran en esta extensa parte panegírica ocupan la mayor parte de la obra en largas tira-

---

[90] *Vid.* Agustín Yáñez, «Prólogo» a la obra de Bramón, vii-xix.

das que encuentran apoyo en el sistema de pluralidades de las letanías o en los nombres de la Virgen.

Una innovación interesante es la ubicación en el paisaje mexicano de este mundo pastoril. Su situación admite, como en la novela de Balbuena el contacto de este mundo con la ciudad. Fenómeno que aparece favorecido en la novela por el hecho de que Anfriso es pastor y académico, quien regresa a la ciudad, al concluir la obra, para rendir sus exámenes en la Facultad de Cánones.

La figura y la caracterización de Anfriso suscitan algunas inevitables consideraciones. Su nombre aparece como una cifra del nombre cristiano del pastor, posiblemente Francisco, coincidente con el nombre del autor: Anfriso/Francisco[91]. Lo cual parece estar en la línea de las caracterizaciones nominales reguladas por el principio poético: Sincero/Sannazaro, Serrano/Balbuena. Esta convención literaria no debe conducir a la interpretación errada de que el personaje *es* el autor, pero abre sin duda la obra hacia una posible clave en la que no sólo el mencionado parentesco de los nombres, sino diversas situaciones puedan ser imitación cercana de situaciones preexistentes en un plano de mayor o menor generalidad. En este sentido no faltan datos minuciosamente consignados que no sería tal vez difícil de confirmar. Las consideraciones del crítico que le conducen a confundir el espacio literario con el real identificando figuras, ofrece en exceso la permutación entre dos mundos incompatibles y tiende a ignorar el juego de ambigüedades propuesto en el caso. No es posible concebir el hecho como «la presencia del autor en la obra»[92]. En nuestro caso, la dimensión confusa en que dos planos parecen mezclarse está propuesta con claridad y consecuencia indudable mediante una convención que no tiene otra cosa de novedad que la de representar al pastor como poeta, autor dramático y estudiante o académico. Esto es lo desusado. Lo tradicional es que el pastor cante y aun que cante con artificio variado y todavía más que hable de poesía, de su sentido órfico, de su caída en la Edad del Hierro; que comente, en fin, la poesía oída, esencialmente, que la elogie. Lo directamente percibido es

que el personaje ejecuta todos estos actos. Lo mismo acontece en relación al Auto mencionado. Anfriso se propone escribir el paso escénico y el Auto que escribe no es conocido en su texto en el Tercer Libro, encuadrado en el nivel primario del relato por el narrador básico que lo introduce y describe la representación efectiva. En esta línea de desarrollo coherente o verosímil, uno es el autor del paso y otro el narrador básico; una la descripción narración del relato primario incluyente y otra la presentación del Auto, es decir, de la obra dramática incluida. No tiene la misma coherencia la identificación conjetural e inmediata de Anfriso con Francisco Bramón, autor real. La obra no es entonces la autobiografía de Bramón, porque no es siquiera la autobiografía de Anfriso.

La obra es presentada por un narrador cuya función fundamental es ordenadora, acotadora y descriptora de lugares, desplazamientos de personajes y de sus ocasionales encuentros o partidas. Los personajes encuentran su lugar en el relato cuyo narrador, aunque próximo, es totalmente extraño a ellos. El narrador narra un mundo que le es ajeno y no habla nunca de sí mismo. Su perspectiva posicional es de proximidad en lo externo y de identificación con la interioridad de los personajes. Su grado de comprensión o conocimiento es el que corresponde a una omnisciencia selectiva variable. Las indicaciones temporales se regulan por los tópicos de amanecer y atardecer mitológicos sometidos a ampliaciones retóricas marcadas. Las indicaciones espaciales se ordenan en las formas convencionales del discurso demostrativo en las descripciones del escenario pastoril o se someten a la producción escénica en las acotaciones que describen la representación del Auto, como inmediatez de lo contemplado. La perspectiva ética del narrador es la de alguien crédulamente identificado con el mundo pastoril representado, es decir, identificado en la fe y en la exaltación laudatoria de los personajes.

El código de la acción o del acontecer ordena encuentros de pastores que se enamoran al oírse o contemplarse mutuamente. Las relaciones que se desarrollan en el Primer Libro, confrontan a Anfriso y Florinarda en un sentido novedoso. Anfriso advierte a la pastora que no es ella el bien deseado al que canta enamorado, sino la Virgen. Esto releva a Florinarda de celos u otro sentimiento negativo, llevándola a unirse al pastor en esta adoración superior. Otra pareja de pastores, Palmerio y Marcilda, dan pábulo a su amor y aun a la inquietud de los celos, pero inhiben sus manifestaciones en atención a las cele-

---

[91] Bramón, *op. cit.*: «y no es llamarme Anfriso respecto de otro celebrado por el padre de las Musas, sin segundo Apolo, y de nuestros tiempos famosos poeta Belardo, en su pastoril Arcadia; mas por ser nombre correspondiente y que frisa al que recibí cuando la Iglesia nuestra Madre me conoció por hijo, reengendrándome con las aguas vivas de la vida y el Espíritu santo».

[92] *Vid.* Enrique Anderson Imbert, «La forma autor-personaje-autor en una novela mexicana del siglo XVII», *Crítica interna*, Madrid, Taurus, 1960, págs. 19-73.

braciones de la Virgen. Una fuerte amistad surge entre Anfriso y el pastor Menandro. Éste, a su vez, se enamora de Arminda, la mayor de cuatro hermosas pastoras. Menandro y Arminda también se ven movidos a contener la exteriorización de su amor. Todas estas situaciones aparecen inhibidas, disminuidas o postergadas en favor del más grande amor que orienta con su elogio la narración entera.

La alabanza de la Virgen, observemos finalmente, parece ser menos una manifestación del antijansenismo o de la reacción católica contra la oposición protestante[93], que la exteriorización positiva de un culto relacionado con el patronato de la universidad mexicana. Es sabido que la universidad española y sus congéneres americanas, que tenían las mismas regulaciones que su modelo salmantino, se acogían estatutariamente al Patronato de la Virgen, en primer lugar, y en segundo término a un número de santos Padres de la Iglesia. Las referencias a la casa de estudios mexicana y al carácter colegial de Anfriso parecen datos suficientes para fundar en ellos el marco de referencia encomiástica que ordena la novela.

IV. Historia tragicómica de don Enrique de Castro

Una singularísima obra dentro de la novelística hispanoamericana del siglo XVII es la del gentilhombre gascón Francisco Loubayssin de la Marca, *Historia tragicómica de don Henrique de Castro* (París, 1617)[94]. León Pinelo lo considera sin mucha precisión como «libro fabuloso de caballerías»[95]; Medina le presta atención en sus estudios y trabajos bibliográficos, adelantando la conjetura de que la obra que conocemos sea una segunda edición[96]; finalmente, Pablo Neruda redescubre, en una de sus crónicas de *Ercilla*[97], el interés chileno de la novela.

La obra cuenta la historia tragicómica del joven Enrique de Castro «en cuyos estraños sucessos se ven los varios y prodigiosos efectos del Amor y la guerra». Don Enrique es un soldado de don Pedro de Valdivia que escapa a la derrota de los españoles en el fuerte de Tucapel, durante el primer levantamiento general de los indios araucanos, que culmina

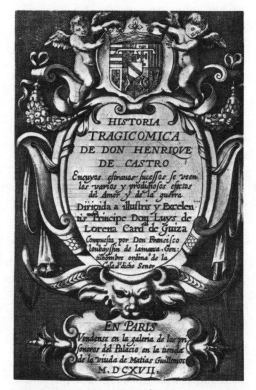

Historia Tragicómica de don Henrique de Castro, edición de 1617

con la muerte del conquistador de Chile. La secuencia principal que se desarrolla a partir de estos acontecimientos se ciñe, con considerable cercanía, a la Primera Parte de *La Araucana* de Alonso de Ercilla. Así ocurre con el ataque y saqueo de la ciudad de Concepción por los indios que sigue al triunfo de Tucapel y con las acciones militares de Lautaro, que acaudilla las huestes araucanas. El asunto indiano incluye en la proximidad de *La Araucana* y del *Arauco domado* de Pedro de Oña[98] los ritos indígenas y su culto de Eponamón. Arauco presta con ellos el escenario fundamental de la novela. En el espacio indiano concurren, casual o intencionalmente, seres de variada fortuna, cuyas historias personales ensanchan el ámbito geográfico, atrayendo variados tiempos y lugares que incluyen por igual lo histórico y lo fantástico. De esta manera se introduce la historia de los viajes portugueses del siglo XV, desde 1410 a 1525, y las campañas españolas en Italia, con la descripción de la batalla de

93 *Vid.* E. Anderson Imbert, *op. cit.*
94 *Vid.* Bibliografía.
95 Nicolás Antonio, *Bibliotheca Hispana Nova.*
96 Cfr. José Toribio Medina, *Historia*, II, págs. 291-292.
97 *Vid.* Pablo Neruda, «Una novela», *Ercilla*, 1772, Santiago, 4-10 de junio, 1969. Recogido en *Para nacer he nacido*, Barcelona, Seix Barral, 1977, págs. 198-200.

98 *Vid.* Ercilla, *La Araucana*, Primera Parte, canto I y Pedro de Oña, *Arauco domado*, canto III.

Pavía y las consecuencias históricas y políticas del marqués de Pescara. Del mismo modo, una historia personal servirá para introducir narraciones de la conquista de México y del Perú, hasta entroncar en la conquista de Chile. Se adivina, como en la obra de Ercilla que le sirve obviamente de modelo, el propósito de integrar en un todo la variedad de la presencia de España en el mundo, crear la imagen de una unidad política y moral. Nada de esto ocurre, por cierto, al azar. El narrador se refiere explícitamente a la sorprendente y sugestiva variedad de su obra poniendo énfasis en lo singular y asimétrico. Esta asimetría no se refiere tan sólo al carácter excéntrico de làs referencias espaciales, sino principalmente al hecho de que los asuntos históricos —que anticipan muy visiblemente toda posibilidad de novela histórica— se mezclan sin transición con el contenido aventurero de la novela bizantina. Las historias de los personajes incluyen parejas duplicadas y triplicadas —con exceso sobre los modelos manieristas más reputados, como el *Persiles*—, series de aventuras, cambios de fortuna, raptos, disfraces y trasvestidos, situaciones equívocas, que marcan suficientemente la reconocible filiación y amplifican el modelo bizantino de Heliodoro. Navegaciones a reinos extraños se mezclan con la geografía conocida. Incluso hay elementos que bordean el carácter de la novela gótica con sus elementos macabros o subterráneos y sus situaciones sentimentales de erotismo exaltado. Todas estas direcciones del mundo narrado quedan limitadas en su mundanidad por la presencia y la convergencia con un ermitaño, y por la crisis final de los personajes, movidos por la conciencia de la mudanza y fugacidad de las cosas. Esta orientación ideológica, religiosa y moral, es impartida por el narrador, siguiendo el modelo ercillano, en los exordios sentenciosos que encabezan cada capítulo. De tal manera que el relato aparece regularmente articulado como *exemplum* que ilustra el contenido del exordio. Estas partes sentenciosas y los comentarios ocasionales que forman parte destacada de las funciones del narrador suelen ser extensos y fuertemente marcados por la vigilancia de la pureza de la fe y la ejemplaridad religiosa. Sonetos y otras composiciones se intercalan en el texto como otras ilustraciones piadosas de alabanza mariana o de menosprecio del mundo[99].

Por encuentros fortuitos se organiza la cadena de acontecimientos que pone en contacto a los personajes. Don Enrique encuentra a su padre herido por un soldado que le roba su caballo y, con la misma casualidad, el Hermitaño que lo protege y recoge a su padre resulta ser su abuelo. Los encuentros y reconocimientos dan pábulo a la narración de las historias personales. En la caverna del Hermitaño don Enrique encuentra al joven Sicandro, que en realidad es Elisaura disfrazada de mancebo. Ésta le pide que cuente su historia, que don Enrique comienza contando sus amores y su separación de Leonora. Su narración se extiende a los libros segundo y tercero y es interrumpida por la introducción que hace el Hermitaño de ejemplos bíblicos edificantes. En el libro cuarto se esclarece el parentesco de Enrique y el Hermitaño, quien acaba de dar sepultura a su propio hijo. Entonces Sicandro pide al Hermitaño que cuente su vida. La narración enmarcada de éste introduce las campañas de Italia en que ha participado, extendiéndose el relato hasta el libro quinto. Luego Sicandro cuenta su propia historia y en el libro siguiente es el narrador básico el que desenreda la historia y se introduce la navegación de Magallanes. Uno de los circunnavegantes, Serrano, persigue a Andalio que ha robado a la princesa Elisaura. En la narración de intrigas, Méndez, persuade a la reina Tidora que Serrano, cansado de su amor, ha hecho robar a Elisaura para tener un pretexto de dejarla. La reina se embarca con Méndez tras su marido. En el libro octavo se introducen las navegaciones portuguesas y el descubrimiento de las islas de Oriente. Luego don Lorenzo, el Hermitaño, cuenta su historia que sirve para narrar la conquista de México y del Perú. Las intrigas que padece lo separan de Cortés y llega a que lo echen al mar en una nave con doña Inés, de donde es rescatado por las naves de Francisco Pizarro, pasa al Perú y luego a Chile. El libro noveno y final permite el reencuentro de las parejas separadas en condiciones aciagas. En una caverna de espantosa fachada, en la que se ordenan las cabezas de los españoles sacrificados por los araucanos, suerte de templo de Eponamón, están atados dos mujeres y dos hombres desnudos, mientras los indios duermen en espera de la hora del sacrificio. Don Enrique acompañado de Sicandro y otros matan a los indios y rescatan a los prisioneros. Luego de la fuga y del retorno a Concepción, Amor enreda las

---

[99] Cfr. cap. III: «lo que dize el poeta:

Que me suba o baxe el mundo,
O que me ponga Fortuna
Sobre el cuerno de la Luna,

O me unda hasta el profundo,
La razón en que fundo
Para que todo lo abrazce,
Es pensar que Dios lo haze».

primitivas parejas haciendo que los antiguos amantes ya no se amen sino que amen a otros. Allí termina el primer volumen de la obra, que no tuvo segundo.

En momentos metanarrativos, a los que debemos prestar toda atención, el narrador se excusa de sus intenciones, de su originalidad y de sus riesgos:

> No sin razón me reprehenderá el lector discreto, por auer hecho gastar tanta flema a mi Hermitaño, en contar su historia, porque dirá que la mayor parte de las cosas contenidas en ella, no son esenciales a mi obra. Confiésolo y digo; que a querer guardar religiosamente las leyes de la historia, se me pudiera argüir de pecado. Pero si es verdad que la confusión es alguna vez agradable, como se vee en los muchos edificios que con no ser labrados conforme al orden y manera que el arte de la Arquitectura requiere, no dexan de ser por eso alegres, hermosos y muy admirables. Responderé pues a mis censores que un desconcierto me ha traydo a muchos conciertos y un mal a muchos bienes. Que si aquel que contempla una columna, un obelisco o una portada se huelga de ver estas pieças, fuera de su natural quicio, y las mira mejor y con más contento que si fueran puestas en su lugar, me oso prometer que no faltará quien perdone mi yerro (si yerro se puede llamar) y reciba gusto, de ver un compendio de las cosas más notables que sucedieron al fin del pasado siglo y al principio del presente que se ha puesto sin que la prolixidad de la prosa desenquaderne mi desinio: porque hasta ahora no sé aver dicho cosa que no pueda ser tolerada; y sé que si algunos la tienen por enfadosa, que se hallarán otros muchos que jusgarán ser buena y digna de ser leyda. (Folios 711-713.)

El doble principio de valoración del elemento aislado y de la concurrencia de lo múltiple y vario en un momento de la historia es un original y atrevido monumento manierista. Y éste tiene la novedad agregada de darse en una novela cuyo asunto central es americano y la primera novela histórica de lengua española. Lo es en su sentido más cabal, puesto que la resonancia de los grandes hechos históricos en el destino individual de los personajes es una determinación de la cual no hay precedentes hasta la novela histórica moderna y, en nuestro caso, hasta el anónimo *Xicotencatl* (1826)[100].

En sus otros aspectos, el Heliodoro, la novela sentimental, la novela pastoril a lo divino, concurren al confuso compendio que el narrador quiso que fuera por gusto de la novedad y de la disposición compleja de gran amplificación por la serie de relatos dentro del relato que se ordenan y confunden en ella.

Es interesante consignar, finalmente, la presencia ostensible del narrador no representado a través de sus frecuentes apelaciones al lector; sus comentarios referentes a la narración con un carácter metanarrativo de considerable desarrollo; y las nada raras ni infrecuentes rupturas de niveles narrativos cada vez que el narrador arrastra al lector desde la situación narrativa a las circunstancias del mundo representado. En la perspectiva próxima y en la omnisciencia selectiva variable, se hace perceptible el psicologismo desarrollado de los personajes, sus excogitaciones internas, sus imaginaciones, la confusa perturbación de sus sentidos y su conciencia de lo extraordinario.

V. Evangelio en triunfo

En la segunda mitad del siglo XVIII se desarrolla en Hispanoamérica una primera manifestación de ruptura frente a la época barroca, que señala los comienzos de la época moderna. Esta primera manifestación de duración media podemos designarla como el periodo Rococó, cuya extensión se prolonga aproximadamente de 1755 a 1800[101]. En este periodo surge gradualmente una nueva concepción secular de la literatura. Nacen las nuevas formas de la novela moderna y con ellas la primera ruptura del canon clásico por la mezcla de estilos que envuelve el tratamiento serio de niveles medios. Las letras del periodo se caracterizan por una concepción de la literatura que las subordina a la razón tanto al concebirlas como esfera de realidad sometida a leyes, cuanto al asignarles un carácter útil y edificante, de edificación filosófica y moral. Las letras, en sentido lato, no pueden tener ni grandeza ni perfección si se alejan de las leyes de la razón. El nuevo racionalismo disputa al espiritualismo barroco su contenido ideológico, sustituyendo la visión religiosa por el racionalismo ilustrado o la visión religiosa barroca por la religión «esclarecida», es decir, por la visión religiosa sometida a la crítica de la razón. Los géneros de decir barrocos como el sermonario, el «exemplum» o el «caso» serán transformados por la

---

[100] *Vid.* nota 18.

[101] Para la periodización de la novela con inclusión del periodo Rococó, *vid.* mi «Brevísima relación de la historia de la novela hispanoamericana», *La Novela Hispanoamericana: descubrimiento e invención de América*, Valparaíso, 1973.

nueva visión del mundo, pero éstas y otras formas genéricas aparecerán dialécticamente integradas. Por cierto que las formas literarias que se muestren contrarias a la razón o impliquen un factor de distorsión, como a los ojos de la Ilustración resultan los autos sacramentales y las comedias de santos, serán prohibidas por decisiones del despotismo ilustrado.

La novela será exaltada como el género moderno por excelencia, debido al predominio del discurso y a las posibilidades de la ficción, que le permiten mimar las formas del discurso filosófico y encarnar en entes de ficción —situaciones, personajes, escenarios— datos próximos a la experiencia regulados por los esquemas racionales que se orientan a una efectividad pragmática. La visión del mundo, que traspasará la perspectiva interpretativa y todo el código hermenéutico de la novela, responderá al pensamiento de la Ilustración que propone la concepción de un orden natural evidente por sí mismo, tanto en la naturaleza como en la sociedad. El estado de naturaleza, que es la base de la sociedad civil (John Locke), tiene su propia ley puesto que no es concebido como un estado de licencia sino de razón. El alejamiento de este estado originario dará lugar a la representación de la sociedad urbana o burguesa en la novela como fuente de todo vicio y perversión. Siendo el hombre el mismo en todas partes, la visión será la misma así se represente el tiempo de los Reyes Católicos o el de Felipe V, o se represente a los españoles en México en el siglo XVI o en la península a fines del siglo XVIII. Una fundamental confianza en la naturaleza es perceptible frente a la desconfianza característica del Barroco. Una nueva sensualidad exalta las llamadas cualidades secundarias y desplaza las apariencias denostadas por el Barroco, desarrollando una exaltación de la sensación, lo aparente y lo empírico.

En una innovación históricamente crucial el grado de seriedad de la representación se aplicará al tratamiento de la vida burguesa y a las formas de la vida ordinaria de los hombres comunes. Asuntos privados tratados en tono privado procurando la representación fiel y adecuada del acontecer natural, desplazarán el tratamiento elevado de asuntos igualmente elevados que la novela barroca había mantenido en sus imitaciones idealizantes. La función social de la novela se acentúa orientándose hacia la edificación popular.

Los determinantes estilísticos afianzados por el predominio de la discursividad tienden al acercamiento de la lengua de la literatura a la lengua hablada. Este fenómeno afecta aun a la poesía que se hace prosaica, poesía de dis-

curso. Se rechaza entonces el periodo ornamentado del Barroco, plagado de metáforas y figuras de discurso, poliarticulado en extendidas membraciones. La selección léxica se aproxima a la lengua natural en todas las formas literarias y se hace muy claramente perceptible por su llaneza en la prosa narrativa y en la novela.

Con todo y ser el Rococó el primer periodo en el cual se manifiesta la nueva visión del mundo moderno, su producción no está absolutamente liberada del Barroco. Podrán verse muestras inestables de la nueva dirección o ejemplos activos de la supervivencia del Barroco cuando no la dialéctica de viejos temas barrocos alterados por la nueva sensibilidad. Una producción más homogénea en todos sus aspectos y más definitiva en el cambio vendrá sólo con el periodo siguiente.

En el período Rococó pueden distinguirse tres generaciones: la de 1747, la de 1762 y la de 1777. En la primera, Alfonso Carrió de la Vandera (1715-1778) y su *Lazarillo de ciegos caminantes* (1773)[102], un libro de viajes y no una novela, ilustra con nitidez los nuevos signos innovadores. No se encuentra en esa generación novelista alguno. La segunda generación, la generación de 1762, que forman los nacidos de 1725 a 1739, tiene entre sus miembros al primer novelista hispanoamericano moderno, es decir, el primer novelista que asume las formas de la novela moderna. Su precedencia alcanza al mundo hispánico en general. Se trata del peruano Pablo de Olavide (Lima, 25 de enero, 1725-1803, Baeza, España)[103]. Olavide es la primera figura de la ilustración afrancesada. Su espíritu reformista e innovador se hizo perceptible desde sus tempranas actuaciones en Lima. Posteriormente en España la reforma agraria de la Sierra Morena y la reforma de los estudios de la Universidad de Sevilla, que inspiraría la reforma del sistema universitario español, le ganan un lugar en la historia de España y de su cultura.

Su obra narrativa contiene dos manifestaciones diferentes y claramente separadas: Una, corresponde a la publicación de su primera novela, el *Evangelio en triunfo, o historia de un filósofo desengañado* (Valencia, 1797). Es esta una novela epistolar de apologética cristiana en cuatro volúmenes de aproximadamente cuatrocientas páginas cada uno, en la mayor parte de sus numerosas ediciones. Tuvo una brillante historia editorial con diez ediciones al acabar el siglo para continuar editán-

---

102 *Vid.* nota 28.
103 *Vid.* Bibliografia.

dose hasta 1852. Catorce ediciones de la traducción francesa y seis ediciones de una versión abreviada. Todo lo cual transforma esta novela en un acontecimiento aparentemente sin paralelo en las letras hispánicas. La otra manifestación corresponde a la publicación póstuma, en Nueva York y en las prensas de Cayetano Lanuza y Mendia y Compañía, en 1828, de siete novelas «del autor del Evangelio en Triunfo». De la existencia de estas obras, salvo una nota manuscrita del argentino Juan María Gutiérrez que describe el asiento bibliográfico de *El estudiante o el fruto de la honradez*[104], no tuvo noticias la crítica moderna hasta fecha reciente. Hacia 1971, el crítico peruano Estuardo Núñez había localizado en bibliotecas de los Estados Unidos ejemplares únicos de seis novelas a excepción de *El estudiante*. Estas son: *El incógnito o el fruto de la ambición, Paulina o el amor desinteresado, Marcelo o los peligros de la corte, Sabina o los grandes sin disfraz, Lucía o la aldeana virtuosa* y *Laura o el sol de Sevilla*. Todas las novelas tienen un carácter edificante y moral orientado muy definidamente por una visión ilustrada de la sociedad. En el contexto de la novelística hispánica del siglo XVIII, es decir, del Padre Isla y su *Fray Gerundio de Campazas* y del *Eusebio*, de Eugenio de Montengón, pone extremos desconocidos hasta ahora. La obra conjunta de Olavide puede ser valorada en un plano superior al de las obras mencionadas. Escritas antes de 1803, posiblemente durante la estancia final en Baeza, de regreso del destierro, no se conocen las razones que postergaron su publicación hasta 1828. Se carece por completo de una idea del grado de difusión que alcanzaron estas obras y de qué lectores tuvieron entre los hombres letrados de América o España.

El *Evangelio en triunfo* ha experimentado diferentes y conflictivas interpretaciones de la crítica. John Adams[105] la juzgó una obra insincera concebida para hacer posible el regreso a España, congraciándose con sus acusadores. Menéndez Pelayo la juzga un testimonio sincero de la conversión del filósofo desengañado[106]. Algunos críticos de su tiempo juzgaron la obra como un plagio de una obra francesa del mismo género, o como una simple traducción que dejaba a un lado la sinceridad de la obra y su valor testimonial. Los nuevos elementos de juicio atraídos

por Defourneaux y más tarde por Estuardo Núñez[107], si bien limitan en parte la originalidad de la obra, señalan las características parciales de la traducción o de la adaptación al lado de lo propiamente original. La obra que Olavide toma como modelo es *Les Délices de la Religión* (París, 1788) del abate Lamourette, un tomo de 372 páginas de formato pequeño. La obra de Olavide tiene cuatro veces su tamaño. Son traducción o adaptación muy cercana a la obra de Lamourette la invocación con que se abre la novela y parte importante del contenido de los tres primeros tomos. Salvo el tomo primero, el más apegado al autor francés, los tomos siguientes muestran otras lecturas apologéticas. Finalmente, el cuarto tomo desarrolla fundamentalmente cuestiones civiles que tienen su fuente en las ideas y experiencias de Olavide y mantiene un estrecho paralelismo con sus prácticas reformistas e innovadoras en materias agrarias, económicas, de bienestar social y educacionales[108].

La obra, que consta de 41 cartas, sufrió la censura de varias de ellas que disminuyeron el número de 45 que poseía el original. Las cartas censuradas se referían a la crítica de los acontecimientos y consecuencias de la Revolución Francesa, que eran en la biografía de Olavide los estímulos inmediatos de su conversión. A pesar de haber sido honrado por la Asamblea Constituyente padeció los abusos de la época del Terror. La experiencia directa del proceso le movió al rechazo de las direcciones innovadoras y antirreligiosas del nuevo orden. Los indicios de esto quedan expresos en el prólogo de la obra. En éste el autor concibe como fundamento de los desastres del pueblo la pérdida de la fe y el abandono de la religión y como causa de todo ello el pensamiento de los filósofos ilustrados, los «nuevos sofistas» y la ignorancia del pueblo. Esto lo mueve a escribir un libro que muestre las perfecciones de la religión cristiana y que sirva como instrumento de la instrucción. Con este fin se apoya expresamente en la obra de Lamourette. El prólogo del autor procede luego a encuadrar la ficción en el hallazgo en la prisión de «un manuscrito que contenía la

[104] Juan María Gutiérrez, *op. cit.*, pág. 474.
[105] *Vid.* John Adams, citado por Defourneaux, *op. cit.*, pág. 436.
[106] Cfr. Menéndez Pelayo, *Historia de la poesía hispanoamericana*, Santander, C.S.I.C., 1948. *(Obras completas*, XXVIII), II, págs. 149-163.

[107] Defourneaux, Marcelin, *op. cit.*; y Estuardo Núñez, *El nuevo Olavide*, Lima, 1970.
[108] Sobre estos temas en la biografía de Olavide, *vid.* Francisco Aguilar Piñal, *La Sevilla de Olavide 1767-1778*, Sevilla, 1966, viii, 248 págs.; Cayetano Alcázar Molina, *Los hombres del reinado de Carlos III: don Pablo de Olavide (el colonizador de Sierra Morena)*, Madrid, Editorial Voluntad, s. a. [1927]; Manuel Capel, *La Carolina, capital de las nuevas poblaciones;* un ensayo de reforma socioeconómica de España en el siglo XVIII, Madrid, C.S.I.C., 1970, 376 págs.

historia reciente de un Filósofo muy conocido, en una serie de cartas escritas por él mismo, y por algunos de sus amigos». La intención edificante será claramente señalada por el autor: «así, pues, su conducta ofrece exemplos muy útiles y saludables para todas las situaciones de la vida».

El autor señala también en el prólogo la disposición de la novela:

> Estas memorias contienen tres partes: la primera es el tiempo de las ilusiones del Filósofo, sus disputas con un Eclesiástico docto y piadoso, y al fin su convencimiento... La segunda contiene lo que hizo el Filósofo por consejo del Eclesiástico para salir del abismo, y entrar de nuevo en el buen sendero... La tercera expone lo que practicó el Filósofo para desempeñar el cumplimiento de las obligaciones propias de su estado, y el exercicio de las virtudes civiles.

El autor complementa esta descripción con su propia valoración de la obra: «En una palabra este libro me parece edificante, pero sin soltar un momento la razón de la mano; devoto, pero sin dexar de ser jamás filosófico.»

El *Evangelio en triunfo* es, así descrita, una novela epistolar monódica, en el sentido de serie que recoge tan sólo la correspondencia de uno de los sujetos del intercambio epistolar: del Filósofo a Teodoro (cartas I a XXXV) o de Mariano a Antonio (cartas XXXVI a XLI). Es cierto que estas narraciones acogen en alguna medida variable la voz del destinatario. Eventualmente, por otra parte, una narración enmarcada en ocasiones tan extensa como el relato de Manuel (carta XXXII) o la de Mariano (carta ·XXXV), ponen variaciones a la regularidad y monotonía del modo narrativo. En las cartas finales, el Filósofo, narrador de las treinta y cinco cartas primeras, pasa a ser el personaje narrado. Su conversión y su vida son propuestas como modelo para la edificación de otros.

Hasta la conversión final y la definitiva asunción de la religión «esclarecida» y de las responsabilidades sociales del «hombre benéfico», el debate ha consistido esencialmente en la confrontación de la filosofía deísta y la crítica de la religión de los filósofos ilustrados y particularmente de Voltaire. En relación a este aspecto cabe señalar con Defourneaux una paradoja: «la defensa de la religión por el Eclesiástico, aparece, en general, mucho más débil que el ataque lanzado por el Filósofo»[109].

A pesar de su carácter apologético, la nueva característica innovadora proviene de la llamada religión esclarecida por la razón. No se trata entonces de un retorno a la religiosidad barroca. La perspectiva interpretativa está traspasada por la nueva perspectiva ilustrada. Agreguemos que las extensas digresiones y comentarios que hacen tediosa la lectura de la novela al lector contemporáneo, no impiden reconocer una narración animada y coloreada con los signos de la vida burguesa moderna y los indicios inequívocos del período do en los momentos lacrimosos que hacen de esta una *roman larmoyante*. El rechazo de la violencia revolucionaria y el retorno a la vida sencilla y natural; la búsqueda de la felicidad en una vida tranquila e inocente en el seno de una familia querida, socorriendo a los necesitados y beneficiando a los seres dependientes, trazan el nuevo ideal transitorio del «hombre benéfico».

Si el *Evangelio en triunfo* es la defensa y la alabanza de la religión cristiana en el debate con los filósofos ilustrados, que conduce a un libertino a la conversión religiosa y a su realización como hombre benéfico, las siete novelas tardías tienen por asunto temas relacionados ideológicamente, pero estrictamente seculares. Las siete «novelas ejemplares» —así se inclina a llamarlas el autor de los prólogos argumentales que encabezan cada una de las siete obras— exponen situaciones o casos moralmente críticos resueltos con el triunfo de la virtud o la sanción del vicio por sus propios efectos. La sociedad es representada como una entidad eminentemente moral en cuyo interior juegan las fuerzas de la virtud y el vicio, de la novedad y lo permanente, de lo natural y lo artificial, de la corte y la aldea, de la ciudad y el campo, del hombre benéfico y del libertino.

La nueva antropología reconocible en la visión del mundo se endereza a la caracterización del justo, el hombre benéfico. La noción de beneficencia se funda en el Evangelio y en la vida de Cristo, y en la concepción olavideana de «ilustración cristiana», no se concibe su comprensión fuera de la trascendencia religiosa que la fundamenta. El «hombre benéfico» es aquel que nacido para gozar de las mejores condiciones de la vida y de la fortuna no se complace egoístamente en el goce de sus ventajas, sino que ante la desigualdad social y las condiciones inferiores de los demás se obliga generosa y altruistamente a la caridad y a la asistencia del prójimo. El tipo opuesto al hombre benéfico será el libertino, el que se complace en la imposición de la fuerza y de las ventajas de su posición y riqueza para abusar, dominar y despreciar a los demás buscando su placer y su provecho. Sin mirar otra cosa que su interés egoísta y su halago perso-

[109] Defourneaux, *op. cit.*, pág. 459.

nal, los grandes, los ricos, los ciudadanos son sistemáticamente mostrados en su carácter libertino. Los aldeanos, los campesinos, los pobres son exhibidos, al margen de los conglomerados urbanos, como seres de natural perfección.

Un aspecto destacado de la representación del mundo lo constituye la motivación sensual, particularmente la excitación visual que produce la belleza de los seres humanos o del paisaje. El pintor y su actividad retratista son presentados en' varias obras como ocasión y estímulo de la pasión. El poder enceguecedor e ilusionante de los sentidos es puesto en juego permanentemente.

En estas novelas también la efusión lacrimosa de los personajes es característica extendida. Vinculable a rasgos parciales del Rococó, el desgarramiento lacrimoso suele asociarse a un tenebrismo sepulcral reconocible también en la literatura española del periodo.

El esquema de oposición de virtud y vicio o de virtuosos y libertinos constituye la estructura profunda de todas las novelas olavideanas. En su simplicidad abstracta las situaciones se desenvuelven con dramática efectividad reguladas por este esquema. Es más, el reducido número de actores, que juegan un número igualmente limitado de funciones fijas, cuyas alteraciones modulan el desarrollo argumental, favorece el dramatismo de la narración. La disposición narrativa se ve condicionada por esta misma sencillez. Las novelas de Olavide son todas, salvo una, de disposición simple, es decir, constan de un solo nivel narrativo. Solamente en *El incógnito o el fruto de la ambición* nos encontramos ante una disposición compleja en la que es posible distinguir niveles narrativos. Las líneas finales de la novela permiten observar las complejidades de la situación narrativa:

> Ya, señor forastero, he satisfecho vuestra curiosidad, y las lágrimas con que me habéis oído, mostrándome vuestro corazón sensible, me han dado valor para poderla terminar: pero pues ya veis desde aquí la posada, ya podéis ir seguro. Permitidme que yo me vuelva al cementerio a besar la triste losa fría y regar con mi llanto aquella triste tierra. Mauricio quería detenerle, pero no le fue posible. Le pidió que a lo menos le dijera su nombre, pero él le respondió: el nombre de un bárbaro como yo he sido, debiera borrarse de la memoria de los hombres. No, señor, aprovechad de sus desgracias; pero no sepáis jamás un nombre tan infame; y con esto aparte. Mauricio llega a la posada, y encuentra el coche con Fabricio; pero siendo menester mucho tiempo para componer la rueda, le aprovechó para es-

cribir esta historia, que remitió a su padre, y yo saqué la copia de su manuscrito[110].

Como consecuencia de lo dicho, hay aquí comprendidas tres diversas situaciones narrativas con tres narradores distintos que subordinan aparentemente sendos niveles narrativos. En el plano más externo y abarcante tenemos el narrador que se identifica en la última oración. Este se refiere sólo a su función de copista y esto es todo lo que se representa de él. Es notorio sin embargo, que no se trata de un mero copista; es su voz la que presenta la totalidad de la narración y la que enmarca como dato del mundo la historia narrada por Mauricio. El relato es idéntico al del joven, pero el discurso es diferente, puesto que la escritura del «copista» acompaña de comentarios y conjeturas las situaciones narrativas que lo muestran ajeno a la historia y extraño al mundo narrativo. Este narrador carece de otra dimensión representativa que no sea su propia mención de la actividad cumplida. La segunda situación corresponde a la situación narrativa de Mauricio, que es aludida pero no se actualiza en el discurso sino en los términos de destinatario de la narración del anciano, y que aflora en el diálogo como la palabra efectiva del joven; salvo en esas ocasiones no escuchamos la voz de Mauricio como narrador. El punto de vista del copista coincide sin embargo con el del joven Mauricio, como mediador que es en todo momento del relato originario; excepto en las oportunidades en que ofrece una elaboración final selectiva de la narración escrita por el viajero. Finalmente, el cuerpo de la historia escrita por Mauricio contiene la narración enmarcada y directa que escucha de labios del anciano incógnito; narración enmarcada que lo tiene por destinatario único. Las voces realmente significativas resultan ser dos: la del narrador básico que presenta la narración primaria como copia y la del anciano enmarcada en la anterior como relato secundario. La voz de Mauricio se escucha en los breves momentos en que dialoga, mientras sus pensamientos y palabras son presentadas por la mediación —selección, interpretación— del narrador básico. El tiempo mismo de la escritura: el que le tomó a Mauricio escribir en la posada mientras componían la rueda de su coche, queda desfigurado por esta circunstancia mediadora. Ese tiempo debió quedar representado por la extensión de la novela desde su página inicial hasta la última. Pero esa extensión ha sido modificada por la

---

[110] Olavide, *Obras narrativas desconocidas*, pág. 84.

Restif de la Bretonne

dependencia, Francisco de Miranda (1750-1816), de Juan Bautista Muñoz (1745-1799), del abate Juan Ignacio Molina (1740-1829) y del poeta Manuel José de Labardén (1754-1809). Los novelistas de esta generación son tres: el neogranadino Manuel Antonio del Campo y Rivas (1750-1830), el queretano José Mariano Acosta Enríquez (activo, 1779-1816) y el peninsular teniente coronel Bernardo María de Calzada (activo, 1792). Por los escasos datos que se poseen de estos últimos y las características de sus obras situamos a ambos conjeturalmente aquí.

Campo y Rivas es autor de la novela *Crítica de París y aventuras del infeliz Damón* (1788)[111]. Esta obra es traducción de una obra no identificada exactamente, pero vinculada a las características narrativas de Restif de la Bretonne por su espíritu escéptico y libertino. La obra renueva o anticipa el motivo del provinciano en la capital, que la novela hispanoamericana del siglo XVIII y del siglo XIX desarrollará pródigamente con esquemas similares a los estudiados en Olavide. Lo interesante de consignar es que tanto esta traducción como las obras originales que consideramos asumen las nuevas formas de la novela moderna inspiradas en la novela inglesa y francesa. En ellas la representación seria de niveles de realidad medios o burgueses y hasta de sectores elevados, pero vistos en su determinación por las formas de vida cotidiana y no en la extrañeza de una esfera de realidad aristocrática ni de acontecimientos que escapen a las experiencias comunes, es lo novedoso y significativo.

El *Sueño de sueños* de José Mariano de Acosta (Querétaro)[112] es una «fantasía satírica» que organiza su propia genealogía y paragramas literarios, pues en la duplicación del título se encierra un doble proceso de lectura de Quevedo, Cervantes y Diego de Torres Villarroel y de verificación de los cambios del tiempo y la permanencia de la condición humana. La ambigüedad del género es inequívocamente comprendida por el autor como coextensiva a los tres autores, desde el punto de vista de la lectura, esto es, de la situación externa y real de la comunicación:

intervención del copista, que no se ha reducido a copiar, sino que reelabora con sus palabras el contenido de la historia que el joven remitió a su padre. Mauricio no es propiamente un narrador, aunque se le represente como tal en el plano del relato, y aun se le adivine a través del lenguaje, sin que llegue a vérsele nunca como tal. El anciano, como personaje que es, aparece plenamente representado y se le presenta narrando efectivamente en acto caracterizado por la peculiaridad de su voz narrativa y enderezando su acción narrativa a su joven interlocutor. La frase «aprovechad de sus desgracias», pone explícita relación entre la historia contada y el presente del joven que se dirige a la ciudad —he aquí el punto— a perfeccionar su educación. El consejo resume los implícitos avisos en contra de la ciudad, la ambición y el egoísmo. La narración enmarcada ha expuesto paralelamente con su contenido la trágica sublimidad de las virtudes de las almas sencillas.

VI. Sueño de sueños

La tercera generación del período Rococó, la generación de 1777, está formada por los nacidos de 1740 a 1754, quienes ejercieron su actividad entre 1785 y 1799. Es la generación de Francisco Javier Eugenio de Santa Cruz y Espejo (1747-1795), del precursor de la In-

si le parecieren bien los puntos que tocan en lo moral, téngalos por cosas ciertas, o discursos de hombre despierto: y si le parecieren mal, téngalos por cosa de sueños y delirios de la fantasía de quien de todas ma-

111 *Vid.* Bibliografía.

112 *Vid.* Bibliografía.

neras es de usted apasionado amigo y servidor[113].

Indicación que no difiere fundamentalmente de las propias de Quevedo en su *Sueños*. Por cierto, el motivo de comodidad es menos importante que la conciencia de doble significación que se otorga a lo representado; primero, en su clausura y, luego, como significante de referencia externa o parangonable, en su generalidad, con las formas del mundo real. Lo interesante de señalar es que siendo esta una «fantasía satírica», nos pone en el camino seguro de la novela, que aparece como género marcado por la misma ambigüedad en la cual residen, doblemente, las posibilidades de creación y edificación, de representación autónoma y de exteriorización pragmática.

En el prólogo, «Levadura del sueño de sueños», se presenta la situación narrativa básica. Esta es una situación de plena vigilia en la cual el narrador, estimulado por una edición reciente de los *Sueños* de Quevedo —acaso la de Sancha de 1791—, repasa las sátiras famosas. La aparición de la dueña Quintañona, le hace pasar a la lectura de Cervantes y, en seguida, la mención de «barberos y guitarras» le conduce al repaso de los *Sueños morales, visiones y visitas con Don Francisco de Quevedo por la Corte* (1743), de Diego de Torres Villarroel. Con estas lecturas de los tres escritores «satiricojocoserios» de la Corte llega, no sin dificultad a dormirse y soñar este sueño de sueños que le permite reunirse en el Nuevo Mundo con ellos. Enmarcado en estas circunstancias, el sueño sitúa al soñador en el mundo de su ciudad, al anochecer, y a poco le pone delante tres bultos. Luego reconoce al trío de su lectura/levadura que ha levantado este sueño y los describe perfeccionados por la muerte. Es decir, el narrador constata fidelidades e inexactitudes físicas e indumentarias en sus interlocutores. Las diferencias acreditan su condición de seres del otro mundo. Luego en palabras de Cervantes se indican los propósitos del viaje al otro mundo:

> Y los mismos que en recompensa del afecto que nos has tenido venimos acompañando a Quevedo, quien te quiere llevar a nuestra región para que veas y registres en realidad lo que escribió en metáfora de sueño, y asimismo lo que pasó en las visitas con Torres, y mucho de lo mío, con otras mil cosas que te cogerán de nuevo[114].

El narrador vacila con modestia, inquieto por la credulidad que pueda alcanzar su aventura[115]. Pero el principio de «verosimilitud», que autoriza la universal movilidad de los seres del otro mundo, responde por el principio de coherencia. En un primer momento de prospección los personajes toman la curiosa iniciativa de enterarse por el queretano del predicamento de que gozan sus obras en el siglo XVIII. De la recepción de la obra de cada uno da cumplida cuenta el narrador con excelentes informaciones críticas y blibiográficas. Algunas dificultades de comprensión que surgen entre ellos, llevan al narrador a explicar algunas nuevas voces del español, denunciar el galicismo perceptible en los nuevos autores y destacar la utilidad de la Real Academia de la Lengua. Lo más significativo de esta parte inicial es la continuidad genérica que el narrador establece entre la obra de los tres autores y las nuevas formas de la novela inglesa y francesa del siglo XVIII:

> En orden a los libros que corren semejantes a los vuestros, que es lo postrero que quiere indagar de mí Cervantes, tenemos muchas fabulitas preciosas y útiles, sustituyendo a muchas perniciosas antiguas.

La lista contiene Pamela, Clarissa, sir Charles Grandisson, Amelia, Robinson Crusoe, las Aventuras de Telémaco, las Aventuras de Gil Blas de Santillana y muchas otras. Está claro que el narrador afirma una esencial continuidad entre las obras nuevas y las sátiras hispánicas. Estará claro también que la función utilitaria de estas ficciones es el rasgo familiar marcado.

Dentro del sueño la disposición narrativa es simple. Una serie de mutaciones explícita o implícitamente marcadas van trazando el itinerario del otro mundo a través de paisajes, palacios o aposentos diversos. Estos ámbitos responden a los tópicos regulares de la representación del «otro mundo»[116]:

> Lo primero que me llevó la atención fue la luz, que era como la de los albores de la mañana, y en esta conformidad se mantuvo

---

[113] Acosta Enríquez, *Sueño de sueños.*
[114] *Op. cit.*

[115] Glosando el comienzo de *El mundo por de dentro*: «Es cosa averiguada, así lo siente Metrodoro Chío y otros muchos que no se sabe nada y que todos son ignorantes. Y aun esto no se sabe de cierto; que, a saberse, ya se supiera algo; sospéchase. Dícelo así el doctísimo Francisco Sánchez, médico y filósofo, en su libro cuyo título es Nihil scitur: No se sabe nada.» Cito por la edición de Felipe C. R. Maldonado de Francisco de Quevedo y Villegas, *Sueños y discursos*, Madrid, Clásicos Castalia, 1972, páginas 161-162.
[116] *Vid.* Howard Rollin Patch, *El otro mundo en la literatura medieval.*

todo el tiempo que anduvimos por aquel país, que no bien era campo abierto, ni continuación de collados, a veces me parecía que terminaba mi vista en unas eminentes y altísimas montañas, ya se me ofrecía un dilatado espacio al que sucedía una frondosísima arboleda y sitio umbrío y solitario, ya un campo extensísimo sobre el cual aparecían repentinamente diversidad de chozas, cabañas, cercados de campo, y finalmente infinitas casas y palacios que me hacían creer hallarme en medio de la más populosa corte del mundo; pero cosa admirable, en mitad de todas estas representaciones no divisaba gente ninguna, ni escuchaba más que en lo más profundo de un maravilloso silencio aquel susurro que éste suele fingir como de grillos o retirados cascabeles[117].

Las primeras visiones corresponden a «los viejos del otro tiempo» con los cuales los vicios y los excesos de la corte son exhibidos como las causas por las cuales se ha acortado la vida de los hombres. Sin agresividad se avanza algo sobre los médicos, más bien al contrario, se señala el progreso de las ciencias farmacéuticas y la divulgación de los conocimientos del siglo XVIII a pesar de la supervivencia de las viejas artes: «pero tenemos el consuelo de que ya van los hombres abriendo los ojos, ya se atiende mucho a la experiencia, se trabaja mucho sobre la química y la física»[118]. Farmacéuticos y médicos son seguidos por habladores de varias especies y el encuentro con un desalmado. Luego entran al Palacio de la Muerte, que el narrador encuentra diferente a la descripción quevedesca y otra mutación los pone en el Parque del Palacio de la Muerte[119]. En este lugar, Sabelotodo, ministro de la Muerte, se ofrece para responder en relación a los muertos concurrentes a la asamblea en ese lugar. Una serie de grupos son nombrados con fórmulas idiomáticas a la manera quevedesca. Van desfilando así visiones similares a las del *Sueño de la muerte* que inducen a Quevedo a señalar: «y así vamos a examinar figuras»[120]. Estas figuras o

«figurachos», como los llama el narrador, son personajes compuestos, réplicas en el plano de la caracterización de lo que se ofrece a la vista en la arquitectura y el espacio[121]. La figura central en este paso es Martín Garabato, que tiene en su denominación el motivo de su caracterización. A esta mutación siguen no menos de diez mudanzas menores que corresponden al progreso del viaje a los infiernos, y al encuentro con grupos de figuras: «Entramos por una puerta pequeña y nos encontramos en un corralón», «A poco descubrimos un hombre campirano», «Hicimos alto», «Pasados que fueron éstos, siguió una máquina de mozuelas muy alegres», «Venía tras de nosotros», «Vamos... a ver el Retablo de los Santos», «Examinemos a estos otros». En cada una de ellas una nueva serie de figuras o grupos de figuras son examinadas en relación a un vicio común que envuelve principalmente la ociosidad, la irresponsabilidad, la deshonestidad, la hipocresía, la soberbia vana. Figuras, figurachos o visiones, son castigados por el ridículo y la degradación carnavalesca que no elude en ocasiones la escatología quevedesca. El sueño concluirá con una disputa entre los satíricos por examinar a los personajes fundamentales de sus obras, imponiéndose el deseo de Quevedo de examinar las Zahurdas de Plutón. Irónicamente se motiva la conclusión del sueño en los pecados del narrador y la cercanía de las llamas del infierno, que en el confuso límite del sueño se confunden con el amanecer que lo despierta.

«Esta es la Zahurda, dijo Quevedo, de los que vivieron en el estado que tú tienes y no cumplieron con sus obligaciones.» Erizóseme al oír esto el pelo, y confundido con los fariseos que acusaban a la adúltera hallándose ellos culpados, me contaba por reo convicto, pues yendo a examinar a los delincuentes de aquellas cavernas se volvían contra mí mis crímenes, y envuelto en mil confusiones me sorprendió más el haber cesado repentinamente la algarabía y tumulto. Pero a poco rato se oyó un estrépito y gran ruido de grillos y cadenas; aquí fue mi pavor, aquí mi espanto, aquí mi confusión, y dando diente con diente ya me iba a desmayar

[117] Acosta Enríquez, *Sueño de sueños*.
[118] La crítica de los médicos da lugar a una referencia a los progresos hechos por la ciencia y por la divulgación popular de nociones científicas en el nuevo espíritu de la Ilustración.
[119] «Palacio de la Muerte», vid. Patch, *op. cit.*, pág. 329. Para el Otro mundo en los *Sueños* de Quevedo, vid. María Rosa Lida, en su apéndice al citado libro de Patch, páginas 442-443.
[120] Sobre «figuras» y la caracterización quevedesca, vid. Eugenio Asensio, *Itinerario del entremés desde Lope de Rueda a Quiñones de Benavente*, Madrid, Gredos, 1965, págs. 177-245 y sus anticipaciones en «Hallazgo de Diego Moreno, entremés de Quevedo, vida de un tipo literario», *Hispanic Review*, 27 (1959), págs. 397-412. Vid. también Margarita Levisi, *Los sueños de Quevedo*. El estilo, el hu-

mor, el arte. Ph. D. Dissertation. The Ohio State University, 1964; «Las figuras compuestas en Arcimboldo y Quevedo», *Comparative Literature*, 20 (1968), págs. 217-235, y «Hyeronymus Bosch y los *Sueños* de Quevedo», *Filología*, 9, Buenos Aires, 1963, págs. 163-200.
[121] Compárense con la descripción de Quevedo en el *Sueño de la muerte*: «En eso entró una que parecía mujer, muy galana y llena de coronas, cetros, hoces, abarcas, chapines, tiaras, caperuzas, mitras, monteras, brocados, pellejos, seda, oro, garrotes, diamantes, serones, perlas y guijarros», *op. cit.*, pág. 194.

pero cesó el ruido y volví a tomar aliento. En este estado me hallaba cuando a una manera de relámpago salieron unas llamas tan cercanas que creí hallarme ya zambutido en el infierno, y a este tiempo, de lo más profundo de él lanzaron un tristísimo y doloroso gemido, al cual no pudiendo ya resistir mi esfuerzo, y acabando con el poco vigor que me había quedado, caí de espaldas y di conmigo en el suelo, a cuyo extremo golpe y susto desperté. Hice acto reflejo, vi que todo había sido sueño, que ya era muy entrado el día y estaba el sol tan alto; vestíme, dejé la cama, acudí a mi despacho, y después, conforme tuve lugar, fui recorriendo lo soñado, con tanta felicidad que con menos trabajo del que pensaba coordiné todas las especies que han formado mi *Sueño de sueños*, imaginaciones que, si para algunos pueden servir de diversión, tal vez para otros serán de algún provecho[122].

La crítica por el sentido común y la experiencia discurre en el mundo del *Sueño de sueños*, mezclando la fantasía con la imitación de la realidad, y haciendo viables así las posibilidades pragmáticas de la sátira. Sátira y novela tienen esto en común: su condición de géneros mezclados en los cuales coincide el común proceso de degradación o descomposición del mito o de la apariencia ilusoria. En la transformación de la novela desde el Barroco a la Modernidad, la obra de Acosta Enríquez ilustra bien, en relación a su genealogía explícita, los antecedentes significativos que el Barroco proporciona a la constitución del género moderno. La estructura profunda de los *Sueños* parece continuarse en el *Sueño de sueños*. Apariencia y realidad de verdad son los términos tensivos que hacen de ambas estructuras aparentemente una y la misma. Pero en un plano de abstracción menor en donde se mida la presencia de la visión del mundo que entra en la constitución de estas oposiciones básicas se percibirá la alteración del carácter representacional, del mundo de engaño y desengaño, que funda la visión religiosa del Barroco y su noción última de la verdad de la muerte. La visión dieciochesca, ilustrada, matizará los términos en un sentido más bien cognoscitivo y social con la crítica de lo aparente a la luz de la razón experimental y del sentido común. La lectura dieciochesca de los «satiricojocoserios» y la transformación de la perspectiva interpretativa, constituyen una ilustración de las nuevas formas y del cambio en la historia literaria.

El teniente coronel Bernardo María Calzada, de quien se sabe escasamente nada,

Alain René Lesage

aunque se presume que visitó México, es autor de una continuación del famoso libro de Alain Lesage, *Gil Blas de Santillana* (1747)[123]. Ya el padre Isla había traducido la obra de Lesage como *Aventuras de Gil Blas de Santillana robadas a España y adoptadas en Francia por Monsieur Le Sage y restituidas a su patria por un español celoso, que no sufre se burlen de su nación* (1787). Estimulado por otras continuaciones, Calzada, publica una *Genealogía de Gil Blas de Santillana* (1792), «continuación de la vida de este famoso sujeto por su hijo don Alfonso Blas de Liria». La obra, dividida en dos tomos que contienen cuatro libros, cuenta en el Libro II las andanzas del señor Scipión en México. La obra se presenta, como reza el título del segundo tomo, como «Vida de don Alfonso Blas de Liria, hijo de Gil Blas de Santillana en la cual se completa la obra de su famoso padre». El narrador básico es don Alfonso, pero su narración tiene una disposición compleja que admite varios narradores enmarcados. La narración de las andanzas americanas de Scipión, por ejemplo, toma todo el Libro II con siete capítulos. La narración de don Alfonso es narración autobiográfica que conserva algunas características de la novela picaresca, así, por ejemplo, el motivo inicial del nacimiento ruin, para el caso de sangre no limpia. La inclusión a renglón seguido de la educación de don Alfonso confirma las innovaciones dieciochescas que la ilustración comunicará a este género de obras.

---

[122] Acosta Enríquez, *Sueño de sueños*.

[123] *Vid.* Bibliografía.

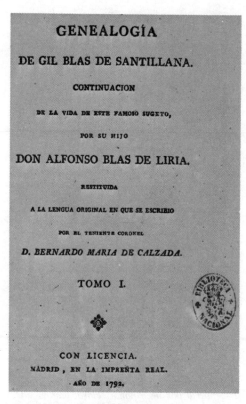

GENEALOGÍA

DE GIL BLAS DE SANTILLANA.

CONTINUACION

DE LA VIDA DE ESTE FAMOSO SUGETO,

POR SU HIJO

DON ALFONSO BLAS DE LIRIA.

RESTITUIDA

A LA LENGUA ORIGINAL EN QUE SE ESCRIBIO

POR EL TENIENTE CORONEL

D. BERNARDO MARIA DE CALZADA.

TOMO I.

CON LICENCIA.

MADRID, EN LA IMPREÑTA REAL.

AÑO DE 1792.

Genealogía de Gil Blas de Santillana, edición de 1792

El señor Scipión es personaje derivado de los libros VIII, X y XI de la obra de Lesage. Estas partes incluyen el momento en que Gil Blas, por entonces secretario del duque de Lerma, toma como criado a Scipión, la narración de la historia de éste y su partida a México. La continuación de Calzada se hace cargo de esta secuencia y presenta la narración enmarcada de Scipión con la historia de su viaje como comerciante, de Cádiz al puerto de Ve-racruz y su itinerario a México en tres noches de viaje. La jornada servirá para describir lugares y costumbres. La situación del extraño en el Nuevo Mundo dará relieve a las deformaciones sociales seleccionando dos diferentes motivos principales. Uno, los duelos y las nefastas consecuencias de los puntos y casos de honra; el otro, la participación del virrey en negocios, en los que entra ocultamente como parte, para beneficio propio y daño popular. En ambos casos se concluye o por la restitución del equilibrio moral o con el motín popular y la remoción y remplazo del alto funcionario. El mundo narrativo se ordena en claras oposiciones dialécticas que transforman el desequilibrio egoísta y libertino en equilibrio altruista y virtuoso. En el plano público el corrompido virrey encuentra su contrapartida virtuosa en la generosidad del obispo de Oaxaca en quien se hacen patentes los rasgos del hombre benéfico.

En su parte mexicana esta novela representa con fidelidad y adecuación, y en tono serio, la vida mexicana de nivel medio. Su visión crítica aborda principalmente la actividad comercial, en la que Scipión está envuelto, sus aspectos públicos y privados y aun la política económica del monopolio. En el cuadro social se muestra respeto y consideración por el indio y, en general, se traza una vista amable y por momentos animada del país. Se describen sus lugares más notables —incluida la excusa de describir la ciudad de México, cuyo elogio ha pasado a ser un lugar común—, las fiestas, las residencias lujosas, los frutos. No faltan, dentro del espíritu ilustrado del narrador, las consideraciones sobre el clima y la salubridad de los aires. Todo ello ordenado en la perspectiva racional que frente al mundo presenta Scipión. En él mismo, ideas y comportamiento revelan al hombre altruista y benéfico que pasa a ser el tipo dominante en la antropología novelística de la época.

BIBLIOGRAFÍA

INTRODUCCIÓN

ALEGRÍA, Fernando, *Historia de la novela hispanoamericana*, México, Ediciones de Andrea, 1966, 301 págs. (Historia literaria de Hispanoamérica, 1).

ANDERSON IMBERT, Enrique, *Estudios sobre escritores de América*, Buenos Aires, Editorial Raigal, 1954, 222 págs.

— *Crítica interna*, Madrid, Taurus, 1960, 276 págs.

ARROM, José Juan, *Esquema generacional de las letras hispanoamericanas*, 2.ª ed., Bogotá, Instituto Caro y Cuervo, 1977, 261 págs.

AVALLE ARCE, Juan Bautista, *La novela pastoril española*, 2.ª ed. corregida y aumentada, Madrid, Ediciones Istmo, 1974, 286 págs.

BERISTAIN DE SOUZA, José Mariano, *Biblioteca Hispano Americana Septentrional*, 3.ª ed., México, Ediciones Fuente Cultural, 1947, 2 vols.

CURCIO ALTAMAR, Antonio, *Evolución de la novela en Colombia*, Bogotá, Instituto Caro y Cuervo, 1957, 339 págs.

CASAS DE FAUNCE, María, *La novela picaresca latinoamericana*, Madrid, Cupsa Editorial, 1977, 242 págs.

CASTRO LEAL, Antonio, ed. «Estudio preliminar» a

La novela del México colonial, México, Aguilar, 2 vols., I, págs. 9-36.

GOIC, Cedomil, *Historia de la novela hispanoamericana*, Ediciones Universitarias de Valparaíso, 1972, 302 págs.

— «La périodization dans l'histoire littéraire hispanoamericaine», *Études littéraires*, 8, 2-3 (1975), págs. 269-284.

HENRÍQUEZ UREÑA, Pedro, *Obra crítica*, México, Fondo de Cultura Económica, 1960, 844 págs. (Biblioteca Americana, 37).

LEONARD IRVING, A., *Los libros del conquistador*, México, Fondo de Cultura Económica, 1953, 399 págs.

MEDINA, José Toribio, *Historia de la literatura colonial de Chile*, Santiago, 1878, 3 vols.

— *Biblioteca Hispano-Americana*, Amsterdam, N. Israel, 1966, 7 vols., (facsímil de la 1.ª ed. 1898-1907).

— *Biblioteca Hispano Chilena*, Santiago, 1897-1899, 3 vols.

MELÉNDEZ, Concha, *La novela indianista en Hispanoamérica*, 2.ª ed., San Juan, Puerto Rico, Editorial Universitaria, 1961, 202 págs.

MENÉNDEZ PELAYO, Marcelino, *Orígenes de la novela*, Madrid, 1961, 4 vols. *(Obras Completas*, xiii-xvi.)

— *Historia de la poesía hispanoamericana*, Madrid, 1913, 2 vols.

READ, J. Lloyd, *The Mexican Historical Novel*, Nueva York, Hispanic Institute, 1939, 337 págs.

REYES, Alfonso, *El deslinde*, México, El Colegio de México, 1944, 376 págs.

SÁNCHEZ, Luis Alberto, *Proceso y contenido de la novela hispanoamericana*, Madrid, Gredos, 1953, 664 págs.

SÁNCHEZ PÉREZ, Aquilino, *La literatura emblemática española*, Madrid, 1977, 201 págs.

RODRÍGUEZ MARÍN, Francisco, *El Quijote y don Quijote en América*, Madrid, 1911.

RODRÍGUEZ MOÑINO, Antonio, «Manuscritos literarios peruanos en la biblioteca de Solórzano Pereira», *Cahiers du Monde Hispanique et Luso-Brasilienne (Caravelle)*, 7 (1966), págs. 93-125.

— «Sobre poetas hispanoamericanos de la época virreinal», *Papeles de Son Armadans*, 14 (1968).

TORRE REVELLO, José, *El libro, la imprenta y el periódico en América durante la dominación española*, Buenos Aires, 1940.

TORRES RIOSECO, Artero, *La novela en la América Hispana*, Berkeley, 1939.

I. CLARIBALTE

Gonzalo Fernández de Oviedo y Valdés, alias de Sobrepeña (Madrid, agosto, 1478-1557, 26 de junio, Valladolid).
Libro del muy esforçado e inuencible Cauallero de la Fortuna propiamente llamado don Claribalte que segun su verdadera interpretacion quiere dezir don Felix o bienauenturado. Nueuamente imprimido e venido a esta lengua castellana, el qual procede por nueuo e galan estilo de hablar, Valencia, Juan Viñao, 1519; 2.ª ed., Sevilla, Andrés de Burgos, 1545; 3.ª ed., edición facsimilar, Madrid, Real Academia Española, 1956, Prólogo de Agustín G. de Amezúa.

Estudios

AVALLE ARCE, Juan Bautista, «El novelista Gonzalo Fernández de Oviedo y Valdés, alias de Sobrepeña», *Anales de la Literatura Hispanoamericana*, 1, Madrid, 1972, págs. 143-154.

GAYANGOS, Pascual de, «Discurso preliminar» a *Libros de caballería*, Madrid, 1874 (BAE, XL).

GERBI, Antonello, «El Claribalte de Oviedo», *Fénix*, revista de la Biblioteca Nacional, 6, Lima, 1949, págs. 378-390.

MENÉNDEZ PELAYO, Marcelino, *Orígenes de la novela*, Madrid, 1961, I, págs. 431-432.

O'GORMAN, Edmundo, «Prólogo» a Gonzalo Fernández de Oviedo, *Sucesos y diálogos de la Nueva España*, México, UNAM (Biblioteca del Estudiante), viii-xlix, 1946.

THOMAS, Sir Henry, *Spanish and Portuguese Romances of Chivalry*, Cambridge, 1920, págs. 138-139.

— *Las novelas de caballerías españolas y portuguesas*, Madrid, C.S.I.C., 1952. (Anejos de Revista de Literatura, 10), págs. 105-111.

TURNER, Daymond, «Oviedo's *Claribalte*: The First American Novel», *Romance Notes*, 6 (1964), págs. 65-68.

II. SIGLO DE ORO

Bernardo de Balbuena (Valdepeñas, La Mancha, 22 de noviembre, 1568-1627, 11 de octubre, Puerto Rico).
Siglo de Oro/en las selvas/de Erífile del Do-/tor Bernardo de/Balbuena./En que se descrive/una agradable y rigurosa imitación del es-/tilo pastoril de Teocrito, Virgilio,/y Sanazaro./Dirigido al Excelen:/tisimo Don Pedro Fernandez de Cas-/tro, Côde de Lemos, y de Andrade, Mar-/ques de Sarria, y Presidente del Real/Consejo de Indias./Año 1608./Con privilegio./En Madrid./Por Alonso Martin./A costa de Alonso Perez, Mercader/de libros./
Colofón: *En Madrid, En casa de Alonso Martin./Año 1607*. En 8.º
2.ª ed., *Siglo de Oro en las selvas de Erífile*, compuesto por don Bernardo de Valbuena, Obispo de Puerto Rico. Edición corregida por la Academia Española. Madrid, Por Ibarra, Impresor de Cámara de S. M., 1821, 240 págs.
Seguido en el mismo volumen por la *Grandeza Mexicana*, con nueva numeración y notas comunes a los dos libros al final.

Estudios

AVALLE ARCE, Juan Bautista, *La novela pastoril española*, 2.ª ed., corregida y aumentada, Madrid, Ediciones Istmo, 1974, págs. 209-214.

CERVANTES, *Viaje del Parnaso*, II.

GERHARDT, Mia, *La pastorale. Essai d'analyse littéraire*, Assen, 1950, págs. 194-196.

FUCILLA, Joseph G., «Bernardo de Balbuena's Siglo de Oro and its sources», *Hispanic Review*, 15, 1, enero, 1947.

403

— *Relaciones Hispano-italianas*, Madrid, C.S.I.C., 1953, págs. 77-99. Reproduce el artículo anterior.

Lope de Vega, *Laurel de Apolo*, silva II.

Menéndez Pelayo, M., *Obras de Lope de Vega*, Madrid, 1897, cxxviii.

— *Orígenes de la novela*, Madrid, 1961, II.

— *Historia de la poesía hispanoamericana*, Madrid, 1913.

Quintana, Manuel Joseph, *Poesías selectas castellanas*, Madrid, 1807.

Rojas Garcidueñas, José, *Bernardo de Balbuena. La vida y la obra*, México, UNAM, 1958, 213 páginas.

Rennert, Higo A., *The Spanish Pastoral Romances*, Filadelfia, 1912.

Ticknor, George, *History of Spanish Literature*, Nueva York, Harper and Brothers, 1849, III, 12, págs. 49-50.

Van Horne, John, *Bernardo de Balbuena*. Biografía crítica, Guadalajara, 1940.

— «Bernardo de Balbuena y la literatura en la Nueva España», *Arbor*, 3, 8, Madrid, 1945, págs. 205-214.

III. Los sirgueros de la Virgen

Francisco Bramón (México, activo, 1620-1654, México). *Los Sirgveros/de la Virgen sin/Original pecado/Dirigido al Illvstrissimo/Señor Don Fr. Balthasar de Cobarruvias del Cõ-/sejo de su Magestad Obispo de Mechoacan./-Por el Bachiller Francisco Bramon, Consiliario/de la Real Vniversidad de México./* [Grabado en madera de un escudo episcopal.] *En México, con licencia. En la imprenta del Licenciado Juan de Alcazar... Acabose Sabado 4 de abril. Año 1620.* 170 fols. En 8.º

2.ª ed. abreviada de Agustín Yáñez: *Los sirgueros de la Virgen...* Prólogo y selección de Agustín Yáñez. México, UNAM, 1944. (Biblioteca del Estudiante Universitario, 45), xxvi, 113 págs.

Estudios

Anderson Imbert, Enrique, «La forma 'autor-personaje-autor', en una novela mexicana del siglo XVII», *Crítica interna*, Madrid, Taurus, 1960, págs. 19-37.

Avalle Arce, Juan Bautista, *La novela pastoril española*, Madrid, Ediciones Istmo, 1974, página 274.

Beristain de Souza, José Mariano, *Biblioteca Hispano Americana Septentrional*, 3.ª ed., México, 1947.

Magaña Esquivel, Antonio y Ruth Lamb, *Breve Historia del Teatro Mexicano*, México, Ediciones de Andrea, 1958 (Manuales Studium, 8), pág. 28 *et passim*.

Pimentel, Francisco, *Obras Completas*, México, Tipografía Económica, 1904, tomo V, pág. 275.

Yáñez, Agustín, «Prólogo» a Francisco Bramón, *Los sirgueros de la Virgen*, págs. vii-xix.

IV. Historia tragicómica de don Henrique de Castro

Francisco Loubayssin de la Marca

*Historia/Tragicomica/de don Henrique/de Castro/En cuyos estraños sucessos se veen,/los varios y prodigiosos efectos,/del Amor, y de la guerra./Dirigida a Iluustris.*mo *y Excelen/tis.*mo *Principe, Don luys de/Lorena Card.*al *de Guisa:/Compuesta por don Francisco/Loubayssin de lamarca, Gen/tilhombre ordina.º de la/Casa de dicho Señor./En París, Vendese en la Galeria de los Pri/soneros del Palacio en la Tienda/de la viuda de Matias Guillermot. MDCXVII.*

879 [4] folios. En el colofón: *En Paris,/en la Emprenta de Adrian Tis/seno, a costa de la viuda de/Guillermot, a 19. de Enero de/1617.*

Estudios

Medina, José Toribio, *Historia de la literatura colonial de Chile*, Santiago, 1878, II, págs. 291-292; III, pág. 127.

— *Biblioteca Hispano Chilena*, Santiago, 1897.

— *La Araucana*, Santiago, 1918. *Vid.* «Ilustración xviii», págs. 369-372.

Neruda, Pablo, «Una novela», *Ercilla*, núm. 1772, Santiago, 4-10 de junio, 1969; reproducido en *Para nacer he nacido*, Barcelona, Seix Barral, 1977, págs. 198-200.

Antonio, Nicolás, *Bibliotheca Hispano Nova*.

Ticknor, George, *History of Spanish Literature*, 1849, III, 324.

V. Evangelio en triunfo

Pablo de Olavide (Lima, 25 de enero, 1725-1803, 25 de febrero, Baeza, España).

El Evangelio en triumpho, por P. A. J. de O. y J. Valencia, 1797, en 8.º.

El Evangelio en triunfo o historia de un filósofo desengañado, Valencia, 1797-98.

El Evangelio en triunfo o, historia de un filósofo desengañado, 2.ª ed., Madrid, Joseph Doblado, 1798, 4 tomos en dos volúmenes. Hay reediciones de 1799, dos; de 1800, 1802, 1803, 1808, 1809 y 1815 del mismo editor.

El Evangelio en triunfo o, historia de un filósofo desengañado, Valencia, Joseph de Orga, 1798, 4 tomos, láms. Hay otras numerosas ediciones de Buenos Aires (1800), Méjico (1834 y 1852), Madrid (1815), Perpiñán (1823), Barcelona (1837 y 1848), Gerona (1822) y traducciones al francés, italiano y portugués.

El estudiante o el fruto de la honradez, Nueva York, Lanuza Mendia y C., 1828, 177 págs.

El incógnito, o el fruto de la ambición, Nueva York, Lanuza Mendia y C., 1828, 2 vols.

Laura o el sol de Sevilla, Nueva York, Lanuza Mendia y C., 1828, 112 págs.

Lucía o la aldeana virtuosa, Nueva York, Lanuza Mendia y C., 1828, 96 págs.

Marcelo o, los peligros de la corte, Nueva York, Lanuza Mendia y C., 1828.

Paulina o el amor desinteresado, Nueva York, Lanuza Mendia y C., 1828, 159 págs.
Sabina, o los grandes sin disfraz, Nueva York, Lanuza Mendia y C., 1828, 2 vols.
Obras narrativas desconocidas, Prólogo y compilación por Estuardo Núñez, Lima, Biblioteca Nacional del Perú, 1971, xxxii, 273 págs.

Estudios

DEFOURNEAUX, Marcelin, *Pablo de Olavide ou l'afrancesado* (1725-1803), París, Presses Universitaires de France, 1959, 500 págs.
GARCÍA GÓMEZ, Juan José, «Pablo de Olavide: primer novelista en Hispanoamérica», *Humanitas*, 16, Nueva León, 1975, págs. 231-246.
GARZA G., Baudelio, «Análisis de tres aspectos de una obra narrativa de Pablo de Olavide», *Cathedra*, 2, Nueva León, 1975, págs. 39-56.
GUTIÉRREZ, Juan María, *Escritores coloniales americanos*, Buenos Aires, Editorial Raigal, 1957, págs. 416-470, 473 y 474.
LAVALLE, José Antonio, *Dr. P. Olavide. Apunte sobre su vida y sus obras*, Lima, 1859, 127 págs.
LOHMAN VILLENA, Guillermo, *Pedro de Peralta, Pablo de Olavide*, Lima, Hernán Alba Orlandini, editor, 1964.
MENÉNDEZ PELAYO, M., *Historia de la poesía hispanoamericana*, Madrid, 1913.
NÚÑEZ, Estuardo, «Pablo de Olavide, novelista», *Boletín de la Academia Peruana de la Lengua*, 3, Lima, 1969, págs. 123-124.
— «La narrativa ignorada de don Pablo de Olavide», *Boletín de la Academia Peruana de la Lengua*, 5, Lima, 1970, págs. 23-52.
— «La obra literaria de Pablo de Olavide», *Actas del Tercer Congreso Internacional de Hispanistas*, México, El Colegio de México, 1970, págs. 643-648.
— *El nuevo Olavide*, Lima, Talleres Gráficos P. L. Villanueva, 1970, 156 págs.

VI. SUEÑO DE SUEÑOS

Manuel Antonio del Campo y Rivas (Nueva Granada, 1750-1830).
Crítica de París y aventuras del infelix Damón. Sácala del francés al castellano el doctor D... abogado de los Reales Consejos y Audiencias de Santa Fe y Quito en Indias. Con licencia. Madrid, en la Imprenta Real, 1788, xiv, 153 págs.

Estudios

BERISTAIN DE SOUZA, José Mariano, *Biblioteca Hispano-Americana Septentrional*, México, 1947.
CURCIO ALTAMAR, Antonio, *Evolución de la novela en Colombia*, Bogotá, 1957, págs. 51-55.
POSADA MEJÍA, Germán, *Manuel del Campo y Rivas, cronista colombiano*, México, El Colegio de México, 1948.

José Mariano Acosta Enríquez (México, Querétano, activo 1779-1816).
Sueño de sueños. Prólogo y selección de Julio Jiménez Rueda, México, Ediciones de la UNAM, 1945 (Biblioteca del Estudiante Universitario, 55), págs. 109-213, y Apéndice.
El editor no describe la edición original.

Estudios

JIMÉNEZ RUEDA, Julio, «Influjo de Quevedo y de Torres Villaroel en el México virreinal», *La novela iberoamericana*. Memoria del Quinto Congreso del Instituto Internacional de Literatura iberoamericana, México, 1952, págs. 181-189.
MEDINA, José Toribio, *La imprenta en México. 1539-1821*, Santiago de Chile, 1909-1912, 8 vols.
REYES, Alfonso, *Letras de la Nueva España*, México, Fondo de Cultura Económica, 1948, págs. 134-135.

Bernardo María de Calzada (España, activo 1792).
Genealogía del Gil Blas de Santillana, continuación de la vida de este famoso sujeto por su hijo don Alfonso Blas de Liria. En Madrid, en la Imprenta Real, 1792, 2 tomos.
En la portada del segundo tomo: Vida de don Alfonso Blas de Liria, hijo de Gil Blas de Santillana, en la cual se completa la obra de su famoso padre. Continuación del libro segundo; *Gil Blas de Santillana, en México*. Prólogo y selección de Julio Jiménez Rueda, México, Ediciones de la UNAM, 1945 (Biblioteca del Estudiante Universitario, 55). Contiene el Libro II completo con sus siete capítulos.

CRONOLOGÍA

Genealogía del Gil Blas de Santillana, de Bernardo María de Calzada.

Sueño de Sueños, de José Mariano Acosta Enríquez.

1797 *Evangelio en triunfo o historia de un filósofo desengañado*, de Pablo de Olavide.

1802 *Atala o los amores de dos salvajes en el desierto*, de fray Servando Teresa de Mier.

1816 *Periquillo Sarniento*, de José Joaquín Fernández de Lizardi.

1818 *La Quijotita y su prima*, de José Joaquín Fernández de Lizardi.

Noches tristes, de José Joaquín Fernández de Lizardi.

1826 *Jicotencal*, anónimo.

1828 *El incógnito o el fruto de la ambición*, de Pablo de Olavide.

Laura o el sol de Sevilla, de Pablo de Olavide.

Lucía o la aldeana virtuosa, de Pablo de Olavide.

Marcelo o los peligros de la corte, de Pablo de Olavide.

Paulina o el amor desinteresado, de Pablo de Olavide.

Sabina o los grandes sin disfraz, de Pablo de Olavide.

El estudiante o el fruto de la honradez, de Pablo de Olavide.

1832 *Don Catrín de la Fachenda*, de José Joaquín Fernández de Lizardi.

1847 *El cristiano errante*, de Antonio José de Irisarri.

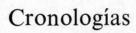

Cronologías

Cronología europea

1492	Final de la reconquista con la toma de *Granada* por los *Reyes Católicos*. Expulsión de los judíos. Nebrija, *Arte de la lengua castellana*.
1493	Paz de Senlis: los Países Bajos pasan a la corona de España.
1495	Formación de la Santa Liga contra Francia.
1496	Encina, *Cancionero*. Reisch, *Margarita filosófica* (primera enciclopedia impresa).
1498	Muere en la hoguera Savonarola. Durero, *Apocalipsis*.
1499	Fernando de Rojas, *La Celestina*. Fundación de la Universidad de Alcalá.
1500	Leonardo da Vinci, *La Gioconda*. Américo Vespucio, *Cartas*.
1502	Expulsión de los musulmanes de Granada y los mudéjares de Castilla.
1504	Nápoles pasa a la corona de España. Miguel Ángel pinta el techo de la Sixtina; y Tiziano, *Amor sagrado y amor profano*.
1509-47	Enrique VIII, rey de Inglaterra.
1511	Erasmo, *Elogio de la locura*.
1512	Concilio de Letrán. *Biblia Políglota Complutense*.
1514	Maquiavelo, *El príncipe*.
1516	Tomás Moro, *Utopía*. Ariosto, *Orlando Furioso*. García de Resende, *Cancionero general*. Gil Vicente, *Trilogía de las Barcas*.
1517	Comienza la Reforma luterana.
1519	Carlos I de España (Carlos V de Alemania) sucede a Maximiliano.
1520-21	Los Comuneros en Castilla.
1521	Edicto de Worms: prohibición del luteranismo. Lutero traduce la Biblia.
1521-26	Primera guerra de Carlos V contra Francisco I de Francia por el dominio de Italia. Batalla de Pavía y prisión de Francisco I en Madrid.

Cronología americana

1492	Primer viaje de Cristóbal Colón: desembarco en la isla de Guanahaní. Diario de a bordo.
1494	Segundo viaje de Colón: descubrimiento de Puerto Rico y Jamaica.
1496	Fundación de Santo Domingo por Bartolomé Colón.
1498-	Tercer viaje de Colón; descubrimiento del continente americano.
1500	Descubrimiento del Brasil por Cabral.
1502	Cuarto viaje de Colón.
1503	Establecimiento de la Casa de Contratación de Sevilla.
1507	Aparece el nombre de *América* en el *Mapamundi* de Waldseemuller.
1508	Colonización de Puerto Rico.
1509	Colonización de Jamaica.
1511	Colonización de Cuba.
1512	Ponce de León llega a Florida. López de Palacios Rubios, *De las Islas del mar Océano*. Matías de Paz, *El dominio de los Reyes de España sobre los indios*.
1513	Balboa descubre el Pacífico.
1515	Fundación de La Habana.
1517	Hernández de Córdoba explora las costas de Yucatán.
1518	Juan de Grijalba explora el Golfo de México.
1519-26	Conquista de México por Hernán Cortés que escribe sus *Cartas de relación*.
1519	Fernández de Oviedo, *Claribalte*.
1522	Construcción de la catedral de La Habana.
1523	Pedro de Gante funda en México la primera escuela para indios.
1524	Pizarro comienza sus expediciones a Perú. Cortés funda la primera iglesia en México.

1526   Paz de Madrid.
1526-29 Segunda guerra de Carlos V contra Francisco I. *Sacco* de Roma (1527).

1529   Paz de Cambray (o de las Damas). Antonio de Guevara, *Relox de Príncipes*.

1531   Vives, *Acerca de las disciplinas*. Servet, *Los errores de la Trinidad*. Garcilaso de la Vega escribe su obra.
1532   Paz de Nüremberg entre católicos y protestantes para conjurar el peligro turco. Expansión del protestantismo.
1533   Rebelais, *Pantagruel*. Tiziano, *Retrato de Carlos V con su perro*.
1534   Acta de supremacía de Enrique VIII de Inglaterra: el rey, jefe de la Iglesia Anglicana. Ejecución del canciller Tomás Moro, defensor de Roma. Comienza la Contrarreforma.
1535   Juan de Valdés, *Diálogo de la lengua*. Abravanel, *Diálogos de amor*.
       Rebelais, *Gargantúa;* Aretino, *Los razonamientos*.

1536   Tercera guerra de Carlos V y Francisco I.

1528   Se crea en España el Consejo de Indias.
1529   Tratado de Zaragoza que fija los límites entre España y Portugal en el Pacífico.
1530   Pedro Mártir de Anglería, *Décadas de Orbe Novo*.
1531-34 Conquista del Perú por Pizarro.

1534   Almagro funda Quito. Creación del virreinato de Nueva España. Jerez, *Verdadera relación de la conquista del Perú*.

1535   Fundación de Lima. Antonio de Mendoza, primer virrey de Nueva España.
       Introducción de la imprenta en México. Fernández de Oviedo, *Historia general y natural de las Indias*.
1536   Fundación de Buenos Aires por P. de Mendoza. Inauguración del Colegio de Santa Cruz de Tlatelolco en México.
       Fundación de la Universidad de Harvard.
1537   Fundación de Asunción del Paraguay por Irala.
       Paulo III declara la igualdad cristiana de los indios.
1538   Fundación de Bogotá por Jiménez de Quesada. Fundación de la Universidad de Santo Domingo, primera universidad americana.

1540   Fundación de la Compañía de Jesús.

1541   Reforma de Calvino en Ginebra. Derrota española en Argel.

1542   Cuarta guerra entre Carlos V y Francisco I (aliado de Solimán III).
1543   Copérnico, *De revolutionibus*. Vesalio, *De humani corporis* (primer tratado de anatomía moderna).
1544   Paz de Crépy entre Carlos V y Francisco I.
1545   Primer tratado de Paré con que comienza la cirugía moderna.
1545-63 Concilio de Trento.
1546-47 Guerra de Esmalcalda de Carlos V y sus aliados contra los protestantes.
       Establecimiento de la Iglesia· Anglicana en Inglaterra bajo Eduardo VI hijo de Enrique VIII.
1552-56 Guerra de Carlos V contra Francia.
1552   *Vida del Lazarillo de Tormes* (anónimo).

1553   Ejecución de Servet en la hoguera.

1540   Fray Bernardino de Sahagún escribe su *Historia general de las cosas de Nueva España*.
1541   P. de Valdivia funda Santiago de Chile. Orellana descubre el Amazonas.
       Aparece en México el primer impreso informativo: *Relación del espantable terremoto de Guatemala*.
1542   Promulgación de las *Nuevas leyes* por iniciativa de Las Casas.
1543   Fundación del virreinato del Perú con capital en Lima.

1545   Descubrimiento de las minas de Potosí.

1547   Olmos, *Arte de la lengua mexicana*.

1552   Las Casas, *Brevísima relación de la destrucción de las Indias*.
       López de Gómara, *Historia de las Indias*. *Manuscrito Badiano* (herbario azteca).

	1554 Los jesuitas fundan la escuela de San Pablo en Brasil, núcleo de la futura ciudad de Sâo Paulo.

1555   Paz religiosa de Augsburgo.

1556   Abdicación de Carlos V y división del Imperio: su hijo, Felipe II, rey de España, Países Bajos, Indias, Sicilia, Nápoles y Milán.
Su hermano, Fernando I, emperador de Alemania. Libertad religiosa para los príncipes electores. Fin de las guerras de religión. Agricola, *De re metallica* (primer tratado de minería).
Brueghel el Viejo, pinta su primera obra.
Palestrina, *Misa del Papa Marcelo.*

1556-98 Felipe II, rey de España. Política de defensa de la religión católica que sirve a su política de hegemonía europea.

1556-59 Guerra de España e Inglaterra contra Francia. Batalla de San Quintín.

1558   Los ingleses pierden Calais. Isabel I, reina de Inglaterra.

1559   Paz de Cateau-Cambresis entre Francia y España.

1561   María Estuardo en Escocia.

1562-98 Guerras de religión en Francia. Los católicos bajo la dirección de la casa de Guisa contra los hugonotes.

1562   Santa Teresa de Jesús escribe su *Vida.*

1563   Antonio Pérez, nombrado secretario de Estado para asuntos italianos por Felipe II. Paz de Amboise: fin de la primera guerra de los hugotones.
Comienza la construcción de El Escorial.

1564   Maximiliano II, emperador. Guerra comercial entre Inglaterra y los Países Bajos.
Pío IV, *Index librorum prohibitorum.*

1567   El duque de Alba en los Países Bajos: sangrienta sofocación de los disturbios independentistas que organiza Guillermo de Nassau-Orange. Guerra civil en Escocia. Segunda guerra de religión en Francia.
Schmidl, *Derrotero y viaje a España y las Indias (1534-1554).*
Nace la *Commedia dell'arte.*

1568   Renuncia de María Estuardo: Jacobo VI, rey de Escocia. El duque de Alba domina los Países Bajos.   ·

1570   Alianza de España, el Papa y Venecia contra los turcos.
Palladio, *Los cuatro libros de arquitectura.*

1571   Batalla de Lepanto: victoria de la flota española al mando de don Juan de Austria. Fin de la supremacía marítima turca.
Bloqueo comercial de los Países Bajos contra Inglaterra.

1572   Sublevación de los Países Bajos: Guillermo de Orange, Gobernador general.
Noche de San Bartolomé. La Liga católica

1555   Primer concilio mexicano.
Zárate, *Historia del descubrimiento y conquista del Perú.* Núñez Cabeza de Vaca, *Comentarios.*

1557   Muerte del araucano Lautaro.

1558   Muere el caudillo Caupolicán.

1559   Matienzo, *Los cuatro libros del gobierno del Perú.*

1560   Cervantes de Salazar, *Crónica de la Nueva España.* Colocación de la primera piedra de la catedral de Cuzco.

1563   Aguirre, *Cristo de la Cruz* (Ermita de la Candelaria de Antigua en Guatemala).

1564   Landa escribe su *Relación de las cosas de Yucatán.*

1567   Fundación de Río de Janeiro por Mena de Sa. Fundación de Caracas por Diego Losada y Quiroga.

1568   Díaz del Castillo, *Historia verdadera de la conquista de Nueva España.*

1569   Ercilla, *La araucana* (primera parte).

1571   Fundación de Manila por López de Legazpi.

1572   Drake ataca las posesiones españolas en América.
Camoens, *Os Lusiadas.*

de la nobleza contra los hugonotes apoyada por España.

1573   Juan de Austria conquista Túnez. Requesens y Zúñiga sustituye a Alba en los Países Bajos.

1574   Muerte de Carlos IX: Enrique III, rey de Francia.

1575   Inauguración de los primeros Corrales de comedias.

1576   Muerte de Requesens. Saqueo de Amberes: «furia española». Juan de Austria gobernador de los Países Bajos. Inauguración del primer teatro permanente en Londres.

1578   Muerte de Juan de Austria: Alejandro Farnesto en los Países Bajos.

1579   Tras su supuesta intervención en la muerte de Juan de Austria, se inicia el proceso contra Antonio Pérez.
Alianza de Utrecht entre las provincias del Norte y división de los Países Bajos: Provincias Unidas y Países Bajos españoles.

1580   Unión de Portugal y sus colonias con España. «Guerra de los corsarios» entre España e Inglaterra (Francis Drake).
Montaigne, *Ensayos*. Tasso, *La Jerusalén libertada*.

1581   Fray Luis de Granada, *Introducción al símbolo de la fe*.

1584   Guerra entre Felipe II e Isabel I de Inglaterra.
Cervantes, *Numancia*. Se termina la construcción de El Escorial.

1585   Alejandro Farnesio toma Amberes y recupera Flandes y Brabante para España.

1586   Alianza de Isabel de Inglaterra con las Provincias Unidas.
El Greco, *Entierro del conde de Orgaz*.

1587   Ejecución de María Estuardo. Drake llega hasta Cádiz y ataca las costas españolas.

1588   Derrota de la Armada española (la Invencible) en el Canal de la Mancha.
Santa Teresa de Jesús, *Libro de su vida* y *Las moradas*. Marlowe, *Fausto*.

1589   Asesinato de Enrique III y fin del reinado de los Valois: Enrique IV, Borbón y calvinista, rey de Francia. Ataques ingleses a Lisboa y La Coruña.

1596   Francia, Inglaterra y las Provincias Unidas contra Felipe II.
Livabius, *Alquimia* (primer tratado de química).

1598   Paz de Vernins entre España y Francia: cesión de los Países Bajos. Edicto de Nantes: libertad de religión y seguridad para los hugonotes. Felipe III, rey y el duque de Lerma su valido.

1599   Mateo Alemán, *Guzmán de Alfarache* (primera parte).

1601   Shakespeare, *Hamlet*.

1604   Rendición de Ostende. Mateo Alemán, *Guzmán de Alfarache* (segunda parte).

1605   Cervantes, *Don Quijote de la Mancha* (pri-

1574   Construcción de la iglesia de San Agustín en Lima.

1575   Catedral de Puebla en México, de Becerra.

1576   Magalhães Gandavo, *Historia da provincia de Sancta-Cruz*.

1578   Ercilla, *La Araucana* (segunda parte).

1580   Repoblación de Buenos Aires por Juan de Garay.
Suárez de Peralta, *Tratado de la caballería, de la jinetería y de la brida*.

1581   Fray Diego Durán, *Historia de las Indias de Nueva España*.

1584   Raleigh funda Virginia primera colonia inglesa en América del Norte.

1585   Primeras misiones jesuitas en Paraguay.
Benavídez comienza la construcción de la catedral de Cuzco.

1587   Soares de Sousa, *Tratado descriptivo del Brasil*.

1589   Ercilla, *La Araucana* (tercera parte).
Juan de Castellanos, *Elegías de varones ilustres de las Indias*.

1590   Acosta, *Historia natural y moral de las Indias*.

1600   Compañía indo-oriental para el comercio de las Indias Orientales.

mera parte). Shakespeare, *Macbeth*. Ben Johnson, *Volpone*.

1608 Se acaba de debilitar el Imperio: Unión protestante que encabeza el Palatinado y Liga católica que encabeza Baviera (1609)

1609 Garcilaso de la Vega, *el Inca, Comentarios reales*.

1611 Covarrubias, *Tesoro de la lengua castellana o española*. Comienzan a divulgarse copias manuscritas del *Polifemo* y *Las Soledades* de Góngora.
1613 Cervantes, *Novelas ejemplares*.
1615 Cervantes, *Don Quijote de la Mancha* (segunda parte). Tirso de Molina estrena *El burlador de Sevilla*.
William Harvey descubre la circulación de la sangre que ya había descrito Servet.
1616 La Inquisición prohíbe a Galileo la enseñanza de sus teorías.

1617 Francisco Loubayssin de la Marca, *Historia tragicómica de don Henrique de Castro*. Garcilaso de la Vega, *el Inca, Historia General del Perú*.

1618-48 Guerra de los Treinta años, por las controversias religiosas sumadas a las pretensiones de dominio, entre el emperador y los territorios protestantes y Francia.
1618-23 Guerra Bohemio-Palatina. El Palatinado ocupado por tropas españolas y de la Liga. El electorado palatino pasa a Baviera.
1620 Liñán y Verdugo, *Avisos y Guía de Forasteros que vienen a la Corte*: Bacon, *Novum Organum*.
Felipe IV, rey de España. Olivares, su valido.

1620 Francisco Bramón, *Los sirgueros de la Virgen sin pecado original*.

1626 Quevedo, *Historia de la vida del Buscón...*
1627 San Juan de la Cruz, *Cántico espiritual*.
1635 Fundación de la Academia de Francia.
1637 Gracián, *El Oráculo Manual*. María de Zayas, *Novelas Ejemplares y amorosas*. Descartes, *Discurso del Método*.
1640 Portugal se subleva contra España y recobra su independencia.
Calderón de la Barca, *La vida es sueño*.
1642 Calderón de la Barca, *El Alcalde de Zalamea*. Corneille, *El mentiroso*.
1644 Descartes, *Principios de la filosofía*. Torricelli descubre la presión atmosférica y el barómetro.

1646 Ovalle, *Histórica relación del reino de Chile*.

1648 Paz de Westfalia. Fin de la guerra de los Treinta Años. Paz entre España y las Provincias Unidas: independencia de los Países Bajos.
Guerra de la Fronda en Francia. Experiencias de Pascal con el vacío.

1648 Solórzano, *Política indiana*. Gaye, *Viaje por Nueva España*.

1649 Ejecución de Carlos I. Cromwell establece la Commonwealth.

1649 Consagración de la catedral de Puebla (México).

1651 Carlos II se corona en Escocia. Acta de navegación de Cromwell.
Gracián, *El Criticón*. Hobbes, *Leviathan*.

1651 La Academia dei Lincei publica el *Tesoro mexicano* con gran parte de la obra de Hernández.

1653 Cromwell, Lord protector. Dieta de Ratisbona.
1659 Paz de los Pirineos entre Francia y España.
1660 Carlos II, rey de Inglaterra.
Luis XIV, rey absoluto de Francia, se casa

413

con María Teresa de Austria, hija de
Felipe IV.

1664 Guerra turco-imperial. Batalla de San
Gotardo y paz de Ersenburg.
Guerra marítima entre Inglaterra y Holanda: los ingleses ocupan Nueva Amsterdam.
Molière, *Tartufo*.

1665 Muere Felipe IV. Carlos II, rey de España;
María Ana de Austria, regenta.
Aparecen las *Philosophical Transactions*
(periódico de la Royal Society de Inglaterra) y *The London Gazette* (periódico
londinense).

1666 Incendio, de Londres. Creación de la Academia de Ciencias de París.

1667 Paz de Breda entre Holanda e Inglaterra. Guerra de devolución entre España
y Francia en los Países Bajos. Milton,
El paraíso perdido.

1660-85 Restauración de la Monarquía de los Estuardo con Carlos II.

1668 España reconoce la independencia de Portugal.

1669 Picard mide el grado del meridiano terrestre. Racine, *Britannicus*. Bossuet, *Oración
fúnebre*.

1670 Spinoza, *Tratado teológico-político*. Pascal,
Pensamientos.

1671 Se prohíbe en París la enseñanza del cartesianismo. Newton, *Método de las fluxiones*.

1672 Guillermo III de Orange, gobernador general de Holanda. Aparece el periódico
Mercure français.

1673 Coalición de los Habsburgo contra Francia.
Acta del Test inglesa: los católicos son
excluidos de las funciones públicas.

1675 Fundación del observatorio de Greenwich.
Catedral de San Pablo de Londres.

1677 Racine, *Fedra*.
Spinoza, *Ethica*.

1678 Paz de Nimega: España pierde el Franco-
Condado y dieciséis ciudades francesas.

1679 Acta del *Habeas-Corpus*, que asegura la
protección contra la privación de libertad
arbitraria, en Inglaterra.

1680 Fundación de la Comédie Française.

1681 Mabillon, *De re diplomatica* (comienzos de
la historia crítica).

1685 Jacobo II, rey de Inglaterra.

1686 Liga de Augsburgo contra Francia.

1689 Guillermo de Orange y María (hija de
Jacobo II) son proclamados reyes por el
Parlamento. *Declaration of Rights*: Inglaterra se organiza como monarquía
constitucional.

1690 Locke, *Ensayo sobre el entendimiento humano*. Huygens, *Tratado de la luz*. Papin
inventa el primer motor de combustión
interna.

1664 Primeras «construcciones» de la Universidad de Córdoba (Argentina).
Nueva Amsterdan pasa a ser colonia inglesa con el nombre de New York.

1666 Aparece la *Gaceta* de México.

1676 Se funda la Universidad de San Carlos
Borromeo en Guatemala.

1680 *Recopilación de las Leyes de Indias.*

1684 Solís y Rivadeneira, *Historia de la Conquista
de México.*

1688 Fernández de Piedrahita, *Historia general
del nuevo mundo.*

1689 Se publican en Madrid las *Obras* de sor
Juana Inés de la Cruz.

1690 Sigüenza y Góngora, *Infortunios de Alonso
Ramírez.*

414

1694   Creación del Banco de Inglaterra.
Publicación del *Dictionaire* de la Academia Francesa.

1697   Paz de Ryswick entre Francia y España, Inglaterra y Holanda: reconocimiento de Guillermo III de Orange y cesión de Haití a Francia.
Bayle, *Diccionario*.

1698   Primer tratado de la sucesión de España: Testamento de Carlos II a favor del príncipe elector de Baviera.

1700   Segundo tratado de la sucesión de España y fin de la casa de Habsburgo: Carlos II muere dejando como heredero a Felipe de Anjou: Felipe IV primer Borbón reconocido por las potencias, menos Austria, lo que provoca la Guerra de Sucesión de España (1700-1712).
Acta de sucesión de Inglaterra por la que se reconoce a la casa Hannover como sucesora. Federico I, rey de Prusia.

1702   Muere Guillermo III. Ana, reina de Inglaterra. Fundación del primer periódico diario, *The Daily Courant*.

1704   Los ingleses ocupan Gibraltar.
Leibniz, *Nuevos ensayos sobre el entendimiento humano*.

1710   Batalla de Villaviciosa en que vence Felipe V.

1711-40 Carlos VI, Emperador de Alemania.

1712   Felipe V funda la Biblioteca Real en Madrid.

1713   Paz de Utrecht entre Francia y la coalición. Los ingleses ratifican su propiedad de Gibraltar.
Pragmática Sanción por la que María Teresa adquiere el derecho a la sucesión en Alemania.
Fundación de la Real Academia Española.

1714   Jorge I de Hannover, rey de Inglaterra.

1715   Luis XV, rey de Francia, bajo la regencia de Felipe II de Orleans.
Lesage, *Gil Blas de Santillana*.

1716   Law funda el primer banco central en Francia.

1718   Cuádruple alianza: Austria, Holanda, Francia e Inglaterra contra España. La casa de Saboya cambia Sicilia por Cerdeña.

1719   Guerra franco-española.

1720   Paz entre la cuádruple alianza y España.

1722   Bach, primera parte de *El clave bien templado*.

1725   Alianza de Austria con España para proteger la *Pragmática Sanción*.

1726   Feijoo, *Teatro crítico*.

1693   Sigüenza y Góngora, *El mercurio volante*.

1696   Vetancourt, *Teatro mexicano*.

1708   Se establece la imprenta en La Habana.

1717   Creación del virreinato de Brasil.

1720   Los españoles se establecen en Texas.
Extinción de las encomiendas de indios.

1722   Castorena y Ursúa publica la *Gaceta de México*.

1723   Oviedo y Baños, *Historia de la conquista y población de Venezuela*.

1724   Comuneros del Paraguay.

1725   Fundación de la Universidad de Santa Rosa en Caracas.

1728   Se funda la Universidad de San Jerónimo de La Habana.

1733 Los españoles fundan la colonia de Filipinas.

1746 Fernando VI, rey de España.

1748 Paz de Aquisgrán que termina la guerra de sucesión austriaca (1740-8) con el reconocimiento general de la *Pragmática Sanción*. Silesia, Parma y Piacenza pasan a los Borbones españoles.
Montesquieu, *Del espíritu de las leyes*.
Euler comienza sus tratados matemáticos.

1751 Comienza la publicación de la *Enciclopedia Francesa* dirigida por Diderot y D'Alambert. Voltaire, *El siglo de Luis XIV*.

1756-63 Guerra de los Siete Años y se termina con la Paz de Hubertsburg.

1759 Muere Fernando VI: Carlos III, rey de España.

1760 Jorge III, rey de Inglaterra.

1761 Expulsión de los jesuitas de España y Francia.

1762 Rousseau, *Contrato social:* aparición del concepto de soberanía popular.

1763 Paz de París entre Francia, España e Inglaterra que se reparten América del Norte. Inglaterra llega a primera potencia colonial y marítima. Asesinato de Pedro III a quien sucede su esposa Catalina II *la Grande*. Crece la importancia de Rusia en las relaciones internacionales.

1768 Aparece la *Enciclopedia Británica*.

1769 Watt patenta la máquina a vapor.

1773 Clemente XIV suprime la Orden de los Jesuitas.

1776 Adans Smith, *La riqueza de las naciones*.

1730 Rocha Pitta, *Historia de la América portuguesa*.

1732 Peralta Barnuevo, *Lima fundada*.

1733 Lozano, *Descripción del Gran Chaco*.

1735 Expedición de La Condamine al Perú para establecer la forma de la tierra.

1739 Creación del Virreinato de Santa Fe de Bogotá.

1742 Pugna anglo-francesa por la colonización de América del Norte.

1746 Villaseñor, *Teatro americano. Descripción general de los reinos y provincias de la Nueva España*.

1748 Ulloa y J. Juan, *Relación histórica* del viaje a América Central.

1755 Guerra anglo-francesa en América del Norte. Retablos de Topozotlán (México).

1759 Los ingleses comienzan la conquista de Canadá. Ocupación de Quebec.

1763 Florida pasa al dominio inglés y Luisiana al español; Canadá inglés.
Río de Janeiro, capital de Brasil.

1770 Raynal, *Historia filosófica y política de los establecimientos europeos en las dos Indias*.

1771 Rebelión de los negros de Haití bajo la dirección de Louvertire.

1773 Concolocorvo, *Lazarillo de ciegos caminantes*.

1774 *Acta de Quebec* por la que se da libertad a las colonias inglesas de Canadá.

1775 Comienza la guerra de la Independencia de América del Norte, con George Washington a la cabeza del ejército, y el apoyo de Francia y España negociado por Benjamín Franklin.
León y Gama escribe su *Descripción de las dos piedras* (ensayo de arquitectura y cronología de los antiguos mexicanos).

1776 Declaración de independencia de las colonias norteamericanas y Declaración de los derechos del Hombre.
Creación del virreinato del Río de la Plata.

1777 Lafayette en América. Primera Constitu-

1781 Kant, *Crítica de la razón pura*. Schiller, *Los bandidos*. Samaniego, *Fábulas*.

1787 Alfieri, *Tragedias.* Saint-Pierre, *Pablo y Virginia*.
1788 Muere Carlos III: Carlos IV, rey de España. En Francia se convoca a los Estados generales.
Fundación del *Times* de Londres.
Kant, *Crítica a la razón práctica*. Lagrange, *Mecánica*.
1789 Se reúne la Asamblea Nacional en Versalles, que se declara *constituyente*. Toma de la Bastilla. Declaración de los derechos del Hombre, según el modelo norteamericano.
1790-91 Legislación revolucionaria de la Asamblea Nacional: confiscación de los bienes de la Iglesia. Abolición de la Nobleza.
Constitución con representación popular (una sola cámara) como corporación legislativa; el Rey poder ejecutivo.
1791-92 Asamblea legislativa con mayoría republicana. Apoyo internacional de los intelectuales. Repudio general de los gobernantes de las antiguas potencias. Declaración de guerra de Francia a Austria y comienzo de las guerras revolucionarias. Asalto a las Tullerías y encarcelamiento de la familia real. Ejecución de los «sospechosos».
1792-95 Convención Nacional con mayoría radical. Robespierre y Danton —Jacobinos— dirigentes. La Comuna de París.
1792-97 Primera guerra de coalición. Austria y Prusia contra Francia.
1792 (21 de septiembre) Destitución del rey. Francia se proclama república.
1793 (17 enero) La Convención Nacional condena a muerte a Luis XVI, que es decapitado el día 21.
Inglaterra entra en la guerra de coalición con muchos estados europeos que organiza Pitt, el joven.
1793-94 Robespierre, Danton y Marat con apoyo del club de los jacobinos ejercen la dictaura aplastando las sublevaciones contrarrevolucionarias.
Alejados Danton y sus adeptos, gobierna Robespierre. El culto a la *razón* sustituye al culto cristiano.
Carnot forma un ejército popular revolucionario tras la pérdida de Bélgica y el Rhin.

ción de los Estados Unidos de América del Norte.
1780 Se instala la imprenta en Santiago de Chile.
Clavijero, *Historia Antigua de México*.
1781 Sublevación de Túpac-Amaru en Perú.
1783 Paz de Versalles: reconocimiento de la independencia de Estados Unidos. George Washington, primer presidente.
Mutis organiza una expedición botánica por Colombia.
1784 Fundación de la Real Academia de San Carlos de Nueva España.
1786 México se abre al comercio exterior.
Alcedo, *Diccionario geográfico-histórico de las Indias Occidentales o América*.
1787 Adams, *Defensa de la constitución del gobierno de los Estados Unidos de América*.

1789 Se aprueba la Constitución de los Estados Unidos.
Infidencia mineira: primer intento revolucionario de independencia en el Brasil.
Velasco, *Historia del reino de Quito*.
1790 Fundación del *Diario Erudito, Económico y Comercial de Lima*, primer periódico diario de la América española.

1791 Maneiro, *Vida de los varones ilustres mexicanos.*

1792 Villaurrutia, *Genealogía de Gil Blas de Santillana.*
1793 Fundación de Washington como capital de los Estados Unidos.

1794	Caída de Robespierre y ejecución de éste y de Danton. Fichte, *Fundamentos de la teoría de las ciencias.* Condorcet, *Esbozo de un cuadro histórico de los progresos humanos.*	1794	Se difunde por los países americanos la «Declaración de los derechos del Hombre».
1795-99	El *terror blanco* en Francia. Gobierna el *Directorio.* Tercera constitución. Napoleón Bonaparte derrota a los realistas. Avance de la burguesía propietaria. Paz de Basilea entre Francia y Prusia. Paz entre Francia y España.		
1796-99	Campañas de Napoleón en Italia y Egipto. Primera vacuna de la viruela (Jenner).	1796	Se instala la imprenta en Santiago de Cuba.
		1797	Pablo de Olavide, *Evangelio en triunfo o historia de un filósofo desengañado.*
1798	Ocupación de Roma y detención del Papa Pío VI por las tropas de Napoleón. Establecimiento de la república romana y de la helvética. Ocupación del Piamonte. Batalla de las Pirámides. La armada inglesa, al mando del almirante Nelson, destruye la flota francesa en Abukir. Nueva coalición de los países europeos para la expansión francesa. Malthus, *Ensayo sobre la población.* Wordsworth y Coleridge, *Baladas líricas.*	1798	Haití pasa a Francia, tras la retirada española.
1799	Laplace, *Mecánica celeste.* Humboldt inicia su viaje a las regiones equinociales. Novalis, *El cristianismo y Europa.*		
1799-02	Segunda guerra de coalición. Caída del *Directorio* por el golpe de Estado de 18 Brumario de Napoleón, que es elegido primer Consul: fin de la revolución y culminación del centralismo.		
1800	Robert Owen comienza sus experiencias socialistas en Inglaterra. Napoleón vence a Austria en Marengo. Los ingleses ocupan Malta. Volta inventa la la pila eléctrica. Stäel, *Acerca de la literatura.*		
1801-25	Alejandro I, zar de Rusia.	1801	Jefferson, presidente de los Estados Unidos. Aparece en Buenos Aires *El Telégrafo Mercantil,* primer diario argentino.
1802	Paz de Amiens entre Francia e Inglaterra. Napoleón se constituye en cónsul vitalicio por aclamación popular. Primera ley de protección a la infancia en Inglaterra. Chateaubriand, *El genio del cristianismo.* Beethoven, *Sinfonía heroica.*	1802	Azra, *Descripción e historia del Paraguay y del Río de la Plata* (publicada en 1847). Fray Servando Teresa de Mier, *Atala o los amores de dos salvajes en el desierto.*
1803	Krause, *Fundamentos del derecho natural.*	1803	Estados Unidos compra Luisiana a Napoleón.
1804	Promulgación del código civil. Napoleón se corona emperador.		
1805	Tercera guerra de coalición: Francia, España, Baviera, Baden y Würtenberg contra Inglaterra, Rusia, Austria y Suecia. Batalla naval de Trafalgar: Nelson vence a la armada franco-española. Batalla de Austerliz. Paz de Presburgo entre Austria y Francia. Moratín, *El sí de las niñas.*		
1806	Confederación del Rhin bajo el protectorado de Napoleón. Fin del Sacro Imperio. Napoleón declara el bloqueo continental a Inglaterra. José Bonaparte, rey de Nápoles; Luis Bonaparte, de Holanda.	1806	Primera invasión inglesa del Río de la Plata. Sublevación de Miranda en Venezuela.

418

1807   Paz de Tilsit de Francia con Rusia y Prusia. Los franceses entran en Portugal y los Braganza huyen al Brasil. Los franceses comienzan la ocupación de España.
Abolición de la trata de esclavos en Inglaterra.
Hegel, *Fenomenología del espíritu.*
Fichte, *Discursos a la nación alemana.*

1808   Carlos IV abdica en Fernando VII, quien deja el trono de España a José Bonaparte. Comienza la guerrilla contra los franceses con apoyo inglés.
Dalton enuncia la teoría de los átomos. *Tratado de Química* de Berzelius. Ley de los gases de Gay-Lussac.
Goethe, *Fausto.* Prud'hon, *La justicia y la venganza persiguiendo al crimen.*

1809   Metternich, ministro de Austria y Guerra de liberación. Derrota de Wagram. Paz de Viena.

1810   Divorcio de Josefina, Napoleón se casa con María Luisa, hija de Francisco II de Austria.
Aumentan las dificultades de Napoleón.
Goya, *Los desastres de la guerra.*

1812   Las Cortes de Cádiz dictan la primera constitución liberal para España.
Campaña de Napoleón en Rusia. Napoleón en Moscú.

1807   Segunda invasión inglesa del Río de la Plata.
Se instala la imprenta en Montevideo.
Fulton establece un servicio de navegación por el río Hudson en el vapor Clermont.

1808   Fracasa el movimiento revolucionario del licenciado Primo de Verdad en México.
Se instala la imprenta en San Juan de Puerto Rico y se reinstala en Brasil.

1809   Movimientos revolucionarios en La Paz y Quito. Conspiración de Valladolid en México.

1810   Movimientos revolucionarios en Caracas, Bogotá, Santiago de Chile y México donde lo dirige el padre Hidalgo, fundador del periódico *El despertar americano.*
El movimiento triunfa en Buenos Aires. Campañas libertadoras de Belgrano al Alto Perú y Paraguay.
Moreno funda la *Gaceta de Buenos Aires.*

1811   Venezuela proclama su independencia. Primer sitio de Montevideo. Captura y muerte de Hidalgo, Allende y otros libertadores.

Índice de autores

Índice de obras

Índice

I. LA AMÉRICA COLONIAL

II. CARTAS, CRÓNICAS Y RELACIONES

III. ÉPICA HISPANOAMERICANA COLONIAL

IV. LÍRICA HISPANOAMERICANA COLONIAL

EMILIO CARILLA

V. TEATRO HISPANOAMERICANO COLONIAL

VI. NOVELA HISPANOAMERICANA COLONIAL

Cedomil Goič

HISTORIAS DE LA LITERATURA Y CRONOLOGÍAS

HISTORIA DE LA LITERATURA ALEMANA, VV. AA.

HISTORIA DE LA LITERATURA ESPAÑOLA, VV. AA. Tomo I

HISTORIA DE LA LITERATURA ESPAÑOLA, VV. AA. Tomo II

HISTORIA DE LA LITERATURA GRIEGA, J. A. López Férez (ed.), 2.ª ed.

HISTORIA DE LA LITERATURA HISPANOAMERICANA, I. Época Colonial. Luis Íñigo Madrigal (coord.), 2.ª ed.

HISTORIA DE LA LITERATURA HISPANOAMERICANA, II. Desde la Guerra de la Independencia a la II Guerra Mundial. Luis Íñigo Madrigal (coord.)

HISTORIA DE LA LITERATURA ITALIANA, Giuseppe Petronio

HISTORIA DE LA LITERATURA NORTEAMERICANA, Emory Elliot (ed.)

CRONOLOGÍA DE LA LITERATURA ESPAÑOLA, Tomo I. Edad Media. José María Viña Liste

CRONOLOGÍA DE LA LITERATURA ESPAÑOLA, Tomo III. Siglos XVIII y XIX. José Manuel González Herrán y Ermitas Penas Varela